Klassiker
des politischen Denkens

Erster Band

KLASSIKER
DES POLITISCHEN DENKENS

ERSTER BAND

VON PLATO BIS HOBBES

Herausgegeben von
Hans Maier, Heinz Rausch, Horst Denzer

VERLAG C.H. BECK MÜNCHEN

Sechste, überarbeitete und erweiterte Auflage. 1986

CIP-Kurztitelaufnahme der Deutschen Bibliothek

Klassiker des politischen Denkens / hrsg. von Hans Maier . . .
– München : Beck
Bd. 1. Von Plato bis Hobbes. – 6., überarb. u. erw. Aufl. –
1986.
ISBN 3-406-31543-7

NE: Maier, Hans [Hrsg.]

ISBN 3 406 31543 7

Satz: Appl, Wemding
Druck und Bindung: May & Co., Darmstadt
Printed in Germany

INHALT

VORWORT ZUR SECHSTEN AUFLAGE

Achtzehn Jahre nach der Erstauflage erschien eine gründliche Überarbeitung angebracht. Die Beiträge sind teils neu geschrieben, teils überarbeitet und ergänzt, die bibliographischen Angaben auf den neuesten Stand gebracht worden. Hermine Fuhrmann und Karin Osthues besorgten das Schreiben der Manuskripte, Gertraud Jonas, Karin Osthues und Richard Neun die Revision der Register.

Möge das Buch, das längst zum Standardwerk der politischen Wissenschaft und Bildung geworden ist und in fünf Auflagen einen weiten Kreis von Lesern erreicht hat, auch in seiner neugestalteten Form nützliche Dienste leisten.

München, im Mai 1986 Die Herausgeber

EINLEITUNG

If we cease to believe in the future, the past would cease to be fully out past: it would become the past of a dead civilisation.
T. S. Eliot, *What is a classic?* (1944)

Klassiker der Literatur – das ist ein altbewährter, alteingesessener Begriff, und eine Sammlung solcher Klassiker dürfte dem einen nützlich, dem andern vielleicht konventionell, keinem aber überraschend vorkommen. Aber Klassiker des politischen Denkens? Wird der ehrwürdige Titel des Klassischen hier nicht über Gebühr gedehnt und strapaziert – fast so, wie wenn man heute den ‹klassischen› Kochbüchern, Kriminalromanen, Liebespaaren spricht? Läßt sich das Politische überhaupt in literarische Kategorien fassen? Trifft auf den, der über Politik schreibt – vorausgesetzt, er schreibt gut – ebenso schlicht und klar wie für seinen poetischen Zwillingsbruder die sainte-beuvesche Definition des Klassikers zu: «un écrivain de valeur et de marque, un écrivain qui compte, qui a du bien au soleil, et qui n'est pas confondu dans la foule des prolétaires» (*Causeries du lundi* III, 1850)?

In der Tat reihen sich die politischen Schriftsteller, die in diesem Buch versammelt sind, nicht ohne weiteres zu einem Gedanken- und Gestaltenzug zusammen. Viele von ihnen stehen zueinander – denkt man sie etwa an einem Ort zur gleichen Zeit versammelt – viel eher im Verhältnis des Streites, der Polemik, der Disputation. Auch darin unterscheiden sie sich von den Klassikern der reinen Literatur, daß sie nicht nur in der Sphäre der Empfindung und des Gedankens gewirkt haben, sondern die politische Praxis, das Zusammenleben der Menschen beeinflußt und verändert haben und noch verändern bis zum heutigen Tag. Woher also bei diesen Denkern der Anspruch des Klassischen, der sich doch in unseren Vorstellungen meist mit der Idee des Zeitüberhobenen, Immer-Gültigen, Allgemein-Menschlichen verbindet?

Eine erste Antwort wäre die, daß es, wie im rein Literarischen, so auch im Bereich des politischen Denken jenes Phänomen gibt, das wir Kanonbildung nennen. Aus einer Fülle von Schriften und Autoren kristallisieren sich allmählich die mustergültigen, erstklassigen *(classici)* heraus. (Das Wort *classicus* bezeichnet im Lateinischen ursprünglich die Angehörigen der ersten Steuerklasse!) An diesem Vorgang haben literarische Kritik und Wertung ebenso ihren Anteil wie Volksmund und Publikumsgeschmack; soziale und kulturelle Verwandtschaften zwischen Autor und

Gesellschaft, literarischem Werk und historischer Epoche spielen eine Rolle, kurz, die Kriterien des Klassischen bilden sich in einem langwierigen und differenzierten Prozeß. So wenig man in der Politik einem Staatsmann den Zusatz ‹der Große› autoritativ verleihen kann (wie man es in Deutschland mit Wilhelm I. versucht hat) oder ihm diesen Titel nachträglich wieder entziehen kann (wie es Friedrich dem Großen geschah), so wenig geben Gesichtspunkte stilistischer und literarischer Autorität allein den Ausschlag, wo es um die Investitur eines literarischen Klassikers der Politik geht. Zu guter Letzt ist es immer, wie in der Literatur ganz allgemein, die Probe der Zeit, die ein klassischer Autor bestehen muß; denn, wie T.S. Eliot in seiner Studie über den Klassiker Vergil gesagt hat, «it is only by hindsight, and in historical perspective, that a classic can be known as such» (*What is a classic*, 1944).

Kein Zweifel nun, daß ein solcher Kanon des Klassisch-Politischen in unserer westlichen Tradition tatsächlich existiert – zumindest könnte man sich leicht auf einen Grundbestand von Werken und Autoren einigen, denen nach übereinstimmender Auffassung das Prädikat des Klassikers gebührt. Am leichtesten fällt das für die Antike und das Mittelalter. Plato, Aristoteles, Cicero, Augustin, Thomas und Dante gehören ohne Frage zu diesem Kreis, aber auch Schriftsteller von geringerer Universalität und Wirkung wie Polybius, Ambrosius, Johann von Salisbury, Marsilius von Padua. Schwieriger wird die Auswahl in der Neuzeit. Die politischen Äußerungen werden spezieller, die nationalen Unterschiede treten schärfer hervor. Aber auch hier hat sich im Lauf der Zeit ein ähnlicher Kanon herausgebildet wie für die Antike und das Mittelalter: Machiavelli und Bodin, Vitoria und Grotius, Hobbes und Pufendorf sind die Gründerfiguren, es folgen die Klassiker des modernen Verfassungsstaates, Locke, Montesquieu, die Autoren des *Federalist* und Kant, dann die Theoretiker der modernen Revolutionen von Rousseau über Hegel, Tocqueville und Marx bis zu Nietzsche, mit denen eine neue, noch nicht abgeschlossene Phase des politischen Denkens beginnt. Ungefähr diese Autoren sind es, die man findet, wenn man ein beliebiges englisch-amerikanisches Textbuch der politischen Theorie aufschlägt; auch die anspruchsvolleren Lehr- und Quellenbücher (Sabine, Strauss-Cropsey, Touchard, Bergstraesser-Oberndörfer, Hoerster) gehen von diesem Kanon aus und ebenso die großen Klassiker-Reihen: Blackwell in England, die Pléjade in Frankreich und die ‹Klassiker der Politik› bei uns. Was wir hier vor uns haben, sind Musterautoren wie in jenen Schriftstellerverzeichnissen des Altertums und Mittelalters, die den Lesestoff für die Grammatikschulen enthielten: Klassizität im Sinne des Exemplarischen, der pädagogischen Stil- und Geschmacksbildung; die Rechtfertigung für die Aufnahme eines Autors liegt hier einfach in seiner literarischen Verwendbarkeit für diesen Zweck.

Indes, die Existenz eines literarischen Kanons ist nur ein formales, ein traditionalistisches Argument. Was berechtigt uns *sachlich* dazu, von Klassikern des politischen Denkens zu sprechen? Bloße Sprachrichtigkeit, literarische Exemplarität kann es nicht sein, obwohl beides gewiß auch bei politischen Autoren nicht unwichtig ist: ein Comte etwa vermag sich in Frankreich nur mühsam in der Rangliste der politischen Klassiker zu halten, weil er schlecht schrieb, und ähnliches gälte wohl, wenn wir in Deutschland strengere literarische Maßstäbe hätten, auch für Kant, Hegel, ja sogar für Max Weber. Wohingegen ein so chimärischer Geist wie Hobbes, aller Ablehnung der Zeit und Nachwelt zum Trotz, vermöge der Klarheit und Kraft seines Stils bis heute fortlebt, und die theoretisch anspruchslosen *Federalist Papers* sich wegen ihrer journalistischen Frische und ihrer einladend-unkomplizierten Art zu sprechen im Kreis stärkerer Zeitgenossen mühelos behauptet haben. Doch zum klassischen Rang gehört mehr. Das große politische Werk muß, über seine sprachlich-literarische Qualität hinaus, in einem besonderen Verhältnis zu der Zeit und Gesellschaft stehen, in der es entworfen und für die es geschrieben wurde. Eine neue Erfahrung, eine für das politische Zusammenleben konstitutive Erkenntnis, ein Anspruch muß in ihm formuliert sein – etwas, das Widerhall und Aufnahme findet, wenn nicht heute, so doch morgen, und das weiterwirkt über die Person des Autors und seine Lebenszeit hinaus. Es ist gewiß nicht nötig und kommt auch selten vor, daß politische Werke schon zu Lebzeiten ihrer Autoren den Zenit ihrer Wirksamkeit erreichen. Nur ganz selten ist in der politischen Literatur der Gedanke auch schon die Tat. Wichtige Schriftsteller bleiben unbekannt, treten erst postum in überraschenden Renaissancen wieder ans Tageslicht. Aber von einem Klassiker des politischen Denkens sprechen wir nur dann, wenn sein Werk *einmal*, und sei es nur für eine kurze Frist, im Mittelpunkt der politischen Ideen und Vorstellungen einer Epoche stand, wenn es repräsentativ wurde für eine Gesellschaft und wenn es – eine weitere, nicht unwichtige Bedingung – sowohl die Möglichkeit universeller Verbreitung wie auch die Kraft geschichtlichen Weiterwirkens in sich trägt.

Schon hier wird deutlich, daß das klassische politische Werk nicht in einem augenblicklichen Einfluß auf den Tag und die Tagespolitik aufgehen kann, daß seine Wirkungsphasen länger, und das heißt auch: langsamer sind als die der aktuellen Politik. Wo Theoretiker und Analytiker der politischen Welt das verkannten, wo sie, gelegentlich sogar in blindem Eifer, der öffentlichen Wirkung ihres Denkens künstlich nachzuhelfen versuchten, da sind sie meist an den Fallstricken und Fußangeln der Politik gescheitert. Zumindest ist ihre praktisch-politische Tätigkeit im Gegensatz zu ihren Schriften rasch verblaßt. Ein Plato ist als Schöpfer der *Politeia* und der *Nomoi* in die Geschichte der Politik eingegangen, nicht als Berater Dions, ein Aristoteles als Sammler und Systematiker der Staatsverfassungen seiner Zeit, nicht als Prinzenerzieher der Makedonen. Machiavellis *Principe* hat den Stürmen der Zeit weit besser standgehalten als seine florentinische Miliz, und Rousseaus *Contrat social* ist zum Grundbuch der modernen Revolutionen geworden, während seine Verfassungsentwürfe für Korsika und Polen die politischen Geschicke jener Länder kaum zu beeinflussen vermochten. Obwohl es unter den Klassikern des politischen Denkens auch Staatsmänner und Diplomaten gibt – Cicero, Thomas Morus, Grotius, Tocqueville sind nur einige der hervorragendsten Beispiele –, bilden sie doch die Ausnahme, nicht die Regel: ganz selten nur scheint sich ein analytisch-philosophisches Verhältnis zur Politik mit praktischer Wahrnehmung politischer Ämter zu vertragen. Das heißt nicht, daß diese Schriftsteller neutrale, leidenschaftslose Betrachter der politischen Szene gewesen wären: keiner, der je über Politik schrieb, ist der Verstrickung in die politischen Wirrungen seiner Zeit entgangen, und oft war Enttäuschung über ein politisches Regime der erste Anlaß, über Politik zu schreiben (Plato, Machiavelli), oft haben sich politische Schriftsteller einer Partei verschrieben (Sieyes, Burke) oder sich zu Herolden einer neuen politischen Ordnung aufgeworfen (Dante, Rousseau, Comte). Aber die meßbaren, greifbaren Wirkungen großer politischer Literatur liegen meist nicht in der Umwelt und im Kreis der Zeitgenossen. Veränderungen des Denkens brauchen lange, bis sie sich in Normen des praktischen Verhaltens umsetzen. Erst aus einiger Entfernung enthüllt sich die mächtige, sichtbestimmende und tatauslösende Wirkung einer «auf den Begriff gebrachten» philosophischen Politik – dann freilich so gewaltig, daß nur banausischer Zweifel die Wirkkraft von Ideen in der Geschichte unterschätzen kann: so bei Plato und Augustin, bei Rousseau und Hegel, bei Marx und Nietzsche.

Aber noch einmal: widersprechen sich die Stimmen der Denker, die hier versammelt sind, nicht unaufhörlich – so sehr, daß das Ergebnis kein Chor, sondern ein chaotisches Stimmengewirr ist? Gehört zum Klassischen nicht auch die Einheit, die Konkordanz, die Kontinuität, die Verwurzelung in Traditionen? Gewiß, eine innere Einheit ist bei den politischen Klassikern sehr viel schwerer zu erkennen als bei Klassikern der schönen Literatur. Dennoch fehlt sie nicht völlig. Denn sieht man genauer zu, so nehmen alle klassischen Autoren gegenüber dem Politischen eine spezifische Haltung ein. Sie erinnern. Sie sind bemüht, im Lärm des politischen Alltags (der damals wie heute das Wichtige und oft sogar das Politische selbst übertönt) die Erinnerung an die *stets* gestellten Aufgaben des Gemeinwesens wachzuhalten, sie den Regierenden dort, wo sie vergessen wurden, ins Gedächtnis zu rufen. Und sie messen. Sie rücken das, was sich in der praktischen Politik tagtäglich abspielt, unter das Richtmaß der ursprünglich gesetzten Ordnung des Zusammenlebens, der Ur-Vereinbarung, der *première convention* (Rousseau) des Gemeinwesens. Und endlich üben sie Kritik. Philosophische Kritik der Zustände als Verpflichtung zum Umdenken, als Ansatz der Reform: das ist der Ursprung aller wissenschaftlichen Politik seit der sokratisch-platonischen Frage nach der Polis; denn die Aufgabe des Philosophen ist es, in der Reflexion auf das Gute Ziele des politischen Handelns als richtig zu begründen oder als unrichtig zu verwerfen, und hierin stimmt er mit der wahren, das heißt auf das menschenwürdige Leben bezogenen Politik überein.

Versteht man den Zusammenhang der großen politischen Denker so, sieht man die Kontinuität ihres Denkens nicht in einer gleichförmigen Aussage, sondern in der Hartnäckigkeit der immer neu gestellten Frage, so wird auch deutlich, warum diese Denker einander widersprechen, warum ihr Wort zu verschiedenen Zeiten verschieden klingt. Da alle politische Ordnung sich in die Geschichte realisiert und realisieren muß, wechselt der konkrete Inhalt des immer Aufgegebenen mit den jeweiligen Situationen, und mit ihnen wechselt auch der Inhalt der politischen Aussagen. Die immer gleiche Frage nach der guten politischen Ordnung treibt zu verschiedenen Zeiten und in verschiedenen Gesellschaften unterschiedliche Antworten hervor. Und doch ist es, im Sinne der philosophischen Kritik der Zustände, stets der gleiche Vorgang, wenn die politische Theorie die praktische Politik auf besondere geschichtliche Aufgaben verweist: ob nun ein Bodin in einer Zeit der Glaubenskriege und der inneren Selbstzerfleischung auf die Souveränität des Fürsten als eines letzten Schiedsrichters hindeutet, oder ein Montesquieu in einer Zeit wachsender Entbindung des Königtums vom Recht in der *ratio scripta* der Gesetze eine Balance gegen die Willkür fürstlicher Gebote sucht; ob im liberalen 19. Jahrhundert die Kathedersozialisten an die Pflichten der Gesellschaft gegenüber dem Proletariat erinnern, oder ob Max Weber gegenüber einer ideologiebefangenen Gesinnungspolitik auf die Verantwortungsethik hinweist, da das Tun eines Politikers nicht nach seinen Gesinnungen, sondern nach den Folgen seines Handelns beurteilt werden muß.

An diese innere Einheit des Politischen darf uns ein Kanon klassischer politischer Schriftsteller wohl erinnern: doppelt heute, da sich die nationalen und kulturellen Sondertraditionen des Westens – und des Ostens? – in einem «Weltalter des Ausgleichs» (Max Scheler) zu neuer, noch undeutlicher Gestalt verschränken. Freilich, die Betrachtung des politischen Denkens zeigt auch, daß die mögliche politische Einigung der Zukunft kein Ergebnis technischer Prozesse ist, daß eine neue politische Ordnung heute wie immer allein aus der aktiven Bemühung um Frieden und Gerechtigkeit, also um rechte Normen des Zusammenlebens entspringt. Technische Hilfen nehmen dem Politiker die Last der Frage nach dem Richtigen nicht ab. Die *res agendae,* die ihn angehen, sind nicht die *res futurae* einer mit Politik verwechselten Technokratie oder Futurologie. Denn Politik ist nicht vorgegebener Zukunftshorizont, sondern stets neu gestellte Aufgabe ordnender Gestaltung – nichts anderes ist der Inhalt einer Geschichte der politischen Theorie, wie sie aus den Gestalten dieses Buches deutlich wird.

Ein kurzes Wort zum Gebrauch des Buches. Es kann und soll ebenso der unbefangenen Lektüre dienen wie dem Studium, der wissenschaftlichen Orientierung – daher ist versucht worden, jede einzelne Klassikermonographie zu einem Gesamtbild zu runden und gleichzeitig in den Anmerkungen und der Bibliographie Hinweise für die Weiterarbeit zu geben. Text, Anmerkungen und Bibliographie bilden ein Ganzes. Die Anmerkungen dienen der Verweisung auf Quellen, Literatur und Forschungsprobleme. Dabei werden Kurztitel verwendet, wenn der Titel in der Bibliographie genannt ist. Die Bibliographie ist nicht auf Vollständigkeit angelegt, sie bringt 1. die wichtigsten Werkausgaben und Quellen, dazu wohlfeile Textausgaben, 2. Bibliographien, 3. wichtige Bücher und Aufsätze und vor allem neueste Literatur, die in den Bibliographien noch nicht nachgewiesen ist. Dem monographischen Charakter des Bandes entsprechend wurde auf ausführliche Quellenzitate verzichtet. Der Leser sei hier zur Ergänzung auf folgende Textsammlungen hingewiesen: Klassiker der Staatsphilosophie, Stuttgart: K. F. Köhler, Bd. 1 Hg. v. Arnold Bergstraesser/Dieter Oberndörfer, 1962, Bd. 2 Hg. v. Dieter Oberndörfer/Wolfgang Jäger, 1971; Klassische Texte der Staatsphilosophie, hg. v. Norbert Hoerster, München: dtv 1976; Der Staat. Dokumente des Staatsdenkens von der Antike bis zur Gegenwart, hg. v. Rudolf Weber-Fas, 2 Bde. Pfullingen: Neske 1977.

Dieses Buch ist aus der Zusammenarbeit von Dozenten, Assistenten und Doktoranden des Geschwister-Scholl-Instituts für politische Wissenschaft der Universität München in Verbindung mit befreundeten Instituten und Kollegen erwachsen, sein Inhalt ist in Universitätsübungen und in der Erwachsenenbildung mehrfach erprobt worden. Allen Autoren möchte ich für ihre Bereitschaft zur Mitarbeit herzlich danken. Daß aus Vorlesungen, Übungen und Einzelbeiträgen ein Buch von einheitlichem Wuchs entstand, ist vor allem das Verdienst der Mitherausgeber Horst Denzer und Heinz Rausch sowie des Lektors im Verlag C. H. Beck, Ernst-Peter Wieckenberg. Ihnen sowie Frau Hermine Fuhrmann, die das Manuskript schrieb, sei an dieser Stelle nachdrücklich gedankt. Das Register erstellte Horst Denzer.

Hans Maier

Helmut Kuhn

PLATO

Unter den Klassikern des politischen Denkens steht Plato an erster Stelle. Noch heute verrät die Sprache der gebildeten politischen Verständigung ihre platonisch-griechische Herkunft. Doch war der platonische Gründungsakt nichts weniger als eine Schöpfung aus dem Nichts: er entsprang einer tödlichen Krise der griechischen Polis, die sich im Leben und im Opfertod des Sokrates zu symbolischer Gestalt verkörperte. Und Sokrates wäre der einzige, der Plato den Rang an der Spitze streitig machen könnte. Doch platonisches Staatsdenken ist mehr als sublimierte Sokratik.

Der von Plato verherrlichte schauende Geist der *Theoria*, der «überall umherschweift, was auf der Erde und was in ihren Tiefen ist messend, und am Himmel die Sterne verteilend und überall jegliche Natur alles dessen was ist, im ganzen erforschend» (Theaetet 173c–174a) – dieser Geist hatte schon die Griechen des Plato vorangehenden Jahrhunderts ergriffen, und der vom Osten, vor allem von Babylon, aber auch von Ägypten herübergewehte Tiefsinn hatte bei diesem Erwachen mitgewirkt. Unser eigenes politisches Denken sieht sich bereichert und gelegentlich auch bedrängt durch die Familie der Wissenschaften, der es angehört. Das war bereits griechische Erfahrung. Noch ehe Aristoteles auf dem Boden platonischer Begrifflichkeit seine Wissenschaft der Politik begründen konnte, hatte sich ein Kreis gebefreudiger Wissenschaften entwickelt – die Astronomie und die Akustik, die medizinische Physiologie und vor allem die Mathematik. Am wichtigsten für Plato war die Nachbarschaft der Mathematik. Die erstrebte Genauigkeit des Wissens gegenüber schwankenden Meinungen fand da ihren verläßlichsten Rückhalt. So zeigt sich das Zurückbleiben der Sophisten gegenüber der Forderung begrifflicher Exaktheit beispielhaft in der dem Protagoras zugeschriebenen Behauptung: die Tangente berühre den Kreis in mehr als einem Punkte.[1] Plato, der Begründer des Wissens vom Staat, will zugleich das Wissen des Wissens begründen. Er leitete das Fragen nach Wahrheit in eine Bahn, der wir heute noch folgen.

Der platonischen Gründungstat möchte der Gedankengang unserer Interpretation entsprechen. Zunächst zeigen wir, wie Plato mit Hilfe der sokratischen Dialektik seine in ihrer Wirklichkeit tödlich getroffene Polis im Geist und in der Wahrheit neu erbaute. Dann soll ein abschließendes Kapitel den Boden aufweisen, der diesen Neubau zu tragen imstande war – das Zeugnis nicht bloß einer spät gereiften attischen, sondern einer panhellenischen, aus urtümlicher Tiefe stammenden Lebenserfahrung.

I. Die Lebensgeschichte

Als kühnen Neuerer verstand sich Plato und zugleich als treuen Sohn seiner Vaterstadt. Was den Glanz der Ahnenreihe anlangt, so stand Plato hinter kaum einem seiner Mitbürger zurück. Zu den väterlichen Vorfahren zählte er den attischen König Kodros, und mütterlicherseits war er mit Solon verwandt. Kritias, Mitglied der Regierung der Dreißig, und Charmides, einer der Zehnmänner in Piraeus, gehörten zu seiner Familie. Herkunft und Begabung verwiesen ihn auf eine politische Laufbahn. Doch eine persönliche Beziehung sollte sein Schicksal bestimmen. Als Zwanzigjähriger (er war 427 geboren) lernte er den 42 Jahre älteren Sokrates kennen und schloß sich dem Freundeskreis dieses erstaunlichen Mannes an. In einem an die Freunde und Anhänger Dions gerichteten Manifest blickte der fünfundsiebzigjährige Plato auf diesen frühen Bund zurück: «Als ich jung war, erging es mir wie vielen: ich gedachte, sobald ich erst mein eigener Herr wäre, geradewegs an die Geschäfte der Staatsgemeinschaft zu gehen». Es war die Zeit des Sturzes der Demokratie und der Aufrichtung der aristokratischen Herrschaft der Dreißig, und unter den neuen Herren waren manche Verwandte und Bekannte. «Als käme es mir so zu, riefen sie mich sogleich herbei zum Mittun.» Jugendlich hoffnungsvoll war Plato zunächst nicht abgeneigt, aber die Missetaten der Regierenden belehrten ihn bald eines Besseren.

«Unter anderem wollten sie meinen älteren Freund Sokrates, den ich ohne Scheu den gerechtesten Mann jener Zeit nennen möchte, zusammen mit anderen gegen einen der Bürger absenden. Den sollten sie mit Gewalt zum Tode führen. Offenbar wollten die Dreißig auf diese Weise Sokrates zu ihrem unfreiwilligen Komplizen machen. Er aber verweigerte den Gehorsam: lieber wollte er das Schlimmste auf sich nehmen als Helfershelfer bei ihrem unheiligen Tun zu werden.»

Nicht lange danach wurden die Dreißig gestürzt. Aber neues Unheil zog herauf. Einflußreiche Leute der zurückgekehrten Partei brachten Sokrates vor Gericht, und die ganz und gar nichtige Anklage lautete auf Frevel gegen die Götter des Staates. Die Richter sprachen ihn schuldig und verhängten die Todesstrafe.

«Wie ich nun diese Vorgänge betrachtete und die Menschen, die die Staatsgeschäfte in der Hand hatten, und die Gesetze und die Sitten, und je mehr ich all dies durchschaute, ... um so schwerer schien es mir zu sein, in rechter Weise die Staatsgeschäfte zu führen. ... Ich ließ zwar nicht ab, Betrachtungen darüber anzustellen, wie es besser werden könnte in eben diesen Dingen und überhaupt mit dem ganzen Staatswesen. Zum Handeln hingegen wartete ich immer den rechten Augenblick ab, bis ich schließlich zu der Einsicht kam über alle jetzigen Staaten, daß sie samt und sonders in schlechter Verfassung sind ... Und so fand ich mich denn gezwungen, mit einer Hymne auf die rechte Philosophie auszusprechen, daß allein auf sie gegründet es möglich sei zu erkennen, was im Staat und im Leben des einzelnen Menschen gerecht ist.[2]»

Die hier zitierten Sätze geben den Gesichtspunkt für das Verständnis der beiden großen Tatsachen der zweiten Lebenshälfte an: der Gründung der Akademie und der sizilischen Reisen. Der Herrscher von Syrakus, Dionysius, der Männer wie Simonides, Bakchylides, Pindar und Aeschylus an seinen Hof gezogen hatte, berief auch den damals etwa vierzigjährigen Plato, der dieser Einladung um so lieber gefolgt sein mag, als er bereits freundschaftliche Beziehungen zu den Pythagoreern in Süditalien und vor allem mit Archytas von Tarent angeknüpft hatte – der großen Persönlichkeit, die unter allen damals Lebenden die Einheit von philosophischer und staatsmännischer Weisheit am schönsten verkörperte. Der Besuch in Syrakus mochte sich Plato als der lange erwartete Augenblick tätigen Eingreifens darstellen. Eine Wendung der Geschikke Siziliens, aber auch seines eigenen Lebens schien sich vorzubereiten. Doch der große Versuch endete mit einem Fehlschlag. Diodor (XV7) und Plutarch (Dion 4, 5) als späte Zeugen einer unverächtlichen Überlieferung berichten, daß der durch seinen Freimut bei dem Tyrannen in Ungnade gefallene Philosoph schließlich als Sklave deportiert wurde.[3] Der Mißerfolg war bedrückend, aber doch nicht eindeutig. Es war dem von der weichen Üppigkeit sizilischer Sitten abgestoßenen Plato gelungen, den jugendlichen Schwager des Autokraten, Dion, für sich und seine Denkweise zu gewinnen. Ein folgenreiches Bündnis wurde gestiftet.

Zunächst aber kehrte Plato nach Athen zurück, und der Enttäuschung über den Ausgang des großen Versuchs entsprang, so dürfen wir glauben, ein großer schöpferischer Impuls – die Gründung der Akademie, die durch das Altertum dauern sollte, bis der Kaiser Justinian im Jahre 529 n. Chr. die Schließung verfügte, das Vorbild aller Philosophenschulen und gelehrten Anstalten der Antike und dann wieder des Abendlandes. Statt unmittelbar in das politische Geschehen einzugreifen, ging Plato als Scholarch dazu über, durch Formung der planenden und herrschenden Geister die Erneuerung der Staatenwelt vorzubereiten. Was sich mit der Hinrichtung des Sokrates, des Philosophen in der Gestalt des vollkommenen Bürgers, vollzogen hatte, trat mit der Schulgründung im Hain des Akademos außerhalb der Mauern Athens auf neue und endgültige Weise in Erscheinung: die aus der Krisis des athenischen Staatswesens geborene Philosophie trennte sich in Loyalität von dem politischen Leben der väterlichen Polis.

Nachdem sich Plato etwa zwei Jahrzehnte hindurch seinem literarischen Werk und der Leitung seiner Schule gewidmet hatte, trat ein Ereignis ein, das dem alten Bund mit Dion neue Bedeutung zu geben versprach. Dionysius starb, und sein gleichnamiger Sohn übernahm die Herrschaft (367). Dionysius II., damals noch unter dem Einfluß des

Oheims und anscheinend voll des Eifers für die Philosophie, vereinte sich mit Dion in der dringlichen Einladung an Plato, nach Syrakus zu kommen. Noch einmal bot sich der verheißungsvolle Augenblick für politisches Tun. Als Berater eines jungen und gelehrigen Herrschers konnte Plato hoffen, in Syrakus Reformen durchzuführen, gegen die sich der athenische Demos sträubte. So versagte sich Plato nicht, und für eine Weile stellte sich eine Konstellation her, die für die nachfolgenden Jahrhunderte typisch werden sollte: der Philosoph zwar nicht auf dem Thron – der von dem Scholarchen Plato für ihn ausersehene Rang – aber doch neben dem Thron in der Rolle des Beraters. Aber der gewöhnliche Stachel in der Seele von Autokraten, das Mißtrauen, und der Eifer der dem Dion feindlich gesinnten Partei untergruben den Bund zu Dritt. Es kam zum Bruch, Dion wurde verbannt, die Hoffnung auf platonische Reform wurde zum zweiten Mal vernichtet. Auf Drängen des jugendlichen Tyrannen entschloß sich Plato sechs Jahre später zu einer dritten Reise (361–360). Doch weder gelang es ihm, Dionys zu seinem Schüler zu machen, noch vermochte er die Sache des verbannten Dion zu fördern. Als er hochbetagt starb (348/7), hatte das Unternehmen Dions bereits sein tragisches Ende gefunden. Zwei Bluttaten bezeichnen symbolisch das Scheitern des platonischen Reformers. Es gelang ihm, Dionys zu vertreiben und sich der Herrschaft zu bemächtigen. Aber er, der Sittenstrenge, sah sich genötigt, seinen hartnäckigsten Feind, Heraclides, nach Tyrannenart aus dem Wege zu räumen. Bald darauf fiel er selbst einem Mordanschlag des Callipus, eines Akademie-Gefährten, zum Opfer. Sein Tod besiegelte die Katastrophe des platonischen Apostolats in Magna Graecia.

Der einzige zu Platos Lebzeiten und mit seiner Hilfe eingeleitete Versuch, platonische Politik zu verwirklichen, nahm ein klägliches Ende. Wenn wir fragen, welche Reformmaßnahmen Plato wohl im Sinne hatte, müssen wir uns davor hüten, ihm utopische, von den vertrauten hellenischen Einrichtungen radikal abweichende Pläne anzudichten. Gewiß dachte er nicht daran, das in der *Politeia* entworfene Paradigma von seinem himmlischen Ort auf die sizilische Erde herabzubringen. Über den allgemeinen Sinn der erstrebten Reform gibt der VII. Brief Auskunft. Er macht dreierlei klar: Plato bekämpfte einmal die Tyrannis, ohne damit schon die Einmannherrschaft als solche zu verwerfen. Vielmehr stellte er der Despotie des Dionys die weise Monarchie des Darius gegenüber (332a–b); zweitens wollte er in ganz Sizilien die Gesetzesherrschaft an die Stelle der Despotie setzen (334c–d); und schließlich war er von dem Gedanken durchdrungen, daß eine gesunde Verfassung sich nur entwikkeln ließe, wenn die Bürger das dem Vergnügen und der Üppigkeit gewidmete Leben mit einem Leben sittlicher Zucht (ἀρετή) zu vertauschen bereit wären. Und so eng verschwistert schienen ihm der Sinn für bürgerliche Freiheit und die philosophische Lebensführung, daß er mit der philosophischen Unterweisung des Dion schon unvermerkt am Sturz der Tyrannis zu arbeiten vermeinte (327 a–b). Das von Plutarch überlieferte politische Programm liegt in der Linie der Andeutungen des VII. Briefes. Dion, so schreibt Plutarch, ging damit um, «die ungemischte zügellose Demokratie, die er nicht für eine eigentliche Regierungsform, sondern mit Plato für einen Kramladen aller Regierungsformen hielt, zu beschränken und dafür eine nach lakedämonischer oder kretischer Art eingerichtete Verfassung einzuführen. Sie sollte aus Volksgewalt und Königtum gemischt sein und eine den wichtigsten Geschäften vorstehende Aristokratie mitumfassen».[4] Die unmittelbare Übersetzung des Gedachten in die Wirklichkeit mißlang. Der von Plato gestreute Samen heilsamer politischer Wahrheit war dazu bestimmt, in einem Feld weiterer geschichtlicher Erstreckung aufzugehen.

II. Der Autor

Im Abwarten auf den Augenblick der Tat vertiefte sich, so schreibt Plato im VII. Brief, seine Einsicht in den heillosen Zustand der zeitgenössischen Staatenwelt, bis er sich schließlich genötigt fand, das Wort zu ergreifen zum Lobpreis der rechten Philosophie (λέγειν τε ἠναγκάσθην, ἐπαινῶν τὴν ὀρθὴν φιλοσοφίαν), aus welcher allein das Gerechte für die Polis wie für den Einzelnen zu erkennen ist (326 a). Diese feierliche Erklärung verwendet für ‹Preisen› (ἐπαινέω) das Zeitwort, mit dem Plato, dem Sprachgebrauch der Zeit folgend, die Tätigkeit des Dichters zu bezeichnen pflegt. Es kann mit ‹rühmen›, aber auch mit ‹besingen› übersetzt werden. Will Plato, der Staatsmann im Wartestand, sagen, daß die Not des Wartens ihn zur Dichtung gedrängt habe? Nichts anderes als dies. Unter ‹Dichtung› aber müssen wir die Dialoge verstehen, von Plato als literarisches Werk im Wettbewerb mit der großen Dichtung der Vergangenheit geschaffen, mit Homer vor allem, aber auch mit der attischen Tragödie – die zuvor von keinem Dichter vollbrachte Rühmung des in Wahrheit Rühmlichen.[5] Damit geben wir Plato nicht mehr als er für sich selbst in Anspruch genommen hat. Als in den *Gesetzen* die Frage auftaucht, wie denn Dichter zur gesetzmäßigen Verherrlichung der Feste in der geplanten Pflanzstadt zu gewinnen seien, verweist Plato mit unzweideutigen Worten auf seine eigene literarische Kunst.[6] Es fehlt uns nicht an einem Muster, läßt er den Athener sagen, «denn wenn ich die Worte bedenke, die wir miteinander vom Morgengrauen bis jetzt gewechselt haben, ... so scheinen sie mir ganz und gar einem Gedicht zu gleichen» (811 c–d).

Lob der Philosophie als Quelle des Wissens um das, was den Menschen gut ist, sowohl im staatlichen wie im persönlichen Dasein – das ist eine treffende, wenn auch nicht erschöpfende Beschreibung des platonischen Dialogwerkes. Man kann aus der Reihe der Dialoge die Gruppe derer aussondern, die ausdrücklich dem politischen Thema gewidmet sind. Sie betragen dem Umfang nach mehr als die Hälfte des Gesamtwerkes: der *Staat*, der *Staatsmann* und die *Gesetze*. Aber man muß sogleich hinzufügen, daß auch die *Apologie des Sokrates* und der *Crito*, die den Konflikt mit der Polis Athen darstellen, daß *Gorgias, Menexenus* und *Phaedrus* mit ihrer Behandlung der Rhetorik, aber auch die geschichtlich-kosmologischen Dialoge *Timaeus* und *Critias* wesentliches zum Thema beitragen. Und man muß schließlich feststellen, daß kein Dialog ganz außer Betracht bleiben darf. Die Behandlung der politischen Thematik kann nicht ein Wissensgebiet neben anderen umschreiben – die Aufteilung nach Disziplinen war erst das Werk des Aristoteles. Vielmehr muß sie den Blick über die Thematisierung hinaus auf den politischen Aspekt des platonischen Philosophierens selbst lenken.

Der politische Ursprung des literarischen Werks Platos bestimmt den Horizont, in welchem der große Gegenstand der Untersuchung, die Polis, zu entdecken ist. Dieser Horizont erstreckt sich zwischen zwei Polen. Auf der einen Seite erscheint der Staat als die Rettung des Menschengeschlechts, als glückselige Stadt,[7] von menschlicher Hand mit Hilfe göttlicher Schickung zu erbauen; auf der anderen Seite – am entgegengesetzten Pol – zeigt er sich teils als überwältigende Versuchung, deren Korruptionsgewalt niemand widerstehen kann, es sei denn, göttlicher Beistand käme ihm zu Hilfe, teils als schlechthin mörderisch: nur durch Flucht kann ihm der Unschuldige entgehen. Sein politischer Widerstand führt unweigerlich zum Martyrium. Das Opfer des verderbten Staates bezeugt dann durch sein Sterben die verborgene Wahrheit des Staates. Nicht nur beschäftigen sich der *Crito*, die *Apologie* und der *Phaedo* in dramatischer Mimesis mit dem Schicksal des Sokrates – auch in anderen Dialogen, im *Euthyphro* und *Gorgias*,[8] finden sich bedrohliche Hinweise auf den sokratischen Prozeß, die den Zusammenhang zwischen der Anklage und der sophistischen Gegnerschaft des Sokrates verdeutlichen. Plato läßt uns nicht im Zweifel darüber, daß für ihn der Fall Sokrates von allgemeiner Bedeutung ist. Zum korruptiblen Staat gehört das Martyrium des Gerechten. Im *Staat* wird diese Zeugenschaft unter Abstreifung athenischer Zivilitäten in blutiger Wirklichkeit dargestellt. Der Mann, dem nichts zur vollendeten Gerechtigkeit fehlt als allein ihr Anschein oder Ruf (δόξα), wird ins Gefängnis geworfen, gegeißelt, gequält, geblendet und schließlich gepfählt (361 b–362 a). Weniger drastisch, aber in unserem Zusammenhang noch aufschlußreicher ist die Aussage im *Staatsmann*. Dort ist von der Gesetzesherrschaft die Rede, der zweitbesten in der Rangordnung der Verfassungen. Das Wissen des wahren Staatsmannes, das jedem Sonderfall gerecht zu werden vermag, ist hier ersetzt durch Regeln, die ein für allemal gelten. Findet sich der Mann, der nicht bloß der gesetzlichen Regelung sich zu fügen bereit ist, sondern das Gerechte aus eigener Anschauung kennt, wenn auch mit dem nichtwissenden Wissen des Forschenden, so wird es ihm schlecht ergehen. Er wird als Schwätzer und Sophist verleumdet, als Jugendverderber angeklagt und schließlich zu den härtesten Strafen verurteilt werden (299 b–c). Es ist schwer, unter einer unvollkommenen Verfassung zu leben (302 b) – und alle gegenwärtigen Verfassungen bleiben weit hinter der staatlichen Wahrheit zurück. Ein Nachgeschmack dieser bitteren Erkenntnis findet sich bei Aristoteles. Der gute Bürger ist auch für Aristoteles keineswegs identisch mit dem guten Mann.[9] Aber daß der gute Mann für den schlechten Staat unerträglich sein muß – zu diesem Satz versteigt er sich nicht. Bei Plato hingegen ist die Sachlage klar. Wegen seiner durchschnittlichen Korruptheit ist der Staat dazu bestimmt, immer wieder zum Henker der besten unter seinen Bürgern zu werden. Plato, der Idealist, der einen irdischen Gottesstaat träumt, der sich aber, nach Idealistenart, vor der Realität konformistisch ducken muß – dies moderne Spottbild hat mit der geschichtlichen Wahrheit nichts zu tun. Herrlichkeit und Elend des Staates halten sich in Platos Sicht die Waage.

Die zweite Achse des Horizonts ergibt sich aus der Eigentümlichkeit der literarischen Form, und die Pole, zwischen denen der Begriff der Polis oszilliert, heißen hier Ernst und Spiel. Keine Angelegenheit von größerem Ernst ist denkbar. Nicht nur das Wohlsein, auch das Gut-Sein des Menschen hängt vom Staate ab. Die Bildung des Menschen zum wahren Menschen ist seine Aufgabe, und die Arbeit der Akademie ist Vorwegnahme dessen, was der Staat tun sollte und doch nicht tut. In diesem Sinn ist auch das Dialogwerk politisch zu verstehen. Zugleich aber, und hier tritt der andere Pol in Wirksamkeit, fehlt jede unmittelbar politische Abzielung. Die Dialoge sind aus dem Tagesgeschehen herausgehoben. Sie sind das Drama des Ringens um die politische Wahrheit und zugleich Spiel – das hohe Spiel der Rühmung dieser selben Wahrheit. Auch mit dieser ihrer dichterischen Eigenschaft sind sie Vorwegnahme. Beim Festspiel, der Lebensmitte der glückhaften Polis, können ihre preisenden Worte als hymnischer Text dienen. Denn das Fest, platonisch verstanden, ist das verklärte Selbstbewußtsein der politischen Gemeinschaft. Es verherrlicht das Leben, welches, in den Grenzen menschlicher Mangelhaftigkeit, von den Bürgern tatsächlich gelebt wird.

Das Schauspiel des rühmlichen Lebens bewegt uns nur, wenn es sich als hart erworben und als Preis eines Kampfes darstellt. Dazu bedarf es eines Protagonisten und seiner Antagonisten – des Sokrates und der Sophisten. Der platonische Sokrates ist, unbeschadet der historischen Wahrhaftigkeit seines Bildes, wiederum eine Vorwegnahme. In Abwesenheit des wahren Staates verkörpert er den wahren Bürger – den Richter der entarteten Stadt, das Opfer ihres verderbten Richtspruchs, den Gründer der Polis im Geist und im Wort. Er ist der Held ‹der wahrsten Tragödie›,[10] die zugleich die wahre Komödie sein soll – das Spiel von der

Größe, aber auch von der Niedrigkeit des Menschen und seiner Stadt. Die Zeitenthobenheit dieses Spiels wird symbolisch dadurch ausgedrückt, daß Personen und Vorgänge der Vergangenheit angehören. Die Dialoge, im 4. Jahrhundert verfaßt, spielen sämtlich im 5. Jahrhundert.[11]

III. Der Einzelne und die Polis

Das Menschlich-Gute ist des Menschen Vollkommenheit – das, wodurch er ganz wird, was er als Mensch überhaupt und als dieser besondere Mensch sein kann. Dieses voll zu sich gekommene Sein ist nicht als Beschaffen-Sein, sondern als Tätig-Sein zu denken – als eine Weise des Lebens. Zum Leben auf der Stufe des Menschlichen aber gehört, daß es sich weiß, und das Sich-selbst-Wissen des vollendeten Lebens heißt Glückseligkeit (εὐδαιμονία). Gut-Sein und Glücklich-Sein fallen also für den Menschen zusammen.[12]

Was vom einzelnen Menschen gilt, trifft auch auf die Polis zu. Auch sie ist gut dadurch, daß sie ganz ist, was sie sein kann, ihr vollkommen verwirklichtes Wesen, die ‹Polis selbst› (αὐτὴ ἡ πόλις), soweit das im Bereich des Menschen-Möglichen liegt. Auch für sie ist ihr Sein ein Tätig-Sein, und die best-mögliche Polis ist zugleich die glückliche Stadt. Da sie aber nur in ihren Bürgern ein Wissen ihrer selbst haben kann, bedeutet ihr Glück das Glück der Bürger, aller ohne Ausnahme.

Der einzelne und die Polis sind also gleichförmig. Die Polis zeigt im Großen, was der einzelne im Kleinen ist. Die beiden gehören zusammen. Was dem Staat nützt oder schadet, das nützt oder schadet dem einzelnen Bürger, und dieser Satz gilt auch in der Umkehrung. Das bedeutet aber nicht, daß das Menschlich-Gute und das Politisch-Gute zusammenfallen. Wir müssen etwas genauer hinhören, um zu erfahren, wie sich nach Plato dies wechselseitige Verhältnis gestaltet. Nur so können wir uns vor dem Irrtum derer hüten, die Plato entweder zum Schirmherrn der modernen Demokratie oder (das ärgere Mißverständnis) zum Anwalt totalitärer Herrschaft machen wollen.[13]

Zunächst ist der Einzelne Teil des Ganzen, dem er eingeordnet ist. Das Wohl des Ganzen, der Polis, wiegt schwerer als das Wohl des Einzelnen. Die Polis kann daher, wenn es not tut, von dem Einzelnen jedes Opfer an Leib und Gut, auch das Opfer des Lebens fordern. Sokrates stirbt in Gehorsam gegenüber dem Staat. Obwohl er das Urteil als ungerecht beurteilt, urteilt er, es sei gerecht, daß es vollstreckt wird. Deshalb schlägt er, wie der Dialog *Crito* berichtet, das Angebot der Freunde aus, die ihm zur Flucht verhelfen wollen. Dabei wird noch ein anderes Moment im Verhältnis des Einzelnen zur Polis deutlich. Er ist nicht nur Teil, sondern abhängiger Teil. Daß er ist und was er geworden ist, seine Zeugung, seine Aufzucht und Bildung – sich selbst verdankt er der Polis und ihren Gesetzen, die er durch seine Flucht untergraben würde. Diese Seite des Verhältnisses vergleicht Plato mit dem Verhältnis des Sohns zum Vater. Auch der erwachsene Sohn wird sich dem väterlichen Willen fügen. Oder, wenn der Vater ihm etwas Unrechtes zumutet, wird er sich bemühen, ihn durch Überredung umzustimmen. Keinesfalls aber wird er gegen seine Eltern Gewalt anwenden. Das gleiche gilt in noch höherem Maß von der Loyalität gegenüber der Vaterstadt. Denn ihr verdankt er sich in noch umfassenderem Sinn als seinem Vater und seiner Mutter.[14]

Dieser Ausdruck der Liebe zur Vaterstadt (theoretisches Erfordernis und Realität zugleich) dient nun gerade dazu, die Kehrseite dieses Verhältnisses ins Licht zu rücken – die Überlegenheit des Einzelnen. Und eben diese Kehrseite läßt erst die weltgeschichtliche Bedeutung der sokratischen Tat (ihrem platonischen Verständnis nach) erkennen – der Tat, die das Tor aufstößt zu dem Zeitalter, in welchem wir selbst zu leben bestimmt sind, unerachtet des Protestes derer, die uns unter dem Zeichen der Nietzsche-Nachfolge in das archaische Denken zurücklocken wollen. Der Einzelne, Teil der Polis als des ihn umfassenden Ganzen, in ihr verwurzelt und ihr durch unverbrüchliche Loyalität verbunden, bewahrt dennoch seine Selbständigkeit, ja seine Überlegenheit ihr gegenüber. Er, ein bloßer Teil unter Teilen, wirkt mit am Aufbau des Ganzen. Die Polis ist für ihn nicht nur wie Vater und Mutter – sie ist auch sein Werk. Die Rolle des Staatsmannes, Stadtgründers und Gesetzgebers ist nicht bloß eine unter den vielen Beschäftigungsarten des Menschen, sondern sie gehört zu seinen unausweichlichen und höchsten Möglichkeiten, zusammen mit der Rolle des Philosophen und der seines Schattens und Gegenspielers, des Sophisten – die Trias, der Plato in der letzten Epoche seines Schaffens drei Dialoge zu widmen gedachte.[15]

Als Staatsgründer lernen wir den platonischen Sokrates im *Staat* kennen – eines Staates freilich, der nur in Wort und Gedanke besteht. Voraussetzung dieses Gründungswerkes aber war eine andere Probe. Der Bürger Sokrates mußte sich als fähig erwiesen haben, aus dem schlichten Bürgergehorsam herauszutreten und das Tun seiner Vaterstadt als gut oder schlecht zu beurteilen. Das mag wenig scheinen und war doch weltbewegend. Nur äußerlich hatte das Verhalten des Sokrates etwas mit dem Streit der politischen Meinungen zu tun, an den sich das demokratische Staatswesen Athen längst gewöhnt hatte. Das sokratische Urteil, mit dem Anspruch nachprüfbaren Wissens gefällt, unterschied zwischen gut und schlecht. Nun gehörten die Begriffe von gut und schlecht zu Eigentum und Erbschaft der Stadt. Sie bildeten den Grund, auf dem die ‹uralten heimischen Sitten› (πάτρια καὶ παντάπασιν ἀρχαῖα νόμιμα, *Leges* 793b) ruhten. Das fragende ‹unwissend Wissen› des Sokrates besagte zweierlei: einmal, daß die πάτρια, die überlieferten Sitten, ihre Bestimmungsmacht verloren hatten.[16] Das Gute war fraglich, die Unterscheidung zwischen gut und schlecht war nicht nur in Einzelfällen (das galt von je), sondern überhaupt undeutlich geworden. Jene Denk- und Sprachverwirrung war eingebrochen, die Thukydides als Folge der Revolutionierung der hellenischen Staatenwelt schildert: «Die Bedeutung der Worte hatte die Beziehung zu den Dingen verloren und wurde nach Belieben geändert. Wildes Draufgängertum wurde für opferbereiten Mut gehalten, vorausblickende Sorgfalt für versteckte Feigheit, Besonnenheit für einen Vorwand der Unmännlichkeit, allseitig offenes Verständnis für unentschlossene Trägheit.»[17]

Aber nicht Einsicht in die Tiefe der Zerrüttung ist charakteristisch für Sokrates, wie er uns im *Crito* und in der *Apologie* entgegentritt, sondern die sich der Ratlosigkeit entgegensetzende Unabhängigkeit, mit der er fragend und prüfend die Sache selbst, d.i. den Maßstab des Guten und Schlechten, zum Reden bringt. Wohl schließt er sich damit der von den Ioniern inaugurierten Tradition der *Theoria* an. Aber Ausgangspunkt ist nicht länger die Einrichtung des Kosmos, sondern die bedrohte Ordnung des menschlichen Daseins und vor allem der Polis. Mit der Frage «Was ist das?», gerichtet auf das Zentrum der Unruhe, auf das dem Menschen und seiner Gemeinschaft Zuträgliche, gewann Sokrates den archimedischen Punkt, der es ihm ermöglichte, die Polis sowohl aus den Angeln zu heben wie auch neu zu begründen. Politik als Wissenschaft von der Polis konnte erst gedacht werden, nachdem der denkende Sohn der Polis eine Distanz gelegt hatte zwischen sich und den väterlichen Stadtstaat. Die Begründung der politischen Wissenschaft durch Sokrates war beides – leidvolle Trennung, aber auch triumphale Befreiung, durch die der Einzelne, sich der politischen Wahrheit unmittelbar stellend und auf sie sich gründend, in Überlegenheit vor den Staat hintrat. In dem blinden Haß der Athener gegen ihren Mitbürger Sokrates muß eine Ahnung seiner für sie furchtbaren Größe lebendig gewesen sein. Freilich, wir wüßten wenig von dieser Gründungstat, wäre sie uns nicht durch Plato erklärt und dramatisch dargestellt worden. Daher darf die Frage, wer nun der eigentliche Gründer gewesen ist, Plato oder Sokrates, unentschieden bleiben. Die klare Einheit von Gedanke und Tat mag uns genügen. Ein Bürger mußte sich vor der Polis Athen rechtfertigen, und er tat so ohne Erfolg. Dieser Bürger namens Sokrates aber beurteilte und verurteilte seinerseits die Polis und ihren Spruch – nicht nur als ungerecht, sondern als die Negation der Gerechtigkeit und mithin ihres eigenen Seinsgrundes. Diese letztere Beurteilung aber hatte die Form der Erkenntnis. So war nun die Polis vor das Tribunal der Vernunft gefordert. Sie mußte sich dadurch rechtfertigen, daß sie Auskunft gab über ihr Was und Wozu. So begann die Wissenschaft von der Politik.

IV. Die Politik als Kunst

Wir wollen uns zunächst mit der Art dieser Erkenntnis bekannt machen. Um sie wiederzugewinnen, müssen wir die vielfach propagierte und von Plato scheinbar ermutigte Meinung aus dem Weg räumen, als sei das vielberufene Nicht-Wissen eben das, was der Name zu besagen scheint – Unwissenheit; als sei der platonische Sokrates in den frühen Dialogen vor allem oder ausschließlich ein großer Aporetiker, d. i. Produzent intellektueller Verlegenheiten. Als Leitfaden soll uns der Begriff der Kunst (τέχνη) dienen. Denn Politik ist in platonischer Sprache Kunst – politische Kunst oder Staatskunst. Die fundamentale Bedeutung dieses Begriffs beschränkt sich nicht auf eine Gruppe von Dialogen oder eine Phase des literarischen Schaffens Platos. *Techne* ist der Leitbegriff in allen Analysen der frühen ‹sokratischen› oder ‹aporetischen› Dialoge. Und in dem späten *Staatsmann* gilt die Nachforschung wiederum der Kunst, die den wahren Staatsmann auszeichnet, und ihrer Stellung in der Gesamtheit der Künste.

In den frühen Dialogen herrscht die Frage «Was ist das?» vor. Ein definitorisches Verfahren wird im Spiel von Frage und Antwort entwickelt. Die zu bestimmenden Gegenstände sind fast immer Tugenden oder menschliche Tätigkeitsformen – die Tapferkeit im *Laches,* die Besonnenheit im *Charmides,* die Frömmigkeit im *Euthyphro,* die Gerechtigkeit im *Staat* I, die Freundschaft im *Lysis,* die Lehrbarkeit der Tugend im *Protagoras* und im *Meno,* die Redekunst im *Gorgias* – kurz, *die* Leitbegriffe des Daseins, deren Sinn nach dem Bericht des Thukydides während des Peloponnesischen Krieges (der Zeit des Stattfindens der Dialoge) ins Wanken geraten war. «Das Wissen von dem, was zu fürchten und was nicht zu fürchten ist», lautet die dritte und letzte der im *Laches* geprüften Definitionen der Tapferkeit (194c–199e). Sie ist dem Sokrates abgelauscht, wird aber von Nicias eingeführt, der Belehrung sowohl bei Sokrates wie auch bei den Sophisten sucht – von dem unglücklichen Feldherrn, der sich später von einer Mondfinsternis, also dem Nicht-zu-Fürchtenden, so fürchtete, daß er den Kopf verlor und das ihm anvertraute Heer ins Verderben riß. Laches, wie Nicias ein athenischer General, findet die Definition einfach lächerlich: Was, in der Tat, hat Tapferkeit mit Wissen (σοφία) zu tun? (195a) Und der sog. gesunde Menschenverstand aller Zeiten und Länder spendet Beifall. Im Dialog selbst scheint die Definition wirklich Schaden zu leiden. Ihr Kritiker, Sokrates, stellt am Ende fest: «Also haben wir nicht gefunden, was Tapferkeit ist». Darauf Nicias, kleinlaut: «Offenbar nicht» (199e). Hören wir aber scharf zu, bemerken wir, daß nicht die Unzulänglichkeit der Definition schuld ist am Scheitern, sondern die Inkompetenz ihres Anwalts. Armer Nicias! Er kennt Sokrates und weiß: immer gibt er dem Gespräch eine solche Wendung, daß nicht nur die Frage, sondern auch der Gefragte geprüft wird (187e–188c) und selbstgefällig bekennt er, an solcher Prüfung durch den Jüngeren Vergnügen zu finden. Doch hat sie ihm wenig genützt – wieder verliert der General eine Schlacht.

Was heißt Wissen (ἐπιστήμη) in der vorgeschlagenen Definition? Soviel wie Kunst (τέχνη) – Plato läßt weder in den frühen noch in den späten Dialogen eine scharfe Unterscheidung zwischen diesen beiden Begriffen zu. Wissen ist zugleich Sich-Auskennen und mehr noch: ein auf Kenntnis beruhendes Können.[18] So werden im *Laches* eine ganze Reihe von Künsten zu analogischer Veranschaulichung herangezogen, die Fechtkunst, die Strategie, die Töpferkunst, das Flötenblasen, das Zitherspiel, der Landbau, die ärztliche Kunst, die Wahrsagekunst. Für alle diese Künste ist es charakteristisch, daß sie ein Gut hervorbringen oder (was dasselbe besagt) einen Dienst leisten; daß sie ein Wissen in sich tragen, das sich sowohl auf das zu verwirklichende Gut wie auch die Mittel der Verwirklichung bezieht; und schließlich daß sie erlernbar sind. Jeder Künstler wird also entweder behaupten müssen, der Erfinder seiner Kunst zu sein, oder er muß sich (der gewöhnliche Fall) auf die Lehre bei einem Meister berufen. Aus dieser zuletzt genannten Eigentümlichkeit ergibt sich die Aufteilung der Kunst in spezielle Künste. Jeder Künstler ist nicht Künstler schlechthin, sondern Fachmann: Fechter oder Stratege oder Töpfer und was sonst. In den Zusammenhang dieser Künste also stellt sich die sokratische Definition des Nicias: Tapferkeit – das Wissen von dem, was zu fürchten und dem, was nicht zu fürchten ist. Und da zeigt sich in der Tat, daß sie den ihr zugewiesenen Zusammenhang sprengt. In gewisser Weise trifft die Definition auf jede einzelne Kunst zu, aber doch nur in beschränkter Weise: Der Landmann weiß z. B., welcher Schädling oder welche Witterung für das ihm anvertraute Getreide zu fürchten ist und welche nicht. Aber die Definition versteht offenbar das zu Fürchtende in unbeschränkter, besser in nicht-spezialisierter Weise – als das Übel schlechthin –, und dies wiederum kann nur im Licht der Erkenntnis des nichtspezialisierten Guten erkannt werden. Also entfällt hier das Merkmal der Spezialität: wenn Tapferkeit eine Kunst ist, muß sie etwas wie Alles-Kunst sein. Aber das ist keineswegs die Absurdität, die sich der Tausendkünstler Hippias ausgedacht hat. Das Verhältnis der sokratisch definierten Tapferkeit zur Techne überhaupt in analogischer Art – ein Verhältnis der Gleichheit in der Ungleichheit; und beide, Gleichheit und Ungleichheit, sind in gleicher Weise aufschlußreich hinsichtlich des Gesuchten. Die Tapferkeit ist nicht eigentlich ‹technisches Wissen› (ἔντεχνος σοφία). Sie bezieht sich nicht auf eine spezielle Fertigkeit oder Vollbringung im Leben, sondern auf das Leben des Lebens selbst, und als solche ist sie, um mit Sokrates (*Apologie* 20b) zu reden, ‹menschliche oder politische Kunst›. Die vorgeschlagene Definition ist nicht falsch, aber unvollständig. Sie definiert mehr als das *definiendum*.

Der Ausgangspunkt des Definitionsversuches war die Tapferkeit als eine Tugend unter anderen oder als Teil der Tugend (ἀρετή). Aber auch diese ihre Teilhaftigkeit wird durch die sprengende Wirkung der Definition aufgehoben. Die Furcht, auf die sie sich bezieht, ist «Erwartung eines zukünftigen Übels» (198 b). Das Wissen von zukünftigen Übeln aber muß dasselbe wie das von vergangenen und gegenwärtigen sein. Damit hört die Tapferkeit auf, ein Teil der Tugend zu sein. Sie fließt mit den anderen Tugenden wie z. B. der Besonnenheit oder Gerechtigkeit zusammen. Wiederum zeigt sich, daß die Definition mehr definiert als sie sollte – nicht *eine*, sondern die ganze Tugend (σύμπασα ἀρετή, 199 e). Und diese ganze Tugend verdient nun, wie die ihr entsprechende Kunst, den Namen einer menschlichen oder politischen Tüchtigkeit. Überhaupt zeigt sich die Künstlichkeit der Trennung der beiden kritischen Beweisgänge. Die Kunst hat es schon immer mit ‹*Tugend*› (ἀρετή) zu tun. Denn ‹*Tugend*›, befreit von den irreführenden Untertönen, die in dem deutschen Wort mitschwingen, bedeutet Tüchtigkeit hinsichtlich der einem Wesen durch seine Natur ermöglichten Tätigkeiten. Die Kunst also entwickelt ‹*Tugend*› in doppeltem Sinn: die Tugend des Ausübenden (z. B. die Musikalität des Flötenspielers) wie auch die Tugend des Werkes oder der Lust an ihm (die bewegend-erfreuende Kraft der Melodie). In der obersten, menschlichen oder politischen Kunst (oder Tugend) fallen diese beiden Seiten zusammen. Der Technit ist zugleich sein Werk: Er formt, wie es im *Staat* (500 d) heißt, sich selbst.

Ist etwa die «königliche Kunst», die Kunst über allen Künsten – und ist gleichermaßen die Tugend über allen Tugenden inhaltleer, eine bloße Negation der Spezifikation wirklichen Könnens und Wissens? Keineswegs – die grenzsprengende Wirkung der sokratischen Definition erschöpft sich nicht in der Eröffnung einer *via negationis.* Sie ermöglicht gleichzeitig eine Hierarchisierung des Wirklichen und deren Supplement und Gegenstück, die absolute Unterscheidung.

Zunächst zur Hierarchisierung. Die Künste sind von sich aus so eingerichtet, daß sie sich in aufsteigender Ordnung umfassen. So ist die Gerberei umfaßt von der ihr übergeordneten Sattlerkunst, diese von der Reitkunst, diese wiederum von der Feldherrnkunst, und diese schließlich von der Staatskunst. Das jeweils Übergeordnete ist zugleich das Gebrauchende und damit die Instanz für die Beurteilung der Produkte der untergeordneten Kunst. Der aufsteigenden Reihe der Künste entspricht die Skala der Güter. Demgemäß ist die königliche Kunst die Herrin allen Gebrauchs und die Basis aller Beurteilung. Das ihr zugeordnete Gut ist nicht nur ‹gut zu etwas›, sondern gut schlechthin. Nun stützt sich der Gedanke des Gebrauchs mit seiner konstruktiven Unterscheidung von Gebrauchendem und Gebrauchtem noch auf eine dritte, neben der Strukturanalyse der Künste und der Unterscheidung der Staffelung der Tugenden einhergehende Analogie – die organische Ausstattung des

Menschen. Nicht das Auge, unser Sehwerkzeug, sieht, sondern wir sehen mit den Augen; und ein gleiches gilt für alle Sinnesorgane. Das Gebrauchende in jedem Sinnesgebrauch ist ‹ich selbst› oder auch die Seele – die Seele, die dadurch, daß sie ihren Leib gebraucht, auch alles ihr in der Erfahrung Begegnende gebrauchen kann. Wie wir nun die Augen nur dadurch besser machen können, daß wir sie sehend gebrauchen (189e–190a), und so jegliches Sinnesorgan, so können wir auch die Seele als das Gebrauchende alles Gebrauchend-Gebrauchten nur dadurch besser machen, daß wir (die wir selbst Seele sind) uns mit dem schlechthin Guten beschäftigen. Den zwei im Menschen miteinander verbundenen Wirklichkeiten entsprechen also, nach der Aussage des Sokrates im *Gorgias* (464b–c), zwei Künste: der Seele entspricht die politische Kunst, dem Leib die gymnastische und ärztliche Kunst. So ergibt sich auf der durch die Definition eröffneten *via eminentiae* eine Konstellation von für das platonische Denken maßgebenden Grundbegriffen, die einen ‹Kreis der Transzendenz› bilden: das schlechthin Menschlich-Gute – die ganze Tugend – die königliche oder politische Kunst; und als viertes Moment, dem Guten unmittelbar gegenübergestellt, die Seele, die durch Tun des Guten gut wird, durch Tun des Schlechten schlecht.

Die Transzendenz aber dieses transzendenten Begriffskreises wird erst recht deutlich, wenn wir nun anstelle ihres hierarchisierend-immanenten Aspekts die immer mitzusehende absolute Unterschiedenheit ins Auge fassen. Das Gute – und entsprechend das ihm zugeordnete Wissen und Tun – ist nicht bloß die Spitze einer Pyramide – paradoxerweise ruht die Pyramide zugleich auf ihrer Spitze. Unbildlich gesagt: nichts ist ‹gut zu etwas›, es sei denn, es diene dem an sich Guten; mangelt dies, dann ist alle Trefflichkeit untergeordneter Vollbringung nur scheinbar gut. Keine noch so große Fülle der Güter vermag das an sich Gute aufzuwiegen; denn die Differenz ist nicht quantitativ sondern qualitativ. Sie entspricht der anthropologischen Differenz zwischen Seele und Leib, der ontologischen Differenz zwischen dem Wesen, der ‹Sache selbst› (εἶδος) und ihren Akzidentien. Zugleich entspricht der absoluten Unterscheidung eine unwiderrufliche Entscheidung. Sokrates stirbt für diese durch seine Wahl bezeugte Unterscheidung: zuerst sorgt er sich um sich selbst, wie er besser und besonnener werden kann – nicht um seine Angelegenheiten, zuerst auch um die Stadt selbst, nicht um ihre Macht und ihren Besitz, und so in allem. Seinen athenischen Mitbürgern, dann aber auch uns mutet er die gleiche Wahl und die gleiche Entscheidung zu, und Plato allein, nicht Xenophon, Aeschines oder sonst einer der Sokratiker (von Aristophanes zu schweigen) macht sich zum Träger und Interpreten dieser philosophischen Botschaft (*Apologie* 36d–d). An der menschlich-politischen Kunst hängt das Heil des Einzelnen, der Polis und der Menschheit.

Für den modernen Leser mag in diesen Überlegungen das Zusammenfließen des Menschlichen und des Politischen ein Ärgernis sein. Der nähere Sinn dieser Zusammengehörigkeit ergibt sich aus zwei hier noch nachzutragenden Begriffen: der Sorge (ἐπιμέλεια) und der Erziehung (παιδεία). Darüber gibt uns das Gesamtwerk Platos Auskunft, aber schon der verhältnismäßig bescheidene Dialog, den wir uns als Beispiel ausgewählt haben. Lysimachus, der zusammen mit seinem Freunde Milesias das Gespräch veranlaßt hat, möchte bei der Erziehung seines Sohnes alle nur erdenkliche Sorgfalt walten lassen (ἐπιμεληθῆναι ὡς οἷόν τε μάλιστα) und es fällt auf, daß in dem kurzen folgenden Abschnitt (179 a–b) nicht weniger als fünfmal das gleiche Wort, seine Abwandlungen und seine nächste Entsprechung (θεραπεύεσθαι) vorkommen. Sorge, von oben nach unten wirkend, hält den Weltbau in seiner vertikalen Schichtung zusammen. Die Götter sorgen für die Menschen, die Seele ruht nicht, ehe sie einen Leib gefunden hat, für den sie sorgen kann, der Mensch sorgt sich um sich und sorgt für sich selbst und für seine Mitmenschen, zuerst für seine Familie, für seine Mitbürger und seinen Staat.[19] Die letztgenannte Art der Fürsorge nimmt die Form der Paideia an, für Plato wie für griechisches Denken überhaupt die wichtigste Tätigkeitsform des Staates.[20] Das Erziehungssystem ist das Kernstück der ‹besten Polis›, die Sokrates im *Staat* aufbaut; und die Diärese im *Staatsmann* ist nicht zuletzt auch darauf gerichtet, die Hirtensorge des Herrschers abzugrenzen von den verschiedenen Formen der Fürsorge, welche die verschiedenen technischen Fachleute, die Praktizierenden der Künste, den Bürgern zuteilwerden lassen.

V. Die zwiefache Gegenposition

Die königliche Kunst, gerichtet auf das Menschlich- oder Politisch-Gute, gleicht den anderen Künsten, und aus diesem Zusammenhang kann sie als Wissen verstanden werden; zugleich ist sie aber durchaus anders, unvergleichlich, weder Wissen noch Unwissenheit, sondern wissendes Unwissen. In dieser ihrer paradoxen Gestalt ruft sie den sophistischen Widerstand gegen sich auf, der in zwiefacher Gestalt auftritt, gerichtet teils gegen die Unbestimmtheit der sokratischen Wissenschaft, teils gegen ihre in bestürzender Weise anspruchsvolle Bestimmtheit. Zwei Formen des Ausweichens vor der Frage nach dem Guten – die eine vertreten von Protagoras (in dem gleichnamigen Dialog und im *Theaetet*), die andere durch Callicles im *Gorgias* und, in vergröberter Art, von Thrasymachus in *Staat* I. Die Unterscheidung hat einen politischen Sinn. Protagoras, obwohl er sich demokratisch ausdrückt, kann sich mit jeder Regierungsform abfinden, während die beiden anderen mit der Gewaltherrschaft sympathisieren.

Gegen Sokrates, der mit dem Gedanken der Nicht-Lehrbarkeit der Tugend experimentiert, will Protagoras sowohl ihre Lehrbarkeit behaupten, wie auch die Nicht-Spezifizierbarkeit des sie hervorbringenden Lehrens und Lernens erklären. Daran ist er, der reisende Lehrer einer gut bezahlten politischen Wissenschaft, natürlicherweise interessiert. Durch einen Mythus veranschaulicht er seine Lehre. Die Schaffung der lebendigen Wesen, so erzählt er, überließ Prometheus seinem minder begabten Bruder Epimetheus. Der stattete zwar alle Lebewesen so aus, daß sie im Lebenskampf sich zu behaupten und ihre Art zu bewahren wußten. Nur als der Mensch an die Reihe kam, waren die Waffen vergeben. So kam er als Mangelwesen auf die Welt. In seiner Verlegenheit rief der unbedachte Schöpfer seinen Bruder Prometheus herbei, und der stahl aus der gemeinsamen Wohnstatt des Hephaest und der Athene das Feuer, das Geheimnis der Künste. Mit seiner Hilfe konnte nun der zum *homo faber* beförderte Mensch ein menschenwürdiges Dasein aufbauen. Nur *ein* Mangel blieb unbehoben. Die Menschen lebten vereinzelt, eine leichte Beute der wilden Tiere, und der Versuch, sich durch Zusammensiedlung zu schützen, mißlang: sie wußten nicht miteinander auszukommen. Noch fehlte ihnen das politische Wissen (σοφία πολιτική, 321 d). Diesem unerträglichen Naturzustand setzte nicht der Gesellschaftsvertrag ein Ende, sondern Zeus selbst, indem er den Menschen durch Hermes Gerechtigkeit und Scham (δίκην καὶ αἰδῶ, 322 c) zuschickte, und diese Gaben wurden ausnahmslos an alle verteilt. Und damit war die Welt so vortrefflich eingerichtet wie wir sie jetzt finden.

Das *fabula docet* ist leicht zu erraten. Zunächst ist klar, daß dem sokratischen Versuch, in Orientierung an den Künsten über die Künste hinauszufragen, der Boden entzogen wird. Während die Künste der Werkstatt der beiden erfinderischen Kunstgottheiten entstammen, hat der moralisch-politische Sinn seinen Ursprungsort in der von furchtbaren Wachen umstellten Burg des Zeus, in die menschliches Sinnen nicht eindringt. Da im übrigen heilige Scheu und Gerechtigkeit an alle verteilt sind, ist es keineswegs töricht, Gevatter Schmied oder Nachbar Schuster zu politischer Beratung beizuziehen. Denn alle ohne Ausnahme, von der Amme und dem Schulmeister bis zum leitenden Staatsmann, sind als Lehrer der Tugend unaufhörlich tätig, und auch die vom Staat verhängten Strafen haben keinen anderen Sinn als den der gleichen Belehrung. Der Sophist tut also nur, was alle anderen ohnehin tun, wenn er sich auch – so der bescheidene Anspruch des berühmten Protagoras – um ein weniges besser darauf versteht (328 a).

Die Erschütterungen der Zeit, das Wanken der traditionellen Sitten und Begriffe, die Sprach- und Denkverwirrung der hellenischen Revolution – all dies hat den gefälligen Redner und Professor nicht berührt. Was ist gut? fragt ihr – man braucht den Leuten nur aufs Maul zu schauen und man weiß es. Das Moralische versteht sich immer von selbst. Und wie willkommen, wie unanstößig den Regierenden mußte dieser hochgebildete Mann überall sein, wo er sich hören ließ. Und wenn er, am Ende seiner schönen Rede, auch noch die Frage des Kolleggelds taktvoll und vernünftig zu regeln weiß – wer wird da dem redlichen Mann sein Salär beschneiden wollen? Plato jedenfalls als Autor scheint ganz entzückt gewesen zu sein von dieser Figur auf seiner dialogischen Bühne, und im *Theaetet* beschwört er noch einmal den Geist des inzwischen Verstorbenen. Bei diesem zweiten Auftreten läßt er ihn den Satz verteidigen: «Erkenntnis ist Wahrnehmung.» Daraus leitet der wiedererstandene Protagoras einen sensualistischen Relativismus ab, der vieles, nur nicht den Unterschied von Wahrheit und Irrtum zu erklären weiß. Wieder taucht da die Frage der Legitimität des Lehrens auf, und nach der Preisgabe des Begriffs der Wahrheit wird sie von dem Sophisten folgendermaßen beantwortet: Zwar ist jeder von uns das Maß dessen, was ist und was nicht ist. Aber mit dem Verschwinden des Unterschiedes von wahr und falsch verschwindet nicht der von besser (d.i. heilsamer, angenehmer) und schlechter. Wie der Arzt die schlechten Empfindungen des Kranken durch Heilmittel in bessere verwandelt, so der Sophist durch Reden. Der weise und gute Redner wird die Bürger nicht belehren – ein sinnlos gewordenes Wort; aber er wird machen, «daß den Staaten anstatt des Verderblichen das Heilsame gerecht erscheint und ist. Denn was jedem Staat schön und gerecht erscheint, das ist es ihm ja auch, solange er es dafür erklärt; der Weise aber macht, daß anstatt des bisherigen Verderblichen ihm nur Heilsames so erscheint und ist» (166 d–167 c). Protagoras endet mit einem Appell an Friedlichkeit und Toleranz. In der Tat entfällt mit dem Gedanken der Wahrheit jeder Grund (freilich nicht jeder Anlaß) zum Streit.

Die zweite Gegenposition nimmt umgekehrt Anstoß an den konkreten und, gemessen an den üblichen Anschauungen, geradezu ungeheuerlichen Folgerungen, zu denen Sokrates sich vorwagt. Das größte Übel ist, so behauptet er, Unrechttun und keine Strafe dafür erleiden. Denn Straflosigkeit bedeutet beharren im Übel. Wer also seinem Feind, der überdies irgendein großes Unrecht getan hat, Schaden zufügen will (ein Wunsch freilich, der mit der Natur des Guten unvereinbar ist), der muß nur ja dafür sorgen, daß der Übeltäter straffrei davonkommt, und in diesem Zustande – dem Zustand, wie Sokrates betont, der Tyrannen, Rhetoren und Autokraten (*Gorgias* 479 a) – solange als möglich fortlebt. Hier reißt dem Callicles, der bisher schweigend zugehört hat, der Geduldsfaden. Meint Sokrates das im Ernst? «Dann wäre ja das Leben von uns Menschen ganz verkehrt, und wir müßten das Gegenteil von dem tun, was wir wirklich tun» (481 c). Und nun baut Callicles, kein Sophist aber Sophistenfreund, Anbeter und Verächter des Demos, seine Gegenposition auf. Man muß unterscheiden zwischen dem, was der Natur nach, und dem, was dem Gesetze nach unrecht oder schön ist, und meist stehen diese beiden Bestimmungen im Widerspruch zueinander. Nach dem Gesetz mag Unrechtleiden besser sein als Unrechttun. Dennoch ist es unwürdig eines Mannes und paßt besser zu einem Sklaven, der sich nicht wehren kann. Die Natur selbst beweist uns durch das Verhalten der Tiere oder auch der Staaten zueinander, daß dem Stärkeren mehr gegeben wird als dem Schwachen. (Man denkt hier an Thrasymachus, der Gerechtigkeit als den ‹Nutzen des Stärkeren› definiert, *Staat* I 338 c.) Die Gesetze aber stammen von der Menge der Schwächlinge, die versuchen, die Starken einzuschüchtern. Und dann folgen die Worte, die Nietzsche inspirierten und in seiner *Genealogie der Moral* einen Nachhall fanden. Warum führte Xerxes Krieg gegen Hellas, sein Vater gegen die Skythen? «Der Natur gemäß und, beim Zeus, gemäß dem Gesetz, nämlich dem der Natur – nicht freilich nach dem, welches wir willkürlich machen, wir, die wir die Besten und Kräftigsten unter uns gleich von Jugend an, wie man es mit dem Löwen macht, durch Besprechung gleichsam und Bezauberung knechtisch einzwängen, indem wir ihnen immer vorsagen, alle müssen gleich haben, und eben dies sei das Schöne und Gerechte. Wenn aber, denke ich, einer mit der Fülle der Naturkraft begabt zum Mann wird: so schüttelt er das alles ab, reißt sich los, durchbricht und zertritt alle unsere Schriften und Gaukeleien und Besprechungen und widernatürlichen Gesetze und steht auf, offenbar als unser Herr, und eben darin leuchtet hervor das Recht der Natur» (*Gorgias* 483 d–484 b, frei nach Schleiermacher).

Was für eine glänzende Fälschung des ‹Löwenmenschen›, dessen echte Verkörperung Plato in dem Telamonier Ajas findet (*Staat* 620 b)!

VI. Werden und Zerfall der besten Stadt

Hat Sokrates die Verteidiger der Gegenposition wirklich überwunden? Zumindest muß die Überwindung noch als unvollständig gelten. Das Prinzip, von dem die sokratische Argumentation ausgeht, das Gute, hat zwar schon etwas von seiner inhaltlichen Bestimmtheit zu erkennen gegeben. Es hat sich als Grundlage der Hierarchisierung der Güter und zugleich einer absoluten Unterscheidung, die zur Wahl auffordert, gezeigt. Aber der damit gewonnene Umriß einer ‹politischen Kunst› hat sich noch nicht zu einem konkreten Staatsbegriff entfaltet. Drei Dialoge erbringen das noch Fehlende: der *Staat*, der Entwurf der besten Polis, der *Staatsmann*, der die politische Kunst, die zunächst mit der ‹Kunst zu leben› zusammenfließt, bestimmter als Herrscherkunst definiert, und die *Gesetze*, der Gründungsplan für die zweitbeste Polis.

Die Tugend oder das Gute (beide Worte treffen hier zu), das den Einzelnen am engsten mit dem Staat verbindet, ist die Gerechtigkeit. Die beherrschende und den Dialog vom *Staat* vom 2. Buch an gliedernde Frage ist, zu welcher Gruppe von Gütern sie zu rechnen ist: zu den Gütern der ersten Klasse, die nur um ihrer selbst willen, ohne Rücksicht auf ihre Folgen begehrt werden; oder zweitens zu den Gütern, die um ihrer selbst und zugleich der Folgen wegen zu schätzen sind; oder schließlich zu denjenigen, welche wir nur wegen ihrer Folgen erstreben (357b–d). Nun macht sich Sokrates anheischig, zuerst zu beweisen, daß Gerechtigkeit in die erste, dann, in einem zweiten Beweisgang, daß sie überdies in die zweite und vornehmste Klasse der Güter gehört; und pünktlich befolgt er diese Vereinbarung. Der Abschluß des ersten und der Übergang zum zweiten Beweis findet sich ganz am Ende (612a); da werden der um ihrer selbst willen begehrten Gerechtigkeit auch noch ihre Belohnungen sowohl in diesem Leben wie im Jenseits zurückgegeben.

Worauf es bei der Klassifizierung zunächst ankommt, ist der Nachweis, daß Gerechtigkeit *nicht* in die dritte Klasse des nur konditionell Begehrten gehört, d.i. nicht zu den Gütern, die eigentlich keine sind, sondern uns nur zu Gütern verhelfen. Genau dies aber – die Degradierung der Gerechtigkeit zu einem bloßen Mittel – wird von Männern der Gegenposition angestrebt – von den Protagoras, Callicles, Thrasymachus. Und Glauco, der die Klassifizierung vorgeschlagen hat, macht in Gemeinschaft mit seinem Bruder Adimantus deutlich, warum die geforderte Klärung eine dringliche Aufgabe ist. Denn im allgemeinen wird von Gerechtigkeit so gesprochen, als wäre sie in der Tat ein Mittel zum Erfolg. Der Erfolg aber wird vermittelt durch den Ruf (δόξα) der Gerechtigkeit. Wenn er fehlt, dann wartet auf den im übrigen vollkommen Gerechten das Martyrium – Folterung, Blendung, der schmähliche Tod am Pfahl. Weiß aber einer seine Untaten geheim zu halten, so daß er nichts als den Ruf der Gerechtigkeit zurückbehält, stehen ihm, wie dem Gyges mit seinem Zauberring, alle Ehrenstellen offen. Eine geheime Übereinstimmung scheint zu bestehen zwischen den schockierenden Meinungen eines Callicles oder Thrasymachus und der von ihnen schockierten Gesellschaft. Aber die Kritik tritt jetzt hinter der affirmativen Entfaltung des Prinzips zurück. Der Beweis dafür, daß die Gerechtigkeit ein Gut an sich selbst ist (also zur ersten Klasse der Güter gehört) wird dadurch erbracht, daß uns die verwirklichte Gerechtigkeit vor Augen geführt wird – verwirklicht in dem ‹besten Staat›. Dieser glückliche Staat (glücklich durch das Glück all seiner Bürger) ist ein lebendiges, sich selbst fortzeugendes Ganzes, durchherrscht und zusammengehalten von einer Ordnung, die jeden Einzelnen «das Seine tun läßt» (τὰ αὑτοῦ πράττειν, 370a). Nicht als ein Wunschbild etwa steht er vor uns, sondern als ein Paradigma. An ihm zeigt sich, was der Staat seiner Natur nach kann und soll. Er ist eine κατὰ φύσιν οἰκισθεῖσα πόλις (428e). Nicht irgendeinem außer ihm liegenden Zweck hat er zu dienen, sondern er verwirklicht das Gute als solches in der Form der Gerechtigkeit. Aber als menschliche Einrichtung partizipiert er an der Form des Guten kraft menschlicher Einsicht. Das Erkennen des Guten durch die Herrschenden ist daher die Lebensquelle des Staates. Um seiner Selbsterhaltung willen muß also der

Staat eine Erziehungseinrichtung sein, durch welche die Erlesenen schließlich zu der ‹größten Erkenntnis› (μέγιστον μάθημα, 505 a) hinaufgeführt werden. Hier ereignet sich die nahezu vollständige Koinzidenz von menschlicher und staatlicher Vollendung. Das einschränkende «nahezu» besagt: der Herrschende vollzieht in pflichtgemäßer Dankbarkeit einen Akt des Verzichts, indem er sich von der ihm gewährten Schau den Staatsgeschäften zuwendet.

Zum Wesen des Staates gehört seine Geschichtlichkeit. Er ist nicht schlechthin, sondern er wird und er vergeht. So auch der Idealstaat. Sokrates, Gründer und Gesetzgeber einer in Gedanken und Worten bestehenden Polis, läßt sie vor unseren Augen entstehen. Die Geschichte beginnt mit einem Gemeinschaftsgebilde, das dann von Glauco als ‹Schweinestaat› verächtlich gemacht wird (372 d). In Wirklichkeit malt Sokrates ein Idyll. Die elementaren Bedürfnisse werden mit Hilfe von Arbeitsteilung befriedigt. Sie schweifen nicht über ihre Erfüllung hinaus, und so leben alle in Frieden und Freude. Nur die Gerechtigkeit ist in diesem kindhaften Zustand nicht zu entdecken. Was fehlt noch? Die Üppigkeit, das Mehr-und-mehr-haben-Wollen. Um ihn menschlich zu machen, müssen wir dem gesunden Gemeinschaftskörper ein entzündliches Fieber einimpfen. Aus dem Luxus und dem Steigen der Zivilisationsbedürfnisse ergeben sich Konflikte mit Nachbarstaaten. Man muß an Bewaffnung denken, und eine Kriegerkaste entwickelt sich. Jetzt endlich kann die Gerechtigkeit ihr Heilungswerk beginnen und dadurch zugleich für uns in Erscheinung treten.

Kriegerische Adelskasten pflegen in ihrem Niedergang die Muße zu entwickeln, aus der sich eine nicht kastenmäßig gebundene *cultura animi* entfalten kann. Plato hat diese moderne Beobachtung vorweggenommen. Sein staatgründender Sokrates nimmt die Klasse der Krieger in die Hand, und durch Erziehung – musisch-gymnastisch auf der ersten, mathematisch-philosophisch (im Sinn der späteren *septem artes liberales*) auf der zweiten Stufe – formt er sie um zu ‹Wächtern›, dem Kernbestand des dreischichtigen ‹besten Staates›. Aus den Wächtern sondern sich nach oben die kleine Zahl der Herrscher ab, nach unten die Angehörigen des Nährstandes, die Handarbeiter.

Zwei Wesenszüge sind für das sokratische Staatswesen kennzeichnend. Da ist zunächst das eiserne Bestehen auf Einheit ohne Rücksicht auf Tradition und politische Realisierbarkeit. Der zerfahrenen und zerfallenden griechischen Polis wird ein ehernes Standbild ihres wahren Selbst in aufrüttelndem Kontrast entgegengestellt. Mit der traditioneller Weise so genannten Staatsform hat die platonische Aristokratie wenig gemein. Nicht auf Geburt, sondern auf geprüfter Eignung beruht die Zuteilung der Einzelnen auf die drei Stände. Eine «kühne Erfindung»[21] soll diese Zuteilung allen annehmbar machen und zugleich die Einheit in der Dreiheit bewahren. Im Schoß der Erde, so behauptet der erfundene

Mythus, als Kinder der gleichen Mutter sind alle Bürger geformt und gerüstet worden. Aber mit dieser innigen, erdverwurzelten Gleichheit ist eine Verschiedenheit gesetzt: bei der Legierung ihrer Seelen wurde einigen Gold, anderen Silber, wieder anderen Erz beigemischt. Im übrigen ist den Wächtern, deren Leben nach spartanischem Vorbild geregelt ist, kein persönliches Eigentum gestattet. So ist Ordnungsprinzip nicht Gleichheit, sondern natürlich begründete Ungleichheit. Dabei wird das plutokratische Prinzip – Ungleichheit auf Grund ungleichen Besitzes – geradezu auf den Kopf gestellt. Die Frauen aber sind den Männern gleichgestellt, und die hochzeitliche Verbindung der Geschlechter vollzieht sich nach einer durch den Staat festgesetzten heiligen Regelung. So sind für jeden Heranwachsenden alle Erwachsenen Vater oder Mutter.

Der zweite Wesenszug besteht in der Ausarbeitung der im sokratisch-platonischen Denken von vornherein angelegten Konformität im Verhältnis von Staat und menschlicher Seele. Die Dreiheit der Stände entspricht einer Dreiheit der seelischen Kräfte. Dem Begehrungsvermögen ist der Nährstand zugeordnet, dem Muthaften der Stand der Wächter, dem Vernunftartigen die Regierenden. Jeder dieser ‹Seelenteile›, wie Plato sie nennt, ist auf das Gute ausgerichtet: die Begierde auf das unmittelbar erfaßte animalisch Gute, das Vernunfthafte suchend und reflektierend auf das Menschlich-Gute, und das Muthafte, das sich in Zorn und Entrüstung zeigt, ist im Ziel dem Vernunfthaften, in der Unmittelbarkeit des Impulses dem Begehrungsvermögen ähnlich. Die Herrschaftsordnung im Staat zeigt wie in großen Lettern geschrieben die Herrschaftsordnung in der Seele an, und erzeugt sie zugleich durch Paideia. Als Erzieher baut der Staat in jedem einzelnen sich selbst auf. Auch für die Kräfte der seelischen Ordnung gilt das Prinzip des τὰ αὑτοῦ πράττειν, auch für den Einzelnen das Gebot des Eins-seins (334d–441c).

Kann diese vollkommene Polis wirklich werden? will Glauco wissen. Die Frage ist falsch gestellt. Es liegt in der Natur des Erkennens, der Wahrheit näher zu kommen als das Tun. Eine glatte Übersetzung des Paradigmas in politische Aktion kann billigerweise nicht gefordert werden, genausowenig, wie man einen Maler tadeln kann, weil sein Bildnis eines vollkommenen Menschen keinem wirklichen Menschen gleicht. Mit Recht aber kann man fragen, ob und in welcher Weise sich die wirklichen Staaten dem paradigmatischen annähneln können. Und die mit einiger Feierlichkeit formulierte Antwort lautet:

«Wenn nicht entweder die Philosophen Könige werden in den Staaten, oder die jetzt sogenannten Könige und Gewalthaber wahrhaft und gründlich philosophieren, und also dies beides zusammenfällt, die Staatsgewalt und die Philosophie ... eher gibt es keine Erholung von dem Übel für die Staaten, lieber Glauco, und ich denke, auch nicht für das menschliche Geschlecht» (473c–e, Schleiermacher).

Kein Wunder, daß diese Antwort absurd erscheint. Das Verlangen nach Wahrheit, das im Verein mit Seelengröße (μεγαλοπρέπεια) die philosophische Natur auszeichnet, ist in verderbter Zeit dem Verderben preisgegeben. Nicht von den Sophisten geht die Korruption aus – man darf sie nicht überschätzen. Der große Verführer, dem die Alcibiades und Callicles unterliegen, ist die Macht in den Händen des Demos. Zwei große Bilder veranschaulichen die scheinbare Nutzlosigkeit des Philosophen und die Größe seiner Gefahr: Das erste Bild (488 a–489 c) schildert den Demos als einen gewaltigen, aber schwerhörigen und kurzsichtigen Schiffsherrn, der von der aufrührerischen Mannschaft bedrängt wird. In wildem Gemenge will jeder das Steuerruder an sich reißen, während der Meister der Navigation hilflos beiseite steht. In der zweiten Parabel (493 a–c) figuriert der Demos als ein großes und gewaltiges Untier, umsorgt von den sogenannten Sophisten, deren Kunst darin besteht, die Launen und Lüste des Ungeheuers auszukundschaften, um es dann entweder kirre zu machen oder bei Laune zu erhalten. Nur durch göttliche Schickung kann in solchen Zeitläufen die philosophische Natur sich für ihre königliche Aufgabe intakt und lebendig erhalten. Inzwischen mag es ihr ergehen wie dem Wanderer, der, vom Hagelsturm überfallen, sich hinter einem Mäuerlein ducken muß, bis das Wetter vorübergezogen ist. Das platonische Mäuerlein (τειχίον, 496 d), Symbol der Zuflucht im Privatleben, wurde bald nach Plato zur Burg jener philosophischen Apolitie ausgebaut, die sich mit dem Spruch λάθε βιώσας wappnete.[22]

Wie alles Irdische, so ist auch der paradigmatische Staat vergänglich. Menschliches Versagen ist die unmittelbare Ursache des Niedergangs. Die Stunde des *numerus nuptialis,* der die Einfügung der Polis in die kosmische Ordnung bestimmt, wird verfehlt, und damit setzt ein Prozeß der Verschlechterung ein, dessen Ziel und Endpunkt die Selbstzerstörung ist. Das Gedeihen des Staats hängt von der richtigen Herrschaftsordnung ab: das Vernunftartige (λογιστικόν) muß das Heft in der Hand halten. Daraus ergibt sich das Prinzip der in Buch VIII und IX dargestellten Verfallsgeschichte: die Herrschaft sinkt von Stufe zu Stufe. Die Frucht der richtigen Herrschaft war Einheit, Einheit aber bedeutet auf dem Niveau menschlicher Gesellschaft soviel wie Einstimmigkeit. Demgemäß beginnt der politische Umsturz stets mit Zwist unter den Herrschenden (545 c–d); und so auch hier. Das Absinken der Herrschergewalt beginnt, und die erste Stufe, die es gemäß der Skala der Seelenvermögen erreicht, ist die der Timokratie, die etwa der vielgerühmten spartanischen oder kretischen Verfassung entspricht. Statt der Vernunft herrscht die Ehrliebe oder, in Begriffen der dreiteiligen Vermögenslehre ausgedrückt, das Muthafte (θυμοειδές). Die nächst tiefere Stufe heißt Oligarchie. Der Reichtum sitzt hier im Regiment oder, psychologisch gesprochen, das Begehrungsvermögen – aber zunächst noch eine durch ökonomische Umsicht disziplinierte Begier. An dritter Stelle folgt die Demokratie, das Regime unbeschränkter Freiheit, eine gefällige Anarchie und zugleich ein Durcheinander aller erdenklichen Verfassungen. Nun sind alle Begierden freigelassen und herrschen nacheinander oder auch nebeneinander, wie es gerade kommt. Der Umschlag von anarchischer Freiheit zur Knechtschaft, d.i. zur vierten Verfassung, der Tyrannis, läßt nicht lange auf sich warten. In der Seele eines Mannes gelingt es einer Leidenschaft, sich die anderen Leidenschaften und Begierden zu unterwerfen und, alle Kräfte der Wollust und des Wahns in sich aufsaugend, wächst sie heran zu dem dunklen Gleichnis des lichten Eros, ähnlich einer geflügelten Drohne, deren Stachel dem Opfer das Gift unstillbarer Sehnsucht einimpft (572d–573b). Als Volksführer im Bürgerkrieg gegen das Eigentum beginnt der Tyrann seine Laufbahn. Hat er dann, von wirklichen und eingebildeten Feinden umlagert, erst einmal Blut gekostet, verwandelt er sich in einen Werwolf (565d–e), und durch Gemetzel, Ausschweifung und Zerstörung rast er seiner und des Staates Vernichtung entgegen.

Sokrates hat seinen Vertrag erfüllt. Er hat uns den wahren Staat als verwirklichte Gerechtigkeit vor Augen geführt und dadurch bewiesen, daß die Gerechtigkeit ein Gut an sich ist, begehrenswert nicht ihrer Folgen, sondern ihrer selbst wegen. Denn ihre staatgründende Kraft ist nicht ihre Folge, sondern ihr Wesen. Gleichermaßen hat sich gezeigt, daß Ungerechtigkeit Staatsvernichtung bedeutet. Nachdem der Vorhang über dem furchtbaren Drama der Staatszersetzung gefallen ist, stehen zwei Gegenfiguren vor uns: am Anfang das Bild irdischer Seligkeit, verkörpert in dem weisen Mann und in der ‹besten Stadt›, am Ende das Bild der Unseligkeit, zum Menschen geworden im Zerstörer seiner selbst und der Stadt, dem Tyrannen. Der Dialog könnte hier enden. Dennoch fordert die Logik, und nicht nur der künstlerische Sinn für Gleichgewicht, ein Nachspiel.

Weder die Gesprächsteilnehmer noch die Leser können sich zufriedengeben. Es fehlen noch die von Sokrates versprochenen ‹Folgen› der Gerechtigkeit – die Belohnungen und Ehrengeschenke –, durch deren Hinzufügung die Gerechtigkeit in die zweite, oberste Klasse der Güter versetzt wird, begehrenswert um ihrer selbst *und* ihrer Folgen willen. Aber nicht nur des Versprechens wegen haben wir ein Anrecht auf die noch ausstehende Belehrung. Nach dem bisher Gehörten sind wir versucht, das politische Schicksal der Menschheit als trostlos zu beurteilen. Das von Glauco heraufbeschworene Bild vom Martyrium des Gerechten steht uns als Symbol der Verderbtheit der Staatenwelt vor Augen. Der paradigmatische Staat aber kann jenes Schreckensbild nicht auslöschen. Hängt doch die zeitliche Verwirklichung des überzeitlichen Musters – Verwirklichung auch im bescheidenen Sinn der Annäherung – von einer Schickung ab, die nur mit Zagen erhofft werden kann. So erlaben wir uns am Bericht von den Belohnungen, zuerst den hier auf Erden erteilten (612a–613e). Die Götter lassen sich nicht täuschen und werden dem Gerechten zu Hilfe kommen. Gerät er durch Armut oder Krankheit ins

Elend, so wird am Ende doch alles sich für ihn zum besten wenden. Seine Mitbürger werden ihn durch öffentliche Ämter ehren, und er wird die Tochter einer von ihm geschätzten Familie als Gattin heimführen. Dann die Belohnungen im Jenseits. Der Mythus, mit dem der Dialog ausklingt, öffnet einen über das Erdenleben hinausreichenden Horizont, und innerhalb dieses großen kosmischen Rahmens findet, was auf Erden noch unausgeglichen blieb, den vollendeten Ausgleich göttlicher Gerechtigkeit. So wird jedem, was ihm gebührt – dem Guten die Seligkeit, dem Bösen die im Grunde von ihm selbst gewählte Strafe.

Scherzt Sokrates mit uns wie mit trostbedürftigen Kindern? Nein, nicht einen Scherz trägt er vor, sondern ein Spiel von Gedanken und Worten – eine Dichtung, die der eben von Sokrates verurteilten dichterischen Mimesis mit ihrem doppelten Abstand von der Wahrheit den Rang abläuft. Denn mit ihrem zauberkräftigen Preis der Gerechtigkeit ermutigt sie das Göttliche in dem dreiförmigen Menschenwesen – Mensch und Löwe und vielköpfiges Ungeheuer zugleich (588c–589c). Freilich könnte der Zauber nicht wirken, wäre nicht Wahrheit in dem Spiel. Diese Wahrheit, bezogen auf den Sinn der Belohnungen im Zusammenhang unseres Textes, besagt: am Anfang wie am Ende wird je eine extreme Möglichkeit sichtbar, und diese Möglichkeiten verhalten sich konträr zueinander. Am Anfang, veranschaulicht durch die Parabel vom gemarterten Gerechten (oder auch durch ihr Pendant, der Geschichte vom Ring des Gyges) das Auseinanderfallen von Macht und Gerechtigkeit; am Ende die dichterische Rühmung ihrer vollkommenen Eintracht. Diese beiden extremen Möglichkeiten begrenzen das Feld, innerhalb dessen die politische Wahrheit, zur Anschauung gebracht im paradigmatischen Staat, vom Menschen zu verwirklichen ist. Er wählt diese Aufgabe nicht, sondern sie wird ihm aufgedrungen. Denn das Verderben ist immer schon da und verlangt nach Heilung. Doch die Statur des Menschen ist der Größe der Aufgabe kaum gewachsen.

VII. Der wahre Staatsmann und die zweitbeste Stadt

Es galt, aus dem Ruin der wirklichen Polis die wahre Polis zu retten. In den beiden, nach Art des Vortrags und der Methode von den Werken der Früh- und Reifezeit so durchaus verschiedenen Altersdialogen *Staatsmann* und *Gesetze* bleibt diese Aufgabe bestehen. Der Kampf ist ausgekämpft, und der Dialog verliert seinen dramatischen Charakter. Der Protagonist und die Antagonisten – Sokrates und die Sophisten – werden nicht mehr in Aktion gezeigt. Statt dessen werden Position und Gegenposition, in ihrem Wesen unverändert, aus überlegener Sicht eingezeichnet. Schon im *Staat* hatte sich die allgemeine Aufgabe, die Bestimmung des wahren Staates, zu dem Problem zugespitzt: wie diese

Bestimmung vorzunehmen sei, ohne daß dadurch der wahre Staat aufhört, der Staat des wirklichen Menschen zu sein. Von diesem Problem aus begreifen wir die enge und zugleich komplementäre Beziehung zwischen *Staatsmann* und *Gesetzen*: Die beiden Dialoge bezeichnen die entgegengesetzten Pole der in dem Problem angelegten Spannung. In dem ersten wird der wahre Staatsmann mit unnachgiebiger Strenge so gezeichnet, daß er die Grenzen des Menschlichen nach dem Göttlichen hin überschreitet, im zweiten der Staat so, daß er durchaus möglich, ja, schon auf der Schwelle zur Verwirklichung zu sein scheint.

Der Beginn des Dialogs vom *Staatsmann* ist kennzeichnend für die angegebene Problematik. Die Staatskunst wird in ihrem von der Verwirklichung unabhängigen Bestand entworfen. Sie soll zur theoretischen Wissenschaft (γνωστική), nicht zur praktischen gehören (258e).[23] Ob sie von einem Herrschenden oder von Beratern der Herrschenden ausgeübt wird, davon bleibt ihr Wesen unberührt. Ihre nähere Bestimmung durch Begriffsteilung führt zunächst zur Herrschaft (ἀρχή), bei Homer das Tun der ‹Völkerhirten›. Aber die Hirtenkunst als Oberbegriff erweist sich als untauglich, und das zu veranschaulichen dient ein Mythos. Im sorglosen Zeitalter des Kronos – der Gott saß am Steuer der Welt, und Mühsal, Gefahr und Tod blieben dem Menschen erspart – wurden die Menschenherden von Göttern geweidet. Nicht so unter Zeus, in unserer sich selbst überlassenen Welt. Unter uns heutigen Menschen, bedrängt und bedroht, aber auch des Glücks der Philosophie fähig, wie wir sind, ist Herrschaft nicht gleichzusetzen mit der Hirtenkunst des Weidens, will sagen der Aufzucht (τροφική). Vielmehr ist sie als Fürsorge (ἐπιμελητική) zu bestimmen, und ihre besondere, von allen anderen fürsorgenden Künsten unterschiedene Aufgabe soll darin bestehen, zu tun wie ein Weber tut, der die harte Kette mit dem weichen Einschlag verwebt. Ähnlich muß in der politischen Gemeinschaft das Schnelle, Scharfe, Energische, Kühne im rechten Maß verwoben werden mit dem Gemächlichen, Sanften und Besonnenen. Nur so kann sich ein ebenso dauerhaftes wie elastisches Gewebe ergeben. Der königliche Mann, Meister der politischen Webekunst, ist Philosoph und Mehr-als-Philosoph (294a) – er verkörpert jene Weisheit (σοφία), die auch im *Staat* (429a) als die allein zur Herrschaft befähigende Gabe genannt wurde. Wie ein Gott unter den anderen Verfassungen wäre die Verfassung eines von einem solchen Herrscher regierten Staates (303b). Aber der Gesprächsführer des Dialogs läßt durchblicken, daß auf das Erscheinen dieses Gottes nicht zu rechnen ist. Überhaupt ist der Mythos von den zwei einander ablösenden Weltgeschichtsperioden nicht pathetisch, sondern tragikomisch empfunden. So ist es uns schwer, bei der Schilderung der zweiten, unserer eigenen Epoche – der Lenkergott hat seine Hand abgezogen und hat die Welt ihrer eigenen Schwerkraft überlassen – nicht an das heute modisch gewordene Reden vom «abwesenden Gott» zu denken.

So bleibt die zweitbeste Möglichkeit – die Gesetzesherrschaft. An die Stelle des lebendigen Wissens tritt das System starrer Vorschriften. Unter dem Begriff der Nomokratie entwickelt dann der Gastfreund (Symbolfigur der platonischen Altersdistanz) jene berühmte, aus Herodot (III 80–82) stammende Dreiheit von Verfassungen, Monarchie, Aristokratie, Demokratie samt den durch Gesetzlosigkeit korrumpierten Entartungsformen Tyrannis, Oligarchie, gesetzlose Demokratie. Dabei verkehrt die Rangordnung der verdorbenen Formen die der echten. Die entartete Demokratie, Abweichung von der geringwertigsten der drei echten Formen, ist die beste unter den Verfallsformen, während umgekehrt die Tyrannis, Verzerrung der besten d.i. der königlichen Nomokratie, die schlechteste aller erdenklichen Staatsformen ist. *Corruptio optimi pessima.*

Die Weisheit des wahren Staatsmannes verhält sich zu Gesetzen wie die im Künstler lebendige Kennerschaft zu den Kunstvorschriften für Lernende. Aber wie derartige Vorschriften, so werden auch Gesetze ein mehr oder minder vollkommener Ersatz für das Beste sein, für die herrscherliche Staatskunst *in actu.* In diesem Sinn hat Plato in den *Gesetzen* einen zweitbesten Staat entworfen. Die Polis, die sich in den Gesprächen von drei Greisen, dem athenischen Gesprächsführer, einem Spartaner und einem Kreter aufbaut, wiederholt Einrichtungen, die uns aus dem *Staat* bekannt sind. Aber sie sind um eine Stufe niedriger gesetzt. Da ist wieder die Gleichstellung der Frauen. Doch die Ansprüche an den weiblichen Wehrdienst sind gemildert, und der Familie wird ihre Stellung zurückerstattet. Auch hier ist wieder Vorsorge getroffen gegen den Zerfall des Staatskörpers in die Klasse der Reichen und die der Armen, und die größtmögliche Einheit der Polis bleibt das vornehmste Ziel. Doch wird aus Rücksicht für die mangelnde Bildung des gegenwärtigen Geschlechts das Gemeinschaftseigentum der Wächter preisgegeben – das muß einem Staat für Götter und Göttersöhne überlassen bleiben (739b–740a). Nach wie vor soll das Glück der Polis das Glück aller sein. Aber die Sklaverei, von der im *Staat* nicht die Rede war, wird nun als selbstverständliche Einrichtung übernommen. Wiederum bilden Feste mit kultischen Spielen und Gesängen das Herzstück des Gemeinschaftslebens – ja, die dabei in Erscheinung tretende Abhängigkeit des Staates von göttlicher Fürsorge hat in dem Alterswerk noch an Bedeutung zugenommen. Doch die Dichter, statt vertrieben zu werden, müssen sich nun den Anweisungen der Staatsgewalt fügen. Schließlich wird auch auf den Gedanken der Philosophenherrschaft nicht einfach verzichtet. Durch die Zusammensetzung der Nächtlichen Versammlung gewinnt die Philosophie Einfluß auf die Staatslenkung. So ergibt sich das Bild einer allhellenischen Polis des 4. Jahrhunderts, in welchem sich lakedämonisch-kretische Strenge mit athenischem Glanz verbindet – nicht Porträt einer wirklichen Stadt noch Programm für eine zu gründende, aber doch auf der Schwelle zu möglicher Verwirklichung angesiedelt.

Die Verfassung der zweitbesten Stadt ist gemischter Art. Plato begründet damit eine Tradition, die dann durch Aristoteles, die Stoa und Polybius weitergetragen wurde, um schließlich der Staatenwelt des Okzidents in der Form der Doktrin von der Gewaltenteilung übermittelt zu werden. Doch muß die von Plato gedachte Mischung verstanden werden nicht im Hinblick auf Aristoteles und Polybius, sondern auf die Dialoge *Staatsmann* und *Philebus.* Mischung heißt bei Plato: Zusammenfügung konträr-konstitutiver Elemente zum rechten Maß, zum μέτριον (*Staatsmann* 283 e). Nach ihm kann nur kraft der richtigen Bemessung das Ziel aller Gesetzgebung erreicht werden – die Drei-Einheit von Brüderlichkeit, Freiheit und Einsicht (φιλία, ἐλευθερία, φρόνησις, 693 d–694 b). Nun gibt es zwei ‹Mutterverfassungen› (693 d), die Monarchie, die das Prinzip herrscherlicher Autorität vertritt, und die Demokratie, begründet auf dem Prinzip der Freiheit. Die Gesundheit des Staates hängt von der Kunst ab, diese beiden gegeneinander gespannten Prinzipien in Einklang zu bringen. Diesem Zweck dient die Verteilung der Staatsmacht auf zwei Partner: auf die im wesentlichen nach athenischem Vorbild operierende Volksversammlung und die Exekutive, eine Gruppe von regierenden Amtskörperschaften, denen eine von dem athenischen Vorbild abweichende Stabilität und Würde zugebilligt wird: der Rat, der Kontrollrat (die εὔθυνοι) und die Nächtliche Versammlung. Die Vollzugsgewalt dieser regierenden Körperschaften ist groß. Aber in ihrer Ausübung beschränken sie sich nicht nur gegenseitig, wie sie ihrerseits von der Volksversammlung beschränkt werden. Beschränkt, aber auch legitimiert sind sie vor allem durch den eigentlichen Souverän, das Gesetz, das jedem Bürger Rechtssicherheit gewährt und die Funktion aller Regierungsorgane bestimmt. So wird man dem Urteil eines amerikanischen Kenners der *Gesetze,* Glenn R. Morrow, beipflichten:

«Das Problem der Organisation einer echten ausführenden Gewalt im Staat, die weise und mächtig genug ist, um dem Leben des Volkes eine Richtung zu geben, aber doch nicht so mächtig, daß sie durch Unwissenheit und Eigennutz sich selbst und das Volk zugrunde richten könnte – dies ist das Problem staatsbaumeisterlicher Kunst, dessen Wichtigkeit und Komplexität Plato als erster Denker gewürdigt zu haben scheint».[24]

Über der Menschheit liegt eine dunkle Wolke des Verhängnisses und des Unfriedens. Die Übel überwiegen das Gute bei weitem. Die Macht des Übermuts ist freigelassen, und der verbrecherische Wahnsinn drängt die Vermutung auf, daß er von uralter ungesühnter Schuld herrührt (854 b). In dieser *regio dissimilitudinis* gilt es, Ordnung wiederherzustellen – in der Seele und in der Gesellschaft. Jedesmal wenn sich Plato daranmacht, einen politischen Ordnungsentwurf zu entfalten – im *Staat,* im *Staatsmann* und in den *Gesetzen* –, beschwört er zuvor das Idyll einer sorglos und einträchtig dahinlebenden Menschheit. Das sind Märchenbilder, dem griechischen Sagenschatz zur freien Verfügung entnommen.

Aber das Licht einer transzendenten Wahrheit liegt auf ihnen. So dienen sie allen Mitdenkenden und Mitordnenden zur Ermutigung, aber auch zur Warnung. Über alles in der Wirklichkeit Erfahrene dürfen und müssen wir hinausgehen. Doch muß unser Entwurf für die wirklichen Menschen unserer Geschichtszeit und nicht für Märchenlandbewohner erdacht sein.

VIII. Das Licht der Transzendenz

Über das «Licht der Transzendenz», das höher ist als die Erwägungen der politischen Erfahrung, aber auch als die Märchenbilder von einer unter göttlicher Schirmherrschaft geborgenen Menschheit, ist abschließend Genaueres zu sagen. Dazu verpflichtet uns sowohl die Treue gegenüber der Gestalt des Sokrates wie auch der Wortlaut der platonischen Texte.

Die Anklage, die zur Verurteilung des Sokrates führte, beschuldigte ihn nicht nur als Jugendverderber sondern auch als religiösen Frevler; statt die Götter zu verehren, an die die Polis Athen glaubt, rühme er sich einer ihm persönlich gewährten göttlichen Stimme, eines warnenden *daimonion.* So gehört der gegen ihn angestrengte Prozeß zu den damals nicht seltenen Asebieprozessen. Religiös zu verstehen ist auch die Mahnung, die ursprünglich die Pforte des Apollotempels schmückte: «Erkenne dich selbst!» Sie besagt: Erinnere dich, daß du auch als Erkennender immer nur Mensch bist, nicht Gott. Höchster Anspruch und Bescheidung gehören zusammen. Und der hohe Anspruch klingt fort in dem Pathos der Wahrheit, mit dem Sokrates, am Anfang der *Apologie* und wieder und wieder in den Dialogen, den bloßen Meinungen entgegentritt.

In den frühen Dialogen, so zeigte die Analyse der politischen Kunst, ist vorherrschend die Frage «Was ist das?» Aber das dialektische Spiel des definitorischen Verfahrens, so ergänzen wir jetzt, erweist sich als Vorspiel zu einem über alle definitorische Kunst hinausstrebenden Tun – zum Erkennen und Wissen. Das unscheinbare Was, die erfragte Sache, erschließt in den klassischen Dialogen der mittleren Epoche die Quelle, aus der allein wahre Erkenntnis fließt – auch, und sogar mit an erster Stelle, die Wahrheiten, auf denen politisches Wissen beruht. Die unbestimmte, aber auf Bestimmung ausgerichtete Gegenständlichkeit erblüht zu transzendenter Realität und heißt nun ἰδέα oder εἶδος, in unsere Sprache übertragen «Idee» oder «Form». Die Staatslehre, mitsamt allen sonstigen platonischen Lehren, beruht – das zu Mißverständnissen geradezu einladende Wort wird hier unvermeidlich – auf der *platonischen Ideenlehre.* Aber die geläufig gewordene Vokabel paßt eigentlich schlecht. Denn nicht um einen Zusammenhang von Lehrsätzen geht es, und durchaus nicht um ein Dogma, das Plato nach den vorbereitenden aporetischen Dialogen entdeckt haben soll, womöglich um es dann wieder preiszugeben. Und wir sind ganz und gar auf dem Holzweg, wenn wir meinen, *idea* sei gleichzusetzen mit dem Allgemeinbegriff. Denn dann stehen wir ratlos vor der von Plato selbst zitierten kritischen Bemerkung, auch von Lehm und Schmutz müsse es eine «Idee» geben (Parmenides 130a–e). Der ontologischen, nicht der logischen Reflexion zeigt sich das von der Erkenntnis angezielte Etwas. Dieser Gegenstand eröffnet sich einer eigenen Weise geistiger Schau und sie erst zeigt, was Transzendenz bedeutet.

Dem von Sokrates im Dialog *Phaedo* geführten Gespräch folgend sprechen wir von Gerechtigkeit. Mit «dem was gerecht ist» meinen wir etwas Bestimmtes, aber auch noch Zu-bestimmendes, die Sache selbst, um die es uns bei der Nachfrage geht, eine Eigenschaft, die grundlegend ist oder sein sollte für alle Art von Gemeinschaft, vor allem aber für die Polis, den Staat. Gerecht-sein erst macht den Staat zum Staat, und nur durch sein Gerechtsein, so lehrt uns der Platoniker Augustin, unterscheidet er sich von einer Räuberbande (De civitate Dei, IV 4). Wie aber der Anblick einer Ungerechtigkeit wehe tut, so beglückend ist die Anschauung des Eidos «gerecht-sein». Gleichgültig ob es für gegeben oder für gefordert angesehen wird – in jedem Fall ist das Gerechte nicht bloß Gemeintes oder Gewolltes – es *ist.* Und es ist nicht bloß als Eigentümlichkeit dieses oder jenes Wesens oder Gemeinschaftswesen, nicht abhängig von einer dem Wandel unterworfenen Subjekt – es ist «das Gerechte selbst», mit sich identisch, und nach ihm werden Taten, die ihm entsprechen, gerecht genannt. Es selbst aber ist die dem Strom des Werdens überhobene Form, das *Eidos.* Doch damit steht es nicht isoliert da, sondern es gehört einem ganzen Bereich an, der die zeitliche Sinnenwelt transzendiert – dem Bereich des Göttlichen. Es ist verschwistert mit dem Tapferen, dem Weisen, dem Leben an sich. Es ist nicht bloß wie die uns umgebenden weltlichen Dinge, es ist *absolut.*

Mit dem emphatischen Gebrauch des Wortes *Sein* fügt sich das sokratische Denken einer älteren Tradition an. Der «Vater Parmenides» (so nannte ihn Plato) wird zu dem ungenannten Partner des Gesprächs. Und neben ihn tritt (wie könnte es anders sein?) sein brüderlicher Antipode Heraklit, für den «alles fließt». Zugleich verbündet sich der transmundane Seinsbegriff mit dem Begriff des schlechthin Guten – mit dem das Willensleben von Grund aus lenkenden und hierarchisch ordnenden Gedanken eines letzten Um-willens, wie er sich uns aus der Analyse der «Kunst» (τέχνη) ergeben hat. So kommt in der Stimme des Philosophen Sokrates nicht nur Athen, der Spätling der griechischen Geistesgeschichte zu Wort, sondern das ganze Hellas – das langsamere Mutterland und die überseeischen Poleis. Dafür gibt es noch einen weiteren Beleg.

Die Einführung des An-sich-seins unterscheidet, aber sie reißt nicht auseinander. Sie erlaubt es, von der irdischen Heimat als von einem Gefängnis zu reden, aber nicht ohne zugleich eine Strategie der Befreiung anzubieten. Sie entspringt einer eigentümlichen Beziehung des Menschen zur Wirklichkeit. Das All offenbart sich nun als dual: von oben her, vom Göttlichen aus betrachtet, als eine Verbindung von neidloser Mitteilung und Fürsorge, von unten, von der Erscheinungs- und Werdewelt her gesehen, als Mimesis, als zeitliche Nachahmung des Originalen und Immerseienden, auch dann, wenn politische Fürsorge betrieben wird. Denn Politik ist so zweideutig, wie jegliches Befaßtsein mit irdischen Sorgen. Sie ist gut, und ihre Vernachlässigung wäre sträflich, sofern sie als Stufe und Dienst die Transzendenz vermittelt; sie ist schlimm, sofern sie Fesseln schmiedet, die uns über alles Maß an die Erde binden. Wie aber können wir des Eidos gewahr werden, beispielsweise des «Gerechten als einen solchen»? Nicht durch Wahrnehmung der Sinne – es ist weder sichtbar noch hörbar –, sondern allein durch Anschauung, durch «die Augen der Seele». Sehend aber wird die Seele nicht in ihrer welthaften Dienstbarkeit, sondern nur in ihrem vernünftigen Bei-sich-sein. Und so zeigt sich die Seele als ein Wesen, das der geistigen Welt der Ideen nicht bloß als Subjekt gegenübertritt, sondern das ihr verwandt und zugehörig ist. Ideenlehre und Seelenlehre sind nicht voneinander zu trennen. Mit dieser Einsicht nun erweitert sich noch einmal der durch eine fortwirkende Tradition umschriebene Horizont. Kein Wunder also, daß Sokrates im *Phaedo* in einem Sondergespräch mit Simmias und Kebes, den Sendboten des pythagoreischen Kreises, die große Frage des jenseitigen Seelenschicksals und der Seelenwanderung erörtert. Die geistige Gegenwart der Orphik wird spürbar. Und in diesem Zusammenhang wird deutlich, wie unzulänglich alle Versuche sind, die Gerechtigkeit des Staates aus der Gewöhnung des bürgerlich-friedlichen Miteinanderlebens herzuleiten. Den sich für gut haltenden Gutartigen wird das Leben der Bienen und Ameisen von dem scherzenden Philosophen als künftige Daseinsstufe vorausgesagt (*Phaedo* 82a–b).

Im Ernst ist der sich für das Sterben rüstende Philosoph nicht geneigt, sich bei den Demonstrationen menschlicher Zahmheit aufzuhalten. Vielmehr gehört seine ganze Aufmerksamkeit der ihm insbesondere aufgegebenen Angleichung der Menschenwelt an ihr göttliches Modell. In diesem Sinn ist das platonische Wort vom «besten Staat» unter der Herrschaft des Philosophen zu verstehen. Kein Ende des Elends ist zu erhoffen für den Staat wie überhaupt für das Menschengeschlecht, solange diese in Wahrheit legitimierte Herrschaft nicht errungen ist.

Peter Weber-Schäfer

ARISTOTELES

I. Leben und Werk

Aristoteles, der Sohn des Ioniers Nikomachos und der Phaistis aus Chalkis, wurde im Jahre 384 v. Chr. in der Kleinstadt Stageira auf der Halbinsel Chalkidike geboren. Nach dem Tode seines Vaters, der lange Zeit als Leibarzt des Makedonenkönigs Amyntas III. gewirkt hatte, zog der Siebzehnjährige im Jahre 367 nach Athen, um in die platonische Akademie einzutreten, der er bis zum Tode Platons im Jahre 347 angehörte. Nach dem Tode seines Lehrers begann für Aristoteles die Zeit der Wanderungen durch das griechische Festland, den Archipel und Kleinasien. Von 347 bis 344 hielt er sich am Hofe des Fürsten Hermeias von Atarneus, eines ehemaligen Mitschülers an der Akademie, in Assos in der Troas auf, dessen Adoptivtochter und Halbschwester Pythias er nach dem Tode des Hermeias heiratete. Von 344 bis 342 lebte er in Mytilene auf Lesbos, von wo ihn Philipp II. von Makedonien als Erzieher seines Sohnes Alexander in die makedonische Hauptstadt Pella rief. Der Zeitraum zwischen den Jahren 340 und 335 liegt im Dunkel, doch nach dem Tode Philipps und der Thronbesteigung Alexanders finden wir Aristoteles wieder in Athen, wo er nunmehr seine eigene Schule im Gymnasion des Lykeion gründete. Unter seiner Leitung trat das Lykeion oder der Peripatos, wie die Schule nach ihren Wandelgängen genannt wurde, der platonischen Akademie bald ebenbürtig an die Seite. Als sich nach dem Tode Alexanders im Jahre 323 die antimakedonische Reaktion in Athen wie in vielen anderen griechischen Städten ausbreitete, mußte Aristoteles, der als «Makedonenfreund» galt, die Stadt unter der Anklage der Gottlosigkeit (ἀσέβεια), der einst Sokrates zum Opfer gefallen war, verlassen. Wenige Monate später starb Aristoteles im dreiundsechzigsten Lebensjahr in Chalkis auf Euboia, dem Geburtsort seiner Mutter. Sein Testamentsvollstrecker wurde der Makedone Antipatros, sein Nachfolger als Leiter des Lykeions Theophrastos von Eresos. Am politischen Tagesgeschehen von Athen, der Stätte seines Wirkens, hat Aristoteles als Metoike, als Ausländer, der nicht am Bürgerrecht der Polis teilhatte, wenig aktiven Anteil nehmen können. Um so bedeutender war seine Rolle in der Entwicklung der neuen Wissenschaft der Politik, zu deren eigentlichem Begründer er wurde.

Die politische Theorie des Aristoteles, wie sie in der Lehrtätigkeit an Akademie und Lykeion entwickelt wurde, gewinnt ihre historische Bedeutung für die Wissenschaftsgeschichte aus der Tatsache, daß wir es hier mit der ersten in diskursiver Form geschriebenen Abhandlung philosophischer Natur zu tun haben, die explizit den Problemen der gesellschaftlichen Ordnung der menschlichen Gemeinschaft gewidmet ist. Methodische Überlegungen wie substantielle Ergebnisse der aristotelischen Politikwissenschaft sind in einem umfangreichen Kompendium erhalten, dessen beide Teile wir unter den Titeln der *Nikomachischen Ethik* (im folgenden: NE) und der *Politik* (im folgenden: P) kennen.[1]

II. Philosophische Anthropologie: Die Ziele menschlichen Handelns

Zwei Fragen sind es, deren Verknüpfung die Zielrichtung der aristotelischen Untersuchung bestimmt: Die Frage nach dem Guten (ἀγαθόν) für den Menschen und die Frage nach der guten Gesellschaft:

«Jede Kunst und jede Untersuchung, ebenso wie jede Handlung und jede Entscheidung scheinen irgendein Gut zu erstreben. Deswegen hat man mit Recht das Gute als das bezeichnet, wonach alles strebt ... Wenn es aber ein Ziel der Handlungen gibt, das wir um seiner selbst willen wollen, alles andere aber um seinetwillen ... so ist dies offenbar das Gute und das Beste ... Wenn es so ist, müssen wir versuchen, wenigstens im Umriß zu bestimmen, was es ist und welcher der Wissenschaften oder der Fähigkeiten es angehört» (NE I.1094a 1–27). «Da, wie wir sehen, jede Polis eine Gemeinschaft ist, und jede Gemeinschaft um irgendeines Gutes willen besteht – denn um dessentwillen, was ihnen ein Gut zu sein scheint, tun ja alle alles –, ist es klar, daß jede Gemeinschaft auf irgendein Gut hinzielt, am meisten aber und auf das Bedeutendste von allen diejenige, die die Bedeutendste unter ihnen allen ist und alle die anderen umfaßt. Dies aber ist die sogenannte Polis und die politische Gemeinschaft» (P I.1252a 1–7).

Der Aufeinanderfolge der Teile des Werks entspricht die Reihenfolge der Untersuchung: der Frage nach der Ordnung der politischen Gemeinschaft muß die Frage nach der seelischen Ordnung des Menschen vorangehen. In den Anfangssätzen der *Nikomachischen Ethik* werden die Kategorien festgelegt, innerhalb deren die Untersuchung durchgeführt werden muß und die Inhalt und Gegenstand der aristotelischen Wissenschaft von der Politik bestimmen: Aufgabe und Ziel der politischen Wissenschaft als einer Wissenschaft vom richtigen Handeln des Menschen ist die Erforschung des Zieles seines Handelns, des Guten für den Menschen (τὸ ἀνθρώπινον ἀγαθόν, NE I.1094b 7, 1098a 16). Die Wissenschaft vom Guten für den Menschen aber ist die *politische* Wissenschaft, weil der Mensch ein von seiner Natur her auf das Leben in der richtig geordneten Gemeinschaft hin angelegtes Lebewesen ist, dem es nicht möglich ist, das ihm gemäße Gute außerhalb der Gemeinschaft zu finden; weil, so die aristotelische Formulierung, der Mensch «von Natur politisch», «ein von Natur politisches Lebewesen» (φύσει πολιτικός· φύσει πολιτικὸν ζῷον vgl. NE I.1097b 12; IX.1169b 18; P I.1253a 2; 1278b 20) ist. Grundlage der Erforschung dessen, was die richtige Ordnung für die menschliche Gemeinschaft ist, muß daher die Untersuchung der richtigen Ziele menschlichen Handelns sein: die Grundlage der Wissenschaft von der guten Gesellschaft bildet die Wissenschaft von den Zielen menschlichen Handelns.

Menschliches Handeln in seinem vollen Sinne ist dabei immer rationales Handeln, denn die Worte «Handlung» (πράξις) und «handeln» (πράττειν) schließen im aristotelischen Sprachgebrauch bereits jene Komponente der durch Willensentscheidung (προαίρεσις) im Sinne der Vernunft bestimmten Zielgerichtetheit ein, durch die die Fähigkeit zu handeln zu einem Spezifikum des Menschen wird, das weder Tieren noch Göttern als den beiden den Menschen begrenzenden Typen zugesprochen werden kann. Tiere können nicht «handeln», weil sie nicht zu einem durch Willensentscheidung bestimmten Plan des Handelns fähig sind; Gott ist als vollkommenes Lebewesen ewig im Besitz des Guten und Besten, so daß es kein Ziel gibt, auf das sich sein Handeln richten könnte (NE X.1178a 9–1179a 32). In diesem Sinne ist jede Handlung auf ein Ziel (τέλος) gerichtet, auf ein wirkliches oder vermeintliches Gut (ἀγαθόν), das durch die Handlung oder in der Handlung selbst angestrebt wird. Unter den Gütern wiederum, die das Ziel des Handelns bilden, können zwei Arten unterschieden werden: Während einige Güter um ihrer selbst willen erstrebt werden, sollen andere, wenn sie einmal erreicht sind, selbst wieder als Mittel zur Erlangung eines anderen, höher eingeschätzten Gutes dienen. Die hier angedeutete Hierarchie der Güter kann als sinnvolles Instrument der Untersuchung aber nur unter einer Bedingung aufgebaut werden: Es muß ein höchstes Gut (ἀγαθὸν καὶ ἄριστον) des Handelns geben, das nur um seiner selbst willen und niemals nur als Mittel zur Erlangung eines anderen, ihm hierarchisch vorgelagerten Gutes angestrebt wird. Denn wenn wir annehmen wollten, jedes Gut werde nur um eines anderen und dieses wiederum um eines wieder anderen willen erstrebt, jedes Ziel sei also immer nur Mittel und niemals letztes Ziel, so würde alles menschliche Handeln ziellos und damit sinnlos, und Politik als Wissenschaft vom menschlichen Handeln würde unmöglich.

Diese der Hierarchie der Güter und Handlungen zugrundeliegende Argumentationskette, in der die Existenz des *summum bonum* durch den Ausschluß des *regressus ad infinitum* nachgewiesen wird, erfüllt allerdings nur eine wissenschaftslogische, keine Realfunktion: Sie beweist die Notwendigkeit der Existenz eines höchsten Gutes, nicht seine Existenz selbst. Der Nachweis der Existenz wird in der *Nikomachischen Ethik* nicht analytisch, sondern nur topisch vollzogen: Ein Indiz für die Existenz des als Glückseligkeit (εὐδαιμονία) bezeichneten höchsten Gutes liegt in der übereinstimmenden Meinung und im Verhalten «der Vielen wie der Denkenden»; denn auch wenn Uneinigkeit über die inhaltliche Bestimmung des höchsten Gutes herrscht, so sprechen doch alle von der Glückseligkeit als der Einheit von gutem Leben (εὖ ζῆν) und gutem Handeln (εὖ πράττειν) und verhalten sich so, als meinten sie damit etwas in der Art des gesuchten Zieles: etwas, das jeder erstrebt, und das um seiner selbst willen und nicht als Mittel für etwas anderes angestrebt wird (NE I.1095 a 17–21). Die übereinstimmende Meinung aller gilt aber generell, wenn sie von ihren Widersprüchlichkeiten befreit ist, als erstes Indiz für Wahrheit. «Wenn nämlich das Widersprüchliche aufgelöst wird und das Wahrscheinliche übrigbleibt, so ist ein ausreichender Nachweis gegeben» (NE VII.1145 b 7–8).

Der topische Nachweis muß hier genügen, weil das Wissen um das höchste Gut nicht Gegenstand der Wissenschaft ist, sondern der Einsicht in die unmittelbar gegebenen ersten Prinzipien entspringt, also dem deiktischen Aufweis und nicht dem deduktiven Beweis unterliegt, da ja «die Grundlage des Beweises ebenso wenig Beweis sein kann, wie die Grundlage der Wissenschaft Wissenschaft.»[2] Der Erkenntnisprozeß selbst, der zur Einsicht in diese Prinzipien führt, entspringt der Fähigkeit zur Wahrnehmung, die in der Erinnerung das «erste Allgemeine» und in der Wiederholung gleichförmiger Erinnerungen die Erfahrung der Prinzipien findet.[3]

Diejenige Wissenschaft nun, die es sich zur Aufgabe gemacht hat zu erforschen, was das höchste Gut für den Menschen sei, und das Handeln des Menschen unter dem Gesichtspunkt seiner Ausrichtung auf dieses höchste Gut zu untersuchen, muß unter den Wissenschaften die wichtigste und grundlegendste (ἡ κυριώτατη καὶ μάλιστ' ἀρχιτεκτονική, NE I.1094 a 28) sein. Dies aber ist die politische Wissenschaft. Sie ist die herrschende Wissenschaft nicht nur, weil sie die anderen Wissenschaften vom Menschen hierarchisch überspannt, sondern zugleich, weil sie jeder der anderen praktischen Wissenschaften und Künste ihren Ort im Leben der Polis zuweist. In diesem Sinne ist Ziel und Inhalt der politischen Wissenschaft das Gute für den Menschen; den Namen einer *politischen* Wissenschaft aber trägt sie deshalb, weil die Ordnung der Polis umfassender ist als die des einzelnen Menschen und der kleineren Gemeinschaften. Denn, auch wenn das Gute für den Menschen das gleiche ist wie das Gute für die Polis, «erscheint es besser und vollkommener, es für die Polis zu erreichen und zu erhalten; denn erfreulich ist es schon, dies für einen einzelnen zu tun, edler und göttlicher aber für ein Volk oder eine Polis» (NE I.1094 b 8–11).

Ist die Politische Wissenschaft die Wissenschaft von der Glückseligkeit als dem höchsten Ziel des Handelns, sei es für den Einzelmenschen, sei es für die geordnete Gemeinschaft der Polis, «die um des Lebens will entsteht und um des guten Lebens will bewahrt wird» (P I.1252b 29), so wird ihre erste Aufgabe eine Theorie des Handelns sein. Es muß Klarheit darüber geschaffen werden, welches das höchste und vollkommenste unter den zahlreichen Gütern ist, um derentwillen alle menschlichen Handlungen unternommen werden. Nun sind die umlaufenden Meinungen darüber, was εὐδαιμονία für den Menschen bedeute, verschiedenartig und in sich widerspruchsvoll. So werden etwa Lust, Reichtum, Ehre, Gesundheit und mancherlei anderes als Ziel des Handelns genannt. Soweit man aber aus dem Leben, das die meisten Menschen führen, auf die Güter schließen kann, die ihnen erstrebenswert erscheinen, lassen sich die umlaufenden Meinungen über die Glückseligkeit anscheinend auf drei (oder vier) Grundtypen zurückführen. Das Leben der Genußsucht (βίος ἀπολαυστικός) strebt die Lust (ἡδονή), das Leben des Staatsmanns (βίος πολιτικός) die Ehre (τιμή) oder die Tugend (αρετή), das kontemplative Leben (βίος θεωρητικός) des Philosophen die Schau der Wahrheit (θεωρία) als Ziel des Lebens an (NE I.1095 b 14–1096 a 4). Als vierter Typ könnte das auf Gelderwerb gerichtete Leben des Kaufmanns gelten, wäre es nicht offensichtlich, daß Reichtum nicht in der Art des gesuchten vollkommenen Ziels ist, weil er niemals freiwillig um seiner selbst willen, sondern immer nur notgedrungen als Mittel zur Erreichung eines anderen Gutes erstrebt wird (NE I.1096 a 5–10).

«Wenn aber alle Handlungen ein Ziel haben, so ist dies das Gut des Handelns, und wenn sie mehrere haben, so sind es diese» (NE I.1097 a 22–24). Der Begriff der Glückseligkeit erfüllt aber die Forderungen, die wir an das gesuchte Ziel stellen müssen, in doppelter Hinsicht: Einmal ist sie insoweit ein vollkommenes Ziel (τελειότατον τέλος), als sie nur um ihrer selbst und nicht um eines anderen willen erstrebt werden kann; zum anderen ist sie ein ‹autarkes› Ziel, das heißt, sie ist in sich selbst, ohne daß anderes hinzutreten müßte, genug, um den Menschen zufriedenzustellen. Das höchste Gut des Handelns aber muß, wenn es selbst nicht wieder nur Mittel zur Erlangung eines wieder höheren Gutes sein soll, sowohl um seiner selbst willen erstrebenswert als auch in sich autark sein. Unter dem Menschen, als dessen Ziel die Glückseligkeit bestimmt wurde, darf aber hier nicht die abstrakte Konstruktion eines willkürlich von seiner natürlichen Umgebung, der menschlichen Gemeinschaft, getrennten Wesens verstanden werden, sondern immer nur der ‹normale› Mensch, der von Natur her ein politisches Lebewesen ist, zur Erfüllung seiner Anlagen auf die Gemeinschaft seiner Mitmenschen angewiesen und um das Wohlergehen seiner Familie, seiner Freunde und seiner Mitbürger besorgt. Denn, «wer von Natur und nicht bloß aus Zufall außerhalb der Polis lebt, ist entweder schlecht oder mehr als ein Mensch» (P I.1253 a 3), und «wer in der Gemeinschaft nicht leben kann oder ihrer zu seiner Autarkie nicht bedarf, der ist kein Teil der Polis, sondern entweder ein Tier oder ein Gott» (P I.1253 a 27).[4]

Aber mit der Feststellung, das höchste menschlichem Handeln zugängliche Gut sei die Glückseligkeit, ist nicht viel gewonnen, solange der Begriff der Glückseligkeit nicht inhaltlich bestimmt ist. Es hat sich jedoch gezeigt, daß die Frage nach dem letzten erstrebenswerten Ziel menschlichen Handelns nicht durch den topischen Vergleich umlaufender Meinungen beantwortet werden konnte, weil die feststellbaren Meinungen einander widersprechen. Auch wenn von vorneherein der Standpunkt der Philosophen, die Annahme, die höchste Glückseligkeit liege in der Kontemplation der Wahrheit (θεωρία), die größte Wahrscheinlichkeit beanspruchen kann, so ist, um ihn als wahr zu erweisen, eine analytische Antwort aufgrund der feststellbaren Tatsachen über Natur (φύσις) und Tugenden (ἀρεταί) des Menschen notwendig. Die Untersuchung geht einerseits von den Ergebnissen der aristotelischen Lehre von der Seele (ψυχή) und ihren Fähigkeiten (δυνάμεις) aus, andererseits baut sie auf dem analytischen Begriff der ‹Funktion› oder des ‹Geschäfts› (ἔργον) der platonischen Wissenschaft auf.

Unter dem ἔργον oder der spezifischen Funktion eines Gegenstandes verstehen die platonische Untersuchung ebenso wie die auf ihr aufbauende Seelenlehre der aristotelischen Schrift *De Anima* eine als Potenz diesem Gegenstand inhärente und ihn auszeichnende Qualität, das Geschäft, «das er entweder allein oder besser als alle anderen verrichtet»[5], im teleologischen Sinne also seine Zweckbestimmung. So ist es die Funktion des Messers, zu schneiden, des Pferdes, den Reiter zu tragen, der Augen, zu sehen, und des Ohrs, zu hören. Ein Messer, das nicht schneidet, ist im strengen Sinne nicht einmal ein schlechtes Messer, sondern einfach ein Stück Metall, das nur zufällig die Form eines Messers hat. Das Reitpferd erfüllt, wenn es die ihm vom Reiter gestellte Aufgabe erfüllt, zugleich seine eigene Aufgabe, sein spezifisches ἔργον als Reitpferd. In eben diesem Sinne sind auch die Sinnesorgane wie die Seele des Menschen Werkzeuge (ὄργανα), insoweit ihr Ziel (τέλος) und damit ihre Funktion (ἔργον) durch Ziel und Funktion des ganzen Menschen bestimmt werden, dem sie dienen, also außerhalb ihrer selbst liegen. Ihr eigentliches Sein besteht eben darin, Werkzeuge der menschlichen Wahrnehmung und Lebenskraft zu sein. Ziel und Funktion des Menschen sind die ihren, und indem sie die Aufgaben des Menschen erfüllen, erfüllen sie ihre eigene Natur.

In der platonisch-aristotelischen Untersuchung ist der Begriff der Funktion (ἔργον) aufs engste mit demjenigen der Tugend oder Tüchtigkeit (ἀρετή) verbunden. Jeder Gegenstand ist insofern ‹gut› oder ‹tauglich›, als er seine spezifische Funktion gut erfüllt. Die Tugend des guten Menschen besteht demnach darin, daß er seine natürliche Funktion oder Aufgabe – denn es wäre widersinnig anzunehmen, daß unter allen Objekten der Erfahrung allein der Mensch keine feststellbare Funktion besäße – gut erfüllt, daß er also die spezifisch menschliche Natur in angemessener oder hervorragender Weise aktualisiert. Dies aber kann dem Menschen als einem von Natur politischen Lebewesen nur in der Gemeinschaft der Polis gelingen.

Die Frage nach dem Guten für den Menschen wird zur Frage nach der natürlichen Funktion des Menschen, denn das, was allein der Mensch vollbringen kann, muß sein ihm eigenes Ziel sein. Die Natur des Menschen muß aus der Erforschung der menschlichen Seele erkannt werden[6]. Was ist die spezifische Funktion des Menschen? Was ist die Aufgabe, die nur er oder er am besten erfüllen kann? Die Antwort auf diese Fragen muß zugleich die Antwort auf die Grundfrage der politischen Wissenschaft, die Frage nach dem Guten für den Menschen, sein.

III. Philosophische Anthropologie: Die Ordnung der Seele

Es ist nun, schreibt Aristoteles, offensichtlich, daß jede Art von Menschen eine ihr eigene Aufgabe erfüllt (die Funktion des Flötenspielers *qua* Flötenspieler liegt im Flötenspiel, die des Schreiners in der Holzarbeit), und daß auch jedes menschliche Organ seine ihm eigene natürliche Funktion hat (die Funktion des Auges ist das Gesicht, die Funktion des Ohrs das Gehör), so daß es unsinnig wäre anzunehmen, der Mensch als Ganzes sei funktionslos (ἀργός NE I.1097b 26–33). Die Untersuchung des dem Menschen eigenen Ziels hat davon auszugehen, daß der Mensch ein beseeltes Wesen (ἔμψυχον) ist und daß die *differentia specifica* der menschlichen Natur in der besonderen Ordnung der menschlichen Seele (ψυχή) begründet ist. Die menschliche Seele aber ist von anderen – etwa pflanzlichen oder tierischen – Seelentypen dadurch unterschieden, daß sie einem rationalen Prinzip (λόγος) unterworfen ist, daß der Mensch somit ein rationales Lebewesen (ζῷον λόγον ἔχον) ist.

Der Mensch ist aber nicht nur ein rationales Wesen; er hat an allen Seinsstufen teil. Innerhalb seiner Seele kann, unabhängig davon, ob diese Teile reale Existenz als Einzelwesen haben, ein rationaler und ein irrationaler Seelenteil unterschieden werden; und entweder der rationale oder der irrationale Seelenteil kann wiederum in zwei Teile unterteilt werden. Wir erhalten so eine Dreiteilung der Seele in einen nutritiven, vegetativen und apperzeptiven Seelenteil, dessen Fähigkeiten der Mensch mit den Tieren (den nutritiven und vegetativen auch mit den Pflanzen) gemeinsam hat; einen Seelenteil, der die Leidenschaften und Begierden umschließt, die in sich nicht rational sind, aber im Gegensatz zu den vegetativen Fähigkeiten durch einen Erziehungsprozeß der Kontrolle der Ratio unterworfen werden können; und einen im eigentlichen Sinne rationalen

Seelenteil, das μέρος λόγον ἔχον der Seele (NE I.1097b 33–1098a 5). Wenn also die spezifisch menschliche Funktion des Menschen in einer seiner Natur entsprechenden Tätigkeit (ἐνέργεια) seiner Seele liegen muß, so kann seine wahre Aufgabe als die Aktualisierung der spezifischen Tugenden der menschlichen Seele bestimmt werden, als eine Tätigkeit der Seele in Übereinstimmung mit dem rationalen Prinzip. «Das Gute für den Menschen ist die Tätigkeit der Seele gemäß der Tugend oder, wenn es mehrere Tugenden gibt, gemäß der besten und vollkommensten» (NE I.1098a 16–17).

Die Einschränkung, die der Nebensatz ausdrückt, ist nicht zufällig; denn in der Tat verfügt der Mensch über mehrere ihm eigene Tugenden oder Tüchtigkeiten. Die Tugenden der menschlichen Seele können dabei in zwei große Klassen eingeteilt werden: in die ethischen Tugenden (ἠθικαὶ ἀρεταί) als die lobenswerten Verhaltensweisen des irrationalen Seelenteils der Leidenschaften und Begierden, soweit sie der Kontrolle des rationalen Seelenteils unterworfen sind, und die dianoetischen Tugenden (διανοητικαὶ ἀρεταί), die lobenswerten Verhaltensweisen des eigentlich rationalen Seelenteils, die dem Menschen die Erkenntnis der Wahrheit ermöglichen (NE I.1103a 3–10).

Ethische Tugend ist weder ein Leidenschaftszustand der Seele (πάθος), wie etwa die Freude, noch eine spezifische Fähigkeit (δύναμις), sondern ein Habitus (ἕξις) des richtigen Verhaltens, eine Qualität des Charakters (ἦθος), die durch Belehrung und Übung zur Gewohnheit (ἔθος) geworden ist. Tugenden in diesem Sinne können bestimmt werden als die Gewohnheit, die Mitte zwischen Übermaß und Mangel zu wählen, «wie dies ein vernünftiger Mann täte» (NE II.1105b 20–1107a 2). Ein solcher Habitus ist etwa der Mut als Mitte zwischen Tollkühnheit und Feigheit, die Freigebigkeit als Mitte zwischen Geiz und Verschwendung, der Stolz oder die Seelengröße als Mitte zwischen Eitelkeit und Kleinmut.[7]

Die ethischen Tugenden werden überlagert und in ihrer Substanz bestimmt von den Tugenden des rationalen Seelenteils, den dianoetischen Tugenden der Wissenschaft (ἐπιστήμη), der Kunstfertigkeit (τέχνη), der Klugheit oder Wohlberatenheit (φρόνησις), der Vernunft (νοῦς) und der Weisheit (σοφία). Im sechsten Buch der *Nikomachischen Ethik* gibt Aristoteles kurze Charakteristiken dieser Tugenden, die dem Versuch dienen, sie gegeneinander abzugrenzen. Wissenschaft ist danach der Habitus des beweisenden Erkennens, des deduktiven Schließens aus ersten Prinzipien (ἀρχαί). Ihr Gegenstand ist das Notwendige und Unveränderliche, ihr Merkmal, daß sie lehrbar und ihre Gegenstände erlernbar sind.[8] Kunstfertigkeit und Klugheit sind von der Wissenschaft dadurch unterschieden, daß ihr Gegenstand das ist, «was sich so und auch anders verhalten kann»; sie beziehen sich auf den veränderlichen Bereich des Schaffens und Handelns. Ist dabei Kunstfertigkeit primär das Wissen um die Herstellung von Gegenständen, so ist Klugheit ein «Habitus des

Handelns auf Grund richtiger Überlegung im Bereich dessen, was für den Menschen gut und böse ist» (NE VI.1140 a 1–b 30). Aus dieser Definition ergeben sich Beziehungen zwischen Klugheit (φρόνησις) und Politischer Wissenschaft (πολιτικὴ ἐπιστήμη), auf die wir im folgenden noch kurz einzugehen haben. Das Wort νοῦς bezeichnet im Zusammenhang der dianoetischen Tugenden die Haltung der Erkenntnis, die zur Wahrheit über die ersten Prinzipien führt, geht also der Wissenschaft, die deduktiv aus diesen Prinzipien schließt, voran (NE VI.1140b 31–1141a 8). Weisheit als Krönung des Wissens ist die Vereinigung von νοῦς und ἐπιστήμη, das Zusammenfallen der Erkenntnis der ersten Prinzipien mit dem Wissen um das, was aus diesen Prinzipien folgt (NE VI.1141 a 9–b 23).

Im Bereich der dianoetischen Tugenden liegen also jene Fähigkeiten der menschlichen Seele begründet, die es uns erlauben, die Wahrheit in ihren Einzelaspekten der ersten Prinzipien (im νοῦς) der Universalien und der bewiesenen Wahrheit (in der ἐπιστήμη), des konkreten Wissens um einen diskreten Gegenstand, wenn νοῦς und ἐπιστήμη in der σοφία zusammenfallen, der Beherrschung angemessener Mittel des Schaffensprozesses (in der τέχνη) und des Wissens um die richtigen Mittel, die dem Guten des menschlichen Handelns dienen (in der φρόνησις), zu erkennen. Als beherrschende Tugenden des rationalen Seelenteils sind die dianoetischen Tugenden den ethischen Tugenden, die von ihnen bestimmt werden, hierarchisch übergeordnet. Im Handeln nach den dianoetischen Tugenden kann der Mensch sich zur wahren Glückseligkeit des kontemplativen Lebens erheben.

Aber damit ist die Antwort auf die Frage nach der Glückseligkeit des voll aktualisierten Menschen noch nicht abschließend beantwortet. Sie wird nach der detaillierten Darstellung der Tugendlehre, die den Hauptteil der *Nikomachischen Ethik* ausmacht, gegen Ende des zehnten Buches noch einmal aufgenommen (NE X.1176 a 30–1179 a 32).

Die Tätigkeiten, die das gute Leben ausmachen, müssen um ihrer selbst willen und nicht um eines äußeren Zieles willen erstrebenswert sein. Es gibt nun drei Arten von Tätigkeiten, von denen man gemeinhin annimmt, daß sie diese Bedingungen erfüllen: (1) ‹tugendhaftes Handeln› (αἱ κατ' ἀρετὴν πράξεις) – die auf Edles und Gutes gerichtete Tätigkeit des tugendhaften Menschen; (2) ‹angenehme Liebhabereien› (τῶν παιδιῶν δε αἱ ἡδεῖαι) – die Künste des Lebens, in denen wir Muße und Entspannung finden; (3) ‹die Schau der Wahrheit› (θεωρία) – die Tätigkeit der Seele, in der der Denker sich mit der Wahrheit eins weiß, die Dinge sieht, wie sie ihrem Wesen nach sind, und so eins mit Gott wird.

Haben wir unter diesen drei Arten von Tätigkeiten zu wählen, so muß die zweite aus der Betrachtung ausscheiden, denn die Freuden der Entspannung können nicht ernsthaft als das letzte und vollkommene Ziel des Lebens betrachtet werden. Die tugendhaften Handlungen dagegen machen das beste Leben für den Menschen aus, insoweit er seiner Natur nach ein ‹zusammengesetztes Wesen› (σύνϑετος οὐσία) ist, das an allen Seinsbereichen von der anorganischen Materie bis hinauf zum göttlichen νοῦς teilhat. Im Leben des Wohlverhaltens und tugendhaften Handelns liegt das gute Leben (εὖ ζῆν) für den Menschen, die vollkommenste ihm mögliche Aktualisierung seiner zusammengesetzten Natur. Doch zur Seelenordnung des Menschen gehört auch ein Element, das über die Grenzen seiner synthetischen Natur hinausreicht: «Sei dies nun der Nous oder etwas anderes, das die Natur bestimmt hat, Herr und Führer zu sein und Bedacht zu nehmen auf das Edle und Göttliche, entweder weil es selber göttlich ist, oder das göttlichste in uns. Die Tätigkeit dieser Kraft gemäß der eigenen Tugend ist die vollkommene Glückseligkeit» (NE X.1177a 13–17). In der Erfahrung der ϑεωρία, in der ihm die Realität offenbar wird, lebt der Mensch das Leben Gottes oder doch ein Leben, das dem Gottes so sehr gleicht, wie dies das Leben eines sterblichen Menschen kann; hier genießt er die vollkommene und autarke Glückseligkeit in einer Tätigkeit, die sich soweit ins Unendliche erstreckt, wie dies der begrenzten menschlichen Erfahrung zugänglich ist.[9]

Das Gute für den Menschen ist also das Leben des tugendhaften und guten Handelns, der βίος πολιτικός, doch insoweit im Menschen ein Element des Göttlichen lebt, ist er imstande an der höheren und vollkommeneren Glückseligkeit des βίος ϑεωρητικός, des Lebens in der Schau göttlicher Wahrheit, teilzuhaben. Die Antwort auf die Frage «Welche Tätigkeit der Seele gemäß ihrer Tugend macht die Glückseligkeit aus?» lautet also: «Theoria – das Leben, in dem sich die Tugend des Nous manifestiert.» Doch die vollkommene Schau der ϑεωρία ist eine Fähigkeit, die nur wenige Menschen und auch sie nur in wenigen Augenblicken ihres Lebens erreichen können. Für die meisten Menschen wird immer – und für alle Menschen meistens – die Glückseligkeit im Leben des guten Handelns (εὐπραξία) liegen.

IV. Politik: Die Ordnung der Gesellschaft

Aber damit ist das Programm der Untersuchung noch nicht abgeschlossen. Aristoteles hatte sich nicht nur das Ziel gesetzt, zu entdecken und zu erklären, was das gute Leben sei, sondern auch, wie es zu sichern und zu bewahren sei. Eine Theorie des guten Handelns, die selbst nicht mit ihrem Gegenstand, dem guten Handeln, identisch ist, reicht nicht hin, den Hörer zum guten Handeln zu veranlassen, und «. . . die vorliegende Untersuchung geschieht nicht um der Theorie willen wie die anderen, denn nicht, um zu sehen, was Tugend sei, haben wir nachgedacht, sondern um gut zu werden, da sonst unsere Untersuchung keinen Nutzen hätte».[10] Nicht allein um ϑεωρία, darum, «jedes Ding zu betrachten und zu erkennen», geht es, sondern darum, das gute Leben zu schaffen, den Hörer der Vorlesung mit allem zu versehen, was notwendig ist, um ihn zu einem gut Handelnden und zur Quelle guten Handelns anderer zu machen. Hier hat sich die inhaltliche Bestimmung der politischen Wissenschaft die ursprünglich als eine allgemeine Wissenschaft des menschlichen Handelns definiert wurde, verändert: Die ethischen Tugenden sind in sich erstrebenswert, aber sie sind keine natürlichen Fähigkeiten der Seele; sie müssen dem Menschen durch einen Erziehungsprozeß eingeprägt werden, der vom Vorhandensein einer institutionell richtig geordneten Umgebung abhängig ist. Die Bedeutung der politischen Wissenschaft wird auf das Spezialgebiet des Gesetzgebers (νομοθέτης) eingeengt, der wissen muß, welche institutionelle Ordnung der Gesellschaft dazu geeignet ist, die erstrebten Tugenden im Bürger entstehen zu lassen. Die Theorie des Menschen bleibt unvollständig, solange sie nicht durch eine Theorie der Gesellschaft ergänzt wird.

Den Übergang von der Theorie des Menschen als eines auf die Aktualisierung seiner Rationalität angelegten Wesens zu einer Theorie der Gesellschaft, in der sich diese Aktualisierung vollzieht, bildet die in sich geschlossene Abhandlung über die Freundschaft (φιλία), die das achte und neunte Buch der *Nikomachischen Ethik* darstellt. Freundschaft als Quelle der menschlichen Gemeinschaft – und die politische Gemeinschaft der gemeinsamen Institutionen ist eine Sonderform der auf Freundschaft gegründeten Gemeinschaft – ist die primäre Substanz aller zwischenmenschlichen Beziehungen und damit, da der Mensch ein auf Gemeinschaft angelegtes Wesen ist, ein Konstituens des Menschseins. Um nun jenen, als «politische Freundschaft» (πολιτική φιλία) identifizierbaren Typos der Freundschaft zu bestimmen, der sich in den Institutionen der übergreifenden gemeinsamen Ordnung äußert, muß eine Typologie der Formen entworfen werden, in denen sich Freundschaft zwischen Menschen im je konkreten Einzelfall manifestiert. Die drei Grundtypen der Freundschaft können hier zunächst nach dem Ziel unterschieden werden, das in der Freundschaft angestrebt wird: Die Freundschaft um des Nutzens willen nützt den Freund aus, verwendet ihn als Mittel zur Erreichung seiner eigenen Ziele; sie ist eine unvollkommene und akzidentelle Freundschaft, die durch den Wandel des Nutzens in konkreten Situationen zur Unbeständigkeit neigt. Das Band einer derartigen Freundschaft würde zwar durch absolute Schlechtigkeit der Partner zerstört, aber es kann zwischen verhältnismäßig unwürdigen Menschen bestehen, weil auch sie einander in vielen Situationen des praktischen Lebens nützlich sein können. Die hedonistische Freundschaft um des Vergnügens oder der Lust willen ist der Freundschaft um des Nutzens willen insoweit ähnlich, als auch hier der Grund der Freundschaft akzidentell und vergänglich ist, so daß auch dieser Typ der Freundschaft zwischen Unwürdigen bestehen kann und von der gleichen Gefahr der Auflösung bedroht ist wie das reine Zweckbündnis. Das Angenehme aber unterscheidet sich darin vom Nützlichen, daß es eher ein Ziel als ein Mittel darstellt, denn der Wert des Nützlichen liegt außerhalb seiner selbst, der Wert des Angenehmen dagegen ist diesem inhärent. Die Freundschaft um des Vergnügens willen stellt also insoweit einen höheren Typ dar als die Freundschaft um des Nutzens willen dar, als sie das Element des gemeinsamen Lebens und der Großzügigkeit in höherem Maße impliziert. Beide Formen der Freundschaft aber erweisen sich in der weiteren Analyse nicht als eigenständige Typen, sondern als unvollkommene Annäherungen an den vollkommenen Typ der Freundschaft, die Freundschaft der Tugendhaften um des Guten willen, aus der sich die Gemeinschaft des vollkommenen Lebens ergibt (NE VIII.1155b 8–1158b 1).

Unter dem Gesichtspunkt der vollkommenen Freundschaft als der Freundschaft um des Guten willen ist der Freund ein Mann, der um seines Freundes willen das Gute wünscht und tut und von seinem Freund erwartet, daß dieser um seiner selbst willen lebt und handelt. Diese Merkmale der Freundschaft aber sind Ausflüsse der Selbstliebe (φιλαυτία), der Freundschaft, die der tugendhafte und gute Mann zu sich selbst empfindet. Denn der vollaktualisierte Mensch lebt in Harmonie mit sich selbst, begehrt das Gute mit allen Fakultäten seiner Seele und handelt um der Erhaltung seines wahren, vom νοῦς bestimmten Selbst willen (NE IX.1166a 1–29).

Die vollkommene Freundschaft beruht auf der Freundschaft des Tugendhaften mit sich selbst, auf dem Leben in Übereinstimmung mit der eigenen Seele, die die Quelle der Ordnung in den menschlichen Beziehungen darstellt; denn die vollkommene Gemeinschaft kann nur zwischen Menschen geschaffen werden, die durch das gemeinsame Band des νοῦς verbunden sind. Wenn Menschen in Übereinstimmung mit sich selbst und in Übereinstimmung mit dem Mitmenschen leben, entsteht die Gemeinschaft der Eintracht (ὁμόνοια), der Freundschaft unter Gleichen, deren Gleichheit durch die Gemeinsamkeit der Teilhabe am göttlichen νοῦς bestimmt wird. Eintracht in diesem Sinne ist jene spezifisch politische Freundschaft (πολιτικὴ φιλία), durch die sich die Substanz der Polis konstituiert.[11]

Die Frage nach Existenz und Daseinsberechtigung der politischen Freundschaft ist letzten Endes abhängig von der Frage danach, ob denn der vollaktualisierte Mensch, der in seiner Glückseligkeit autark ist, überhaupt der Freundschaft bedarf. Zunächst scheint es so, als besäßen die vollständig Glücklichen bereits von vorneherein alle Güter, deren sie zur Glückseligkeit bedürfen, und lebten somit in einer Autarkie der eigenen Existenz, die das Verlangen nach einem von außen hinzutretenden Gut wie Freundschaft ausschließt. Der Freund ist ein zweites Selbst und gibt uns das, was wir allein nicht erlangen können; aber wer in seiner Glückseligkeit autark ist, der besitzt bereits alles, dessen er bedarf und braucht keine Freundschaft mehr. Dennoch wird der Freund allgemein als das höchste aller Güter betrachtet, und die Annahme scheint absurd, daß der Glückliche, der alle Güter besitzt, gerade über dieses höchste Gut nicht verfügt. Zudem ist der Glückliche gut, und es liegt in seiner Natur, Gutes zu tun, so daß er doch der Freunde bedarf, und sei es nur, um ihnen Gutes zu tun (NE IX.1169b 3–1170a 13).

Ergibt sich schon aus der topischen Argumentation ein Übergewicht der Argumente, die für die Notwendigkeit der Freundschaft sprechen, so läßt sich die Notwendigkeit der Freundschaft als Konstituens der Glückseligkeit in einer zweiten Argumentationskette (NE IX.1170a 13–b 19) auch philosophisch stringent nachweisen: Alle Tiere sind – im Gegensatz zu den Pflanzen – durch Sinneswahrnehmung (αἴσθησις) als Merkmal ihrer Lebenstätigkeit ausgezeichnet. Beim Menschen dagegen kommt zur Sinneswahrnehmung der Intellekt oder die Erkenntnisfähigkeit (νοήσις) hinzu. Somit ist das Leben des Menschen durch Wahrnehmung und Erkenntnis bestimmt. Da aber die Natur jedes Dinges durch sein Ziel bestimmt wird, liegt die Natur einer Fähigkeit wie der Erkenntnis in ihrer Realisierung. In strengem Sinne lebt der Mensch nur insoweit wirklich, wie er tatsächlich fühlt und denkt. Die – allgemein akzeptierte – Behauptung, der Mensch wolle leben, impliziert also notwendigerweise, daß er fühlen und denken will. Wahrnehmung und Denktätigkeit sind aber auf Grund der reflexiven Struktur des menschlichen Bewußtseins immer von dem Bewußtsein begleitet, *daß* wir wahrnehmen und denken. *Wenn* wir leben, sind wir uns auch der Tatsache bewußt, *daß* wir leben. Ist nun das Leben etwas in sich Gutes und Begehrenswertes, so ist auch das Bewußtsein zu leben in sich gut und begehrenswert. Da aber für den tugendhaften Menschen der Freund ein zweites Selbst ist, muß er für diesen dasselbe erstreben wie für sich selbst. «Er muß also vom Freund mitwahrnehmen, daß dieser ist, und dies geschieht im Zusammenleben und in der Gemeinschaft des Sprechens und des Denkens. Denn dies ist es doch, was Zusammenleben bei den Menschen zu bedeuten scheint, und nicht das Weiden auf derselben Wiese wie beim Vieh. Wenn nun für den Glücklichen das Sein um seiner selbst willen wünschenswert ist, da es von Natur gut und angenehm ist, und wenn ähnliches auch vom Sein des Freundes gilt, so muß auch der Freund zum Wünschenswerten gehören. Was aber für ihn wünschenswert ist, das muß er auch besitzen, sonst wäre er ja in dieser Hinsicht bedürftig. Also bedarf der Glückliche tugendhafter Freunde» (NE IX.1170b 10–19). Da der vollaktualisierte Mensch seine Glückseligkeit nicht außerhalb der Gemeinschaft der Freundschaft finden kann, ist die Theorie der Gesellschaft kein akzidenteller Zusatz zur Theorie des Menschen, sondern ein inhärenter Teil ihrer Zielsetzung.

Diese Neubestimmung des Gegenstandes der politischen Wissenschaft ist nicht die letzte im Werk des Aristoteles. Der politischen Wissenschaft muß auch ein Platz innerhalb der Klassifikation der dianoetischen Tugenden zugesprochen werden, denn in einem Sinne ist sie identisch mit der Tugend der Klugheit (φρόνησις) (vgl. NE VI.1141b 23–1142a 10). Als Habitus (ἕξις) der Seele sind Klugheit und politische Wissenschaft identisch, auch wenn ihr Sein (εἶναι) nicht das gleiche ist. Im fünften Buch der *Nikomachischen Ethik* hatten wir erfahren, daß ‹die Gerechtigkeit als Ganzes› (ὅλη δικαιοσύνη) das gleiche ist wie ‹die Tugend als Ganzes› (ὅλη ἀρετή) (NE V.1129b 11–1130a 13). Nun erfahren wir, daß die dianoetische Tugend, die sie beide begründet, die gleiche ist. Politik ist Klugheit im weitesten Bereich ihrer Anwendung. Die Grundlage des Wissens um die Tugend, auch da, wo es um das gute Leben im Privatbereich der eigenen Familie geht, besteht aus eben jenen Eigenschaften, von denen die Glückseligkeit und das gute Leben in der vollkommenen Gemeinschaft der Polis bestimmt werden. Die Klugheit ist die Tugend der Wohlberatenheit im Handeln des einzelnen Menschen; sie ist aber zugleich eine Tugend der Polis. In den Angelegenheiten der Polis unterscheidet Aristoteles zwei Arten der Klugheit. Die erste ist die nomothetische Wissenschaft der Verfassungsschöpfung; die zweite befaßt sich mit dem partikulären Handeln beratender, rechtsprechender und administrativer Natur. Diese zweite Art wird meist als ‹politische Wissenschaft› im engeren Sinne bezeichnet, obgleich der Name eigentlich beiden Arten zukäme. Darüber hinaus fällt in den Bereich der Klugheit auch noch die Kunst der Haushaltsführung (οἰκονομία), der eine längere Untersuchung im Rahmen der aristotelischen *Politik* gewidmet ist (vgl. P I.1253b 1–1260b 24).

Auf den letzten Seiten der *Nikomachischen Ethik* wird der Übergang von der Tugendlehre als der allgemeinen Form der politischen Wissenschaft zur partikulären Wissenschaft der nomothetischen Politik hergestellt, wenn die Notwendigkeit von mit Zwangscharakter ausgestatteten Institutionen der Gesellschaftsordnung begründet wird. Es ist eine Tatsache der empirischen Erfahrung, daß theoretisches Wissen um das gute Handeln, Argumente und Überredung zur Glückseligkeit und Tugend nicht bei allen Menschen hinreichend sind, um gutes Handeln auch in der Praxis hervorzurufen, denn der Mensch wird nicht allein von seiner Rationalität bestimmt. Da die Polis die Gemeinschaft aller ihrer Bürger und nicht allein der Tugendhaften ist, für die politische Institutionen äußerer Art ohnehin überflüssig wären, muß sie in ihrer institutionellen Ordnung fähig sein, den überwiegend von der außerhalb der Ratio stehenden Leidenschaft (πάθος) regierten Typ des Menschen zu akkomodieren. Die Leidenschaftsnatur des Menschen aber unterwirft sich dem Zwang eher als der Überredung; und der gute Bürger muß zum guten Menschen herangebildet werden. Dieser Erziehungsprozeß kann aber nur erfolgreich sein, wenn er als Bürger einer guten Gesellschaft unter guten Gesetzen lebt. Der Theoretiker kann nicht in seiner kontemplativen Schau der Wahrheit verharren, wenn er sie einmal erreicht hat, sondern muß, will er die Menschen bessern, zum Gesetzgeber werden (NE X.1179b 26–1180b 28).

Leo Strauss hat in seiner Studie zur aristotelischen *Politik* darauf hingewiesen, wie befremdlich eine derartige Sinnzuschreibung politischer Institutionen für ein modernes soziologisches Denken wirken muß, das von der Maxime ausgeht, daß «da Tugend nicht durch Zwang etabliert werden kann, die Förderung der Tugend nicht Aufgabe des Staates sein kann».[12] Eine derartige Maxime geht aber aus der strengen Trennung der Lebenssphären von Staat und Gesellschaft hervor. Wo aber diese Trennung nicht vollzogen wird, kann die Sinngebung politischer Institutionen nicht aus der Zweckbestimmung begründet werden, die Bürger vor innerer und äußerer Gewalt zu schützen, um den Austausch von Waren und Dienstleistungen sicherzustellen. Eine derartige Begründung wird in der aristotelischen *Politik* (P III.1280a 25–b 35) als die «Meinung einiger» angeführt und mit dem Argument zurückgewiesen, daß die Polis «um des guten Lebens willen und nicht nur um des Lebens willen» bestehe, so daß eine Reduktion des Politischen auf das Ökonomische den Kern menschlicher Gemeinschaft in der politischen Ordnung verkenne. Die aristotelische Polis kann die Ethik nicht aus dem Bereich ihrer Ordnung ausschließen und sie anderen Organisationsformen als den politischen überantworten. Damit ist das Programm für den zweiten Teil der aristotelischen Wissenschaft von der Politik bestimmt. Die Theorie der Gesellschaft, die es zu erarbeiten gilt, hat Antwort auf die Frage zu geben, welches die Zwangsmittel und Institutionen sind, durch die der Habitus der Tugend in der Seele des Menschen als Bürger der Gemeinschaft geweckt und gefestigt werden kann.

«Als erstes werden wir also untersuchen, was etwa die Früheren im einzelnen da und dort Richtiges gesagt haben; dann mit Hilfe der gesammelten Verfassungen prüfen, was die Polis bewahrt und zerstört und was die einzelnen Verfassungen, und aus welchen Gründen die einen Verfassungen gut, die anderen schlecht sind. Wenn das untersucht ist, werden wir wohl auch eher erkennen können, welche Verfassung die beste ist und wie jede einzelne geordnet werden soll und welche Gesetze und Gewohnheiten sie haben wird.» (NE X.1181b 15–23).

V. Politik: Das Wesen der Polis

Der unter dem Titel *Politik* überlieferte zweite Teil des aristotelischen Kompendiums der Politikwissenschaft gliedert sich formal in eine einleitende Untersuchung über das Wesen oder die Natur (φύσις) der Polis (P I.1252a 1–1253a 38) und sechs lose miteinander verbundene Abhandlungen zu einzelnen Problemkreisen der politischen Ordnung. Die erste

Abhandlung befaßt sich mit der Theorie des Haushalts als eines konstituierenden Elements der Polisgemeinschaft (P I.1253b 1–1260b 24). Die zweite Abhandlung stellt einen historischen Überblick über frühere Verfassungsentwürfe, insbesondere diejenigen Platons (P II.1260b 27–1266a 30), des Phaleas von Chalkedon (P II.1266a 39–1267b 21) und des Hippodamos von Milet (P II.1267b 22–1269a 28) sowie die Verfassungen von Sparta, Kreta und Karthago (P II.1269a 29–1274b 28) dar. Die dritte Abhandlung bringt dann eine Theorie der Verfassungen als Formen der Polis. Ihre erste Untersuchung (P III.1274b 32–1278b 5) ist der Frage gewidmet, wer als Bürger einer Polis unter ihrer Verfassung angesehen werden kann; es folgt eine Klassifikation der Verfassungen nach ihren Hauptkriterien, die sogenannte «erste Staatsformenlehre» des Aristoteles (P III.1278b 6–1280a 6); die nächste Untersuchung ist der Frage der Gerechtigkeit und ihrer Auffassung unter oligarchischen und demokratischen Verfassungen gewidmet (P III.1280a 7–1284b 34); den Abschluß der Abhandlung bildet ein historischer Exkurs über das Königtum und seine Formen (P III.1284b 35–1288b 2). Die vierte Abhandlung, die das vierte und fünfte Buch der *Politik* umfaßt, wendet sich unmittelbar Fragen der praktischen Politik zu. Sie umfaßt eine Morphologie der Varianten einzelner Verfassungsformen, insbesondere der Demokratie und der Oligarchie, die sogenannte ‹zweite Staatsformenlehre› (P IV.1288b 10–1295a 24); der Beschreibung der Politie als der den meisten Poleis angemessenen Form (P IV.1295a 25–1296b 12) folgt eine allgemeine Untersuchung über die Frage, welche πολιτεία die angemessene Form der Ordnung für ein gegebenes πολίτευμα sei (P IV. 1296b 13–1297b 28); einer kurzen nomothetischen Bemerkung über die Institutionen der beratenden, der ausführenden und der entscheidenden Ämter in der Ordnung der Verfassung (P IV.1297b 35–1301a 15) folgt eine großangelegte Pathologie der Politik, eine Untersuchung über die allgemeinen (P V.1301a 19–1304b 18) und die speziellen Ursachen der Revolution in Demokratien, Oligarchien, Aristokratien und Monarchien (P V.1304b 19–1316b 27). Die fünfte Abhandlung bringt den eigentlichen nomethetischen Teil der *Politik;* sie untersucht die Voraussetzungen und Methoden für die Etablierung demokratischer (P VI.1316b 31–1320b 17) und oligarchischer (P VI.1320b 18–1323a 10) Verfassungen im Hinblick auf ihre Stabilität. Die sechste Abhandlung nimmt das Eingangsthema der *Nikomachischen Ethik* wieder auf, wenn sie sich zuerst der Frage nach dem höchsten Gut und dem glücklichen Leben zuwendet (P VII.1323a 14–1325b 32), um dann die Theorie der guten Gesellschaft an den Modellen der besten Polis (P VII.1325b 33–1331b 23) und der richtigen Erziehung (P VII.1331b 24–VIII.1342b 34) zu entwickeln.

Die Fülle des Materials, das in diesen Abhandlungen ausgebreitet und analysiert wird, kann hier nicht einmal andeutungsweise wiedergegeben werden. Die Grundzüge der aristotelischen Theorie der guten Gesellschaft, durch die die Theorie des guten Handelns vollendet wird, lassen sich jedoch umrißweise darstellen, wenn wir jenseits der formalen Aufteilung des Textes einem geistigen Bogen folgen, der sich von den einleitenden Untersuchungen über die Natur der Polis über die Klassifikation der Verfassungen in der dritten Abhandlung bis zu den Paradigmen der besten Polis und der richtigen Erziehung in der letzten Abhandlung spannt.

Die Polis als menschliche Gemeinschaft gehört der Klasse des Zusammengesetzten (σύνθετον) an, und die Untersuchung ihrer Natur (φύσις) muß von der Analyse des zusammengesetzten Ganzen in seine unzusammengesetzten konstituierenden Elemente (ἀσύνθετα μόρια) ausgehen. Diejenige menschliche Gemeinschaft, die als erste Einheit der Polis angesehen werden kann, ist der Haushalt (οἶκος), der auf den Grundbeziehungen zwischen Mann und Frau, zwischen Eltern und Nachkommen, zwischen dem von Natur Regierenden und dem von Natur Regierten beruht. Zur Befriedigung höherer Bedürfnisse, die über die Sorge für den täglichen Lebensbedarf hinausgehen, entsteht aus dem Zusammenschluß mehrerer Haushalte eine Dorfgemeinschaft (κώμη). Die Herrschaft in der Dorfgemeinschaft beruht auf der natürlichen Herrschaftsbeziehung im Haushalt, und dies ist – wie Aristoteles in einer Parenthese anmerkt – der Grund dafür, daß die ältesten Poleis der Hellenen von Königen regiert wurden, denn die Herrschaft des Hausvaters über seine Familie ist ihrer Natur nach monarchisch. Aus dem Zusammenschluß mehrerer Dorfgemeinschaften zu einer höheren Einheit entsteht schließlich die vollkommene (τέλειος) Gemeinschaft der Polis, in der die Grenzen der Selbstgenügsamkeit (αὐτάρκεια) erreicht werden, da der Haushalt, der zunächst um des bloßen Lebens (ζῆν) willen entstand, in der vollentwikkelten Einheit der Polis um des guten Lebens (εὖ ζῆν) willen weiterbesteht. In diesem Sinne ist die Polis etwas ‹von Natur› (φύσει) bestehendes, denn in ihr hat die Urgemeinschaft des Haushalts ihr Ziel (τέλος) erreicht; und das Ziel, das ein Ding erreicht, wenn es voll entwickelt ist, wird als seine Natur (φύσις) bezeichnet (P I.1252 a 18–b 34). «Daraus wird deutlich, daß die Polis zu den von Natur existierenden Dingen gehört und daß der Mensch von Natur ein politisches Lebewesen ist» (P I.1253 a 1–3).

Der Mensch ist aber nicht – wie etwa die Bienen – nur ein Herdentier (ἀγελαῖον ζῷον); als politisches Lebewesen (πολιτικόν ζῷον) ist er zugleich ein rationales Lebewesen (ζῷον λόγον ἔχον), und damit liegt das Ziel der menschlichen Gemeinschaft im Bereich der bewußten Erkenntnis von Gut und Böse, von Richtig und Falsch. «Dies ist im Gegensatz zu den anderen Lebewesen dem Menschen allein eigentümlich, daß er die Wahrnehmung des Guten und Bösen, des Gerechten und des Ungerechten besitzt» (P I.1253 a 7–18). Die menschliche Gemeinschaft der Polis wird durch die Gemeinsamkeit der ethischen Erkenntnis konstituiert.

VI. Politik: Die Formen der Ordnung

Sollte in der einleitenden Untersuchung die Analyse des Phänomens der Polis, und damit des Politischen, von der Frage nach seiner Natur (φύσις) her erfolgen, so wendet sich die differenzierende Bestandsaufnahme der dritten Abhandlung den Formen der Verfassung (πολιτεία) zu, die als Formen (εἴδη) der Polis verstanden werden können. Der Frage danach, was die Polis unter dem Aspekt ihrer verschiedenen Formen im Gegensatz zu demjenigen ihrer einen Natur sei, muß die Frage danach vorangehen, wer die Bürger als konstituierende Elemente der Polis sind; denn «die Verfassung ist die Ordnung derer, die die Polis bewohnen», und «die Polis ist eine Anzahl von Bürgern (πολιτῶν τι πλῆθος)» (P III.1274b 35–38). Hier taucht ein neues Problem auf, denn neben der Frage danach, wer als Bürger einer Polis unter ihrer Verfassung zu betrachten sei, wird nun für die Bestimmung der Ordnung der guten Gesellschaft die Frage nach der Tugend (ἀρετή) des guten Bürgers entscheidend, oder – wie es Aristoteles formuliert – die Frage: «Ob die Tugend des guten Mannes und die des guten Bürgers die gleiche sei oder nicht?» (P III.1276b 17–18).

Um die Frage zu beantworten, muß zunächst bestimmt werden, worin die Tugend des guten Bürgers besteht. Die Bürger der Polis haben ein gemeinsames Ziel, das Wohlergehen der Gemeinschaft; und die Gemeinschaft der Bürger (πολίτευμα) ist die Verfassung (πολιτεία). Damit aber wird die Tugend des guten Bürgers inhaltlich von der Verfassung der Polis abhängig, und, da es viele Arten (εἴδη) von Verfassungen gibt – einige davon gut, andere schlecht – die verschiedene Tugenden von ihren Bürgern verlangen, kann die Tugend des guten Bürgers nicht, wie es bei der Tugend des guten Mannes der Fall ist, immer und überall die gleiche sein. Dies gilt sogar für den Bürger der besten Polis; denn jede Polis – auch die gute Polis – ist ein aus verschiedenartigen Elementen zusammengesetztes Ganzes. Die verschiedenen Funktionen, die den Beitrag der Bürger zum Wohlergehen der Polis darstellen, setzen aber zu ihrer optimalen Erfüllung den Besitz verschiedenartiger Tugenden voraus. Nur in einem Fall ist die Tugend des guten Bürgers der besten Polis mit der Tugend des guten Mannes identisch. Dieser Fall ist gegeben in der Person des Staatsmannes (πολιτικός), der zur ‹politischen Herrschaft› über seine Mitbürger befähigt ist. Denn die ‹politische Herrschaft› (πολιτικὴ ἀρχή), die über Freie und Gleiche ausgeübt wird, setzt im Gegensatz zur ‹despotischen Herrschaft› (δεσποτικὴ ἀρχή) des Tyrannen ebenso die Fähigkeit voraus, gut regiert zu werden, wie die Fähigkeit gut zu regieren. Die Tugend aber, die beiden Fähigkeiten zugrundeliegt, ist die Wohlberatenheit (φρόνησις); und φρόνησις ist die Tugend des reifen Mannes (σπουδαῖος) (P III.1276b 20–1277b 32).

Wenn die Tugend des guten Mannes nur in der guten Polis mit der Tugend des guten Bürgers zusammenfallen kann, so wird für die Erfüllung des menschlichen τέλος in der Gemeinschaft die Frage nach der Verfassung der besten Polis (ἀρίστη πόλις) entscheidend. Wir brauchen Kriterien zur Klassifikation der verschiedenen Verfassungen als Formen ihrer Poleis. Zwei derartige Kriterien können aufgestellt werden: Wir können nach dem Ziel der Polis fragen, das durch ihre Verfassung gesichert werden soll, und wir können danach fragen, wer in der Polis der Herrscher (κύριος) ist. Das wahre Ziel der Polis ist das gute Leben des Menschen, und das gute Leben bildet den gemeinsamen Nutzen (συμφέρον) ihrer Bürger. Als ‹richtige Verfassungen› (ὀρθαὶ πολιτεῖαι) können wir also diejenigen Ordnungen der Herrschaft bezeichnen, die dem gemeinsamen Nutzen der Bürger dienen; ‹Verfehlungen› (παρεκβάσεις) stellen die Verfassungen dar, in denen die Herrschenden nur nach ihrem eigenen Nutzen streben. Die beiden Grundtypen der ‹richtigen› und der ‹verfehlten› Verfassung können auf der Basis der Frage danach weiter unterteilt werden, wer die – richtige oder falsche – Herrschaft in der Polis ausübt. Immer können nur einer, die Wenigen oder die Vielen herrschen. So gelangen wir zu der berühmten Sechsteilung der ‹ersten Staatsformenlehre› mit ihren drei richtigen Verfassungen des Königtums (βασιλεία) der Aristokratie (ἀριστοκρατία) und der Politie (πολιτεία oder τιμοκρατία) und den drei Verfehlungen der Tyrannei (τυραννίς), der Oligarchie (ὀλιγαρχία) und der Demokratie (δημοκρατία).[13]

Diese schematische Klassifikation läßt sich allerdings in der Praxis erst nach Einführung einiger Modifikationen zur Beschreibung konkret vorliegender Verfassungen verwenden. So erweist sich die Annahme als Irrtum, der eigentliche Unterschied zwischen Demokratie und Oligarchie liege allein in der Anzahl und nicht auch in der Art der an politischen Ämtern beteiligten Bürger. In der Realität ist die Oligarchie weniger dadurch gekennzeichnet, daß sie eine Herrschaft der wenigen, als daß sie eine Herrschaft der Reichen ist. Die Demokratie, dagegen, ist in erster Linie die Herrschaft der Armen, denn die Zahl der Herrschenden ist hier akzidentell und ausschließlich auf den Umstand zurückzuführen, daß jede normale Gesellschaft mehr arme als reiche Bürger umfaßt (P III.1279b 11–1280a 6). Weitere Modifikationen werden erforderlich, wenn sich bei der morphologischen Analyse des vierten Buches herausstellt, daß wesentlich mehr als die genannten sechs Verfassungstypen erforderlich sind, um der Mannigfaltigkeit der Realität gerecht zu werden. Ein neues Kriterium wird hier gewonnen, wenn man die notwendigen Teile (μόρια) der existenzfähigen Polis als Funktionen ihrer Bürger aufzählt – etwa Bauern, Handwerker, Krieger, Kaufleute, Tagelöhner etc. – und die Verfassungsformen aus der unterschiedlichen Kombination dieser Einzelteile der Bürgerschaft und der jeweiligen Dominanz der einen oder anderen Gruppe innerhalb der Polis ableitet. Allein die Tatsache, daß zwar viele der notwendigen Funktionen in der Polis in ein und derselben Person, sei es zugleich, sei es in verschiedenen Stadien des Lebens, vereint sein können, daß aber niemand zugleich arm und reich sein kann, macht die Armen und die Reichen zu den heuristischen «Hauptteilen» (μάλιστα μόρια) der Polis und erlaubt es, die Mannigfaltigkeit der möglichen Verfassungsformen als Variationen der beiden Grundtypen, der Oligarchie und der Demokratie, zu klassifizieren (P IV.1289b 27–1291b 13). Das Ergebnis der Formenanalyse faßt Aristoteles in die Worte zusammen: «Da es, wie wir gesagt haben, drei richtige Verfassungen gibt, und da unter ihnen notwendigerweise diejenige die beste sein muß, die von den Besten verwaltet wird, also diejenige, in der unter allen einer oder ein ganzes Geschlecht oder eine Anzahl sich an Tugend auszeichnen, so daß die einen sich regieren lassen und die anderen im Hinblick auf das wünschenswerte Leben regieren, und da wir am Anfang der Abhandlung gezeigt haben, daß die Tugend des guten Mannes und die Tugend des guten Bürgers der besten Polis notwendigerweise die gleiche sein muß, so ist es klar, daß auf dieselbe Weise und durch dasselbe ein Mann tüchtig wird und eine Polis nach dem Muster der Aristokratie oder des Königtums errichtet wird. So werden Erziehung und Gewohnheit, die den tüchtigen Mann heranbilden, die gleichen sein, die einen guten Staatsmann oder König heranbilden» (P III.1288a 32–b 2).

Damit ist die Grundlage für das Paradigma der besten Polis gelegt. Wenn wir die beste Verfassung der politischen Gemeinschaft finden wollen, müssen wir zunächst wissen, was das beste Leben ist. Denn diejenige Polis ist die beste, in der sich die Natur des Menschen aufs vollste aktualisieren und ihr τέλος erreichen kann. Bevor die Institutionen der besten Polis beschrieben werden können, müssen wir also wissen, was die Natur des Menschen ist und worin ihre Aktualisierung besteht. In den ersten Abschnitten der letzten Abhandlung seiner *Politik* gibt Aristoteles deshalb eine kurze Zusammenfassung der Theorie der Güter, der Glückseligkeit, der Teile der Seele, des Problems der Autarkie und der Analogie zwischen vollkommenem Sein des Menschen, der Polis und Gottes.

Die drei Arten der erstrebenswerten Güter sind äußere Güter (ἀγαθὰ ἐκτός), körperliche Vorzüge (ἀγαθὰ ἐν τῷ σώματι) und die Güter der Seele (ἀγαθὰ ἐν τῇ ψυχῇ). Der Besitz dieser Güter, des Muts, der Weisheit und der anderen Tugenden ist für die Polis wie für den Einzelmenschen die Ursache und Vorbedingung des guten und glückseligen Lebens. So kommen wir zu der Feststellung: «Das beste Leben, sowohl für den einzelnen allein wie für die Polis gemeinsam, ist das Leben der Tugend, das soweit mit Hilfsmitteln ausgestattet ist, daß die Teilhabe am tugendgemäßen Handeln möglich wird» (P VII.1323a 14–1324a 2).

Weder das beste Leben des Menschen noch dasjenige der Polis kann unter ungünstigen äußeren Umständen verwirklicht werden. In der Untersuchung über die beste Polis müssen deshalb die ‹Hilfsmittel› (χορηγίαι) bestimmt werden, die zur vollkommenen Aktualisierung des Wesens der Polis und des Menschen notwendig sind. Bestimmte Annahmen über diese Hilfsmittel sind zur Konstruktion des Paradigmas notwendig, denn ohne sie wird die Spekulation über die beste Polis unmöglich; dennoch dürfen diese Annahmen zwar die besten möglichen Bedingungen voraussetzen, aber keine unmöglichen oder unerfüllbaren Bedingungen, denn dann würden wir den Kontakt mit der Realität verlieren, und die Untersuchung würde wertlos (P VII.1325b 33–49). Die notwendigen Vorbedingungen, die bei Aristoteles in derartige Annahmen eingeschlossen werden, erstrecken sich im wesentlichen über vier Materialbereiche: die Bevölkerungszahl, das Territorium, die Lage der Polis und die Naturanlagen der Einwohner.

Die Bevölkerungszahl der besten Polis sollte groß genug sein, um die Autarkie der Polis zu gewährleisten, aber nicht so groß, daß sie ihre Überschaubarkeit verliert. Voraussetzung der Schönheit wie der Ordnung ist das rechte Maß, und gute Gesetze sind nichts anderes als gute Ordnung. Die Ordnung des Gesetzes aber kann sich nicht über eine zu große Menschenmenge erstrecken, denn nur eine göttliche, keine menschliche Macht kann den ganzen Kosmos ordnen. Überdies sollten in der besten Polis die Magistrate ihrem Verdienst entsprechend gewählt werden; ist aber die Bevölkerung zu groß und unüberschaubar, so wird es unmöglich, daß jeder Bürger über Verdienst und Fähigkeit seiner Mitbürger hinreichend informiert ist, und die Besetzung der Magistrate fällt dem Zufall anheim (P VII.1326a 5–b 25).

Ähnliches gilt für Größe und Art des Territoriums. Es soll zugleich überschaubar und doch groß und diversifiziert genug sein, um die landwirtschaftlichen Produkte und Rohmaterialien zu liefern, deren die Gemeinschaft zu ihrem Leben bedarf. Auch soll es groß genug sein, um den Einwohnern ein Leben der Muße zu gestatten, in dem sich Großzügigkeit mit Mäßigkeit vereint. Vom militärischen Standpunkt aus gesehen, muß das Gebiet leicht zu verteidigen sein, und die Stadt selbst sollte so liegen, daß sie einerseits das Land schützen und andererseits als bequem zugänglicher Markt dienen kann. Nähe der Polis zum Meer hat Vorteile wie Nachteile. Einerseits ist der Zugang zum Meer ein militärischer und wirtschaftlicher Vorzug, aber auf der anderen Seite ist die Entwicklung zur Hafenstadt nicht wünschenswert, weil das Einströmen Fremder und der ständige Kontakt mit fremden Sitten und Gebräuchen eine desintegrierende Wirkung auf die Geschlossenheit der Gemeinschaft ausüben können (P VII.1326b 26–1327b 15).

Was die Naturanlagen der Bevölkerung angeht, so bevorzugt Aristoteles eine Mischung von Intelligenz, Kunstfertigkeit und energischer Tapferkeit, die er vorzugsweise bei den Hellenen zu finden glaubt (P VII.1327b 19–1328a 16).

Nachdem durch die Schilderung der «Hilfsmittel» eine spekulative

Basis geschaffen ist, kann sich Aristoteles an die Konstruktion des institutionellen Modells der besten Polis machen. Der Aufbau des Paradigmas nimmt seinen Ausgang von einer neuerlichen Bestimmung des Verhältnisses zwischen der Polis und ihren einzelnen Teilen. Die Polis ist eine zusammengesetzte Struktur (σύστασις), und innerhalb einer derart komplexen Struktur können nicht alle Dinge, die zu ihrer Existenz unentbehrlich sind, zugleich auch als wesenhafte Teile der Struktur selbst betrachtet werden. So wie der Mensch zu seinem Leben gewisser Hilfsmittel und Besitztümer, der «äußeren Güter» bedarf, die dennoch nicht Teil seiner selbst sind, ist auch die menschliche Gemeinschaft der Polis für ihr Überleben auf Besitz angewiesen, aber «der Besitz ist kein Teil der Polis, auch dann wenn zum Besitz neben unbelebten Gegenständen auch eine Anzahl von Lebewesen gehört, denn die Polis ist eine Gemeinschaft von Gleichen, und ihr Ziel ist das beste und höchste mögliche Leben» (P VII.1328a 35–37). Die Polis, auch wenn sie eine Gemeinschaft der Gleichen ist, besteht aber nicht aus Menschen des gleichen psychischen Typs, sondern muß darauf eingerichtet sein, Menschen aller Aktualisierungsgrade aufzunehmen und zu akkommodieren. Dennoch ist sie nicht die Gemeinschaft aller Arten von Menschen; und da die volle Aktualisierung der menschlichen Natur, wie der empirische Befund zeigt, nicht jedem Menschen in gleicher Weise möglich ist, kann auch nicht jeder an der vollen Gemeinschaft der Gleichen, die die eigentliche Polis ausmacht, teilhaben. Für Leben und Existenz der Polis sind beispielsweise die Funktionen der Landbestellung, der Künste, des Handwerks, der Verteidigung, des Grundbesitzes, des öffentlichen Kults der Gemeinschaft, der politischen Beratung wie der Rechtsprechung unentbehrlich. Es bleibt aber die Frage, welche dieser Funktionen im günstigsten Falle von den Bürgern der Polis, den eigentlichen Mitgliedern der Gemeinschaft der Gleichen, wahrgenommen werden sollen. In der aristotelischen Konstruktion werden die Bürger von den Berufen des Handwerkers und des Kaufmanns ausgeschlossen, da diese Tätigkeiten nicht jene Muße gewährleisten können, die zur vollen Entwicklung der durch Erziehung geprägten menschlichen Tugenden notwendig ist. Die Bürger werden damit auf die Berufe des Kriegers, des Magistrats und des Priesters beschränkt, die sie möglichst in verschiedenen Stadien ihres Lebens ausüben sollen (P VII.1328b 6–1329a 39). «Wenn die Demokratie die Herrschaft der Armen, derer, denen es an Muße mangelt, ist, ist sie auch die Herrschaft der Ungebildeten und damit nicht wünschenswert. Da es gefährlich ist, den *demos,* wo er existiert, von der Teilnahme an der Herrschaft auszuschließen, entwarf Aristoteles als seine beste Polis eine Stadt ohne *demos,* eine Stadt, die nur aus Gentlemen auf der einen Seite und Metöken und Sklaven auf der anderen Seite bestand.»[14]

Den zweiten Teil der paradigmatischen Konstruktion bildet die Abhandlung über die Erziehung des Bürgers der besten Polis zum tugendhaften Menschen, der ja erst zum Gesetzgeber werden könnte, durch den die gute Gesellschaft ihre Form erhält. Die Untersuchungen über die Erziehung der Jugend, die den Abschluß der *Politik* bilden, sind nur fragmentarisch erhalten. Der Text bricht im achten Buch mitten in einer Schilderung der musischen Erziehung des jungen Bürgers der besten Polis ab. Die Ziele, denen dieses Erziehungsprogramm dienen soll, die Ausbildung jenes Habitus der Tugend, in dem sich die Natur des Menschen als eines politischen Lebewesens kraft seiner Teilhabe am göttlichen νοῦς, dem gemeinsamen Faktor der ὁμόνοια und politischen Freundschaft unter Menschen, entfaltet, ist uns in der aristotelischen Tugendlehre überliefert. Das Ende der *Politik* führt uns zurück zum Beginn der *Nikomachischen Ethik.*

VII. Aristotelische Politik: Wissenschaft und Paradigma

Die politische Wissenschaft des Aristoteles, wie sie uns in den großen Kompendien der *Nikomachischen Ethik* und der *Politik* überliefert ist, stellt die paradigmatische Konstruktion eines bestimmten Typs der Wissenschaft vom Menschen dar: einer philosophischen Anthropologie, die ihre Schwerpunkte in der Wissenschaft vom Handeln, der Wissenschaft von den richtigen Zielen des Handelns und der Wissenschaft von derjenigen Ordnung der Gesellschaft findet, in denen sich die menschliche Natur in möglichst vollkommener Weise auf diese Ziele hin entfalten kann. Exemplifiziert wird die Ordnung der guten Gesellschaft als Ensemble derjenigen sozialen Institutionen, die der Entfaltung menschlicher Natur auf ihr wahres Ziel hin dienen, am Paradigma einer «besten» Polis. Doch gerade ein solches Paradigma muß, wenn es als Krönung und Resultat eines «Systems der Politik» im Sinne der durchkonstruierten Anordnung dogmatisierter Lehrsätze mißverstanden wird, den entschiedenen Widerstand des neuzeitlichen Intellektuellen, unabhängig von seiner Stellung im politisch ideologischen Farbenkreis wachrufen. Diesem Mißverständnis gilt es vorzubeugen.

In der platonisch-aristotelischen Analyse wird die Ordnung der guten Gesellschaft am Modell der besten Polis erarbeitet. Die Grundlage der Modellkonstruktion ist dabei eine Wissenschaft von der rationalen Natur des Menschen und ihrer Entfaltung im Hinblick auf das Göttliche im Menschen: das rationale Prinzip. Die beste Polis ist in dieser Modellkonstruktion durch zwei Eigenschaften ausgezeichnet: Sie ist groß genug, blühend genug und differenziert genug, um dem Teil ihrer Bürger, der dazu fähig ist, die äußeren Hilfsmittel zur Verfügung zu stellen, die Voraussetzung zur Führung des Lebens in der vollen Aktualisierung der Ratio sind; und sie ist – auf der institutionellen Ebene – so organisiert, daß sie durchlässig für das Einströmen der Ratio in die Politik wird, daß die Ratio in ihr zu einer bestimmenden Kraft des sozialen Lebens werden kann. Diese Grundkriterien einer Gesellschaft, die den Namen einer guten Gesellschaft verdienen will, haben nichts von ihrer Gültigkeit verloren.

An anderen Punkten machen historische Veränderungen und die weitergehende Differenzierung unseres Wissens von menschlicher und gesellschaftlicher Ordnung gewisse Modifikationen der klassischen Untersuchungsergebnisse notwendig. So geht etwa Aristoteles, wie alle Denker der griechischen Antike, von der Annahme aus, die Polis stelle die größte politisch handlungsfähige Einheit dar. Die politische Theorie der Antike kennt zwar die größere Gemeinschaft des ἔθνος, wie es etwa das Perserreich verkörpert, oder eine Gemeinschaft namens ‹Hellas›, von der Herodot schreibt, sie beruhe auf der vierfachen Bindung gemeinsamer Abstammung, gemeinsamer Sprache, gemeinsamer Götter und Tempel sowie gemeinsamer Sitten, aber diese Gemeinschaft ist keine politische Gemeinschaft im strengen Sinne des Wortes. Die Vorstellung von der Polis als einer kleinen, geschlossenen Gemeinschaft, deren Bürger einander kennen, von einem Herold zusammengerufen und von einem Rhetor überredet werden können, belastet das aristotelische Modell mit dem Postulat, eine Gesellschaft dürfe, um gut zu sein, die Größe der Polis nicht überschreiten.

Eine derartige Annahme ist heute zumindest fragwürdig geworden. Man kann sich ihr gegenüber auf den – beispielsweise von Leo Strauss vertretenen – Standpunkt stellen, die modernen Gesellschaften, die es dem Bürger auf Grund ihrer Ausdehnung nicht gestatten, voll und ganz an den Angelegenheiten der Gemeinschaft teilzunehmen, seien in der Tat nicht im klassischen Sinne ‹gut› und könnten es auch nicht werden. Demgegenüber kann aber die empirische Beobachtung ins Feld geführt werden, daß die industrielle, technologische und soziale Revolution der Neuzeit einige der Antike unbekannte Faktoren ins Spiel gebracht hat, die der Entwicklung des demokratischen Verfassungsstaates – der modernen Weiterführung der klassischen Suche nach der Ordnung der guten Gesellschaft – eher förderlich als hinderlich waren. Hierzu gehören, trotz aller Probleme, die sie mit sich brachten, die Verbesserung der technologischen Mittel auf dem Produktions-, Kommunikations- und Verkehrssektor wie die Ablösung der antiken unmittelbaren Demokratie durch die repräsentativen Herrschaftsformen.

Daneben scheint für Aristoteles der Umstand, daß jede Gesellschaft eine beachtliche Anzahl von Menschen des Typs umfaßt, den er als den ‹Sklaven von Natur› beschreibt, also von Menschen, die nicht zur vollen Aktualisierung ihrer rationalen Natur fähig sind, die juristische Institution der Sklaverei und ganz allgemein die für unsere Begriffe ungerechte Behandlung jener Menschen zu rechtfertigen, die aus irgendwelchen

Gründen nicht zur Übernahme der Verantwortung des Bürgers einer guten Polis fähig sind. Diese Annahme ist heute durch die Übernahme der – aus der jüdisch-christlichen Offenbarungstradition stammenden – Vorstellung von der Würde und Unverletzlichkeit des Menschen überholt, die nicht auf seiner Stellung und Funktion im Sozialgefüge, sondern allein auf seiner Qualität als Ebenbild Gottes beruhen. Zugleich führt das Christentum insoweit neue komplizierende Faktoren in die politische Theorie ein, als nunmehr die vollkommene Erfüllung des Menschen nicht mehr ausschließlich im innerweltlichen Bereich der Politik, sondern zu einem großen Teil im weltjenseitigen Raum des Eschaton liegt.

Weitere Modifikationen des Modells der besten Polis mögen durch den zunehmenden Stand unseres Wissens vom Menschen und seiner Ordnung wie durch historische Veränderungen, deren Ausmaß wir nicht voraussehen können, notwendig gemacht werden. Ihren paradigmatischen Wert im Gesamtgefüge einer politischen Wissenschaft als der rationalen Wissenschaft des menschlichen Handelns im Hinblick auf ein durch die Struktur der menschlichen Seele und des Kosmos bestimmtes Ziel hat des Aristoteles Konstruktion der besten Polis nicht verloren.

Karl H. Gugg

CICERO

I

Von Plato und Aristoteles her gesehen, ist Cicero kein Neuanfang des politischen Denkens. Er steht in der Tradition vorchristlich-antiker Staatstheorie. So, wenn der Staat nicht als Ergebnis willkürlich-freier Setzung, sondern als genuiner Ausdruck des menschlichen Wesens erscheint und das Leben im Staat damit nicht nur äußere Bedingung für das Glück des einzelnen ist, sondern selber Urgrund und Wesenselement für erfülltes irdisch-menschliches Dasein. Oder wenn, in Weiterführung eines platonischen Gedankens, der ideale Staat Abbild der recht verfaßten Einzelseele ist. Die unproblematisch-innige Verbindung von Menschennatur und Staat, die, wie bei Plato, dem Staat sogar die Regelung des kultisch-religiösen Lebens erlaubt (De legibus II), scheidet Cicero von der neuzeitlichen Anthropologie und macht zugleich den Zusammenhang mit älteren Formen des Denkens deutlich.

Bereits im (scheinbar) Äußerlichen drückt sich diese Kontinuität aus: Ciceros Schriften «Über den Staat» (De re publica) und «Über die Gesetze» (De legibus) erinnern in ihren Titeln an Platos staatsphilosophische Dialoge *Politeia* und *Nomoi;* die Dialogform geht teils auf den späten Plato, teils auf die sog. exoterischen Schriften des Aristoteles, teils auf den Plato-Schüler Herakleides Pontikos zurück. Zudem beruft sich Cicero gelegentlich ausdrücklich auf Vorbilder und Anreger, neben Aristoteles und Plato auf deren Schüler und Nachfolger in Akademie und Peripatos, in vielem auch auf den – wohl peripatetisch beeinflußten – Stoiker Panaitios, der zeitweise im zweiten vorchristlichen Jahrhundert in vornehmen Zirkeln Roms verkehrte und auf das zunächst philosophieferne römische Denken nachhaltig einwirkte. Cicero läßt deshalb seinen Dialog über den Staat im Freundeskreis des jüngeren Scipio Africanus stattfinden, dem zeitweilig auch Panaitios sowie der griechische Geschichtsschreiber Polybios angehörten; er deutet damit an, daß er sich als Geisteserbe jener Männer versteht, in denen erstmals griechisches Denken und Römertum eine engere Verbindung eingegangen waren.

Doch unbeschadet dieser Kontinuität wird in den Zeit- und Lebensumständen auch der Abstand Ciceros zu seinen Vorgängern erkennbar: Die Polis, der griechische Kleinstaat-Typ, auf den platonische und aristotelische Staatsphilosophie sich bezogen, ist versunken und an ihre Stelle ein Weltreich getreten, das nahezu die ganze bekannte Kulturwelt rings ums Mittelmeer umfaßt. Cicero spielt, ungleich stärker als seine Vorgänger, eine führende Rolle in der Politik, und seine Werke haben deshalb eine ungleich engere Beziehung zur politischen Praxis.

Cicero, 106 v. Chr. geboren, tritt um 80 v. Chr. erstmals als Anwalt vor Gericht öffentlich auf; gerade hat der reaktionäre Sulla im Bürgerkrieg gesiegt und eine beispiellose Welle politischer Morde und Enteignungen in Rom und ganz Italien ausgelöst; es ist eine Zeit tiefer Rechtsunsicherheit. Cicero kommt um vorsichtig-kritische – und damit recht riskante! – Stellungnahmen nicht herum; zu seinem Glück beruhigt sich jedoch die Situation (vordergründig) rasch, und er kann erste bedeutende rednerische Erfolge verbuchen – die Möglichkeit einer aussichtsreichen politischen Laufbahn zeichnet sich ab. Da zwingen ihn gesundheitliche Umstände zu einer längeren Pause, die er zu einer Bildungsreise mit Studienaufenthalten in mehreren Orten der griechischen Welt nutzt. Erst vom Jahr 76 an kommt Cicero in Rom «zum Zuge»: Er steigt erstaunlich schnell zum anerkannt größten Redner der Hauptstadt auf, wird in erste hohe Staatsämter gewählt, durchmißt rasch die ansteigende Ämterlaufbahn. Im Jahr 63 – er hat nicht zuletzt durch erfolgreiche Verteidigung in politisch relevanten Prozessen eine beträchtliche Anhängerschaft gewonnen – erreicht er das Konsulat, das höchste Amt der Republik. Das ist ein ungewöhnlicher Erfolg für den Sohn einer Kleinstadt-Oberschichtfamilie aus Arpinum im östlichen Latium, auch wenn diese Familie Beziehungen zur römischen Oberschicht (auf die es in politischen Dingen letzten Endes stets ankam) gepflegt und für eine gediegene Vorbildung des hochbegabten jungen Cicero Sorge getragen hatte; denn Männer von so «niedriger» Herkunft erlangten im Durchschnitt nur einmal pro Vierteljahrhundert das Konsulat, das sonst der stadtrömischen Nobilität vorbehalten blieb. Cicero ist also ein «homo novus» (Neuling, Emporkömmling).

In Ciceros Konsulatsjahr fällt die bürgerkriegsähnliche Erhebung der Terroristen um Catilina. Auch wenn Cicero – bisher vor allem ein Mann des Wortes – durch überraschend energisches Zupacken die Situation meistert, wird doch in der sehr hohen Zahl der Sympathisanten jener Verschwörung die tiefe soziale und politische Zerrissenheit des Staates in der Spätzeit der Republik offenbar. Die Bauern Italiens, die die Masse der Soldaten stellten, sind in immer ausgedehnteren Kriegen zermürbt und teils verschlissen worden; die Übriggebliebenen sind der wirtschaftlichen Macht der immens reich gewordenen hauptstädtischen Oberschicht mit ihren billig arbeitenden Sklaven längst nicht mehr gewachsen. Ungeachtet bedeutender regionaler Unterschiede hat ein Großteil der Landbevölkerung die nicht mehr rentable Erwerbstätigkeit aufgegeben bzw. seinen Besitz verloren. Proletarisierte Massen wandern vom Land in die Großstadt Rom, ohne dort auf Dauer neue Arbeit zu finden; denn wirtschaftliche und berufliche Alternativen gibt es zu wenige in einer Gesellschaft, die noch keine Industrialisierung kennt und in welcher das Handwerk und damit vergleichbare Tätigkeiten weithin fest in Sklaven- und Freigelassenenhand sind. Für die Entwurzelten bleibt vielfach nur der Ausweg, sich von den Spenden der wohlhabenden Mitglieder der Nobilität zu ernähren und als Gegengabe die Rolle des Stimmviehs bei Wahlen zu übernehmen. So lag es für viele nahe, sich jener Minderheit der alles beherrschenden Oberschicht anzuschließen, die als «Volkspartei» sich der Hilflosen anzunehmen versprach – und dabei freilich für die Erweiterung der eigenen Machtposition bestens zu sorgen wußte. Auch (und gerade) wenn diese Gruppe kurz- und mittelfristig erfolgversprechende sozialpolitische Konzepte entwickelt (was von Catilina kaum behauptet werden kann), zeigt sich eine Tendenz zu wachsender Abhängigkeit der Massen von ihren selbsternannten und alles andere als selbstlosen Betreuern. In deren Hand sammelt sich nun rasch – und verstärkt nach Ciceros Konsulat – Macht in einem Ausmaß, das in den überlieferten Grundsätzen des römischen Verfassungslebens nicht vorgesehen war; dies wird sichtbar im Triumvirat des Cäsar, Pompeius und Crassus, das alte Verfassungsorgane wie den Senat aus dem Zentrum politischer Entscheidung drängt. Immer offenkundiger sprengen diese Männer mit ihrem quasi-monarchischen Gebaren die Strukturen des überkommenen aristokratischen Regimes, welches trotz des Machtmonopols einer verhältnismäßig kleinen Schicht, der Nobilität, doch eine gewisse Streuung der Macht gekannt hatte.

Cicero begegnet den neuen Mächtigen mit dem größten Mißtrauen – nicht nur, weil er selbst durch ihr Emporkommen schrittweise ins politische Abseits gerät; er sieht das herkömmliche, von ihm als unverzichtbar erachtete Maß an Machtverteilung und Kontrolle dahinschwinden. Äußerst scharfsichtig gegenüber der Gefahr der Alleinherrschaft, ja der Tyrannis, bleibt Cicero jedoch nahezu blind gegenüber den sozialen Mißständen, die die Machtveränderungen hervorgerufen haben. So wird er – von Hause aus keineswegs den Ansprüchen der alten Oligarchie willfährig, aber zugleich grenzenlos stolz auf den hart erkämpften Einstieg in die traditionsreiche Führungsschicht – zum Anwalt der alten Ordnung des Gemeinwesens. Und doch kann dieser «Aristokrat aus persönlicher Entscheidung» in den Reihen der gestandenen Geburts-Aristokraten nie so ganz heimisch werden: Ihnen ist seine Sensibilität und Intellektualität, sein Vertrauen auf die Macht des Wortes und des Gedankens teils verächtlich, teils nicht geheuer (in die Pläne zu Cäsars Ermordung wird der als Cäsargegner bekannte Cicero bezeichnenderweise nicht eingeweiht); er wiederum sieht viel zu klar die charakterliche und politische Nichtswürdigkeit allzu vieler Vornehmer. Zwischen den Stühlen zu sitzen (oder auf mehreren zugleich, wie es ihm einer seiner zeitgenössischen Kritiker wörtlich ins Gesicht sagt) ist zunehmend sein politisches Schicksal.[1] Cicero wird (43 v. Chr.) ermordet, weil er nach Cäsars Tod den innenpolitisch-moralischen Kampf gegen Antonius aufgenommen hatte, der in die Fußstapfen des toten Diktators zu treten verspricht; als dieser sich überraschend mit dem jungen Oktavian (dem späteren Augustus) verständigt, in dem Cicero einen Verbündeten gesehen hatte, fordert er Ciceros Kopf wie zur Besiegelung des neuen Bündnisses (dem nur kurze Dauer beschieden sein sollte).

Diesem politischen Leben scheint die Atmosphäre ruhiger, ungestörter Konzentration zu fehlen, die eine beachtenswerte denkerische Leistung braucht. Doch das Argument, der Großteil von Ciceros philosophischen Schriften sei in einer Pause der politischen Laufbahn während Cäsars Alleinherrschaft und unmittelbar nach dessen Ermordung entstanden, die schöpferische Konzentration dieser zwei Jahre habe den Philosophen hervorgetrieben, geht an der Erkenntnis vorbei, daß Cicero immer schon zugleich Politiker und Philosoph war. Von Jugend an ist seine – für römische Verhältnisse außergewöhnliche – Aufgeschlossenheit für griechische Philosophie unverkennbar. In ganz jungen Jahren begeistert er sich in Rom für seine Philosophielehrer (unter ihnen kein Geringerer als Philon von Larisa, ehemals Schulhaupt der platonischen Akademie in Athen und dann vor Kriegswirren nach Rom ausgewichen); später auf seiner Bildungsreise im griechischen Osten sucht er bewußt die Begegnung mit den bedeutendsten zeitgenössischen Philosophen (nicht zuletzt mit dem großen Erneuerer des Stoizismus, Poseidonios, auf Rhodos). Wesentlicher ist: Cicero findet zu lebendiger Anteilnahme an den großen umstrittenen philosophischen Gegenständen jener Epoche des Übergangs von der hellenistischen zur spätantiken Philosophie; er lernt unterscheiden, Zusammenhänge erfassen, abwägen, und er lernt vor allem, inmitten all der Differenzen der verschiedenen Schulen und Richtungen Stellung beziehen (mit Gründen, die ihn selbst überzeugen). Denn wenn er sich – weithin allein unter seinen römischen Zeitgenossen – zur vorsichtigen Skepsis des Philon bekennt mit ihrer Enthaltung von endgültigen Thesen (die über den Bereich des Methodischen hinausgehen), ist dies eine persönliche Stellungnahme gegen alle vorschnelle Festlegung, besonders gegen den oft schroffen Dogmatismus der hellenistischen Modephilosophien (der Epikureer und Stoiker vor allem) und für die stete Offenheit des Weiterfragens, für die Bereitschaft zu immer neuer Rechenschaft über das Behauptete und – nötigenfalls – zur Revision.[2] Für Cicero, den «großen Vermuter» (Lucullus 66), ist die skeptische Haltung nicht Verzicht auf eigenen Standpunkt. Deshalb haben im ethischen Bereich die Wahrscheinlichkeiten, welche ihm die Wahrheit vertreten müssen, durchaus nichts Vage-Unverbindliches an sich; sie tragen verpflichtenden Charakter, solange sie zu überzeugen vermögen – und vieles überzeugt ihn lebenslänglich!

Gewiß – dies macht aus Cicero keinen ursprünglichen «Gründer des Philosophierens», keinen «bohrend Negativen» oder «radikalen Erwekker» im Sinne der bekannten Einteilungen von Jaspers; verbleibt er doch auch da, wo er am selbständigsten ist, im Rahmen griechischer Fragestellungen und wählt – in aller Regel klug begründend – aus griechischen Antworten aus – oder er tut von schon vorliegenden Ergebnissen aus nur einen nächsten Schritt. Doch Cicero ist mehr als nur ein gescheiter Beurteiler und Erklärer der Griechen, mehr als ein glänzender Vermittler fremden Gedankenguts (der er auch ist), mehr auch als der bedeutende Schöpfer einer lateinischen philosophischen Terminologie, als den ihn auch seine erbittertsten Kritiker stets anerkannt haben. Seine eigentliche Leistung ist die Verbindung von Politik und politischer Philosophie. Die großen staatstheoretischen Werke der fünfziger Jahre (*De re publica, De legibus,* auch *De oratore,* der Dialog über den Redner) sind beredte Zeichen für Ciceros Glauben, er könne, obwohl aus dem Zentrum der Entscheidungen gerückt, durch den philosophischen Entwurf der Grundlagen des Staates einwirken auf die politische Entwicklung, den Zerfall der bewährten Strukturen des Staates aufhalten und so wieder zu politischer Wirksamkeit gelangen. Anwendbarkeit für diesen besonderen, konkreten Staat ist eine der Bedingungen, denen Cicero seine Staatstheorie unterwirft. Das ist gute römische Tradition. Das römische Reich ist ja – anders als etwa das Alexanderreich – das in Jahrhunderten langsam herangewachsene Erbe von Generationen, deren jede sich in strengstem Traditionalismus als Fortsetzerin aller vorangegangenen weiß; auch «geistige» Tätigkeit wird – im Gegensatz zu Griechenland – seit je mit größter Selbstverständlichkeit in den Dienst dieser politischen Aufgabe gestellt. Das zeigt die römische Geschichtsschreibung, die sich ja selten um verstehendes Eindringen in das Andersartige, Fremde um seiner selbst willen bemüht, vielmehr in der Regel eine mit anderen Mitteln fortgesetzte Politik für Rom darstellt – freilich oft auf hohem Niveau.[3] In diese Tradition stellt sich auch Cicero, wenn er als erster Römer mit einer Staatstheorie hervortritt.

Ciceros staatsphilosophische Werke sind nur unvollkommen überliefert. *De re publica* ist in der Hauptsache durch eine einzige frühmittelalterliche Palimpsest-Handschrift (ein Kodex, der nach Abschaben großer Teile von Ciceros Text neu beschriftet wurde), die im frühen 19. Jahrhundert in der Vatikanischen Bibliothek entdeckt wurde, nur bruchstückhaft erhalten. Der Text läßt sich allerdings zum Teil ergänzen durch zahlreiche, wenn auch oft wenig umfangreiche Zitate bei späteren antiken Autoren bis hin zu den Kirchenvätern. *De legibus* wurde von Cicero nicht vollendet (die politische Entwicklung verhinderte es) und aus seinem Nachlaß herausgegeben; der unvollendete Text erlitt im Laufe der Überlieferungsgeschichte zusätzliche Verstümmelungen. Dennoch läßt sich aus diesen Texten in Zusammenschau mit anderen, meist als Ganzes erhaltenen Werken ein einigermaßen zusammenhängendes Bild von Ciceros Denken über den Staat gewinnen.

Begonnen sei mit dem Thema, welches den Hauptteil des (noch am besten erhaltenen) I. Buches von *De re publica* beherrscht: dem Thema der gemischten Verfassung.

Die Forderung nach Mischung und Vereinigung verschiedener Verfassungstypen in einem Staat geht teilweise bis auf (den späten) Plato zurück; vor allem Aristoteles hatte in gewissen Mischungen der Verfassungsurtypen die der politischen Wirklichkeit jeweils angemessensten Staatsformen erblickt. Die Vielfalt möglicher Verfassungen, die sich dabei ergeben hatte, wurde in der Folgezeit – auch in des Aristoteles eigener Schule, dem Peripatos – wieder wesentlich reduziert.[4] Für Cicero besonders wichtig ist der – außerhalb des Peripatos stehende – Geschichtsschreiber Polybios, einer der Vermittler griechischen Gedankenguts für Rom. Im 6. Buch seiner «Historien» haben wir ein nacharistotelisches Stadium der Mischverfassungstheorie vor uns und können Ciceros Ausformung damit vergleichen.

Polybios kennt – ähnlich wie Aristoteles – drei gute ungemischte Staatsformen: Königtum, Aristokratie und Demokratie; jeder dieser guten Staatsformen ist eine schlechte als ihre Entartungsform zugeordnet: dem Königtum die Tyrannis, der Aristokratie die Oligarchie, der Demokratie die Ochlokratie. Ob eine Staatsform gut oder schlecht ist, das entscheidet sich für Polybios – wie für Aristoteles – danach, ob die Regierenden dem Wohl der Gesamtheit dienen oder aber auf Kosten der Allgemeinheit den eigenen Vorteil suchen. Polybios geht nun davon aus, daß die drei guten Staatsformen notwendig und in strenger Regelmäßigkeit entarten, sobald sie sich konsolidiert haben und die Regierenden nicht mehr gezwungen sind, sich Rechenschaft zu geben, ob sie ihrer wahren Aufgabe gerecht werden. Im allgemeinen kommt es bereits in der zweiten Generation der Regierenden zu einem eigensüchtigen Willkürregiment; die Mißstände führen zur Revolution und zur Übernahme der Macht durch neue, vorerst noch integre Kräfte. Dadurch wird der Kreislauf der Verfassungen in Gang gesetzt; Königtum, Tyrannis, Aristokratie, Oligarchie, Demokratie und Ochlokratie lösen einander in dieser Reihenfolge ab. Die Mischverfassung, demonstriert am Beispiel Roms, soll dem Kreislauf mit seinen verheerenden Begleiterscheinungen Einhalt gebieten. Denn für Polybios vermag sich sittliche Einsicht nur im Bunde mit dem angeborenen menschlichen Egoismus, der Furcht der Regierenden um ihre Macht, durchzusetzen. An die Stelle der Einsicht setzt Polybios als Ordnungsgaranten die Gewaltenteilung: indem das Volk, die Aristokraten (in Rom: der Senat) und der Herrscher (in Rom: die Konsuln) sich in die Macht teilen und durch die Verflechtung ihrer Kompetenzen voneinander abhängig sind, kann dem Mißbrauch der Macht durch eine «Partei» von den anderen wirksam begegnet werden; ja, die gegenseitige Furcht, die das wahre Fundament dieses Systems darstellt, wird einen Mißbrauch der Macht gar nicht aufkommen lassen.[5]

Ciceros Darstellung der ungemischten Verfassungen (De re p. I 42–44), des Verfassungskreislaufes (De re p. I 45, I 65–68) und der Mischverfassung stimmt in zahlreichen Einzelheiten mit der des Polybios überein. Doch ist bei ihm der Kreislauf der Verfassungen nicht zwangsläufig. Ausdrücklich gesteht er allen guten Einzelverfassungen die Möglichkeit der Stabilität zu, sofern die Regierenden die Gerechtigkeit wahren. Ob sie dies tun, ist bei Cicero eine Frage der sittlichen Entscheidung. Auch eine strenge Abfolge der Verfassungen gibt es nicht. Machtmißbrauch führt zwar auch bei Cicero zum Sturz der Herrschenden und der Verfassungen; aber welche Kräfte nun die Herrschaft übernehmen, ob es rettende oder unheilvolle sein werden, hängt nun von unwägbaren Umständen und den nicht voraussagbaren Charaktereigenschaften der Beteiligten ab: Cicero denkt gewissermaßen personaler als Polybios.

Mit der Absage an die berechenbare Mechanik des Verfassungskreislaufs verliert nun auch die Mischverfassung den Charakter eines automatisch funktionierenden Systems der «checks and balances». Überhaupt läßt Cicero die bei Polybios entscheidende Funktion der Mischverfassung, den Kreislauf zu verhindern, hinter anderen Aufgaben zurücktreten. Der erste Einwand Ciceros gegen die drei guten Einzelverfassungen (vgl. De re p. I 43) richtet sich nicht gegen ihre mögliche Instabilität, sondern einen „apriorischen" Mangel. Denn – dies ist ein Grundgedanke seiner Staatstheorie – im Staat steht *allen* Bürgern ein Anteil an der Regierungsgewalt zu (dagegen verstoßen Königtum und Aristokratie), und dieser Anteil ist zu bemessen nach der dignitas, der Würdigkeit des einzelnen, die von seiner Eignung und Bereitschaft zur Regierungsverantwortung abhängt (dagegen verstößt die Demokratie – gedacht ist an direkte Demokratien wie die des alten Athen mit seiner «allmächtigen» Volksversammlung). Gerade auf Grund der verschiedenen dignitas konstituieren sich nun bei Cicero überhaupt erst jene drei «Parteien» (bei Polybios waren sie naturhafte Größen, ohne ursprüngliche Rangunterschiede), die in der Mischverfassung die Macht unter sich teilen: die Menge (multitudo) – der Ausdruck hier zunächst nicht abwertend gebraucht –, die Schicht der Besten, also der politisch besonders befähigten Bürger, und schließlich die überragenden Einzelnen, die in der Mischverfassung das monarchische Element vertreten. Damit kann es bei Cicero unter diesen drei Machtfaktoren keine Rivalität geben, noch kann die Verteilung der Regierungsfunktionen auf sie eine willkürliche sein. Vielmehr kommen jeder der an der Regierung beteiligten Gruppen «von Natur» (um einen stoischen Terminus, den Cicero in ähnlichem Zusammenhang gern verwendet, zu benutzen) ganz bestimmte Funktionen zu; an die Stelle der Rivalität tritt die gegenseitige Ergänzung.

Um diese Konzeption der Mischverfassung eingehender zu begründen, läßt Cicero seiner ersten knappen Kritik an den Einzelverfassungen (De re p. I 43–45) eine wesentlich ausführlichere Darstellung der drei guten ungemischten Verfassungen folgen: Dabei arbeitet er ihre spezifischen Vorzüge heraus, die sie in die beste Verfassung einbringen können. Man sieht: Cicero will – anders als Polybios – die ursprünglichen Verfassungen deshalb miteinander mischen, weil es ihm um die Sicherung und Vereinigung unverzichtbarer Grundprinzipien staatlichen Lebens geht.[6]

Die Grundgedanken, die Cicero aus der «Aristokratenrede» (De re p. I 51–53, in ihr geht es um die Vorzüge der Aristokratie) für seine ideale Verfassung übernimmt, lassen sich so zusammenfassen: Die Leitung des Staates gebührt denen, die auf Grund ihrer höheren Einsicht und größeren Tatkraft (consilium, virtus, animus) in bevorzugter Weise zur Verwirklichung des Gemeinwohls befähigt sind. Dem Sinn des Staates als einer Gemeinschaft, die in der Teilhabe aller an dem unteilbaren Recht gründet (vgl. die «Demokratenrede» De re p. I 49), widerspricht die Übertragung der Regierungsgewalt auf die Besten keineswegs; sie ist daher auch keine Gefahr für den inneren Frieden und den Zusammenhalt des Staates. Denn wie die unterschiedliche Begabung der einzelnen liegt es in der Natur des Menschen, daß der weniger Fähige sich freiwillig und aus Einsicht der Führung des Überlegenen anvertraut (vgl. I 51). Andererseits muß die Aufgabe der Regierung, allen Situationen staatlichen Lebens mit adäquaten Entscheidungen zu begegnen, auch den fähigsten Alleinherrscher überfordern; diese Aufgabe kann nur im Zusammenwirken aller wahrhaft Befähigten bewältigt werden.

Doch übersieht Cicero keineswegs die vielleicht größte Schwäche der Aristokratenrede. In ihr bleibt das Problem ungelöst, wie die Herrschaft der Besten auf Dauer gesichert werden kann, wenn das Volk politisch so unmündig ist, daß ihm überhaupt kein Anteil an der Macht zugestanden werden darf. Die Aristokratie gründet ja in der freien Wahl bzw. Anerkennung der Fähigen durch die breite Masse, und ihre Entartung zur Herrschaft der Reichen oder des Geburtsadels rührt daher, daß das Volk die für die Wahl der Regierenden ausschlaggebenden Kriterien nicht klar genug erkennt und die für das politische Amt allein wesentlichen Vorzüge mit anderen, oberflächlich ähnlichen Eigenschaften verwechselt (I 51). Ein nicht geringes Maß an Urteilsfähigkeit des Gesamtvolkes wird hier also zur Voraussetzung einer intakten Aristokratie gemacht. Daraus aber ergibt sich wie von selbst, daß im besten Staat auch der «Menge» gewisse Möglichkeiten der Mitentscheidung zuzugestehen sind. Cicero zieht in seiner Mischverfassungstheorie diese Konsequenz und gibt dem Gesamtvolk innerhalb gewisser Grenzen einen Anteil an der Regierungsgewalt; er macht sich damit – wenn auch in sehr modifizierter Form – eine Hauptforderung der sog. Demokratenrede (vgl. I 49) zu eigen.

Wie Cicero sich die Beteiligung des Gesamtvolkes an der Regierung vorstellt, läßt das III. Buch von *De legibus* genauer erkennen. Er hält an dem römischen Prinzip der Wahl aller hohen Amtsträger durch die Volksversammlung fest. Bei dieser an sich geheimen Wahl soll allerdings den Besten auf Verlangen Einsicht in die Stimmzettel vor deren Abgabe gewährt werden, damit das Volk sein Stimmrecht nicht mißbraucht. Vor allem aber weist Cicero dem Volk die Aufgabe zu, die Rechtlichkeit der Politik, insbesondere die Wahrung von «Grund»-Rechten des Einzelnen zu überwachen und zu gewährleisten: Dazu will Cicero das uralte Recht des römischen Bürgers auf provocatio ad populum, auf Anrufung der Volksversammlung gegen ihn betreffende Maßnahmen der Amtsträger, gewahrt bzw. neu belebt sehen (De leg. III 6 u. 27). Hat es also das Volk vor allem mit dem Recht, so hat es der Senat der Besten mit der schöpferischen Gestaltung der Politik zu tun.[7]

Die Monarchie steuert zum Kosmos der Mischverfassung das Prinzip des einheitlich und konsequent ausgeübten, letztlich in einem einzigen Willen konzentrierten Regierungshandelns bei, das allein die Koordinierung der verschiedenen Maßnahmen und die zügige Ausführung des Notwendigen durchzusetzen vermag. Zugleich dient das monarchische Element der Sicherheit des Staates. Soll dieser schweren Bedrohungen und Erschütterungen standhalten können, so kommt es auf eindeutige Autorität und straffe Führung der Politik an, wie sie nur ein monarchisch ausgeübtes „imperium" besitzt (vgl. bes. De re p. I 63). Indem die Mischverfassung auch das monarchische Prinzip mit einbezieht, kann sie als einzige von allen Verfassungen beiden Forderungen an den besten Staat genügen: der nach Gerechtigkeit und der nach Sicherheit und Lebensfähigkeit des Staates.[8]

Mit alledem aber erhält die Mischverfassung bei Cicero einen Rang, den sie bei Polybios niemals haben konnte. Sie erweist sich als die Staatsform, die alle für das Leben des Staates wesentlichen Funktionen integriert; ja, sie ist selbst diese Integration. Während Polybios die Mischverfassung als eine eigengesetzliche Organisationsweise des Staates den menschlichen Anlagen und Strebungen von außen hemmend entgegenstellt, erscheint sie bei Cicero geradezu als Abbild der menschlichen Natur, jedenfalls als das getreue Abbild all jener Anlagen des Menschen, auf welche die Existenz des Staates zurückzuführen ist. Nur in der Mischverfassung können diese Anlagen zur vollen Wirkung kommen. Für das Problem des Kreislaufs der Verfassungen folgt daraus: Nicht so sehr als äußere Organisationsform des Staates soll sie den Kreislauf blockieren; sie gewinnt ihre den Kreislauf verhindernde Kraft vielmehr aus der dauerhaften freien Zustimmung, mit der alle Schichten des Staatsvolkes jeweils ihre besondere Rolle im Gefüge des Staates bewußt akzeptieren: So werden alle in der ihnen zukommenden Stellung und Funktion gewissermaßen «festgehalten» (De re p. I 69); versagt ein Teil des Staatsaufbaus, so bleibt ringsumher so viel Wesentliches von innen heraus intakt, daß die entstandene Unstimmigkeit behoben werden kann, bevor weiterer Schaden eintritt.

In welchem Grade ist Cicero in seiner Umdeutung der Mischverfassungslehre des Polybios eigenständig? Das ist schwer auszumachen, sind doch die Texte der hellenistischen Staatsphilosophie, vor allem derjenigen des (hier besonders in Frage kommenden) Peripatos, bis auf geringe Spuren und Reste verlorengegangen. Besonders für den Fall, daß Polybios nicht repräsentativ ist für hellenistisches Staatsdenken und als Außenseiter zu gelten hat, wäre es sehr gut möglich, daß Cicero gegen ihn Anleihen bei Peripatetikern gemacht hat.[9] Selbständig aber ist Cicero, von vielen Einzelheiten abgesehen, jedenfalls darin, daß er dem überaus naheliegenden Beispiel des Polybios, das doch immerhin bereits auf Rom bezogen war, bewußt nicht folgt, sondern unübersehbar um eine tiefere Deutung der besten Verfassung bemüht ist.

Die aristotelische Vielfalt möglicher Verfassungen freilich kehrt auch bei Cicero nicht wieder. Wie zur Entschädigung dafür kristallisieren sich bei ihm Formen staatlichen Handelns heraus, die in der Entwicklung des politischen Denkens stets von neuem eine zentrale Rolle gespielt haben. Dazu rechnet die (Vor-)Beratung wichtiger Entscheidungen durch ein – nicht zu großes und nicht zu kleines – Gremium besonders Erfahrener und Sachverständiger; die Umsetzung der Beratungsergebnisse in treffsichere Maßnahmen durch eine Art Exekutive, die letztlich in einem einheitlichen Willen konzentriert ist und von daher (quasi-)monarchische Züge aufweist; nicht zuletzt die Rückbindung der Politik an eine institutionalisierte Zustimmung des Gesamtvolks. Wenn Cicero diese Zustimmung zum unverzichtbaren Bestandteil wenigstens der gerechten Idealverfassung erklärt, so nähert er sich auffallend dem Volkssouveränitäts-Prinzip; dahin deutet auch seine etymologisch richtige Ableitung des lateinischen Wortes für «Staat» – res publica – aus «res populi» = «Angelegenheit des Volkes». Der horizontalen Gewaltenteilung bei Polybios stellt Cicero ein mehr vertikal strukturiertes Gewaltenteilungsmodell an die Seite. Eine funktionale Gewaltenteilung im neuzeitlichen Sinn gibt es freilich bei beiden nicht – bei aller Eigenständigkeit, welche Cicero für den Bereich der Rechtsprechung vorsieht (genauere Ausführungen darüber in *De legibus* scheinen verlorengegangen zu sein). Denn der Senat der Besten vereinigt in *De legibus* III Beratungs-, Regierungs- und Gesetzgebungsaufgaben. Senatsbeschlüsse sollen nach Cicero (De legibus III 10) künftig formell Gesetzeskraft erhalten, daneben bleibt das traditionelle Gesetzgebungsrecht der Volksversammlung bestehen,[10] so daß sich ein fast modern anmutendes Nebeneinander von Volksentscheid und Parlamentsbeschluß ergibt. (Die Ähnlichkeit von Ciceros Senat mit einem Parlament rührt daher, daß ihm nur ehemalige – gewählte – hohe Amtsträger, nicht aber Kooptierte angehören dürfen).[11] Weiterhin finden sich bei Cicero Ansätze zu einer «horizontalen» Interorgan-Kontrolle innerhalb der «Exekutive».[12]

III

Die Diskussion über die Mischverfassung im 1. Buch von *De re publica* ist freilich nicht Selbstzweck, sondern Hinführung auf den das II. Buch beherrschenden Nachweis, daß diese den optimalen Staat ermöglichende Verfassung längst gegenwärtige Wirklichkeit geworden ist in Rom. Auch Polybios hatte in seinem Geschichtswerk die beste Verfassung erörtert, um zu erklären, warum ausgerechnet das anfangs unbeträchtliche Rom in wenigen Jahrhunderten zur beinahe konkurrenzlosen Hegemonialmacht des Mittelmeerraums hatte aufsteigen können und warum es gute Aussichten hatte, sich als solche noch geraume Zeit zu behaupten. Für Polybios stand die Antwort fest: dies lag an Roms vorzüglich gemischter und damit anderen Staatsformen überlegener Verfassung. Ähnliches gilt für Cicero. Nur ist bei ihm die Mischverfassung nicht nur die günstigste, am wenigsten krisenanfällige, sondern die einzige im vollen Sinne gerechte Verfassung. Die Identifikation der gerechten mit der römischen Verfassung aber führt zu etwas gegenüber Polybios grundlegend Neuem: Rom ist nicht mehr nur der bestfunktionierende und infolgedessen erfolgreichste Staat, sondern gewissermaßen der «platonische» Idealstaat, der vollkommenes Leben möglich macht. Nur ist dieses Ideal nicht mehr, wie bei Plato, bloß transzendenter Maßstab, stets anzustrebendes Ziel; vielmehr ist die Idee ohne entscheidende Verluste bereits in der Geschichte verwirklicht; «Himmel und Erde» sind zusammengezwungen und berühren, ja einen sich in Rom. Da nach Cicero dieses Ideal in Rom nicht von Anfang an vollendet verwirklicht war, sondern sich schrittweise entwickeln mußte, so wird der «Idee»[13] die Dimension der Zeit hinzugefügt. Die zunächst begrifflich auseinandergehaltenen, dann planerisch zusammengefügten Einzelelemente der besten Verfassung werden zum Gehalt realer Geschichtsepochen, die römische Geschichte selber zum Drama der sich auf Erden durchsetzenden Gerechtigkeit.

Man hat dieses Hereinziehen der «Idee» in die Geschichte als typisch stoisch charakterisieren wollen; und in der Tat klingen in dem berühmten Fragment der sog. Laelius-Rede im III. Buch von *De re publica,* auf das man sich dabei gern beruft,[14] Gedanken an, die zum Gemeingut der Stoiker zählen. Dort wird gegen Einwände von Sophisten und Skeptikern die Existenz eines Naturrechts verteidigt, das für alle Menschen aller Zeiten und Zonen gilt und die Grundlage gegenseitiger Gerechtigkeit schafft. Das Naturrecht erscheint hier als die im innersten Wesen des Menschen wirksame Aktualisierung eines dynamischen göttlichen Willens (De re p. III 33): «Es ist aber das wahre Gesetz die richtige Vernunft, die mit der Natur in Einklang steht, sich in alle ergießt, in sich konsequent, ewig ist, die durch Befehle zur Pflicht ruft, durch Verbieten ... abschreckt ... Wir können ... nicht durch den Senat oder das Volk von diesem Gesetz gelöst werden ..., noch wird in Rom ein anderes Gesetz sein, ein anderes in Athen, ein anderes jetzt, ein anderes später, sondern alle Völker und zu aller Zeit wird ein einziges, ewiges und unveränderliches Gesetz beherrschen, und einer wird der gemeinsame Meister gleichsam und Herrscher aller sein: Gott! ...»

Nach verbreiteter stoischer Auffassung versagen jedoch die meisten Menschen, die unverbesserlichen Nicht-Weisen vor dem unerbittlichen Anspruch dieses Gesetzes und verfehlen so den Sinn ihres Lebens, ihr Glück. Um als Weiser in Übereinstimmung mit jenem Gesetz zu leben und dadurch glücklich zu werden, bedarf es also eines besonderen Einzel-«Geschicks». Cicero folgt, wo es um den Staat und die ihn tragende Menschengemeinschaft geht, nicht dieser rigorosen Richtung stoischen Denkens. Seine Ethik bleibt da in gewisser Weise anspruchsloser, man könnte auch sagen, menschen- (und rom-)freundlicher![15] Gewiß, auch bei ihm gibt es menschliches Versagen, sooft (typisch griechisch gesehen) die Vernunft den irrational-ungezügelten Leidenschaften unterliegt, aber auch auf Grund falscher Erziehung, eingewurzelter Vorurteile (De leg. I 31/33/47). Aber wenn die Gegner des Naturrechts sich auf die verschiedenen moralischen Anschauungen der Völker und Menschen berufen und auf die daraus folgende, von keinem gemeinsamen Rechtsempfinden zu zügelnde ewige Fehde, so hält Cicero dem entgegen, daß hinter diesen Gegensätzen (die er nicht leugnet) ein allen Menschen gemeinsamer Grundbestand an Wert-Überzeugungen existiert; als Beispiele führt er die allgemeine Ablehnung willkürlicher Grausamkeit und Anerkennung von Dankbarkeit für offenkundige Wohltat an (De leg. I 32). Diese Haltungen und Grund-Tugenden sind nach Cicero so allgemein gültig und akzeptiert, daß das Leben der Völker auf lange Sicht von ihnen geprägt werden kann und oft genug tatsächlich geprägt wird.

In konsequenter Weiterführung dieser Gedanken glaubt Cicero, den Ausspruch des Cato Censorius aus dem frühen 2. Jahrhundert v. Chr. erneuern zu dürfen, wonach der römische Staat anderen Staaten deshalb überlegen sei, weil seine Einrichtungen nicht von *einem* Gesetzgeber oder *einer* Generation von Gründervätern geschaffen wurden, sondern über Generationen hinweg auf Grund von usus und vetustas: also einer Erfahrung, die so nur in den Gezeiten der Geschichte möglich und durch keinen auf dem Reißbrett entworfenen Idealstaat ersetzbar ist (De re p. II 2/3). In Rom realisiert sich für Cicero eben nicht ein ausgeklügeltes philosophisches System, sondern die Geschichte selber als Medium wirksam werdender und sich vollendender Gerechtigkeit.

An eine ähnliche Sonderstellung Roms hatte die altrömische Religion längst geglaubt; wenn Polybios die Größe Roms auf seine Verfassung zurückgeführt hatte, so war damit die alte religiöse Deutung der römischen Erfolge als Bevorzugung Roms durch die Götter entmythologisiert worden. An die Stelle des hilfreichen Eingreifens der römischen

Staatsgötter in Schlachten und Debatten war ein rational erschließbares Verfassungsgeschehen getreten. Cicero behält diesen Zug zu rationaler Erklärung bei – und gibt doch der römischen Geschichte in anderer Weise den Glanz und die Würde zurück, den ihr jene rationalistische Deutung zu nehmen drohte.[16]

Ciceros Theorie der geschichtlichen Entwicklung[17] beruht auf der Vorstellung, daß der Mensch – obwohl von Natur ein Mängelwesen – durch die einzigartige («göttliche») Gabe des Geistes nach und nach, von Säkulum zu Säkulum, alle Fähigkeiten erworben habe, welche zu einem erfüllten Leben nötig sind. Man hat gesagt, Geist und ur-anfängliche Einsicht (die sich allmählich zur vollen Vernunft entwickelt) wirke hier im Menschen wie eine aristotelische Entelechie,[18] wie die innere Entfaltungskraft lebender Wesen, die alle einzelnen Wachstumsvorgänge des Organismus auf das Ziel der vollendeten Reife-Form hinkomponiert. Cicero überträgt eine solche Entelechie von den Einzelphänomenen (wo Aristoteles sie walten sieht) auf die geschichtliche Entwicklung der Menschheit als ganzer. So entstehen technische Fertigkeiten, zählend-messende Wissenschaft, vor allem aber Sprache (und Schrift), welche die vollendete Daseinsform des Menschen, nämlich diejenige in bewußter harmonischer Gemeinschaft mit seinesgleichen, überhaupt erst ermöglicht (De re p. III 1–3). In diese Entfaltung der Menschheit zum Vollkommenen gehört auch die Entwicklung des (römischen) Staates über jeweils bessere Stadien hinweg zur gültigen Endgestalt. – Dabei legt Cicero das eine Mal Wert auf die Feststellung, daß die Entwicklung auch ohne große Mentoren und Anreger aus innerer Eigendynamik zum Ziel strebe (De leg. I 27); dann wieder betont er die bedeutende Rolle von Gesetzgebern und Staatsmännern für das Reifen der Völker (De re p. I 1/2).

Mit alledem verbindet nun Cicero eine ganz spezielle Deutung der Rolle der Philosophie in der Geschichte. Sie steht nicht reflektierend-urteilend neben dem Gang des allgemeinen Lebens, redet nicht wie von außen in die Geschichte hinein, macht nicht erst nachträglich bewußt, sondern ist in den Strom der geschichtlichen Entwicklung unmittelbar einbezogen als einer der großen Faktoren in der Erziehung der Menschheit; ihren Rang erhält sie durch ihr erwiesenes Mitwirken am Prozeß der Menschwerdung. Deshalb kann Cicero auch eine außerhalb der Schulphilosophie aus der Geschichte gewachsene, bewährte geistige Formungsmacht wie den römischen mos maiorum (die überlieferte, geheiligte Vätersitte) als eine hochrangige, der Philosophie ebenbürtige Vernunftschöpfung darstellen (De re p. I 2/3). So wird das Eigenrecht der besonderen Daseinsweise Roms gegenüber griechischer Theorie gesichert. Die fruchtbare gegenseitige Durchdringung von aus dem Leben des Volks und politischer Erfahrung kommender Tradition einerseits und von Gedankenklarheit und Überblick des Philosophen andererseits –

vollzogen im philosophisch gebildeten römischen Staatsmann – erscheint als Ermöglichung wahrhaft humaner Politik, ja als Ziel der Menschheitsentwicklung.[19]

So ist es verständlich, daß der Renaissance-Humanismus in seiner Auflehnung gegen die Scholastik und seiner Suche nach einer dem Leben dienstbar zu machenden Philosophie sich auf Cicero beruft. Selbst noch Herder steht in seiner Geschichtsdeutung spürbar unter ciceronischem Einfluß.[20]

Cicero huldigt jedoch keineswegs einem fröhlichen Fortschrittsoptimismus. Gerade im Bereich des Politisch-Ethischen haben Verdunkelung und Verkennung von Werten, Abstieg und Verfall einen Platz – wie schon bei Poseidonios, Ciceros Lehrer und Mit-Anreger seines Geschichtsdenkens. Und weil Rom in Ciceros Zeit tödlich bedroht ist, andererseits aber Philosophie und rechtes politisches Handeln nach Cicero zutiefst verwandtem geistigen Stoff entstammen, soll philosophische Staatstheorie dem Imperium aufhelfen, geht es doch beim Schicksal Roms um den Bestand der Kulturmenschheit: «Wenn aber ein Staat beseitigt, vernichtet, ausgelöscht wird, so ist es, um Kleines mit Großem zu vergleichen, in gewisser Weise dem ähnlich, als ob diese ganze Welt zugrunde ginge und zusammenstürzte» (Laelius-Rede, De re p. III 34).

Was hier von jedem Staat gesagt ist, muß erst recht für ein Weltreich gelten. Die Gefahr droht ihm nicht von außen. Denn ein übermächtiges Weltreich kann nicht von außen gefährdet werden, sondern nur durch inneren Zerfall. Innere Krisen aber sind für Cicero stets durch ein erhebliches Defizit an Gerechtigkeit verursacht. Zu ihr, zu gerechter Machtverteilung, muß der römische Staat zurückfinden. Denn es geht Cicero – Zentrum seines politischen Denkens – um die irdisch-reale Ewigkeit des gerechten Staates, um die Ewigkeit Roms, sofern es seine unvergleichliche Verfassung als gelebte Wirklichkeit zu bewahren und die gestellten Aufgaben im Geist der Gerechtigkeit zu erfüllen vermag. Nicht die statische Ewigkeit einer Idee ist hier gemeint, viel weniger noch ein organismisches Weiterwachsen, das eines Tages doch dem natürlichen Stillstand und Verfall weichen müßte (nach Polybios), sondern die dynamische Ewigkeit[21] neu und neu sich bewährender virtus, also staatsgestaltender sittlicher Kraft: «Ein Staat muß so beschaffen sein, daß er ewige Dauer hat. Deshalb gibt es keinen natürlichen Tod eines Staates wie eines Menschen ...» ... sondern eben nur einen gewaltsam-unnatürlichen, durch Ungerechtigkeit (Laelius-Rede, De re p. III 34).

Nicht zufällig verweigert Cicero, bei allen sonstigen Übernahmen, der stoischen Philosophie in der Frage der Willensfreiheit die Gefolgschaft. Denn entgegen der stoischen Determiniertheit allen Geschehens liegt der Sinn der philosophischen Skepsis Ciceros darin, die Freiheit des Geistes vor der Überwältigung durch ein starres Gefüge unverrückbarer Bedingtheiten zu bewahren. Aber nicht nur um den einzelnen geht es Cicero; er braucht die sittliche Freiheit des Menschen auch, um ihn mit der ungeheuren Verantwortung betrauen zu können, die mit der möglichen Ewigkeit des Staates verbunden ist. Denn römische Politik ist ihm nichts Geringeres als die je neu geforderte, zwar offene, aber auch unausweichliche Entscheidung für oder gegen die bewußt zu leistende Ewigkeit sinnvollen Lebens im Staat: «Ich bin um unsere Nachkommen und jene Unsterblichkeit des Gemeinwesens in Unruhe, das ewig sein könnte, wenn man nach den ererbten Einrichtungen und Sitten leben würde», so lauten die (durch Zufall erhaltenen) letzten, vermächtnishaften Worte der Laeliusrede (De re p. III 41); die Sitten, welche die Ewigkeit des Staates garantieren, sind also gewissermaßen schon da, sie brauchen nur noch – frei – ergriffen und gelebt zu werden.

Alles scheint wie gebannt auf diese Entscheidung zu blicken; im Einführungsgespräch von *De re publica* reagiert gar die große stumme Natur auf römisches Versagen: Die Erscheinung einer Doppelsonne bildet am Himmel die irdische Entzweiung ab.[22]

In diesem Geschichtsbild geht es zwar immer wieder um das Gleiche – die Verwirklichung der Gerechtigkeit; aber eben wegen der Abhängigkeit des Geschichtsverlaufs von der immer neu geforderten Entscheidung der Menschen bekommt die Geschichte eine eindeutige Ausrichtung. Sie entreißt sich endgültig dem bei den Griechen verbreiteten Kreislaufdenken, beginnt unwiderruflich nach vorne zu verweisen, wenn auch unter strenger Beibehaltung der eingeschlagenen, von den Vorfahren gewiesenen Richtung: teils Vorklang späterer Vorstellungen von einer zielgerichteten Geschichte – und doch auch tief davon getrennt.[23] «Sendung», «Auftrag» jedenfalls sind die bestimmenden Kategorien, unter die Cicero Rom stellt.

IV

Eine derartige Gleichsetzung des Staatsideals mit einem konkret existierenden Staat provoziert nun allerdings die Frage, ob hier nicht die Theorie zur Erfüllungsgehilfin der Politik erniedrigt wird, ob es nicht nur um nachträgliche argumentative Schützenhilfe für aktuelle Interessen des Staates geht. Zumindest ein Rückfall hinter die große griechische Staatsphilosophie scheint nicht wenigen hier vorzuliegen, der bedingt sei durch einen zu jener Zeit noch archaischen Bewußtseinsstand des römischen Volks.[24] Solche Einwände haben einiges für sich: Wenn Rom aus bescheidensten Anfängen sich zur Weltmacht emporgearbeitet hatte, so waren die Motive der führenden Männer und Schichten, auch die der Volksmassen, aus mitunter rührend naiven Glaubensgewißheiten religiöser und quasi-religiöser Art hervorgegangen; jahrhundertelang war das Wachstum des Reiches von keiner philosophischen Ethik oder wissenschaftlichen Staatstheorie begleitet oder gar gelenkt worden.

Da das Imperium nun aber als ein Weltreich von nicht dagewesener aktiver Entfaltungskraft und Widerstandsfähigkeit (selbst das Perserreich schied hier aus, zu schweigen von der griechischen Polis) dastand, da es seinen Bürgern eine durchgreifende Rechts- und weitreichende Friedensordnung bot, da es die die Mittelmeerwelt immer wieder bedrohende Völkerwanderung ringsumher an entfernte Peripherien bannen konnte, da es mit alledem etwas wie eine neue «Lebensqualität» seiner Einwohner begründete, war es, in seiner bloßen geschichtlichen Faktizität, beinahe zu einer leibhaftigen neuen Staatstheorie geworden. Ein politisches Denken, das an Rom hätte vorbeidenken wollen, war zur Zeit Ciceros kaum vorstellbar. Gerade die Griechen täuschten sich darüber nicht; nicht nur das Geschichtswerk des Polybios legt hierfür Zeugnis ab. Das Imperium Romanum theoretisch wegzudenken, hätte realistischerweise bedeutet, die Katastrophen mitzudenken, die das Ausfüllen eines solchen Vakuums mit sich bringen mußte. Sich vorzustellen, es könnten schiedlich-auskömmlich nebeneinander existierende kleinere Staaten die Stelle des Reiches einnehmen (wie es Augustinus tun wird), hieß, einen Zivilisierungsprozeß voraussetzen, den dieses Reich allererst noch zu vollbringen hatte.

Die Frage, warum Cicero in seinem Denken über den Staat sich an das Beispiel Rom band, wird man deshalb durch die andere ersetzen müssen, ob er Rom gegenüber diejenige Minimaldistanz wahrt, ohne welche kein freies, kritisches Urteil möglich ist.

Distanz ist zweifellos dadurch gegeben, daß Cicero vom Bewußtsein einer tiefen Krise von Gesellschaft und Staat erfaßt ist und korrigierend eingreifen will. Freilich reicht Ciceros Distanz nicht aus, etwa die Vertreter der «Volkspartei» und ihre Motive sine ira et studio zu würdigen. Hier fehlt ihm der freie Blick, mit dem Sallust, Ciceros jüngerer Zeitgenosse, anstreben wird, beiden Seiten in ihren Verdiensten wie auch in ihrer Schuld und tragischen Verstrickung gerecht zu werden.

Auch neigt Cicero zweifellos zum Verklären, wo es um die Optimaten, die Nobilität in ihrer Mehrheit geht. Aber er verklärt auch wiederum nicht blind. Wenn er etwa in den Rahmengesprächen von *De oratore* und *De re publica* Idealgestalten senatorenhaften Daseins zeichnet, in denen standesgemäßer Verantwortungsernst und Erfahrungs- und Leistungsstolz mit kollegialer Herzlichkeit, überlegen-heiterer Selbstverkleinerung und gelassener Offenheit für den anderen eine geglückte Verbindung eingehen, so hat er sehr wohl reiflich überlegt, welche Persönlichkeiten für solche Vorbildrolle überhaupt geeignet sind. Cicero will aus der diffusen Tagesrealität das wirklich vorhandene, wenn auch allzuoft verdeckte und getrübte, großartige Urbild des römischen Politikers, römischen politischen Handelns herausarbeiten; aber indem er dies tut, entsteht ein Porträt, das sozusagen selbständig wird und sich der römischen Wirklichkeit fordernd und maßstabsetzend als Vorbild entgegenkehrt. Ciceros staatstheoretische Schriften sind «Senatorenspiegel» bis hin zur leidenschaftlichen Anklage. In *De legibus* III 29 geht er soweit, zu erklären, sein Entwurf einer Verfassung für Rom gelte gar nicht der gegenwärtigen Führungsschicht, sondern einer künftigen, im Geist von Ciceros «Gesetzen» erst noch heranzubildenden; die gegenwärtige verkomme in eigensüchtigem Wohlleben und lasse den Staat verkommen – sallustische Töne!

Ähnlich verklärt er zunächst die Situation der von Rom unterworfenen außeritalischen Gebiete, der sog. Provinzen. Roms Herrschaft über sie sei gerecht, weil aus deren Bewohnern unter römischer Verwaltung und geistig-sittlicher Führung bessere und daher glücklichere Menschen geworden seien. Wegen der Unvollkommenheit dieser Menschen müsse freilich ihre Unselbständigkeit fortdauern (De re p. III 36/37). Bei allem Geschick der Römer im Umgang mit Besiegten, bei all ihrer Zivilisationsleistung ist das eine kühne Verallgemeinerung, wenn man einerseits an die Griechen als Untertanen Roms und andererseits an die offenkundigen Mißstände in der römischen Provinzverwaltung der späten Republik denkt. Aber Cicero läßt die Laeliusrede, in der dieses Argument vorgetragen wird, mit der unüberhörbaren Warnung enden, Roms Herrschaftsanspruch sei dann verwirkt, wenn die Untergebenen nicht mehr freiwillig und gern Gehorsam leisten, sondern nur noch der rohen Gewalt sich fügen, weil sie die Herrschaft nicht mehr als gerecht empfinden. In diesem Fall werden sie sich früher oder später auflehnen; der Staat und seine Ewigkeit sind bedroht (De re p. III 41). Zeigen sich die Provinzialen im konkreten Fall unbotmäßig (wie bei Ciceros Übernahme der Provinzstatthalterschaft in Kilikien), so erklärt dies Cicero nicht kurzerhand mit deren Uneinsichtigkeit oder Widersetzlichkeit, sondern ist geneigt, vorausgegangene römische Schikanen als wahre Ursache anzunehmen, und er steht zu solcher Erklärung auch in aller Öffentlichkeit.[25] Daß er selbst ein vergleichsweise recht beliebter Statthalter war, wird man den Quellen glauben dürfen.[26] – Schließlich verklärt Cicero auch das Verhalten der Vorfahren. Nach ihm haben sie nur Verteidigungskriege und Kriege zur Wiederherstellung des von den Feinden verletzten Rechts geführt (De re p. III 34/5). Diese Aussage darf man selbstverständlich freilich nicht als quellenkritische, realistische Beurteilung der römischen Geschichte mißverstehen. Cicero will vielmehr aus der überlieferten römischen Vergangenheit ein Leitbild menschlichen Verhaltens ableiten. Tiefverwurzeltes römisches Vertrauen in das Recht der eigenen Sache und griechisches Streben nach intellektuell befriedigender Rechtfertigung kommen in Cicero zu einer der geistesgeschichtlichen Situation entsprechenden Synthese.

V

Die Erörterung der staatstheoretischen Probleme nimmt in *De re publica* ihren Ausgang von der Staatsdefinition im 39. Kapitel des I. Buches: «Es ist das Gemeinwesen die Sache des Volkes, ein Volk aber nicht jede irgendwie zusammengescharte Ansammlung von Menschen, sondern die Ansammlung einer Menge, die in der Anerkennung des Rechts und der Gemeinsamkeit des Nutzens vereint ist. Ihr erster Beweggrund aber zusammenzukommen ist nicht so sehr die Schwäche als eine sozusagen natürliche Geselligkeit der Menschen; ist doch diese Gattung nicht einzellebend und einzelgängerisch, sondern so geartet, daß sie nicht einmal im Überfluß an allen Dingen ...» Die Stelle bricht mitten im Wort ab. Doch läßt der Zusammenhang mit hinreichender Deutlichkeit einen Gedanken erkennen, den Cicero immer wieder ausspricht, wenn es gilt, die These vom Ursprung der Gemeinschaft aus der Schwäche des isolierten Einzelnen abzuweisen. Auch und gerade dann, wenn ein Mensch ohne jede Mithilfe anderer im Überfluß leben kann, erweist er sich als ein Wesen, das ohne Gemeinschaft nicht zu existieren vermag; denn gerade im Überfluß sucht er den anderen, mit dem er sein Glück teilen kann.

In dieser Staatsdefinition und ihrem Kontext findet sich kaum ein Wort, das nicht bereits bei Aristoteles im I. und III. Buch der *Politika* steht, wo der Mensch dargestellt wird als zutiefst auf Gemeinschaft mit seinesgleichen angelegtes Wesen (Politika 1253a und 1278b 19–30). Und doch ist bei Cicero Wesentliches bedeutsam abgewandelt. Aristoteles stellt im III. Buch der *Politika* die Gründe für die Bildung der Polis-Gemeinschaft zusammen. Zunächst führt er ein ganz ursprünglich-elementares Zueinander-Wollen der Menschen an, das auch dann wirksam sei, wenn von dem Zusammenschluß mit andern noch kein Gewinn erwartet wird. Dann geht er über zum Zusammenschluß um eines gemeinsamen Gutes willen, das der einzelne sich allein nicht zu verschaffen vermöchte. Dabei ist zunächst eindeutig an die reife Vollform geistig-sittlicher Existenz des einzelnen Menschen gedacht, ein Gut, das für Aristoteles nur im Kontakt mit anderen zur gelebten Wirklichkeit werden kann; ihm gegenüber erscheint jene zuerst genannte «Gemeinschaft als solche» wie das Ergebnis einer bloßen physike arete, einer natürlichen, zur Tugend hinführenden Triebanlage, die der Formung und Überhöhung bedarf. Als drittes fügt Aristoteles noch die Gemeinschaftsgründung aus der Sorge um die materiellen Bedingungen des Überlebens hinzu. All dies steht sozusagen gelassen und spannungsfrei nebeneinander; geht es doch darum, sämtliche relevanten Gründe zusammenzufassen.

Cicero kommt aus anderer Richtung an das Problem heran: Er will zunächst den Staat hinreichend definieren mit dem Hinweis auf «Anerkennung des Rechts und Gemeinsamkeit des Nutzens» als Gründe des Zusammenschlusses. Da Cicero hier zwei Begriffe unvermittelt einführt und zusammenspannt, die im Lateinischen nicht von vornherein miteinander harmonieren, entwirft er damit bewußt ein Bild der Versöhnung dieser teils mehr geistig («Recht»), teils mehr materiell («Nutzen») akzentuierten Werte; um eine Hochform des Daseins geht es allemal. Wenn nun Cicero im folgenden Satz die Schwäche und Hilfsbedürftigkeit der Menschen anführt, dann handelt es sich hier nicht – wie bei Aristoteles – um die Hinzufügung eines weiteren Motivs, sondern um die Erklärung des bereits Gesagten. Diese Erklärung leugnet nun zwar nicht, daß beim Zusammenschluß der Menschen auch die äußere Bedürftigkeit eine Rolle gespielt habe, läßt diesen Grund aber sofort hinter dem Gemeinschaftstrieb als eigentlichem Grund zurücktreten. Die natürliche Geselligkeit der Menschen ist so nicht mehr ein Motiv neben anderen, erst recht kein Vorstadium, sondern das vorrangige Movens *in* der Anerkennung des Rechts und der Gemeinsamkeit des Nutzens als den Elementen jener Hochform menschlichen Lebens im Staat. Damit aber bekommen die Begriffe der Staatsdefinition eine vehement anti-utilitaristische Deutung: Selbst die utilitas (der Nutzen) hat es nicht vorrangig mit Eigennutz zu tun; vor allem ist auch die «Gemeinsamkeit» des Nutzens nicht so sehr als Vermittlung von Eigennutz auf dem Weg über die anderen – im Tauschverfahren sozusagen – zu verstehen, sondern auch sie ist primär Material jenes personalen Miteinanders, das um seiner selbst willen angestrebt wird. Ja, wenn man an das vor der Textlücke gerade noch angedeutete Bild von jenem Mann denkt, der in seinem Überfluß niemanden braucht und doch ohne den anderen nicht leben kann, so erhält die Gemeinsamkeit des Nutzens bereits eine Richtung hin zum «Teilhaben-Lassen», zum Mitteilen eigenen Überflusses, zum Geben. Und vor allem wird betont, daß eben diese Neigung zur Uneigennützigkeit – gegen allen Augenschein und sogenannte Erfahrung – zutiefst zum Wesen des Menschen gehört.

Dem entspricht es nun aufs genaueste, wenn Cicero in *De legibus* den Gedanken, die utilitas könnte das Urmotiv allen menschlichen Handelns sein, schroff zurückweist und an ihre Stelle eine ganz andere Uranlage setzt, welche zwar für alles, was dem Menschen wahrhaft nottut, zu sorgen weiß, ansonsten aber nicht weiter nach äußerem Gewinn und Verlust fragt, vielmehr wesentlich auf geistige Werte, auch solche der Gemeinschaft, gerichtet ist und deren Entfaltung mit der Selbstentfaltung des Menschen identisch ist, somit ihren Lohn in sich selbst trägt. Dieser Anlage entspringt unter anderem die zutiefst uneigennützige Gemeinschaftsform der Freundschaft, ja überhaupt die Gemeinschaft unter Menschen (societas hominum) in der Gesellschaft, die nicht als Summe reiner Zweckbündnisse aufgefaßt wird (De leg. I 49). Fest in solche Zusammenhänge hineingebunden erscheinen nun in *De legibus* immer wieder Recht (ius) und Gerechtigkeit (iustitia). In der engen Verbindung (De leg. I 35/48/49), in welcher sie hier mit «Freundschaft», «Wohlwollen», «nachsichtiger Güte» und der tief-menschlichen Neigung zu Wohltaten (liberalitas, beneficentia) stehen, zeigen sie sich als *eine* Ausprägung des sittlichen Strebens, frei und uneigennützig für andere dazusein (vgl. De re publica III 11). Daß durch sie auf diese Weise ein geglücktes Miteinander entsteht, macht der Ausdruck iuris societas (Gemeinsamkeit des Rechts, Gemeinschaft durch das Recht) besonders deutlich, der hier gelegentlich an die Stelle von iustitia tritt (De leg. I 35). Daß die besondere Gemeinschaftsform, welche durch die Gemeinsamkeit des Rechts geschaffen wird, der Staat ist, erweist sich u. a. durch Ciceros weitgehend synonymen Gebrauch der Begriffe «iuris societas» und «iuris consensus»; dieser letztgenannte aber ist nichts anderes als die gemeinsame «Anerkennung des Rechts» in der Staatsdefinition.[27]

In der Neufassung aristotelischer Gedanken bei Cicero spiegelt sich die im Hellenismus erneut auflebende Auseinandersetzung mit utilitaristischen Deutungen des Zustandekommens menschlicher Gemeinschaft wider, die den Bedeutungsschwund der alten Polis-Gemeinschaft begleiten. Indem Cicero seine Anschauung an die Stellen rückt, an denen für alle weiteren Einzelthesen der Grund gelegt wird (Staatsdefinition), verleiht er ihr einen einzigartigen Stellenwert. Man ahnt, warum. In einer Zeit der Auflösungserscheinungen in der römischen Nobilität durch Wohlleben und Egozentrik soll das Glück, das aus dem Einsatz für die Gemeinschaft erwächst, umso ungetrübter aufscheinen.

Soll nun der Staat in eitel Harmonie ertrinken? Keineswegs, meint Cicero; aber wenn es etwa zu Rechtsstreitigkeiten kommt, dann sollen sie ausgetragen werden durch verbale Auseinandersetzung von grundsätzlich einander Wohlwollenden, nicht durch erbitterten Kampf persönlich Verfeindeter (De re p. IV 8).

Für Cicero gilt also nicht nur: Wo Staat ist, muß Gerechtigkeit herrschen –, sondern darüber hinaus: Wo bewußte Übereinstimmung im Recht die Menschen verbindet, da entsteht eben Volk und Staat.

Das ist kein überraschendes Ergebnis, steht es doch fast wörtlich bei Aristoteles im I. Buch der Politika (1253 a 15–18). Doch wieder ist Entscheidendes anders. Bei jenem folgt das Motiv der Gerechtigkeit als Schöpferin des Staates aus der Wesensbeschreibung der Autarkie des Staates (genauer: der typischen Polis). Durch die gegenseitige Ergänzung des Verschiedenen, also der beiden Geschlechter, der Kinder und Eltern usw. wird schließlich in der übergreifenden Gemeinschaft der Polis eine organismische Ganzheit erreicht, welche für die Einzelglieder die Entfaltung des Menschseins im vollen Sinn, das Glück gewährleistet. Umgekehrt findet die Polis die Grenze ihres Wachstums dann, wenn es keiner weiteren Mitglieder mehr zur Erlangung dieses Zieles bedarf, wenn also die Autarkie, das Sich-selbst-Genügen eingetreten ist

(1252a–1252b Ende). Das bedeutet für damalige Verhältnisse: Die Polis bleibt ein Kleinstaat. In diesem ist die Gerechtigkeit (genauer: die Übereinstimmung im Recht) das schöpferische Prinzip. Kaum etwas davon bei Cicero. Das Autarkie-Thema klingt nicht einmal an.[28] Und die natürlichen kleineren Gemeinschaften wie die Ehe, in denen die zum vollkommenen Leben notwendige gegenseitige Ergänzung sich bereits anbahnt, werden zwar kurz vor der Staatsdefinition zum Teil wenigstens aufgezählt, jedoch sogleich mit souveräner Geste beiseitegeschoben, als wären sie Kleinkram angesichts der Größe Roms. Damit aber werden der iuris consensus und die utilitatis communio ihres aristotelischen Bezugsrahmens beraubt; sie sind gleichsam zum Selbstzweck geworden und erkennen keine naturgegebenen einengenden Bedingungen des idealen Staates mehr an. Hier ist kein Raum für die Frage, wann der Staat das schlechthin richtige Ausmaß erreicht hat, das nicht überschritten werden darf. Die beschränkende Einbindung des consensus iuris in eine autarkiegesättigte kleine Poliswelt hätte in der Tat zum römischen Imperium gar nicht gepaßt. Ciceros Staat reicht so weit, wie das geistige Kraftfeld des consensus iuris nur immer reichen kann.

So vermag Cicero der (relativ späten, im Gefolge des Bundesgenossenkriegs pauschal vorgenommenen) Verleihung des vollen römischen Bürgerrechts an alle freien Italiker nachträglich in seinen Reden von ganzem Herzen zuzustimmen, ohne mit seiner Staatstheorie in offenen Konflikt zu geraten. Schon kurz vor der Abfassungszeit der staatstheoretischen Werke erkennt er in «tota Italia» (ganz Italien) eine von Fall zu Fall sichtbar werdende und agierende politische Einheit. Hier zeigt sich ein wacher Sinn für das von der gewandelten Realität Geforderte. Aber auch die traditionsbedingten Grenzen des Staatstheoretikers Cicero werden erkennbar; zieht er doch keinerlei institutionelle Folgerungen aus diesem unerhörten Anschwellen der stimmberechtigten Bürgerschaft. Für Cicero kann nach wie vor nur der an Wahlen und Abstimmungen teilnehmen, der persönlich in Rom an der Volksversammlung teilnimmt. Er bedauert zwar mitunter das Ausbleiben des italischen Hinterlandes, der «Italie profonde», weiß jedoch keinen anderen Rat, als daß die Leute sich eben aufraffen und gefälligst in Rom erscheinen sollen, wenn eine für sie belangvolle Materie zur Entscheidung ansteht. Für diejenigen, die das tun, spart er nicht mit Lob.[29]

Andererseits läßt er sich die Beantwortung der Frage, wie weit der Kreis der Anwärter auf das Bürgerrecht zu ziehen sei, nicht grundsätzlich von den geographischen Grenzen Italiens vorschreiben. Bürger des römischen Staats soll jeder werden können, der sich, woher er auch stamme, um diesen Staat besonders verdient macht, sei es durch militärische Tapferkeit (Bürgerrechtsrede Pro Balbo 22–24/51), sei es durch geistige (auch künstlerische) Leistung, sofern sie der geistig-sittlichen Entwicklung des Staates dient (Bürgerrechtsrede Pro Archia poeta).[30] In eigentümlicher Weise wird hier Offenhalten der Grenzen mit engster Bindung an den konkreten Staat vereint. Die nationale Eigenart der Bürger kann dabei voll gewahrt werden; Nationalstaatsdenken ist nicht nur der Polis, sondern auch dem Römerreich fremd. Balbus und Archias, um deren Bürgerrecht es in diesen Reden geht, sind Nicht-Italiker, der eine der beiden ist auch nicht Politiker.

Vom einheimisch-römischen Politiker erwartet Cicero erst recht, daß er sich in herausragender Weise und vorbehaltlos für das Ganze einsetzt. Er ist für Cicero geradezu die Verkörperung der uneigennützigen communio utilitatis aus der Staatsdefinition, und der dafür verlangte aufopfernde Einsatz kann nicht adäquat entlohnt werden, außer durch Anerkennung. Auch dieser kann der Staatsmann nicht sicher sein, ja, er soll gar nicht um sie buhlen, sondern sich im Dienst am Ganzen selbstlos verschwenden (De re p. III 40, VI 20–25). Der consensus iuris aber findet in diesem Zusammenhang seinen Ausdruck in dem honos (der Ehre) und der gloria (dem Ruhm), den die Bürgerschaft dem Staatsmann zuteil werden läßt, in der hellhörigen (und auch kritischen) Aufmerksamkeit für staatsmännische Qualität und der rückhaltlosen Anerkennung politischer Bewährung. Darin findet das Handeln des Politikers jene geistige Antwort und Entsprechung, ohne welche die innere Einheit des Staates letzten Endes gefährdet wäre (De re p. III 40).

Ein derart meritokratisch verfaßter Staat, der sein Leben im Kreislauf von Leistung und Anerkennung findet, setzt ein dichtes, die Bevölkerungsschichten übergreifendes und vereinendes Fluidum von politischer Öffentlichkeit voraus. Und doch will Cicero andererseits die Eigenständigkeit des Hauses gegenüber dem Staat gewahrt wissen. Er hebt nicht nur – wie schon Aristoteles gegen Plato – die Unverzichtbarkeit des Privateigentums hervor (De re p. IV 5). Er will auch – gegen verbreitete griechische Vorstellungen – die Jugend nicht von Staats wegen gemeinsam, sondern nach römischer Tradition in der Familie erzogen wissen (De re p. IV 3). Überhaupt scheint Cicero im IV. Buch von *De re publica* (nur in Bruchstücken meist geringen Umfangs erhalten) eine öffentliche Moral der distanzwahrenden Rücksichtnahme und der gegenseitigen Achtung entworfen zu haben.[31] Wache Aufgeschlossenheit für Rang und Wert im politischen Bereich einerseits und persönliche Eigenständigkeit und Unabhängigkeit andererseits bilden die Pole einer spannungsvollen Einheit im Staat. Garant dieser Einheit von privatem und öffentlichem Bereich aber ist der in beiden Bereichen gleichermaßen waltende mos maiorum. Er verhindert, daß aus der persönlichen Unabhängigkeit individualistische Ungebundenheit wird, und läßt umgekehrt die zuchtvolle Tugend des Hauses ausstrahlen auf den Staat. Im Falle der häuslichen Sparsamkeit bewirkt das, daß auch der Staat haushälterisch wirtschaftet, wodurch wiederum eine Ausbeutung der Provinzen, ungerecht und gefährlich wie sie ist, von selbst vermieden wird (De re p. IV 7).

Hierher gehört auch der Hinweis auf die Rolle des Redners im Staat. Denn nicht der Typ des weisen Philosophenherrschers oder des gütigen Völkerhirten prägt Ciceros Bild des rechten Politikers, vielmehr die Person des um die Durchsetzung seiner Ziele argumentativ ringenden, des sprachgewaltig – aber frei von Demagogie – für seine Politik werbenden Redner-Staatsmanns. Kein geschickter Taktiker der Wortkunst ist da gemeint, sondern der philosophisch geschulte «Anwalt der Wahrheit» (De oratore III 214), der durch den weiten Überblick über die Gesetze der natürlichen und der menschlichen Welt, der Geschichte und des Rechts, zu richtigem politischen Urteil gelangt und dieses Urteil in sprachlicher Vollendung vermitteln kann.[32] Politik und Rhetorik, bei Aristoteles als Einzeldisziplinen im System der philosophischen Humanwissenschaft nahe beieinander stehend, vereinen sich hier in der lebensvoll gezeichneten Gestalt des Redners.

VI

Die Wirkung Ciceros, des überragenden Schriftstellers und Klassikers der römischen Literatur, des Theoretikers der Redekunst, des Vermittlers und Interpreten der griechischen, besonders der hellenistischen Philosophie, des seine geistige Freiheit wahrenden, sich über den Parteienkampf erhebenden Skeptikers, des Prototyps des reich und human Gebildeten, ist bis weit in die Neuzeit außerordentlich, auch wenn die Aspekte seiner Persönlichkeit, die dabei in den Vordergrund treten, von Zeitalter zu Zeitalter wechseln. Als republikanisch gesonnener Redner und Kämpfer «in tyrannos» hat er noch ganz unmittelbar die führenden Männer der Französischen Revolution von Mirabeau bis Robespierre beeinflußt, freilich in je anderer Weise. Der Nachwirkung seiner politischen Theorie im engeren Sinn allerdings sind zwei machtvolle Faktoren hemmend entgegengetreten. Zum einen wurde, mit Ciceros gewaltsamem Tod zusammenhängend, die republikanische Staatsform Roms, für deren Erhaltung und Erneuerung er auch als Theoretiker gekämpft hatte, abgelöst durch die (zunächst noch republikanisch kaschierte) Monarchie, wie sie die folgenden achtzehn Jahrhunderte bestimmen sollte. Sodann ging Ciceros staatstheoretisches Hauptwerk, *De re publica*, im frühen Mittelalter verloren; Isidor von Sevilla scheint einer der allerletzten gewesen zu sein, die noch aus dem vollen Text zitieren konnten.

Aber wenn bedeutende Autoren der christlich-römischen Spätantike vor (und nach) Augustinus das römische Reich und seinen Frieden deuten als eine gottgewollte Voraussetzung für die ungestörte Ausbreitung des neuen Glaubens, wenn sie im christianisierten Römerreich die dauernde Verwirklichung des gerechten Staates auf Erden sehen (des Staates nämlich, der, weil christlich geworden, erst zur wahren Gerechtigkeit gefunden hat) und wenn sie damit den Grund gelegt haben für die europäische Reichsidee des Mittelalters bis in die Neuzeit herein, so gehört in den geistigen Unterbau dieser Vorstellungswelt (neben Vergil, der im Mittelalter den nachhaltigeren Einfluß ausübt) zweifellos auch Cicero. In der Neuzeit aber wirkt Cicero vor allem als wortgewaltiger Herold des Naturrechtsgedankens – einer Ethik, die nicht ausschließlich angewiesen ist auf Gebote, die aus dem Jenseits ergehen, vom positiven, willkürlichen Recht des Staates zu schweigen, sondern im Wesen des Menschen als solchen angelegt ist und eine Grundbedingung seiner Menschenwürde ausmacht. Lebt Ciceros Naturrechtsdenken nicht zuletzt weiter in der neuzeitlichen Forderung nach Gewissensfreiheit, so sein Antidogmatismus in dem, nicht weniger neuzeitlichen, Ideal von Geistesfreiheit und Toleranz.[33]

Hans Maier

AUGUSTIN

I

Aurelius Augustinus wurde 354 in Thagaste, einer kleinen Stadt in Numidien (nicht weit vom heutigen Bône in Algerien), als Sohn des Heiden Patricius und der Christin Monnica geboren.[1] Von Herkunft wahrscheinlich Berber, gehörte er nach Bildungsgang und intellektueller Formung ebenso wie die großen Afrikaner der spätrömischen Literatur (Apuleius, Tertullian, Cyprian) ganz der lateinischen Kultur zu. Seiner Begabung wegen hatte ihn der Vater, ein kleiner Landeigentümer aus der Klasse der *curiales,* unter persönlichen Opfern für die Rhetorenlaufbahn bestimmt, die damals der bevorzugte Weg zu den staatlichen Ämtern war; so gelangte Augustin nach Studien in Madaura und Karthago und einem Lehramt der Grammatik und Rhetorik in Thagaste zunächst auf den städtischen Lehrstuhl des Rhetors in Karthago (374), später auf Rhetoriklehrstühle in Rom (383) und Mailand (384). Aber die akademische Lehrtätigkeit, obwohl sie in Mailand unmittelbar in ein hohes Staatsamt zu münden schien, füllte ihn nicht aus; stärker als der rhetorisch-politische Ehrgeiz war in ihm von früher Jugend an die philosophische Leidenschaft, die unruhige und ungestüme Suche nach der Wahrheit – für sein Leben Glück und Qual zugleich; denn Augustin hatte sich, den Sitten der Spätantike folgend und keineswegs besser oder schlechter als seine Zeitgenossen, einem Dasein bequemer Genußsucht, Ruhmbegierde und moralischer Freizügigkeit ergeben,[2] das er, je mehr sein Denken fortschritt, als Widerspruch zum Ideal des ‹philosophischen Lebens› empfinden mußte.

Lange schwankte er zwischen verschiedenen geistigen Strömungen der Zeit unentschieden hin und her. Als Kind unter die Katechumenen aufgenommen, aber nicht getauft, hatte er sich als junger Mann zunächst der Sekte der Manichäer zugewandt, einer Abart der gnostischen Bewegung, die vom Gegensatz absoluter kosmischer Prinzipien (Licht und Dunkel, Gott und Materie, Gut und Böse) ausging. Durch die manichäischen Lehren hoffte er zum Wissen zu gelangen ohne Glauben.[3] Augustin hing dem Manichäismus, mit allmählich zunehmender Enttäuschung, durch neun Jahre hindurch an. Auf eine reinere Spur des Denkens führte ihn dann, in der Mailänder Zeit – nach lange vorangegangenen Anstößen durch den (heute verlorenen) *Hortensius* des Cicero[4] – der Neuplatonismus eines Plotin und Porphyrius.[5] Er nahm ihn im wesentlichen in den lateinischen Übersetzungen des Marius Victorinus, gleichfalls eines afrikanischen Rhetors und späteren Konvertiten, auf; denn als Spätlateiner war er des Griechischen nur noch in beschränktem Maße mächtig.[6] Neben den manichäischen und neuplatonischen Einflüssen war aber auch der von der Mutter eingepflanzte christliche Glaube der Kinderzeit in ihm nicht ganz erloschen; er flammte wieder auf, als Augustin in Mailand in der Gestalt des Bischofs Ambrosius das imponierende Beispiel eines auf der Höhe der Zeit stehenden christlichen Intellektuellen, Seelsorgers und Politikers erkannte, nachdem er jahrelang das Christentum als eine Religion der Ungebildeten verachtet hatte. Dies war die Situation, in die das berühmte Bekehrungserlebnis im Garten von Mailand im August des Jahres 386 fiel. Die *Confessiones* schildern, wie Augustin in bitterer Selbstprüfung, der Verzweiflung nahe, die Nutzlosigkeit seiner bisherigen Anstrengungen, zur Wahrheit zu gelangen, erkannte.

«Ich aber warf mich unter einem Feigenbaume nieder, ich weiß nicht wie, und ließ den Tränen freien Lauf, und die Ströme ergossen sich aus meinen Augen, zum angenehmen Opfer für dich, und vieles sprach ich zu dir, nicht zwar in diesen Worten, aber in diesem Sinne. ‹Und du, o Herr, wie lange, wie lange, Herr, wirst du zürnen ganz und gar? Gedenke nicht unserer alten Missetaten.› Denn ich fühlte, daß sie mich festhielten, und mit lauten Klagen rief ich: ‹Wie lange noch, wie lange noch wird es heißen: Morgen und immer wieder morgen? Warum nicht jetzt, warum nicht in dieser Stunde das Ende meiner Schmach?›

So sprach ich und weinte dazu in der bittersten Zerknirschung meines Herzens. Da auf einmal hörte ich aus dem benachbarten Hause eine Stimme, als ob ein Knabe oder Mädchen in singendem Ton sagte und oftmals wiederholte: Nimm und lies, nimm und lies ... Ich ergriff das Buch, öffnete es und las schweigend die Stelle, auf die zuerst meine Augen gefallen waren: ‹Nicht in Schmausereien und Trinkgelagen, nicht in Schlafkammern und Unzucht, nicht in Zank und Neid; sondern ziehet an den Herrn Jesus Christus› (Röm. 13, 13f.). Ich las nicht weiter, und es bedurfte dessen auch nicht. Denn sogleich, da ich den Satz beendet hatte, war mein Herz wie von dem Licht hellster Zuversicht durchstrahlt, und alle Finsternis des Zweifels war geflohen».[7]

Von da an ist Augustin ein anderer, ein im Feuer der Erkenntnis Verwandelter, zugleich einer, der nach unendlichen Mühen und Umwegen endlich gefunden hat, was er suchte: *Inquietum est cor nostrum donec requiescat in te.*[8] Seine Seele wird ruhig. Er hat sich entschieden. Die im Winter 386/87, noch vor seiner Taufe, in der Einsamkeit von Cassiacum verfaßten *Soliloquia* (Selbstgespräche) fassen das innere Drama der Bekehrung und zugleich die Grundstimmung, aus der Augustins bekenerhaftes Werk erwächst, in dem Satz zusammen: «Gott und die Seele möchte ich erkennen. Nichts weiter? Nein, nichts weiter».[9] Neben der innersten Beziehung zwischen Gott und seinem Geschöpf wird alles andere – Umwelt, Familie, Beruf, Politik – zunächst unwichtig und wesenlos.

Augustins Bekehrung ist, wie man mit Recht gesagt hat, die typische ‹philosophische Konversion› eines Intellektuellen,[10] und sie liegt in der Linie seiner Hinkehr von der Rhetorik und Politik zur Philosophie. Aber wer Augustin modern-psychologisch zum Vorbild individualistischer Gottunmittelbarkeit der Seele machen wollte oder gar zu einem cartesianischen Ich, das aus reflektiertem Zweifel ein neues Selbstbewußtsein gewinnt,[11] ginge fehl. Denn die Konversion Augustins ist so wenig nur ein Vorgang individueller Psychologie und Biographik, wie die *Confessiones*, in denen Augustin Leben und Bekehrung erzählt, bei aller Feinheit und Neuheit der Seelenschilderung Bekenntnisliteratur im neuzeitlichen Sinne sind. *Confessio* ist hier vielmehr, im Doppelsinn des Wortes,[12] zugleich Bekenntnis und Lobpreis, Geständnis des sündigen Menschen und Rühmung Gottes, das Biographische nur der armselig-geschöpfliche Stoff, der auf die Fülle des Schöpfers verweisen soll. Die Entblößung der Seele ist nicht Selbstzweck, sondern dient der beispielhaften Verkündung an die Gemeinde. In den über vierzig Jahren, die seiner Aufnahme in die Kirche (387) folgten, hat Augustin nichts anderes getan als den immer wieder erneuten Versuch unternommen, aus jener intellektuellen Erkenntnis (die scheinbar zunächst ganz auf ihn persönlich bezogen war) die sozialen, moralischen, kirchlichen und politischen Konsequenzen zu ziehen – angefangen von der Taufe, die er zusammen mit seinem Sohn und seinem Freund empfing, bis zur Priesterweihe und zum Bischofsamt; vom Mönchsleben der ersten Jahre nach der Bekehrung bis zur seelsorglichen und kirchenpolitischen Aktivität des Bischofs und Dogmatikers in der Öffentlichkeit, im afrikanischen Kirchenstreit, im Kampf mit Donatisten[13] und Pelagianern;[14] von der theoretisch-philosophischen Thematik der ersten Schriften und ihrer neuplatonischen Geistigkeit[15] bis zu den großen Werken theologischer Dogmatik[16] und den Stellungnahmen zur Zeit, die – wie die Bücher *De civitate Dei* (413–427) – eine neue Auffassung von Kirche und politischer Welt begründet haben. Immer aber ist er dabei der christliche Intellektuelle und Schriftsteller geblieben, als der er begonnen hatte, ein Mann, dessen geistige Bedeutung und Wirkung weit über seinen verhältnismäßig bescheidenen afrikanischen Bischofssitz hinausreichte, ein Verkünder des Wortes, für den Zugehörigkeit zur Kirche stets auch im «Innesein eines bestimmten intellectus» (Joseph Ratzinger) bestand. Dieses Amt der Verkündung an die Gemeinde hat er bis ins hohe Alter hinein ausgeübt – bis zu seinem Tod in der von den Vandalen belagerten Bischofsstadt Hippo Regius in Nordafrika im Jahre 430.

II

Die Gestalt, in der Augustin die christliche Botschaft empfangen und aufgenommen hatte, war in den wesentlichsten Stücken die der neuplatonischen Geistigkeit. Wir müssen daher, um sein Denken (auch das politische) zu verstehen, uns in Kürze jene Gedankenwelt vergegenwärtigen, die an der Ausbildung seiner Philosophie und Theologie so maßgebenden Anteil hatte.[17]

1. Wie die großen Kirchenlehrer des Ostens, vor allem Klemens von Alexandrien und Origenes, geht Augustin aus von der platonischen Unterscheidung eines wahren und beständigen jenseitigen Seins und eines von ihm abgeleiteten, nur in der Teilhabe an ihm wirklichen Werdeseins. Sein ist Bleiben, Dauern, Bestandhaben; ihm steht gegenüber alles, was durch Vergänglichkeit und Veränderlichkeit gekennzeichnet ist. Das Zentralstück der Ontologie Augustins ist, wie bei Platon, die Gleichsetzung von *ens* und *bonum*, Sein und Gutsein: in dem Maß, in dem etwas ist, in dem es die Fülle des Seins erreicht, ist es gut.[18] Das Böse ist demgemäß kein eigenes Prinzip, sondern nur eine Einschränkung des positiven Seins, Verlust der Seinsfülle, *privatio boni*, es ‹ist› überhaupt nur unter der Voraussetzung des Seins als *bonum*. Christlich gesehen, ist das *malum* Sünde bzw. Sündenstrafe.[19] Hier differenziert Augustin als christlicher Theologe auch den privaten Begriff des Bösen bei Plotin: es gibt bei ihm nicht den für Plotin grundlegenden Begriff der Schlechtheit (κάκωσις), und der privative Seinsverlust des Einzel-Schlechten wird nicht auf eine generelle vorgängige ‹Beraubung› (bei Plotin die Materie) zurückgeführt. Gleichwohl stimmen Plotin und Augustin gegen die Gnostiker in ihrer These von der Einheit alles Seienden überein: das Schlechte ist im Kosmos «wie ein Gefangener in goldenen Ketten gehalten» (Enneaden I, 8, 15).[20]

Der Neuplatonismus hatte, den Immanentismus antiker Kosmosvorstellungen sprengend, den Begriff des Universums mit dem jenseitigen Sein verbunden. Hier lag ein Gedanke, an den die christliche Theologie mit ihrer Lehre von der Schöpfung anknüpfen konnte.[21] Alles, was ist, besitzt ja nach christlicher Lehre sein Sein aus der Hand des Schöpfers; so verschmilzt in Augustins Denken das Sein als das neuplatonische intelligible jenseitige Sein unmittelbar mit Gott, dem göttlichen Willen. «Das Seiende ist nicht mehr wie bei Plotinos ein Reich, das seinen Wert in sich trägt; für Augustin bleibt es lebendig allein als zum Wesen Gottes gehörig. Die berühmte Einbeziehung der Ideen in die Vernunft Gottes ist das Symbol dieser Wandlung (Quaest. 83 p. 46). Mit ihr wird die Grundlage des plotinischen kosmos noetos selbst aufgehoben; die tiefe Kluft, die Augustins Deutung des Seins von der Plotins trennt, wird sichtbar ... Das intelligible Sein der mundus intelligibilis ist bei Augustin der jenseitige Grund aller Dinge und ihr Ursprung, als dieser Grund fällt er mit Gott selbst zusammen».[22]

2. Diese «kreative Umdeutung» (Joachim Ritter) der platonischen Zweiweltentheorie, deren Einzelheiten wir hier nicht verfolgen können,[23] hat ihre Bedeutung auch für den Weg der Erkenntnis und des ‹philosophischen Lebens›. Zunächst allgemein dadurch, daß der Gegensatz von Philosophie und Religion, der Augustin in seiner vorchristlichen Zeit bedrängte – Philosophie als gereinigte Erkenntnis des Weisen, Religion als Ausgeburt der Volksphantasie, beladen mit dem bunten Ballast von Devotheit, Aberglauben, Obszönität – sich für ihn mit fortschreitender Aneignung, des christlichen Lebens aufzulösen beginnt. Denn das Christentum ist eben nicht nur tradierte Religion, Institut des Staates, behaftet mit allen Irrtümern der Umwelt und der menschlich-allzumenschlichen Träger; vielmehr ist es «erfragte Wahrheit» (Wilhelm Kamlah), ‹wahre Religion›[24] im Sinne philosophischer Erkenntnis. «Da für Augustin Gott die höchste Weisheit ist, ist auch der wahre Philosoph ein amator Dei.»[25] Der Gegensatz zwischen der als Apotheose der Polis verstandenen antiken Religion, die im Grunde keinen transzendenten Gott kennt, sondern nur *divina instituta hominum*,[26] und der gereinigten Gotterkenntnis der Philosophen, die jedoch aus dem Verband der Polis herausführt, ja in aufklärerischer Pädagogik die Lebensgemeinschaft von Göttern und Menschen zerstört – dieser Gegensatz ist für Augustin im Begriff der *vera religio* überwunden. So gehen in den großen Schriften der Zeit nach 400, in denen Augustin den christlichen Glauben gegen Heiden, Donatisten und Pelagianer verteidigt, Theologie und Philosophie ineinander über,[27] sie sind nicht wie im neuzeitlichen (ja schon hochmittelalterlichen) Denken nach dem Schema Glaube und Wissen voneinander geschieden. Denn obwohl Augustin die Differenz von Glaube und Wissen kennt und reflektiert, ist doch für ihn letztlich aller Glaube eine Weise des Wissens (Wissen, was ich selbst nicht wissen kann; Wissen durch Vermittlung von Zeugen), das Problem selbst ein innerphilosophisches und -theologisches, nicht aber eines zwischen zwei getrennten Erkenntnis- und Wissenschaftsbereichen.[28] Das Christentum ist die wahre Religion, es ist auch die wahre Philosophie. Die Offenbarung beantwortet die Fragen des philosophischen Denkens (die dieses selbst aus *superbia* und Verschließung gegen Gott nicht lösen kann). Wohl sind die großen Philosophen, zumal die Platoniker, der Wahrheit nahegekommen, am nächsten Plotin und Porphyrius;[29] aber zur vollen Erkenntnis der Wahrheit gelangt die Philosophie, da der Mensch gefallen ist, allein durch Gottes helfende Gnade, nicht durch eigene Anstrengung.

Näherhin enthüllt sich Augustins Deutung der christlichen Existenz als eine Weiterführung und Neuformung der im antiken, wiederum vor allem platonischen Denken beheimateten Idee des ‹philosophischen Lebens›. Wenn Unterwerfung unter Gott die Voraussetzung aller Erkenntnisnis ist, wenn nach der augustinischen Illuminationslehre der menschliche Geist nur sieht, sofern er vom göttlichen Licht erleuchtet wird,[30] so muß diese «Erkenntnis-Teilhabe am Sein» (J. Ritter) auch im Leben ihren Niederschlag finden – in jenem ‹philosophischen Leben› nämlich, zu dem als erstes der Vorrang der Erkenntnis vor dem tätigen Dasein und die Abwendung von der Gesellschaft gehört. Vollendung findet der Mensch nach der platonischen Lehre zunächst in der Weltabkehr, in der Erhebung zum Wahren, Beständigen, Göttlichen. Ausdruck dieses Strebens ist der βίος θεωρητικός. Im christlichen Denken Augustins wird diese Existenzform zwar ihres innerweltlichen, individualistischen Charakters entkleidet, sie bleibt aber «bestimmend im Ideal des jenseitigen Lebens»;[31] und da dieses Ideal die Lebensführung im Diesseits bestimmt und trägt, wirkt das ‹philosophische Leben› auch innerhalb der christlichen Gemeinschaft weiter. Ohne einem ausschließlich kontemplativen Leben im Rahmen anbetender, von allen Werken befreiter Orden das Wort zu reden[32] und ohne die christliche Vollendung ausschließlich im Jenseits zu suchen,[33] gibt doch Augustin, unter Berufung auf das biblische Gleichnis von Maria und Martha, einem Leben ganz auf Gott gerichteter Erkenntnis als Vorahnung und Vor-Bild künftiger Beseligung vor einem Leben innerweltlicher Aktivität – selbst wenn sie christlich wäre und auf die christliche Umwandlung der Welt zielte – den Vorrang. Freilich ist die erkennende Erhebung zu Gott jetzt nicht mehr Sache eines privilegierten Standes einzelner Weiser, sie ist eingebettet in die Lebensordnungen der Kirche; aber selbst dort, wo sie über die Haltung der Absonderung, des individualistischen Protestes hinauswächst und in der christlichen Gemeinschaft neue soziale Formen zeugt, ist doch die Wirkung auf die Weltgestaltung nur indirekter und vermittelter Natur. Maßgebend bleibt die Distanz vom praktischen Leben, von den innerweltlichen, ökonomischen und politischen Aktivitäten des Menschen. Auch hier behält das Gesetz des *Deum et animam scire* seine Geltung: unter dem doppelten Andrang des platonischen «Ontozentrismus» (Wilhelm Dilthey) und der religiösen Beziehung zwischen Gott und dem Ich versinkt das weite, die theoretische Erkenntnis umgebende Feld der Praxis fast ins Leere.[34]

3. Augustin hat die Unterordnung aller Weltgüter unter das höchste Gut durch eine begriffliche Scheidung vollzogen, die in seinem Werk mehrfach wiederkehrt und die am klarsten ausgesprochen ist in der Schrift *De doctrina christiana.* Demnach gibt es zweierlei Dinge, solche, die man genießen, und solche, die man gebrauchen soll.

«Die zum Genuß bestimmten Dinge machen uns selig; die zum Gebrauch bestimmten fördern unser Streben nach Glückseligkeit und bieten uns gleichsam eine Handhabe, um zu jenen, die uns selig machen, zu gelangen und ihnen anzuhängen. Wir, die wir genießen und gebrauchen, sind zwischen beide hineingestellt. Wollen wir die zum Gebrauch bestimmten Dinge genießen, so wird unser Lauf aufgehalten und manchmal so abgelenkt, daß wir aus Liebe zum Niedrigen davon abgehalten werden, die zum Genuß bestimmten Dinge zu gewinnen, oder doch nur zögernd zu ihnen gelangen».[35]

Genießen und gebrauchen, *frui* und *uti* müssen dabei in der eigentümlichen Bedeutung verstanden werden, die sie bei Augustin in Anlehnung an den biblischen Sprachgebrauch erlangt haben. Es sind Formen der Liebe, Ausprägungen des neutestamentlichen Liebesgebotes im Bereich der Sozialität und Kultur. Sie geben die Richtung und das Maß an, in dem die Seele von den sie umgebenden Dingen Besitz ergreift. So kann Augustin sagen: «Genießen heißt: einer Sache um ihrer selbst willen in Liebe anhängen. Gebrauchen aber heißt: die zum Leben notwendigen Dinge auf die Erreichung dessen, was man liebt, beziehen, sofern es überhaupt Liebe verdient».[36] Wer aber verdient Liebe? Im Grunde allein Gott. Nur was zugleich mit uns auf Gott bezogen ist, kann geliebt werden, und zwar in dem Maß, in dem es uns auf Gott hinführt: der Leib um der Seele willen, die Seele um Gottes willen. Hat die Liebe in dieser Weise unterscheiden und die Weltgüter ordnen gelernt, so wird sie als *ordinata dilectio* ihrerseits maß-gebend für die menschlichen Beziehungen, die bisher unter dem Gebot des Eigennutzes und der Selbstliebe standen. «Wenn Gott mehr als jeder Mensch geliebt werden muß, dann muß jedermann Gott mehr lieben als sich selbst. Ebenso müssen wir die anderen Menschen mehr lieben als unseren Leib; denn um Gottes willen muß dies alles geliebt werden».[37]

Wenn aber selbst die Nächstenliebe nur Instrument des *frui Deo* ist, so gilt dies in doppeltem Maße von den Weltgütern: sie sinken zu bloßen Werkzeugen herab. Wiederholt gebraucht Augustin das plotinische Bild von der Heimreise des Verbannten ins Vaterland, bei der Schiffe und Wagen nur Mittel zum Zweck sind. «Wenn wir nun in die Heimat zurückkehren wollen, wo wir allein unser Glück finden, so müssen wir diese Welt zwar gebrauchen, aber nicht genießen, damit wir so das Unsichtbare an Gott durch das erschaffene Sichtbare schauen, das heißt von den körperlichen und zeitlichen Dingen eine geistige und ewige Ernte halten».[38]

Der Selbstwert der innerweltlichen Güter wird also aufgehoben. Das wird deutlich, wenn Augustin in *De doctrina christiana* den ganzen Katalog der antiken Bildung einer Durchsicht unterzieht und alles ausscheidet, was nicht propädeutisch für das christliche Denken und insbesondere für das Studium der Heiligen Schrift fruchtbar gemacht werden kann. Der Vorschlag einer enzyklopädischen Auswahl des heidnischen Wissens, soweit es für die biblische Exegese gebraucht wird,[39] ist nur eine letzte Konsequenz der radikalen Unterordnung der Weltgüter unter das höchste Gut. In ihm wiederholt sich beispielhaft, was in Augustins christlicher Aneignung antiker Philosophie und Wissenschaft zugleich Aufnahme und Abwehr ist: die Übernahme des Wahrheitsgutes von den Heiden «als ungerechten Besitzern»[40] und die Relativierung ihres Eigenwerts im Dienst einer neuen christlichen, d.h. theologiebestimmten Kultur.

4. Obwohl die Konversion Augustins zum Christen schon vorgebildet war in seiner Abkehr von der Rhetorik und seiner Hinwendung zur Philosophie, sprengte sie doch den Rahmen der antiken Kultur; denn Augustin hat die philosophische Weltflucht weitergetrieben bis zur christlichen Entwertung der Welt. Aber gerade diese Entwertung machte wiederum die Einfügung der antiken Güter in den christlichen Kosmos des Wissens und Denkens möglich. Eben weil die antike Kultur den immerwährenden Protest der Philosophie vernommen hatte, konnte sie, sobald ihre Eigenmacht gebrochen war, fast unverändert in den neuen Rahmen des christlichen Weltbilds und der christlichen Bildung gefaßt werden. Sie erschien jetzt als Vorstufe des Christentums, wie ja auch in der Tat der Neuplatonismus für Augustin ein παιδαγωγός εἰς Χριστόν, ein Lehrmeister auf Christus hin gewesen war. Die antike Kultur ging als weltliches Gut in den Gebrauch der Christen über, nachdem die Philosophie – jetzt endgültig christliche Philosophie geworden – sich alles irdische Wissen unterworfen hatte.

Das gilt selbst für die Rhetorik. «Nicht die Worte klage ich an», schrieb Augustin in den *Confessiones,* «sondern den Wein des Irrglaubens, der uns in ihnen von trunkenen Lehrern geschenkt wurde».[41] Damit sind Wissenschaft und Bildung zu neutralen Gütern erklärt, über deren Wert der richtige Gebrauch entscheidet. Sind sie erst einmal vom Trug der Dämonen gereinigt, so können sie jederzeit in den Dienst der Verkündigung treten. Sind Wissenschaft und Kultur nicht mehr um ihrer selbst willen da, so kann es auch im christlichen Raum wieder eine Wissenschaft, eine Kultur geben.

Man versteht von hier aus, warum die theologiebestimmte Bildung des Mittelalters alle Reste der antiken Kultur begierig aufgegriffen und an sich gezogen hat. «Da sich der Glaube ... in Form der sacrae litterae mit der Bildung eingelassen hatte, wirkte ... der unbestrittene Wert der sacrae litterae auf sie zurück. Das bedeutete aber, daß die in den artes zusammengefaßte weltliche Bildung ... den Charakter der Propädeutik annahm im Hinblick auf die sacrae litterae und das Studium der Heiligen Schrift».[42] So sind die Wissenschaften und Künste als *spolia Aegyptiorum* eingegangen in den Bereich des christlichen Lebens. Die Klöster des frühen Mittelalters haben die Zeugnisse der antiken Kultur bewahrt und vor dem Untergang gerettet; sie haben die Bildungstradition, die schon in der Spätantike auf das Gerüst der *septem artes* reduziert worden war, fortgepflanzt und so die Verbindung geschaffen, die der Kultur des Mittelalters das Gepräge gab. Wenn aber der christliche Mönch den heidnischen *orator* ablöste, so war dies nur möglich, weil Augustin entdeckt hatte, daß auch die heiligen Schriften Kunstwerke der Sprache waren und daß es sich aus diesem Grund für den Christen ziemte, nicht nur weise, sondern auch beredt zu sein.[43]

III

Die eigentümlich doppelsinnige, einerseits kritisch relativierende, anderseits bewahrende Haltung Augustins gegenüber der antiken Überlieferung wird auch im Politischen, in seiner Staats-, Sozial- und Geschichtstheologie sichtbar. Hier steht sein großes Werk *De civitate Dei* im Vordergrund, das sich ebenso ermahnend an die Christen wie abwehrend und verteidigend gegen die Heiden richtet.

1. Es entstand aus aktuellem Anlaß. Im Jahre 410 hatte der Westgotenkönig Alarich Rom erobert und geplündert. Die Wirkung dieses Ereignisses auf die ganze damalige zivilisierte Welt war ungeheuer: *Quid salvum erit, cum Roma perit?* fragte der hl. Hieronymus. Unter dem frischen Eindruck des Geschehens bäumte sich das Heidentum, noch immer stark in der breiten Masse der Landbewohner und in der Schicht der Gebildeten,[44] mit Erbitterung gegen die Christen auf: ihnen wurde, wie schon früher, die Schuld an der Katastrophe zugeschrieben, in der man eine Rache der beleidigten Götter sah, von denen das christlich gewordene Rom sich abgekehrt hatte. Aber auch viele Christen im römischen Reich, seit Konstantin gewohnt, das Heil der Christenheit mit dem Heil Roms gleichzusetzen, gerieten in Verwirrung: Wie konnte der Christengott als der ‹stärkere Gott› den Fall Roms zulassen? In diese Situation allgemeiner Verwirrung, ja Verzweiflung stieß Augustin mit seinen Büchern *Über die Bürgerschaft Gottes*[45] hinein.

Seine Antwort ist doppelter Art. Zunächst richtet sie sich gegen die Heiden. Ihnen gegenüber verteidigt Augustin das Christentum mit Leidenschaft gegen den Vorwurf, den Untergang Roms verschuldet zu haben. Jedoch gebraucht er nicht das bei früheren Apologeten übliche Argument, es sei unter den christlichen Kaisern alles besser oder wenigstens nichts schlechter geworden – dieser Gedanke klingt nur gelegentlich an; vielmehr wendet sich Augustin in einem prinzipiellen Angriff gegen die heidnische Geschichtsauffassung selbst, besonders gegen die Grundthese vom Zusammenhang des Gottesdienstes *(cultus deorum)* mit dem irdischen Wohlergehen *(res humanae prosperari)*.[46] Die Verehrung vieler Götter ist keineswegs eine magisch-kultische Versicherung gegen Unglück und Katastrophenfälle, weder in der Gegenwart noch in der Vergangenheit. Die römische Geschichte beweist es. Und haben die römischen Historiker, bittere Kritiker ihres Volkes und seines moralischen und politischen Verfalls, nicht zur Genüge dargetan, daß der Götterkult den Niedergang Roms nicht aufzuhalten vermochte? Aber Augustin greift auch diejenigen unter den Heiden an, die den Götterkult wegen des Weiterlebens nach dem Tod für nützlich halten.[47] Denn auch sie vermengen, wenn auch oft unbewußt, menschliche und staatliche Unsterblichkeitshoffnungen (die Ewigkeit Roms!) mit einem als persönliche Leistung mißdeuteten Kultdienst. Letztlich dient hier das Religiöse immer nur zu politischer Selbstbestätigung, ja es führt zur Vergötzung des Menschen und der staatlichen Gemeinschaft.

Beispielhaft wird der Streit um das rechte Verhältnis von Religion und Polis (denn die beiden sind bei Augustin nicht mehr eins) in der Auseinandersetzung mit Varro, dem großen Lehrer der Römer, und seinen drei Theologien, der mythischen, physischen und politischen, ausgetragen.[48] Hier geht es einerseits um die Überwindung einer entarteten, fabulösen heidnischen Volksreligion und um die Kritik an nur staatlich gesetzten, nicht in einer transzendenten Wahrheit verankerten religiösen Konventionen, anderseits um die Einfügung der akademisch-theologischen Spekulation der Philosophen, die der Volksfrömmigkeit fremd, ja in ihrer Wirkung ‹atheistisch› ist, in den sozialen und traditionalen Zusammenhang ‹gelebter Religion›.[49] Nur das Christentum kann den reinen Gottesbegriff der Philosophen mit wirklicher, ausgeübter kultischer Religion verbinden – eine Aufgabe, an der die antike Religionsphilosophie, auch des Varro, gescheitert ist; denn nur der christliche Gott, wiewohl in strenger Transzendenz der Verfügung des Menschen entzogen, hat in der Inkarnation Menschennatur angenommen und, wie Augustin sagt, «eine Stadt gegründet».[50] Aber dieser Gott ist aus der antiken Immanenz von Religion und Civitas herausgenommen. Er ist kein innergeschichtlicher Glücksbürge und Heilsbringer. Er enthüllt sich nicht apokalyptisch in einer als Weltgericht aufgefaßten Weltgeschichte. Die Folgerung für die Haltung des Christen liegt nahe: er soll irdischen Reichen, wenn sie vergehen, keine Träne nachweinen, da er ein anderes, ein höheres himmlisches Reich erwartet. So scheiden die Bücher *De civitate Dei* mit Schärfe transzendente Religion und (profanisierte) Innerweltlichkeit, Staatlichkeit, Politik.[51]

Diese Botschaft Augustins gilt aber auch für die Christen selbst – jene Christen nämlich, die, in falschem Kulturoptimismus befangen und nun von der Macht der Ereignisse überwältigt, in der *civitas Romana* zugleich die *civitas Christiana* dahinschwinden sehen. Verglichen mit den heidnischen Vorwürfen, lag hier sogar die größere Gefahr. Denn längst hatte sich die römische Christenheit in ihrer Mehrheit daran gewöhnt, daß der wahre Gottesdienst auch die politischen Probleme löse; und sie war in dieser Anschauung bestärkt worden durch eine politische Theologie, die in Rom das Werkzeug des göttlichen Heilsplans erblickte und in der *Pax Augusta* die Vorbereitung auf das Kommen des Erlösers in der Fülle der Zeit[52] sah.

Augustin hat die Antwort auf diese Situation gegeben, indem er das christliche Denken aus der Verbindung mit dem politischen Rom löste und damit jeder Art von politischer oder Ziviltheologie den Boden entzog. Genau dies ist nämlich, auf die Christen hin gesehen, der Sinn des zweiten Teils der *Bürgerschaft Gottes* gewesen. Er will zeigen,[53] daß die *civitas Dei* als Gemeinschaft der von Gott Erwählten auf irdische Reiche nicht angewiesen ist, mag sie auch, solange sie auf Erden pilgert, durch die *vita socialis sanctorum* mit dem Weltstaat verbunden sein. Die historisch so folgenreiche Ablehnung der Verschmelzungstheologie durch Augustin, die Wiederherstellung der eschatologischen Botschaft des Christentums in ihrer ganzen Strenge – sie sind nichts anderes als eine Anwendung der Kritik der Polisreligion auf das Verhältnis der Christen zum römischen Staat.[54]

2. Was stellt Augustin der kritisch geprüften und abgelehnten Polis *(civitas)* und ihrem Prinzip der Einheit von Kult und Politik entgegen? Es ist die in kühner Umkehrung profaner civitas-Überlieferungen gewonnene[55] und zugleich mit biblischem Gut verschmolzene[56] Idee der Gottes-Polis, der *civitas Dei* als der im Jenseits gründenden Gemeinschaft der von Gott Erwählten. Ihr steht als Gemeinschaft derer, die dieser Welt verpflichtet sind, die *civitas terrena* gegenüber, und in und mit ihr zugleich die gesamte irdisch-politische Aktivität der Menschen, soweit sie nicht auf das Gottesreich, sondern auf diese Erde bezogen und beschränkt ist.

Man darf in dieser Gegenüberstellung der zwei Gemeinschaften nicht ein universalgeschichtliches Muster zur Erklärung historischer Abläufe sehen, auch nicht einen religionsphilosophischen Dualismus («Glaube und Unglaube in der Weltgeschichte»).[57] Das verwehrt uns schon der Umstand, daß beide *civitates* bei Augustin über den Bezirk irdischer Geschichte hinausreichen. Die *civitas Dei (coelestis)* wie die *civitas terrena (Diaboli)* haben ihren Ursprung in der kosmischen Scheidung von Engeln und Dämonen: die beiden Engelstaaten sind Ausgangs- und Zielpunkt des Erdendramas der beiden Gemeinschaften, wobei die *civitas Dei*, da sie ihren wahren Ort im Himmel hat, auf Erden nur als Fremdling und Pilger in Erwartung baldiger Heimkehr wandelt, während die *civitas terrena* – wie schon ihr Name sagt – mit ihrer Schwerkraft ganz im Irdischen gefangen bleibt, bis sie am Jüngsten Tag im Gericht endgültig in die Gesellschaft der Dämonen verstoßen wird.

Wohl legt Augustin in seiner Darstellung des *irdischen* Verlaufs der beiden ‹Bürgerschaften› Welt- und Heilsgeschichte in einzelne Zeitalter auseinander, so daß die Meinung entstehen konnte, hier werde die eschatologische Enderwartung der Urgemeinde in eine Konstruktion kirchengeschichtlicher Epochen übergeleitet und solchermaßen säkularisiert.[58] Aber Augustins Einteilung der Geschichte in sechs Zeitalter,[59] die noch von Thomas vertreten wird, und seine Geschichtsschau, die von Ausgang *(exortus)*, Fortschreiten *(procursus, excursus)* und gesetztem Ziel *(debiti fines)* spricht,[60] hat nicht historisch-hermeneutischen, sondern heilspädagogischen und religiösen Sinn: einmal hebt sie gegenüber den in der Antike vorherrschenden Kreislauftheorien mit Macht die Linearität der Geschichte hervor und damit die Offenheit des historischen Geschehens und die Verantwortung des Menschen;[61] zum andern aber enthält sie sich jeder Spekulation über den heilsgeschichtlichen Sinn profaner Vorgänge und über das konkrete Ende der Geschichte. Es ist bezeichnend, daß die Dauer der letzten christlichen Epoche bei Augustin im Gegensatz zu älteren christlichen Schriftstellern unbestimmt bleibt.[62] Das hat seinen Grund in Augustins theologischer Geschichtsschau: im Grunde ist alle Geschichte mit Christi Menschwerdung, Tod und Auferstehung zu Ende. «Vom eschatologischen Gesichtspunkt aus entscheidend ist nicht die geringfügige Differenz von ein paar hundert oder ein paar tausend Jahren, sondern die Tatsache des Geschaffenseins und der Vergänglichkeit der Welt ... Zentrales Thema und Anliegen ist die eschatologische Geschichte des Glaubens, die ein geheimes Geschehen innerhalb der Geschichte der Welt ist, unterirdisch und unsichtbar für jene, die nicht mit den Augen des Glaubens sehen».[63] So liegt der Sinn der Geschichte nicht in einem innerweltlichen Fortschritt oder einer Rückkehr in eine schicksallose Naturhaftigkeit, sondern in der Verherrlichung Gottes. Gott bleibt der Herr der Geschichte, und die auf ihn vertrauen, erfahren seine Macht; doch liegt der Triumph der *civitas Dei* jenseits der historischen Zeit, und auf Erden bleibt auch für den Christen nur Leiden als Lohn der Sünde.

Letztlich haben die beiden *civitates* ihren Ursprung in zwei Grundhaltungen der Seele oder, wie Augustin sagt, in zwei Liebesweisen *(amores):*

«Zwei Lieben sind es, die die beiden Staaten schufen: die Selbstliebe bis zur Gottesverachtung den irdischen, die Gottesliebe bis zur Selbstverachtung den himmlischen Staat. Demnach rühmt sich jener in sich selbst, dieser im Herrn. Jener sucht den Ruhm bei den Menschen, diesem ist Gott als Zeuge des Gewissens höchster Ruhm. Jener erhebt sein Haupt im eigenen Ruhm, dieser sagt zu seinem Gott: ‹Du bist mein Ruhm, der du mein Haupt erhebst› (Ps. 3, 4). Jenen beherrscht in seinen Fürsten und den Völkern, die er unterjocht, die eigene Herrschbegier, in diesem dienen die Vorgesetzten einander in gegenseitiger Liebe mit sorgsamem Rat, die Untergebenen durch Gehorsam. Jener liebt in seinen Machthabern seine Stärke, dieser spricht zu seinem Gott: ‹Ich liebe dich, o Herr, du meine Stärke› (Ps. 17, 2). Und deshalb haben in jenem seine Weisen, die nach dem Menschen leben, immer nur nach den Gütern des Leibes oder des Geistes oder nach beiden gestrebt, und wenn sie Gott erkennen konnten, ‹haben sie ihn doch nicht als Gott geehrt, noch ihm gedankt, sondern sind töricht geworden›, sie überhoben sich in ihrer vom Stolz beherrschten Weisheit, und ‹sind Toren geworden› ... Im anderen Staat jedoch gibt es keine Weisheit des Menschen als die Frömmigkeit, mit der auf rechte Weise der wahre Gott verehrt wird; und sie erwartet in der Gemeinschaft der Heiligen, der Menschen sowohl als der Engel, ‹daß Gott alles sei in allem›» (I Kor 15, 28).[64]

Sind nun *civitas Dei* und *civitas terrena* ‹mystische› Gemeinschaften, spiritualistisch abgehoben von den konkreten Organismen Kirche und Staat – oder ‹identifiziert› Augustin, wie nicht wenige Stellen vermuten lassen, *civitas Dei* und Kirche, *civitas terrena* und Staat? Die jüngere Forschung neigt heute, nach einem Zeitalter idealistischer, Idee und Empirie trennender Augustin-Deutungen,[65] wieder stärker der zweiten Anschauung zu.[66] Sie befindet sich damit im Einklang mit den Texten. Zwei Erläuterungen sind aber wichtig. Wenn Augustin den Staat *civitas terrena* nennt, so hat er nicht einen modernen transpersonalen Staatsbegriff vor Augen, vielmehr geht er aus vom konkreten Staat seiner Zeit, dem römischen Reich in seiner Spät- und Verfallszeit. Und ebenso ist *civitas Dei* oder ecclesia für ihn nicht eine ‹dem Staat› institutionell gegenüberstehende Kirche, sondern – gerade in ihrer konkreten Sichtbarkeit[67] – ein die alte Gesellschaft und ihren Egoismus transzendierendes Heilszeichen unter den Menschen. Sie ist nicht Teil der existierenden Gesellschaft, sondern ein neues Prinzip menschlicher Gesellung schlechthin. So stekken denn auch die wesentlichen, in die Zukunft weisenden politischen Aussagen Augustins nicht in seinem *civitas-terrena-*, sondern in seinem *civitas-Dei-*Begriff.[68] Zum andern aber ist festzuhalten, daß Welt- und Gottesbürgerschaft für Augustin in der Weltzeit bis zur Ununterscheidbarkeit miteinander vermengt *(permixtae)* sind, so daß erst Gott am Ende der Zeiten im Sinne des Gleichnisses vom Unkraut unter dem Weizen die Scheidung herbeiführen kann.[69]

3. Gegenüber der Rom- und Reichsbegeisterung älterer christlicher Autoren wie Lactanz und Euseb waltet bei Augustin in bezug auf den Staat ein kritischer Ton. Er steigert sich nicht selten zu richterlicher Strenge. ‹Der Staat› als solcher hat für Augustin keinerlei Anspruch auf kultische Verehrung, er genießt keinen patriotischen Vorschuß; vielmehr hat er sich vor den Menschen erst kraft seiner Dienst- und Hilfsfunktion zu rechtfertigen und zu bewähren. Hier schwingen antik-kosmopolitische, ins Christliche transponierte Stimmungen mit: «Was verschlägt es, unter welcher Herrschaft der Mensch lebt, der doch sterben muß, wenn ihn nur die Machthaber nicht zu Gottlosigkeit und Unrecht nötigen».[70] Es wundert nicht, daß Augustin zwar nicht den Kriegsdienst, aber doch die Kriege, sofern sie nicht zur Rechtsverteidigung gegen Rechtsbrecher geführt werden, und den Kriegsruhm ablehnt[71] und daß er im Weltstaat jedenfalls nicht die oberste Stufe der Daseinsordnung sieht, sondern ihn, wie alles Irdische, *sub specie aeternitatis* relativiert: «Die ersten seien dir Vater und Mutter; höher als selbst die Eltern soll dir das Vaterland stehen; was die Eltern gegen das Vaterland befehlen, darauf soll man nicht hören, oder was das Vaterland gegen Gott befiehlt, auch darauf soll man

nicht hören».[72] In radikaler Weise wird der Staat aus dem Rechtszweck gerechtfertigt und zugleich auf ihn beschränkt:

«Was sind Reiche ohne Gerechtigkeit anderes als große Räuberbanden? Sind doch auch Räuberbanden nichts anderes als kleine Reiche! Denn es sind Menschengruppen, geleitet vom Willen eines Führers, die durch einen Gesellschaftsvertrag zusammengehalten werden und die Beute nach vereinbartem Gesetz verteilen. Wächst eine solche üble Bande durch den Beitritt verworfener Menschen derart an, daß sie Gebiete besetzt, Niederlassungen gründet, Staaten erobert, dann legt sie sich ganz unverhüllt den Namen Reich bei ... Darum war die Antwort fein und wahr, die ein Seeräuber jenem großen Alexander gab, als der König fragte, wie er denn dazukäme, das Meer unsicher zu machen. Da sagte der Mann mit freimütigem Stolz: ‹Und wie kommst du dazu, den Erdkreis unsicher zu machen? Ich freilich mit meinem winzigen Schiff werde Räuber genannt, aber dich mit der großen Flotte nennen sie den siegreichen Feldherrn› ».[73]

Augustin hat sich freilich keinen Augenblick einer Täuschung darüber hingegeben, daß die Eigenliebe das Fundament der Staaten bildet und der Friede in der *civitas terrena* stets der Friede der stärkeren Partei ist. Seine Anthropologie des erbsündigen Menschen erlaubt ihm, menschliche Geschichte und Politik mit einem Realitätssinn anzusehen, der von dem rationalistischen Optimismus eines Cicero ebenso weit entfernt ist wie vom Naturvertrauen seines christlichen Gegners Pelagius. Was Augustin in *De civitate Dei* als Natur des Menschen beschreibt, ist nicht ein metaphysisch unzerstörbares Wesen, sondern der konkrete Zustand des Menschen nach dem Sündenfall.[74] Es zeugt von tiefer Einsicht in den schuldhaften Grund aller Geschichte, wenn im fünfzehnten Buch die erste verhängnisvolle Frucht der Erbsünde, der Brudermord, in einer symbolischen Verknüpfung mit dem Beginn irdischer Herrschaft erscheint: Kain ist der Begründer des Weltstaates![75] Am Anfang der menschlichen Geschichte steht die große *perversio,* die Verkehrung des Opfers; denn «Kain hat Gott nur vom Seinen gegeben, sich selber aber gab er sich».

«So tun es alle, die nicht Gottes, sondern ihrem eigenen Willen folgen, die nicht nach geradem, sondern nach verkehrtem Herzen leben: sie opfern Gott eine Gabe, mit der sie ihn zu erkaufen glauben, damit er ihnen beistehe nicht zu ihrer Besserung, sondern bei der Erfüllung ihrer verderbten Wünsche. Das ist das Eigentümliche des Weltstaates, daß er Gott oder Götter verehrt, um mit deren Hilfe zu herrschen in Siegen und irdischen Frieden, nicht aus liebender Fürsorge, sondern aus Herrschsucht».[76]

Damit aber lenkt Augustin wieder zurück in die vertrauten Bahnen seines theologischen Denkens: «Die Guten gebrauchen nämlich die Welt, um Gott zu genießen, die Bösen wollen umgekehrt Gott gebrauchen, um die Welt zu genießen».[77] *Civitas terrena* und *Civitas Dei* sind durch den Abgrund dieser beiden gegensätzlichen Liebesweisen voneinander geschieden.

Der politische Realismus Augustins[78] könnte zynisch erscheinen, hielte Augustin nicht trotz allem die Liebe als Gesetz der Gemeinschaft aufrecht. In diesem Sinn ist sein Wort zu verstehen, daß auch die *civitas terrena* ‹einigen Frieden› besitzen könne.[79] Freilich, es ist der Friede unter den Bedingungen des Sündenfalls. Die Liebe kann den Weltstaat nicht regieren, der ja gerade durch die Abkehr von der rechten Liebe zustande gekommen ist. Aber wie die Bürgerschaft Gottes auf ihrer Pilgerschaft mit dem Weltstaat verbunden ist, so wirkt und schafft auch ihre Liebe im Weltstaat nach Art des Senfkorns im Sauerteig. Und für einen Augenblick wenigstens taucht am Ende der Bücher über die *Bürgerschaft Gottes* die Möglichkeit auf, daß der eine Staat mit dem anderen durch den *Frieden* wie durch eine Brücke verbunden ist.

«Ein Haus mit Menschen, die nicht aus dem Glauben leben, sucht den irdischen Frieden aus den Dingen und Vorteilen dieses zeitlichen Lebens zu gewinnen. Ein Haus hingegen, dessen Menschen aus dem Glauben leben, erwartet die Güter, die in der Zukunft als ewige verheißen sind, und gebraucht die irdischen und zeitlichen Dinge wie ein vorübergehender Fremdling ... Deshalb ist der Gebrauch der für dieses sterbliche Leben nötigen Dinge beiden Arten von Menschen, beiden Häusern oder Familien gemeinsam, aber der Zweck des Gebrauchs ist bei beiden ein eigener und verschiedener. Der irdische Staat, der nicht aus dem Glauben lebt, strebt nach irdischem Frieden und festigt in ihm die Eintracht der Bürger in bezug auf Befehlen und Gehorchen, damit unter ihnen Übereinstimmung im Willen sei über die zum sterblichen Leben gehörenden Dinge. Der himmlische Staat aber, oder genauer der Teil von ihm, der in der sterblichen Welt als Pilger wandelt und aus dem Glauben lebt, muß sich ebenfalls dieses Friedens bedienen, solange er nicht über die Sterblichkeit hinauswächst, die diese Art von Frieden nötig hat. Während er neben dem irdischen Staat sozusagen das Gefangenenleben seiner Pilgerschaft verbringt und bereits die Verheißung der Erlösung und die Gabe des Geistes als Unterpfand empfangen hat, zögert er dennoch nicht, den Gesetzen des Weltstaates zu gehorchen, durch die all das geregelt wird, was für die Erhaltung des sterblichen Lebens von Vorteil ist. Da die Sterblichkeit selbst beiden Staaten gemeinsam ist, wird auch die Eintracht unter beiden in bezug auf jene Dinge, die zu dieser Sterblichkeit gehören, auf gleiche Art beobachtet werden».[80]

Weiter geht Augustin nicht, denn jeder weitere Schritt hätte die Grundkonzeption seines Buches, den metaphysischen Dualismus der zwei ‹Bürgerschaften›, aufgehoben. An seine Stelle wäre eine Stufenfolge getreten, in der auch der Weltstaat als *bonum terrenum* seinen Platz im *ordo naturalis* gefunden hätte. Eine solche Lösung lag aber dem christlichen Platoniker Augustin noch fern. Erst Thomas hat den politischen Dualismus der *civitates* in eine gradualistische Ordnung umgeformt.

Daß Augustin einer christlichen Aneignung der politischen Formen seiner Zeit mißtrauisch gegenüberstand, hing indes nicht nur mit der neuplatonischen Idee des *uti* und *frui* zusammen, die das neutestamentliche Liebesgebot in allzu enge Fesseln schlug.[81] Der tiefere Grund ist wohl, daß Augustin an eine politische Herrschaft des Christentums nicht glaubte, daß er zwar christliche Kaiser, aber keinen christlichen Staat für möglich hielt.[82] «Alle Christen leiden», heißt es in der *Enarratio* zum Psalm 93. «Wenn die Menschen nicht wüten, so wütet der Teufel, und wenn die Kaiser Christen geworden, ist etwa der Teufel Christ geworden?»[83]

4. So hat sich, ungeachtet der ‹konstantinischen Wende›, das Christentum bei Augustin zurückgezogen auf seine Grundidee vom ‹Leiden dieser Zeit›. Gleichwohl hat der Einfluß des großen Kirchenlehrers in der Zeit der herrschenden Kirche eher zu- als abgenommen.[84] Die metaphysische Entmächtigung der irdischen Gewalt, die sich in seinem Werk vollzieht, mußte den Versuch, politische und religiöse Herrschaft in einer Theokratie zusammenzuzwingen, geradezu herausfordern.[85] Das hierarchisch-politische Mißverständnis Augustins im Mittelalter ist also tief begründet.[86] Und wenn die moderne Theologie und Philosophie den ursprünglichen Augustin wieder entdeckt hat, wenn sie in ihm – z. T. in überraschender Nähe zu neuzeitlichen Augustin-Rezeptionen des 16. Jahrhunderts[87] oder der jansenistischen Bewegung[88] – den Verkünder altchristlicher Eschatologie, [89] den Überwinder der antiken ‹Ziviltheologie›,[90] den Denker christlicher Relativierung der Welt und des Politischen[91] sieht, so kann sie doch vom mittelalterlichen Augustin nicht einfach absehen, weil gerade in ihm manche der exponierten Gedanken der *Civitas Dei* in folgenreicher Weise wirksam geworden sind. Es ist aber die Größe Augustins, daß er jeder Epoche eine neue Seite seines Wesens zukehrt, ohne je aufzuhören, die Herzen zu bewegen und die Geister zu scheiden – nicht anders als die Glaubensbotschaft, die er der Welt verkündet hat.

Ulrich Matz

THOMAS VON AQUIN

I. Leben, Werk und geistesgeschichtliche Bedeutung

Platon, Aristoteles und Augustin mag man als die drei großen Lehrer des abendländischen politischen Denkens ansehen, von denen auch die genialsten Nachfolger nur mehr als Schüler zehren konnten. *Einen* Mann aber wird man diesen Meistern doch an die Seite stellen müssen, wenn auch er nur ein Schüler war: den ‹Fürsten der Scholastik›[1] Thomas v. Aquin. Denn er war in einem eminenten Sinn *ihr* Schüler und konnte aus diesem Grunde auch wiederum zum ‹allgemeinen Lehrer›, zum *doctor communis,* werden.

Die Größe Thomas von Aquins liegt also nicht in seiner Originalität, sondern darin, daß er die Lehre der großen antiken Denker durch sein Werk zu harmonischer Einheit verband, wie es in dieser tiefen und klaren Universalität nie vorher geschehen war und nicht wieder geschehen ist. Thomas zu verstehen, ist daher schwer möglich ohne Kenntnis der Philosophie Platons und Aristoteles' und der Theologie Augustins. Sein Werk ist jedoch alles andere als kraftloser Eklektizismus, es ist eine schöpferische, von manchen daher als ‹ahistorisch-gewaltsam› empfundene Synthese, in der sich das gesamte geistige Gut des Abendlandes ordnet; und insofern mag man sogar sagen, daß Thomas jeden einzelnen seiner großen Lehrer noch überragt.

Andererseits wäre es falsch, wenn man in Thomas den Schlußstein einer geistesgeschichtlichen Bewegung sehen, sein Werk nur auf die antike Tradition zurückbeziehen wollte. Nicht zu Unrecht hat man vielmehr gesagt, er habe den «Prolog der Neuzeit» (A. Dempf) geschrieben, eine vielschichtige Aussage, die hier in der groben Skizze seines Werkes kaum ausgedeutet werden kann. Auch das unmittelbare Weiterwirken der thomasischen Lehre bis auf den heutigen Tag kann man nicht leicht überschätzen; diese ihre Wirkung war allein schon dadurch gesichert, daß sie ein wesentlicher Pfeiler im Lehrgebäude der katholischen Kirche wurde: 1322 heiliggesprochen, wurde Thomas 1567 – also 50 Jahre nach Beginn der Glaubensspaltung – zum ‹Lehrer der Kirche› erhoben; 1879 empfahl Papst Leo XIII. in dem Rundschreiben *Aeterni patris* die thomasischen Schriften zur Theologie und Philosophie nachdrücklich dem Studium, und schließlich wurde der erste Rang dieser Lehre für den Hochschulunterricht der katholischen Theologen auch kirchenrechtlich festgelegt.[2] So ist es kein Zufall, daß eine der bedeutendsten philosophischen Schulen der Gegenwart der sog. ‹Thomismus› ist, der die thomasische Philosophie in Auseinandersetzung mit den modernen philosophischen Problemen und geschichtlich-sozialen Gegebenheiten weiterentwickelt hat.[3]

Thomas, 1224 oder 1225 im süditalienischen Roccasecca geboren, entstammte einem bedeutenden Adelsgeschlecht, das mit dem genialen Kaiser jener Zeit, dem *stupor mundi* genannten Friedrich II., verwandt war. Statt des für den Adligen der damaligen Zeit üblichen Wegs in ein öffentliches Amt, sei es weltlich oder geistlich, wählte er den Weg zu den erst kürzlich von Franz von Assisi und Dominikus gegründeten sog. Bettelorden, deren Ziel es war, die von ihren weltlichen Bindungen bedrohte, ‹besitzende Kirche› ihrer Zeit zu erneuern, in einer asketischen Armutsbewegung wahrhaft zu revolutionieren: mit 18 Jahren trat er gegen den Willen seiner Familie in den Dominikanerorden ein. Nach dem Studium auf den Universitäten Neapel und Köln, wo er Schüler Alberts des Großen wurde, schlug er die Laufbahn des Universitätslehrers ein. Von 1252 bis 1259 lehrte er an der bedeutendsten Universität des Abendlandes, in Paris, später am päpstlichen Hof. Nach zehn Jahren (1269) sandte ihn sein Orden wieder an die Universität Paris, wo ein wissenschaftlicher Streit tobte, in dem sich die geistigen Züge dieses für die spätere Entwicklung entscheidenden 13. Jahrhunderts symbolhaft offenbarten: der Kampf zwischen dem orthodoxen Augustinismus, dessen glänzendster Vertreter Thomas' Freund Bonaventura war, und dem neu aufgekommenen, bis zur Häresie revolutionären Averroismus, der seinen hervorragendsten Verfechter in Siger von Brabant hatte, wohl dem ersten Intellektuellen im modernen Sinn. Um was es ging, wird gleich zu sagen sein, insofern die thomasische Lehre durch ihre Stellung zwischen den Parteien dieses Kampfes charakterisiert ist; eine höchst gefährdete Stellung, da sie als zwielichtiger Kompromiß beiden Seiten verdächtig erscheinen konnte, während sie in Wahrheit als ein Mittleres den höheren Grad der Wahrheit für sich haben sollte.

Schon 1272 wurde Thomas jedoch die Leitung des neu eingeführten Generalstudiums in Neapel vom Orden übertragen. Von dort auf dem Weg zum Konzil von Lyon starb Thomas 1274 als Fünfzigjähriger im Kloster Fossa Nuova.

Trotz der relativ kurzen Lebensdauer, trotz des äußerlich so unruhigen Lebens und trotz eines sehr beanspruchenden Lehrbetriebes schrieb Thomas dank einer unvergleichlich konzentrierten Geisteskraft ein Werk, das in der Pariser Ausgabe von 1871[4] 34 Bände umfaßt. Die Politik steht keineswegs im Mittelpunkt seines Denkens. Zunächst ist er Theologe, und in gewissem Sinne könnte man sein Gesamtwerk so nennen, wie sein unvollendetes Hauptwerk heißt: *Summe der Theologie,* – wenn das nicht einerseits heute sehr mißverständlich wäre und andererseits das – vor dem Hintergrund der auf Thomas überkommenen Theologie – revolutionär Neue seiner Lehre überdeckte. Denn er kehrte das scholastische Denken um, indem er zwar noch aus dem christlichen Glauben heraus philosophiert, aber in seiner Methode nicht mehr von ihm *ausgeht*, sondern mit der *natürlichen* Vernunft beginnt, mit deren Hilfe *alle* Menschen, ob Heiden oder Christen, *ein* und *dieselbe natürliche* Welt erkennen. Erst dort, wo der Philosoph Thomas die Grenzen natürlicher Erkenntnis erreicht, führt der christliche Theologe Thomas weiter zu den übernatürlichen Wahrheiten des Glaubens, die allerdings für ihn erst die Philosophie vollenden. Auf diesem Grund öffnete sich dem Abendland wieder die nicht-christliche Welt und der Dialog des Christen mit dem Heiden wurde theoretisch möglich.[5]

Auch *vor* Thomas war es *die* Absicht der scholastischen Theologie, das überkommene philosophische Wissen mit den christlichen Wahrheiten zu vereinen. Aber ihr geriet dabei, in der Nachfolge Augustins, alles letztlich zu Theologie; die Philosophie blieb wirklich *ancilla theologiae* mit der Aufgabe, die übernatürlichen Wahrheiten ‹verständlich› (in diesem Sinn: rational) zu machen. Diese Theologie war ‹weltabgewandt›, insofern sie die Welt nicht als ‹natürliche› sah, sondern *nur* als Träger und Zeichen einer höheren Wirklichkeit. Thomas setzt nun dagegen die These, daß gerade auch der Christ zu allererst von der natürlichen Schöpfung Gottes und den ihr von Gott eingeprägten Sinnstrukturen Kenntnis nehmen, mit dieser Kenntnis beginnen müsse. Das war eine dem damals herrschenden Augustinismus unfaßliche, das Zeichen der Häresie tragende Ansicht. Tatsächlich bedeutete sie nicht weniger als die Freisetzung der allgemein-menschlichen Vernunft, die Freisetzung der Philosophie und damit der Wissenschaften, insbesondere auch der empirischen,[6] die Wiederentdeckung der ‹natürlichen Theologie› (d.h. der philosophischen Lehre von Gott im Unterschied zur christlichen Offenbarungstheologie) und nicht zuletzt die wissenschaftliche Wiederentdeckung des politischen Menschen und der Politik. Trotz dieser relativen Befreiung des Irdischen und seiner Probleme von dem übermäßigen Druck der primär am Weltjenseitigen und Übernatürlichen interessierten augustinischen Theologie wendet sich Thomas jedoch in keiner Weise gegen Augustin. Dieser bleibt ihm der große theologische Lehrer. Seine neue ‹Weltlichkeit›, die durchaus christlich unterfangen bleibt, begründet nur eine bedeutsame Differenzierung in der Weltsicht; er erkennt jeden Bereich in seiner relativen Eigenständigkeit und trennt doch diese Bereiche nicht, sondern bezieht sie in der Unterscheidung aufeinander, ordnet sie einander in hierarchischer Harmonie zu. In welcher Weise, das läßt sich gerade an seiner politischen Philosophie besonders deutlich demonstrieren.

Daß Thomas aber nicht nur die ersten Schritte in der neuen Wissenschaft tun, sondern sogleich eine voll durchgearbeitete, wissenschaftliche Metaphysik – die erste seit der Herrschaft des Christentums – vorlegen kann, verdankt er dem Empiriker unter den Philosophen, seinem philosophischen Lehrer, der ihm der *philosophus* schlechthin ist: Aristoteles. Die Entdeckung des Aristoteles war keineswegs die Tat des Thomas. Durch Vermittlung der mittelalterlichen jüdischen und arabischen Philosophie wurde das aristotelische Gesamtwerk im 13. Jahrhundert allgemein bekannt. Seine weltliche Wissenschaft war die große Entdeckung dieses Jahrhunderts, und sie trat denn auch, von keiner kirchlichen Autorität aufzuhalten, ihren Siegeszug im christlichen Abendland an, Ursache und Symptom einer unvorstellbaren intellektuellen Krise zugleich. Neben seinem Lehrer Albert dem Großen war Thomas allerdings einer der ersten (und der weitaus Bedeutendste) von denen, die sich an die Spitze der ‹aristotelischen Revolution› stellten. Thomas behauptete nun nicht nur die Vereinbarkeit dieser heidnischen Philosophie mit dem Christentum, sondern sogar, daß das Christentum eine solche Wissenschaft von der Welt ausgesprochen fordere, so daß erst mit ihrer Einbeziehung die Christlichkeit vollendet sei. Indem er jedoch die aristotelische Philosophie solcherart auf das Christentum bezog, veränderte und relativierte er sie auch in gewisser Weise: man sagt, Thomas habe Aristoteles ‹getauft›.

Die Verteidigung seiner Ansicht mußte Thomas um so schwerer fallen, als er eben einen höchst unliebsamen Streitgenossen im sog. lateinischen Averroismus[7] hatte, der sich seit 1250 an der Pariser Artistenfakultät entwickelte. Die Averroisten, glühende Anhänger des Aristoteles, übernahmen einige Lehren von dessen Interpreten Averroes, die unzweifelhaft christlichen Glaubenswahrheiten widersprachen: vor allem die These der Ewigkeit der Welt (Leugnung der Schöpfung) und die Lehre des sog. ‹Monopsychismus›, nach dem in allen Menschen ein und dieselbe, also gewissermaßen übermenschliche Seele wohnt (Leugnung der individuellen Personenhaftigkeit des Menschen).[8] In seiner gründlichen Auslegung des Aristoteles[9] wies Thomas die averroistische Interpretation zurück; aber für viele konservative Theologen war Thomas vom häretischen Siger kaum zu unterscheiden.

II. Grundlegung der politischen Ordnung: Die Traktate vom Gesetz und vom Recht

Es ist wenig sinnvoll, das Studium der thomasischen Lehre von der Politik mit den Texten zu beginnen oder sich gar auf diese Texte zu beschränken, die sich unmittelbar mit Politik im heutigen, vergleichsweise sehr reduzierten Sinn befassen.[10] Man würde nur oberflächliche Kenntnis nehmen, aber nicht aus Gründen heraus verstehen können. Das beruht darauf, daß Thomas die verschiedenen Gebiete der Philosophie und Theologie streng aufeinander bezieht, bei aller Differenzierung doch nur aus einer Einheit entfaltet. So müßte man eigentlich mit der Ontologie, der allgemeinen Lehre vom Sein und seinen Strukturen, beginnen, um die Politik zu verstehen. Wir müssen uns hier jedoch damit begnügen, Thomas' Lehren vom Gesetz und vom Recht zu skizzieren, die einerseits auf der Ontologie aufbauen, andererseits der Politik ihre Struktur geben. Der letztere Gedanke sollte nicht leichthin überlesen werden; durch ihn erhält die thomasische Politik nämlich einen Charakter, der der heute allgemeinen Auffassung durchaus entgegengesetzt ist: Gesetz und Recht werden heute als *Funktionen* der Politik betrachtet, sie sind gegeben im umfassenderen Rahmen der Politik und ihrer Ordnung. Wir kennen nämlich gemeinhin nur noch zwei Arten von Gesetzen: Naturgesetze, die für die Politik keinerlei unmittelbare Bedeutung haben, und Gesetze, die der Mensch als Politiker macht, um damit gewisse Angelegenheiten im Staat allgemeinverbindlich zu regeln. Deren Qualifikation als ‹Recht› macht uns heute allerdings beträchtliche Schwierigkeiten, weil unser ‹Traktat vom Gesetz› auf diesen simplen Dualismus zusammengeschrumpft ist, während er bei Thomas drei, wenn nicht vier, hierarchisch einander zugeordnete Gesetzesarten enthält. Dabei erweist sich dann die Politik als ein Bemühen um Ordnung in nur einem bestimmten Bereich, das lediglich Erfolg hat, insoweit es ein Sicheinordnen in eine allumfassende, von Gott ausgehend dem gesamten Kosmos mitgeteilte Ordnung ist.

Wenn Thomas die Lehre von der Politik mit der Lehre von Gesetz und Recht beginnen läßt, so heißt das nichts anderes, als die Politik a priori ‹normativ› zu bestimmen. Das bedeutet nicht, daß der Politik ‹vorstaatliche› Normen auferlegt seien, sondern viel präziser, Politik sei nicht das, was dieser oder jener Politiker als ‹Politik› tun zu müssen, zu können oder zu dürfen glaubt, selbst dann nicht, wenn ‹das Volk› zu allem seine Zustimmung gäbe. Die Politik ist für Thomas sowenig wie der Mensch schlechthin autonom, d.h. selbstgesetzgebend; sie empfängt vielmehr ihr Maß, bevor alles konkrete Handeln beginnt. Natürlich beginnt der Empiriker Thomas – wie sein Lehrer Aristoteles – auch in der Politischen Wissenschaft mit der Erfahrung, mit der Beobachtung und Beschreibung dessen, was sich faktisch als Politik gibt. Dabei stehenbleiben, hieße aber für Thomas das Forschungsobjekt verfehlen; um das zu erkennen, bedarf es einer Analyse des menschlichen Handelns, dessen wichtigster Teil die Politik ist; so definiert Thomas: «Ich nenne aber menschliche Handlungen das, was aus dem menschlichen Willen gemäß der Ordnung der Vernunft hervorgeht».[11] An dieser Bestimmung wird deutlich, daß für Thomas das Handeln als spezifisch menschliche Lebensweise erst dann in seinem Kern erfaßt ist, wenn es vor die Frage nach Ziel und Zweck gestellt wird: Wozu? Woraufhin soll denn überhaupt gehandelt werden? Eine Frage, die sich logisch dem Menschen als *geistbegabtem* Wesen unentrinnbar stellt, bevor er als *handelndes* Wesen ‹in Aktion tritt›, – die Frage nach dem letzten Sinn und Ziel allen Handelns. Darauf sind grundsätzlich zwei Antworten möglich und auch im Verlauf der Geschichte des politischen Denkens gegeben worden: ein oberstes Handlungsziel kann oder muß der Mensch sich selbst frei setzen, oder aber es ist ihm in irgendeiner Weise als Maß oder ‹Gesetz› vorgegeben. Mit allen großen Denkern der Tradition steht Thomas für die zweite Ansicht.

Sein Gedankengang ist folgender: ‹Subjektive› Zwecke kann sich der Mensch nur setzen, indem er dabei in seiner Natur angelegten ‹objektiven› Zwecken folgt. Den Zusammenhang zwischen Handeln und Gesetz stellt nun der aristotelische Begriff des Handlungszwecks *(finis)* her: «Jedes agierende Wesen agiert um eines Zweckes willen, der ein Gut ist». Erinnern wir uns des Anfangs der aristotelischen Politischen Wissenschaft, des ersten Satzes der *Nikomachischen Ethik*, daß jede Entscheidung, Handlung, Lehre usw. irgendein ‹Gut› zu erstreben scheine, weshalb man das Gute mit Recht (!) das nenne, «wonach alles strebt».[12] In seinem Kommentar stimmt Thomas diesem Satz zu[13] und erklärt ihn dahin,[14] daß «es nichts gebe, das das Schlechte erstrebe»! Dieser Satz ist ebenso bedeutsam für das Problem des Handlelns, wie er immer wieder mißverstanden wird. Thomas begründet: «Weil man nämlich auch das Schlechte nur als ein Gutes erstrebt, insofern man es für gut hält; und so geht die Absicht notwendig (!) auf das Gute, während sie unter Umständen faktisch Schlechtes beinhaltet».[14] Das heißt aber nicht, daß es etwas objektiv schlechthin Schlechtes als Handlungsziel gebe, das sich subjektiv als (nur scheinbar) gut darstellt. «Wonach alle streben, heißt das Gute»; dieser Satz hat für Thomas einen doppelten Sinn: alles Streben und Handeln geht subjektiv auf etwas nach Ansicht des Handelnden für ihn Gutes. Dieses kann aber nur als gut erscheinen, weil es in irgendeiner Hinsicht tatsächlich gut *ist:* «Es gibt keine Begehrungskraft, die sich nicht auf ein Gut richtete».[15] Eine Handlung kann demnach nur schlecht sein, insofern das Handlungsziel nur «in bestimmter Hinsicht ein Gut ist, aber als schlechthin Gutes aufgefaßt wird»,[16] d.h. insofern im Handeln nicht die rechte Ordnung der Handlungsziele eingehalten ist.

Bevor man nach dem Gesetz fragt, das die rechte Ordnung der Handlungsziele anzeigt, ist nach der Ursache der Identität von *finis* und *bonum,* des Zwangs aller Bewegung zum Guten hin,[17] nach der Ursache des Gut-Seins schlechthin zu fragen. Erschließt sich der Sinn einer Handlung von ihrem Ziel her, so wird man weiter den Zweck dieses Zieles untersuchen und feststellen, daß ein Handlungsziel bloßes Mittel ist, mit dem man ein ferneres Ziel ansteuert; man kauft etwa ein Brot: um es zu essen: um dadurch seinen Hunger zu stillen. Dabei wird immer das fernere Ziel auch das höhere, und das heißt bessere Ziel sein als das ‹Mittelziel›, das man ja nur um jenes willen erstrebt.[18] Man wird schließlich finden, daß *jedes* mögliche Handlungsziel über sich selbst auf ein höheres und besseres Ziel hinausweist, wenn man es unter die Frage stellt: und warum strebst du nun nach *diesem* Ziel? Man fragt damit nach einem letzten, höchsten Ziel, welches der Zweck aller Handlungszwecke überhaupt ist, hinter dem also kein weiteres Handlungsziel mehr erscheinen *kann.* Dieses Ziel wäre dann nicht mehr einfach ein Gut, sondern das beste Gut (Ziel), das *optimum* oder *summum bonum.*[19] Auf die menschliche Seele bezogen, heißt es bei Thomas *beatitudo* oder ‹Glückseligkeit›. Welches Gut aber vermittelt die *beatitudo?* Wenn das Fragen nach einem solchen Ziel zu keinem Ende führte, «so daß immer ein Ziel um eines nächsten willen verfolgt würde, bis ins Unendliche, dann würde man niemals zu dem gelangen, um dessentwillen der Mensch alle seine erwünschten Ziele verfolgt. Vergeblich aber und sinnlos ist es, zu erstreben, was man nicht erreichen kann».[20] Dann aber wäre alles Streben, alles Handeln, also auch die Politik, irrational, d.h. sinn- und zwecklos.[21] «Das aber ist unmöglich. Denn das natürliche Streben ist nichts anderes als die Hinneigung *(inclinatio),* die den Dingen dank des ordnenden Befehls des ‹Ersten Bewegers› innewohnt. Und dieser kann nicht betrügen».[21] Denn der Erste Beweger – ein aristotelischer Ausdruck[22] –, derjenige nämlich, der die Welt bewegt, ist Gott. Nur also, wenn es Gott gibt und er (der Vernunft) erkennbar ist, kann menschliches Handeln rational (d.h. durch ein Ziel begründbar) sein und als rational erkannt werden: Gott ist die notwendige Bedingung der Politik als rationalen, auf Ordnung zielenden Handelns. Daraus folgt, daß die Politik als Wissenschaft den Nachweis der Existenz Gottes als des *summum bonum* voraussetzt.[23] An anderer Stelle demonstriert Thomas konsequent das Dasein Gottes und seine Identität mit dem *summum bonum,*[24] – also im Rahmen der philosophischen Theologie. In Gott ist also Ursache und Ziel allen Handelns gefunden, damit zugleich der Inbegriff des Guten, der alle Ziele als Güter in bezug auf sich gut sein läßt.

Und nicht nur das. Wie der Satz vom ‹Befehl des Ersten Bewegers› zeigt, schält sich aus der Analyse der Gesetzlichkeiten des Handelns das dem Handeln auferlegte Gesetz heraus: Gott als das *summum bonum* ist zugleich der oberste Gesetzgeber, auf dem letztlich alle Ordnung in der Welt, also auch die politische Ordnung, beruht.[25] Diese von Gott ausgehende Ordnung des gesamten Kosmos nennt Thomas in der Nachfolge Augustins ‹ewiges Gesetz› *(lex aeterna).*[26] Alle Ordnung und Gesetzlichkeit in der Welt, die logischen und mathematischen Wahrheiten z.B. ebenso wie die Gesetzmäßigkeiten der Planetenbewegung oder die Tatsache, daß aus einer Eichel, wenn irgendetwas, dann eine Eiche wird, alles das ist ein Abdruck dieses obersten Gesetzes, kann nur Ordnung und Gesetz sein, insofern es an der *lex aeterna* ‹teilnimmt› *(participatio).* Die Beispiele zeigen schon, daß das ewige Gesetz nicht als eine statische Satzung zu denken ist, die der Schöpfung von außen auferlegt ist und nach der die Schöpfung ‹gerichtet› wird im juristischen Sinne des Wortes; vielmehr wirkt das Gesetz aktiv als Bewegungsprinzip *in* den Dingen selbst, indem es alle Bewegung und jegliches Tun auf das ‹Gehörige› – das ist das dem jeweiligen Wesen jedes Dinges angemessene – Ziel hin ausrichtet.[27] Das heißt nichts anderes, als daß die Schöpfung insgesamt durch die *lex aeterna* auf deren Quelle, das *summum bonum*, hin geordnet wird. Damit ist auch zugleich der wesentliche Zweck *(finis)* des Gesetzes im allgemeinen, der *lex aeterna* im besonderen, genannt: es ist das Gemeinwohl oder Gemeingut *(bonum commune)*, und Gott selbst ist also das Gemeinwohl der Schöpfung insgesamt. Das Wort ‹Gemeinwohl› hat bei Thomas einen sehr viel umfassenderen Sinn als heute, wo es meist identisch ist mit dem politischen Gemeinwohl; es bedeutet das irgendeiner Vielheit (Familie, Staat, Menschheit, Schöpfung) gemeinsame Gut. Bedenken wir nun, daß jede andere, untergeordnete Art von Gesetz Namen und Kraft des Gesetzes nur hat, insoweit sie sich von der *lex aeterna* nährt,[28] d. h. auf das *bonum commune* des Universums hinordnet, so ist hier schon zu bemerken, daß auch in der Politik Richtlinie nicht das Wohl der einzelnen Menschen als einzelner sein kann: Gutheit und Rechtheit des einzelnen, die das Gesetz bewirkt, kann nur in der Ein- und Unterordnung unter das jeweils höhere Gemeinwohl erreicht werden.

Über Augustin hinausgehend stellt der auf Klarheit und Differenzierung bedachte Thomas nun beim Gesetz als wichtigstes die Frage, ob es auf dem Willen oder der Vernunft des Gesetzgebers, im Falle der *lex aeterna* also, ob sie auf göttlichem Willen oder auf göttlicher Vernunft beruhe.[29] Es ist dieselbe Frage, die auf der Ebene menschlicher Gesetzgebung die für die politische Ordnung entscheidende ist: Ist etwas verpflichtendes Gesetz, weil der Gesetzgeber es so will, oder weil es eine vernunftgemäße Ordnung der Dinge ist? Im ersten Falle läßt sich das Gesetz nicht eigentlich als Ordnung *verstehen*, es kann auch keinesfalls der Kritik unterzogen oder unter dem Gesichtspunkt eines Maßstabs verbessert werden: als Produkt eines Willens kann es nur als ein positives Faktum hingenommen werden.[30] Wenn nun Thomas das Gesetz als ‹Maß und Regel des Handelns› bestimmt,[31] so ist damit seine Antwort schon impliziert: Handeln ist, wie wir sahen, durch den Zweck als ein Gut bestimmt. Der Wille strebt nun zwar nach dem Gut, aber die Vernunft muß zuvor das wahrhaft Gute erkannt haben (was der blinde Wille nicht kann), damit er zu seinem Ziel gelangt. Insoweit hat also die Vernunft den Primat vor dem Willen, ist die Vernunft Prinzip des Handelns. Die Rechtheit des Willens, die durch das Gesetz ja induziert werden soll, beruht daher auf Vernunfterkenntnis: *ratio ordinat ad finem;* folglich kann das Gesetz selbst nur «etwas zur Vernunft Gehöriges» sein. Dagegen von Gott zu behaupten, daß «seine Gerechtigkeit (als dem Gesetz entsprechende Haltung) auf dem bloßen Willen beruhe, hieße zu behaupten, daß der göttliche Wille nicht gemäß der Ordnung seiner Weisheit (Vernunft) vorgehe, was eine Blasphemie ist».[32] Weil die *lex aeterna* die höchste Vernunft *(summa ratio)* in Gott ist, und nicht ein unerforschlicher Wille, sind die weltlichen Strukturen für die menschliche Vernunft – Abbild der göttlichen –, erkennbar, deswegen ist auch das menschliche

Leben prinzipiell rational, wie wir es oben in der Lehre vom Handeln schon sahen.

Es ist für Thomas offensichtlich, daß die *lex aeterna* vom Menschen weder unmittelbar noch vollständig erkannt werden kann, so wie wir etwa einen Baum erkennen können; denn «was Gottes ist, weiß niemand außer dem Geiste Gottes».[33] Man kann aber etwas auch, ohne es selbst zu sehen, an seinen Wirkungen erkennen; und so erkennen wir die *lex aeterna* an den von ihr begründeten Ordnungen in der Natur und in uns.[34] Das Gesetz als ‹Maß und Regel› ruht derart nicht nur im Geist des Gesetzgebers, sondern findet sich wieder in dem dem Gesetz Unterworfenen, – dem ‹Geregelten und Gemessenen›. So teilt sich die Ordnung des Gesetzes von oben nach unten herabsteigend mit und begründet Gesetze niederen Ranges. Bei diesen Wirkungen der *lex aeterna* ist nun eine wichtige Unterscheidung zu machen, mit der sich der eigentlich menschliche Bereich von der übrigen Schöpfung abhebt: im nicht-vernünftigen Geschöpf wirkt das ewige Gesetz als inneres Bewegungsprinzip, ohne Freiheit zu lassen, da es hier weder Vernunft noch freien Willen gibt. Anders beim Menschen: er nimmt auf zweifache Weise an der *lex aeterna* teil: gleich animalischen Wesen hat er eine «natürliche Neigung *(naturalis inclinatio)* zu dem, was mit dem ewigen Gesetz übereinstimmt»;[35] zweitens aber nimmt der Mensch noch an der lex aeterna teil, indem er sie mit seiner Vernunft als von der göttlichen Weisheit gewollt und damit geboten erkennt[36] und damit gewahr wird, daß er sie durch seinen Willen in Freiheit und eigener Verantwortung vollziehen kann und *soll,* aber nicht *muß,* wie die unvernünftige Kreatur. Die in den Menschen als rationales Wesen eingestrahlte und von der menschlichen Vernunft erkannte *lex aeterna* nennt Thomas – ganz entgegen dem heutigen Sprachgebrauch – *Naturgesetz (lex naturalis).*

Dieses allein ist in einer den Menschen auszeichnenden Weise Gesetz im strengen Sinn, denn es ist als spezifisch rationale Teilhabe des Vernunftwesens am ewigen Gesetz etwas ‹zur Vernunft Gehöriges›, wie ja die allgemeine Bestimmung des Gesetzes lautet. Es ist das Gesetz der menschlichen Natur, das sich zunächst unbestimmt als Glücksstreben (Streben nach der Fülle der Vollendung) ankündigt, jedem einzelnen als Gebot bekannt: Das ‹Grundgewissen› der praktischen Vernunft *(Synderesis)* nennt die obersten Prinzipien des rechten Handelns (und damit der erstrebten Wesensvollendung): Tue das Gute, meide das Böse, oder – was dasselbe (!) heißt – handle gemäß der Vernunft, die den Kern deines Wesens ausmacht. Daß aber das Gesetz in die Seele des Menschen ‹eingepflanzt› ist, bedeutet wiederum nicht, daß jeder alles, was es gebietet, weiß (‹angeborene Idee›), sondern nur, daß der Mensch grundsätzlich die Fähigkeit hat, zu diesem Wissen durch seine Vernunft zu gelangen. Indem Thomas hier das Naturgesetz der natürlichen Erkenntnisfähigkeit des Menschen (Vernunft) zuordnet, unterscheidet er zum erstenmal in der Geschichte der Scholastik klar zwischen dem natürlichen Sittengesetz und dem göttlichen Gesetz des Testaments, das zur übernatürlichen Beseligung führen soll;[37] – wieder läßt sich hier die relative Freisetzung des Ethischen und Politischen vom eigentlich Christlichen bei Thomas wahrnehmen.

Die praktisch entscheidende Frage ist nun die nach dem näheren Inhalt des Naturgesetzes, denn das oberste Prinzip des *bonum faciendum* scheint ja eine bloße ‹Leerformel› zu sein, die Beliebiges beinhalten kann.[38] Wie der Name ‹Naturgesetz› aber schon sagt, lenkt das oberste Prinzip des Handelns auf die Vollendung der eigenen Natur als dem wesenhaft Menschlichen. Diese Natur ist für Thomas kein statisches, ‹ideales Menschenbild›, sondern sie ist das den Strebungen und Neigungen der Seele zugrunde liegende Sein, das an eben diesen *inclinationes* – wenn auch nicht vollkommen – erkennbar ist.[39] Der Inhalt des Naturgesetzes bestimmt sich nach dieser Natur: das will besagen, daß die Ordnung der *naturales inclinationes* auch die Ordnung der Gebote des Naturgesetzes bestimmt, denn die *inclinationes* sind Seinsbewegungen, die ja spezifische Güter anzielen, welche wiederum in ihrer Gesamtheit das für den Menschen Gute umfassen.[40] Es ist diese Fundierung der überkommenen Naturrechtslehre auf der dynamisch-teleologisch (d.h. aristotelisch) verstandenen Natur des Menschen, die zu den genialsten Entdeckungen Thomas von Aquins gehört.

Den Rekurs vom Sollen des Gesetzes auf das Sein der Natur kann der Philosoph Thomas jedoch nur vollziehen, insofern sich der Theologe Thomas durch die jüdisch-christliche Lehre von der Erbsünde daran nicht gehindert fühlt. Denn für Thomas ist die heile Natur des Menschen durch die Erbsünde zwar auf das Schwerste verletzt, aber die ontologische, *das signum Dei* tragende Grundstruktur des Menschen[41] wurde nicht zerstört, im Gegensatz zum «ursprünglichen Geschenk der Gerechtigkeit, das im ersten Menschen der ganzen menschlichen Natur gegeben war», und im Unterschied zur «natürlichen Neigung des Menschen zur Tugend», die durch die Erbsünde nicht zerstört, aber «vermindert» wurde.[42] Die Erbsünde ändert also nichts an der Möglichkeit, Ethik und Politik auf die menschliche Natur zu gründen, sie bewirkt nur gewisse Konsequenzen für die Praxis der Politik und der Rechtsgestaltung: so gibt es für Thomas gewisse, der paradiesischen Menschennatur widersprechende, aber der gefallenen Natur angemessene naturrechtliche Einrichtungen, z.B. die politische Zwangsgewalt und die Sklaverei.

Zurück zu dem, was das Naturgesetz inhaltlich gebietet:[43] ‹Tue das Gute› oder ‹handle vernunftgemäß› ist in der thomasischen Philosophie kein inhaltloses Prinzip, weil die Vernunft nicht – wie es später Kant lehren wird – selbstgesetzgebend ist und dabei gleichsam nur auf sich selbst blicken kann; vielmehr vergegenwärtigt sich für Thomas die Vernunft das Ganze der menschlichen Natur und deren zweckgerichtete Neigungen. Da erfahren wir den allen Substanzen dieser Welt gemeinsamen Trieb zur Selbsterhaltung, der das Leben als ein zu bewahrendes Gut erscheinen läßt; ferner erkennen wir die Neigungen, die der Mensch – schon spezifischer – mit allen animalischen Wesen teilt: demgemäß gehört zum Naturgesetz alles, «was die Natur alle Tiere lehrt», wie etwa die Verbindung von Mann und Frau, das Aufziehen von Kindern und ähnliches; schließlich findet sich im Menschen die Neigung zu dem ihm als rationalem Wesen eigenen Gut, das nur ihm zugehört: so z.B. der Hang, die Wahrheit über Gott zu erfahren und der Trieb, in Gesellschaft zu leben.[44] Und demgemäß gehört zum Naturgesetz alles, was darin eingeschlossen ist, also etwa, daß der Mensch Unwissenheit meiden und andere, mit denen er zusammen zu leben hat, nicht verletzen soll usw. So kann Thomas sagen, daß die Ordnung der Gebote des Naturgesetzes der Ordnung der natürlichen Neigungen entspricht, – wobei freilich nicht zu vergessen ist, daß nicht diese Neigungen als solche die Rechtheit des Handelns begründen, sondern der Richtspruch der Vernunft über den Zweck dieser Triebe.

Die thomasische Lehre von der Synderesis und von den naturgesetzlichen Geboten führt einen entscheidenden und nicht unproblematischen[45] Schritt über die antiken Lehren hinaus. Während vorher als unwandelbar nur das allgemeine *bonum faciendum* gemäß der menschlichen Natur über dem menschlichen Handeln stand und im übrigen das rechte Handeln dem im Konkreten wandelbaren Urteil der praktischen Vernunft (Klugheit) überlassen war, finden sich nun bei Thomas weitere Gebote des Naturgesetzes, die – mit ihm unwandelbar – für jede Zeit, jeden Ort und jede Situation gelten. Es sind dies zwar nur die ‹ersten Gebote› *(prima praecepta)*, die *unmittelbar* aus dem obersten Prinzip folgen, während die weiteren Schlußfolgerungen der praktischen Vernunft in Ausnahmefällen nicht gelten;[46] aber immerhin schließt der Philosoph (!) Thomas, daß alle zehn Gebote des mosaischen Gesetzes *(Lex divina) prima praecepta* des Naturgesetzes seien und daher – auch für Gott selbst, der sich nicht selbst negieren kann – unwandelbar. Wir lassen dahingestellt, ob die Sicherheit der natürlichen praktischen Erkenntnis so weit geht, oder ob hier der «Einfluß des Glaubens an die biblische Offenbarung» (Leo Strauss) die philosophische Spekulation bestimmt; es ist jedenfalls wichtig zu wissen, daß der Gang der politischen Ideengeschichte in den nächsten Jahrhunderten wesentlich von der thomistischen Lehre bestimmt sein wird. Sie wird ihre Übersteigerung in der rationalistischen Vernunftsicherheit finden und ihre Opposition in dem die Freiheit Gottes und des Menschen einseitig betonenden Voluntarismus.[47]

Bisher haben wir vom menschlichen Handeln im allgemeinen und dem ihm zugeordneten *natürlichen Sittengesetz*, wie das Naturgesetz auch genannt wird, gesprochen. Das Naturgesetz ist also Maß sowohl des Handelns des Menschen in bezug auf sich (Ethik i.e.S.) wie auch des menschlichen Handelns in der sozialen Beziehung, insbesondere der Politik. In dieser zweiten Hinsicht ist die *lex naturalis* also Wurzel der politischen und der Rechtsordnung mit ihren spezifischen Problemen. Es ist ein für den modernen Menschen nicht leicht nachzuvollziehender Gedanke, daß sich Ethik und Politik logisch erst so spät voneinander lösen; daß sie so sehr auf ein und demselben Gesetz beruhen, daß Politik – modern gesprochen – nur ein Aspekt der Ethik ist. Das Problem eines Zwiespalts von Ethik und Politik, Recht und Politik oder gar Macht und Recht wäre bei Thomas auf völliges Unverständnis gestoßen.

Hinsichtlich der sozialen Ordnung ist nun zunächst die Funktion des menschlichen Gesetzes *(lex humana)* zu betrachten.

Die nach Thomas für den Menschen erkennbaren Gebote des Naturgesetzes ordnen den menschlichen Bereich des Kosmos der *lex aeterna* nicht völlig ein, obwohl doch bereits durch das ewige Gesetz alles bis ins letzte geregelt ist, weil die menschliche Vernunft nicht in vollem Umfang, sondern nur ‹auf ihre Weise› am göttlichen Weltplan teilhat. Die nähere Bestimmung der Ordnung *(particulares directiones)* bleibt daher der praktischen Vernunft des Menschen.[48] Die hohe Aufgabe, den Plan göttlicher Ordnung in den Beziehungen zwischen den Menschen in eigener Verantwortung verbindlich zu konkretisieren und zur Darstellung zu bringen, fällt der menschlichen Gesetzgebung zu. Das menschliche Gesetz – dritte und unterste Stufe der Gesetzeshierarchie – ist die Ausfaltung und Anwendung des natürlichen Gesetzes im Hinblick auf die konkrete historisch-soziale Befindlichkeit der je einzelnen Gesellschaften.

Wenn die *lex humana* Ausfaltung des Naturgesetzes ist, dann kann sie keine in sich abgeschlossene Gesetzgebung sein, der eine ebenso geschlossene naturgesetzliche Ordnung als ideales Maß gegenüber stünde; sie nimmt vielmehr unentrinnbar das Naturgesetz in sich auf und hat nur daher Gesetzeskraft. Diese Teilnahme des menschlichen Gesetzes am Naturgesetz vollzieht sich auf verschiedene Weisen: einmal kann und soll die *lex humana* gewisse naturgesetzliche Ge- und Verbote verkünden und ihre Verletzung sanktionieren. (Naturgesetz und menschliches Gesetz sind hier also in der Sache vollkommen identisch.) Das gilt etwa für das Verbot des Mordes. Wie aber, wenn der menschliche Gesetzgeber selbst das Verbot nicht nur nicht sozial effektiv macht, sondern den Mord zum Gesetz erklärt (z.B. die Tötung unschuldiger Geisteskranker)? Dieser ‹politische› Akt, der im Widerspruch zum Naturgesetz steht, entbehrt für Thomas von vornherein des Rechtscharakters; er kann daher kein verpflichtendes Gesetz, sondern im Gegenteil nur mehr eine *legis corruptio* sein.[49] Einen Widerspruch zwischen Naturgesetz und menschlichem Gesetz kann es für Thomas also a priori nicht geben, denn das menschliche Gesetz ist nicht lediglich deswegen Recht, weil es vom

Menschen als Gesetz gewollt ist. Nun besteht die *lex humana* zum geringsten Teil aus der Formulierung von *notwendig* aus dem Naturgesetz folgenden Rechtssätzen. Um wirklich zu einer umfassenden gesellschaftlichen Ordnung zu gelangen, muß der Gesetzgeber im Hinblick auf die sich ständig wandelnden Verhältnisse mehr oder minder umfangreiche konkretere Regelungen treffen. So gelangt er durch vernünftige Schlußfolgerung aus den oberen Prinzipien *(conclusio)* zu weiteren naturrechtlichen Sätzen, die unter dem Aspekt des Gemeinwohls vernünftigerweise nur entsprechend dem Wandel der Verhältnisse gelten können. Auf diese Weise gibt es in den menschlichen Gesetzen schon zwei Elemente, unwandelbare und wandelbare Naturrechtssätze. Aber damit nicht genug. Bei weitem nicht alles, was im Hinblick auf das Gemeinwohl zu regeln ist, läßt sich mit größerer oder geringerer Sicherheit aus dem Naturgesetz folgern. Es bleibt dem Gesetzgeber ein beträchtlicher Teil zu willensmäßiger, aber gleichwohl vernünftiger Festsetzung *(determinatio)*, weil das Naturgesetz hier verschiedene Möglichkeiten offen läßt. So folgt etwa naturgesetzlich, daß Verbrechen um des Gemeinwohls willen zu bestrafen sind; dem Gesetzgeber aber bleibt es überlassen, Art und Schwere der Strafe zu bestimmen. Nur diesen, auf dem vernünftigen Willen beruhenden Teil des Gesetzes nennt Thomas übrigens – im Unterschied zum heutigen Sprachgebrauch – positives Gesetz. Wie etwa das Beispiel der strafrechtlichen Norm zeigt, können naturrechtliche und ‹positive› Elemente in *einem* Gesetz miteinander verquickt sein. Schließlich kann der Mensch auch noch Rechtsinstitute erfinden, die dem aus dem Naturgesetz Folgenden hinzugefügt werden können zum allgemeinen Nutzen für das menschliche Leben *(additio)*.

Aus all dem wird deutlich, daß für Thomas die Erzeugung der sozialen und politischen Ordnung alles andere als eine schematische Deduktion aus obersten Prinzipien ist. Es ist die *Kunst* der Politik, mit Hilfe von *conclusiones, determinationes* und *additiones* die jeweils rechte Ordnung herzustellen. Da der Mensch aber im nie ganz durchschaubar Kontingenten, d.h. dem Zufall und ständigem Wandel unterworfenen Verhältnissen handelt, ist die praktische Vernunft häufig in ihrer Erkenntnis des hier und jetzt Guten unsicher. So sind zwar die obersten Prinzipien des Handelns allgemein und allgemein bekannt; doch je konkreter und verwickelter die Probleme werden, desto mehr nimmt objektiv die Allgemeingültigkeit und subjektiv die Erkennbarkeit des Guten und Gerechten ab: «Unsere praktische Erkenntnis ist immer unsicher, so daß wir nie der Sorge enthoben sind», denn – zitiert Thomas – «der Sterblichen Gedanken sind unzuverlässig und unsicher unsere Berechnungen».[50]

Der Schatten dieser Erkenntnis liegt denn auch über dem, was bei Thomas Natur*recht* im Unterschied zum Naturgesetz und seinen allgemeinen Geboten heißt. Naturrecht *(ius naturale)* ist nicht mehr ein allgemeines Gesetz, sondern das, was in einer bestimmten einmaligen Situation auf Grund des Gesetzes Recht (= rechtens) ist.[51] Recht ist damit also nichts für sich Faßbares, sondern identisch mit dem Gerechten *(iustum)*, das einer Handlung anhaftet.[52] Damit ist das Naturrecht die letzte Stufe der Rechtsbildung, die einerseits die natürlichen Normen in sich aufgenommen hat und andererseits das Maximum an Situationsbezogenheit aufweist; es ist daher auch das schlechthin Veränderliche, wie schon Aristoteles in seiner *Nikomachischen Ethik* festgestellt hatte.

So ergeben also Gesetz und Recht die soziale und politische Ordnung und fügen damit das Gemeinwesen in die Ordnung des Kosmos ein, um die Menschen auf ihr gottgewolltes Ziel, nämlich Gott als das *bonum summum et commune totius universi*, hinzulenken.

Über die Mittel zu diesem Ziel ist nun noch zu handeln.

III. Das Gemeinwesen und die Aufgaben der politischen Gewalt

Zu den wesentlichen *inclinationes* der menschlichen Natur gehört für Thomas der Trieb zur Gesellschaft, weshalb er den Menschen ein *animal naturaliter politicum et sociale* nennt.[53] Ontologisch gründet also der Staat in der Natur des Menschen – nicht wie bei Hobbes und Rousseau auf einem Willensentschluß –, rechtlich auf dem Naturgesetz. Deswegen ist er jedoch keineswegs ein von der Natur erzwungenes Produkt, wie etwa ein Bienenstock, sondern dank der rationalen Natur des Menschen in seiner geschichtlich konkreten Gestalt eine Gründung menschlicher Vernunft und menschlichen Willens. So ist der Staat für Thomas auch keinesfalls die üble Folge des Sündenfalls, nicht die «Zuchtrute, mit der der sündige Mensch gebändigt wird»; denn da er aus der gottgegebenen Natur des Menschen folgt, hätte es ihn auch im Stande der Unschuld gegeben.[54]

Um zu begreifen, was der Staat seinem Wesen nach und was daher die Funktion der politischen Gewalt ist, muß man sich die Bedeutung des Begriffs ‹Sozialnatur› völlig klar machen. Der Mensch neigt für Thomas nicht des Amüsements, ja nicht einmal des äußeren Nutzens wegen zufällig dazu, u. a. auch gesellig zu sein. Unvergleichlich viel weniger als jedes andere Wesen ruht er in sich selbst; er ist – als Individuum für sich genommen – wesentlich bedürftig und unvollkommen, d. h., er kann seiner Unvollkommenheit als Individuum nie entrinnen, kann die Gesellschaft nicht als bloßes Mittel zu seiner Vervollkommnung benutzen: er vermag vielmehr nur *in* der Gesellschaft, als ein Teil der Gesellschaft vollkommen zu werden.

Daraus ergibt sich folgerichtig, daß der Mensch nur durch Ein- und Unterordnung Mensch ist, ergibt sich die absolute Superiorität des Staates über den einzelnen, der absolute Vorrang des Gemeinwohls vor dem Privatwohl. Das klingt den Heutigen extrem kollektivistisch, und doch muß man die thomasische Politik mehr noch als die aristotelische als ‹freiheitlich› bezeichnen, wenn auch nicht im Sinne des Individualismus.[55]

Am augenscheinlichsten ist die Sozialnatur des Menschen für Thomas an seiner physischen Bedürftigkeit zu erkennen: Während das Tier durch seine körperliche Vorzüge und Instinkte mit dem für sein Leben Erforderliche ausgerüstet ist, muß der Mensch sich, um überhaupt existieren zu können, *seiner* Fähigkeit – der Vernunft – bedienen, um Fertigkeiten und Wissen für seine Lebenserhaltung zu erwerben. Da der einzelne Mensch sich aber nicht allen Aufgaben, die sich ihm so stellen, zugleich und mit ausreichendem Erfolg zuwenden kann, bedarf es der Arbeitsteilung, der funktionellen Gliederung und Zusammenarbeit.[56] So ist die Gesellschaft nur nützlich für die Individuen, die im übrigen aber durchaus selbstgenügsam sein könnten. Der Mensch ist in seinem Innersten jedoch – als Geistwesen – hin- und angewiesen auf den Mitmenschen; das zeigt allein die Sprache, die kein technisches Hilfsmittel zur Verständigung ist, sondern vor allem das Mittel der geistigen Kommunikation: Die Entwicklung und Übung der Tugenden und damit die Entfaltung der menschlichen Seele ist nur in einem wirklichen *Zusammen*leben möglich.[57]

Vereinigt sich der Mensch so nicht nur um des bloßen Überlebens, sondern um des guten, d.h. menschengemäßen Lebens willen *(bene vivere)*, so bestimmt auch dieser Zweck den Prozeß der Gesellung. Thomas folgt ganz Aristoteles, wenn er diesen Prozeß erst in der Bildung derjenigen Gesellschaft enden läßt, mit der alle Bedürfnisse des Menschen grundsätzlich befriedigt werden können; diese umgreifende Gesellschaft ist der Staat *(civitas)*. Nun entsteht ein Staat nicht schon dann, wenn eine ausreichende Zahl von Menschen, versehen mit allen erforderlichen Mitteln, zusammentritt:

«Es muß den Menschen etwas gegeben sein, wodurch die Gesellschaft geleitet wird. Wenn nämlich viele Menschen zusammenlebten und jeder nur für sich sorgte, so würde diese Gesellschaft nach allen Richtungen auseinanderfallen, wenn nicht jemand da wäre, der die Sorge für das Wohl der Gesellschaft *(bonum multitudinis)* trüge ... Dafür läßt sich ein vernünftiger Grund angeben: das Eigene *(proprium)* und das Gemeinsame *(commune)* ist nicht dasselbe. Durch das Eigene werden die Unterschiede verursacht, das Gemeinsame aber vereint. Was aber verschieden ist, hat auch verschiedene Ursachen. Folglich muß es neben dem, was das Wohl jedes einzelnen anstrebt, etwas geben, was auf das gemeinsame Gut der vielen *(bonum commune multorum)* hinlenkt».[58]

Damit sind zwei wesentliche Dinge gesagt: einmal, daß die politische Gewalt *das* konstitutive Element des Staates und des Gemeinwohls ist und nicht ein nach Entstehung des Staates eingesetzter bloßer Exekutor des Gemeinwohls; was ihr eine unvergleichliche Würde und Verantwortung verleiht. Zum andern, daß das Gemeinwohl etwas vom Privatwohl prinzipiell Unterschiedenes (vor allem nicht die Summe der Privatinteressen) ist.

Die politische Gewalt bewirkt die Ordnungseinheit *(unitas ordinis)*, die der Staat für Thomas ist, indem sie die Gesetze gibt und damit die Kräfte und Strebungen der einzelnen Glieder des Staates autoritativ auf das Gemeinwohl hinlenkt. Als Urheber der *lex humana* stellt sie jeden in der Gesellschaft an seinen Platz, weist jedem – der Verschiedenheit der Menschen entsprechend – die ihm gemäße Aufgabe zum Wohle des Ganzen zu, so daß Thomas den Staat immer wieder in Analogie zum lebendigen Organismus setzen kann. Das Recht, gesetzgebend zu befehlen und die Befehle auf Grund dieses Rechts u.U. auch mit Zwang durchzusetzen, hat die politische Gewalt, insofern sie Autorität[59] ist. Für Thomas gründet sich Autorität grundsätzlich darauf, daß ihr Träger etwas Besseres ist als die ihm Folgenden (der Lehrer, die Wissenschaft, der Ratgeber etc.); allerdings ist im Falle der politischen Ordnung die politische Gewalt nicht unbedingt dem Sein nach besser, wohl aber dem Recht nach, da sie ja mit dem Staat notwendig vom Naturgesetz gefordert ist.

Das Ziel, auf das die politische Gewalt – und durch sie der ganze Staat – wie alles Handelnde gerichtet ist, wurde vorerst allgemein als *bonum commune* bezeichnet. Bei der Klärung dieses Begriffs differenziert nun Thomas die blockhaft einfache Theorie des Aristoteles ebenso wie die Augustins erheblich, indem er die Funktion des Staates in zweifacher Hinsicht mediatisiert: er mindert den Staat – in aristotelischer Sicht – *sub specie aeternitatis* hinab, während er ihn – in augustinischer Sicht – als bedeutende Stufe auf dem Weg zur übernatürlichen Seligkeit aufwertet. Denn der letzte Zweck menschlicher Gesellschaft allgemein (unter diesen Begriff fällt auch die Kirche) kann für Thomas kein irdisches Gut irgendeiner Art mehr sein, es ist das *bonum universale*, das in der Erreichung der ewigen Glückseligkeit besteht. Dieses übernatürliche Ziel geht weit über die Grenzen selbst der höchsten natürlichen Gemeinschaft hinaus; der Staat soll unmittelbar für das tugendgemäße Leben, die *beatitudo activae vitae* sorgen, die vergleichsweise nur ein unvollkommenes Glück ist, soll mittelbar die Voraussetzungen für die ebenfalls unvollkommene irdische *beatitudo contemplativa* (die aristotelische beatitudo) schaffen, die «ein gewisser Anfang der zukünftigen Seligkeit ist».[60]

Bedenkt man, daß in diesen Formulierungen das Ziel der *Gesellschaft* umschrieben wird, so verliert der befremdliche Satz, daß «das Gemeinwohl das Ziel der einzelnen ist»,[61] jeden kollektivistischen Sinn: das Ziel des Staates ist dasselbe wie das der menschlichen Person, oder exakter: ihr Wohl ist im *bonum commune* enthalten,[62] insofern das Ziel der Gesellschaft die Vervollkommnung ihrer Mitglieder als freier Menschen ist.[63] So ist zwar die Einheit der Ordnung unbedingt das Primäre für den Staat, diese Ordnung impliziert jedoch notwendig die dem Menschen angemessene Freiheit.[64] Der einzelne Mensch wird also nur dem Ziel des Menschen schlechthin zugeordnet, nicht ist er einem Ziel unterworfen, das tatsächlich nur auf den Staat bezogen werden könnte und damit wahrhaft un-menschlich wäre: der Idee der ‹Staatsraison›, des ‹siegreichen Krieges› oder des ‹Ruhmes des Staates›. Ist so die Politik des Thomas wesentlich ‹humanistisch› oder ‹personalistisch›, so entbehrt sie doch noch jedes individualistischen Zuges. Da die politische Ordnung die letztverbindliche irdische Ordnung ist, besitzt das Individuum für Thomas auch alle irdischen Güter, wie Eigentum, Freiheit, selbst das Leben (Kriegsdienst, Todesstrafe) nur nach Maßgabe des politischen Gemeinwohls. Es ist daher nicht ganz exakt zu sagen, daß das Gemeinwohl nur als notwendige Bedingung verfolgt werde, um den Individuen die Verfolgung ihrer privaten Ziele zu ermöglichen. Wenn Thomas lehrt, daß das Ziel des einzelnen das Gemeinwohl ist, dann ist das streng darin zu verstehen, daß das Individuum zu seinem bescheidenen Teile die Fülle der Menschlichkeit darzustellen hat, wie sie nur in der vollkommenen menschlichen Gemeinschaft des Staates dargestellt werden kann. So ist bei Thomas noch nicht der Schatten jener politisch-sozialen Autonomie[65] zu bemerken, der später aus dem christlich begründeten Eigenwert der menschlichen Person gefolgert werden wird. Freilich kennt auch Thomas den Menschen als den Staat überragende Person; er sagt ausdrücklich, daß der Mensch nicht seinem ganzen Sein nach der Gesellschaft unterworfen sei,[66] daher determiniere das Gemeinwohl das Privatwohl auch nur, soweit beide ‹der Art nach gleich› seien,[67] d. h. soweit die Kompetenz des Staates seinem Wesen nach reicht. Für Thomas liegt der transpolitische Bereich in der unmittelbaren Beziehung Gottes zu jeder einzelnen menschlichen Person, insofern die göttliche Vorsehung den einzelnen Menschen als diesen einzelnen leitet[68] und insofern das «Gut der Gnade, das höher steht als das naturhafte Gut des gesamten Universums»,[69] in Betracht kommt. Daher lautet die Summa des Verhältnisses von Individuum und Staat: «Der Mensch ist nicht hinsichtlich seiner *ganzen* Person und *aller* seiner Güter auf die Gesellschaft hingeordnet; ... vielmehr ist der ganze Mensch[70] auf Gott hinzuordnen».[71]

Was nun näherhin die Aufgaben des Herrschers (es bleibt noch völlig offen, wer die Herrschaft ausüben soll!) betrifft, so ist allgemein zu unterscheiden zwischen der Errichtung der politischen Ordnung und ihrer Erhaltung. Erhaltung meint die Abwehr von Schäden, die die Natur, äußere Feinde oder innerstaatliche Ungerechtigkeit, die den politischen Frieden aus verkehrtem Willen (zer-)stört, verursachen. Unter Grundlegung der Ordnung ist nicht so sehr die Staatsgründung zu verstehen[72] als allgemein die permanent zu leistende Schaffung derjenigen Güter, die vom Begriff des Gemeinwohls umfaßt werden. Hier hat der Herrscher drei Aufgaben: als erstes und wichtigstes ist die Herstellung des Friedens zu nennen, der Voraussetzung und Mittel zugleich für die zweite und vornehmste Aufgabe des Herrschers ist, die Hinlenkung zum rechten Leben *(dirigere ad bene agendum)*. Beides wiederum setzt voraus, daß er auch seiner dritten Pflicht genügt, die für das gute Leben erforderlichen materiellen Mittel zu organisieren.

Der Inbegriff des *bonum commune* ist der Friede. Das Wort Friede hat bei Thomas noch durchaus nicht jene flache Bedeutung der äußeren Ruhe oder des bloßen Nicht-Kampfes, den es schon bei Marsilius haben wird. Friede[73] kann sich für Thomas nur einstellen, soweit die menschliche Seele zur Ruhe kommt, weil sie sich auf ihre wahren Güter richtet.[74] Vermöge der Sozialnatur des Menschen geht damit dann notwendig die wohlgeordente Eintracht[75] einher; denn durch die Übereinstimmung hinsichtlich der höchsten Güter des menschlichen Lebens[76] wird die (politische) Freundschaft bewirkt und damit der Friede als «gute Zusammenordnung des Willens aller» (Augustin). Daher kann der politische Friede niemals auf dem Zwang beruhen, daher wird er durch die private Selbstsucht zerstört. Nun kann der Friede in diesem tiefen Sinn in der politischen Gemeinschaft vom Herrscher nicht so unmittelbar bewirkt werden: Der Friede in der Gesellschaft ist vielmehr eine Folge der Gerechtigkeit,[77] jener Tugend, dank derer die rechte Ordnung der Gesellschaft hergestellt werden kann. Wenn daher alles auf die rechte Ordnung ankommt, so muß dies in erster Linie für die die anderen Ordnungen bestimmende Grundordnung des Gemeinwesens – die Verfassung – gelten. Insofern ist auch das Problem der richtigen Verfassung eines Volkes von Thomas unter dem Aspekt des politischen Friedens gesehen. Die Lehre von den Verfassungen braucht hier nicht näher dargelegt zu werden, da Thomas sich in diesem Punkt im großen und ganzen an Aristoteles anschließt. Die absolut beste Verfassung ist für Thomas die Monarchie,[78] insofern hier das metaphysische Prinzip der Regierung der Vielheit durch das Eine (im Verhältnis von Gott und Welt, Seele und Körper) zur reinen Darstellung kommt. Jedoch wird daraus in realistischer Sicht, wegen des Friedens in einer Gemeinschaft mündiger Menschen, die sog. gemischte Verfassung, eine ‹konstitutionelle Monarchie›, insofern das Volk durch Wahl des Fürsten und Plebiszite, die Aristokratie durch Übernahme gesetzgeberischer Funktionen in die Herrschaft mit einbezogen wird,[79] so daß «alle die politische Ordnung lieben und bewahren».

Wie sehr diese relativ beste Verfassung in ihren Grundzügen ‹demokratischen› Charakter trägt, zeigt auch die thomasische Lehre vom Widerstandsrecht gegen den Tyrannen, das der *auctoritas publica* des Volkes u. U. die Möglichkeit gibt, die Herrschaft mit Gewalt zu beenden, freilich – wie alle politische Aktion – nur nach Maßgabe kluger Abwägung der gefährdeten Gemeinwohlgüter.[80] So ist es auch nicht erstaunlich, daß man Thomas zum Begründer der Lehre von der Volkssouveränität erklärt hat.[81]

Unter dem Gesichtspunkt des Friedens und der Rechts-Ordnung sieht

Thomas auch die Scheidung und hierarchische Gliederung der einzelnen Ämter, Berufe und Stände, die im zweckgerichteten Zusammenwirken das gemeine Wohl besorgen;[82] unter dem Gesichtspunkt des Friedens erörtert er schließlich die richtige Eigentumsordnung, wobei er wie Aristoteles der Mittelstandspolitik das Wort redet.[83] Wenn diese Formel nicht so unvergleichlich viel niedrigere Ansprüche an Staatszweck und Herrscher beinhaltete, könnte man so als Summe des politischen Programms bei Thomas vom ‹materialen Rechts- und Sozialstaat› sprechen. –

Will man einem modernen Mißverständnis vorbeugen, kann über die Herrscheraufgaben nicht gesprochen werden, ohne mit einigen Bemerkungen zum Traktat von der Gerechtigkeit[84] zu enden. Es ist nicht die Schaffung der richtigen Institutionen als solcher, die den politischen Frieden bewirkt. Sowohl die Schaffung wie das Funktionieren der Institutionen, die Formen des Zusammenwirkens auf das Gemeinwohl hin sind, beruhen auf der Tugend der Gerechtigkeit, des *suum cuique tribuendi;* ohne diese Tugend bricht jedes Gemeinwesen zusammen und es besteht nur in dem Grade, in dem sie in allen seinen Teilen wirksam ist.

Von erster Bedeutung für die Politik ist die *iustitia legalis* (‹Gemeinwohlgerechtigkeit›), die alles Handeln dem Gesetz gemäß (vgl. oben II) auf das Gemeinwohl richtet.[85] Sie soll im Herrscher *architectonice* sein, insofern er alles für das Gemeinwohl Erforderliche formuliert und durchsetzt; in den Untertanen soll sie *administrative* (ausführend) sein, indem sie den Gesetzen und Anordnungen der Amtsträger gehorchen und überhaupt jede Schädigung des Gemeinwohls unterlassen.[86] Der *iustitia legalis* untergeordnet ist die spezielle Tugend des Herrschers, die *iustitia distributiva*, die den Herrscher in ‹geometrischer Gleichheit› die öffentlichen Güter und Lasten verteilen läßt, nämlich die Güter nach Würdigkeit, die Lasten nach Leistungsfähigkeit. Dagegen gehört die *iustitia commutativa* (ausgleichende Gerechtigkeit) im allgemeinen (ausgenommen in gewisser Weise ist die Rechtsprechung) nicht eigentlich zur politischen Ordnung, insofern sie das Handeln unter rechtlich Gleichgestellten (Privatrecht) betrifft.

Aber die Tugend der Gerechtigkeit kann wiederum nicht ausgeübt werden ohne die eigentlich politische Tugend der Klugheit *(prudentia)*.[87] Denn sie ist die Fähigkeit, dank derer der Herrscher im Blick auf den Zweck des Gemeinwesens das bestimmt, was konkret politisch zu tun und durchzusetzen ist. Auch diese Tugend genügt jedoch nicht. Bedenken wir den kosmischen Zusammenhang, in den die Ordnung der Gesetze die Politik stellt, so ist dem Träger politischer Gewalt sogar aufzugeben, den letzten Grund allen Seins zum maßgebenden Gesichtspunkt seines Handelns zu machen, um Anspruch und Grenze der Politik zu ermessen. Da er im Staat ist, was Gott in der Welt, bedarf der Politiker sogar der Weisheit *(sapientia)*.

So hoch Thomas die Aufgaben der Politik setzt, so hoch sind also auch die Anforderungen an den Politiker. Da das Gut, das er schafft, das Maß des irdisch Möglichen ausfüllt, ist auch der Schaden, den er anrichten kann, zu groß, als daß eine adäquate irdische Sanktion eigentlich möglich wäre. Daher ist es Gott, – abgesehen von den irdischen Übeln, denen aber der Tyrann nicht entrinnen kann –, der diejenigen aufs strengste bestraft, die «Gottes Gericht in Bitterkeit verwandeln». Die Leistung derjenigen jedoch, die dem Anspruch der Politik genügen, ist so unermeßlich groß, daß Gott ihnen als angemessenen Lohn die ewige Seligkeit schenken wird.[88]

IV. Das Verhältnis von geistlicher und weltlicher Gewalt

Mag sich Thomas auch gerade hinsichtlich der Politik noch so eng an das Denken des Aristoteles anlehnen, so sind ihm doch mit dem Christentum, der Kirche als übernatürlicher Heilsgemeinschaft und der Verlagerung des letzten menschlichen Zieles in das Jenseits Probleme gestellt, die die politische Ordnung in neuem Licht erscheinen lassen. Bei Aristoteles war das Ziel menschlichen Lebens – die Glückseligkeit – noch ganz diesseitig gefaßt, d.h. das menschliche Leben war eingeschlossen in den Raum der Polis, es vollendete sich in der Polis. Daher war der Mensch auch noch als Geistwesen ein ‹politisches Wesen›. Für Thomas dagegen ist wie für Augustin der Mensch nicht mehr nur politisches Wesen, er ist zugleich als Glied der Kirche auf eine weltjenseitige Ordnung gerichtet: er überragt als zur Gotteskindschaft Berufener letztlich jede irdisch-politische Ordnung. Daher stellt sich für Thomas das Problem, das Verhältnis der kirchlichen zur weltlichen Gewalt genau zu bestimmen.

Dieses für die mittelalterliche Ordnung zentrale Problem löst Thomas, obwohl es doch den Rahmen weltlicher Wissenschaft (Philosophie) zu sprengen scheint, mit Hilfe des *philosophischen* Prinzips, das er von Aristoteles übernimmt, und – wie wir sahen – besonders auch in der Politik anwendet: der Teleologie, des Denkens in Zweckordnungen. Damit bleibt das Problem in der Reichweite der natürlichen Vernunft, – ein auch für die Moderne bedeutender Gesichtspunkt.

Das Verhältnis der Gewalten ordnet sich für Thomas nach der Rangordnung der Ziele menschlichen Lebens. Das Ziel der Politik ist die Ermöglichung der Eudaimonia, des glücklich-tugendhaften Lebens. Für den Christen hat dieses Gut nicht seine Begrenzung in der natürlichen, philosophischen Wahrheit; die übernatürliche Verbindung mit Gott im Gottesreich ist letztes Ziel des Christen. Dieses Ziel geht über menschliche Kraft und Vernunft hinaus; deshalb ist es nicht Aufgabe des weltlichen Herrschers, den Menschen zu diesem Ziel zu führen, wenn er es auch zu fördern hat. Dies ist die Aufgabe göttlicher Herrschaft. Christus, der deshalb nicht nur Priester, sondern auch König heißt, hat aber nach Thomas mit der Verwaltung dieses seines Reiches die Priester, in letzter Linie den Papst beauftragt. Die Könige der Christenheit müssen daher dem Papst untertan sein wie dem göttlichen Herrscher selbst, weil derjenige, der für das höchste Ziel zu sorgen hat, auch die höchste Befehlsgewalt haben muß, um alle – relativ dazu – untergeordneten Ziele des Menschen auf dieses oberste Ziel hinordnen zu können.[89]

Mit dieser Theorie will Thomas aber keinesfalls – das damals akutelle Problem – eine unmittelbare Herrschaft der Kirche in weltlichen Dingen begründen. Im Gegenteil, mit der – wenn auch teleologisch verbundenen – Scheidung des natürlichen vom übernatürlichen Lebensziel, ergibt sich auch die Scheidung der Gewalten. Denn wie der Staat aus der Natur entsteht, so hat er auch sein Recht und seine Autorität aus der Natur, nicht von der Kirche.[90] Wie selbständig der Staat für Thomas unter der Kirche steht, zeigt sich daran, daß, selbst wenn die Menschen durch einen Tyrann aufs äußerste bedroht sind, dem Papst kein Absetzungsrecht zugebilligt wird; alles andere als eine Selbstverständlichkeit für das 13. Jahrhundert.[91] Also vertritt Thomas die Lehre von der *potestas indirecta* des Papstes, die der Kirche nur insoweit Gewalt über weltliche Angelegenheiten gibt, als diese Angelegenheiten für das übernatürliche Ziel von Belang sind. Daran wird vielleicht am augenfälligsten, wie Thomas den entstehenden Staat der Neuzeit in eine an sein eigenes Gesetz gebundene Freiheit entläßt, eine Freiheit allerdings, die sich schließlich des thomasischen Gesetzes entledigen wird.

Hans Rheinfelder †/Horst Denzer

DANTE

Dante Alighieri ist durch seine *Divina Commedia* zuerst im Reich der Dichtung angesiedelt und hält hier einen Platz unter den größten Dichtern aller Zeiten. Dante ist aber auch Politiker und politischer Denker; dahin weist seine Rolle in der florentinischen Politik, dies bezeugen sein Traktat *Monarchia* und seine politischen Briefe. Dante als politischen Denker behandeln bedeutet aber, der Tatsache Rechnung tragen, daß er in erster Linie Dichter ist. Es genügt daher nicht, seine politischen Ansichten im Rahmen seiner Biographie, seines politischen und geistesgeschichtlichen Umkreises darzustellen. Vielmehr müssen wir uns fragen, wie Dante seinen politischen Ansichten im dichterischen Wort Ausdruck verliehen hat. So entsteht das Bild des politischen Dichters, dessen Verkörperung schlechthin Dante in der romanischen Welt ist.[1]

I

Dante (Durante) Alighieri wurde im Mai 1265, 15 Jahre nach dem Tode Kaiser Friedrichs II., in Florenz geboren. Er stammte aus einer alten einflußreichen Familie, die vermutlich seit einigen Generationen dem Bürgertum, nicht mehr dem Adel der Stadt zugehörte. Dante führt seine Herkunft auf den Urahn Cacciaguida zur Zeit Konrads III. zurück, dessen Frau der Familie den Namen Alighieri einbrachte. Seine Ausbildung erhielt der Dichter in der Bürgern zugänglichen Ordensschule der Dominikaner Santa Maria Novella, wo der Thomas-Schüler Fra Remigio de'Girolami lehrte.[2] Früh schrieb Dante schon philosophische Liebesdichtung im Stil seines Freundes Guido Cavalcanti. Er wurde nachhaltig durch den Philosophen und Rhetoriker Brunetto Latini, eine glänzende Figur in den politischen Gremien der Stadtrepublik, beeinflußt.

Im zarten Alter von neun Jahren begann die Jugendliebe zu Beatrice, die Leitstern und Inspiration seines Lebens werden sollte. Dante hat die Geschichte dieser Liebe in der 1293 (?) vollendeten *Vita Nuova* verewigt. 1292 (?) heiratete Dante Gemma Donati, deren Familie später zu seinen politischen Feinden gehörte. Diese Heirat bezeugt die Parteinahme des jungen Dante für die Guelfen; wahrscheinlich hat er auch für das guelfische Florenz den Sieg gegen die ghibellinischen Städte bei Campaldino 1289 miterfochten.

Der Beginn der politischen Laufbahn Dantes findet diese geschichtliche Konstellation vor. Florenz entwickelte sich seit dem Tode der Markgräfin Mathilde von Toskana 1115 zu einem selbständigen Stadtstaat unter der Lehnshoheit der Kurie. Das mathildische Erbgut war jahrhundertelang Streitobjekt zwischen den nach Selbständigkeit strebenden Städten, dem um die Wiederherstellung des römischen Reiches bemühten Kaiser und dem die Superiorität des geistlichen Schwertes über das weltliche fordernden Papst. Entsprechend verquickten sich wie anderswo so auch in Florenz seit 1215 der innere Parteienstreit der Geschlechter mit dem Gegensatz zwischen den päpstlich gesinnten Guelfen und den kaisertreuen Ghibellinen. Die Parteinahme war jedoch meist taktisch bedingt und fluktuierte je nach der inneren Machtkonstellation und der Stärke von Kaiser und Papst. Der Tod Kaiser Friedrichs II. brachte Florenz den *Primo Popolo,* die erste demokratische Verfassung, und die Guelfen an die Macht. Zwar konnte Manfred von Sizilien zwischen 1260 und 1266, zur Zeit von Dantes Geburt, die ghibellinische Herrschaft noch einmal herstellen. Aber mit Hilfe Karls von Anjou erlangten die Guelfen für dauernd die Regierung; nach dem Niedergang der Anjous durch die ‹Sizilische Vesper› gaben sie Florenz den *Secondo Popolo,* nach dem die Zünfte das Rückgrat der Republik und ihre Führer die Regierung, die Signoria, bildeten; durch den Sieg über die ghibellinischen Nachbarstädte bei Campaldino besiegelten sie ihre Herrschaft. 1293 wurde die demokratische Verfassung durch die *Ordinamenti di Giustizia* verschärft: nur Mitglieder der Handwerkszünfte konnten Ämter in der städtischen Verwaltung erhalten.

Mit der Lockerung dieser Verordnungen zwei Jahre später beginnt der noch nicht dreißigjährige Dante seine politische Laufbahn. Als Mitglied der Zunft der *Medici* und *Speziali* war er für die Signoria wählbar. Seit 1295 saß er in mehreren Organen der Republik, diente seiner Vaterstadt als Botschafter und errang schließlich 1300 das höchste Amt, das die Stadtrepublik zu vergeben hatte: er wurde Mitglied der Signoria. Damals war wieder Streit zwischen den Familien von Florenz ausgebrochen. Dante gelang es während seiner Amtszeit, durch räumliche Trennung der Führer der rivalisierenden Weißen und Schwarzen Guelfen den Machtkampf aufzuhalten; danach wurde er aber in den Streit hineingezogen und einer der Führer der Weißen Guelfen. Die Friedensvermittlung von Papst Bonifaz schlug fehl; im Gegenteil versuchte Bonifaz sich in die inneren Angelegenheiten der Stadt einzumischen und rief Karl von Valois, den Bruder Philipps des Schönen, ins Land. Dante wandte sich scharf gegen die päpstliche Einmischung und betonte: *Quod de servitio faciendo domino Papae nihil fiat.* Mit der Ankunft Karls von Valois 1301 gewannen die Schwarzen Guelfen in Florenz die Oberhand. Die Führer der Weißen Guelfen wurden verbannt, Dante und vier seiner Parteigänger der Korruption angeklagt. Verbittert über die Undankbarkeit seiner Stadt, begab sich Dante in die Fremde. In Abwesenheit zum Tode durch Verbrennen verurteilt, lebte er bis an sein Ende im Exil.

Es quälte ihn die tägliche Besinnung auf sein Schicksal des politisch Verbannten. Die Gönner, die er auf seiner rastlosen Wanderschaft durch Oberitalien fand, vor allem die Gastfreundschaft des Bartolomeo della Scala, des großen Lombarden in Verona, dem er in der *Divina Commedia* ein bleibendes Denkmal setzte, konnten nicht vergessen lassen, daß er zu politischer Untätigkeit verurteilt war. Anfangs hatte er noch mit den Ghibellinen paktiert, mußte aber bald erkennen, daß diese «bösartige und alberne Gesellschaft» (Par. 17, 61–69) seinem politischen Handeln keine Resonanz verschaffen und er nur eine Partei für sich bilden konnte.

Er resignierte in einer Wiederaufnahme seiner Studien. Verona, Bologna und Paris (?) vertieften seine Kenntnisse der Scholastik. Neben einer Vielzahl von Canzonen, Balladen und Sonetten und der Dichtungstheorie in der Abhandlung *De vulgari eloquentia* (zwischen 1304 und 1306 [?]) vertraut er jetzt seiner Feder auch seine politischen Ansichten an.

Sie sind vom Überblick des zur Kontemplation Gezwungenen auf die bekannte Welt seiner Zeit und von der Besinnung auf die geschichtliche Vergangenheit geprägt. Dante sieht das grenzenlos zersplitterte Italien: Hader zwischen den zahllosen kleinen Monarchien und Stadtstaaten, Parteienzwist innerhalb dieser Länder und Städte.[3] Deshalb fordert er in *De vulgari eloquentia* die Einigung Italiens durch eine dichterische Hochsprache.[4] Darüber hinaus hat Dante eine heillos zerfallene Welt vor Augen: im Norden ein Deutschland, das sich Heiliges Römisches Reich nennt, sich aber um Italien, den ‹Garten des Reiches› nicht mehr kümmert (Purg. 6, 105); ein Frankreich, das längst freventlich – wie Dante es verstehen muß – aus dem Reichsverband ausgebrochen ist (Purg. 20, 64 ff.); ein England und ein Spanien, die mit dem Reich nichts zu tun haben wollen (Par. 19, 121 ff.); einen griechisch-slawischen Osten in geheimnisvollem Dunkel[5] – alle diese politisch getrennten Völker aber immerhin noch durch den gleichen christlichen Glauben innerlich miteinander verbunden; jedoch im Süden Italiens selbst, im Süden Spaniens, in Afrika und im Osten Länder des Islams;[6] und aus dem allerfernsten Osten hat gerade Marco Polo wieder Kunde von einem großen, heidnischen Kulturvolk gebracht.[7] Deshalb erinnert er sich im vierten Buch des *Convivio* (1304–1308 [?]), eines Werkes, das, wäre es vollendet worden, den ganzen Wissensfundus der damaligen Zeit hätte umfassen sollen, wehmütig der Einheit des Römischen Reiches unter Augustus. Für Dante war das die ‹Fülle der Zeiten› (Gal. 4, 4), weil die ganze bekannte Welt, im Römerreich zusammengefaßt, sich der Ordnung und des vollen Friedens erfreute. Aus dieser Apotheose des römischen Reiches entwickelte Dante zum erstenmal seinen Reichsgedanken: die ganze Welt solle sich unter dem deutschen Kaiser zu einer Weltmonarchie zusammenfinden.

Diese Ideenentwürfe des zu politischer Untätigkeit Verurteilten schienen plötzlich die Chance der Verwirklichung zu erhalten, und Dante machte sich Hoffnungen, die Politik seiner Vaterstadt wieder mitbestimmen zu können. 1308 war Heinrich von Luxemburg zum deutschen König gewählt worden. Als Heinrich seinen Entschluß zur Italienfahrt bekannt gab, um das römische Kaisertum im alten staufischen Glanz zu erneuern, erregte das in der Christenheit gewaltiges Aufsehen, war doch seit dem Tode Friedrichs II. kein deutscher König mehr nach Italien aufgebrochen. Dante erhoffte sich die Versöhnung von Kaisertum und Papsttum, Italiens Rettung aus der Anarchie, die Vertreibung der Schwarzen Guelfen aus Florenz, die Wiederherstellung der Würde des Papsttums, dessen Übersiedlung nach Avignon er verurteilte, schließlich die Errichtung der Weltmonarchie. Er schrieb Ende 1310 einen Brief an alle Souveräne und das Volk Italiens, in dem er sie wie ein Prophet zu einem triumphalen Empfang für den Retter und Befreier aufrief. In Mailand huldigte Dante persönlich Heinrich VII. Dort hatte der junge König die eiserne Krone der Lombarden empfangen, die Verbannten eilten ihm von allen Seiten zu, aber auch die Guelfen erkannten das Herrschaftsrecht des Kaisers an,[8] der über den Parteien stehend, Frieden und Ruhe für Italien bringen wollte. Heinrich VII. konnte aber bald die Parteinahme für die Ghibellinen nicht umgehen und nur noch mit dem Schwert schlichten; gegen ihn sammelte sich deshalb, unterstützt von Robert von Neapel, eine guelfische Liga um Florenz. Dante schrieb am 31. März 1311 einen Brief, in dem er seine Vaterstadt wegen ihrer Widerspenstigkeit tadelte, und einen zweiten am 17. April an den Kaiser, um ihn zum Angriff auf Florenz zu ermuntern. Heinrich zog jedoch direkt nach Rom, wo er 1312 im Lateran von den Abgesandten Clemens' V. gekrönt wurde. Aber im Konflikt mit Robert von Neapel und Florenz konnte er weder Rom noch Florenz in seine Hand bringen. Als der Kaiser 1313 plötzlich bei Siena starb, war Dante politisch ein toter Mann.

Dantes Traum von der Weltmonarchie verrauchte in den Kämpfen des Bürgerkrieges. Weiter lebten aber seine politischen Ansichten, die er gegen Ende seines Lebens in der *Monarchia* niedergelegt hatte. Fortdauerte vor allem der Ruhm des Dichters Dante durch die *Divina Commedia;* an diesem einmaligen Werk, dem als reine Kunstform verwirklichten Mittelalter, arbeitete Dante die letzten Jahre seines Lebens. Hier zeigt er auf der visionären Wanderung durch die drei Jenseitsbereiche Inferno, Purgatorio und Paradiso den eigenen Weg der Umkehr und Läuterung. Er erkennt Gerechtigkeit und Liebe als die Grundkräfte des göttlichen Willens bei der Erschaffung und Leitung der Welt. Zugleich wird Dante vom überzeitlichen Standpunkt aus zum Richter seiner Zeit, deren Fehler er geißelt, und der Vergangenheit. Als Dante 1321 einsam in Ravenna, dem Zufluchtsort der letzten Jahre, starb, war er in die Unsterblichkeit eingegangen.

II

Bevor wir nun Dantes politisches Erbe untersuchen, müssen wir sein Wirken in der Zeit und seine Prägung durch die Zeit, seine geistesgeschichtliche Stellung, beleuchten.

Dante war ein geistiges Kind des 13. Jahrhunderts. Die abendländische Philosophie hatte den im Abendland fast vergessenen Aristoteles[9] wiederentdeckt und empfing durch die Synthese der aristotelischen und christlichen Philosophie entscheidende neue Antriebe. Meister dieser Synthese waren Albert der Große und Thomas von Aquin in ihren Summen. Die Scholastik, die Dante bei Fra Remigio de'Girolami, dann in Verona, Bologna und Paris kennengelernt hatte, wurde auch die Grundlage für Dantes philosophisches und theologisches Denken.

Mittelalterlich ist die Analogie der politischen Ordnung der Welt und der göttlichen Heilsordnung. Welt und Überwelt sind für Dante eins; das Menschengeschlecht lebt im vollkommenen Zustand, wenn es die Ordnung der Schöpfung und Gottes, ihres Herrn abbildet (Mon. I, 9). Die Weltmonarchie ist die Verkörperung des Reiches Gottes auf Erden. Der Friede und die Ordnung als politisches Ziel, auf das sich das Staatsdenken ausrichtet, ist zugleich Vorbereitung auf das ewige himmlische Ziel: das Eingehen in den Frieden Gottes. Letztes Ziel der Politik ist, daß die Menschen Bürger des Gottesstaates werden, «Bürger jenes Rom, wo Christus selbst ein Römer ist» (Purg. 32, 101 f.).[10] Alles politische Tun steht *sub specie aeternitatis.*

Mittelalterlich ist Dantes Universalismus. Die Zersplitterung des Reiches in selbständige Staaten, das in den Gesichtskreis Rücken immer neuer heidnischer Länder, der Kampf zwischen dem Papsttum und dem Kaisertum ist für ihn Frevel. Deshalb fordert er Eintracht und Einigkeit der Welt im christlichen Glauben und unter der Oberherrschaft des Kaisers. Der Kaiser ist dabei, auch typisch mittelalterlich, nicht ein imperialer Herrscher, sondern der Herr des Weltrechts, das dem Naturrecht gleich ist, und der Schiedsrichter aller Streitigkeiten. Indem Dante den mittelalterlichen Universalismus bewußt zusammenfaßt und in ein System bringt, wird er Zeuge dafür, daß zu seiner Zeit dieser Gedanke nicht mehr selbstverständlich war. Der Höhepunkt des Mittelalters war überschritten.

Mittelalterlich ist Dantes Geschichtsauffassung.[11] Es gibt für ihn im Grunde keine profane Geschichte. Weltgeschichte ist Heilsgeschichte. Nur von der heilsgeschichtlichen Bedeutung her kann die Buhlerin Rahab im Paradiso ihren Platz finden. Alle Geschichte ist auf das Faktum der Inkarnation Christi bezogen. Das römische Reich hat für Dante eine herausragende Bedeutung in Gottes Heilsplan, das römische Volk ist ihm der *popolo santo* (Conv. IV, 4). Christus selbst hat sich in Geburt und Tod der weltlichen Macht des Reiches unterworfen (Mon. I, 16; II, 12), und Titus ist bei der Zerstörung Jerusalems Vollstrecker des göttlichen Strafgerichts (Par. IV, 91; VII, 50). Das römische Reich – das Heilige Römische Reich deutscher Nation ist seine Fortsetzung – ist wegen seiner heilsgeschichtlichen und eschatologischen Bedeutung die einzige rechtmäßige Ordnungsmacht der Staatenwelt. Der ethische Maßstab, an dem Dante die Geschichte der Capetingerdynastie und die Reichsgeschichte mißt, ist die Erfüllung der Aufgaben, die Dynastien und Herrschern im Heilsplan Gottes zugedacht sind, und nicht der Nutzen, den ihre Politik für ihr Land hat. Daß solche ethische Beurteilung nicht mehr selbstverständlich ist zu Dantes Zeit, zeigt der Vergleich mit Giovanni Villani, dessen Chronik von Florenz keine ethische Maßstäbe kennt. Geschichtsphilosophie ist bei Dante Geschichtstheologie.

Bei ihm zeigt sich auch eine andere Eigentümlichkeit mittelalterlicher Historie: die Stilisierung der Geschichte, das Bestreben, in der Geschichte Ordnung und Symmetrie zu sehen.

Dante ist aber nicht nur letzter Höhepunkt und Zusammenfassung mittelalterlichen Denkens. Er weist in manchen Aspekten über das Mittelalter hinaus auf die Renaissance. Das betonte Ich-Bewußtsein, das Dante in der *Commedia* an den Tag legt, die Liebe zur Volkssprache, der er den Traktat *De vulgari eloquentia* gewidmet hat, das Bewußtsein einer ‹nationalen› Eigenständigkeit Italiens sind solche Anzeichen.

Wesentlicher ist, daß Dante in der Argumentation nicht immer dem scholastischen Weg der syllogistischen Ableitung folgt. Besonders deutlich wird das am Ende des ersten Buches der *Monarchia.* Dort beweist er die Notwendigkeit der weltlichen Universalgewalt, indem er von einer Anzahl von Prinzipien ausgeht, die er aber nicht aus dem Glauben, sondern aus dem gesunden Menschenverstand bezieht. Dante benutzt teilweise eine völlig vernunftgemäße Beweisführung, geht nicht den scholastischen Weg der Gegenüberstellung, des Vergleichs und der Konkordanz der Autoritäten. Überhaupt fällt auf, wie wenig Dante mit der Autorität aller Autoritäten, der Heiligen Schrift, argumentiert. Im ersten Buch der *Monarchia* stützt er sich fast ausschließlich auf Aristoteles, selten auf die Bibel, noch weniger auf die Evangelien. Zudem werden diese Zitate nur zur Bekräftigung, nicht aber zur Grundlegung einer These angeführt. Im Gebrauch der Schrift ist Dante sehr frei. Er greift die Tradition der Schriftexegese, nach der die Theorie der Superiorität der geistlichen über die weltliche Macht auf berühmte Stellen beider Testamente gestützt wird, so freimütig an,[12] daß man an Richard Simons Bibelkritik gemahnt wird. Dante kennt eine Stufung der Verbindlichkeit der Autoritäten: die Schrift, die für die Ewigkeit aufgestellt ist, die Kirchenväter und die ersten Konzilien, deren Autorität achtenswert ist, und schließlich die Lehrtradition der Kirche, die völlig frei zur Diskussion gestellt werden könne, weil sie nicht an die Grundlagen der Kirche rühre.

Weit über die scholastische Tradition geht Dante auch in der Frage der Erkenntniskraft der menschlichen Vernunft hinaus. Das *lumen rationis* des einzelnen Menschen erkennt kraft der *analogia entis.* Dante gibt dies Analogiedenken zugunsten einer fast «modernen soziologischen Theorie der Intelligenz» (Ruyssen) auf, indem er wahre Erkenntnis erst der kumulierten menschlichen Vernunft zuspricht. Das Vernunftvermögen «kann weder durch ein einzelnes Individuum, noch durch eine besondere Gruppe ganz und auf einmal aktualisiert werden. Es muß eine Vielzahl bestehen, damit unter den Menschen alle intelligible Kraft entfaltet werden kann» (Mon. 1, 3).

Bei der Geschichtsdeutung gibt Dante nicht nur den Hinweis auf den göttlichen Heilsplan. Der Beweis für Roms legitime Weltherrschaft wird auch durch Kompilation der antiken Schriftsteller Orosius, Livius, Cicero, Vergil, Ovid, Lucan und durch vom römischen Recht inspirierte legalistische Interpretationen geleistet.[13]

Schließlich ergibt sich bei der Zurückweisung der weltlichen Herrschaftsansprüche der Kirche und durch das Postulat der Trennung von weltlicher und geistlicher Macht eine aufregende Konsequenz. Wenn es keine Dependenz zwischen weltlichem und geistlichem Bereich gibt, dann haben beide auch eine unabhängige Begründung. Dante käme so zu einer Trennung von Theologie und Philosophie, wie sie erst das moderne Naturrecht der Aufklärung durchgesetzt hat. Erstere hätte dann die Schrift als Autorität, letztere die Vernunft, die Erfahrung, die Geschichte und die antike Philosophie. Doch das entspringt nur dem Eifer Dantes, die weltlichen Herrschaftsansprüche der Kirche zu bekämpfen. Dantes Weltbild läßt weder zu, daß weltlicher und geistlicher Bereich, das Wohl der Welt und das ewige Heil völlig getrennt sind,[14] noch daß es zwei getrennte Bereiche des Erkennens gibt: in der Theologie aus dem Glauben, in der Philosophie aus der Vernunft.

III

Trotz dieser Einschränkungen gründet Dantes politische Lehre auf der Scholastik, auf Aristoteles und Thomas. Während die Staatslehre des Thomas aber vom philosophischen Standpunkt konzipiert ist – sie fordert die richtige und zweckmäßige Einrichtung des Staates – und insofern geschichtslos und unpolitisch bleibt, geht die Staatslehre Dantes von einer konkreten geschichtlichen und politischen Lage aus. Sie will nicht Erkenntnis des Staates an sich, sondern entspringt dem politischen Wunsche Dantes: die Verwirklichung des Idealstaates der Weltmonarchie und die Herrschaft des Weltkaisers sollen das zerrissene Italien und das zerstrittene Abendland befrieden.

Aus der aristotelisch-thomistischen Staatsphilosophie übernimmt

Dante die Lehre vom Ursprung, der Entstehung und dem Zweck des Staates. Der Mensch ist ein Gemeinschaftswesen. Er bedarf des Zusammenschlusses im Staate, um sein irdisches Ziel zu erreichen. «Aus eigener Kraft und ohne fremde Hilfe vermag keiner dieses Ziel zu erreichen; denn der Mensch braucht viele Dinge, die ein einziger nicht beschaffen kann» (Conv. IV, 4). Der Staat entwickelt sich wie bei Aristoteles organisch aus der Familie, der Nachbarschaft und der Stadt.[15] Sein Ziel und Zweck ist die irdische Glückseligkeit, das Leben nach der Tugend (Conv. IV, 4). «Das Menschengeschlecht kann» aber «nur in vollkommenem Frieden am freiesten und leichtesten an seine eigentliche Aufgabe herantreten ... Daraus ergibt sich klar, daß der Weltfriede das beste unter allen Gütern ist, die zu unserer Glückseligkeit hingeordnet sind» (Mon. I, 4). Um den Frieden = das Glück zu verwirklichen, müssen alle Handlungen des Menschen von der Vernunft geleitet sein (Mon. I, 5).

Während nun die aristotelische Vernunftbetätigung eine individuelle Tätigkeit des einzelnen Menschen ist, bedeutet die Vernunftbetätigung bei Dante im Sinne des *actuare totam potentiam intellectus possibilis* (Mon. I, 14) eine Tätigkeit der Gesamtmenschheit.[16] Die Vernunft sammelt sich in der Entwicklung des Staates. Es herrscht jeweils der, der die stärkere Vernunft hat: in der Familie der Älteste, im Dorf der zum Vorsteher gewählte. In der Stadt schafft nur ein einziger Leiter Ordnung, im Königreich muß ein König herrschen. Die Ganzheit des Menschengeschlechts ist auf einen einzigen Kern hingeordnet. Ein einziger muß daher die Normen setzen, ein einziger befehlen, der dann Monarch oder Kaiser genannt wird (Mon. I, 5).

Vernunft und Glückseligkeit sind bei Dante im Gegensatz zu Aristoteles und Thomas nur im Weltstaat voll erreicht. Es ist die Verwirklichung der die Völker und die Nationen umspannenden Menschheitskultur, der *civilitas humani generis* (Mon. I, 2). Dante begründet seine Weltmonarchielehre weiter mit dem augustinischen Gedanken des Friedens und mit der Analogie der menschlichen mit der kosmologischen Ordnung.[17]

Die Einheit der Weltmonarchie erfordert *einen* Herrscher. «Die Menschheit ist, sofern sie sich in guter Verfassung befindet, von einer Willenseinheit abhängig. Das ist aber nur möglich, wenn es einen einzigen Willen gibt, der alle anderen beherrscht und auf ein Ziel hinlenkt ... Einen einzigen Willen kann es aber nur geben, wenn *einer* Herrscher über alle ist, der mit seinem Willen der Herr und Leiter für das Wollen aller anderen ist».[18] Auch hier begründet Dante den Monarchen als das Prinzip der Einheit ähnlich wie Thomas[19] aus der Analogie des Menschengeschlechts mit der Welt- und Schöpfungsordnung (Mon. I, 8–9).

Kann aber nicht der Weltmonarch ein Tyrann sein? Thomas hat als Sicherung dagegen für eine gemischte Verfassung plädiert. Augustin[20] und Thomas von Aquin[21] haben in ihren Fürstenspiegeln eindringlich die Forderung und den Rat an die Fürsten dieser Erde gerichtet, die Tugend der Gerechtigkeit zu üben. Für Dantes Monarchen ist das selbstverständlich. Denn der Weltmonarch verkörpert die Fülle menschlicher Vernunft. Er ist der Garant der Einheit; denn einen übereinstimmenden Willen der Bürger kann es ohne den einen und universalen Herrscher nicht geben (Mon. I, 15). Nach Aristoteles (Met. I, 5) ist aber das vollkommen Eine auch das Beste. Das Eine ist also die Wurzel des Guten, die Vielfalt die Wurzel des Schlechten (Mon. I, 15).

Weit davon entfernt, ein Tyrann zu sein, sichert der Weltkaiser erst den Bürgern die Freiheit. Die Freiheit ist die größte Gabe Gottes an die Menschen. Nach den schlechten Erfahrungen mit der italienischen Staatenwelt ist es Dantes Überzeugung, daß der Mensch am freiesten ist unter einem Monarchen (Mon. I, 12). Denn nur im Weltkaiser haben die Fürsten und Individuen einen höchsten Schiedsrichter, der die Konflikte schlichtet (Mon. I, 10–11).

Der Weltkaiser verwirklicht auch die Gerechtigkeit auf Erden. Dante stützt sich zur Verwirklichung der Gerechtigkeit auf die thomistische Naturrechtslehre mit der Stufung von *lex aeterna* zu *lex naturalis* und zu *lex humana* (Mon. II, 5 u. 7). Über Thomas hinaus wird das Imperium aber bei Dante zum irdischen Hort der Gerechtigkeit. Wenn Gott die *lex aeterna* ist, dann ist der Kaiser als die letzte Einheit und Vollkommenheit der Welt die *lex naturalis.* Der Kaiser ist der Vollstrecker des Naturrechts, während die nähere Bestimmung dieses Gesetzes im einzelnen, die *lex humana,* Sache der einzelnen Staaten und Herrscher unter dem Kaiser ist (Ep. VI, 5). Der Kaiser ist aber nicht souveräner Herr über das Naturrecht. Ein solcher Gedanke ist dem Mittelalter fern. Auch der Weltkaiser kann das Recht nicht setzen, sondern nur finden. In diesem Sinne ist er dem Naturrecht unterworfen.[22]

So sehr es Dante um die Verwirklichung der Gerechtigkeit, des Friedens und der Glückseligkeit auf Erden geht, darf man doch nicht vergessen, daß sein Ziel nicht der beste Staat auf Erden ist, sondern die Verwirklichung der kaiserlichen Oberherrschaft. Es handelt sich um die Wiedergeburt des Gedankens der römischen Weltherrschaft in der staufischen Reichsidee. Römisch-rechtliche Vorstellungen und Überlieferungen des staufischen Reichsgedankens sind eingegangen in die Forderung der kaiserlichen Oberherrschaft, von der die einzelnen Staaten erst ihr Recht erhalten (Ep. V, 7).

IV

Die Zuspitzung von Dantes politischem Denken in der Universalmonarchie und der Vorherrschaft des Kaisertums stellt das Problem des Verhältnisses von Reich und Kirche mit besonderer Schärfe. Zudem stand die Frage der Vorherrschaft der weltlichen oder der geistlichen Gewalt im Zeitalter Dantes wieder im Brennpunkt des politischen Kampfes. In der weltgeschichtlichen Auseinandersetzung zwischen Bonifaz VIII. und Philipp dem Schönen von Frankreich hatte der Papst mit seiner Bulle *Unam Sanctam* (1302) das hierokratische System der Herrschaft der Kirche über den Staat vertreten. Zugleich hatte diese Theorie ihre wissenschaftliche Begründung in den Werken von Ägidius Romanus (um 1244–1316), Jakob von Viterbo (gest. 1308) und Heinrich von Cremona (gest. 1312) gefunden. In diesen Kampf der Geister hat Dante mit dem 3. Buch seiner *Monarchia* eingegriffen.

Dennoch unterwirft Dante die Kirche nicht dem Staat, wie es Marsilius von Padua getan hat. Vielmehr sind die Gewalten nebeneinander geordnet. Sie können und sollen zum Wohl der Menschheit zusammenarbeiten. Aber jede Gewalt hat ihre eigene Funktion und ihren eigenen Bereich. Für die Selbständigkeit der Gewalten führt Dante die Lehre von der doppelten Glückseligkeit an, der irdischen und der übernatürlichen Glückseligkeit. Zu ihnen kommt man auf verschiedenen Wegen: «Zur ersten Art gelangen wir auf Grund philosophischer Unterweisung, sofern wir ihr Folge leisten und sie durch moralische und intellektuelle Tugenden zum Ausdruck bringen. Zur zweiten Art gelangen wir durch geistliche Unterweisungen, die über die menschliche Vernunft hinausgehen, sofern wir ihnen folgen und sie in den theologischen Tugenden Glaube, Hoffnung und Liebe betätigen» (Mon. III, 16).

Man könnte meinen, damit weiche Dante von Thomas ab, der die Kirche dem Staat überordnet, weil sie die Verwirklichung des höheren Zweckes anstrebe,[23] und ihr die *potestas indirecta in temporalibus* zugesteht. Doch die Lehre vom doppelten Ziele des Menschen hat Dante von Thomas übernommen. Und so verwundert es nicht, daß er mit dem Schlußsatz der *Monarchia* (III, 16) in die Lehre von der relativen Überordnung der Kirche über den Staat einlenkt. Man dürfe ihn nicht so verstehen, «als ob nun der römische Herrscher nach gar keiner Richtung unter dem römischen Papste stehe; denn die sterbliche Glückseligkeit ist doch im gewissen Sinne auf die unsterbliche hingeordnet» (Mon. III, 16).

Dante und Thomas erzielen dasselbe Ergebnis von verschiedenen Ausgangspunkten aus. Thomas von Aquin geht von der Überordnung der geistlichen Gewalt über die weltliche Gewalt aus und schränkt diese Überordnung dann auf die weltliche Angelegenheiten ein, soweit sie zugleich die geistliche Seite betreffen, indes die rein weltlichen Angelegenheiten von kirchlicher Einflußnahme frei und allein dem Staat vorbehalten bleiben. Dante geht dagegen von der Gleichordnung der Gewalten aus, will aber eine Unterordnung des Staates unter die Kirche annehmen, insoweit die weltliche Angelegenheit auch das ewige Heil berührt.

Dennoch wurde Dante von den kirchlichen Kreisen lange als Gegner der Rechte der Kirche bekämpft.[24] Die *Monarchia* wurde 1329 öffentlich verbrannt. Guido Vernani von Rimini (gest. nach 1344) schrieb gegen

Dante *Tractatus de reprobatione Monarchiae compositae a Dante.* Die *Monarchia* diente in Deutschland zur Zeit der Reformation als Waffenarsenal gegen das Papsttum.[25] Im Gegenzug setzte sie das Trienter Konzil auf den *Index Auctorum et Librorum prohibitorum.*

In unseren Jahrhunderten hat sich die Stellung der Kirche zu Dante völlig gewandelt. Der Streit zwischen Weltkaiser und Weltkirche ist anachronistisch geworden. Und die katholische Soziallehre mit ihrem Subsidiaritätsprinzip entdeckte in Dantes organischer Herleitung des Staates eine wichtige Bestätigung.[26] Es verwundert nicht, daß Benedikt XV. in einer eigenen Dante-Enzyklika des 600. Todestags von Dante gedacht[27] und darin die *Monarchia* billigend zitiert hat. Paul VI. erneuerte diese Wertschätzung in seinem *Motu proprio: VII exeunte saeculo a Dantis Aligherii ortu*[28].

V

Für die Frage, wie denn Dante seine politischen Forderungen dichterisch darstellt und zur lebendigen Anschauung bringt, gibt uns nichts einen besseren Aufschluß als sein *poema sacro,* sein ‹heiliges Gedicht› (wie er selbst seine *Divina Commedia* nennt). Der Dichter führt uns ins Jenseits, macht uns zu Zeugen der Bestrafung des Unrichtigen und der Belohnung des Richtigen. Dabei stellt er uns nur in seltenen Fällen kleine und unbedeutende Gestalten vor – fast alle sind Gestalten aus der großen Politik, die er mit rücksichtsloser Offenheit an den Maßstäben seiner politischen Forderungen mißt.

Doch dürfen wir zunächst eine Stelle in Dantes unvollendetem Prosawerk über die edle Dichtersprache (*De vulgari eloquentia* II, 2) nicht unbeachtet lassen, nach der der Dichter immer Politiker im höchsten Sinne des Wortes bleibt und bleiben muß: Wie die menschliche Seele einen dreifachen Aspekt habe – *vegetabilis, animalis, rationalis* –, so strebe der Mensch in dreifacher Weise: nach dem *utile,* wie auch die Pflanze; nach dem *delectabile,* wie auch das Tier; nach dem *honestum,* worin der Mensch auf Erden alleinstehe, was er aber mit den Engeln gemeinsam habe. Jeder der drei Strebungen entspreche nun aber ein bestimmtes Thema dichterischen Schaffens; dem *utile* entspreche als Gegenstand der Dichtung die *salus,* dem *delectabile* die *venus,* dem *honestum* aber die *virtus.* Und Dante erläutert die drei Gegenstände echter Dichtung: die *salus* als *armorum probitas,* Waffentüchtigkeit; die *venus* als *amoris accensio,* Liebesfeuer; die *virtus* oder *rectitudo* als *directio voluntatis,* Willenslenkung, d.h. Lenkung des eigenen und des fremden Willens. Das sind für Dante die drei Gegenstände, die allein edler Dichtung würdig sind.

Für die Willenslenkung durch *virtus* und *rectitudo* nennt er sich allein unter den Italienern und zitiert als Beispiel seine Canzone *Doglia mi reca nello core ardire.*[29] Aus dieser Canzone läßt sich am besten entnehmen, worin Dante Ziel und Aufgabe höchster Dichtung erblickt. Die Canzone ist ein Preislied auf weibliche Schönheit und männliche Tugendkraft, zugleich ein Lied strenger Rüge gegen die menschliche Verirrung, vor allem gegen die Habsucht.[30] Indem Dante das Laster der Habsucht geißelt, treibt er Politik im höchsten Sinne, nicht nur weil er dabei in erster Linie an die Herrscher und Potentaten, vor allem an den französischen König Philipp IV. den Schönen denkt, die sich unersättlich auf Kosten ihrer Untertanen bereichern, sondern weil überhaupt der Kampf gegen das Böse und für das Gute die erste Aufgabe herrscherlicher Politik darstellt, wie Dante es in der *Monarchia* verlangt: «so treiben ihre Politik die Könige, die Aristokraten und die Verfechter der Freiheit des Volkes. Und weil der Monarch die Menschen am meisten liebt ..., so will er, daß alle Menschen gut werden sollen».[31]

Die vornehmste Aufgabe des Politikers erblickt Dante also in der Hinführung des Menschen zum Guten, zu Gott. Es ist mithin nicht verwunderlich, wenn Dante politische Dichtung unter die höchste Dichtungsart einreiht, in die Dichtung des *honestum,* der *virtus* und *rectitudo,* mit dem Ziele der *directio voluntatis.* Sehen wir davon ab, daß die *Göttliche Komödie* eine großartige *directio voluntatis* darstellt, durch die Dante dem Leser ebenso Wegweiser nach oben sein will, wie ihm selbst Vergil, Beatrice und Bernhard Wegweiser geworden sind, dann muß man, sofern er als politischer Denker deutlich in Erscheinung treten soll, die entscheidenden Stellen seiner politischen *Kritik* ins Auge fassen. Denn vor allem Kritik ist es, wenn er in der *Göttlichen Komödie* auf politische Ereignisse oder Persönlichkeiten zu sprechen kommt.[32]

Schon die Art und Weise dieser Kritik, der furchtbare Ernst, mit dem sie vorgebracht wird, ohne kleinliche Kritikasterei, ohne Rücksicht auf Amt und Rang, verrät das starke Verantwortungsgefühl eines prophetischen Auftrags. Dabei bekundet Dante eine erstaunliche Unparteilichkeit und einen gereiften Sinn für Gerechtigkeit. Auch bei seinen Parteigängern, den Weißen Guelfen, sieht er die Fehler, prangert sie an, läßt sie im Inferno ihre Strafe finden, wie er auch Schwarzen Guelfen im Paradiso begegnet. So ist Dante zwar selbst Partei, aber er nimmt nicht Partei, sondern beurteilt jeden einzelnen, gleich welcher Partei er angehört, nach seiner Gesinnung und nach seinem Tun. Wir finden auch Ghibellinen einerseits in der Hölle – wie Farinata degli Uberti (Inf. 10, 22–51, 73–120) –, andererseits unter den Geretteten des Läuterungsberges und des himmlischen Paradieses.

Die gleiche unerbittliche Gerechtigkeit läßt Dante auch gegenüber seinen Freunden und Lehrern walten, gegenüber Philosophen und Dichtern, gegenüber Fürsten und Päpsten. Mit unerhörtem Freimut versetzt er Päpste wie Bonifaz VIII. und Clemens V. in die Hölle (Inf. 19, 52–57; Inf. 19, 82–87; Par. 30, 142–148), immer sorgsam darauf bedacht, zwischen dem heiligen Amt und dem unwürdigen Träger der Tiara zu unterscheiden, gelegentlich sogar dem Verdammten gegenüber verstummend, aus andauernder Ehrfurcht vor dem hohen Priestertum.

Die Kritik des Dichters richtet sich gegen Kaiser Albrecht I. (Purg. 6 u. 16) und andere Herrscher (Par. 19), gegen Päpste wie Hadrian V. wegen Habsucht (Purg. 19), Nikolaus III. wegen Simonie (Inf. 19), gegen Bonifaz VIII. (Inf. 19, Purg. 20), Clemens V. (Par. 30, 142–148) und Johannes XXII. (Par. 18), gegen die Versäumnisse der Päpste im allgemeinen (Inf. 7, Purg. 16), gegen die Entartung der Kirche in *capite* (Par. 27), gegen die Politik der Kirche, vor allem gegen die konstantinische Schenkung (Inf. 19), gegen die Entartung der Mönchsorden (Par. 11, 12 u. 22), gegen die Mißwirtschaft in den italienischen Stadtstaaten, besonders gegen Florenz (Inf. 26, Purg. 6, Purg. 14, Purg. 23, Par. 9), gegen ganz Italien (Purg. 6), gegen Einzelpersonen mit politischer Schuld, gegen Mohammed, der nicht als Stifter einer falschen Religion, sondern als Spalter der Welteinheit verurteilt wird (Inf. 28). Dazu kommen schließlich Tadelsreden gegen die entchristlichte und entartete Menschheit im ganzen und heftige Verurteilung der schuldigen geistlichen und weltlichen Mächte (Purg. 16, Par. 27, Par. 29).

Im Verhältnis zu diesen zahlreichen Stellen politischer Rüge ist der Anteil positiver Politik und das Lob richtiger Politik in der *Göttlichen Komödie* gering. Aber dafür gibt es hier weit ausgesponnene Reden von grundlegender politischer Bedeutung. Solche Stellen finden sich besonders im Purgatorio und im Paradiso. So die große *sub specie aeternitatis* geschaute Geschichte der Capetinger-Dynastie, mit der gerechten Verteilung von Licht und Schatten (Purg. 20), der nachdenkliche Durchblick durch die providentiell gelenkte Geschichte des Römischen Reiches, von Kaiser Justinian ausgelegt, von Beatrice fortgeführt (Par. 6 f.), die Seligsprechung Kaiser Heinrichs VII. (Par. 30), vor allem aber das allegorische Vorüberziehen der ganzen Kirchengeschichte im Irdischen Paradies (Purg. 32). An allen diesen Stellen zeigt Dante die Fähigkeit zu einer geschichtlichen und politischen Tiefenschau, die an das Alte Testament erinnert.[33]

Wenn Dante mit rücksichtslosem Mut politische Urteile fällt und Verurteilungen vornimmt, so hat es im Laufe der Jahrhunderte an Vorwürfen für ihn nicht gefehlt: wie kann ein sterblicher Mensch es wagen – und wäre es auch nur in der Dichtung –, seine Mitmenschen als Verdammte zu erleben und zu verkünden oder, in selteneren Fällen, bekannte Sünder im Paradiso auftreten zu lassen, die Buhlerin Rahab aus dem Buch Josue, die liederliche Cunizza da Romano (Par. 9, 13–63, 115–126).

VI

Hier ist unausweichlich die Frage gestellt, wie Dante als politischer Dichter sich selbst versteht. Zunächst muß da ein Wort gesagt werden über die dichterische Darbietung, über die Stilisierung seiner Urteile. In den seltensten Fällen spricht er selbst, unmittelbar seine Urteile aus, als Dichter Dante Alighieri, der am Schreibtisch die erlebte große Vision niederschreibt und sich darüber seine Gedanken macht (z.B. Purg. 6, 76–151). Meistens vernehmen wir die Verurteilungen indirekt, aus dem Munde einer der visionär geschauten Seelen, aus dem Munde Vergils oder der Beatrice, aus dem Munde eines Verdammten oder eines Seligen: Urteile über die Entartung der Kirche und ihrer Päpste und Bischöfe: aus dem Munde Petri, des ersten Papstes (Par. 27, 19–66); Urteile über die Entsittlichung von Florenz: aus dem Munde des alten Florentiners Cacciaguida (Par. 16, 49–154); Urteile über den Verfall der kirchlichen Orden: jeweils durch Angehörige dieser Orden selbst: Thomas von Aquin beklagt sich über seine Dominikaner (Par. 11, 124–139), Bonaventura über seine Franziskaner (Par. 12, 112–126), der Mönchsvater Benedictus über seine Benediktiner (Par. 22, 73–96). Nun, auf diese Weise mag stilisiert das Urteil zulässiger sein, dennoch steht es in seiner ganzen unerbittlichen Härte da.

Dante als Politiker und Dichter hält sich für berechtigt, ja für verpflichtet, mit strengem Finger auf alle Übel zu weisen im öffentlichen und privaten Leben, im Leben der Kirche wie im Leben des Staates, im eigenen Lande und in der Politik des Auslands. Der Gedanke, daß er mit seinem Urteil daneben greifen könnte, ist seinem Prophetentum nicht gekommen. Er beruft sich auf seinen göttlichen Auftrag – auch dies meistens indirekt, indem er dem Leser aus irgendeinem Erlebnis der Wanderung oder aus Worten begegnender Seelen die Wirklichkeit des an ihn ergangenen Rufes zur Erfahrung werden läßt. Dies geschieht mit so starkem Selbstbewußtsein, daß man allen Ernstes gefragt hat, ob hinter Dantes Dichtung nicht doch eine wirkliche Vision – wie in der Geheimen Offenbarung – stehen müsse. Wenn wir dies auch nicht gelten lassen wollen, so ist doch eines gewiß: Dante ist sich nicht nur seiner klaren politischen Schau und seiner dichterischen Kraft ganz genau bewußt, sondern er leitet aus dieser Befähigung, die er als Lehen des Himmels versteht, unabweisliche Verpflichtungen ab. Seiner Begabung entspricht der ethische Imperativ, als Dichter mit der Macht seines Wortes in das politische Geschehen seiner Zeit und der Zukunft einzugreifen.

Der Verkündigungsauftrag, den Dante sich vom Himmel erteilen läßt, muß immer im Dienste Gottes verbleiben und darf immer nur auf das Allerhöchste zielen, auf das *Unum necessarium* des Evangeliums, niemals auf Nahziele irdischer Politik um ihrer selbst willen. Alles und jedes muß hier *sub specie aeternitatis* geschaut werden.

Wenn nun freilich der Mensch Dante, der Dichter, von so hoher Warte aus, die politischen Geschehnisse und ihre Akteure betrachten will, ganz gerecht, ganz unbestechlich, ganz ehrlich, so wie sie vor den Augen des göttlichen Richters sich zeigen, wie sollte er da nicht bei seinen Zeitgenossen und bei der Nachwelt Ärgernis und Anstoß erregen? Bei allem eigenen Zweifel ringt sich Dante zur Bejahung seines Unterfangens durch. Er läßt sich dies durch Beatrice, durch seinen Urahn Cacciaguida, durch den Apostel Petrus bekräftigen, wodurch sein Wort himmlisch legitimiert erscheint. Im irdischen Paradies hat Dante in einer großen allegorischen Vision die Geschicke der Kirche schauen dürfen, hört aus dem Munde der Beatrice bedrückende und tröstende Worte, die er an seine Mitmenschen auf Erden weitergeben will, nach ihrem Auftrag weitergeben soll (Purg. 33, 52–56). Wenn diese Stimme des Himmels den Auftrag erteilt, wie sollte er dann verschweigen müssen, verschweigen dürfen!

Am nachdrücklichsten empfängt Dante den Auftrag zu ungeschminkter Offenheit durch seinen Urahn Cacciaguida. Dieses lange Gespräch, auf halber Höhe des Himmelsfluges, führt am tiefsten in die psychologischen Vorgänge ein, die dem politischen Dichten Dantes zugrunde liegen, in seine Erkenntnisse, in seine Befürchtungen, endlich in seine Entschlüsse. Das Gespräch verdient mehr als jede andere Stelle der *Göttlichen Komödie* Beachtung, wenn man Dantes eigene Anliegen verstehen will. Nicht zufällig hat der Dichter diese Begegnung besonders ausgezeichnet, indem er sie genau in die Mitte des Paradiso stellt und ihr mehr Raum gönnt als irgendeinem anderen Gespräch. Dieser Mittelgesang des Paradieses, der 17. der 33 Paradiso-Gesänge, gehört zu den Gesängen des Marshimmels. Das ist der mittlere der neun Himmel, über denen, außerhalb von Zeit und Raum, das Empyreum steht, wo Gott und in ihm alle Engel und Heiligen beheimatet sind, während die Heiligen, auf die neun Sphären verteilt, ja nur zeitweise, eben für Dante, sichtbar werden. Der Marshimmel, in dem sich ihm die Martyrer, Glaubenszeugen im weitesten Sinne, zeigen, wird für Dante zu einem ganz persönlichen Erlebnis, das in der Dichtung durch das Zusammentretten mehrerer Umstände sich heraushebt. Die Heiligen erscheinen auf dem roten Hintergrunde des Mars in der Gestalt eines großen Lichtkreuzes, wie zwei sich kreuzende Milchstraßen: jede einzelne Seele in ihrer vollen, gottgewollten Individualität, alle zusammen ein heiliges Kollektiv bildend, das Lichtkreuz, an dem das Corpus Christi mysticum sichtbar wird (Par. 14, 97–108). Nur mit einer einzigen Seele gerät Dante in ein Gespräch, mit dem Großvater seines Großvaters, dem Kreuzfahrer Cacciaguida. Der Dichter befragt ihn über das Florenz von ehemals. Cacciaguida preist die gute alte Zeit. Im 17. Gesang kommt die Unterhaltung zwischen den beiden Männern zu ihrem Höhepunkt.

Über zwei Punkte will Dante sich vom Ahnherrn Rat erbitten, zwei Sorgen, die ihn schon seit Tagen beschäftigen, die eine schon seit den ersten Stunden der Wanderung. Längst hätte Dante auch gerne gefragt, aber niemand war ihm begegnet, bei dem er vertrauensvoll und geruhsam sich hätte ein Herz fassen können. Endlich ist die Gelegenheit gekommen, dem Herzen Luft zu machen. Trotz aller Ehrfurcht ist in Dante sehr schnell ein großes Vertrauen zu dem heiligen Vorvater wachgeworden. Was ist es denn, was dem Dichter seit sechs Tagen auf der Seele brennt? Geheimnisvolle Worte hatte er auf seiner Wanderung gehört, besonders im Inferno, aber auch auf dem Läuterungsberg, Worte, aus denen er immer wieder ein bedrohliches *Tua res agitur!* vernahm; denn sie betrafen seine eigene politische und menschliche Zukunft, *parole gravi,* wie er sie jetzt dem Ahnherrn gegenüber bezeichnet: der soll ihm sagen, was es mit den sechs düsteren, quälenden Weissagungen der letzten Tage[34] für eine Bewandtnis habe. Zwar weiß er sich stark *(tetragono)* gegenüber den Schlägen des drohenden Schicksals, aber er will klar sehen, um ganz gerüstet zu sein. Daß Dante sich gegen die angedrohten Schicksalsschläge gewappnet fühle, ist nicht etwa eine Phrase, sondern entspricht nüchternster Wahrheit. Das weiß auch Cacciaguida. Nur aus dieser Erkenntnis heraus kann er offen und realistisch antworten, ganz unumwunden: *né per ambage ... ma per chiare parole e con preciso latin.*[35] Schwachen Naturen gegenüber mag menschliche Liebe bisweilen die Wahrheit verbergen wollen: der Starke braucht Wahrheit, vollends wenn sie aus *quello amor paterno* (Par. 17, 35) fließt.

Cacciaguida nimmt die Begründung auf, womit Dante seine Frage eingeleitet hat: «Ja, du hast recht, ich lese in Gott die Ereignisse der Erde, bevor sie eintreten.» Aber erklärend fügt er hinzu: Vorausschau ist nicht gleichbedeutend mit Vorausbestimmung; auch bei allem was Gott und in Gott seine Heiligen voraussehen, bleibt der freie Wille des Menschen unangetastet (Par. 17, 37–45).

Und jetzt kommt die Antwort. Zuerst die Verbannung aus Florenz; Cacciaguida kann seinen Zorn gegen diejenigen nicht verbergen, die bereits (an Ostern 1300) mit der Vorbereitung solcher Verbannung beschäftigt sind, in Rom «wo Christus Tag für Tag verschachert wird»; Bonifaz VIII. und die Seinigen sind gemeint (Par. 17, 49–51). Die Verbannung aus Florenz ist aber nur *eine* der politischen Heimsuchungen, die über Dante hereinbrechen werden. Aus ihr ergeben sich vier weitere, verkündet in unerschütterlichen Futurformen: *la colpa seguirà – tu lascerai – tu proverai – tu cadrai.* Ihr Weißen und Verbannten werdet die Schuld tragen müssen; so geht es immer, *vae victis!* – Alle deine Lieben und alles, was dir teuer ist, mußt du verlassen und entbehren! – Auf die Wohltätigkeit anderer wirst du angewiesen sein, wirst erfahren, «wie salzig fremdes Brot schmeckt und wie hart es ist, fremde Treppen auf und ab zu steigen»![36] – Und was dir noch am schwersten sein wird: mit gemeinem Pöbel wirst du das Schicksal der Verbannung teilen, und du wirst sie dir kaum vom Leibe halten können! Da wird es gut sein, wenn du dich bald auch von diesen trennst und eben eine Partei für dich allein bleibst![37]

Dante muß in dieses Elend hinein, aber er wird dann im Leid nicht des Trostes entbehren. Auch dies sieht der Ahnherr voraus und darüber will er nicht schweigen. Dante wird immer wieder eine Zuflucht finden! (Par. 17, 70ff.). Aber nur von der ersten Zufluchtstätte spricht Cacciaguida. Der Dichter erstattet hier den Dank gegenüber dem Hause der Scaligeri, deren Gastfreundschaft er in schwerster Zeit in Verona erprobt hat. Bartolomeo della Scala ist es, dem hier in dankbarer Pietät ein Denkmal gesetzt wird; er lag, als Dante diese Verse schrieb, wohl schon mehr als zehn Jahre im Grabe.

Aus Dankbarkeit und echter Bewunderung entspringt es auch, wenn Dante nun dem jüngeren Bruder Bartolomeos, Cane oder Cangrande, eine große Herrscherzukunft prophezeit. Was er hier durch den Mund Cacciaguidas aussprechen läßt, ist seine eigene Hoffnung, die sich freilich nicht erfüllen sollte; Cangrande ist nur acht Jahre nach Dante im Alter von 38 Jahren gestorben. Dann geht Cacciaguida noch einmal auf den ersten Teil seiner Enthüllungen zurück, faßt sie zusammen und fügt eine Mahnung an, die zugleich Trost ist. «Das also wird alles über dich hereinbrechen. Du brauchst aber deine siegreichen Gegner keineswegs zu beneiden, denn du wirst noch erleben, wie sie für ihre Gemeinheiten büßen müssen» (Par. 17, 94–99).

Dante ist von den Mitteilungen des Ahnherrn unerschüttert geblieben. Aber blitzschnell treten vor seine Seele Möglichkeiten, Gefahren, Forderungen, Maßregeln, die sich aus den mitgeteilten Zukunftserlebnissen ergeben müssen. War bisher der Mensch und Politiker Dante Gegenstand von Frage und Antwort, so wird es jetzt der Dichter, der politische Dichter Dante, und durch den Dichter wieder der Mensch. Aus den beiden Themen von Cacciaguidas Antwort – Exil und Asyl – erheben sich schwerwiegende Überlegungen: der Verbannte ist also auf Asyle angewiesen, er braucht Freunde, die ihn aufzunehmen bereit sind. Da darf er sich die Machtigen, die Asylkraftigen nicht zu Feinden machen! Hier steht der Dichter in seiner schwersten Entscheidung. Er will und soll ja doch rügen, in die Hölle versetzen – *opportune, importune* –, auch mächtige Menschen seiner Zeit, deren Eltern, deren Verwandte: ist das nicht ein unkluges Beginnen für einen, der als Verbannter auf fremde Hilfe angewiesen ist? Aber andererseits: er hat sie in seiner dichterischen Vision wirklich als Verdammte gesehen, jene Mächtigen, deren Nachkommen er nun durch seinen Bericht zu vergrämen bangt! Manches Asyl könnte er sich vielleicht durch Schweigen sichern und bewahren; aber würde er dann nicht alles Ansehen bei der Nachwelt verlieren? Das sind die Überlegungen, die in Dantes Seele hin- und hergehen.

Cacciaguida ist für rücksichtslose Offenheit, gegen jeden Opportunismus. Freilich wird es den Schuldigen nicht recht sein, wenn sie so schonungslos an den Pranger gestellt werden. Auch ihre Nachkommen werden darüber grollen. Aber nur kein unehrliches Verschweigen – das käme einer Lüge *(menzogna)* gleich! Heraus mit der ganzen Wahrheit! *Tutta tua vision fa manifesta!*[38] Die Wahrheit mag wohl zuerst Schmerz bereiten; aber wenn sie einmal gesagt und «verdaut» *(digesta)* ist, dann kann sie nur Segen bringen, kann zu einem *vital nutrimento* werden. Nur ein mutiges Wahrheitsbekenntnis soll es sein: die Mächtigen soll Dante sich aufs Korn nehmen, eben jene, die ihm, wenn er ihr Haus schonen wollte, gerne ein Asyl gäben. Auch sollen ja die Mitmenschen, die Leser, durch die Nennung der Sünder abgeschreckt und gebessert werden: wer wird sich da vom Beispiel unbekannter Menschen rühren lassen! «Du mache es genauso wie der Wind», empfiehlt Cacciaguida, «der auch die hohen Wipfel der Bäume am meisten schüttelt! Da wirst du verstehen, warum dir in den drei Reichen deiner Wanderung gerade besonders berühmte Menschen gezeigt wurden, nicht unbekannte Leute geringen Ursprungs, und warum dir nicht bloß eine abstrakte Lehre erteilt wurde» (Par. 17, 136–142). Damit schließt das Gespräch über Dantes persönliche Anliegen; damit schließt auch der 17. Gesang des Paradiso.

Auf mittlerer Höhe des Paradiso-Fluges hält der Dichter besinnlich inne. Er wirft einen Blick zurück auf seine bisherige Wanderung, zugleich auch einen Blick zurück auf sein und seiner Ahnen irdisches Leben. Er wirft einen Blick vorwärts in seine Zukunft. Er läßt sich politische Verbannung und Trost verkünden. Was ihm gleichwohl als Angst vor der Zukunft noch bleibt, wird ihm Anlaß zu Selbstbesinnung und Gewissenserforschung. Nirgends so tief wie in diesem 17. Gesang des Paradiso tut der Leser einen Blick in Dantes politisches und dichterisches Ethos, in sein Verantwortungsgefühl. Was er sich durch seinen Ahnherrn empfehlen läßt, ist seine eigene Entscheidung: er entschließt sich, rücksichtslos die Wahrheit zu sagen. Unüberlegt und leichtfertig hat Dante seine Urteile gewiß nicht gefällt. Es liegt ihm aber viel daran, daß er sich seine Entscheidung von höherer Einsicht her autorisieren lasse.

Wie diese Autorisierung hier durch den Ahnherrn erfolgt ist, so wird sie später durch keinen Geringeren als den Apostel Petrus in höchster Vollmacht bekräftigt (Par. 27, 64–66).

Dante wird durch seine Verbannung und durch den Freimut seiner Dichtung selber zum Kämpfer Christi, wird in dem weiteren Sinne des Marshimmels als Politiker zum Gotteszeugen, zum Martyrer. Getreu seinem Auftrag nimmt er sein Kreuz auf sich und folgt Christus nach, wie es die Seelen, die ihm im Marshimmel erscheinen, getan haben (Par. 14, 106). So muß auch das entscheidende Gespräch mit dem Ahnherrn gerade im Marshimmel seinen richtigen Platz haben.

In diesem Gespräch gewinnt Dantes Wort die Bekräftigung eines prophetischen Auftrags, er läßt sich seine politische Einsicht und sein politisches Urteil vom Himmel bestätigen, er ist in tiefer Gewissenserforschung zu der Entscheidung gelangt, daß er seinen Weg unbeirrt weitergehen darf, weitergehen muß. Kann der Verbannte auch nur noch selten, diplomatischen Aufträgen dienen,[39] so ist es ihm doch vergönnt, in den letzten Lebensjahren sein politisches Testament, seine *Monarchia* niederzuschreiben, wohl schon bald nachdem er jenen entscheidenden 17. Gesang des Paradiso zu Papier gebracht hat.[40] Wie sehr sein eigenes Leben mit den Forderungen seiner Politik im Einklang steht, das zeigen seine Briefe, besonders jenes stolze Schreiben, das er 1315 an einen noch in Florenz weilenden väterlichen Freund gerichtet hat, in dem er jede Form entehrender Begnadigung ablehnt und lieber auf die Rückkehr in die geliebte Vaterstadt verzichtet, als gegen sein Gewissen unwürdige Zugeständnisse zu machen.[41] In diesem Dante gibt es nicht die bei Politikern von je her so häufige schizophrene Trennung von Lehre und Leben. Gerade weil seinem politischen Denken immer wieder eine gewissenhafte Überprüfung vor den Augen Gottes und eine folgerichtige Verwirklichung im täglichen Leben entspricht, wird man ihn mit Recht zu den Klassikern, zu den Meistern des politischen Denkens rechnen. Sein politisches Denken hat ihm das Gewissen geschärft und sein ganzes Handeln bestimmt.

Heinz Rausch

MARSILIUS VON PADUA

Mittelalterliche Ordnungsvorstellungen und mittelalterliches Denken einer gemeinsamen Grundidee unterzuordnen ist schwer möglich; ihre Vielfältigkeit und die Vielschichtigkeit des sozialen, wirtschaftlichen und kulturellen Lebens lassen eine Herausarbeitung gemeinsamer Prinzipien kaum zu, vor allem nicht nach dem großen Wandel im 12. Jahrhundert, nach Barraclough *one of the great constructive ages in European history.*[1] Doch wenn auch im Denken des Mittelalters die Verschiedenheit der Meinungen ganz erheblich war[2] und die tragenden Gedanken sich weniger im Bereich des Politischen denn in dem des Glaubens und des allumfassenden hierarchischen transzendental-begründeten Ordo-Gedankens bewegten,[3] so gab es doch in der Vorstellung des *imperium christianum* eine die einzelnen Reiche umfassende wirkende Idee, die Staat und Kirche zu einer Einheit zusammenfaßte.[4] Insoweit hat Otto von Gierke die Grundprinzipien des mittelalterlichen Weltbildes richtig, aber vereinfacht in folgende Sätze gekleidet: «Das politische Denken des Mittelalters geht vom Ganzen aus ... Konstituierendes Prinzip des Weltganzen ist nun vor allem das Prinzip der Einheit ... Einheit ist die Wurzel alles und somit auch des gesellschaftlichen Seins ... Unmittelbar aus diesem Gedanken ergibt sich dem Mittelalter das Postulat einer äußeren Verbandseinheit der gesamten Menschheit».[5] Diese äußere Verbandseinheit der Menschheit wurde durch die Gemeinschaft in der christlichen Kirche hergestellt. Der *universitas christiana* anzugehören war dem mittelalterlichen Menschen das Erste und Selbstverständlichste; aus ihrer Vorstellung entsprang die Kraft, andere Kräfte zu überwinden oder sich unterzuordnen, darin – wie Tellenbach es plastisch ausdrückte – der gotischen Kunst ähnlich, die eine unermeßliche Fülle starker und sich widerstrebender Elemente in das allerdings spannungsreiche Gefüge ihrer Stileinheit zusammenfaßt.[6] Innerhalb der *universitas christiana* nahm der Kaiser einen hervorragenden Platz ein,[7] nicht etwa als universalistischer Weltherrscher, sondern als derjenige, dem vor den übrigen Königen und Fürsten des christlichen Abendlandes der Ehrenvorrang gebührte: er war an Würde der erste.[8]

Wenn Marsilius sein Hauptwerk *Defensor Pacis* nennt, liegt es vor diesem Hintergrund nahe anzunehmen, daß der an Würde Ausgezeichnete dieser Verteidiger des Friedens sein solle, der römische Kaiser also aufgerufen wird, in einer Zeit der Wirren und Auseinandersetzungen, mittelalterlich gesprochen: des Unfriedens, seine Aufgabe als Hüter des Friedens wahrzunehmen. Doch die einleitende Bemerkung, daß das Traktat geschrieben worden sei «ganz besonders auch im Blick auf Dich, der Du als Diener Gottes diesem Werk endgültige Erfüllung geben wirst, die, so wünscht es, ihm von außen zuteil werden soll, hochberühmter Ludwig, Römischer Kaiser»,[9] weist zwar in diese Richtung, zeigt aber auch, daß der Kaiser nur ein Teil einer Kette von Faktoren ist, die alle zusammen erst den Frieden bedingen und herbeiführen. Marsilius schließt denn auch mit einer Bemerkung darüber, auf wen sich die Auszeichnung des Titels bezieht: «Dieses Werk soll *Verteidiger des Friedens* heißen; denn es behandelt ausführlich die wichtigsten Ursachen, die Friede oder Ruhe im Staate erhalten und bewahren, wie diejenigen, die das Gegenteil davon, den Streit hervorrufen, verhindern und beseitigen».[10]

I

Wenn wir uns der Lebensgeschichte unseres Autors zuwenden, dann umfängt uns weitgehend ein Dunkel: Ausbildung, Entwicklungsgang und weite Teile seines Lebens sind uns unbekannt.[11] Selbst das Jahr seiner Geburt steht nicht fest; nur den Geburtsort, Padua, hat er uns selbst überliefert.[12] Zwischen 1275 und 1280 dürfte er jedoch geboren sein.[13] Ein erstes Zeugnis über sein Wirken finden wir relativ spät. Es stammt aus dem Jahre 1312 und berichtet uns, daß Marsilius dei Mainardini (wie der volle Name lautet) als Magister Artium an der Pariser Universität lehrt und auch für kurze Zeit deren Rektor ist (Dezember 1312 bis März 1313). Ausführlichere Kunde über sein Leben, allerdings ohne feste Anhaltspunkte zur Datierung, können wir einer scherzhaften Strafpredigt seines Mitbürgers, des gekrönten Dichters Albertino Mussato entnehmen, die den bezeichnenden und aufschlußreichen Titel trägt *Ad Magistrum Marsilium Physicum Paduanum eius inconstantiam arguens.*[14] Nach diesem Bericht schwankte Marsilius oft zwischen wissenschaftlicher, praktisch-politischer, ja auch militärischer Tätigkeit –, und es ist geradezu sein Anliegen, Marsilius wiederum von den ‹Verirrungen› des weltlichen Handelns zur Wissenschaft zurückzuführen. Wiederum, denn bereits früher hatte Marsilius, der auf Anraten des Dichters Medizin studierte und die ärztliche Kunst auch mit Erfolg ausübte,[15] seine Tätigkeit immer wieder zugunsten politischen und militärischen Handelns unterbrochen, an inneritalienischen Parteistreitigkeiten teilgenommen und sich selbst mit dem ‹deutschen Schwert› umgürtet. Eine politische Mission der italienischen Ghibellinen an den französischen Hof dürfte auch der Grund dafür gewesen sein, daß wir Marsilius um 1320 erneut in Paris antreffen.[16]

Ob das Scheitern dieser Mission die Ursache dafür ist, daß Marsilius in Paris blieb oder nicht, ist nicht auszumachen. Jedenfalls unterrichtete er wiederum an der Artistenfakultät der Sorbonne und studierte gleichzeitig Naturphilosophie und Theologie. Wann er mit der Konzeption seines[17] Hauptwerkes begonnen hat und was die Ursache dazu war,[18] ist ungewiß. Fest steht dagegen, daß die Arbeit am 24. Juni 1324 abgeschlossen wurde.[19] Durch die in ihr enthaltenen Angriffe auf die Kirche (und zwar auf die Verweltlichung des geistlichen Amtes, nicht aber auf ihren religiösen Auftrag) stand sie schon bald im Mittelpunkt heftiger Auseinandersetzungen, so daß Marsilius – nachdem er 1326 als Verfasser bekannt geworden war – aus Paris fliehen mußte; zusammen mit seinem Freunde Johannes von Jandum begab er sich an den Hof Ludwigs des Bayern nach München.

Nach anfänglichen Schwierigkeiten stieg Marsilius bald zu einem wichtigen Ratgeber des Kaisers auf.[19a] Vor allem beim Italienzug Ludwigs 1327/28 spielte er eine hervorragende Rolle und hatte maßgeblichen Anteil an der Krönung des Kaisers und des Gegenpapstes Nikolaus V. im Januar 1328 in Rom.[20] Bei all diesen politischen Aktionen wurde sein Handeln weitgehend von seinen eigenen Vorstellungen von der Ordnung der Welt und der Kirche, wie er sie im *Defensor Pacis* niedergelegt hatte, angetrieben, Vorstellungen, in denen es ihm auch um Italien ging, das zu stärken und erneut zum Mittelpunkt der Welt zu machen eines seiner bewegendsten Anliegen war.[21]

Nach dem Mißerfolg der kaiserlichen Italienpolitik wurde es wieder still um Marsilius, dessen Werk 1327 verworfen und der selbst als Ketzer verurteilt worden war.[22] Wahrscheinlich dürfte er sein weiteres Leben als Arzt in der kaiserlichen Umgebung in München verbracht haben, den Schutz des Kaisers genießend und zuweilen erneut die Feder zugunsten seines Schutzherrn ergreifend. So entstanden die Schriften, die von weit geringerer und zeitgebundenerer Bedeutung sind als sein Hauptwerk, nämlich: *De translatione Romani Imperii,* eine Entgegnung auf die gleichnamige Schrift des kurialen Landulf von Colonna; *De iurisdictione imperatoris in causis matrimonialibus,* eine Rechtfertigung der kaiserlichen Nichtigkeitserklärung der Ehe der Tiroler Gräfin Margarete Maultasch mit dem Luxemburger Johann Heinrich, um ihre Heirat mit dem Kaisersohn Markgraf Ludwig von Brandenburg zu ermöglichen;[23] und *Defensor Minor,* eine kürzere Fassung seines Hauptwerkes. In München dürfte Marsilius wahrscheinlich 1342 gestorben sein; ein Bericht Papst Clemens' IV. vom 10. April 1343 bezeichnet ihn als kürzlich verstorben.[24]

II

Friede, pax, quies, tranquillitas[24a] – sie bilden das Grundthema des Marsilianischen Hauptwerkes, und Marsilius beruft sich bei ihrer Bestimmung auf Cassiodor, dessen Ausführungen über Ruhe und Frieden er an den Anfang stellt:[25]

«Jedem Reich muß ja Ruhe erwünscht sein, in der die Völker gedeihen und der Nutzen der Menschen gewahrt wird. Denn sie ist der edlen Künste schöne Mutter. Sie vervielfältigt der Sterblichen Geschlecht in immer sich erneuernder Folge, hebt den Wohlstand und bildet die Gesittung. Und als unwissend in solch wichtigen Dingen erkennt man den, bei dem man merkt, daß er nach der Ruhe überhaupt nicht gefragt hat».

Doch da «Entgegengesetztes ganz von selbst Entgegengesetztes hervorruft»,[26] gibt es auch den Unfrieden auf der Welt, eine Erkenntnis, die Aristoteles ausgesprochen und derzufolge er die verschiedenen Quellen des Unfriedens aufgezeigt habe. Eine jedoch habe der große Philosoph nicht erfassen können, da sie zu seiner Zeit noch nicht wirkte: das Papsttum nämlich oder, genauer, der päpstliche Anspruch auf das Supremat, das Verlangen der Kurie Gewalt über Könige, Fürsten, Länder und Völker zu beanspruchen. Sie nun darzustellen, ihre Gefahren aufzuzeigen, bezeichnet Marsilius als das eigentliche Anliegen seiner Schrift, «damit man sie von den Ländern und Gemeinwesen in Zukunft leicht ausschließen kann».[27]

Mit dieser gegen das weltliche Machtstreben des Papsttums gerichteten Zielsetzung scheint das Werk in jene Reihe von Streitschriften zu gehören, die seit der ersten großen Auseinandersetzung zwischen weltlicher und geistlicher Gewalt im Investiturstreit entstanden sind und sich mit verschiedenen Höhepunkten bis ins 15. Jahrhundert hineinziehen. Eine solche stereotype Einordnung würde indes Marsilius nicht gerecht werden, der über den Parteienkampf hinaus versuchte, das Verhältnis von Kirche und Staat, von *sacerdotium* und *imperium* neu zu durchdenken in einer Welt, deren religiöse Grundlagen seit der Wende zum 12. Jahrhundert erschüttert waren und in deren Weltbild zu Beginn des 13. Jahrhunderts neue Kräfte einströmten und es fortan gestalteten.[28] Es ist jene Epoche des Wandels der abendländischen Welt, deren Bedeutung für die Entstehung der modernen Welt uns immer sichtbarer wird und von der Gaines Post sagt:

«The revival of political, economic, and social life, along with the appearance of new learning, new schools, and new literatures and styles of art and architecture, signified the beginnings, in the West, of modern European civilisation. In the thirteenth century what had begun in the twelfth arrived at such maturity that it is safe to say that early modern Europe was coming into being».[29]

Im politischen Bereich wurde vor allem der von den Kanonisten geprägte Satz, *Rex imperator in regno suo, superiorem in temporalibus non recognoscit*,[30] dem Papst Innozenz III. in seinem Dekretal *Per venerabilem* offizielle Anerkennung verlieh, für die Ausgestaltung der modernen Welt bahnbrechend. Mit ihm bekämpften die Päpste die kaiserlich-staufische Reichstheorie und setzten dem Prinzip *unus imperator in orbe* das Prinzip des im eigenen Reiche souveränen Monarchen entgegen, so den

Weg von der *superioritas* der Könige zur *Souveränität* der Staaten vorzeichnend und der «Liquidierung des Kaisergedankens» (Hirsch)[31] die Bahn ebnend. Zur gleichen Zeit, während der das Reich durch den staufischen Endkampf in Italien und das Interregnum aufs tiefste erschüttert war, befestigte das nationalstaatliche Königtum der westlichen Monarchien seine innere Stellung so weit, daß es schließlich in der politischen Wirklichkeit die Kraft des Neuen mit tatsächlichem politischem Gewicht verbinden konnte, am sichtbarsten im Frankreich Philipps des Schönen, zwei Dinge, die dem Kaisertum seit dem Tode Friedrichs II. fehlten. Demgegenüber konnten auch die Stimmen der imperialen Theoretiker mit ihrem Postulat einer Amtsgewalt des Kaisers über alle anderen Länder nicht mehr durchdringen. Ihre Theorien – der große Schwanengesang Dantes etwa oder die Werke eines Jordanus von Osnabrück, Alexander von Roes oder Engelbert von Admont – entsprachen nicht mehr einer Welt, die sich eben anschickte, das Mittelalter zu überwinden und in die nationalstaatliche Entwicklung einzumünden und für die die Idee des Kaisertums «nicht viel mehr als einen auszeichnenden Titel» (Robert Holtzmann)[32] darstellte.

Zwar wurde auch die letzte bedeutsame Auseinandersetzung eines mittelalterlichen Kaisers mit der Römischen Kurie unter Ludwig dem Bayern noch mit den herkömmlichen Argumenten geführt, Antworten auf die Frage gesucht und gegeben, ob die geistliche Gewalt des Papstes oder die weltliche des Kaisers vorrangig sein solle oder beide einander gleichrangig seien. Aber selbst auf kaiserlicher Seite stellte Occam neben den Gedanken des Imperiums das Recht des nationalen Staates,[33] und nicht zuletzt war auch das Ergebnis dieses Streites: die Ablehnung der päpstlichen Herrschaft über das Reich und die Wahrung des alten Rechtszustandes (freilich praktisch nur noch auf die deutschen und einige wenige andere Gebiete des Reiches beschränkt) in den Kurvereinen zu Rhense und Frankfurt nichts anderes als der Sieg des nationalen und ständischen Prinzips.[34] Ähnlich sollte auch die Kirche von den veränderten realpolitischen Verhältnissen nicht unbeeinflußt bleiben; für sie wurde bei ihrem Versuch, in die weltlich-irdische Sphäre nationaler Staatsgewalt einzubrechen, die Idee des Konziliarismus bestimmend, eine Idee, die weit mehr als ein geistesgeschichtliches Ereignis des späteren Mittelalters und weit mehr als eine innerkirchliche Bewegung war.[35] Denn «von jetzt an bis zum Tridentiner Konzil hin» sollte «die Forderung nach einem Generalkonzil das beliebte Mittel» bleiben, «um das Papsttum den Königen und Fürsten gefügig zu machen» (Heinz Angermeier).[36]

Innerhalb dieser neuen Welt bewegt sich auch Marsilius, wenn er Kaiser Ludwig in seinem Versuch, die päpstlichen Herrschaftsansprüche zurückzuweisen, unterstützt. Er gebraucht dabei Argumente, die nicht mehr dem überkommenen mittelalterlichen Weltbewußtsein entsprechen und über die Abwehr angemaßter Ansprüche des Papsttums hinaus zur theoretischen Erfassung und Ausbildung neuer Ordnungssysteme sich entfalten. Seine dabei gewonnene politische Theorie ist indes anders als die eines Thomas von Aquin aus der bestimmten politischen und geschichtlichen Lage der Zeit entstanden. Sie entspricht nicht einem philosophischen Anliegen (wenn sie auch teilweise in ein philosophisches Gewand gekleidet ist), sondern einem politischen Wunsche, dem Wunsche nach der Befriedigung des durch innere Kämpfe zerrissenen und friedlosen Abendlandes.[37] In der dazu von Marsilius entworfenen Ordnungskonzeption sind Aufgaben enthalten, die über die Vorstellung des früheren Mittelalters hinausgehen, spezifisch ‹staatliche› Aufgaben, die die Regelung ‹staats›-kirchlicher Angelegenheiten einschließen. Umgekehrt macht er auch vor der Person des Kaisers nicht halt. Nicht, daß er sich offen für den Nationalstaat ausgesprochen hätte, aber untergründig ist doch seinem Entwurf die Vielheit der Staatenwelt zugrunde gelegt. Denn für Marsilius «genügen zum ruhigen Zusammenlaben der Menschen Individual-Einheiten *(unitates numerales)* der Regierungen in den einzelnen Ländern»,[38] während es «einer vernünftigen Untersuchung» bedürfte zu klären, «ob es für die gesamte zivilisierte Menschheit, und zwar auf der ganzen Erde, zweckmäßig» wäre, «eine alleroberste Regierung zu haben oder ob es in einer bestimmten Zeit zweckmäßig» wäre, «in den verschiedensten Landschaften der Welt ... verschiedene solche Regierungen zu haben»; das «liege jedoch dem gegenwärtigen Thema fern»! Nur einige Gründe nennt er, die diese Überlegungen notwendig machen könnten: die Verschiedenheit der Sprachen, die Abweichungen in Sitte und Lebensform, die Weite regionaler Ausdehnung. Und – wie überraschend für einen Verteidiger des Friedens! – es könnte scheinen, «als habe die Natur durch Kriege und Epidemien die Vermehrung der Menschen und der übrigen Lebewesen gehemmt, damit zu ihrer Ernährung die Erde genüge»,[39] womit Marsilius versteckt ausführt, daß eine einheitliche Weltregierung eigentlich der Ordnung der Natur zuwiderlaufe. Deshalb spricht er in seinem Traktat auch kaum vom Universalstaat; immer geht er von der Einheit der Regierung in einer Stadt oder in einem Staat, die neben derjenigen anderer Städte und Staaten besteht, aus. Auch die Rolle des Kaisers erscheint in einer fast symbolischen Form: er tritt im Grunde nur noch in einer kirchenpolitischen Funktion in Erscheinung, nämlich als Advokat der universalen Kirche, weil alle Einzelstaaten einander nur noch in der Form der *communitas perfecta fidelium civium* zugeordnet sind.[40] Da die Einzelstaaten in politischen Angelegenheiten aber vom Kaiser völlig losgelöst und unabhängig sind, ist der universale Zug des Kaisertums zugunsten des nationalen Partikularstaates völlig verblaßt.

III

Ist der Friede «Ausgangspunkt»[41] und dominierendes Prinzip der Marsilianischen Staatslehre, so scheint darin nichts Neues zu liegen, war doch Friede schon von jeher ein Zentralproblem politischen Denkens, und Friede entsprach im früheren Mittelalter einem guten Regiment, einer guten Herrschaft. Philosophisch bedeutete Friede die ethisch gemeinte *Concordia*, wie sie Thomas von Aquin in *De regimine principum* als Ziel und Bestimmung der Politik hinstellte: «Das Gute aber und das Heil einer vergesellschafteten Menge beruht darin, daß ihre Einigkeit bewahrt werde, welche Friede genannt wird; wird der Friede hinweggenommen, so geht der Nutzen des gesellschaftlichen Lebens unter, so daß die zerfallende Menge sogar sich selbst zur Last wird».[42] Allein, von einer solchen Bestimmung ist Marsilius weit entfernt. Für ihn ist *pax* ein Zustand des Staatswesens, Gegenbegriff zu *lis* und *discordia*. Es ist ein Friede des Gemeinwesens und kein metaphysisch begründeter Friede, ein Friede, der die Stabilität des Gemeinwesens ausdrückt, Stabilität im Sinne von Stasis als Gegensatz zur Revolution verstanden.[43] Daß nicht «jener Friede, ohne den sich nach christlicher Auffassung weder die *sufficicntia vitae mundanae* noch die *beatitudo aeterna* erreichen lassen»,[44] Ziel seiner Darstellung ist, wird deutlich, wenn man den Staatszweck bei Marsilius betrachtet oder jene Stelle heranzieht, in der Marsilius sein Anliegen enthüllt. Wo will er Aristoteles ergänzen? In der Beschreibung der *einen* Quelle des Unfriedens, die Aristoteles als Heide nicht vorhersehen konnte:[45] die päpstliche Herrschaft. Während nämlich die von Aristoteles beschriebenen Gefahren diese oder jene Regierung gefährden oder eine gute Regierung überhaupt unmöglich machen, läßt die Gefahr, der Marsilius sich widmet, überhaupt keine Regierung zu – und gefährdet deshalb nicht nur das gute Leben oder die «Früchte des Friedens», sondern das bloße Leben und den bloßen Frieden (bzw. die Ruhe der Völker und Gemeinwesen). Im gleichen Maße wie sich Marsilius mehr mit Gesetzen überhaupt denn mit guten oder den besten Gesetzen beschäftigt, mit bloßer Regierung statt mit der besten Regierung, ist es ihm auch um den Frieden als Bedingung für die Verwirklichung des letzten Zieles der Gemeinschaft zu tun und nicht um den Frieden als höchstes oder einziges politisches Gut. Leo Strauss hat deshalb formuliert, daß man nicht erwarten darf, «to find a complete presentation of political philosophy in the Defender. The work comes to sight as a kind of appendix to that part of Aristotle's Politics which may be said to deal with the diseases of civil society».[46] Insoweit handelt es sich nach Morrall[47] um eine «down-to-earth concentration of political life dictated by the material human conditions of economics, biology and psychology». Denn Marsilius' Friede ist ja einzig und allein ein öffentlicher Zustand, der die Funktionsfähigkeit der sozialen Beziehungen ausdrückt und das vollkommene und ungehinderte Zusammenwirken und -leben der einzelnen Mitglieder des Staates garantiert.[48] Die notwendigen Folgen des Friedens nämlich «sind doch wohl wechselseitiger Verkehr der Bürger, Austausch ihrer Erzeugnisse, gegenseitige Hilfe und Unterstützung und überhaupt die von außen nicht gehemmte Möglichkeit, ihre eigenen und die gemeinsamen Aufgaben zu erfüllen, auch die Beteiligung an den gemeinsamen Vorteilen und Lasten in dem einem jeden zukommenden Maß».[49] Garant dieser gesicherten Bedürfnisbefriedigung des Menschen ist das politische Gemeinwesen, ist der Staat, so daß sich wegen der Erhaltung des Friedens[50] die Aufgabe stellt, das selbständige Ordnungsgebilde Staat in seiner Wirkweise aufzuzeigen, die Bedingungen seines Bestehens darzulegen und alles auszuschließen, was der Bewahrung des Staates entgegensteht.[51]

IV

Der Staat ist demnach für Marsilius der Ort, wo jeder Bestandteil der menschlichen Gesellschaft seine ihm zukommende Aufgaben erfüllen kann. Er definiert: «Die Menschen haben sich also des befriedigenden Daseins wegen zusammengeschlossen, weil sie fähig waren, sich ... Notwendigkeiten zu verschaffen und sie untereinander auszutauschen. Dieser Zusammenschluß, so vollkommen und sich selbst in höchstem Maße genug, heißt Staat *(congregatio perfecta et terminum habens per se sufficiencie)*».[52] Marsilius gelangt zum Staat, indem er den Aufbau der menschlichen Gesellschaft von der Familie über das Dorf zur Stadt dem aristotelischen Schema gemäß nachzeichnet und eine wachsende Spezialisierung und Differenzierung aufzeigt. Im Staate jedoch erst werden alle die Güter bereitgestellt, die die Menschen wünschen und die sie zum Leben, ja selbst zum guten Leben bedürfen. Der Staat stellt sich daher als Produkt des natürlichen Wunsches *(appetitus)* der Menschen zusammenzuleben dar, weil «alle Menschen, die nicht verblendet oder sonst gehemmt sind, von Natur ein befriedigendes Dasein erstreben und das diesem Schädliche fliehen und meiden».[53] Ist der Zweck des Gemeinwesens das gute Leben, so versteht Marsilius unter dem guten Leben zwar auch das Freisein für die Lebensaufgaben, die den Kräften eines praktisch wie theoretisch-reflektierend gerichteten Menschen angemessen sind.[54] Aber für Marsilius kann der Staat anders als bei Aristoteles nicht beides besorgen; er kann nur die eigene Bedürfnisbefriedigung des Menschen in der Gemeinschaft mit anderen Menschen sicherstellen, seine Ziele sind ‹weltlich›: «Das Leben ist ... der Zweck, weswegen der Staat eingerichtet ist, und zugleich notwendige Voraussetzung für alles, was durch den Verkehr der Menschen im Staat vorhanden ist und geschaffen wird».[55]

Was das Transzendente anbelangt, kann es nicht Gegenstand des sozialen Lebens sein, da es nicht mit menschlichen Denkkategorien erfaßt werden kann. Es ist Privatsache, Angelegenheit des Gewissens und der Religion, nicht aber Gegenstand der weltlichen Ordnung. Marsilius trennt so zwischen einem Bereich der inneren Gedanken und einem der äußeren Handlungen, die allein rational erfaßbar sind. Neben dem natürlichen Wunsch zum Staat tritt so auch die verstandesmäßige Erfassung des Staates.[56] Denn der dem Menschen als Menschen zukommende Verstand erlaubt ihm die Einsicht in seine biologischen Unzulänglichkeiten, und diese erfordern den Staat und zwingen zu seiner Erhaltung.[57]

So wird «die Tendenz zu einer immanenten Erklärung menschlichen Verhaltens im Bereich des Politischen» deutlich:[58] der Staat trägt einen unreligiösen, irdischen Charakter, er besitzt einen eigenen, vollkommenen und unabhängigen Wert.[59]

Die Herstellung des befriedigenden Lebenszustandes im Staat verlangt eine Regierung, und Marsilius kommt von hier zur Aufstellung einer Regimentenlehre,[60] d.h., er zeigt die Bestandteile eines Staates auf, bestimmt ihr Zusammenwirken und legt ihre Leistungen fest. Dabei bleibt er stets auf der Grundlage christlichen Staatsdenkens: ein echtes politisches Gemeinwesen kann er sich außerhalb des Christentums nicht vorstellen.[61] Aber seine Lehre vom göttlichen und menschlichen Regiment über die Christenheit trennt gemäß der averroistischen Unterscheidung der Erfaßbarkeit von Immanenz und Transzendenz scharf zwischen philosophischer Vernunft und religiösem Glauben, zwischen Dieseits und Jenseits, zwischen menschlichem und göttlichem Bereich. Gott ist zwar die bewirkende Ursache *(causa efficiens)* der Christenheit, aber er regiert sie durch doppelte Kundgabe seines Willens. Die eine vollzieht sich unmittelbar, die andere mittelbar zwischen Gott und dem Menschen. Jene wird dem Christen in der übernatürlichen Offenbarung übermittelt, sie ist in der Heiligen Schrift enthalten; diese wird ihm durch seine Einsichtigkeit, durch die Vernunft, durch die *recta ratio* erhellt. Offenbarung und Vernunft – sie sind die beiden koordinierenden Aufbaufaktoren des christlichen Lebens, doch ändert das Heilswerk Christi nichts an der durch die Vernunft zu gestaltenden Ordnung des Daseins. Anders ausgedrückt: der religiöse Glaube bezieht sich allein auf jenseitige Dinge, alles Diesseitige, Irdische wird von der philosophischen Vernunft geleitet und erkannt, so daß von ihr auch die beste Sozialverfassung gefunden werden kann.[62]

Da die christliche Religion die rationale Struktur des Gemeinwesens nicht antastet, kann Marsilius auch die Kirche nicht als eine aus dem Jenseits in das Diesseits hereinragende geistliche Einheit betrachten. Sie stellt sich vielmehr in zwei Formen dar, einmal als göttlich geoffenbarte Glaubensgemeinschaft, zum andern als menschlicher Verband, der von der Vernunft geschaffen wurde. In der ersten Form erscheint die Kirche als sakramental verfaßter Körper, in der zweiten als Gemeinschaft menschlichen Rechts. Durch diese Trennung wird der auf der Verbindlichkeit des religiösen Glaubens auch in weltlichen Angelegenheiten fußende Machtanspruch der Geistlichkeit zurückgewiesen. Von daher leuchtet auch ein, warum im päpstlichen Machtstreben der Unfriede begründet liegt. Denn indem durch die kirchliche Organisation wider die *recta ratio* eine eigene Rechtsordnung, das menschliche Kirchenrecht, erzeugt wurde, mußte zwangsläufig die Einheit menschlicher Rechts- und Herrschaftsordnung auseinanderbrechen. Die Zerstörung dieser Einheit führte zu Konflikten zwischen geistlichem und weltlichem Herrschaftsbereich, die das gute Leben zerstören und damit auch den Frieden, die notwendige Bedingung für die wahrhafte Verwirklichung der menschlichen Gemeinschaft. Dem entgegenzuwirken mußte alles, auch die Kirche als Gemeinschaft des weltlichen Rechts, dem aus der *recta ratio* entspringenden Staat untergeordnet werden.[63]

Bestandteile des Staates sind die verschiedenen Glieder der menschlichen Gemeinschaft, sind Stände. Marsilius sagt:

«Weil für ein befriedigendes Leben verschiedenes notwendig ist, was Menschen eines Standes oder eines Berufes nicht beschaffen können, so mußte es verschiedene Stände oder Berufe der Menschen in dieser Gemeinschaft geben, die verschiedenes dieser Art ausübten oder besorgten, dessen die Menschen für das befriedigende Leben bedürfen. Diese verschiedenen Stände oder Berufe sind aber nichts anderes als die Bestandteile des Staates in ihrer Vielzahl und Verschiedenartigkeit».[64]

Sie sind Teile eines Organismus, mit dem Marsilius den Staat vergleicht: im Anschluß an Aristoteles nennt er ihn ein »beseeltes oder organisches Wesen» *(animata sive animalis natura)*.[65] Mit Aristoteles unterscheidet er auch sechs Berufsstände: Bauern, Handwerker, Krieger, Kaufleute, Priester und Richter oder Räte.[66]

Wirkursache der Stände ist der Gesetzgeber, der *legislator humanus*,[67] der theoretisch die Stände einsetzt und erhält, auch wenn er diese Befugnis auf die Regierung delegiert. Dieser Gesetzgeber ist ausschließlich eine irdische Autorität, und zwar die Gesamtheit der politischen Gemeinschaft. Sie ist die unbeschränkte Trägerin der Staatsgewalt. In dieser Aussage bekennt sich Marsilius zur Volkssouveränität, eine seit dem Investiturstreit aufgetretene Lehre, die durch Marsilius ihre bekannteste Formulierung erfuhr[68] (wenngleich das Wort nicht auftaucht). Das Recht zu Gesetzgebung steht ausschließlich denen zu, von denen die besten Gesetze zu erwarten sind: dem Volk *(populus)* – und zwar entweder der Gesamtheit der Bürger *(civium universitas)* oder deren (sowohl quantitativer wie qualitativer) Mehrheit *(pars valencior)*,[69] die dann die Gesamtheit rechtsverbindlich repräsentiert: «Hoc autem est civium universitas aut eius pars valencior quae totam universitatem repraesentat».[70] Diese *pars valencior*,[71] diesen mehrern Teil des Volkes, darf man nun nicht im

Sinne einer demokratischen Mehrheit verstehen: Marsilius lebt noch immer in einer Welt, deren Ordnung sich in den verschiedenen *ordines,* den verschiedenen Ständen ausdrückt. Deshalb sind auch bei Marsilius die Bestandteile des Staates eben nicht Individuen, sondern Stände, so daß von einer numerischen Gleichheit keine Rede sein kann. Andererseits wäre es nun verfehlt zu schließen, daß Marsilius durch den Ausschluß unqualifizierter Mehrheiten das Prinzip der Volkssouveränität zugunsten einiger weniger vorherrschender oder regierender Gruppen aufgehoben hätte. Vielmehr sind alle Stände einander so zugeordnet, daß keiner einen anderen beherrscht; allen steht gemeinsam ein Teil der Autorität des Gesetzgebers zu.

Daß die *pars valencior* mit Geltungskraft für alle beschließen kann, ist erforderlich, weil es nur schwer möglich ist, alle zu einer Meinung zu bringen. Die Natur des Menschen mit all ihren Schwächen könnte ansonsten dazu führen, daß einige aus Böswilligkeit oder Uneinsicht oder Unkenntnis mit dem allgemeinen Urteil nicht übereinstimmen und so die gemeinsamen Belange, die nicht gestört werden dürfen, hindern.[72] Der Mehrheit liegt es daher ob, Gesetze zu geben. Ja, die *pars valencior* erscheint Marsilius geradezu als das Vollzugsorgan der *recta ratio,* weil es selbstverständlich ist, daß sie am sorgfältigsten den Nutzen der Allgemeinheit beachtet. Umgekehrt werden die von ihr gegebenen Gesetze von allen Bürgern am besten befolgt, weil doch niemand sich selbst schaden will.[73]

Der so bestimmte Gesetzgeber ist die Grundlage der politischen Autorität des Staates.[74] Er wählt die Regierung und wird so zur bewirkenden Ursache des regierenden und rechtsprechenden Bestandteiles des Staates *(pars principans).*[75]

Die Regierung ist an die vom Gesetzgeber gegebenen Gesetze gebunden: ihm, der *universitas civium,* steht die Überwachung, Zurechtweisung, Änderung und Absetzung der Regierung zu, falls dies dem Gemeinwohl geboten erscheint.[76]

Der Regierung ist auf Grund der ihr vom Gesetzgeber übertragenen Ermächtigung und auf der Grundlage eines Gesetzes die Bestimmung und Einsetzung der übrigen Bestandteile – vor allem der Stände – aufgetragen. Ihr ist es aufgegeben, das Gemeinwesen zu verwalten, Urteile zu fällen und zu vollstrecken, Vorschriften zu erlassen und die Entscheidungen über das im staatlichen Sinne Nützliche und Gerechte zu verwirklichen. In dieser Tätigkeit ist die Regierung bei ordnungsgemäßem Handeln die bewirkende Ursache des Friedens: «Da also die ordnungsgemäße Tätigkeit des regierenden Bestandteiles für alle Annehmlichkeiten im Staatsleben bewirkende und erhaltende Ursache ist . . ., so wird sie die bewirkende Ursache der Ruhe sein».[77] Daher darf ihre Tätigkeit im Staat niemals aussetzen, weil sie stets Unerlaubtes oder Ungerechtes «vollkommen in Ordnung bringen oder vorläufige Maßregeln zur Wiederherstellung der Ordnung treffen» muß.[78] Aus diesem Grunde ist der regierende Bestandteil auch der erste im Staate; er ist – organisch aufgefaßt – das Herz des Staates, dessen Wirkursache oder Seele die Gesamtheit der Bürger bildet, so daß letztlich dennoch alle Macht im Staate auf das Volk zurückgeht.

Marsilius ist allerdings nicht immer konsequent. Denn wenn die Regierung die Stände einsetzt, dann erscheint sie weniger als Ausfluß eines prä-existenten Souveräns, denn als deren Ursache, da *sie* das Ganze bestimmt, das aus allen Teilen in ihrem richtigen Verhältnis zusammengefügt ist. Ähnlich scheint auch manchmal bei ihm die Identifizierung des Gesetzgebers mit der Regierung durchzuschimmern, wenn er zugesteht, daß der Gesetzgeber seine gesetzgebende Macht auf einen oder mehrere delegieren kann, zumindest erscheint die postulierte Souveränität des Volkes, wenn nicht ausgeschaltet, so doch ruhend.[79]

Als beste Regierungsform empfiehlt Marsilius – nach langen Untersuchungen[80] und vielleicht nur als Kompliment für die im Reiche sich vorfindlichen Gegebenheiten – die Wahlmonarchie. Er begründet dies damit, daß das wichtigste Kennzeichen eines Herrschers Klugheit *(prudentia)* sei, praktisches Wissen im Gegensatz zu bloßer Gewandtheit, das wiederum mit moralischer Tugend verbunden ist. Da diese Klugheit ein persönliches Kennzeichen und in der Welt nicht allzuoft anzutreffen ist, ist es besser, diejenigen zum Herrscher zu wählen, die von der Natur mit *prudentia* ausgestattet wurden, als das erbliche Königtum zu belassen (wenngleich Marsilius dieses nicht völlig ausschließt). Aber dem vollkommenen Staat ist die Wahlmonarchie einzig angemessen. An diese Feststellung schließt er dann längere Ausführungen über Begriff und Funktion des Gesetzes an! Sie sind erforderlich, um im Staat eine gute Ordnung zu haben und den Bestand der Obrigkeit zu sichern.

Das von Marsilius entworfene Schema des Staatsaufbaus überträgt er auch auf die Kirche. Er identifiziert das christliche Volk als den gläubigen Gesetzgeber mit dem allgemeinen Konzil. Dieses ist der Gesetzgeber für kirchliche Belange (Glaubensangelegenheiten, nicht weltliche Rechtssetzungen!), trifft lehrmäßige Entscheidungen und Anordnungen und setzt die oberste Kirchenleitung ein und ab. Der Papst wird so entmachtet: er wird als die vom Konzil eingesetzte oberste Kirchenleitung verstanden und entspricht in seinen repräsentativen Funktionen dem Kaiser: er ist Symbol der Einheit der christlichen Kirche.

Durch den Aufbau seines Werkes (erst wird der Staat, dann die Kirche behandelt) und die Analogie der Kirche zum Staat bricht Marsilius radikal mit der Lehre von der Kirche als dem Zentrum der christlichen Gemeinschaft. Der Staat steht im Mittelpunkt dergestalt, daß nach Heckel «die Theologie zur Magd der politischen Philosophie» wird.[81] Und in der Tat ist der christliche Glaube nicht notwendig bei der Betrachtung der tatsächlichen Realitäten der Politik: «Allein unter dem Gesetz der Christen ist die Tätigkeit der Priester die allervollkommenste; diese Überzeugung haben wir jedoch allein im Glauben».[82] Das Ergebnis dieser Prämisse ist die Beschäftigung mit allen religiösen und politischen Angelegenheiten von einem rein säkularen Standpunkt aus.

V

Von der Scheidung zwischen weltlichen und göttlichem Bereich, wie sie der Trennung von Staat und Kirche zugrunde liegt, wird auch Marsilius' Rechtslehre geleitet. In ihr wird alles Recht im Bereich der politischen Ordnung menschliches Recht, da die *universitas civium* allein nach der Vernunft, der *recta ratio,* handelt und eine ihr gemäße Ordnung schafft. In vollem Gegensatz zur thomasischen Lehre sieht Marsilius ganz von einer transzendenten Quelle des Rechts im Staate ab, sondern gründet es allein auf den Willen des menschlichen Gesetzgebers, des *humanus legislator.* Das Recht ist nicht vor oder über dem Staat, sondern eine Schöpfung des Staates.[83] Zwar erkennt Marsilius auch ein göttliches Recht an, aber dieses göttliche Recht bezieht sich nur auf das Jenseits, auf den künftigen Status des Menschen und ist auf Erden nicht bindend – es sei denn, der irdische weltliche Gesetzgeber habe diese religiösen Normen mit irdischem Zwangscharakter ausgestattet. In der Regel aber werden Verstöße gegen die Gesetze des Glaubens nur von Gott selbst und damit im Jenseits geahndet; auf Erden können sie nicht verfolgt werden. Nur das menschliche Gesetz, ein *preceptum coactivum,* kann auf dieser Welt mit Zwangsgewalt durchgesetzt werden, nur es ist zwingende Vorschrift gegen übergreifende Akte menschlicher Tätigkeit, die willentlich zum Nachteil eines anderen Menschen ausgeübt werden. Aus dieser strengen Scheidung von diesseitiger und jenseitiger Welt unterliegen alle menschlichen Gesetzesangelegenheiten dem menschlichen Gesetzgeber, so daß es einen eigenen Rechtsbereich der Kirche nicht geben kann mit der Folge, daß «die unter dem menschlichen Gesetz stehende Rechtsgemeinschaft daher ein Zwangsverband» ist, «den ein vom menschlichen Gesetzgeber besteller Herrscher leitet; diejenige des göttlichen Gesetzes eine freiwillige ihrem Haupt Christus folgende Schar» (Heckel).[84]

Auf das Gesetz laufen also bei Marsilius alle Linien der staatlichen Verfassung zu.[85] Es ist die *regula actuum humanorum,*[86] das Maß aller menschlichen Handlungen,[87] Jeder Bürger und jeder Amtsinhaber ist an seine Weisung gebunden, weil allein durch das Gesetz ein jeder seinen Stand und Platz im Staate erhält.[88] Die Achtung vor dem Gesetz sichert die Freiheit der Bürger und den (Rechts-)Frieden, seine Mißachtung führt zur Zersetzung und zum Untergang der staatlichen Gemeinschaft. Ohne Gesetz ist keine Gemeinschaft denkbar. Aber dieses Gesetz und damit das Recht – und dies gilt es zu wiederholen – ist nicht mehr wie dem ganzen Mittelalter über transzendentes objektives Prinzip, sondern menschliche, durch den Staat bedingte Schöpfung.[89] Folgerichtig gibt es für Marsilius kein ‹göttliches Naturrecht›; dieser Begriff ist für ihn vielmehr eine *contradictio in adiecto,* ein Widerspruch in sich.

Für die Geschichte des abendländischen Rechtsbewußtseins ist die Marsilianische Gesetzes- und Rechtslehre von einschneidender Bedeutung geworden, weil sie in ihrem Voluntarismus zum ersten Male öffentlich einen tiefen Wandel des Rechtsgefühls ausdrückte. War nämlich dem Mittelalter Recht vorwiegend *gewiesenes* Recht[90] (das nicht geschaffen, sondern geschöpft, gefunden wurde[91]) und erklärt sich daraus die dominierende Stellung des Monarchen als Richter,[92] der die verteilende Gerechtigkeit *(iustitia distributiva)* ausübt («Das politische Handeln selbst ist Erkenntnisquelle des Rechts», schreibt Heinrich Mitteis), so wird hier umgekehrt das Recht geschaffen. Gleichermaßen nimmt daher auch nicht mehr der Richter die zentrale Stellung in der Rechtsordnung ein, sondern der Gesetzgeber: über dem Bewahrer des Rechten, dem *custos iusti,* steht der Gesetzgeber, der *legislator,* der vermöge seiner *auctoritas* des Rechts mächtig ist, wenn er auch nicht schrankenlos darüber verfügen kann. Denn das Gesetz muß für Marsilius im Dienste der Gerechtigkeit und des Gemeinwohls stehen, will sich nicht ein reiner Gewaltakt in dem mißbrauchten Gewand des Gesetzes verbergen, der dann nicht den Bedingungen genügt, unter welchen ein Gesetz Gehorsam verlangen kann.

Marsilius hat das Recht ‹vermenschlicht›, so stark von der dem mittelalterlichen Denken so selbstverständlichen transzendenten Quelle in Gott entfernt, daß Walter Ullmann seine Rechtslehre als «the nearest approach to a ‹Reine Rechtslehre› which the Middle Ages knew» kennzeichnete.[93] Marsilius ist indes bei seiner Beschränkung des Rechts auf das Gesetz nicht ohne Vorläufer. Nicht nur das gute alte Recht beschäftigte das Mittelalter, das Problem des neuen Rechts harrte ebenso einer Lösung.[94] Kanonisten[95] und Legisten[96] hatten im Verborgenen bahnbrechende neue Aspekte gesetzt. Die *lex regia,*[97] das Kaiserrecht, wie überhaupt das Römische Recht sind in ihrem Einfluß auf das mittelalterliche Rechtsdenken und der Wandlung zur Gesetzgebung bei weitem noch nicht genügend berücksichtigt.[98] Alle diese Erscheinungen haben auf Marsilius gewirkt,[99] wenn auch seine eigene Leistung, die sich nicht zuletzt in dem originären Begriff des *humanus legislator* ausdrückt,[100] ungeschmälert bleibt.

VI

Wenn man in Marsilius einen Vorläufer modernen Staatsdenken erblickt,[101] so geschieht dies nicht deshalb, weil der Einfluß seiner Theorien nicht nur bei seinen Zeitgenossen groß war: Marsilius hat auf die konziliare Bewegung des 15. Jahrhunderts gewirkt[102] und in der Reformation eine literarische Auferstehung gefeiert.[103] Ob Machiavelli, Hobbes und Locke ihn gleich Althusius benutzt haben, ist wahrscheinlich, aber nicht nachweisbar.[104] Der Bezug zum modernen Staatsgedanken erfolgt auch nicht deshalb, weil Marsilius seit dem 19. Jahrhundert die Wissenschaft beschäftigte und zu polemischen Auseinandersetzungen zwang, die zu den unterschiedlichsten Beurteilungen seiner Person und seines Werkes führten,[105] hat sich doch schon zu oft erwiesen, wie zufallsbedingt eine solche Diskussion entstehen, wie zufällig die Gestalt einer vergangenen Epoche dem Bewußtsein einer späteren Generation wieder lebendig werden kann. Was dazu vielmehr berechtigt, ist die zeitlose Auseinandersetzung mit dem Problem der Ordnung des menschlichen Gemeinwesens, in die Marsilius Aspekte hineinbrachte, die für das Verstehen des modernen Staates unerläßlich sind und deren Interpretation je nach Standort des Interpretierenden dazu beitrugen, das Bild des Marsilius so schillernd zu gestalten. Denn wenn Marsilius aus der Überlegung, daß die Gemeinschaft des Volkes selbst für die Verfassung des Staates zu sorgen habe, folgert, daß dann jeder Staat als Minimum seines Bestandes ein gewisses Maß an Einheit, Unabhängigkeit und Ausschließlichkeit besitzen müsse, so stellen diese Thesen einen entscheidenden Einschnitt in der Geschichte der politischen Philosophie dar: Einheit des politischen Regimes, das bedeutete die Absage an die Zwei-Gewalten-Lehre des Mittelalters; Unabhängigkeit des Gemeinwesens, das hieß Abwehr eines jeglichen Eingriffs der kirchlichen Hierarchie in die Belange des (Partikular-) Staates; Ausschließlichkeit der obersten rechtssetzenden Gewalt schließlich meinte die Einbeziehung eines jeden zum irdischen Leben gehörigen Sachbereichs in den Rahmen staatlicher Regelungen und setzte damit die Grundlage für einen Anspruch des Staates, der noch heute (wenn auch in viel gesteigertem Maße) besteht. Durch sein Eintreten für einen säkularen Staat, durch die Ablehnung letzter Normbezüge für die Rechtfertigung des Staates, seine Erfassung des Staates in den Begriffen der legitimen Zwangsgewalt und durch sein Fragen nach den Wirkursachen, nicht nach den Zweckursachen des Staates, leistete Marsilius einen grundlegenden Beitrag zur Entwicklung der Souveränitätstheorie des Staates.

Eberhard Schmitt

MACHIAVELLI

Kräftiger als anderswo ist sich die Welt des ausgehenden Mittelalters in Italien einer bislang ungekannten individuellen Ungebundenheit, einer in sich selbst Genüge findenden vitalen Schöpferkraft und einer explosiven säkularen Selbstsucht bewußt geworden. Früher als anderswo ist hier der Versuch, das Ebenmaß des klassischen Altertums wiederzugewinnen, in den als *l'art pour l'art* betriebenen Kult des ästhetischen, geistigen oder sinnlichen Genusses gemündet. Und nachhaltiger als anderswo hat sich hier der kritische Geist der modernen experimentellen Wissenschaft mit dem Bildungshunger, dem Geltungsdrang und mit der Finanzkraft kommunalen Mäzenatentums gepaart.[1]

Politisch ist dieses Italien der Hochrenaissance ein Mosaik unzähliger sich tödlich befehdender größerer und kleinerer Fürstentümer und Republiken. Ruhe und Frieden sind in diesem zerstückelten, von unaufhörlichen Kleinkriegen zerriebenen Land eine rare Ausnahme: denn in ständiger Vibration prallen die zahllosen Partikel, die sich Staaten nennen und zumeist Gewaltherrschaften sind, aufeinander. Die beherrschende Figur dieser Epoche ist der Condottiere: Er ist der Typ des berufsmäßigen Draufgängers und Heerführers, der auf eigene Rechnung und nach den Grundsätzen der Gewinnmaximierung eine eigene Truppe unterhält und an den meistbietenden Tyrannen vermietet. Dies hat für alle seine Vorteile: Es rationalisiert den Krieg und macht ihn zum finanziellen Unternehmen. Es legt ihn in die Hände des Geschicktesten und Skrupellosesten, aber es läßt ihn auch beendet sein, wenn er zum Verlustgeschäft zu werden droht. Er wird so nie fanatisch oder gar total. Denn der Condottiere will sich auch künftig, wie ein guter Anwalt aus der Tasche seiner Klienten, aus diesem Land ernähren.

Wesentlich für die politische wie persönliche Behauptung in dieser Epoche ist der Gesichtspunkt der Effizienz. Legitim herrscht, wer Erfolg hat und Gehorsam findet. Das bringt den Abbau der Ständeschranken mit sich und hat damit eine erstaunliche soziale Mobilität im Gefolge. Die erbitterte Konkurrenz all der kleinen Tyrannen, die sich gegenseitig die hervorragendsten Köpfe abzuwerben suchen, bietet so jedem wissenschaftlichen, künstlerischen oder militärischen Talent eine gewisse Chance: In der Tat kommen zu jener Zeit regelmäßig die neuesten Waffen, die neuen Belagerungstechniken, die Festungsarchitekturen aus Oberitalien. Doch mit der intensiven Individualisierung des Lebens stellt sich auf der anderen Seite natürlicherweise und mit durchschlagender Wirkung der Verlust aller moralischer Bindungen und Kriterien ein. Hier wird der isolierte Selbstbehauptungstrieb der jeweils kleinsten politischen Organismen,[2] wie Hans Maier bemerkt hat, zum wichtigsten Antrieb politischen Handelns: «In diesen vergleichsweise kleinen, in ein unaufhörliches *bellum omnium contra omnes* verstrickten Kommunen ist Politik nicht mehr eine sinnvolle Tätigkeit, die der Ordnung des Gemeinwesens dient, sie schrumpft zum technischen Utensil der Machtbehauptung.»[3] In diese Welt, die sich im kleinen in der Szenerie der Stadt Florenz widerspiegelt, ist Machiavelli hineingeboren.

I. Das Leben

Jacob Burckhardt hat diese Szenerie einmal folgendermaßen beschrieben: «Die höchste politische Bewußtheit, den größten Reichtum an Entwicklungsformen findet man vereinigt in der Geschichte von Florenz, welches in diesem Sinne wohl den Namen des ersten modernen Staates der Welt verdient.»[4] In dieser außerordentlichen Stadt, etwa halbwegs zwischen dem Palazzo Pitti und dem Ponte Vecchio, ist im gleichen Jahr 1469, da dort Lorenzo der Prächtige aus dem mächtigen Kaufmannsgeschlecht der Medici die Macht übernahm, Niccolò Machiavelli auf die Welt gekommen.

Über seine Jugend weiß man nicht allzuviel. Er entstammt einer in kleinbürgerlicher Enge lebenden Sippe von Kanzleischreibern, die früher, zur Stauferzeit, einmal vornehme und glühende Guelfen – Kaisergegner – gewesen waren. Inzwischen sind sie im nüchternen Milieu kleiner Beamter[5] zu Hause, die zwar noch nicht zum eigentlichen Proletariat, zu den *popolani* gehören, aber auch nicht mehr zu den Schichten, die in dieser Metropole des Geldhandels das sind, was als vornehm gilt: nämlich reich. Sie sind Mitglied an der untersten Stelle der Skala der oberen Zünfte, was wohl nicht ohne Bedeutung ist: So hat Dante, seinerzeit Mitglied der Gilde der Fernkaufleute,[6] von einem Universalreich geträumt. Boccacio, der Sohn eines Tuchhändlers, träumt vom Adel, vom galanten Rittertum. Und Machiavelli, Mitglied der Zunft der Notare, wird einmal das Bild eines ersehnten Principe beschwören.

Er erlebt als junger Mann mit wachen Augen das plebiszitär-demokratische Verfassungsexperiment des Dominikanermönchs und charismatischen Staatsführers Savonarola, dieses Wagnis einer improvisierten Theokratie, das von 1494 bis 1498 dauert. Aufmerksam wird er später das Abbröckeln der Herrschaft dieses ‹unbewaffneten Propheten› analysieren,[7] das mit der grauenvollen Hinrichtung auf dem Scheiterhaufen endet.

Italien als Ganzes steht in dieser Zeit unter dem Trauma der französischen, schweizerischen, spanischen und deutschen Invasionen. Seit 1494, seit dem Einmarsch des französischen Königs Charles VIII., ist das relative Gleichgewicht der bisherigen fünf Hauptmächte Venedig, Mailand,

Florenz, des Kirchenstaats und des Königreichs Neapel gebrochen. Hinzu kommt von 1498 bis 1503 das brutale und skrupellose Bemühen des Papstsprößlings Cesare Borgia (Sohn Alexanders VI.), sich eine eigene Herrschaft in Mittelitalien zu erkämpfen, sowie ab 1503 die gewaltige Anstrengung des neuen Papstes Julius II., den Kirchenstaat zur präponderierenden italienischen Territorialmacht zu erweitern. Daraus erwächst von selbst für Florenz die alles überschattende Aufgabe, durch geschicktes Lavieren seine bloße Existenz zu sichern.

Was Machiavelli betrifft, so erhält er beim politischen Revirement nach dem Tod Savonarolas mit neunundzwanzig Jahren das Amt, das er bis zum Untergang der republikanischen Verfassung im Jahre 1513 innehat: Als dem neuen Sekretär der Zweiten Kanzlei[8] obliegt ihm in Zukunft die Auswertung der Korrespondenz der Republik und die Abfassung offizieller Briefe. Gleichzeitig heben seine diplomatischen Sendungen als Begleiter wichtiger Verhandlungsführer an, die ihn in eine Reihe italienischer Städte, viermal an den französischen Hof nach Blois und Lyon und schließlich nach Basel und fünf Monate nach Tirol führen.

Von Anfang an sind seine Gesandtschaftsberichte das Zeugnis eines scharfen Beobachters und treffsicheren Kommentators, eine Fundgrube kluger Urteile über Personen, Zustände und Situationen. Vor allem die 52 Berichte, die er 1502 aus dem Lager des vom Erfolg umstrahlten mächtigen Cesare Borgia schickt, gehören zu seinen stilistischen Meisterwerken. Sie zählen zu den wichtigsten Dokumenten seines politischen Räsonierens: Denn an diesem Condottiere Borgia, der sich meisterhaft mit List, Brutalität und Verrat durchzuschlagen versteht, studiert er mit intensivem Interesse, wie in einem zerrissenen Land politische Macht aus dem Nichts gewonnen, gehalten und vermehrt werden kann unter der einzigen Voraussetzung, daß vor keinem Mittel zurückgeschreckt wird.

Daneben wird er kurzfristig zum Kommissar für den Krieg gegen Pisa ernannt, eine Gelegenheit, bei der er seine lebenslange Überzeugung von der völligen Unbrauchbarkeit launischer Söldner gewinnt. Aus dieser Einsicht heraus legt er einen umfassenden Entwurf vor, den der Große Rat 1506 zum Gesetz erhebt und der die Einrichtung einer Bürgermiliz vorsieht. Ihr Initiator Machiavelli kümmert sich in Person um alle Einzelheiten der Ausrüstung, Ausbildung und Verpflegung der neuen Armee. Freilich versagt sie bereits in der Feuertaufe: Bei der Verteidigung des Vorpostens Prato im Jahr 1512 gegen die Spanier läuft sie, anstatt zu kämpfen, Hals über Kopf davon und besiegelt so das Schicksal der Republik.

Damit kehren unter spanischer Hut die Medici als Herren in die Stadt zurück. Die republikanische Verfassung hat abzudanken und mit ihr Machiavelli, einer ihrer glühendsten Parteigänger. Eine Art Verbannung wird über ihn verhängt: Er darf das florentinische Gebiet nicht verlassen, aber den Umkreis des Regierungspalazzo nicht betreten. Mit diesem Zeitpunkt ist im Grunde Machiavellis Laufbahn zu Ende, mit 43 Jahren wird er in die politische Wüste geschickt. Nach einem guten Jahrzehnt erfolgloser Wiederanstellungsbemühungen wird er endlich nochmals zu Gutachten über Verfassungsfragen herangezogen und erhält von den Medici schließlich 1525 den Auftrag, den neuen Stadtmauerbau zu leiten. Nach erneuter Ausrufung der Republik und brüsker Amtsenthebung stirbt er 1527, magenkrank und seelisch gebrochen an der Enthaltsamkeit von der Politik, die ihm das Lebenselement bedeutete.

II. Der Erfahrungs- und Denkansatz

Bevor wir nun an die Darstellung und Analyse der politischen Lehre Machiavellis gehen, haben wir zweierlei zu bedenken: Zum einen ist es nicht unsere Aufgabe, zu untersuchen und festzulegen, was etwa als Machiavellismus anzusprechen sei. Die mit diesem Schlagwort grob angedeutete Verbindung von bedenkenloser Brutalität und Verschlagenheit im Durchsetzen politischer Ziele ist ersichtlich ein seit Jahrtausenden anzutreffendes historisches Phänomen. Ob und wieweit diese Haltung von Machiavelli gerechtfertigt wird, davon wird zwar zu sprechen sein. Nicht aber davon, ob sie seither häufiger auftritt und ob dies kraft des Einflusses unseres Florentiners geschieht. Dieses umstrittene Problem bleibt außerhalb unserer Bemühung.

Zum anderen ist im Lauf der Jahrhunderte viel Anerkennendes und Abwertendes über Machiavelli geäußert worden: von Staatsmännern, politischen Denkern und Journalisten und schließlich wissenschaftlichen Interpreten.[9] Der Fächer dieser Aussagen reicht von flammenden Polemikern – etwa der Friedrichs des Großen, die 1740 im Haag unter dem Titel *Antimachiavel ou Essai de critique sur le prince de Machiavel* erschien[10] – bis zur offiziellen Haltung des faschistischen Italien unter Mussolini, wo Machiavelli zum Nationalhelden avancierte. In der Folge wird zwischen derartigen Aussagen und dem, was sich bei Machiavelli selbst findet, aufs strengste zu unterscheiden sein.

Am 10. Dezember 1513 hat Machiavelli an seinen Freund Francesco Vettori, den damaligen florentinischen Gesandten am päpstlichen Hof in Rom, jenen berühmten Brief geschrieben, den man als Schlüssel zu seinem Leben wie zu seinen Schriften ansehen kann. Er schreibt darin voller ironischer Resignation, wie er seine Tage mit den Bauern, Holzfällern und Ziegelbrennern verbringt, wie er, statt an Fürstenhöfen zu verhandeln, die Durchreisenden in der Schenke nach den Neuigkeiten der Welt ausfragt und wie er sich schließlich am Nachmittag beim Wein und Tricktrackspiel den Kopf erhitzt:

«In diese Gemeinheit eingehüllt, hebe ich den Kopf aus dem Schimmel hervor und spotte meines tückischen Geschicks, zufrieden, daß es mich auf diese Weise tritt, weil ich sehen will, ob es sich dessen nicht schämt.

Wenn der Abend kommt, kehre ich nach Hause zurück und gehe in mein Schreibzimmer. An der Schwelle werfe ich die Bauerntracht ab, voll Schmutz und Kot, ich lege prächtige Hofgewänder an und, angemessen bekleidet, begebe ich mich in die Säulenhallen der großen Alten. Freundlich von ihnen aufgenommen, nähre ich mich da mit der Speise, die allein die meinige ist, für die ich geboren ward. Da hält mich die Scham nicht zurück, mit ihnen zu sprechen, sie um den Grund ihrer Handlungen zu fragen, und herablassend antworten sie mir. Vier Stunden lang fühle ich keinen Kummer, vergesse alle Leiden, fürchte nicht die Armut, es schreckt mich nicht der Tod; ganz versetze ich mich in sie. Weil Dante sagt, es gebe keine Wissenschaft, ohne das Gehörte zu behalten, habe ich aufgeschrieben, was ich durch ihre Unterhaltung gelernt, und ein Werkchen *de principatibus* geschrieben, worin ich die Fragen über diesen Gegenstand ergründe, so tief ich kann, betrachtend, was ein Fürstentum ist, wie viele Gattungen es gibt, wie man sie erwirbt, wie man sie erhält, wie man sie verliert.»[11]

Machiavelli schreibt bei dieser Gelegenheit seine Gedanken so nieder, wie sie ihm kommen. Er hat bereits im ersten Jahr seines Exils seine beiden späteren Hauptwerke begonnen: die großen *Betrachtungen über die ersten zehn Bücher des Titus Livius* (die *Discorsi*) und die geraffte kleine Schrift *Der Fürst (Il Principe),* die er bereits im gleichen Jahr vollendet und der er ursprünglich – wie wir gehört haben – den Titel *De principatibus* zugedacht hat. Doch damit lange nicht genug: Er verfaßt Poesien, Zeitgedichte, Charakterskizzen, auch einige Komödien, die von vielen wegen ihrer Anstößigkeit abgelehnt werden, sodann seine *Sieben Bücher über die Kriegskunst*[12] und als Auftragswerk im Dienst der Medici die – freilich über lange Partien ermüdende – *Geschichte von Florenz.*

Nirgends aber findet sich in den Zeilen dieser Jahre ein Hinweis darauf, daß ihn das theoretische Leben befriedigt habe. Seine Briefe sind voll von politischen Reflexionen über das aktuelle diplomatische Geschehen. «Das Schicksal wollte», so schreibt er bereits am 9. April 1513 an Francesco Vettori, «daß ich weder von Seide noch Wollweberei, weder von Gewinn noch Verlust zu reden weiß; ich muß vom Staate reden; ich muß das Gelübde tun, stillzuschweigen, oder davon reden.»[13] Mit allen Fasern seines Lebens ist er der Praxis, dem politischen Handeln verschrieben. Noch aus der Ferne seines Landgütchens denkt er die politischen Aktionen der Weltbühne leidenschaftlich mit, und sein theoretisches Interesse erwacht dabei vor allem, wenn er von einem praktischen Fall eine Verbindungslinie zu einem anderen zu ziehen vermag. So bleibt Machiavelli stets ein Mann der Aktion, auch noch am Schreibtisch. Und in der Tat ließe sich der theoretische Gehalt seiner Schriften im wesentlichen auf ein Brevier von Erfahrungsweisheiten und daraus abgeleiteten, mit historischen Parabeln versehenen Verhaltensanweisungen für einzelne durchdachte politische und militärische Fälle reduzieren.

Die Frage, ob er bei diesen seinen Parabeln dem Gegenwartsgeschehen, der Zeitgeschichte also, oder der klassischen Geschichte die größere Beispielhaftigkeit eingeräumt habe, ist umstritten, sie ist wohl am abgewogensten dahin zu beantworten, daß es jeweils davon abhängt, worauf Machiavelli gerade hinaus will.[14] Den Ruhm und die Rechtschaffenheit großer Männer, die Beständigkeit wohlgeordneter Reiche beschwört er meist an den fernen Beispielen Roms oder Spartas, gelegentlich auch am Vorbild der alten Republik Venedig, während er an seiner eigenen Zeit die Irrationalität und Unbeständigkeit der zusammengelaufenen Masse, die Hybris der Großen und die Verworfenheit der Sitten beider vorführt.

Dringender und wichtiger erscheint uns jedoch, nach Möglichkeit das Zentrum seines Denkansatzes ausfindig zu machen, und des weiteren, festzustellen, welches die Prämissen sind, die seinen zahlreichen wertenden, jedoch nicht unmittelbar triftig begründeten Aussagen zugrunde liegen. Denn von hier fällt auch ein Licht darauf, was Machiavelli mit seinen Schriften bezweckt haben mag und was demnach von vorrangiger Bedeutung ist.

Jacob Burckhardt hat einmal von der «allgemeinen Superiorität florentinischen Urteilens und Schilderns»[15] in dieser Epoche gesprochen. Keine andere Äußerung charakterisiert die besondere geistige Atmosphäre dieser Stadt Florenz trefflicher, diese hochintellektuelle Ambiance, die dem kritisch beobachtenden und reflektierenden Kopf Machiavelli die Attitude der gedanklichen Analyse zur Selbstverständlichkeit werden läßt. Denn wahrhaftig, in dieser Hochburg des abwägenden Kalküls hat man seine Zeit selten damit vertrieben, Luftschlösser zu bauen. Diesem Geist seiner Vaterstadt erweist Machiavelli nur die Referenz, wenn er im *Principe* ausführt:

«Da es meine Absicht ist, zum Nutzen derer zu schreiben, die mich verstehen, schien es mir richtiger, mich an die tatsächliche Gestalt der Dinge zu halten als an ein Phantasiebild. Viele haben sich Republiken und Fürstentümer ausgemalt, von deren Existenz man nie etwas gesehen noch vernommen hat. Denn zwischen dem Leben, wie es ist, und wie es sein sollte, ist ein so gewaltiger Unterschied, daß, wer das, was man tut, aufgibt für das, was man tun sollte, eher seinen Untergang als seine Erhaltung bewirkt; ein Mensch, der immer nur das Gute tun wollte, muß zugrunde gehen unter so vielen, die nicht gut sind.»[16]

Die pure Realität des politischen Lebens ist es also, was Machiavelli untersuchen will. Sonst fesselt ihn nichts. Hier aber sind es zwei Themen, und zwar zwei Formen der politischen Verfaßtheit, um die sein Denken unaufhörlich kreist: «Alle Staaten, alle Herrschaften, die Gewalt über die

Menschen besessen haben und besitzen, waren und sind Republiken oder Fürstentümer.»[17] An anderer Stelle sagt er, daß aus allen politischen Kämpfen immer nur dreierlei hervorgehe: nämlich entweder Alleinherrschaft oder Freiheit oder Anarchie.[18] Dabei scheidet das letztere, das Fehlen einer politischen Ordnung und irgendgearteten Verfassung, von vornherein aus allen Betrachtungen aus; darüber nachzudenken, lohnt nicht der Mühe.[19] Was die beiden anderen Resultate politischer Kämpfe betrifft, nämlich die Verfassungsformen der *Alleinherrschaft* und der *Freiheit*, so versteht Machiavelli darunter genau das, was er anderwärts in die Bezeichnungen ‹Fürstentümer› und ‹Republiken› gefaßt hat.

Die Fürstentümer behandelt er im *Principe*. Von den Republiken handeln die *Discorsi*. Welchem von beiden Regimen seine Sympathie gehört, darüber kann übrigens nur nach einer flüchtigen und isolierten Lektüre des *Principe* ein Zweifel bestehen. Bezieht man die viel gedankenreicheren *Discorsi* mit ein, so zeigt sich, daß er bei sich selbst der Republik den Vorrang gibt, sie aber keineswegs im allgemeinen gutheißt. Denn er betont mit Nachdruck: «Nicht das Wohl des einzelnen, sondern das Gemeinwohl ist es, was die Staaten groß macht. Ohne Zweifel wird für dies Gemeinwohl nur in Republiken gesorgt, denn dort geschieht alles, was zu seiner Förderung dient, wenn es auch zum Schaden dieses oder jenes einzelnen gereicht.»[20] Und weiter: «Wo also große Gleichheit herrscht oder hergestellt ist, gründe man eine Republik, wo hingegen große Ungleichheit herrscht, errichte man eine Monarchie, sonst schafft man etwas, was ohne Verhältnis und von kurzer Dauer ist.»[21] Was die Gründung einer solchen Herrschaft eines einzelnen betrifft, so urteilt er mit ungewöhnlicher Leidenschaft: «So lobenswert die Gründer eines Königreiches oder einer Republik sind, so fluchwürdig sind die einer Tyrannenherrschaft.»[22]

Doch geht es Machiavelli nicht darum, ein für allemal moralische Prioritäten festzulegen. Sie schimmern bei ihm auf. Aber sein eigentliches Anliegen ist, *sine ira et studio* die Bedingungen für die Einrichtung wie die Erhaltung von Republiken und Fürstentümern aufzuzeigen. Dieses Bemühen, «alle Dinge zu erörtern»,[23] kennzeichnet ihn zuallererst. Hierbei arbeitet er, wie er sagt, nach zwei Methoden;[24] er benutzt zum ersten Vernunftschlüsse, er deduziert nach den Regeln der Logik, worin er Meister sein kann, wenn er will. Des weiteren aber urteilt er auch stets nach dem Erfolg, nach dem erzielten Ergebnis. Und dieses, so stellt er trocken fest, läßt sich mit den unterschiedlichsten Mitteln erreichen, meistens mit den skrupellosesten, während umgekehrt gleiche Mittel häufig zu entgegengesetzten Ergebnissen führen.[25]

Nie erhebt er dabei – trotz allem, was über ihn geschrieben wurde[26] –, den Anspruch, feste Regeln, ein System oder absolute Wahrheiten über die Gesellschaft zu äußern. Die einzigen unverrückbaren Annahmen, von denen sein Denken immer beherrscht ist, sind die beiden folgenden:

Zum ersten ist es für ihn eine ausgemachte Sache, daß die Welt stets dieselbe und die Natur der Menschen (immer spricht er von der Vielzahl, einen abstrakten Menschen oder den Prototyp eines Menschen kennt er nicht) in ihren wesentlichen Zügen konstant sei: «Wenn ich den Lauf der Welt bedenke», sagt er etwa in der Einleitung zum zweiten Buch der *Discorsi*, «so finde ich, daß die Welt stets die gleiche war. Es gab immer soviel Böses wie Gutes, aber beides wechselte von Land zu Land. So wissen wir aus der Geschichte, daß die alten Reiche durch den Wechsel der Sitten bald stiegen, bald sanken; die Welt aber blieb die gleiche.»[27] Und im *Principe* kommt er zu dem Schluß, «daß, da die Zeiten sich ändern, die Menschen aber an ihrer Art festhalten, sie glücklich sind, solange beide zusammenpassen, und unglücklich, sowie diese Übereinstimmung fehlte».[28] Die Idee der späteren aufklärerischen *perfectibilité*, der physischen und psychisch-moralischen Vervollkommnungsfähigkeit der Menschen, wäre einem so nüchternen und skeptisch denkenden Kopf wie Machiavelli mutmaßlich wie ein Hirngespinst erschienen.

Seine andere, zweite Prämisse, die er ohne Unterlaß wiederholt, besagt mit beharrlicher Sicherheit, daß die Menschen im allgemeinen wankelmütig, egoistisch und undankbar seien: «Von den Menschen läßt sich nur Schlechtes erwarten, wenn sie nicht zum Guten gezwungen sind.»[29] Sie seien von Natur ehrgeizig und mißtrauisch und könnten im Glück niemals maßhalten,[30] sie würden den Besitz höher als die Ehre schätzen,[31] sie ließen sich leicht verführen,[32] sie seien treulos,[33] neuerungssüchtig, im Glück übermütig und im Unglück verzagt,[34] sie vergäßen schneller des Vaters Tod als den Verlust des väterlichen Erbes,[35] kurzum: «Wie alle Schriftsteller beweisen und zahlreiche geschichtliche Beispiele bezeugen, muß der Ordner eines Staatswesens und der Gesetzgeber davon ausgehen, daß alle Menschen böse sind und stets ihrer bösen Gemütsart folgen, sobald sie Gelegenheit dazu haben.»[36]

Daneben gibt es für Machiavelli weitere, gewissermaßen völlig selbstverständliche Voraussetzungen politischen Denkens, die jeder einzelnen seiner zu Papier gebrachten Zeilen zugrunde liegen: Er geht unbeirrt davon aus, daß Ordnung und lange Dauer eines Staatswesens allem anderen vorzuziehen sei. Auf einer etwas zurückgesetzten Ebene folgen als weitere Güter die Freiheit, die Gottesfurcht, die Waffentüchtigkeit und der Ruhm.

III. Il Principe

Fürstentümer sind, wie gesagt, den Republiken entgegengesetzt, sie werden im *Principe* abgehandelt. Hier nimmt sich Machiavelli nacheinander die verschiedenen Typen der Alleinherrschaft (Kap. 2–11), das Problem der militärischen *virtù* (Kap. 12–14) sowie die verschiedenen Verhaltensweisen, die der Herrscher zu befolgen oder zu vermeiden hat (Kap. 15–23), vor. Hieran knüpft er seine Schlußfolgerungen.

Wie Aristoteles geht Machiavelli vom Allgemeinen zum Besonderen. Es gibt zwei Arten von Fürstentümern: die ererbten und die neugegründeten. Die ersten geben keine Schwierigkeiten auf; verfügt ein Herrscher über «eine nur durchschnittliche Geschicklichkeit», so kann er sich behaupten, da seine Untertanen an ihm hängen und ihm im Krieg nicht in den Rücken fallen. Das hat sich erst wieder in den Jahren 1484 und 1510 beim Herzog von Ferrara erwiesen, der den Angriffen der Venezianer und des Papstes Julius' II. zu wiederstehen vermochte.

Doch bereits das dritte Kapitel des *Principe* versetzt den Leser in die politische Problematik der Zeit, dieser Epoche, deren Charakteristikum so handgreiflich der Triumph des Stärkeren ist:

«Die Eroberungssucht ist etwas sehr Natürliches und Verbreitetes, und sooft Fürsten auf Eroberungen ausgehen, die die Macht dazu haben, werden sie gepriesen oder wenigstens nicht getadelt. Wenn ihnen aber die Kräfte zu Eroberungen fehlen, und sie doch um jeden Preis solche machen wollen, so ist das verkehrt und verdient Tadel.»[37]

Diese Kritik ist auf den französischen König Louis XII gemünzt, der Mailand zweimal besetzt hatte und zweimal wieder räumen mußte, weil er keinen hinreichenden Rückhalt besaß: Denn erst bei militärischer Stärke ist der Gedanke an Territorialgewinn diskutabel. Damit leitet Machiavelli zur Frage des Herrschaftserwerbes über. Grundsätzlich kommen vier Wege, Herrschaft zu erlangen, in Betracht: Entweder erwirbt man sie durch eigenes Verdienst *(virtù)* oder mit Hilfe des Glücks und günstiger Umstände *(fortuna)* oder durch ein Verbrechen oder schließlich durch die Gunst der Mitbürger.

«Um zunächst von denen zu sprechen, die ihr eigenes Verdienst und nicht das Glück zu Fürsten gemacht hat, so nenne ich als die Hervorragendsten Moses, Cyrus, Romulus, Theseus und ähnliche.»[38] Wenngleich sie alle die Gunst des Augenblicks genutzt hätten, so habe doch erst ihre eigene Größe den Ausschlag gegeben.

Um *virtù* und *fortuna* plastisch voneinander abzugrenzen, zitiert Machiavelli zwei damals weltbekannte Namen, nämlich die der beiden Condottiere Francesco Sforza und Cesare Borgia:

«Francesco schwang sich durch die geeigneten Mittel und großes persönliches Verdienst zum Herzog von Mailand auf, und was er unter tausend Nöten und Gefahren erworben hatte, behauptete er mit geringer Mühe. Cesare Borgia andrerseits, im Volksmund der Herzog Valentino geheißen, gelangte zur Macht durch das Glück seines Vaters und verlor sie, als dies sein Ende fand.»[39]

Erstaunlicherweise reiht Machiavelli den Fall Borgia nicht in die Kategorie «Herrschaftserwerb durch Verbrechen ein». Vielmehr führt er dafür den Sizilianer Agathokles an, der es seinerzeit als Sohn eines Töpfers bis zum Tyrannen von Syrakus brachte und sogar die Karthager zum Abzug aus Sizilien nötigen konnte: Ein derartiges Emporkommen kann man «nicht Verdienst nennen, wenn einer seine Mitbürger niedermetzelt, seine Freunde verrät, Treue, Glauben und Gottesfurcht nicht kennt. Auf diese Weise kann man wohl Macht erwerben, aber keinen Ruhm».[40]

Der vierten Kategorie, dem Herrschaftserwerb dank der Gunst der Mitbürger, bringt Machiavelli wenig Interesse entgegen. «Nicht so sehr reines Glück oder Verdienst als eine von Glück begleitete Schlauheit»[41] habe der nach Macht Trachtende dabei an den Tag zu legen. Und besser sei es, wenn er sich die Anhänglichkeit der Masse und nicht die Gunst der Vornehmen verschaffe, «da das Volk nichts weiter verlangt als Schutz vor Unterdrückung»,[42] während er von den Großen immer Intrigen zu befürchten habe. Freilich habe er unumgänglich zwischen beiden Parteien zu wählen, «denn in jeder Stadt finden sich zwei entgegengesetzte Strömungen, insofern das Volk sich nicht von den Großen beherrschen und unterdrücken lassen will, und die Großen darauf ausgehen, das Volk zu beherrschen und zu unterdrücken».[43] Einen weiteren Typ legaler Herrschaft bilden sodann die geistlichen Fürstentümer, wobei Machiavelli wohl vor allen Dingen an den Kirchenstaat und die geistlichen Kurfürstentümer und zahlreichen Hochstifte und Reichsabteien Deutschlands denkt:

«Nur diese Herrscher haben Staaten, ohne sie zu verteidigen, und Untertanen, ohne sie zu regieren, und die Staaten gehen ihnen nicht verloren, obwohl sie schutzlos sind, und die Untertanen kümmern sich nicht darum, daß sie nicht regiert werden und wollen und können nicht von ihnen abfallen. Nur diese Fürsten genießen also Sicherheit und Glück. Aber da sie höheren Gesetzen unterworfen sind, die der menschliche Verstand nicht fassen kann, will ich nicht weiter von ihnen reden. Denn da Gott ihr Gründer und Beschirmer ist, wäre es anmaßend und vermessen, über sie zu urteilen.»[44]

Halten wir kurz inne: Die Mischung von Ehrerbietung und Sarkasmus ist hier kaum zu überhören. Und in der Tat hat Machiavelli der christlichen Kirche mehr als einmal vorgeworfen, alles Unglück Italiens heraufbeschworen zu haben. Sie, allein macht er verantwortlich für die allerorts eingerissene Verachtung der Ehre und aller soldatischen Tugenden:

«Unsere Religion hat mehr die demütigen und beschaulichen Menschen als die tätigen selig gesprochen. Sie hat das höchste Gut in Demut, Entsagung und Verachtung des Irdischen gesetzt; jene [das Heidentum] setzte es in hohen Mut, Leibesstärke und alles, was den Menschen kraftvoll macht. Verlangt auch unsere Religion, daß man stark sei, so will sie doch, daß man diese Stärke im Leiden und nicht in kraftvollen Taten äußert. Diese Lebensweise scheint also die Welt schwach gemacht und sie den Bösewichtern zur Beute gegeben zu haben.»[45]

Dieses Problem der soldatischen und staatsmännischen Tüchtigkeit – die er *virtù*[46] nennt – hat Machiavelli intensiv beschäftigt. In den Kapiteln 12–14 des *Principe* weist er den Fürsten an, seinen Sinn stets und konzentriert auf militärische Übungen zu richten, sonst werde ihm sein Staatswesen unweigerlich entrissen: «Ein Fürst soll also kein andres Ziel und keinen andern Gedanken haben und sich in keiner andern Kunst üben als im Krieg und seinen Regeln und Erfordernissen.» Und weiter: «Was die geistige Vorbereitung auf den Krieg anlangt, so muß der Fürst die Geschichte studieren und hierbei sein Augenmerk auf die Taten großer Männer richten, beachten, wie sie im Kriege verfahren sind, die Ursachen ihrer Siege und Niederlagen erforschen, um diese zu vermeiden und jene zum Muster zu nehmen.»[47] Aber mit seiner eigenen Tüchtigkeit allein ist es nicht getan. Mit gleicher Energie muß der Fürst bei seinem Volk auf Waffentüchtigkeit sehen: Denn der Anfang vom Ende eines jeden Reiches sei noch immer die Anwerbung von Söldnertruppen gewesen. Rom und Sparta und gegenwärtig die Schweiz böten die Exempel, wie man durch Wehrhaftigkeit die Freiheit und Ehre bewahre und Ruhm dazugewönne.

Hier zeigt sich, daß es Machiavelli nicht nur darauf ankommt, das vordringlichste technische Utensil für Machterwerb und Machtbewahrung bereitzustellen, sondern daß er diese Macht auch um eines bestimmten Grundes willen begrüßt, wovon noch zu sprechen sein wird.

Wie hat sich nun der neue Fürst gegenüber seinen Untertanen und Gegnern zu verhalten? Machiavelli zeichnet hier mit sehr knappen, scharfen Strichen das Porträt jenes erfolgreichen Principe, mit dem man später häufig sein gesamtes Denken identifizierte und das ihn in äußersten Mißkredit gebracht hat, ohne daß man bedachte, daß diese seine Ratschläge und Situationsanalysen lediglich für neuerworbene Herrschaften gelten, die sich auf nichts als auf List und blanke Schwerter zu stützen vermögen. In der Tat hat hier Machiavelli geradezu eine Technik[48] des Wohltuns wie der Grausamkeiten der Heuchelei und des Wortbruchs entwickelt, die orientiert ist an jener oben erwähnten Grundprämisse, die besagte, «daß alle Menschen böse sind und stets ihrer bösen Gemütsart folgen, sobald sie Gelegenheit dazu haben».[49]

Der Sorgen und Gefahren, deren sich der Fürst demnach zu erwehren hat, sind zweierlei, nämlich «innere von seiten der Untertanen und äußere von seiten der fremden Machthaber».[50] Um sich in dieser Lage an der Herrschaft zu halten, darf er vor nichts zurückschrecken: «So muß der Fürst Milde, Treue, Menschlichkeit, Redlichkeit und Frömmigkeit zur Schau tragen und besitzen, aber wenn es nötig ist, sie in ihr Gegenteil verkehren.»[51] Er muß es verstehen, sich mit dem Winde zu drehen. Er muß jede Handlung im voraus auf ihre Auswirkung abschätzen: Wohltaten muß er tropfenweise verabreichen, damit sie sich besser einprägen, Grausamkeiten schlagartig vollführen, damit sie rascher vergessen werden. Wo Ehrlichkeit nicht weiterhilft, da ist unvermittelt Betrug und Wortbruch angebracht. Doch bei all dem bleibt Lüge stets Lüge, Mord stets Mord, das betont Machiavelli mit Nachdruck. Aber Politik ist ohne Spielregeln. Sie kennt keinerlei Satzungen, sie ist Catch-as-catch-can. Sie hat nie Substanz in sich, sie ist lediglich Mittel zum Erwerb und zur Bewahrung der Herrschaft.

Daß alle diese Aussagen einem bestimmten Grundgedanken untergeordnet sind, hat jedoch schon Leopold von Ranke erkannt, der seinerzeit – im Jahr 1824 – schrieb: «Er suchte die Heilung Italiens; doch der Zustand desselben schien ihm so verzweifelt, daß er kühn genug war, ihm Gift zu verschreiben.»[52] Die neuere Machiavelli-Forschung hat dieses Urteil Rankes inzwischen wieder aufgegriffen und vertieft: Sie hat erwiesen, daß Machiavelli, dieser Chronist mit dem kühlen Kopf eines Thukydides und dem heißen Herzen eines Titus Livius, bewußt einen Mythos schuf, den Mythos jenes erfolgreichen Mannes, dem es gelingen könnte, das Schicksal Italiens unter seine Botmäßigkeit zu zwingen.[53] Unter diesem Aspekt ist denn auch die berühmte Stelle zu lesen, wo davon die Rede ist, daß der Fürst Fuchs und Löwe zu sein habe:

«Man muß nämlich wissen, daß es zweierlei Waffen gibt: die des Rechtes und die der Gewalt. Jene sind dem Menschen eigentümlich, diese den Tieren. Aber da die ersten oft nicht ausreichen, muß man gelegentlich zu den andern greifen. Deshalb muß ein Fürst verstehen, gleicherweise die Rolle des Tieres und des Menschen durchzuführen . . . Da also ein Fürst imstande sein muß, die Natur eines Tieres anzunehmen, so muß er sich den Fuchs und den Löwen aussuchen; denn der Löwe ist wehrlos gegen Schlingen, der Fuchs gegen Wölfe . . . Wenn alle Menschen gut wären, wäre diese Vorschrift nicht gut; da sie aber schlecht sind, und dir die Treue nicht halten würden, brauchst du sie ihnen auch nicht zu halten.»[54]

Hier hat sich der politisch Handelnde deshalb auf die Stufe des Tierseins zu begeben, weil die ihm eigenen Mittel, nämlich die Waffen des Rechts, versagen. Die geschickte Rhetorik täuscht aber nicht darüber hinweg, daß die These von der Verworfenheit der Menschen bewußt eingesetzt wird, um etwaige Skrupel auf seiten des Fürsten restlos zu beseitigen. Und keine andere Absicht steht auch hinter einem Satz wie diesem: «Man muß nur verstehen, der Fuchsnatur ein gutes Ansehen zu geben, und ein Meister sein in Heuchelei und Verstellung: Denn die Menschen sind so einfältig und gehorchen so leicht dem Zwang des Augenblicks, daß ein Betrüger stets einen finden wird, der sich betrügen läßt.»[55] Die Vorstellung, Machiavelli habe damit allzeitig gültige Regeln der Politik aussprechen wollen,[56] wird weder dem Zusammenhang gerecht noch zieht sie in Betracht, daß der scharfsinnige Autor des Satzes sehr wohl das Paradox gesehen haben dürfte, das darin liegt, ein Verhalten zu empfehlen, das höchstens dann zum Erfolg führen mag, wenn sich nicht mehr als ein Einziger innerhalb der politischen Arena daran hält.

In der Tat haben wir in diesem Zusammenhang nie aus den Augen zu verlieren, daß Italien seit zwei Jahrzehnten zum Spielball fremder Mächte geworden ist. Die demütigenden und bitteren Erfahrungen dieser Zeit hätten wahrscheinlich auch einen weniger intelligenten und sensitiven Charakter als Machiavelli von der Bedeutung nackter Gewalt überzeugt. Daß somit derartige Zeilen vor allem zeitbezogen sind, daß sie die Beschwörung der großen, historisch überragenden Führerpersönlichkeit darstellen, die der gegenwärtigen Not[57] steuern könnte, wird einleuchten. Am Ende des *Principe* wird denn auch dieses Problem in aller Deutlichkeit aufgerollt; hier wird erörtert, warum Italien der einbrechenden Flut keine «hinreichend starke Schutzwehr entgegenstellte wie Deutschland, Spanien und Frankreich»[58] es jederzeit vermögen, und was ein neuer Fürst zu tun habe, um sich eine Stellung wie ein angestammter zu erringen. Und Machiavelli schließt mit der so oft übersehenen Passage:

«So laßt denn diese Gelegenheit nicht ungenutzt vorübergehen, auf daß unserm Lande nach so langer Zeit ein Retter erscheine. Worte können nicht sagen, mit welcher Liebe ihn all die Gebiete aufnehmen würden, die unter dem Einbruch der Fremden gelitten haben, mit welchem Rachedurst, welcher unerschütterlichen Treue, welcher Ehrfurcht, welchen Tränen! Wie könnte sich ihm ein Dummkopf verschließen, ein Volk den Gehorsam versagen, wie könnte gegen ihn Neid sich regen, wie ein Italiener ihm nicht huldigen: Einen jeden ekelt die Herrschaft der Barbaren!»[59]

IV. Die Discorsi

Handelte der *Principe* in der Hauptsache von neuerworbenen Fürstentümern, so sind die *Discorsi* der Analyse der Einrichtung und der Bewahrung von Republiken gewidmet. Sie sind zwar ebenso vom bitteren Bewußtsein der italienischen Krise durchdrungen wie der kleinere Traktat vom Fürsten, doch gewinnt hier die theoretische Konstruktion, die geboren ist aus der schneidenden Kritik an politischen Techniken, Institutionen, an Mentalität und Gesittung der jüngeren kommunalen und regionalen Geschichte, tiefere Dimensionen, sie ist gereinigter von den Schlacken der Leidenschaft, sie ist überlegter und überzeugender.

Die *Discorsi* bestehen aus drei Büchern, deren erstes die ‹innere Politik› abhandelt, deren zweites sich mit der ‹äußeren Politik und Kriegsführung› auseinandersetzt und deren drittes schließlich den Vorbildern, den ‹führenden Männern›, deren die Republik bedarf, gewidmet ist.

Eingehender als im Principe wendet sich Machiavelli hier der *virtù* zu, der schöpferisch-staatsmännischen Tüchtigkeit: *Virtù*, das ist zwar nicht die von Cicero her wohlbekannte Anständigkeit und männliche Kraft des römischen Quiriten, die berühmte *virtus* etwa eines Scipio, aber es ist doch ein Plus an Lebenskraft, das einem ohnehin starken Wesen mitgegeben ist und als politische Energie in ihm bereit liegt: «Diese Vereinigung von Kraft und Talent ist es, was bei Machiavelli *virtù* heißt und auch mit scelleratezza verträglich gedacht wird.»[60] *Virtù*, das ist die einem Manne mitgegebene Fähigkeit, großen und dauernden Erfolg zu haben, Staaten zu erwerben, Reiche zu schaffen und zu halten, sie ist «das Ferment, das im menschlichen Wesen politische Binde- und Bildekraft hervorruft»[61] und auf diese Weise menschliche politische Ordnung von zeitlicher Dauer und räumlich erheblichem Umfang erzielt. Ein Moses, ein Lykurg, ein Romulus, aber in minderem Maße auch ein Cesare Borgia haben *virtù* besessen.

In der Einleitung zum zweiten Buch der *Discorsi* stehen jene berühmten Sätze Machiavellis über ihre Erscheinungsweise in der Geschichte:

«Es gab immer soviel Böses wie Gutes, aber beides wechselte von Land zu Land. Wenn auf das römische Reich kein Reich von längerer Dauer mehr folgte, in dem die Welt ihre ganze Tugend vereint hätte, so zeigt diese sich doch unter verschiedene tüchtige Völker verstreut. Derart war das fränkische Reich, das türkische, das des Sultans,[62] heute die Völker Deutschlands und früher der sarazenische Stamm, der so Großes vollbracht, so viele Länder erobert und schließlich das oströmische Reich zerstört hat. In all diesen Ländern und bei all diesen Völkern herrschte nach dem Verfall des römischen Reiches jene Tugend, die man zurücksehnt und mit Recht preist, ja, man trifft sie zum Teil noch jetzt an.»[63]

Doch stets verdankt ein Staatswesen einer überragenden Schöpferpersönlichkeit seine Größe und seinen Bestand. Die Stifter von Religionen stehen dabei in Machiavellis persönlicher Rangordnung an erster Stelle, ihnen folgen die Gründer von Reichen und Republiken und sodann all jene Heerführer, die ihr Vaterland vergrößern halfen:

«Schändlich und verabscheuungswürdig sind dagegen die Zerstörer der Religionen, die Zertrümmerer der Reiche und Republiken, die Feinde der Tugend, der Wissenschaften und jeder Kunst, die dem Menschengeschlecht Nutzen und Ehre bringt, als da sind die Gottlosen und Gewalttätigen, die Unwissenden und Müßiggänger, die Niederträchtigen und die Taugenichtse.»[64]

Schon im *Principe* hatte Machiavelli gute Gesetze und ein gutes Heer als wesentliche Grundlagen eines festgefügten Staates bezeichnet.[65] In den *Discorsi* faßt er nun in klare Worte, daß Waffentüchtigkeit nur *ein* Element eines wohlgeordneten Gemeinwesens sei: «Monarchien und Republiken, die sich unverdorben erhalten wollen, müssen vor allem die religiösen Bräuche rein und in Ehrfurcht erhalten. Denn es gibt kein schlimmeres Zeichen für den Verfall eines Landes als die Mißachtung des Gottesdienstes.»[66]

Und an anderer Stelle: «Beim aufmerksamen Lesen der römischen Geschichte wird man stets finden, wie sehr die Religion zum Gehorsam im Heere, zur Eintracht im Volke, zur Erhaltung der Sittlichkeit und zur Beschämung der Bösen beitrug ... Wie aber die Gottesfurcht die Ursache für die Größe der Staaten ist, so ist ihr Schwinden die Ursache ihres Verfalls.»[67] Zur gegenwärtigen Zeit scheine man völlig zu übersehen, daß immer und überall Kriegstüchtigkeit einfacher Lebenshaltung und ehrerbietigem Respekt vor den Gesetzen entspringe, daß dem aber wiederum Gottesfurcht zugrunde liege.[68]

Hier wird augenfällig, daß Machiavelli aus gutem Grund die Religionsstifter über die Staatengründer stellt, denn ohne Religion kann man keinen Staat gründen:

«In der Tat gab es nie einen außerordentlichen Gesetzgeber bei einem Volke, der sich nicht auf Gott berufen hätte, weil seine Gesetze sonst gar nicht angenommen worden wären. Denn ein kluger Mann erkennt vieles Gute, aber die Gründe dafür sind nicht so augenscheinlich, daß man andre davon überzeugen könnte. Darum nehmen weise Männer ihre Zuflucht zu Gott, so Lykurg, so Solon und viele andre, die den gleichen Zweck verfolgten.»[69]

Machiavelli läßt die Frage, welchen Gott er meine, und ob er selbst überhaupt glaube, offen. Aber er hält daran fest, die Religion als unumstößliche – wenngleich technische – *conditio sine qua non* der inneren Ordnung und damit Selbstbehauptungskraft des Gemeinwesens zu sehen. Gottesfurcht ist für ihn nicht Selbstzweck, ebensowenig wie Freiheit oder Wehrfähigkeit. Diese Güter sind für ihn vielmehr Bedingungen eines erträglich geregelten, geordneten Zusammenlebens der Menschen.

V. Ergebnis

Mit diesem Wunsch nach einem geregelten Zusammenleben der Menschen und dem jederlei Herrschaft gegenüber erhobenen Anspruch auf Erfüllung dieses Wunsches entfernt sich Machiavelli – zumindest formaliter – gar nicht allzu weit von den antiken und mittelalterlichen Lehren von Herrschaft und Ordnung im Gemeinwesen.[70] Darüber hinaus stimmt es sicher nicht, wenn man ihm vorwirft, er habe als erster die Emanzipation des Politischen von Religion und Moral betrieben.[71] Zwar war er zweifellos der erste große Theoretiker dieses entscheidenden Bruchs. Doch der hatte sich schon früher und vor allem ohne Rücksicht auf politische Schriftsteller vollzogen. In diesem Punkt hat Machiavelli – bei aller Verschiedenheit hierin Thukydides vergleichbar[72] – nichts anderes getan als seine Umwelt wiedergegeben.

Aus diesem Grund verdichten sich unsere Bedenken auch erst an einer anderen Stelle zu einem Einwand, und zwar bei der Frage, ob die Rangfolge der mittels politischer Macht zu erwerbenden Güter schließlich bei der das Gemeinwohl in das Zentrum rückenden Herrschaft ende. Denn eine Analyse seines Werks kann kaum darüber hinweggehen, daß er oft und deutlich genug die geordneten Gemeinwesen etwa Roms und Spartas als bloße Voraussetzung der großen, völkerübergreifenden imperialen Leistung beschworen hat. Angesichts einer solchen Konsequenz mag man sich fragen, ob die imperiale Leistung endlich in sich selbst genug sei und aus welchen Gründen, wobei man sich ein wenig fühlen mag wie Per Gynt, der die Zwiebel solange entblätterte, bis er feststellen mußte, daß sie keinen Kern hatte. Denn die Antwort auf diese entscheidende Frage ist uns Machiavelli schuldig geblieben.

Doch könnte sich dieser wie andere nicht auflösbare Widersprüche in seinem Werk unschwer daraus erklären, daß er einerseits zwar das Bedürfnis und den politischen Willen besaß, Mittel und Wege zur Lösung der Krise seiner Zeit zu finden, aber gleichzeitig auch die nicht völlig zu verdrängende Einsicht, daß sie mit rationalen Mitteln längst nicht mehr zu lösen war. Damit wäre – wie sein jüngster Biograph Gennaro Sasso überzeugend darlegt – die Sehnsucht nach der großen imperialen Leistung gleichzeitig die Sehnsucht nach der dauernden Befriedung der Gesellschaft und damit ein Ergebnis einer durchaus komplexen Gemüts- und Geistesverfassung.

Thomas Nipperdey

THOMAS MORUS

I

Von der 1516 erschienenen Schrift des Thomas Morus: *De optimo reipublicae statu deque nova insula Utopia* leitet sich eine neue literarische Gattung und eine neue Weise des politischen Denkens her. Auch wenn man wie Karl Mannheim oder Ernst Bloch die utopische Intention, die Intention auf ein noch Ungegebenes, das die jeweilige Wirklichkeit transzendiert und sprengt, als anthropologische Konstante ansieht, auch wenn man die Geschichte der Utopie mit Platons *Politeia* beginnt, wird man den Eindruck gewinnen, daß die *Utopia* des Morus einen epochalen Einschnitt darstellt, daß mit ihr eine neue Phase des wirklichkeitstranszendierenden Denkens und der politisch-sozialen Idealbildung anhebt.[1] Und diese neue Form des politischen Denkens ist offenbar nicht ein abseitiges und unerhebliches Phänomen, sondern das utopische Denken und sein Verständnis der Welt und des Handelns scheinen für das neuzeitliche Bewußtsein und die neuzeitliche Politik besonders charakteristisch zu sein. Wenn dieser Eindruck zutreffen sollte, dann wäre die *Utopia* eines der großen und ursprünglichen Zeugnisse, in denen der neuzeitliche Geist zu Beginn des 16. Jahrhunderts in Erscheinung tritt, sie gehörte in eine Reihe mit so gegensätzlichen, aber insgesamt für die Neuzeit konstitutiven Erscheinungen wie dem *Principe* des Machiavelli (1513), dem Kopernikanischen Weltsystem (1515 beginnt Kopernikus seine Untersuchungen) und dem Thesenanschlag Luthers 1517.[2]

Dieser erste Eindruck von dem spezifisch neuzeitlichen Charakter der Utopia bedarf nun freilich genauerer Prüfung und Differenzierung. Das ist um so notwendiger, als dieser neuzeitliche Charakter des Werkes von den Historikern häufig bestritten worden ist. Die sozialistische Interpretation[3] sieht im Kommunismus das Hauptmerkmal des Werkes und versteht es daher im wesentlichen als Antizipation einer späteren Phase des gesellschaftlich-politischen Bewußtseins; wenn auch die besondere Art dieser Antizipation aus der Haltung des frühneuzeitlichen Bürgertums erklärt wird, so ist die Modernität der *Utopia* nicht die allgemeine Modernität des neuzeitlichen Denkens. Die konservative Interpretation dagegen betont die durchgängige Katholizität des Autors, des Märtyrers und Heiligen, sie versteht das Werk im wesentlichen aus der Tradition. Die *Utopia* ist eine Satire auf das zeitgenössische Europa[4] oder gar auf die heidnisch-vernunftgläubigen Utopier[5] – oder – das ist die tiefere

Deutung: Sie ist ein moralischer Appell an das christliche Gewissen der Zeit. Sie stellt nach dieser Auffassung jedenfalls kein ideales Gemeinwesen dar, ist keine Utopie im modernen Sinne. Die historische Interpretation schließlich versteht das Werk allein aus dem christlichen Humanismus des beginnenden 16. Jahrhunderts und isoliert es von allen übergreifenden Bezügen zur späteren Neuzeit, solche Bezüge gelten als unhistorische Konstruktionen.[6] Den konservativen und historischen Interpretationen liegt eine hermeneutische Theorie zugrunde, nach der ein Werk von der Absicht des Autors her zu verstehen ist. Die Möglichkeit, daß das Werk einen diese Absicht transzendierenden text-immanenten Sinn[7] haben könnte oder daß der Sinn des Werkes sich erst aus seiner – von der Absicht des Autors losgelösten – Funktion und Wirkung in der zeitgenössischen Welt verstehen ließe, kommt dabei nicht in den Blick. Bei dieser Lage der Forschung ist die Frage, ob und inwiefern der *Utopia* ein spezifisch neuzeitlicher, ja epochaler Charakter zuzusprechen ist, noch immer der näheren Überlegung wert.

II

Die *Utopia* ist als Dialog angelegt, der in zwei Teile gegliedert ist; von der Insel Utopia erzählt der Dialogpartner Raphael Hythlodaeus im zweiten Buch, im ersten Buch wird eine vehemente Kritik der zeitgenössischen politisch-sozialen Verhältnisse in England und Europa vorgetragen; beide Teile sind formal zusammengehalten durch die Erörterung der Frage, ob ein Philosoph Politiker, Berater des Herrschers sein solle und in welchem Verhältnis seine theoretischen Grundsätze zur Praxis der Politik stehen und stehen können. Das erste Buch ist nachträglich verfaßt worden, und es dient unter anderem dazu, bestimmte Absichten, die der Autor mit dem Entwurf *Utopia* verfolgte, zu verdeutlichen; die dort von Raphael vorgetragene Zeitkritik ist zweifellos auch die des Autors.[8] Diese Kritik nun entzündet sich daran, daß die Diebe in England immer zahlreicher werden. Dieses Phänomen wird einer rationalen Analyse unterworfen: die Zahl der Diebe nimmt zu, weil die Bauern im Zuge einer Umstrukturierung der Landwirtschaft – Übergang zur Weidewirtschaft, zu kapitalistischem Wirtschaftsverhalten, zur Akkumulation von Bodenbesitz – von Haus und Hof vertrieben und zu Bettlern gemacht worden sind. Das verbrecherische Handeln von Personen wird so – das ist der formale Gang der Analyse – zum Phänomen der Kriminalität zusammengefaßt und auf sozial-ökonomische Ursachen, auf eine Krise der Sozialverfassung, zurückgeführt. Die Kritik richtet sich deshalb nicht mehr gegen Sünde und Teufel, gegen allgemein-menschliche Unzulänglichkeiten, sie ist nicht eschatologische Buß- oder Hoffnungspredigt, sie ist vielmehr innerweltlich und konkret. Sie appelliert nicht mehr – im

Sinne der Tradition – primär moralisch-pastoral an das Gewissen der Grundbesitzer oder gar an das der Diebe, sie richtet sich nicht so sehr gegen Personen, sondern vielmehr gegen Verhältnisse, gegen Institutionen. Schließlich – und das ist entscheidend – richtet sich die Kritik nicht gegen einzelne Züge der herrschenden Ordnung und fordert daher nicht zu Teilreformen, wie vermehrtem Bauernschutz, auf; das gilt als unzureichend. Vielmehr richtet sich die Kritik gegen die Ordnung selbst, und zwar gegen die Eigentumsverfassung als ihr zentrales Element. Auf die Herausforderung einer fundamentalen Krise antwortet die Kritik, und zwar eine von der traditionellen Kritik deutlich unterschiedene *weltimmanente, institutionelle* und *radikale* Kritik. Dasselbe Ergebnis hat die kritische Analyse der – kriegerischen – Außenpolitik der europäischen Mächte; auch hier zeigt sich eine Krise der bestehenden Ordnung: sie vermag nicht mehr den Frieden zu wahren, sie läßt es zu, daß die Mittel eines Landes für unproduktive Zwecke verschwendet werden – und auch das hängt letzten Endes mit der Eigentumsverfassung zusammen. Aus der Radikalität der Kritik – und der damit verbundenen Frage, wie eine Politik des kritischen Philosophen aussehen könnte – entspringt dann der bildhafte Entwurf der utopischen Welt als einer Gegenwelt, ja diese utopische Gegenwelt selbst ist die radikale Kritik der bestehenden Welt.

Diese Gegenwelt, die da entworfen wird, ist natürlich eine andere Welt, sie ist dem Leser unbekannt, unvertraut, sie ist neu. Aber sie ist eine *mögliche* andere Welt. Sie ist nicht märchenhaft; nur die Verhaltensweisen, die sozialen Bedingungen und Institutionen der Menschen sind andere als in der wirklichen und bekannten Welt, aber doch so, daß die Andersheit noch im Möglichkeitshorizont der menschlichen Freiheit gedacht wird. Der Möglichkeitsgehalt der anderen Welt wird durch die Fiktion verstärkt, daß ein neu entdecktes Land beschrieben wird, – Morus läßt seinen Berichterstatter an einer Reise des Amerigo Vespucci teilnehmen und verwertet dessen Nachrichten.

Worin besteht nun das Anders-Sein dieser möglichen Welt? Fundamentaler als einzelne Institutionen – wie das kommunistische Gemeineigentum – ist zunächst das Faktum, daß Gesinnung und Verhaltensweisen der Utopier von ihren Institutionen bestimmt sind. Schon die Kritik der zeitgenössischen Verhältnisse war ja darauf abgestellt, daß dem Diebeswesen primär nicht durch eine Änderung der Gesinnung, sondern durch eine Änderung der Verhältnisse begegnet werden müsse. Dieser Grundsatz, bei der Lösung bestimmter Probleme immer schon eine Maxime praktischer Politik, wird in Utopia zentral: die Institutionen bestimmen die Person. Die Kraft der objektiven Ordnung formt die Person bis in ihren Kern. Weil die Ordnung gerecht, vernünftig und gut ist, ist auch der einzelne gerecht, vernünftig und gut. Der gute Mensch ist nicht die Voraussetzung, sondern das Ergebnis der utopischen Ordnung; denn der Mensch oder die Person ist – das ist einer der wesentlichen neuen Gedanken in der *Utopia*, der in der Literatur bisher übersehen worden ist – sozial-institutionell bedingt. Das Anders-Sein der utopischen Welt also beruht nicht primär auf anderen Gesinnungen und nicht allein auf einzelnen anderen Institutionen, sondern auf einem grundsätzlichen Institutionalismus des utopischen Weltentwurfs. Daß dieser Institutionalismus nur möglich ist, weil die Welt als ein vollendetes Institutionengefüge vorgestellt ist, wird sich noch zeigen.

Die andere Welt Utopia also ist eine institutionelle Welt. Die utopischen Institutionen sind aber auch bessere Institutionen als die der wirklichen Welt, denn sie sind auf menschliche Vernunft gegründet. Die Strukturen Utopias beruhen nicht auf einer naturhaften oder göttlich gestifteten oder bloß überlieferten Ordnung, sondern sie sind das Werk von Menschen, sie entstammen der vernünftigen Überlegung der Utopier und zumal ihres Staatsgründers Utopus, und ihre Rationalität ist noch immer in ihnen präsent. Dementsprechend ist auch das Verhalten der Utopier vernunftgeleitet und daher, das scheint ganz selbstverständlich, moralisch ‹gut›. Die Herrschaft der Vernunft ist identisch mit der Herrschaft des Guten, Einsicht und Wollen gehen bruchlos ineinander über. Mit der Vernünftigkeit sind zwei andere Leitkategorien der utopischen Welt verbunden. Zum einen: Das Ziel einer vernunftgemäßen Ordnung ist Glück, glückendes und beglückendes Leben; das impliziert Ausschaltung von sozialer Not, von Arbeitsfron, von Krieg, von Ungerechtigkeit und Nötigung zum Bösen, und erfüllt sich im ruhigen Genießen der Welt und der Kultur – der Rehabilitation des Epikuräismus, der *voluptas*, hat Morus ein eigenes Kapitel gewidmet. Zum andern: die Grundlage der vernunftgemäßen Ordnung ist die unaufhebbare Gleichheit der vernunftbegabten Menschen, die näher dann als Rechts-, Besitz- und Chancengleichheit entfaltet wird. Vernunft, Glück und Gleichheit – das sind die Kategorien der utopischen institutionellen Welt, die kritisch gegen die wirkliche Welt gewandt werden.

Schließlich ist noch ein zumeist übersehenes Strukturmoment von Utopia hervorzuheben; Utopia ist in einem sehr spezifischen Sinne eine Welt. In diesem Bericht über den besten Zustand einer *res publica* spielt die Sphäre des ‹Staates› im neueren Sinne keineswegs eine dominierende Rolle. Ausführlich wird die Eigentums- und Wirtschaftsordnung beschrieben; darüber hinaus eine Fülle von ‹unpolitischen› Sachverhalten: Arbeitsteilung, -gesinnung und -disziplin, die ‹Freizeit›, die Spiele, die Mahlzeiten, die Reisen, die Mode, Häuser, Gartenkultur und Stadtanlagen, die Familienverfassung, die Erziehung, die Moral und die Lebensphilosophie, die Art und die Stellung der Wissenschaften und natürlich die Religion und ihre Institutionen – im ganzen eine Fülle von Sitten, von sozialen Institutionen, von objektivierten Einstellungen. In all diesen Sachverhalten kommen Grundprinzipien oder Grundwerte Utopias – Vernunft, Kultur, Wohlfahrt, Liberalität und Toleranz – zum Ausdruck.

Zugleich, und das ist nun entscheidend, stehen diese Sachverhalte in einem wechselseitigen Bedingungsverhältnis: Wirtschaft, Arbeit, Erziehung, Kultur, Religion und Herrschaft konstituieren und stabilisieren sich gegenseitig: das Strukturprinzip der utopischen Welt ist das der universalen Interdependenz.[9] Darin gründet die Einheit und Stimmigkeit der utopischen Welt, darin gründet auch der utopische Institutionalismus, denn nur als interdependente Einheit können die Institutionen die Person wesentlich bestimmen. Damit ist schließlich ein besonderer Tatbestand des ‹Politischen› gegeben: Die politische Struktur Utopias geht nicht in der Herrschafts- und Machtordnung auf, sondern ist mit der gesellschaftlich-kulturellen unlösbar verflochten; der ‹Begriff› des Politischen ist nicht ‹rein› politisch, sondern soziologisch-universal.

III

Die Frage ist nun, welchen Sinn ein solcher Entwurf einer besseren, einer vernünftigen und geglückten, institutionellen und interdependenten Welt hat. Wir halten uns zunächst an den Berichterstatter Raphael. Utopia ist ihm wirklich und zugleich ein Ideal. Es stellt, fern von aller Beliebigkeit des Meinens und allem bloß Wünschenswerten, auch in dieser Welt einen verbindlichen Anspruch auf Verwirklichung; so soll, so sollte es sein; und dem entspricht seine freilich nicht ganz so sichere Erwartung, so kann, so könnte es sein. Die Befremdlichkeit utopischer Forderungen spreche, so argumentiert Raphael im ersten Buch, genau so wenig gegen ihre Wahrheit und Verbindlichkeit, wie die Befremdlichkeit der radikalen Forderungen Jesu in einer korrumpierten Welt gegen deren Wahrheit und deren Anspruch auf mögliche Verwirklichung.

Auch das Verhältnis des Berichterstatters zu dem utopischen Institutionalismus ist von diesem Verbindlichkeitsanspruch bestimmt. Es geht dem Raphael bei der Erzählung von den utopischen Institutionen wie bei der Kritik der zeitgenössischen Institutionen um die Person, um Ermöglichung und Verwirklichung der personalen Existenz, um das Leben ohne Nötigung zum Unrecht, ohne Versklavung an Armut, Arbeitsfron, Macht oder Besitz – es geht ihm darum, daß der Mensch bei sich selbst sein kann, seine Humanität nicht an die Welt verliert. Aber es ist die ungerechte Ordnung, die den Menschen immer wieder ungerecht werden läßt. Darum müssen die Institutionen so umgebildet werden, daß sie die Person freilassen und zum Guten bestimmen; wer die Person will, muß die Institution gestalten. Der Einwand des Dialogpartners, daß gute Institutionen gute Menschen voraussetzen, soll gerade durch die Erzählung von Utopia widerlegt werden.

Der Verbindlichkeitsanspruch nun ist für den Utopisten ein absoluter und unabdingbarer Anspruch, der nicht durch Abschlagszahlungen abgeschwächt oder umgebogen werden darf. Der Kompromiß des Politikers zwischen radikaler Forderung und der Wirklichkeit wird von Raphael – zumindest für sich selbst – ausdrücklich verworfen. Andere Kompromisse sind von vornherein durch die Anlage der Erzählung ausgeschlossen. Es gibt keine philosophische Konstruktion, die aus der Norm der vernünftigen Gleichheit Herrschaftsverhältnisse deduzierte und legitimierte – und es gibt keine theologische Konstruktion, die die Wirklichkeit als Folge des Sündenfalls interpretierte und die utopische Idealität auf einen Zustand vor dem Sündenfall einschränkte. Auch die Möglichkeit, die radikalen Forderungen in der Sonderwelt des Klosters zu befriedigen, bleibt außer Betracht; der universale Gehalt der utopischen Normen kann nicht durch Eingrenzung auf einen partiellen Bereich entmachtet werden. Der Utopist will die Absolutheit seines Anspruchs gegenüber aller Relativierung der Wirklichkeit zur Geltung bringen und aufrecht erhalten.

Hier muß nun freilich nach der Haltung und Absicht des Autors gefragt werden; neben Raphael steht der Dialogpartner Morus. Er widerspricht dem Absolutheits- und Unbedingtheitsanspruch des Utopisten mit dem Ernst des Realisten, der das Mögliche verantwortlich auf das Absehbare begrenzt und der Situation gerecht zu werden sucht, und der nicht wie der Utopist illusionistisch und radikal die konkrete Gegenwart überspringt und letzten Endes im Stich läßt. Er setzt seine realistische *philosophia civilior* gegen die *philosophia scholastica* des Utopisten und zieht die Erreichbarkeit und die Idealität utopischer Zustände – zumal des Kommunismus – in Zweifel; gegen den utopischen Institutionalismus wendet er ein, daß erst die Menschen gut sein müßten, ehe es die Institutionen sein könnten, damit aber sei nicht zu rechnen. Es ist nun aber eine in der Literatur immer wieder auftretende methodische Naivität, diesen Dialogpartner Morus mit dem Autor selbst zu identifizieren; sein Zweifel an der Weisheit der utopischen Einrichtung am Schluß des Dialogs wird vom Autor ganz offen als konventionelle Meinung ironisch behandelt; der Dialogpartner ist eine vom Autor erfundene Gestalt. Die fiktive Identifikation von Autor und Dialogpartner könnte zwar eine Nähe der Standpunkte anzeigen, aber sie könnte auch durchaus ironisch oder ambivalent zu verstehen sein.[10] Der Autor identifiziert sich zwar offenbar nicht einfach mit Raphael, aber er identifiziert sich auch nicht mit dem Dialogpartner Morus, seine Meinung bleibt in der Schwebe, er gibt ihnen anscheinend beiden bis zu einem gewissen Grade recht.

Sodann muß man berücksichtigen, daß Autor und Leser Christen sind und in einem unbestritten christlichen Auslegungshorizont leben. Von daher ergibt sich ein selbstverständlicher Abstand zu den Einrichtungen der heidnischen Utopier, zu ihrer bloßen Vernünftigkeit und zu den Zügen ihrer Ordnung, die christlichen Lehren widersprechen. Manche Institutionen und Ansichten der Utopier, zumal in religiösen und ethischen

Dingen – Selbstmord, Ehescheidung, Gottesvorstellung –, sind durch das Christentum zweifellos überholt und außer Kraft gesetzt. Aber im einzelnen ist es schwierig, den Abstand zwischen dem Christentum und dem utopischen Heidentum genau zu bestimmen. Bei näherem Zusehen ist er viel geringer, als man zunächst annehmen könnte. Man muß sich klarmachen, daß für den vortridentinischen Katholizismus viele Fragen noch durchaus offen und diskutabel waren, und das gilt insbesondere für die traditionskritischen und diskussionsfreudigen christlichen Humanisten, solange die Reformation nicht die Fronten polarisierte, das experimentierende Denken zum Erliegen brachte und Konfessionen oder Traditionen konsolidierte.[11] So war z. B. vor der Reformation eine Diskussion des Kommunismus innerhalb des katholischen Denkens noch durchaus möglich; die negativen Äußerungen des älteren Morus lassen keine eindeutigen Schlüsse auf seine Position von 1515/16 zu, sie können sehr wohl mit der Erfahrung der von der Reformation ausgelösten revolutionären Bewegung zusammenhängen. Auch die scheinbaren Widersprüche zwischen dem utopischen Epikuräismus und der traditionell christlichen Lebensauffassung, zwischen der utopischen Toleranz und dem weitgehenden Absolutheitsanspruch des Christentums lösen sich, wenn man die humanistische Interpretation der christlichen Religion berücksichtigt, auf. Wichtiger als diese Einzelpunkte ist die grundsätzliche Frage nach dem Verhältnis von utopischem Heidentum und humanistischem Christentum. Daß es für Morus im Leben zuletzt um das transzendente, das eschatologische Heil geht und daß das Heil sich nur in der Transzendenz vollendet, ist gewiß; das ist dem politisch-sozialen Heil in Utopia, dieser weltimmanenten Heilshoffnung, übergeordnet, Utopia ist kein Eschaton. Der humanistischen Versöhnung von Vernunft und Glauben entspricht es aber, daß der heidnisch-rationale Versuch einer besseren Ordnung der Welt durchaus anerkannt wird: das Heidentum, seine weltimmanenten Ziele und seine pure Vernünftigkeit werden bis zu einem gewissen Grade rehabilitiert. Von daher ist auch das Problem des Institutionalismus zu beurteilen. Der christliche Autor hat offenbar an dem utopischen Glauben, daß die Person durch die Institutionen wesentlich geformt würde, trotz des Einwandes des Dialogpartners Morus keinen grundsätzlichen Anstoß genommen. Sonst bliebe unklar, warum er Utopia gerade als Institutionengefüge entworfen hat. Er hat den Gegensatz von Personalismus und Institutionalismus nicht für absolut gehalten. Seine Anthropologie ist nicht radikal pessimistisch, stellt nicht auf die totale Sündhaftigkeit des Menschen ab. Darum ist es möglich, daß auch der vernünftige Mensch, und der Christ zumal, der nicht «gut» ist, gute Institutionen erstrebt und errichtet und daß diese Institutionen, gerade weil der Mensch nicht schon gut ist, sein Gutsein bestärken und neu ermöglichen. Person und Institution konstituieren sich gegenseitig, das scheint die vermittelnde Position des Morus zwischen einem christlichen

Personalismus und dem heidnisch-utopischen Institutionalismus zu sein. Das christliche Selbstverständnis steht so im ganzen in einer korrektiven Spannung zum utopischen Ideal, ohne dieses doch zu negieren. Auch der Rekurs auf das Christentum des Autors kann daher seine Absicht nicht eindeutig klären.

Die Meinung des Autors bleibt so in einer merkwürdigen Schwebe intellektueller Ambivalenz: weder identifiziert er sich mit Utopia als dem in jeder Beziehung wünschenswerten oder erreichbaren Ideal, noch verwirft er Utopia als eine bloße heidnische Phantasie, noch schränkt er den Anspruch Utopias auf bloße Satire oder auf moralischen Appell ein. Weder identifiziert er sich mit dem unbedingten Anspruch einer idealen Forderung an die Wirklichkeit noch mit deren Anpassung an die Wirklichkeit. Diese Schwebe, in die der Autor den Leser mit hineinzieht, macht nun aber offenbar gerade den Sinn des Werkes *Utopia* aus. Die *Utopia* ist ein Gedankenexperiment; in ihr wird der Gedanke einer geglückten und vernünftigen institutionellen Welt mit dem ihr inhärenten Verbindlichkeitsanspruch experimentierend konsequent ausphantasiert und zugleich realistisch in Zweifel gezogen, ohne daß doch dieser Zweifel jenes Experiment zur Absurdität degradiert. Neben dem Bewußtsein von der Möglichkeit Utopias steht das Bewußtsein von der Unmöglichkeit Utopias in der gegebenen Wirklichkeit, – dann jedenfalls, wenn man die Maßstäbe dieser Wirklichkeit der Entscheidung über das Mögliche zugrundelegt; diese Entscheidung aber bleibt im Werk gerade aufgespart. In dieser Schwebelage gründet das Spielerische, das der *Utopia* anhaftet; sie ist nicht nur Entwurf einer Gegenwelt, sondern auch Spiel mit dieser Gegenwelt.

Freilich ruht das utopische Spiel nun nicht wie ein reines Spiel in sich selbst, sondern es weist über sich hinaus, es hat – die unendlichen direkten und indirekten Bezüge auf die Zeit machen es deutlich – eine Funktion in der Wirklichkeit, und von dieser Funktion her bestimmt sich sein Sinn. Das Gedankenexperiment eröffnet einen neuen Denk- und Vorstellungsraum. Dadurch wird die wirkliche Welt in ihrer Wirklichkeitssicherheit erschüttert. Der utopische Entwurf relativiert die Wirklichkeit, und diese Relativierung ist nicht die aus der Tradition überlieferte theologisch-eschatologische, sondern eine kritisch-rationale, weltimmanente Relativierung. Sie fordert die humanistischen Leser des Morus zur Diskussion anderer und besserer Möglichkeiten und Wirklichkeiten auf.

Darüber hinaus aber enthält die *Utopia* die eindeutige Aussage, daß diese Welt als eine Welt unter möglichen anderen verändert werden kann, und die dringliche Aufforderung, daß sie verändert werden soll. Die *Utopia* ist kein Programm. Aber das Faktum grundsätzlicher – und offenbar kontinuierlicher – Veränderung und Verbesserung wird anerkannt und die Grundrichtung gewiesen: die Welt soll durch Institutionen umgestaltet werden, denn die Institutionen haben, wie immer es mit dem

Verhältnis von Person und Institution stehen mag, eine entscheidende Bedeutung für das glückende Leben und das Gutsein des Menschen; die Welt soll auf Vernunft gegründet werden, und die Absolutheit eines Ideals mag als regulative Idee die Veränderung leiten. Der neue Denk- und Vorstellungsraum eröffnet so auch neuen Handlungsraum, wennschon freilich die Bedingungen und Möglichkeiten des Handelns vorerst noch ganz abstrakt bleiben.

IV

Damit bezeugt die *Utopia* ein neues Weltverständnis. Die Welt ist nicht nur einfach gegeben, sondern sie ist dem Menschen aufgegeben. Die Ordnung der Welt ist nicht etwas, was zu bewahren oder wiederherzustellen ist, sie ist weder in der Heilsordnung – in Schöpfung, Sündenfall und Erlösung – noch in der Tradition festgelegt und sanktioniert, sondern sie ist vom Menschen durch Vernunft heraufzuführen, ja zu produzieren. Darin liegt m. E. das spezifisch Neue und Neuzeitliche der *Utopia*, darin unterscheidet sie sich wesentlich vom Weltverständnis des Mittelalters. Fur das Mittelalter war Gottes Gerechtigkeit in der innerweltlichen Ordnung gegenwärtig, die darum institutionell nicht eine grundsätzlich andere sein konnte. Wunsch und Hoffnung im politischen Bereich richteten sich vornehmlich auf Gesinnungen und Personen, zumal auf den Fürsten (Fürstenspiegel), oder auf die Wiederherstellung eines früheren Zustandes *(reformatio)*. Und trotz aller Institutionalisierung der Religion hat das Mittelalter theoretisch entschieden am Vorrang der Person und der Gesinnung vor der Institution festgehalten. Aus diesen Gründen hat alles politisch-soziale Wünschen und alle entsprechende Idealbildung nur einen vorläufigen und sekundären Charakter. Das Maß, an dem die Wirklichkeit gemessen und gerichtet wird, liegt nicht in einem säkularen Utopia, sondern in der überweltlichen Transzendenz, im Reich Gottes. Und Gott allein ist es, der dieses Reich heraufführt – das gilt auch für die zukunftsorientierten häretischen Bewegungen.

Mit der Schrift *Utopia*, mit dem ihr impliziten Weltverständnis aber wird die Welt grundsätzlich der vernünftigen Prüfung und der menschlichen Aktivität anvertraut. Utopia ist eine neue innerweltliche Transzendenz, innerweltliche Zukunft wird zur eigentlichen Dimension des menschlichen Erwartens und Handelns. Nun ist es freilich auffällig,[12] daß die *Utopia* ihr Ideal nicht in der Zeit, sondern im Raum, in einem Ort in oder neben der Welt, ansiedelt. Das liegt wohl daran, daß die Zeit und die Zukunft durch Eschatologie und Geschichtstheologie ‹besetzt› waren. Die Ablösung von eschatologischer Notwendigkeit und die freie Konstruktion eines Vernunftideals mußte sich zunächst an den Raum halten. Der Raum war die Dimension der Freiheit, ehe eine säkulare Zeit und eine offene Zukunft wirklich bewußt geworden waren. Ein neues Zeitbewußtsein mußte daraus zwar notwendig folgen – schon der Humanist Budé[13] hat den Zeitakzent gespürt und von Udepotia gesprochen, dem Lande (N)Irgendwann –, doch ist es erst im 18. Jahrhundert voll entfaltet worden.

Auch das in der *Utopia* zutage tretende Strukturprinzip der Welt, das Prinzip der universalen Interdependenz ist ein neuzeitliches, nicht mehr mittelalterliches Prinzip. Das Strukturprinzip der mittelalterlichen Welt ist das des Kosmos, der göttlich gefügten, statischen Ordnung von hierarchisch gestuften Teilwelten. Die Welt Utopia ist aber nicht in diesem Sinne ein Kosmos, sie ist vielmehr eine funktionale Totalität. Das zusammenschließende Prinzip ist nicht das der hierarchischen Stufung, die Teilbereiche der utopischen Welt, also ‹Privatsphäre›, Familie, Wirtschaft, Recht, Kultur, Staat, Religion sind einander gleichgeordnet. Und diese Interdependenz ist nicht organischer Aufbau, sondern ein dynamischer Vorgang des Sichintegrierens. Die führende Kategorie ist nicht mehr die der Substanz, sondern die der Relation: Ein Teilbereich ist definiert durch seine Funktion im Ganzen. Es ist ein qualitativer Sprung, wenn die *Utopia* nicht wie die ältere Sozialphilosophie wirtschaftliche und soziale Gesichtspunkte auch an irgendeiner Stelle des Systems berücksichtigt, sondern wenn sie sie als Fundierung des Politischen ins Zentrum ihres Entwurfes stellt.[14] Dementsprechend unterscheidet sich der utopische Begriff grundsätzlich vom mittelalterlichen Begriff des Politischen.

Die utopische Weltstruktur der Interdependenz ist nicht mehr die Weltstruktur des Mittelalters. Freilich ist sie auch nicht die der frühen Neuzeit. Erst die bürgerliche Gesellschaft des 19. Jahrhunderts hat die utopische Antizipation des interdependenten Verhältnisses von Politik, Gesellschaft und Person als reale Struktur konstituiert, erst Rousseau und Hegel, Marx und die Soziologie haben diese Struktur methodisch reflektiert. – Aber die utopische Antizipation der neuzeitlich-nachrevolutionären Weltstruktur ist selbst ein spezifisch neuzeitliches, frühneuzeitliches Phänomen. Denn diese Weltstruktur ist eine Konsequenz des utopischen Ansatzes, der Zuwendung zu einem weltimmanenten Ideal, zur aktiven und vernünftigen Ordnung und Neuordnung der Welt. Erst die Vollendungsintention der utopischen Vernunft erfordert die geschlossene interdependente Ganzheit der Welt, die Funktionalisierung aller Teilbereiche.

In diesem Zusammenhang erhebt sich noch eine weitere Frage. Ist Utopia mit seinen Strukturen einer interdependenten Welt und einer soziologisch universal verstandenen Politik – und der damit zusammenhängenden Abhängigkeit der Person von den Institutionen – nicht ein totalitäres Gemeinwesen? Keineswegs. Die Bedrohung durch eine staatliche Totalität ist dadurch eingedämmt, daß die Politik in Utopia nicht wie in der Neuzeit als Machtübung und als Entscheidung substantieller Alternativen, sondern als Verwaltung gesehen wird. Die eigentliche Macht über den einzelnen ist die gesellschaftliche Kontrolle, und sie ist allerdings total. Aber der gesellschaftliche Machtdruck ist – in einem gewissen Widerspruch dazu – ganz gering. Die Atmosphäre Utopias ist die der Freiheit und Heiterkeit, es herrscht die Offenheit einer humanistischen Bildungsgesellschaft und die – zur Zeit des Morus noch ganz unwirkliche – Toleranz. Unbefangen wird der allgemeine Arbeitszwang und die Kontrolle der Arbeitsdisziplin als Ermöglichung kultureller Freiheit gedeutet, Herrschaft der Bildungselite und allgemeine Egalität gehen ohne weiteres zusammen, Konformität und Liberalität schließen sich nicht aus. Dahinter steht die Überzeugung von der Eindeutigkeit der Vernunft und der Gewissensforderung, von der undialektischen konfliktlosen Harmonie des vernunftbegründeten Gemeinwesens. Darum ist die Schrift *Utopia* ihrem Inhalt wie ihrer Intention nach noch fern von den totalitären Konsequenzen, die man aus ihrem Ansatz herleiten könnte.

V

Wir müssen hier noch einmal innehalten. Wir überprüfen unsere Interpretation der *Utopia* und ihres Weltverständnisses und unsere These, daß dieses Weltverständnis charakteristisch und konstitutiv für die Neuzeit sei, indem wir nach den objektiven Möglichkeiten für ein solches Weltverständnis und d.h. nach den historischen Bedingungen für das Werk *Utopia* fragen.

Ein erster Bedingungskomplex für den Entwurf Utopia ist offenbar die Entdeckung Amerikas. Die entscheidende geistesgeschichtliche Wirkung dieser Entdeckung liegt in der Entgrenzung der bekannten Welt. Damit war die Möglichkeit geschaffen, die eigene Weltposition zu relativieren und sie gleichsam exzentrisch anzusehen. Im Gegensatz zu den früheren Entdeckern und Berichterstattern scheint Morus auch einer der ersten gewesen zu sein, der die Entdeckung einer neuen Welt mit der Vorstellung einer besseren Welt verbunden hat, der aus der anderen Welt ein zivilisationskritisches Modell zu entwickeln anfängt, wie es sich dann in dem literarischen Modell des ‹edlen Wilden› vollendet.

Die *Utopia* steht weiter im Zusammenhang mit sozialgeschichtlichen Phänomenen, mit dem Aufstieg des Bürgertums und dem Entstehen einer bürgerlich geprägten reflektierenden Schicht: der Intelligenz. Die Zeitkritik des ersten Buches und die Schilderung Utopias im zweiten Buch sind von entschieden antifeudalen, von bürgerlichen Kriterien bestimmt. Leistung und Vernunft, Gleichheit der Chancen, zivile Tugenden wie Arbeitsamkeit und Nützlichkeit, Friedfertigkeit sind die herrschenden Maßstäbe. Die *Utopia* ist in weiten Teilen geradezu ein Manifest gegen die feudale Ordnung und die von ihr bestimmte – irrationale – Politik. Das Urbild der *Utopia*, Platos *Politeia*, wird in einem nicht-aristokratischen Sinn umgedeutet, die Gleichheit der Herrschenden zur Gleichheit aller erweitert. Das spezifisch Bürgerliche zeigt sich auch im städtischen Charakter des utopischen Gemeinwesens.

Freilich bleibt in der *Utopia* auch ein deutlicher Abstand zum bürgerlichen Normensystem festzustellen, und zwar in doppelter Hinsicht. Einerseits zieht die *Utopia* schon die mögliche radikale Konsequenz des bürgerlichen Lebensansatzes, die dem in der ständischen Welt eingehausten realen Bürgertum selbst lange verborgen geblieben ist. Andererseits kritisiert die Utopie gerade das kapitalistische und rein individualistische, im idealtypischen Sinne bürgerliche Wirtschaftsverhalten und steht damit noch in der Tradition mittelalterlicher Wirtschaftsethik, für die Bedürfnisbefriedigung, Gemeinwohl und gerechter Preis die leitenden Werte sind.

Diese doppelte Distanz der *Utopia* zu den bürgerlichen Lebensnormen beruht sozialgeschichtlich darauf, daß der Bürger Morus über das Bürgertum hinaus ist, daß er als Humanist zu einer neuen Schicht der weltlichen Intelligenz gehört, die nicht mehr wie im Mittelalter der sozialen Deklassierung verfiel und noch nicht wie im 18. Jahrhundert als freie Intelligenz einen immer unsicheren sozialen Status einnahm. Erst die Intelligenz reflektiert die bürgerliche Lebensform, erst sie übt bürgerlich-antifeudale Kritik, aber sie überschreitet diese Position auch schon und wendet sich schließlich kritisch selbst gegen bürgerliche Verhaltensnormen.

Schließlich sind die geistes- und kirchengeschichtlichen Bedingungen für das Entstehen der *Utopia* in Betracht zu ziehen. Die *Utopia* ist ein Werk des Humanismus. Der Humanismus, der sich an der Antike als Ursprung und Norm der humanitas orientierte, schuf damit eine eigenständige, nicht mehr theologisch, sondern profan geprägte Welt der Kultur und der Bildung. Gesprächssituation und Gesprächsführung des Dialogs, die radikale Traditionskritik und das utopische Gedankenexperiment, die Ambivalenz zwischen Verbindlichkeit und Skepsis entsprechen der durch den Humanismus neu geschaffenen Bildungsatmosphäre. Auch das Thema des Dialogs, der beste Zustand des Gemeinwesens, ist wesentlich durch den Humanismus bedingt. Denn die Beschäftigung mit der Antike verwies die Humanisten in besonderer Weise auf den Staat als Raum menschlicher Lebenserfüllung und auf die institutionellen Probleme des Staates. Und die humanistische Wendung von Aristoteles zu Plato aktualisierte anstelle einer Typologie realer Staatsformen das Thema von der Idee des wahren, des besten Staates.[15] Man begann, dieses Thema untheologisch, rational, innerhalb eines «natürlichen» Systems der Wissenschaft zu behandeln, wozu es im späten Mittelalter doch erst Ansätze gegeben hatte. Hier liegt eine überraschende Parallele der Utopia zu Machiavellis *Principe* vor, hier liegt der gemeinsame Boden für die beiden polaren Tendenzen der frühneuzeitlichen Geistesgeschichte, der Tendenz zur rationalen Konstruktion und der Hinwendung zur Erfahrung.

Der Humanismus des Erasmus und des Thomas Morus nun ist christlicher Humanismus. Er will das Christentum erneuern, und zwar nicht als dogmatische Erlösungslehre, sondern als spirituelle und praktische Gesinnung, als durch *pietas* und *ratio* konstituierte *humanitas christiana.* Damit wird das Gewicht der objektiven Institution Kirche verringert. Es ist nicht mehr Monopol der Kirche, Institutionen zu gründen, in denen sich das wahre Leben realisieren kann. Das Gespräch über die beste Staatsform und das ernste Spiel von dem vollendeten Gemeinwesen der Utopier ist im humanistischen Verständnis von Grund auf christlich. Die ‹Säkularisierung›, die weltliche, nicht-kirchliche und nicht-dogmatische Diskussion und ihre idealen Entwürfe sind gerade christlich legitimiert, die Welt ist christlich freigesetzt, in ihr ist eine ethische Fortentwicklung möglich, wenn sie auch durch das christliche Endlichkeitsbewußtsein immer relativiert wird. Das humanistische Christentum widerspricht nicht dem neuen utopischen Weltverständnis, sondern es ermöglicht dieses Weltverständnis geradezu.

VI

Das sind die geschichtlichen Bedingungen, die dem Ansatz der *Utopia* zugrundeliegen. Sie spiegeln sich in der Biographie des Thomas Morus, die insofern ein exemplarischer Lebenslauf ist.

Thomas More, das ist die englische Form des später latinisierten Namens, ist am 6.2.1478 in London geboren, als Sohn einer in den bürgerlichen Juristenstand aufgestiegenen Familie. Nach dem Besuch einer Lateinschule, einem fast zweijährigen Pagendienst beim damaligen Lordkanzler, dem Erzbischof Morton, und dem Studium der *artes* in Oxford, wird er auf Wunsch des Vaters in einer der Londoner Juristenkorporationen zum Juristen ausgebildet. Hierin gründet die bürgerliche Linie seines Lebens. Er wird ein erfolgreicher und sehr gut verdienender Anwalt, eng verbunden mit dem Handelskapital, er vertritt vielfach die Interessen der großen Londoner Kaufmannsgilden, er ist von ihrem großbürgerlichen Selbstbewußtsein mit geprägt.[16] Als gelehrter Jurist und als angesehener Bürger wächst er in öffentliche Ämter hinein, 1504 schon ist er Mitglied des damals freilich nicht sehr einflußreichen Hauses der Commons, 1510 wird er *undersheriff* von London, d.h. Berater des Bürgermeisters in Angelegenheiten der Rechtsprechung. Als Vertreter der Londoner Interessen hat er 1515 an einer Gesandtschaft nach Flandern teilgenommen, auf dieser Reise ist die *Utopia* entstanden. Aus diesem bürgerlichen Dasein nun steigt er zu Staatsämtern auf: 1517 tritt er nach längerem Schwanken in den Dienst des Königs und fungiert vor allem als sein persönlicher Berater, 1529 wird er Lordchancellor, d.h. er tritt an die Spitze der königlichen Räte. Diese Karriere ist charakteristisch für die vom englischen Königtum geförderte und durch gelehrte Bildung vermittelte Mobilität zwischen höherem Bürgertum, niederem Adel und hohen Staatsmännern.

Neben der bürgerlichen Lebenslinie einer *vita activa* steht, von ihr unterschieden und doch mit ihr verflochten, die zweite Lebenslinie einer *vita contemplativa:* die humanistische. Morus hat im Anschluß an die frühen englischen Humanisten Grocyn, Linacre und J. Colet Griechisch gelernt, hat seit 1501 gelegentlich öffentliche Vorlesungen gehalten, hat nach Art der Humanisten eine Reihe von Schriften verfaßt (Übersetzung satirischer Dialoge des Lukian: *Philopseudes, Menippos* und *Cynikus* ins Lateinische, zum Teil zusammen mit Erasmus, 1506; einer Lebensbeschreibung des großen humanistischen Platonikers, des Florentiners Pico della Mirandola ins Englische: *The Lyfe of Johan Picus* [1505?], gedruckt zuerst ca. 1510; eine in Englisch und Latein geschriebene Geschichte Richards III., 1513; lateinische Epigramme: *Epigrammata*, zuerst veröffent licht 1518, dann 1520 – und einige kleinere englische Dichtungen),[17] die seinen Ruhm als Schriftsteller begründen; die *Utopia* hat ihn dann zu einer der hervorragenden Zelebritäten auch der außerenglischen Bildungswelt gemacht. Er war eng mit Erasmus befreundet, dieser hat eines seiner glänzendsten Werke, das *Encomion Moriae* (Lob der Torheit) als Huldigung an Morus verstanden wissen wollen; Morus hat auch mit anderen Humanisten eine ausgebreitete Korrespondenz geführt und sie gegen ihre Feinde verteidigt, ein gut Teil dieser Briefe wurde schon zu seinen Lebzeiten publiziert, zum Teil waren sie dazu gerade bestimmt,[18] und er hat sein ländliches Haus zu einem Ort der Bildung, der Kunst, des humanistischen Gesprächs und der Geselligkeit gemacht. Der Humanismus ist nicht nur Denkgestalt, sondern auch Lebensform.

Der Humanismus des Morus ist kirchenkritisch, aber er ist christlicher Humanismus; in der Lebensbeschreibung des Pico hat Morus die Verbindung des frommen Lebens und des von der Antike geleiteten unendlichen philosophischen Dialogs exemplarisch vorgefunden; in seiner Schrift *Four last things* (ca. 1522, erschienen 1557) hat er sokratische und christliche Meditation über den Tod verbunden. Freilich, das zeigt schon diese Schrift, geht das Element des Religiösen bei Morus nicht ganz in der christlichen Vernünftigkeit auf: er hat lange in Verbindung mit den Londoner Karthäusern gelebt und bis 1505 damit gerungen, ins Kloster einzutreten, er hat Zeit seines Lebens ein härenes Hemd getragen, ein Zug zur Askese, der den Hintergrund seines urban weltläufigen Lebensstils bildet und der in seinen späten Schriften zu einem literarisch bedeutenden Ausdruck gekommen ist. Morus lebt die lebendige Synthese von weltzugewandtem Humanismus und dieser frommen Abwendung von der Welt.

Wie für alle Humanisten so bedeutet auch für Morus die Reformation einen epochalen Einschnitt in seinem Leben. Der Schriftsteller Morus hat sich in den 20er Jahren vornehmlich großen antihäretischen Schriften gegen Luther und dann gegen den englischen Lutheraner Tyndale gewidmet: *Responsio ad Convitia Martini Lutheri* (= *Vindicatio Henrici Octavi* 1565), 1523; *Dialogue (of divers matters) concerning heresies*, 1528; *Supplication of Souls*, 1529; *Confutation of Tyndale's Answer*, 1532/33; *A Letter impugning Fryth*, 1532/33; *Apology*, 1533; *Debellation of Salem and Bizance*, 1533; *Answer to the book which nameless heretic hath named the supper of the Lord*, 1533. 1532 legt er sein Kanzleramt nieder, weil er im Konflikt des Königs mit dem Papst um die Scheidung seiner Ehe und in der beginnenden Loslösung der englischen Kirche von Rom nicht auf Seite des Königs stand. Als er den von Heinrich VIII. geforderten Eid auf die Sukzessionsakte von 1534, die den Bruch mit Rom implizierte, nicht leistete, ist er im Tower eingekerkert worden. Dort hat er den *Dialogue of Comfort* geschrieben, ein von gelassenem innerem Glück durchstrahltes Gesprach über das Verhalten des einzelnen Christen unter der Tyrannei – der Türken, in denen die Machtlosigkeit der Tyrannen über den wahren Glauben dargetan wird, und dann den bewegenden *Treatise upon the passion* (in Englisch und Latein), ein Zeugnis noch einmal seiner asketisch andächtigen Frömmigkeit. Aufgrund einer falschen Anklage ist er in einem Hochverratsverfahren zum Tode verurteilt worden und zusammen mit dem Bischof John Fisher am 6. Juli 1535 hingerichtet worden, das Opfer eines tyrannischen Despoten, der auch nur die schweigende Mißbilligung des bedeutenden Mannes nicht ertragen konnte, der Märtyrer der Kirche, der den päpstlichen Primat um keinen Preis aufzugeben bereit war. 1935 ist Morus heilig gesprochen worden. – Wie wurde aus dem frommen, aber kirchenkritischen, im Bereich der Vernunft experimentierenden undogmatischen Humanisten der Märtyrer für Kirche und Papst? Man muß die Neigung der konservativen Interpretation, hier vorschnell eine Einheit, der sozialistischen, hier vorschnell einen Bruch zu konstruieren, abweisen. Morus ist durch die Revolution, als die er die Reformation ansah, an die Seite der Tradition, der bestehenden Kirche gedrängt worden. Sein Humanismus wird trotz allen Reformwillens konservativ, im Angesicht der Revolution ist nicht Zeit zum intellektuell kritischen Experiment. Und Morus ist gestorben nicht für ein Dogma und nicht für das Papsttum als Institution, sondern für die Einheit der Kirche, für den universalen Consensus der Gläubigen; die *veritas* ist nicht mehr unbezweifelbar, aber der Consensus muß aufrechterhalten werden, es darf keine endgültige Separation von der einen Kirche geben, die Wahrheit ist nicht möglich außerhalb des Gesprächs mit der in der

Kirche lebendigen Tradition. So zeugt noch das Sterben des Morus für den humanistischen Ursprung wie für dessen Umbildung unter der Herausforderung der Reformation. Beide Gesichtspunkte müssen bei der Interpretation der Utopia berücksichtigt werden.

Von den Werken des Morus gehört nur die *Utopia* zur Gattung des politischen oder staatsphilosophischen Traktats; sie ist zugleich das wirklich geniale unter seinen Werken, das einzige, das weltgeschichtliche Klassizität und immerwährende Aktualität errungen hat. Dieses Werk nun darf nicht nur immanent und nicht nur aus der geschichtlichen Situation, sondern muß auch aus der Biographie verstanden werden. Die historische und biographische Analyse aber bestätigt die textimmanente Interpretation.

VII

Wir haben in unserer Interpretation den spezifisch neuzeitlichen Charakter der *Utopia* herausgearbeitet. Freilich das Weltverständnis der *Utopia* stellt nur eine Komponente des neuzeitlichen Bewußtseins dar. In dem Werk kommen nur bestimmte Tendenzen der Neuzeit zum Ausdruck, während andere gerade ausgeschlossen werden, und es scheint für die Neuzeit charakteristisch zu sein, daß eine solche Differenzierung und Entgegensetzung leitender geschichtlicher Tendenzen eintritt.

Das Weltverständnis der *Utopia* steht im Gegensatz zu dem neuzeitlichen Individualismus, wie er in der Renaissance zuerst zum Ausdruck gekommen ist, und zu dem allmählich sich ausbildenden modernen Subjektivismus.

Die *Utopia* steht mit dem Leitprinzip der konstruktiven Vernunft im Gegensatz zu dem anderen großen Leitprinzip der beginnenden Neuzeit, der Hinwendung zur Erfahrung, wie sie Kopernikus und Machiavelli repräsentieren. Utopia ist die Welt, die sich gegen die Herrschaft der Erfahrung stellt. Daher erklärt es sich, daß in Utopia ein Ideal des neuzeitlichen Bewußtseins, der Kultur- und Wohlfahrtsstaat, entworfen wird, das in schroffer Absolutheit dem in der frühen Neuzeit gerade aufsteigenden Staat, nämlich dem Machtstaat, und seiner Theorie von Machiavelli bis zu Hobbes, gegenübersteht.[19] Trotzdem aber stimmen die rational-utopische Konstruktion und die empirische Analyse in der traditionskritischen und der un-theologischen Behandlung des Staates und einem neuen Verständnis des menschlichen Handelns überein.

Weiter steht Utopia im Gegensatz zu dem anti-institutionellen Personalismus Luthers, dem es allein um Gott und die Seele geht, zu seinem Antirationalismus, zu seinem Unbedingtheitsanspruch, der die offene und ambivalente Diskussion der humanistischen Intellektuellen ausschließt, steht im Gegensatz zu seiner Trennung von geistlichem und weltlichem Reich, von Seele und Welt, zu seiner Verwerfung einer weltimmanenten Transzendenz und zu seiner These von der radikalen Sündhaftigkeit des Menschen, die die Möglichkeit des vernünftigen Menschen, bis zu einem gewissen Grade gut zu sein und gute Institutionen zu gründen, negiert. Es gibt aber zwischen beiden doch tiefe Gemeinsamkeiten: die Kritik der Tradition, der Gewinn eines radikal neuen Bodens für den Geist oder die Seele, die Spiritualisierung von Kirche und Frömmigkeit, die Rehabilitation des Laien, die Gegnerschaft gegen die Akkommodation des Christentums an die Welt, und die Entsakralisierung der Welt, die ihre tätig-vernünftige Bewältigung und Durchdringung begründet hat.

Die *Utopia* steht im Gegensatz schließlich zu dem neuzeitlichen Begriff der Natur und insbesondere des Naturrechts. Die vernünftige Welt wird nicht als Naturzustand, den es wiederherzustellen gelte, angefaßt. Die Ideologisierung eines Wunsch- oder Handlungsprogrammes zu einer Wirklichkeitserkenntnis ist Morus und seiner *Utopia* noch fern. Erst in der Aufklärung greift dann solche Ideologisierung Platz, und in der Folge wird dann das freie Verhältnis der Vernunft zum Wunschtraum durch die Geschichtsphilosophie und ihre Vorstellung einer mit Notwendigkeit eintretenden Zukunft aufgelöst.

Das Zeitalter, das mit der Französischen Revolution beginnt, hat das utopische Weltverständnis aufgehoben. Einmal ist das utopische Ideal, das von der Frage der Verwirklichung gelöst war, nunmehr endgültig zu einem Leitbild des Handelns geworden, in dem eine Anweisung zur Verwirklichung steckt. Die programmgeleitete Aktivität der Weltveränderung ist primär nicht mehr Sache eines literarischen Entwurfes, sondern Sache der Praxis, die Funktion der *Utopia* ist in der Wirklichkeit selbst aufgehoben. Zum andern verändert sich das Leitbild des Handelns. In der Revolution hat sich die objektive Bindung an Vernunft und Naturrecht, auf die sich noch eine Vielzahl antagonistischer Parteien berief, aufgelöst. Jede Idealbildung mußte sich jetzt aus der Erfahrung legitimieren, die freie Konstruktion einer zu erstrebenden Welt aus purer und ihrer Moralität gewisser Vernunft war nicht mehr möglich. Indem das Zeitalter des bloßen Wünschens und Hoffens endet, endet auch die utopische Abstraktion der Vernunft von der Erfahrung. Das Handeln wird in den sozialen Bedingtheiten verankert. Wo es noch literarische Utopie gibt, gewinnt sie zumeist prognostische Züge. Damit verändert sich auch das Weltverständnis. Die *Utopia* lebt noch von der unhistorischen Gegenüberstellung von Ideal und Wirklichkeit; die Veränderbarkeit der Welt wird nur grundsätzlich behauptet, sie bleibt aber auf die gute und schlechte Welt beschränkt. Im 19. Jahrhundert aber wird diese Veränderbarkeit konkret erfahren, die Struktur der Welt wird als dynamischer Prozeß, als Geschichte erkannt. Der Fortschritt und der Fortschrittsglaube, die Gestalt des in der *Utopia* anhebenden Denkens im 19. Jahrhundert, historisieren diese Welt. Das politisch-soziale Ideal wird zum Ergebnis der Geschichte; ja es wird selbst dynamisch, veränderbar und damit relativ. Nicht nur die Wirklichkeit wird historisiert, sondern auch die Zukunft, die Zielsetzung und Vollendungsentwürfe, und darum verlieren sie an bewegender und korrigierbarer Kraft für die Wirklichkeit. Darum stehen dem im revolutionären Zeitalter in der Praxis aufgehobenen utopischen Weltverständnis im nachrevolutionären Zeitalter die nachutopische Skepsis und die warnende Gegenutopie gegenüber.

Hans Karl Scherzer

LUTHER

I. Reformatorische Wende. Biographie

Die reformatorische Bewegung des 16. Jahrhunderts hat das «theokratische Einheitssystem des Mittelalters»[1] gesprengt. Sie unterscheidet sich somit prinzipiell von den spätmittelalterlichen kirchlichen Reformbewegungen. Auch die radikalsten Verfechter des Konziliarismus und des Nationalkirchentums, auch die unbarmherzigsten Kritiker des verweltlichten Papsttums, des römischen Kurialismus und Fiskalismus, des skandalösen Pfründen- und Exspektanzenwesens, das seine Metastasen in alle Länder der westlichen Christenheit hinaustrieb, vor allem jedoch in das nach Joseph Lortz «nationalkirchlich unbefriedigte Deutschland», ließen die überlieferte Idee der *respublica christiana* als des einen geistlich-weltlichen Gemeinwesens der Christenheit, in der die *ecclesia universalis* und die weltliche *politia* ihre Zuordnung und rechtliche Einheit gefunden haben, unangetastet. Innerhalb dieser *respublica christiana* war die Rangordnung zwischen der geistlichen und der weltlichen Gewalt niemals unbestritten. Der hochmittelalterlichen extrem papalistischen These von der *plenitudo potestatis* des Papsttums stellte Marsilius von Padua seine nicht minder radikale staatskirchliche Konzeption gegenüber. In den Kämpfen zwischen Papst Bonifaz VIII. und König Philipp IV. von Frankreich wie auch zwischen Kaiser Ludwig dem Bayern und dem avignonesischen Papsttum demonstrierten die weltlichen Gewalten Kraft und Selbstbewußtsein gegenüber den kirchlichen Ansprüchen; die Vorstellung von der umfassenden Einheit des in der *respublica christiana* in zwei Rechtsstrukturen verfaßten *corpus christianum* wurde jedoch nicht in Frage gestellt. Die weltliche Gewalt besaß außerhalb der spiritualen und hierarchischen Ordnung keinerlei Eigenberechtigung; sie bildete allein den weltlichen Sektor einer alle Daseinsbereiche einbeziehenden allumfassenden geistlich-weltlichen Korporation der christlichen Taufgemeinschaft, die mit dem *corpus Christi mysticum* zusammenfloß. Erst der Reformator Martin Luther löste diese überlieferte Konstruktion des *corpus christianum* durch seine Zwei-Reiche-Lehre theologisch auf[2] und vollzog damit einen der folgenschwersten Umbrüche in der christlichen Rechts- und Sozialtheologie.[3]

Dieser geradezu revolutionäre Umschwung ist nicht primär das Ergebnis philosophischer oder theologischer Spekulationen. Er ist die Frucht des jahrelangen verzweifelten Ringens des jungen Mönchstheologen Martin Luther um die Gerechtigkeit, die allein vor Gott gilt. In Luthers glühendem Bemühen erfährt das drängende Verlangen des spätmittelalterlichen Menschen nach religiöser Gewißheit in den Unsicherheiten des Lebens eine unerhört beispielhafte Verdichtung. Hinter der überhitzten und erregten Religiosität des späten Mittelalters mit all den Äußerungen einer vom Zentrum des christlichen Glaubens wegführenden übersteigerten Werkfrömmigkeit, die sich in einer schier unglaublichen Wundersucht, einer Unzahl von Wallfahrten und einem verdinglichten Reliquienkult manifestierte, stand stets die Sehnsucht nach der *perfectio hominis Christiani*, nach einem Leben in der Nachfolge Christi. Auch der junge Luther war zutiefst in die vielerlei inneren und äußeren Unsicherheiten dieses ‹apokalyptischen Zeitalters› verstrickt und hatte Teil an seinen existentiellen Ängsten.

Martin Luther ist am 10. November 1483 in Eisleben geboren. Sein Vater Hans Luther hatte sich als nichterbberechtigter Bauernsohn im Mansfelder Bergbaugebiet als Besitzer eines kleinen Schmelzofens eine selbständige Existenz am Rande des Kleinbürgertums aufgebaut. Der ehrgeizige Vater suchte dem Sohn die Ausbildung zu geben, die ihm einmal den Aufstieg in die Oberschicht des deutschen Territorialstaates erlauben würde. Der junge Martin durchlief auf den Lateinschulen in Mansfeld, Magdeburg und Eisenach den traditionellen mittelalterlichen Bildungsweg; mit der Ideenwelt des Humanismus kam er dabei kaum in Berührung, er geriet jedoch unter den Einfluß der *Devotio moderna.* Das artistische Grundstudium in Erfurt (1501–1505) stand völlig im Zeichen der *via moderna* der nominalistischen Philosophie. Nach dem Willen des Vaters nahm er nach erlangter Magisterwürde ebenfalls in Erfurt das Studium des Zivilrechts auf. Jedoch am 2. Juli 1505 lenkte der Blitzschlag bei Stotternheim die wohl schon lange ringenden Gedanken in die entscheidende Richtung: Luther trat in das Kloster der Erfurter Augustiner-Eremiten ein. Er wählte dieses Kloster, das zu einer Kongregation strengster Observanz gehörte, um am *status perfectus* des Christen wirklich im höchsten Grade teilhaben zu können. Durch peinlichsten Gehorsam gegen die Ordensregel und gewissenhafteste Erfüllung seiner Mönchspflichten suchte er die Vollkommenheit des christlichen Standes zu erreichen.[4]

Luthers mönchischer Eifer erregte bald die Aufmerksamkeit seiner Oberen. Er wurde 1507 zum Priester geweiht und daraufhin zum Theologiestudium bestimmt. Das Theologiestudium stand ebenso wie früher das artistische Studium und Luthers nebenherlaufende Vorlesungstätigkeit in den artistischen Fakultäten von Erfurt und Wittenberg überwiegend unter nominalistischem Einfluß. Auch das Studium des Ordensheiligen Augustinus erfolgte im Geiste und nach dem Verständnis des Nominalismus.[5] Am 18. Oktober 1512 wurde Martin Luther zum Doktor der Theologie promoviert; kurz danach übernahm er die Bibelprofessur an der Wittenberger Universität und das Predigtamt an der Stadtkirche. Beide Ämter behielt er bis zu seinem Tode bei. Im Jahre 1510 wurde er erstmalig mit der Regelung einer Ordensangelegenheit betraut, wozu er eine für ihn enttäuschende Romreise unternahm. Seither ist er mehrfach zu Verwaltungsgeschäften herangezogen worden; 1515 wurde er sogar in Vertretung von Staupnitz Distriktsvikar der elf sächsischen Klöster der Kongregation. Als akademischer Lehrer, als Priester und Ordensmann gewann Luther auf diese Weise an Ansehen, wurde der Ruhm der Universität und der Stolz des Ordens.

Doch gerade in diesen Jahren der ersten großen öffentlichen Erfolge durchlebte Luther seine schwersten Anfechtungen. Es war die Zeit seiner ‹Klosterkämpfe›, in der ihm angesichts der Begegnung mit dem Gesetz Gottes die Sinnlosigkeit, ja Verwerflichkeit aller Werk- und Sakramentsfrömmigkeit erschreckend bewußt wurde.[6] Prädestinationsängste steigerten diese Anfechtungen schließlich zu einem vollständigen inneren Zusammenbruch,[7] in dem Luther die Qualen der nackten, ausweglosen Gottverlassenheit, das Bewußtsein der unwiderruflichen Verwerfung durch Gottes Zorn zutiefst erlebte. Aus dieser wahrhaft existentiellen Krise führte ihn nach eigenem Zeugnis aus späteren Jahren die *revelatio Evangelii* in Form der befreienden Erkenntnis von Röm. 1, 17: «... da begann ich die Gerechtigkeit Gottes verstehen zu lernen als die Gerechtigkeit, in der der Gerechte durch Gottes Geschenk lebt, und zwar aus dem Glauben, und ich fing an zu verstehen, daß dies die Meinung ist, es werde durchs Evangelium die Gerechtigkeit Gottes offenbart, nämlich die passive, durch welche uns der barmherzige Gott gerecht *macht* durch den Glauben, wie geschrieben steht: ‹Der Gerechte lebt aus dem Glauben›».[8] Luther fühlte sich wie neugeboren; die Paulusstelle wurde ihm zu einer «Pforte des Paradieses». Die Lehre von der Rechtfertigung aus dem Glauben wird die Mitte der Theologie Luthers. Sein neues Verständnis von Gesetz und Evangelium sollte schließlich auch den um die Kirche gelegten Panzer des kanonistischen Rechts aufsprengen. Der genaue Zeitpunkt des reformatorischen Durchbruchs, des sogenannten ‹Turmerlebnisses› läßt sich bis heute nicht exakt feststellen[9], so daß als wirklich sicheres Datum für den Beginn der Reformation bis heute der mit dem Spätherbst des Jahres 1517 ausbrechende Ablaßstreit gelten muß.[10] Er entzündete sich zunächst an der Frage nach dem wahren Sinn des Bußsakraments, warf dann aber die Fragen nach der äußeren Rechtsgestalt der hierarchisch geordneten Kirche, nach dem Verhältnis von göttlicher und irdischer Kirchenverfassung und nach dem der Kirche als *ecclesia spiritualis, ecclesia universalis* und *ecclesia particularis* zu den weltlichen Gewalten auf. Indem Luther der *irdischen* Kirchenorganisation die Rechtsmacht bestritt, rechtsgestaltend – etwa durch Verkündigung der Exkommunikation – in der *ecclesia spiritualis,* als dem Reiche Christi auf Erden, zu handeln, und so über die geistliche Kirche zu verfügen, brachte er das überlieferte Kirchenrechtssystem schlechthin zum Einsturz.

Der Konflikt mit der Kirche brach nach der Weigerung Luthers zu widerrufen offen aus. 1518 wurde der Ketzerprozeß eingeleitet, der nach mancherlei politisch bedingten Verzögerungen am 3. Januar 1521 zur ‹großen Exkommunikation› führte. Im April des Jahres 1521 wurde auf dem Wormser Reichstag die reichsrechtliche Konsequenz gezogen und über Luther die Reichsacht verhängt. Das Wormser Edikt erwies sich jedoch wegen der rapiden Ausbreitung der Reformation als nicht durchführbar. Weder gegen den zeitweilig auf der Wartburg verborgen lebenden Luther noch gegen seine Anhänger konnte zunächst ernsthaft vorgegangen werden. Mit dem Bauernkrieg von 1525 endete diese Periode des Wildwuchses der Reformation, und es erfolgten die Kirchenreformationen innerhalb der Territorien unter der Obhut fürstlicher und städtischer Obrigkeiten. Luther blieb bis zu seinem Tode am 18. Februar 1546 gebannt und geächtet und konnte aus diesem Grunde kaum mehr Kursachsen verlassen. In die theologischen, kirchen- und allgemeinpolitischen Auseinandersetzungen, die gegen Ende seines Lebens an Heftigkeit zunahmen und das Reformationswerk in größte Gefahr brachten, griff er deshalb fast nur mehr vom Wittenberger Katheder, von der Kanzel oder durch eine Unzahl von Briefen, Flugschriften und theologischen Abhandlungen ein. Den Ausbruch des Schmalkaldischen Krieges 1546–1547 brauchte der schwer leidende und bitter gewordene Reformator nicht mehr zu erleben.

II. Die weltliche Ordnung

Über dem Ringen um die rechte Gestalt der Kirche hat Luther die weltlichen Ordnungen niemals aus dem Gesicht verloren. Seine Aussagen zu sozialethischen Problemen, zu den Fragen des Rechts, der Politik und der Wirtschaftsordnung nehmen in seinem umfangreichen Werk einen beachtlichen Platz ein. Das Christentum war für ihn stets eine öffentliche, weltbezogene Angelegenheit. Der Christ ist nach seiner mehrfach ausgesprochenen Auffassung zur Aktivität im sozialen und politischen Bereich aufgerufen, denn die ganze Heilige Schrift zeige, «daß es weder im Alten noch im Neuen Testament jemals einen Heiligen gegeben habe, der nicht mit Politik oder Wirtschaft beschäftigt gewesen wäre».[11]

Der theologische Schlüssel für die Kirchen-, Staats- und Rechtslehre Luthers schlechthin ist seine Lehre von den zwei Reichen – dem Reich der Gnade und dem Reich der Welt – und den beiden Regimenten Gottes in ihnen. Aus ihr allein erschließt sich sein sozialethisches und politisches Denken.[12] Deshalb öffnet auch nur sie den Weg zu all den Fragestellungen, die früher etwa als Staatsidee Luthers oder als sein Verständnis des *corpus christianum* erörtert worden sind.

Eine spezifisch lutherische Lehre ist die Lehre von den zwei Reichen jedoch nicht. In ihren Grundintentionen ist sie auch von Calvin[13] und Zwingli übernommen worden. Beide Reformatoren modifizierten sie jedoch nicht unerheblich,[14] auch Melanchthon[15] und die lutherischen Bekenntnisschriften[16] nahmen sie nur in gewandelter Gestalt auf. Abgesehen von dem ‹dritten› Zweig der Reformation entfernt sich wohl Martin Bucer am weitesten von der Konzeption Luthers. Er vertritt in seiner theologischen Programmschrift für König Eduard VI. von England *De regno Christi* (1551) recht weitgehende christokratische Tendenzen im Sinne einer unmittelbaren Anwendung der lex Christi auf den politischen Bereich.[17] Von einer gemeinreformatorischen Lehre von den zwei Reichen kann man also nur mit Einschränkungen sprechen. Luther steht zudem in starker Abhängigkeit von der Konzeption Augustins von den zwei *civitates* und ihren mittelalterlichen Ausgestaltungen. Er hat das Bild von den zwei Reichen mit dem ganzen spätscholastischen Begriffsapparat übernommen, jedoch die mittelalterliche Reichelehre unter dem Deckmantel der traditionellen Denkformen systematisch umgestaltet.[18]

In ihren Grundzügen ist die Zwei-Reiche-Lehre Luthers als Bestandteil seiner Rechtstheologie schon vor dem Thesenanschlag von 1517 entstanden. Luther hat sie in seinen frühen Vorlesungen (insbesondere zu den Psalmen und dem Römerbrief) keimhaft entwickelt. Die eigentliche Entfaltung dieser Lehre fällt in die Zeit von 1517–1525, also in die Jahre vor dem Bauernkrieg. Damals entstanden die großen Reform- und Streitschriften. Was nach 1525 gewonnen wurde, dient im wesentlichen dem Ausbau und der Absicherung der bis dahin errungenen Positionen.[19]

Luther war fest davon überzeugt, daß seine Lehre von den zwei Reichen näher bei Augustin stehe als die der Scholastik.[20] Der Ansatz Luthers ist auch in Wahrheit viel stärker «augustinisch-dualistisch, als man gemeinhin annimmt».[21] Er faßt den Gegensatz der beiden Reiche in seiner Auswirkung auf den Menschen sogar noch schärfer als Augustin; eine Folge seiner Auffassung von der durch die Erbsünde radikal zerstörten auf Gott hin gerichteten Seite der menschlichen Natur.[22] Augustin sieht wie Luther die Grenze zwischen den beiden *civitates* als scharf und unbedingt, aber zugleich auch als unsichtbar an. Es sind nicht zwei soziologische Verbände, die sich feindlich gegenüberstehen, sondern ungreifbare Personengemeinschaften, die sich wohl unter Umständen soziologisch verdichten können. Sie umfassen zwei Arten von Menschen, von denen die einen auf menschlich-‹fleischliche›, die anderen jedoch auf geistliche Art leben. Das erbitterte Ringen dieser beiden *civitates* reicht von Kain, dem Gründer der *civitas terrena*, bis zum tausendjährigen Reich. Die *civitates* sind daher nur in ihren eschatologischen Relationen zueinander bestimmbar.[23] Gegenüber der Zwei-Reiche-Lehre Luthers erscheint die augustinische Konzeption jedoch fast eindimensional und führt in ihrer geschichtlichen Anwendung ziemlich geradlinig zu dem von Luther bekämpften theokratischen Einheitssystem des Mittelalters, «während der theozentrische Ansatz Luthers, der auch in dem ‹Weltreich› ein Reich Gottes mit eigener Würde sah, und der den Gegensatz von Göttlichem und Teuflischem quer durch Kirche und Staat (ja durch jeden einzelnen Menschen) gehen sah, in seiner Anwendung gerade zu der Unterscheidung, zu dem durchgehenden Doppelaspekt und echten Gegenüber von Staat und Kirche führte».[24]

Die Zwei-Reiche-Lehre Luthers umfaßt demnach drei Dimensionen:[25]

1. Das Verhältnis von Reich Christi und Reich der Welt, d.h.: Zwei Reiche stehen sich, einander ausschließend, gegenüber;

2. Das Verhältnis von *ecclesia* und *politia* (im Mittelalter: *sacerdotium* und *imperium*), die beiden Institutionen deuten auf die Regimente Gottes hin.

3. Das Verhältnis von *persona privata* und *persona publica,* d.h. die Stellung des Christen in beiden Reichen.

Diese drei Dimensionen sind aber «nur Aspekte ein und derselben Sache, des Grundverständnisses von Evangelium und Weltordnung. Man muß nur darauf achten, in welcher der Dimensionen die Frage erscheint ... Nur im Verhältnis von Staat und Kirche gibt es eine sichtbare Grenze zwischen den Ämtern und Aufgaben, nicht aber im Verhältnis des Christen zum Weltleben. Die Grenze in seinem Handeln ist nicht weniger scharf, aber sie ist verborgen und muß in immer neuer Gewissensentscheidung gesucht werden. Die irrige Übertragung des Modells von Kirche und Staat als klar geschiedene Räume auf das christliche Leben hat oft den Eindruck einer dualistischen Zerreißung gemacht».[26] Hier liegt die Ursache des verhängnisvollen dualistischen und autonomistischen Mißverständnisses der lutherischen Zwei-Reiche-Lehre durch den Neuprotestantismus.[27]

III. Die Zwei-Reiche-Lehre

Die Ausgangsposition für Luthers Konzeption der Zwei-Reiche-Lehre ist «das Vorhandensein und rechtliche Verhältnis zweier Reiche, des Reiches Gottes und des Reiches der Welt».[28] Beide Reiche sind Personengemeinschaften unter einem Haupt und mit bestimmten Strukturen: Wir müssen «alle Menschen teilen in zwei Teile. Die zum Reich Gottes gehören, das sind alle Rechtgläubigen in Christo und unter Christo. Denn Christus ist der König und Herr im Reich Gottes».[29] Zum Reich der Welt oder unter das Gesetz gehören jedoch alle, die nicht Christen sind.[29a] Ihren Ursprung hat dieses Auseinanderfallen der Menschheit, ja der ganzen Schöpfung im Sündenfall. Der Kosmos ist seither zugleich Gottes Schöpfung und gefallene Welt, Ordnung Gottes und Schauplatz der Dämonie.

Luther entfaltet seine Lehre vom *regnum Christi* her. In ihm herrscht Christus, der inkarnierte Gottessohn, durch seine *lex spiritualis.* Er ist das Haupt der rechten Christen; sie bilden seinen mystischen Leib. Das Reich Christi ist als ein *corpus mysticum* durch drei Elemente bestimmt:[30]

a) durch die Königswürde Christi;

b) durch sein Regiment, das als lebensspendendes Einwirken auf die Glieder *(influxus capitis in membra)* verstanden wird;

c) durch das zugeordnete Gottesvolk.

Es besteht aus den Menschen, die der Macht des Teufels durch Christus entrissen worden sind. Hierzu zählen nur die rechten Christen, nicht etwa bloße Namenschristen.[31] Sie stehen unter der rein geistlichen und innerlichen Regierung Christi und seines Gesetzes, denn allein mit «Gottis wort und geyst ... werden die seynen geregirt ynnwendig».[32] Dieses Reich Christi ist ein nur den Gläubigen erkennbares Reich der Gnade, Liebe, Barmherzigkeit und Freiheit, aber kein Reich der Gewaltausübung.

Dem Reich Christi gegenüber steht das *regnum mundi,* das Reich der gottentfremdeten und gottfeindlichen Menschheit, die es allein als ein Reich sündiger Begierden und göttlichen Zorns erlebt. Es bildet gleichfalls einen mystischen Leib, das *corpus babylonicum,* unter dem Satan als Haupt.[33]

Zwischen dem *corpus Christi* und dem *corpus babylonicum* besteht keinerlei Rechtsgemeinschaft. Daher ist auch die Konzeption *einer* Rechtsgemeinschaft der gesamten Menschheit auf der Grundlage *eines* göttlichen Naturrechts für Luther unannehmbar. Der Rechtsstand jedes einzelnen Menschen ist abhängig von seiner Bürgerschaft in einem der beiden Reiche: «Auffs erst ist zu mercken, das die zwey teyl Adams kinder, der eyns ynn Gottis reych unter Christo, das ander ynn der wellt reych unter der uberkeyt ist, zweyerley gesetz haben».[34] Niemand kann gleichzeitig Bürger beider Reiche sein.

Die Struktur der Rechtslehre Luthers unterscheidet sich demnach fundamental von der mittelalterlich-scholastischen: Da es *zwei* Reiche gibt, so gibt es auch für Luther ein zweifaches Naturrecht. Beide erhalten jedoch ihre Einheit in dem einen göttlichen Rechtswillen. In ihm sind die dialektisch aufeinander bezogenen Begriffspaare ‹Gesetz› und ‹Evangelium›, ‹Rechtfertigung› und ‹Recht› aufgehoben. Der Mensch – auch als Christ *simul iustus et peccator* – steht in diesen Spannungen und begegnet so unmittelbar dem Willen des alleinwirksamen und allgegenwärtigen Gottes, der durch sein Wort seinen allumfassenden Rechtswillen in zweierlei Weise verkündet. Luthers Rechtslehre ist also eine theologische Rechtslehre, ein Stück seiner Theologie, deren «Hauptartikel»[35] die Lehre von der Rechtfertigung allein aus dem Glauben ist.

Im Reich der Gnade gilt der göttliche Rechtswillen in der Weise, wie er dem Menschen im *status naturae incorruptae* promulgiert worden ist.[36]

Dieses göttliche Naturgesetz *(lex divina)* hat Gott für alle Menschen erlassen; es ist das allgemeine Gesetz schlechthin. Nie mehr hat Gott ein Gesetz von gleicher Universalität gegeben. Seine ontologische Grundlage hat es in Gott, der die Liebe ist, deshalb bindet es als Recht nur dann, wenn der Wille des gläubigen Gesetzesempfängers es in völliger Freiheit als verbindlich bejaht. Dies geschieht natürlich nur im Reiche Christi. Für den ungläubigen ‹natürlichen› Menschen stellt sich dieses Gesetz, obwohl es reine Liebe, Weisheit und Gerechtigkeit ist, als Torheit, Ungerechtigkeit und Willkür dar. Das göttliche Gesetz ist «reiner Geist Gottes», es ist das schöpferische Wort Gottes, das sich an den in seinem Herzen vom Geist Gottes ergriffenen *homo spiritualis* richtet, es ist rechtschaffender Wille des souveränen Gottes, ist die Ordnung göttlicher Liebe, Gleichheit und Freiheit. Christus hat diesem Naturgesetz seinen wahren Sinn wieder zurückgegeben, deshalb erlaubt allein die *lex Christi* das rechte Verständnis der *lex Dei.* Durch natürliche Erkenntnis kann der Mensch das Wesen der göttlichen Gerechtigkeit und Liebe niemals erfassen.[37]

Der *lex divina naturalis* zur Seite steht nach Erschaffung des Menschen das positive göttliche Recht, das die beiden Ordnungsformen des menschlichen Gemeinlebens im Urstand begründet: die Kirche und die Familie *(ecclesia* und *oeconomia).* Das menschliche Gemeinschaftsleben besaß damals «die Gestalt einer in inniger Liebe zu Gott und zueinander geführten Familiengemeinschaft».[38]

Mit dem Sündenfall ist diese harmonische Ordnung des Seins zerfallen. Dem geistlichen Natur*gesetz* tritt das weltliche Natur*recht* gegenüber. Dem ‹natürlichen› gottfernen Menschen bleibt jedoch auch nach dem Sündenfall der göttliche Rechtswille im Herzen eingeschrieben; er erfaßt jedoch seinen geistlichen Sinn nicht mehr, sondern macht aus ihm ein weltliches Naturrecht, das allein das *irdische* Wohl zum Zwecke hat. Das anerschaffene Rechts- und Sittlichkeitsbewußtsein des Menschen bleibt nach wie vor, wenn auch in völlig unzureichender Weise, an dem nur noch in schwachen Umrissen erkennbaren göttlichen Naturgesetz ausgerichtet. Auf diese Weise lenkt Gott noch in der gefallenen Welt alle irdische Rechtsbildung und -handhabung in die von ihm vorgezeichneten Bahnen. Ein vom göttlichen Rechtswillen unabhängiges autonomes weltliches Naturrecht ist für Luther undenkbar: *Lex naturae* (= das weltliche Naturrecht) *non potest separari a lege divina.*[39] Dieses Naturrecht steht zudem zur Verfügung des Schöpfers, der es nach dem Zeugnis der Bibel wiederholt durchbrochen hat. Scharf geißelte Luther in diesem Zusammenhang die menschliche *superbia,* welche die natürliche menschliche Rechtsordnung an die Stelle des göttlichen Gesetzes stellt und glaubt, die Maßstäbe der Gerechtigkeit allein aus der menschlichen Vernunft ableiten zu können. Sie ist die Ursünde, durch welche die Vernunft, eine der edelsten Gaben des Menschen, zur Hure geworden ist.

Trotzdem preist Luther das weltliche Naturrecht als «Heldenrecht», als «Glanzstück irdischer Rechtskunde und Sittlichkeit» und als «edles Kleinod».[40] Sein normativer Ausdruck ist die Goldene Regel: «Alles, was ihr wollt, daß euch die Leute tun, das tut ihr ihnen auch!» Seine bis heute vorbildliche materiell-rechtliche Fassung hat es in der zweiten Tafel des Dekalogs gefunden.[41]

Das weltliche Naturrecht ist «heubtgesetz, regel und mas» aller anderen menschlichen Gesetze.[42] Aus ihm stammt die «sittliche Kraft und die Gehorsam heischende Überzeugungskraft» des von der weltlichen Obrigkeit erlassenen positiven Rechts, der menschlichen *lex scripta.* Eingeleitet wurde die Epoche der lex scripta durch die sinaitische Gesetzgebung.

Im Vergleich zum ‹gesunden› Naturrecht betrachtet Luther jedoch jegliche positiv-rechtliche Verwirklichung als Zeichen der Verkümmerung des lebendigen Rechtssinnes in einem Volk, als «eytel flickwerk und betteley».[43] Er beklagt zutiefst die «Gesetzeswildnis» und den Gesetzespartikularismus, die durch die überreich vorhandenen positiven Gesetze geschaffen werden: «... und ist noch nie keyn gemeyne odder yhe nit lang wol regirt, wo vil gesetz geweßen seyn».[44] Das Ideal sieht Luther in Regenten, die mit einem vernünftigen Ratsverstand ausgestattet, allein nach dem Naturrecht regieren.[45]

Das Naturrecht setzt die Schranken der Menschlichkeit, Gerechtigkeit und Billigkeit, ohne welche das positive menschliche Recht nicht bestehen kann. Satzungen, welche jene Maßstäbe nicht beachten, sind rechtswidrig, sie begründen keine Gehorsamspflicht, ja sie dürfen nicht befolgt werden. «Nicht die Obrigkeit ist Meister des positiven Rechts, sondern das Naturrecht, und die Obrigkeit bloß dessen Diener».[46] Der Rechtspositivismus späterer Jahrhunderte kann sich nicht auf Luther berufen.

Innerhalb des Reiches Gottes zur Linken erfüllt das menschliche Recht, die *lex irae,* eine doppelte Funktion:

1. durch den *theologicus usus legis* übt es ein geistliches Strafamt am sündhaften «natürlichen» Menschen aus;

2. durch den *civilis usus legis* übt Gott seine Barmherzigkeit in der gefallenen Welt. Mit Hilfe des Gesetzes bekämpft er die Macht der Sünde und benutzt es so als Gegenmittel gegen die geistliche und leibliche Verwahrlosung der gottfernen Menschheit. Auch das positive menschliche Recht wird auf diese Weise zu einem Werkzeug des göttlichen Erhaltungswillens in den Ämtern und Institutionen, deren sich Gott in seinem weltlichen Regiment bedient.

IV. Die Regimentenlehre

Von den beiden ‹Reichen im Grundsinn› unterscheidet Luther, wenn auch nicht immer mit der notwendigen terminologischen Eindeutigkeit, den Begriff des ‹Regiments›. Das Regiment Gottes erstreckt sich über die ganze Welt, es wirkt also in beiden Reichen. Es ist unwiderstehlich, deshalb herrscht Christus auch über seine Feinde in der abgefallenen Welt, während der Christ dem Regiment des Satans im Glauben widerstehen kann.

Gott übt seine Herrschaft durch das Wort aus, das die Gläubigen *spiritualiter* aufnehmen, während es die Ungläubigen nur *carnaliter* oder *literaliter* vernehmen und danach leben. Da sie Gottes Wort nicht in ihr Herz aufnehmen, muß Gott sie durch den äußeren Zwang des weltlichen Regiments regieren. Das Regiment über die Gläubigen hingegen ist allein geistlich. «Also sind nun zweyerley regiment auff der wellt, wie auch zweyerley leut sind, nemlich glewbige und unglewbige».[47]

Die Regimentenlehre hebt den funktionalen Amtscharakter der Regierungstätigkeit Gottes hervor und vereinfacht die verwirrende Problematik der Zwei-Reiche-Lehre beträchtlich. Die Reduzierung der Zwei-Reiche-Lehre Luthers auf eine reine Regimentenlehre[48] führt jedoch unweigerlich zu einer Verselbständigung und Funktionalisierung eines Teilproblems und damit zu einer gefährlichen Verkürzung des theologischen Sinngehalts der lutherischen Lehren über Kirche und Welt, Gesetz, Gerechtigkeit und Regiment.[49] Die Regimentenlehre Luthers bezieht sich nur auf das *regimen Dei externum*,[50] das im Reich der Gnade durch das Predigtamt der Kirche in Wort- und Sakramentverwaltung, im Reich der Welt durch die *politia* mit Hilfe der Straf- und Zwangsgewalt der weltlichen Obrigkeit ausgeübt wird. Sie enthält die eigentliche Grundformel der politischen Ethik Luthers: «Darumb hatt Gott die zwey regiment verordnet, das geystliche, wilchs Christen unnd frum leutt macht durch den heyligen geyst unter Christo, unnd das weltliche, wilchs den unchristen und boeßen weret, daß sie äußerlich muessen frid hallten unnd still seyn ohn yhren danck».[51]

Beide Regimente beruhen auf unmittelbarer göttlicher Anordnung, sie haben ihren selbständigen Platz im göttlichen Heilsplan.[52] Durch sie regiert Gott die Welt auf zweierlei Weise.[53] Im geistlichen Regiment wird die Welt durch die Predigt des göttlichen Gesetzes und durch die Verkündung des heilbringenden Evangeliums zur Glaubensentscheidung aufgerufen. Im weltlichen Regiment hingegen bewahrt Gott seine Schöpfung vor ihrer Zerstörung durch den Satan. Für die Ausübung beider Arten des Regiments hat Gott Ämter und Institutionen gestiftet, in denen Menschen in seinem Auftrag handeln. Luther faßt sie als den *triplex ordo hierarchicus* von *ecclesia, oeconomia* und *politia* zusammen.[54]

In der irdischen Gestalt der Kirche verfügt das geistliche Regiment gleichsam über «einen Brückenkopf, von dem aus die Offenbarungsbotschaft in die Welt hineingetragen wird»;[55] in ihr wird das geistliche Regiment geübt, so daß hierdurch schon auf äußerliche Weise das Himmelreich hervortritt. Luther setzt also die irdische Kirche, d.h. die in viele Kirchentümer aufgegliederte *ecclesia universalis*, nicht mit dem geistlichen Regiment schlechthin gleich. Sie hat als irdische Institution, als *ecclesia in mundo*, selbst an den Gesetzen dieser Welt teil und ist in ihre Unzulänglichkeiten verstrickt; dies beweist die Unvollkommenheit der irdischen kirchlichen Rechtsordnung. Trotzdem bleibt die Kirche auch nach dem Sündenfall eine Institution des positiven göttlichen Rechts. Zur Kirche kann nach göttlichem Recht nur der wahrhaft Gläubige gehören. Da es jedoch für die Menschen nicht möglich ist, die wahren Christen von den Ungläubigen zu trennen, ist es ein Gebot christlicher Bruderschaft, jeden Getauften als zur Kirche gehörig zu betrachten. Allein Gott weiß, wer zur *ecclesia spiritualis* oder zur *ecclesia simulata*, zur Heuchelkirche, gehört.[56]

Verglichen mit dem geistlichen Amt stehen die Institutionen des weltlichen Regiments auf einer recht niedrigen Stufe. Die weltliche Obrigkeit ist «ynn keinem weg zuuergleichen mit dem geistlichen predigampt», denn sie verhilft nicht zur Seligkeit.[57] Der Staat erscheint allein als eine Notordnung Gottes gegen die Sünde.[58] Aber auch unter diesem abwertenden Aspekt wird ihm als Werkzeug Gottes im «Reiche zur Linken» sein «eigenes Wesen» außerhalb der geistlichen Ordnung zuerkannt; er wird erstmals «als Gemeinwesen mit eigener weltlicher Legitimität theologisch begriffen».[59] Das weltliche Regiment kann jedoch nicht mit dem Ordnungsgefüge der weltlichen Gewalt gleichgesetzt werden. Der Staat (*politia* im engeren Sinn) ist nur *eine* Konkretion der Regierung Gottes in seinem Reich zur linken Hand. Der ganze Bereich der säkularen Sozialstrukturen und Sozialgebilde, die ganze menschlich organisierte Welt *extra regnum et ecclesiam Christi* gehört zum weltlichen Regiment und ist deshalb letztlich für Luther *politia* (im weiteren Sinn).[60] Politische Freiheit und Gerechtigkeit sind deshalb auch absolute Gegenbilder der Freiheit und Gerechtigkeit eines Christenmenschen.

Zu den dem weltlichen institutionellen Naturrecht unterworfenen Institutionen des weltlichen Regiments gehört seit dem Sündenfall auch die Familie;[61] das Hausregiment des Vaters ist das erste rechtlich geordnete irdische Gewaltverhältnis.[62] Die Familie wird so zum *fons oeconomiae et politiae*,[63] aus der sich die staatliche Ordnung innerhalb der gottfernen Welt erst ableitet. Indem Luther so die Obrigkeit in den «Vaterstand» aufnimmt, stellt er sie zugleich unter die Gehorsamsforderung des vierten Gebots.[64]

Diese patriarchalische Staatsauffassung entsprach durchaus der zu Luthers Zeiten innerhalb der deutschen Fürstenstaaten geübten Regierungspraxis, wonach im Idealfall der Fürst als guter Hausvater sich fürsorglich um die Seinen bemühte, wogegen die Untertanen wie Kinder ihrer Obrigkeit unbedingten Gehorsam schuldeten. Es läßt sich nicht abstreiten, daß diese Fixierung des Politischen auf das patriarchalisch gesehene Verhältnis von Gewaltausübenden und Gewaltunterworfenen die Staatsauffassung des Luthertums über Jahrhunderte eigentümlich verengte.[65] Nicht nur, daß das Verhältnis zwischen Untertanen und Staatsgewalt primär unter individualethischen Aspekten gesehen wurde,[66] der ganze Bereich der konkreten staatlichen Ordnungen, der Institutionen und Konstitutionen blieb eine letztlich unverstandene, fremdartige Größe. Luther hat sich, im Gegensatz etwa zu Calvin,[67] niemals substantiell zur Frage der besten Staats- oder Regierungsform geäußert.[68] Auch die theoretische und spekulative Frage, wie es eigentlich zur Entstehung des Staates gekommen sei, interessiert ihn letztlich wenig.[69] Wichtiger als jede äußere Form ist ihm die inhaltliche Ausgestaltung des obrigkeitlichen Amtes, dem Gott eine dreifache Aufgabe zuerteilt habe und zu der er sowohl christliche wie heidnische Obrigkeiten verwende:

1. Das göttliche Strafgericht im Reich des göttlichen Zorns zu vollstrecken, indem es zur Aufrechterhaltung von Ruhe und Sicherheit das Schwert «mit Fleiß», jedoch auch mit Billigkeit führe;

2. Werkzeug seiner erbarmenden Liebe zu sein, indem es eine gerechte soziale Ordnung schaffe, denn nur dort, wo in dem weltlichen Regiment Gerechtigkeit und Sicherheit herrschen, kann das Evangelium ordentlich verkündigt werden;

3. als Statthalter Gottes in seinem Reich zur Linken zu wirken. Wegen dieser letzten Aufgabe kann Luther die weltliche Obrigkeit «eine Göttliche nützliche ordnunge» nennen.

Im übrigen gibt er sich jedoch über die weltliche Obrigkeit und ihre Vertreter keinerlei Illusionen hin. Luther hält die Macht an sich nicht für böse, aber sie hebt den Menschen über seinesgleichen empor und bringt ihn so in die Versuchung zum leiblichen und geistlichen Mißbrauch des obrigkeitlichen Amtes.[70] Von den weltlichen Regenten zeichnet er nicht selten Bilder voll düsterem Pessimismus: «Sie sind gemeyniglich die grösten narren odder die ergisten buben auff erden, darumb man sich alltzeytt bey yhn des ergisten versehen und wenig guts von yhn gewartten muß sonderlich ynn gotlichen sachen, die er seelen heyl belangen».[71]

Trotzdem dürfen die Untertanen auch dann keinen Aufruhr anzetteln, wenn der Fürst sein obrigkeitliches Amt offensichtlich mißbraucht.[72] Aufruhr ist das Kapitalverbrechen in der *politia*, da er sich gegen den Bestand des Gemeinwesens und daher gegen das Naturrecht selbst richtet.[73] Jedoch auch die Gehorsamspflicht der Untertanen ist nicht unbegrenzt; sie endet dort, wo die weltliche Gewalt die vom Naturrecht gezogenen Schranken übersteigt. In diesem Fall ist passiver Widerstand zulässig. Er ist darüber hinaus geboten, wenn sich die Obrigkeit vermißt, «der Seele Gesetze zu geben» und so in Gottes geistiges Regiment einzugreifen, oder wenn sie sich gar offen gegen das Evangelium wendet[74] und so das Verhältnis der beiden Regimente in Unordnung bringt.

Beide Regimente stehen nach Luther in einem Verhältnis existentieller dialektischer Spannungen zueinander: «Darumb muß man diese beyde regiment mit vleyß scheiden und beydes bleyben lassen: Eyns das frum macht, das ander das eußerlich frid schaffe und boeßen wercken weret»; jedoch: «Keyns ist ohn das ander genuog in der wellt. Denn on Christus geystlich regiment kan nemant frum werden fur got durchs geistlich regiment»; wo aber das geistliche Regiment allein regiert, «da wirtt der boßheyt der zaum loß unnd raum geben aller büberey».[75] Die rechte Ordnung des Verhältnisses von geistlichem und weltlichem Regiment zueinander und damit die Regierungsweisen Gottes selbst sah Luther zu seiner Zeit in mehrfacher Hinsicht bedroht, ja weithin schon völlig pervertiert. Kompromißlos und leidenschaftlich bekämpfte er deshalb die Verkehrung des Evangeliums, wie er sie in dem mittelalterlichen System der Vermengung von weltlicher und geistlicher Gewalt erblickte.

«Papst und Bischöfe sollten Bischöfe sein und Gottes Wort predigen. Das lassen sie und sind weltliche Fürsten geworden und regieren mit Gesetzen, die nur Leib und Gut betreffen».[76] Die weltlichen Herren dagegen «schinden und schaben» nicht nur und pressen ihre Länder aus, sie wollen auch «geistlich über die Seelen regieren». Indem so die weltlichen Fürsten geistlich und die geistlichen Fürsten weltlich regieren, besorgen sie jedoch nur die Geschäfte Satans. Die gottfeindliche Vereinigung der Kirchen- und der Staatsgewalt sah Luther schon in der kainitischen *politia* verwirklicht, in der die Zusammenballung aller geistlichen und leiblichen Macht zur Aufrichtung einer ‹Teufelskirche› und zur schrankenlosen Herrschaft des Gotteshasses geführt habe.[77]

Die gleiche Gefahr sah Luther in dem Bestreben der ‹Schwärmer› und der Bauern, die geistliche Ordnung der Freiheit und Gleichheit des Reiches Gottes mit Hilfe des weltlichen Schwertes – statt mit dem gewaltlosen Wort, wie es Christus selbst vorgelebt habe – auf das Reich der Welt zu übertragen. «Der Teufel hats den Widderteuffern . . . unnd den Bapst geheißen, das sie nach dem Schwert griffen haben, das Christus seinen Aposteln unnd predigern gantz und gar verboten hat zu füren».[78] Die ‹Schwärmer›, Wiedertäufer und aufrührerischen Bauern gefährden *beide* Regimente, denn wer «dise zwey reich ynneinander wöllt mengen, wie unser falschen rotten geyster thun, der wurde zorn ynn Gotts reich setzen unnd Barmhertzigkeyt ynn der wellt reich; das wer eben den teuffel ynn den Hymel unnd Gott ynn die helle setzen».[79] Die Welt läßt sich nicht nach dem Evangelium regieren, so lange nicht *jeder* aus dem Glauben lebt.[80] Alle Versuche, das Reich Christi auf dieser Welt zu errichten, enden entweder in widergöttlicher geistlicher Gesetzlichkeit oder im Mißbrauch der «christlichen Freiheit».[81]

Gerade diese immer wieder mit aller Schärfe, Leidenschaft, ja Maßlosigkeit vorgetragene Abwehr der «greulichen Vermischung der Regimente» beweist, daß sich die Regimentenlehre Luthers eine Deutung allein unter funktionalen oder institutionellen Aspekten entzieht, daß sie vielmehr in das gewaltige eschatologische Drama des Kampfes der beiden Reiche eingefügt ist.[82] Hierdurch erklärt sich auch die bemerkenswerte Dynamisierung und Personalisierung der Begriffe der *politia* und der *ecclesia* bei Luther. Sie sind konkrete Vollzugsweisen des Wirkens Gottes in der Welt.

Eine systematische Darstellung der Verhältnisse zwischen den beiden Regimenten hat Luther nicht entwickelt; für ihn verläuft auch die entscheidende Grenze nicht *zwischen* den beiden Regimenten, sondern zwischen dem *regnum Christi* und dem *regnum diaboli.* Dieser Gegensatz geht quer durch alle Ordnungen dieser Welt. Doch nur der Gläubige kann letzten Endes die Bedeutung der Regimente erkennen, sie dementsprechend unterscheiden und sein Handeln daran orientieren. Nur er erfaßt klar seine Stellung als *cooperator Dei* im weltlichen Regiment[83] und ist deshalb fähig, eine ideologiefreie, sachbezogene Politik zu betreiben.

In der Spannung zwischen Scheidung und Zuordnung der beiden Regimente entfaltet Luther an Hand des Verhältnisses von Kirche und *politia* seine politische Ethik. Der Theologe Luther entwickelt sie von der Stellung des Christen und der Kirche in der Welt her. Seine Aussagen zu Fragen der weltlichen Ordnungen sind daher stets aus ihrem theologischen Ansatz her zu deuten; sie sind allein Funktionen spezifischer Theologumena innerhalb des Kontextes seiner *gesamten* Theologie. Eine aus theologischen Prämissen abgeleitete allgemeine Theorie der Politik oder der Sozialethik ganz allgemein suchten weder Luther noch die anderen Reformatoren zu entwickeln. Mit Einzelheiten der politischen Wirklichkeit befaßte sich Luther nur, sofern sie den Glauben berührten oder ihn vor die Aufgabe stellten, das Gewissen der Christen zu schärfen. Er «weiß keyn recht eym fursten fur zuschreyben, sondern will nur seyn hertz unterrichten, wie das soll gesynnet und geschickt seyn in allen rechten, rethen, urteylen und hendeln».[84] Die Einsicht in das Wesen der Kirche und ihres Rechtes allein liefern ihm den Maßstab für die Beurteilung der *politia* und ihrer Ordnungen.

Trotz der entschiedenen Forderungen nach klarer Trennung der beiden Regimente bleiben das menschliche Gemeinwesen und die irdische Kirche in einer nicht zu übersehenden Verklammerung, die sich aus der Tatsache erklärt, daß weltliche Amtsträger auch zugleich Glieder der geistlichen Kirche sein können. Zudem sieht Luther in der *cura religionis,* d. h. in der obrigkeitlichen Fürsorge für den christlichen Glauben und das Kirchenwesen des Landes geradezu eine Amtspflicht der von Christen ausgeübten weltlichen Obrigkeit, der ausdrücklich die *custodia utriusque tabulae* übertragen worden sei;[85] der Prediger hingegen «bestätigt, stärket und hilft erhalten alle Obrigkeit, allen zeitlichen Frieden, steuert den Aufrührerischen ... und unterrichtet alle weltlichen Ämter und Stände».[86]

Aus dieser Zuordnung läßt sich jedoch weder die Behauptung ableiten, Luther habe trotz allem der Vorstellung von einem wesenhaft «christlichen Staat» mit einer Dyarchie von weltlicher und geistlicher Gewalt angehangen,[87] noch ist der Vorwurf berechtigt, er habe Bekenntnis und Rechtsgestalt der Kirche der weltlichen Gewalt ausgeliefert. Luther hat weder den «christlichen Staat» noch das landesherrliche Kirchenregiment in allen seinen späteren Ausprägungen rechtstheologisch legitimiert; er kann also auch nicht für die spätere spirituelle und rechtliche Verkümmerung der evangelischen Kirche zur reinen Staatsanstalt unmittelbar verantwortlich gemacht werden. Er hat jedoch zu dieser Entwicklung insofern beigetragen, als er aus vordergründigem kirchenpolitischen Opportunismus den Anfängen der rechtlichen Unterordnung der Kirche unter die weltliche Obrigkeit als Folge der landesherrlichen *cura religionis* nicht mit vollem Nachdruck entgegentrat.

Der Versuchung, die weltliche Gewalt in den Dienst des bekenntnisgebundenen Neubaus der Kirche zu stellen, den Staat darüber hinaus geradezu «zum Büttel der Zehn Gebote zu machen» und ihm so weitgehende Befugnisse *circa sacra* zuzugestehen, sind weder Luther noch Calvin, weder die Anhängerschaft der Reformatoren noch der gegenreformatorische Katholizismus des 16. Jahrhunderts entgangen.[88] Ebensowenig konnten die konfessionellen Kirchentümer jedoch auch dem Schicksal entrinnen, ihrerseits in die Dienste des schließlich mit umfassenden kirchenpolitischer Machtfülle ausgestatteten absoluten Staates eingespannt zu werden. Der ursprünglich ins Politische projizierte konfessionelle Totalitätsanspruch des 16. Jahrhunderts brach in den Religionskriegen aus äußeren und inneren Gründen zusammen und schlug im 17. Jahrhundert um in den säkularen Absolutismus des Staates.[89]

V. Der Christ in der *politia*

Die Ablehnung der Vorstellung eines wesenhaft christlichen Staates wie auch die Tatsache, daß die Abgrenzung zwischen dem Reiche Gottes und dem Reich der Welt sich nicht nach gegenständlich abgegrenzten Sachbereichen, sondern nach den Personen vollzieht, führt zur Frage nach der Stellung des Christen in den irdischen Ordnungen, insbesondere in der politia.

Der wahre Christ ist Bürger im *regnum Christi;* für ihn gilt allein das geistliche Gesetz in seiner Auslegung durch die *lex Christi.* Den sozialethischen Maßstab für sein Verhalten in der Gemeinschaft bilden die unverkürzten Liebesgebote der Bergpredigt. Da diese jedoch der gottentfremdeten Welt nicht entsprechen und hier durch das weltliche Naturrecht und eine Ordnung des äußeren Zwangs ersetzt worden sind, ist der Christ den Ordnungen des weltlichen Regiments *nicht* unterworfen. Gott hat ihn aus dem Reich der Welt herausgezogen; allein als freier Pilgrim und als Fremder lebt der Christ in den weltlichen Ordnungen und leistet der weltlichen Obrigkeit aus freien Stücken unbedingten Gehorsam, ja er erleidet willig das Unrecht, das ihm von Nichtchristen zugefügt wird, während er sich des verletzten Rechts seines Nächsten voller Hingabe annimmt.[90] So kann der Christ ganz im Reiche Gottes stehen und, den radikalen Forderungen der Bergpredigt gemäß, nach dem Evangelium leben. Zugleich mit seiner Exemtion vom weltlichen Regiment ist aber der Christ aufgerufen, aus christlicher Freiheit und Bruderliebe heraus aktiv, verantwortlich und selbstlos im weltlichen Regiment zu handeln. Diese Verantwortung des Christen in der Welt und für die Welt zeigt sich besonders am Beispiel von zwei Problemkreisen:

1. an der Frage der Grenzen der Gehorsamspflicht des Christen;
2. an der Frage, ob und in welchem Maße ein Christ im obrigkeitlichen Amte tätig sein darf.

1. Die Grenzen der Gehorsamspflicht sieht Luther scharf gezogen: Sobald sich die Obrigkeit anmaßt, über die Seelen zu regieren[91] und so die Schranken des institutionellen Naturrechts überschreitet, hat der Christ den Gehorsam zu verweigern und gegen das rechtswidrige Handeln der Staatsgewalt öffentlich zu protestieren. Hierzu ist vor allem das Predigtamt aufgerufen. Das gleiche gilt, wenn die Obrigkeit einzelnen Amtspersonen oder den Untertanen ganz allgemein ein naturrechtlich unzulässiges Verhalten gegenüber den Mitmenschen vorschreibt. Unter diesen Umständen muß der Christ den Gehorsam verweigern; mehr als ein bloß leidender leiblicher Widerstand ist ihm aber auch hier nicht gestattet.[92] Ausführlich beschäftigt sich Luther mit dem Widerstandsrecht im Zusammenhang mit der Lehre vom Tyrannen. Luther unterscheidet zwischen dem *tyrannus quoad executionem,* dem «Kleintyrannen», zu dem er auch den *invasor* oder Usurpator der obrigkeitlichen Macht zählt, dem aus der naturrechtlichen Folgepflicht der Untertanen gegenüber der legitimen Obrigkeit so lange aktiver Widerstand zu leisten ist, bis er selbst Obrigkeit geworden ist, und dem *tyrannus universalis,* der sich nicht damit begnügt, das Naturrecht nur mit Füßen zu treten, sondern der seinen eigenen herrscherlichen Machtwillen verabsolutiert und ihn an die Stelle des göttlichen Rechtswillens setzt. Der Welttyrann steht außerhalb jeder göttlichen und weltlichen Rechtsordnung, er besitzt keinen rechtlichen *status,* er ist *anomos;* deshalb ist aktiver leiblicher Widerstand gegen ihn geboten. Im Kampf gegen den Welttyrannen endet auch jedes positive Staatsrecht; gegen eine Obrigkeit, die dem Großtyrannen Vorschub leistet, besitzt das Volk unter Berufung auf das Naturrecht das Recht und die Pflicht zur Revolution. Luther beschwört das Bild des

Welttyrannen in einer Zeit härtester Bedrängnisse: er erblickt ihn in dem Türken, der seit 1529 das Reich immer heftiger bedroht; er sieht ihn jedoch vor allem im Papsttum verkörpert angesichts des seit 1539 bedrohlich herannahenden Religionskrieges. Seit den Zeiten Nimrods ist er immer wieder in der Geschichte aufgetaucht. Bei aller Zeitbedingtheit dieses Tyrannenbildes treten hier die Züge des neuzeitlichen Totalitarismus mit erschreckender Deutlichkeit hervor.[93]

2. Trotz aller Gefahren, die gerade dem christlichen Regenten durch den Teufel drohen,[94] hat Luther stets das aktive Handeln des Christen in allen Institutionen des weltlichen Regiments gefordert. Entgegengesetzte Stimmen aus dem reformatorischen Lager, welche die politische Abstinenz des Christen forderten, hat er geradezu als ‹Ketzerei› verurteilt.[95] Der Christ im obrigkeitlichen Amt besitzt nicht etwa wegen seines Christseins einen größeren Sachverstand, er ist jedoch weit besser als jeder andere geeignet, in seiner Amtsführung als Gottes Mitarbeiter im weltlichen Regiment den göttlichen Rechtswillen vollziehen zu helfen. Er leistet im weltlichen Amt nicht nur seinen Mitmenschen einen naturrechtlich geschuldeten Dienst, sondern erfüllt vor allem auch einen vom göttlichen Naturgesetz erteilten Auftrag; dies zeigt sich namentlich in der Fürsorge des christlichen Regenten für das Kirchenwesen seines Landes. So wird der Stand der Obrigkeit dem Christen als ein durchaus gottgefälliges Amt und Werk anempfohlen. Er gerät hierdurch zwar als «Weltperson», die das Schwert der lex irae zu führen hat, in eine seltsame und gefährliche rechtliche Doppelposition. Er darf sich keineswegs verleiten lassen, die Verfassung des Reiches Christi auf die *politia* übertragen zu wollen; in ihr gilt allein das Recht der Welt. Für den Christen im obrigkeitlichen Amt wie in allen anderen Ämtern und Berufen genügt es vollauf, wenn er nach Maßgabe des weltlichen Naturrechts vernunftgemäß und sachgerecht seine Pflichten als Amtmann Gottes erfüllt. Wenn er «hierzu sein bestes Können einsetzt, ist er in seiner Verantwortung vor Gott entlastet».[96] Zur Lösung aller im weltlichen Regiment anstehenden Probleme soll sich der Christ vor allem der Vernunft bedienen, die bei dem in das rechte Gottesverhältnis getretenen Menschen qualitativ verändert zur *Christiana et libera ratio* geworden ist.[97] Der freie Gebrauch der Vernunft im weltlichen Handeln erlaubt es dem Christen auch, unbefangen auf die überlieferten großen Zeugnisse menschlicher Erfahrung und Weisheit zurückzugreifen, wenn er sich über *materia et forma politiae* unterrichten will.[98] Glaube und recht angewandte Vernunft helfen so dem Christen, in der Welt, sich in jedem Amt und Beruf stets so zu verhalten, daß er zugleich Gottes Reich und der Welt Reich «genugtut».[99]

Ulrich Matz

VITORIA

I. Sein Leben und seine Lehre in ihrem geistesgeschichtlichen und politischen Zusammenhang

Die mittelalterliche Scholastik[1] geriet schon bald nach dem Tode Thomas von Aquins in einen allmählichen Verfall, dessen Kennzeichen doktrinäre Erstarrung des Denkens und ein Sichverlieren in haarspalterischen intellektuellen Übungen waren. Neue geistige Bewegungen kamen neben ihr auf: der Humanismus der Renaissance begann, die kulturelle Führung im Abendland zu übernehmen, und der sich aus dem englischen Nominalismus entwickelnde Empirismus bereitete die Entwicklung der neuen Naturwissenschaft und damit allgemein einer neuen Weltsicht und eines neuen Wissenschaftsbegriffs (Galilei, Fr. Bacon) vor. Die Reformation und die Abspaltung der anglikanischen Kirche unter Heinrich VIII. beseitigten unwiderruflich die religiöse Einheit des Abendlandes und damit die Voraussetzung des Kaisertums als des ideellen Fundaments der mittelalterlichen politischen Hierarchie, während Kaiser Karl V. gleichwohl noch einmal – trotz aller Erfolge vergeblich – versuchte, die alte universale Reichsidee in einer Welt sich konsolidierender Nationalstaaten durchzusetzen. Kam es so innerhalb des Abendlandes zur geistigen Zerklüftung, zur politischen Sonderung in eine Vielzahl von Nationalstaaten und zu deren prinzipiell gleichberechtigtem Nebeneinander, so entwickelte sich auf der anderen Seite eine ungeheure Expansion Europas, zunächst vor allem Portugals und Spaniens, die den im Abendland obsolet gewordenen Universalismus nunmehr jenseits des abendländischen Raumes in der Neuen Welt in Geltung zu setzen suchte. Charakteristisch dafür ist die Teilung der Welt zwischen Spanien und Portugal im Vertrag von Tordesillas, der durchaus kein rein machtpolitisches Arrangement war, sondern seine höchste Rechtfertigung im angeblichen päpstlichen Weltherrschaftsrecht fand: er stützte sich auf die Bulle *Inter caetera divinae* Alexanders VI. vom 4. Mai 1493, in der der Papst «für alle Zeiten kraft der ihm verliehenen Apostolischen Vollmacht als Stellvertreter Jesu Christi auf Erden» und aus «reiner Freigebigkeit» alle Gebiete der Erde, die westlich von dem 100 Meilen westlich der Azoren verlaufenden Längengrad liegen, den «katholischen Königen» Spaniens, Ferdinand und Isabella, «schenkt und übereignet».[2]

In dieser Zeit der tiefsten Verquickung geistlicher Gewalt mit höchst weltlichen Interessen kommt es noch einmal zu einem letzten Aufblühen des mittelalterlichen Denkens, einer bedeutenden ‹Zweiten Scholastik›, die die traditionelle, aristotelisch-thomistische Philosophie unter Verarbeitung der spätscholastischen nominalistischen Kritik zu einem neuen Höhepunkt führt. Diese von Dominikanern und dem im Zuge der Gegenreformation gegründeten Jesuitenorden getragene Bewegung beschränkte sich im wesentlichen auf die iberische Halbinsel, die – von Reformation und Renaissance kaum berührt – gewissermaßen mittelalterlicher blieb als das übrige Europa. Während jedoch diese Scholastik im allgemeinen, unerachtet ihrer großen philosophisch-theologischen Leistungen, in ihrer Lehrtradition verharrte, von den wissenschaftlichen Wandlungen der neuen Epoche kaum Kenntnis nahm und sich infolgedessen selbst in eine geistesgeschichtliche Isolation begab, die ihrer geographischen entsprach, ließ sich ihre politische Philosophie auf das stärkste von den aktuellen, die Zeitgenossen bewegenden politischen Problemen beeinflussen, um so ihrerseits größten Einfluß und historische Wirksamkeit zu gewinnen: der die Christenheit erregende Streit zwischen dem Habsburgischen Kaiser und Franz I. von Frankreich inspirierte sie zur Entfaltung einer umfassenden Theorie des Krieges und des Kriegsrechts; der spirituell begründete politische Universalismus veranlaßte sie zu einer kritischen Theorie des Verhältnisses von geistlicher und weltlicher Gewalt; die Kolonisation schließlich, d.h. die brutale Unterwerfung und Ausbeutung der Völker der Neuen Welt, war Ursache für die Entwicklung einer modernen, moralphilosophischen Theorie der Internationalen Politik. All diese Lehren sind freilich nichts völlig Neues, sondern schöpfen aus dem Fundus der philosophischen Tradition und finden darin ihren Halt.

Francisco de Vitoria (auch: Francisco Gamboa) ist der Gründer dieser spanischen Scholastik; er wurde etwa 1493 in Burgos[3] geboren und starb 1548 in Salamanca, ist also Zeitgenosse Luthers. Er trat früh in den Dominikanerorden ein und wurde von seinen Vorgesetzten wegen seiner überragenden Begabung auf die Universität Paris geschickt, wo er 18 Jahre lang zunächst studierte und später dozierte; dabei machte er intensive Bekanntschaft mit dem an den Universitäten des nördlichen Europa vorherrschenden Nominalismus wie mit dem Humanismus,[4] dessen Einfluß auf den brillanten und lebendigen Stil und die Darstellungsweise Vitorias unverkennbar ist. Vitoria gehört zu den ersten, die die strenge Form des scholastischen Kommentars (zu Texten des Aristoteles oder des inzwischen längst zum Klassiker gewordenen Thomas von Aquin) auflockern, bis es schließlich zum freien *cursus philosophicus* kommt. 1522 kehrte Vitoria nach Spanien zurück und bestieg 1526 einen Lehrstuhl für Theologie an der Universität Salamanca, um sich erst zwei Jahre vor seinem Tode von ihm zurückzuziehen. In diesen zwanzig Jahren seiner Lehrtätigkeit wuchsen ihm Ruhm und Einfluß in außergewöhnlichem Maße zu, – nicht nur in der wissenschaftlichen Welt, sondern auch darüber hinaus in der kirchlichen und vor allem in der weltlichen Politik: er, der in seinen moraltheologischen Vorlesungen die brennendsten politischen Probleme der Zeit in kühner Weise analysierte, wurde von Karl V. verschiedene Male als ‹wissenschaftlicher Berater der Politik› herangezogen[5] und die *Neuen Gesetze* für die überseeischen Gebiete Spaniens vom Jahre 1542 lehnen sich eng an seine berühmten Vorlesungen *Über die Inder* an.

Vitoria hat nichts veröffentlicht. Was wir von seinem Werk wissen, beruht im wesentlichen auf sogenannten *relectiones,* d.h. abschließenden Zusammenfassungen seiner Vorlesungen, die er den Studenten zu diktieren pflegte. Nicht weniger als dreizehn solcher *relectiones* sind in Form von Nachschriften seiner Schüler erhalten.[6] Zwar wurden einige davon bereits wenige Jahre nach Vitorias Tod von seinen Schülern veröffentlicht; dennoch wird wohl nicht zuletzt sein Verzicht auf Publikation wissenschaftlicher Werke dazu beigetragen haben, daß sein Ruhm im 17. Jahrhundert in Vergessenheit geriet und er dem ersten großen Systematiker des Völkerrechts, Hugo de Groot, Platz machen mußte, «der ihn selten zitiert, aber ihm viel verdankt» (Th. Ruyssen).

Das Werk Vitorias besteht im Grunde darin, die politischen Konsequenzen einer einzigen, allerdings grundlegenden theologischen These Thomas von Aquins zu explizieren. Diese scheinbar so weltfern-abstrakte These lautet, daß die göttliche Gnade die Naturordnung nicht verändert, sondern sie, auf ihr gründend, vollendet.[7] Die darin liegende Bewahrung der natürlichen Welt und damit auch der Politik vor dem Anspruch des Spirituellen hatte allerdings für die praktische Politik der Epoche ihre höchst brisanten Konsequenzen: diese Lehre beschränkte den Papst auf die geistliche Gewalt und leugnete seine politischen Universalansprüche, sie versagte dem Kaiser ebensolche, letztlich spirituell begründeten Ansprüche, sie machte den theologisch begründeten fürstlichen Absolutismus unmöglich, bevor er sich noch recht formiert hatte, sie entzog dem zum Teil religiös begründeten kolonialen Imperialismus den Boden und rechtfertigte statt dessen ebenso die natürliche Vielheit unabhängiger Staaten wie deren von keiner Verschiedenheit der Religionen und Kulturen zu beseitigende rechtliche Einheit.[8]

II. Volkssouveränität und Herrschaftsrecht, geistliche und weltliche Gewalt

Vitoria[9] scheint auf den ersten Blick zu jenen zu gehören, die die Lehre vom ‹göttlichen Recht der Könige› zu rechtfertigen versuchten, – jene Meinung, nach der die Fürsten ihre Herrschergewalt unmittelbar von Gott haben und damit eine dem Volk und allen anderen politischen Mächten buchstäblich unendlich überlegene, unabhängige Autorität besitzen. Denn er lehrt, daß die Gewalt der Könige auf göttlichem und natürlichem Recht gründe, nicht auf den Menschen und der politischen Gemeinschaft. Allein, damit richtet er sich lediglich gegen die radikale Meinung, daß alle Verfassungsformen außer der direkten Demokratie unrechtmäßig und daher Könige notwendig immer Usurpatoren und Tyrannen seien. Diese These hatte er mit Nachdruck zu bekämpfen, denn hier wurde hinsichtlich der politischen Institutionen eine irrational-revolutionäre Konsequenz aus demselben theoretischen Prinzip gezogen, von dem auch Vitoria selbst ausging. Tatsächlich war er einer derjenigen, die die Volkssouveränität begründeten. Er folgerte aus der aristotelisch-thomistischen Lehre, daß der Staat in der Natur des Menschen und damit im Naturgesetz gründe, daß die politische Gewalt weder in einem einzelnen noch in einer bestimmten Gruppe, sondern nur in der politischen Gemeinschaft in ihrer Ganzheit ruhen könne, insofern diese die Vereinigung von mit der gleichen menschlichen Natur begabten und daher gleichen und gleich freien Wesen ist.[10] Gerade weil diese Volkssouveränität jedoch auf dem von Gott gestifteten Naturgesetz beruht, ist sie nicht eigentlich menschlichen, sondern göttlichen Ursprungs. Nun kann aber die politische Gewalt für Vitoria nicht aktuell und permanent vom Volk ausgeübt werden, sie muß vielmehr einen oder mehrere Exekutoren haben, woraus sich ergibt, daß das Prinzip der Herrschaft in und mit der politischen Gemeinschaft ebenso naturnotwendig wie diese selbst gegeben ist. Das Volk überträgt daher naturrechtswirksam seine Gewalt (z. B.) auf einen König, dessen Herrschergewalt mit der ursprünglichen Gewalt des Volkes identisch ist und insofern mittelbar göttlichen Ursprungs ist.

Freilich führt diese Theorie der Volkssouveränität[11] Vitoria nicht zur Bevorzugung einer Art repräsentativer Demokratie im modernen Sinne. Er übernimmt zwar selbstverständlich die klassische Staatsformenlehre in ihrer Komplexität, bevorzugt jedoch offensichtlich das, was er ‹wahre Monarchie› nennt. In ihr steht der König nicht nur rechtlich höher als alle einzelnen Bürger, sondern ist sogar ‹mehr› als das ganze Gemeinwesen: da er rechtmäßiger Inhaber *aller* politischen Gewalt geworden ist, kann es auch keinen Rekurs von ihm zum Gemeinwesen mehr geben.[12] Daß diese Unterwerfung des Volkes jedoch nicht total sein kann, zeigen Vitorias sorgfältige Erwägungen zu der Frage, inwieweit die Gesetzgebung eines Tyrannen oder eines Eroberers des (stillschweigenden) Konsenses der Untertanen bedarf[13] und ebenso seine Ansicht, daß auch der König nicht nur – was selbstverständlich ist – an das göttliche und das Naturrecht, sondern auch an das von ihm gesetzte positive Recht gebunden ist:[14] denn «erstens: der Herrscher sollte die Lasten des Gemeinwesens mittragen, da er ja einer unter anderen ist; zweitens haben die Gesetze des Königs dieselbe Kraft wie die von der ganzen Gemeinschaft gemachten Gesetze, die unzweifelhaft alle binden ... Also ist es auch bei den königlichen Gesetzen so». Um die rechtliche Subordination des Königs darzutun, bedient sich Vitoria schließlich auch der thomasischen[15] Unterscheidung zwischen der bindenden *vis indicativa* des Gesetzes einerseits, die Recht und Unrecht anzeigt, und dessen *vis coactiva* andererseits, der der König nicht unterliegt, weshalb allein man ihn *legibus solutus* nennen kann.[16] Mit Recht ist darauf hingewiesen worden,[17] daß die Sicherung der politischen Ordnung damit auch bei Vitoria wesentlich vom Charakter und der Schulung des Fürsten abhängt (Fürstenspiegel); die Zeit hatte noch nicht hinreichende institutionelle Mittel gefunden, die einen mittleren Weg konstitutionell verantwortlicher Regierung zwischen dem unabdingbaren Respekt vor der rechtmäßigen politischen Autorität und den extremsten Mitteln des Widerstands gegen manifeste Tyrannis eröffnen konnten.[18]

Die Gründung der politischen Gewalt auf die menschliche Natur ermöglicht es Vitoria auch, die spirituelle kirchliche Gewalt von den Lasten wie von den sie korrumpierenden Vorteilen irdisch-politischer Verantwortung zu entbinden und dem Staat seine originäre Dignität zu lassen; damit gibt er nicht nur dem werdenden modernen Staat im christlichen Abendland, sondern auch allen nicht-christlichen Gemeinwesen ihre Legitimation.

Freilich bedeutet diese Scheidung der Gewalten für Vitoria durchaus keine Trennung; geistliche und weltliche Gemeinschaft sind nicht zwei unabhängige Staaten wie etwa Frankreich und England. Die Christenheit ist vielmehr eine Einheit unter zwei Gewalten, deren geistliche der weltlichen ihre Grenzen setzt: «Wenn eine bestimmte Politik das geistliche Regiment verletzen sollte, so müßten König oder Fürst ihre Politik ändern, auch wenn sie an sich den Zielen der weltlichen Gewalt entsprechen würde».[19] Damit bringt Vitoria zum Ausdruck, daß die beiden Bereiche ineinander verwoben sind, weil eben der Mensch auch als politisches Wesen noch Geistwesen ist – ein Problem, das er bei aller Komplexität noch in der Harmonie der Hierarchie lösen zu können glaubt, während die auf die religiöse Spaltung des Abendlandes reagierende politische Theorie (Hobbes, Locke) es durch liberalistische Reduktion des Politischen und Privatisierung des Religiösen vergebens zu ignorieren suchen wird, – ein Problem übrigens, das, bis heute ungelöst, die moderne Politik zutiefst in Frage stellt. – Trotz der Kohärenz der Gewalten ist doch für Vitoria die kirchliche Gewalt völlig anders strukturiert und legitimiert als die weltliche. Dabei unterscheidet er allerdings genau – ein beachtenswerter Umstand! – zwischen der heidnisch-religiösen Gewalt und der christlichen: nur die letztere meint er, wenn er lehrt, daß sie nicht in der Gemeinde in derselben Weise ruhen könne wie die weltliche Gewalt in der Gemeinschaft als ganzer ruht. Denn diese wurde mit der Schöpfung der menschlichen Sozialnatur dem Menschen schlechthin gegeben, jene gab Gott in einem einmaligen historischen Akt einem bestimmten Individuum, nämlich dem Apostel. Diese übernatürlich-priesterliche Gewalt kann folglich auch nur von Individuum zu Individuum übertragen werden. Sie kann nicht von der Gemeinde stammen, sondern sie leitet sich vom Bischof her; daher kann auch die Verfassung der Kirche, insbesondere das Papsttum, nicht zur demokratischen Disposition stehen wie die des Staates.[20] Hier ist übrigens unschwer zu erkennen, daß die absolutistische Lehre vom göttlichen Recht der Könige eine ungerechtfertigte Analogie zur päpstlichen Gewalt darstellt.

Welche Konsequenzen sich nun immer aus dieser Auffassung für die kirchliche Verfassung ergeben – die nicht in jeder Hinsicht entschiedene Lehre Vitorias entstammt noch der vortridentinischen Zeit! –, für uns sind allein die Folgerungen von Bedeutung, die Vitoria für das Außenverhältnis der geistlichen Gewalt ableitet.[21] Wenn sich die geistliche Gewalt der Kirche allein von der dem Apostel übertragenen herleitet, dann kann der Kirche grundsätzlich keine weltliche Gewalt zukommen, denn den Aposteln wurde sie ausdrücklich vorenthalten. Christus selbst hat gesagt, sein Reich sei nicht von dieser Welt, und, so fügt Vitoria hinzu: auch wenn Christus die oberste weltliche Gewalt besessen hätte, wäre er nicht gut beraten gewesen, sie der Kirche zu übertragen, denn deren Amtsträger hätten sie möglicherweise zum Schaden der Kirche übel gehandhabt.[22] So ist der Papst also nicht Herr der Welt, wie sich Alexander VI. angemaßt hatte, er kann weder die Erde politisch verteilen noch kraft seiner Gewalt politische Gewalt verleihen, da er sie ja nicht besitzt. Damit ist jedoch auch dem Kaiser als dem der geistlichen Gewalt in eigentümlicher Weise verbundenen weltlichen Herrscher die Grundlage eines Anspruchs auf weltliche Oberherrschaft über andere weltliche Herrscher entzogen: jede politische Herrschaft ist vollkommen und vollkommen originär kraft der jedem einzelnen Volke innewohnenden politischen Gewalt.

Allerdings wäre es ein Irrtum, anzunehmen, daß Vitoria dem Papst *jede* Einwirkung im politischen Bereich untersagt; da die Kirche ihren Auftrag in dieser Welt erfüllen muß und es derselbe Mensch ist, der in der spirituellen wie in der politischen Ordnung steht, muß ihr so viel weltliche Gewalt gegeben sein, wie sie für ihre übernatürlichen Zwecke braucht. So soll der Papst zwar nicht als Schiedsrichter im Streit zwischen Fürsten auftreten, soll überhaupt nicht in weltlichen Dingen judizieren; aber er muß politisch handeln, sobald die spirituelle Wohlfahrt der seiner Gewalt anvertrauten Seelen in Frage steht, etwa wenn ein Gesetz erlassen wird, dem zu gehorchen Todsünde wäre, oder wenn ein Fürst abtrünnig wird, so daß die Ausübung der geistlichen Gewalt in seinem Gebiet vereitelt würde; einem solchen Fürsten kann der Papst die Ausübung der Herrschaft untersagen, die Untertanen kann er von der Gehorsamspflicht entbinden. Andererseits kann er aber nicht den Nachfolger dieses Fürsten bestimmen, denn das weltlich-politische Recht der Herrscherwahl bleibt unabdingbar beim Volk. Freilich, bei allen solchen

Eingriffen in die temporale Sphäre soll sich der Papst seiner Gewalt möglichst indirekt, d.h. durch Einwirken auf die Herrscher, und überhaupt zurückhaltend bedienen, denn «Könige und Völker sind nicht gehalten, das bestmögliche christliche Leben zu führen, noch können sie dazu gezwungen werden. Sie können nur verpflichtet werden, dem christlichen Gesetz innerhalb gewisser Grenzen zu gehorchen».[23] Ein erstaunlich liberaler Satz, der für die maßvolle Klugheit dieses Theologen zeugt und noch nichts ahnen läßt von der religiösen Radikalisierung, die bald mit der Politisierung des in Konfessionen zerfallenden Christentums einhergehen sollte.

III. Die Weltgemeinschaft der Staaten

Wie schon angedeutet entzieht Vitoria mit der Gründung der politischen Autorität auf die menschliche Natur jedem auf göttliche Gnade gegründeten politischen Universalismus, sei er kaiserlicher, sei er päpstlicher Art, die Legitimation. Da die Souveränität, Herrscher und Herrschaftsformen zu wählen, bei jedem einzelnen Volk liegt, könnte z.B. der Kaiser allenfalls dann eine Oberhoheit über alle christlichen Staaten ausüben, wenn zumindest die Mehrheit dieser Staaten zustimmen würde. Der faktische Rechtszustand ist jedoch anders: es gibt eine Vielzahl unabhängiger Staaten, die die Oberhoheit des Kaisers gerade nicht anerkennt; daher fehlt dem Kaiser ein Rechtstitel für seinen Anspruch.[24] Damit sichert Vitoria nun aber nicht nur die Pluralität der christlichen Staatenwelt[25] naturrechtlich, sondern auch die Existenz der heidnischen zivilisierten Staaten, ja sogar – und damit zieht er die spanische Kolonialpolitik vor das Forum der politischen Wissenschaft – die Existenz der politischen Ordnungen der Wilden in der Neuen Welt. Allerdings hat er dabei nicht nur eine skandalöse Praxis gegen sich, sondern er sieht sich auch erheblichen theoretischen Schwierigkeiten gegenüber.

In der Zeit nach Thomas v. Aquin war innerhalb der scholastischen Theologie eine der thomasischen widerstreitende Naturrechtslehre entstanden, die die Begründung einer globalen rechtlichen Ordnung im Sinne Vitorias unmöglich zu machen schien: Nach Wilhelm v. Occam[26] beruhte das nunmehr nur noch so genannte Naturrecht auf dem *Willen* Gottes, nicht auf seiner Weisheit inhärenten unwandelbaren Ideen. Das läuft auf eine Identifizierung des Naturrechts mit der *lex divina* hinaus, dem nach göttlichem Willen geoffenbarten Recht, das als solches nur im Glauben erkannt werden kann und nur die Gläubigen in seine Ordnung aufnimmt. Damit aber sind alle nicht jüdisch-christlichen Völkerschaften von der Teilhabe an der Weltordnung ausgeschlossen. Dem widersetzt sich Vitoria im Anschluß an Thomas, der lehrte, daß wahre Gemeinsamkeit, wahrhafte Ordnung und Frieden innerhalb des Gemeinwesens das

Recht bereits bewirkt, weil es auf die Natur bezogen ist, die den Menschen gemeinsam ist. Vitoria folgert aus diesem thomasischen Gedanken, daß das Recht dieselbe Funktion für die ganze Welt *(totus orbis)* haben muß, da ja «die Natur eine gewisse Verwandtschaft zwischen allen Menschen begründet».[27] So ist die ganze Menschheit – unerachtet ihrer Gliederung in einzelne Staaten – eine im Naturrecht verbundene Rechtsgemeinschaft, – ein Gedanke, den schon die Stoa als Idee konzipiert hatte, den Vitoria jetzt jedoch politisch praktikabel macht. In dem Nebeneinander von Weltrechtsgemeinschaft und Unabhängigkeit vieler Staaten liegt kein Widerspruch: erstere macht einen Weltstaat prinzipiell rechtlich möglich, läßt aber letztere durchaus zu, insofern Souveränität nicht totale Selbstbestimmung besagt. Allein mit diesem relativen Souveränitätsbegriff wahrt Vitoria die Möglichkeit einer Rechtsordnung zwischen den Völkern, die Ausdruck ihrer Rechtsgemeinschaft ist: «una respublica (est) pars totius orbis».[28] Vitoria verwendet den thomasischen Gedanken der Verknüpfung von Bedürfnis und Recht, wenn er sagt, daß die einzelnen Staaten niemals so autark seien, daß sie nicht der wechselseitigen Hilfe bedürften. Sie sind voneinander abhängig, wenn sie ihren Zweck, die Vervollkommnung des Menschen anzustreben, verfolgen, und daraus ergibt sich die Notwendigkeit einer Völkerrechtsordnung.[29] Mit dem Wort *ius gentium* bedient sich Vitoria eines Begriffs mit langer und verworrener Tradition, dem er nun eine neue Bedeutungsdimension hinzufügt, indem er ihn erstmalig auf die Beziehungen zwischen Völkern anwendet: «Was die natürliche Vernunft zwischen allen Völkern *(inter omnes gentes)* als rechtens festsetzt, heißt *ius gentium*».[30]

Betrachtet man einige der neuen völkerrechtlichen Rechtsgrundsätze Vitorias, so ist deutlich zu bemerken, wie entfernt er trotz aller Betonung der Eigenständigkeit der Gemeinwesen noch von dem Gedanken des in sich abgeschlossenen, unangreifbar souveränen Staates ist und wie sehr die Idee der Gemeinschaftlichkeit dieses gerade geborene Völkerrecht mit den Prinzipien der austeilenden und ausgleichenden Gerechtigkeit (A. Truyol) beherrschte. So lehrt Vitoria,[31] daß es Güter gibt, die kraft Naturrechts allen Völkern gemeinsam sind, so daß kein Staat die Bürger anderer Staaten von ihrem Gebrauch ausschließen darf, und er zählt dazu nicht nur das Meer und die Häfen, sondern sogar die Flüsse. Ferner bilden alle Staaten als eine dem Gemeinwesen ähnliche Gemeinschaft notwendig auch eine Verkehrs- und Handelsgesellschaft. Daher ist Fremden freies Reisen, freier Handel und sogar freie Niederlassung zu gewähren, allerdings nur, solange die Fremden sich ihrerseits friedlich verhalten. Ihre Krönung findet diese Konzeption des Völkerrechts in der Lehre, daß kraft der naturrechtlichen Solidarität aller Menschen die Staaten das Recht haben, gegen einen Staat einzuschreiten, der wirklich fundamentale menschliche Rechte verletzt, indem er z. B. Unschuldige tötet (das bezieht sich auf Kannibalismus und Menschenopfer) oder die

Religionsfreiheit verletzt.[32] Dieses Völkerrecht ist also kein reines zwischenstaatliches Recht, das sich allein an die Staaten als Rechtssubjekte wendet und sie im übrigen aus der Verantwortung für die Rechtlichkeit ihrer inneren Ordnung entläßt; denn für Vitoria ist die Politik ja noch auf den Menschen ausgerichtet und nicht ein *proprium* des Staates, der sich selbst kraft unkontrollierbarer und unkritisierbarer Gewalt spezifisch staatliche Ziele gibt. Freilich bleibt der Zweifel, ob diese Weltrechtsordnung nicht *zu* menschlich konzipiert ist, um nicht der Anarchie der Interventionen den Boden zu bereiten.

Kehren wir noch einmal zu Vitorias Verteidigung des Eigenrechts auch primitiver Gemeinwesen zurück. Sind doch die *Relectiones de Indis* und *De iure belli* meisterhaft geschriebene Dokumente höchster abendländischer Kultur – wenn auch zugleich Zeugnisse für tiefste abendländische Verderbtheit –, die es verdienten, als politische Schriften ersten Ranges ausführlicher gewürdigt zu werden. Nur folgendes sei zur Demonstration der vitorianischen Prinzipien angedeutet: Angesichts der vielerlei zeitgenössischen Theorien, die den kolonialen Imperialismus zu decken suchten, genügte Vitorias Hinweis, daß das Gemeinwesen auf die allgemeine Sozialnatur der Menschen und nicht auf die Gnade Gottes zurückgehe,[33] nicht. Der Kronjurist Karls V., Juan Ginés de Sepúlveda,[34] vertrat nicht nur allgemein die These, daß die Völker dem kaiserlichen Imperium unterstünden, weshalb jedenfalls die Völker Amerikas auch mit Gewalt erobert werden dürften. Er stützte das[35] auch unter raffinierter Benutzung klassischer Lehrstücke mit einer halb rassisch, halb zivilisatorisch begründeten Lehre vom doppelten Naturrecht: das eine sei primitiven Menschen und Tieren gemeinsam, das andere stehe nur den vernünftigen und kultivierten Völkern zu, an deren Spitze Spanien. In Analogie zur aristotelischen Lehre vom Sklaven von Natur schloß Sepúlveda dann auf ein natürliches Herrschafts- und Eroberungsrecht Spaniens gegenüber den ‹Wilden›. Gleich, ob diese Theorie wahr oder falsch ist, Vitoria macht sie jedenfalls unanwendbar,[36] indem er nachweist, daß die ‹Wilden› Vernunft haben und von ihr Gebrauch machen: «Sie haben organisierte Gemeinwesen, sie kennen sicherlich Ehe, Ämter, Oberherrn, Gesetze, Werkstätten und ein Tauschsystem, alles Dinge, die den Gebrauch der Vernunft voraussetzen.» Und zur Erklärung ihrer niederen Zivilisationsstufe fügt er hinzu: «Ich glaube, daß sie nur deshalb so unverständig und stumpf sind, weil sie armselig und ungebildet aufwachsen; denn auch unter unsern Bauern sind viele den Tieren sehr ähnlich.»

Mit all diesen Erwägungen: der Leugnung eines päpstlichen, eines kaiserlichen und jedes sonstigen natürlichen Herrschaftsanspruches über die Neue Welt war für Vitoria doch das brennende Problem der Kolonisation noch nicht gelöst. Denn für ihn besteht ja die Ordnung der Völker in einem möglichst vollkommenen Zusammenleben, nicht im bloßen Nebeneinander. Bedenkt man, wie weit er das allgemeine Verkehrsrecht der

Völker untereinander ausdehnt, so wird klar, daß dieses Recht für den christlichen Theologen selbstverständlich auch das Recht zur Missionierung umfaßt und daß er die Kolonisation keineswegs schlechthin verdammen konnte. Das Recht auf so intensive, durch und durch friedliche Kommunikation birgt aber schon das Unrecht als Keim des Zwistes in sich. Konnten sich doch die ‹Wilden› unter der Geltung *dieses* Völkerrechts so rechtswidrig verhalten, daß es als Kriegs-, vielleicht sogar als Eroberungsgrund gelten mußte. Das Problem führt tief in die Lehre vom Krieg als dem Mittel zur Erhaltung des Gemeinwohls der Weltrechtsgemeinschaft. Bevor wir jedoch die Kriegslehre Vitorias systematisch darstellen, sei hier das in diesem Zusammenhang scheinbar gewichtigste Argument für einen Krieg gegen die ‹Wilden› herausgegriffen, das die Rechtsgleichheit der Völker zugunsten eines christlichen Imperialismus zerstören konnte: war Eroberung nicht rechtens, wenn die Heiden sich weigerten, den christlichen Glauben anzunehmen? Vitoria verneint auch das:[37] Selbst wenn den Eingeborenen der Glaube durch «Wunder oder Zeichen, ein vorbildliches religiöses Leben» und «gute Gründe» nahegebracht worden sein sollte – aber von diesen notwendigen Bedingungen der Bekehrung habe er nichts gehört, sondern «von vielen Skandalen, Grausamkeiten und gottlosen Taten» –, selbst dann liege kein Kriegsgrund für die christlichen Völker vor. Zwar lüden die ‹Inder› dann u. U. eine Todsünde auf sich, jedoch dürfe niemand gezwungen werden, den Glauben anzunehmen, «denn Glauben ist ein Akt des Willens, Furcht aber beeinträchtigt den (freien) Willensentschluß».[38]

Zweierlei Unrecht aber rechtfertigt für Vitoria die Intervention, das eine, weil es unmittelbar den Menschen, das andere, weil es das Gemeinwohl des Erdkreises in Frage stellt. Zum ersten: wir erwähnten schon Kannibalismus und Menschenopfer; sie sind jedoch nicht Kriegsgrund, weil sie «gegen das Naturgesetz verstoßen» (denn es gibt kein Recht aus einem Titel der höheren Kultur, fremde Völker zur Beobachtung des Naturgesetzes zu zwingen), «sondern weil sie Unschuldigen schaden».[39] Aus demselben Grunde kann Krieg, ja sogar Eroberung und Entthronung der Fürsten für den Fall gerechtfertigt sein, daß die Eingeborenen eine große Zahl Bekehrter mit dem Tod bedrohen oder töten.[40] Hier rechtfertigt also offenbar allein das christliche Gesetz der Nächstenliebe,[41] die weder Unrecht sühnt noch Recht erzwingt, sondern nur Bedrängten hilft. – Zum andern: die Verletzung des grundlegendsten aller völkerrechtlichen Ansprüche, des Rechts auf freien Verkehr, freien Handel und freies Siedeln, macht die ‹Barbaren› zum Angreifer auf das Gemeinwohl und kann wegen seiner Schwere nicht hingenommen werden.

Wenn auch beide Fälle, unter den zufälligen Umständen der Kolonialzeit, den christlichen Staaten Europas Rechte gegen die Völker der Neuen Welt einräumen mögen, so begründet Vitoria doch auch hier keine einseitige Expansion; er analysiert lediglich in der Völkerordnung gelegene Rechte, die prinzipiell auch umgekehrt wirksam werden könnten: kein Recht ist den christlichen Herrschern gegeben, das nicht auch jedem anderen Gemeinwesen zustünde.

IV. Krieg und Kriegsrecht

Vitoria greift bei seiner Theorie vom Krieg auf eine lange Tradition der Lehre vom *bellum iustum* zurück und kann als ihr Vollender gelten.[42] Er unterscheidet folgende drei Problemkreise: Ist Krieg überhaupt erlaubt, und wenn ja, was kann als gerechter Kriegsgrund gelten? Wer darf Krieg führen? Wie darf Krieg geführt werden?

Für Vitoria gibt es keinen Zweifel, daß der Krieg grundsätzlich rechtlich möglich sein muß. Würde man das verneinen, dann könnten Tyrannen ihren Expansionsgelüsten ungehemmt nachgeben, weil sie keine Strafe zu fürchten hätten, und der politische Zustand der Welt würde auf die Dauer unerträglich schlecht.[43] Anders gewendet: ein prinzipieller Pazifismus ist nicht möglich, da er das Gemeinwohl der Menschheit als das alle Menschen auf ihre Vollendung ausrichtende Gut, das Ziel aller Politik,[44] ignoriert; alle denkbaren Übel des Krieges, und seien sie noch so schrecklich, können nicht prinzipiell schwerer wiegen als das höchste Gut der Politik, wenn die Politik und damit der Mensch selbst nicht überhaupt in Frage gestellt werden soll. Allerdings ist damit der Krieg eben nur prinzipiell gerechtfertigt: in der Ausrichtung des Kriegsrechts auf das Gemeinwohl liegt zugleich auch schon eine ganz allgemeine rechtliche (!) Einschränkung: nach praktischer Erwägung *muß* im konkreten Fall der für das Gemeinwohl zu erwartende Vorteil (was darunter zu begreifen ist, wird noch zu erläutern sein) die zu erwartenden Übel übertreffen.[45] Unter dem Aspekt des Gemeinwohls ist nun zwar – wie wir sahen – nicht jeder Angriff verboten, jedoch ist die bloße *amplificatio imperii*[46] jedenfalls kein Rechtstitel; denn selbst wenn sie hinsichtlich des partikulären Gemeinwohls eines Staates von Vorteil wäre, so würde sie doch gleichzeitig das letztlich maßgebende Gemeinwohl der Völkergemeinschaft verletzen. Für Vitoria bleibt als einziger Kriegsgrund, daß ein schwerer Schaden durch einen Angriff droht oder ein *schweres* Unrecht bereits zugefügt worden ist.[47] Der erste Fall rechtfertigt den Verteidigungskrieg, da der Gewalt mit Gewalt begegnet werden darf, der zweite den Angriffskrieg, insofern mit ihm geschehenes Unrecht gesühnt wird. Daraus ergibt sich notwendig, daß ein Krieg niemals auf beiden Seiten gerecht sein kann; eine gewisse Ausnahme bildet nur ein Krieg, der von der einen Partei zwar ohne Rechtsgrund, jedoch aus unüberwindlicher Unwissenheit in gutem Glauben *(bona fide)* geführt wird; dann hat die andere Partei einen objektiven Rechtsgrund, während diese zwar nicht gerechtfertigt, aber doch entschuldigt ist.

Da der Verteidigungskrieg zur Erhaltung des Gemeinwohls geboten ist, steht es nicht im Belieben des Herrschers, ob er ihn führt oder nicht: die Gemeinwohlgerechtigkeit *(iustitia legalis)* verpflichtet ihn dazu. Freilich brauchen die unmittelbar bedrohten Bürger nicht auf die Aktivität der *protestas publica* zu warten; kraft Naturrechts dürfen sie sich auch selbst verteidigen. Vitorias Lehre vom Angriffskrieg läßt schon die modernen politischen Strukturen Europas hervortreten. Die schwere Verletzung, die der Angriff zu seiner Rechtfertigung voraussetzt, braucht nicht im Verlust von Menschen oder materiellen Gütern zu bestehen; alle schweren Rechtsverletzungen genügen, da sie das Gemeinwohl verletzen – so z. B. der erwähnte Fall, daß die Indianer den Spaniern die Ausübung des völkerrechtlichen Verkehrsrechts verwehren, obwohl sie nachdrücklich über dieses natürliche Recht aufgeklärt worden sind. Diese Aufklärung ist unbedingt erforderlich, nicht nur, weil alles getan werden muß, um den Kriegsgrund friedlich zu beseitigen, sondern auch, weil der Angriffskrieg im Grunde ein Strafkrieg ist, der Unrecht sühnt, um die Rechtsordnung wiederherzustellen; er setzt daher nicht nur objektiv rechtswidriges Verhalten, sondern auch Schuld des Angegriffenen voraus. So ist der Krieg ein Analogon zur innenpolitischen Jurisdiktionsgewalt, das mangels eines übergeordneten Richters der Vielzahl der Staaten zusteht.[48] Mit dieser Dezentralisierung der Jurisdiktionsgewalt im Kreis der Völker bahnt sich allerdings schon bei Vitoria eine gewisse Änderung im Wesen des Angriffskriegs an: konnte er in der hierarchischen Ordnung des Mittelalters tatsächlich nur Strafkrieg des Oberherrn gegen unbotmäßige untere Gewalten sein,[49] so wird er jetzt auch ein Krieg der ausgleichenden Gerechtigkeit, der zwischen Gleichgestellten den rechtmäßigen Schadensausgleich herbeiführen soll.[50]

Der weltweiten, anti-universalistischen Dezentralisierung der Kriegsgewalt steht bei Vitoria schon eine strikte Konzentrierung dieses Rechts bei der *suprema potestas* der einzelnen Staaten gegenüber; der Fürst hat das Gemeinwohl zu wahren, nicht die niederen Gewalten im Wege der damals noch üblichen ‹Privatkriege›.

Der einzig erlaubte Zweck des Krieges beschränkt natürlich auch direkt die rechtmäßigen Kriegsziele und die zulässigen Mittel der Kriegführung. Vitoria entwickelt gerade hier einen für die Scholastik neuartigen Sinn für die konkreten Probleme des politischen Handelns. Erlaubt ist ihm nur, was die Verteidigung des Gemeinwohls gebietet: Geraubtes darf zurückerobert, feindliche Festungen dürfen geschleift werden, um den künftigen Frieden zu sichern usw.; ‹Unschuldige› (das sind alle nicht Kämpfenden: Frauen, Kinder, Priester, Fremde, Bauern) dürfen nicht getötet werden, es sei denn, es ist zur Erreichung erlaubter Kriegsziele unvermeidlich. Denn «wenn ein König einmal vom Gemeinwesen gewählt ist, dann fällt jede seiner unbesonnenen Taten auf das Gemeinwesen zurück, denn es soll seine Gewalt nur in die Hände eines Mannes legen, der sie gerecht ausübt. Wenn es das Gegenteil tut, dann stürzt es sich selbst ins Unglück».[51]

V. Schluß: Das Wesen des *ius gentium*

Vitoria entwickelt seine Lehren mit außerordentlichem Blick für die konkreten Probleme aus der traditionellen praktischen Philosophie, aber er ist – anders als der Vollender dieser spanischen Scholastik des 16. Jh., Francisco Suárez – kein großer Systematiker. Deswegen liegt auf seiner Lehre vom *ius gentium* ein Zwielicht, das es kaum möglich macht, den Charakter dieses Völkerrechts präzise festzulegen. Handelt es sich um ein Recht, das kraft Vernunftspruchs aus der Natur der Sache gilt – also um Naturrecht –, oder ist es positives Recht, das nur gilt, nur bindet, insofern menschlicher Wille es in Geltung gesetzt hat? Thomas v. Aquin[52] bestimmt es klar als Naturrecht in seinem Sinne, und dem scheint Vitoria zu folgen, wenn er an einer berühmten Stelle sagt:

«. . . daß das *ius gentium* nicht nur die Kraft eines Vertrages oder einer Übereinkunft zwischen Menschen hat, sondern auch die Kraft eines Gesetzes; denn da die ganze Welt in gewisser Weise ein einziges Gemeinwesen ist, hat es auch die Gewalt, Gesetze von der Art des *ius gentium* zu erlassen, die gerecht und passend für jedermann sind. Daher begehen die, die diese völkerrechtlichen Gesetze brechen, sicherlich eine Todsünde . . . Tatsächlich kann ein Land nicht in schwerwiegenden Dingen, wie etwa im Falle der Unverletzlichkeit von Gesandten, die Bindung durch das Völkerrecht ablehnen, das durch die Autorität der ganzen Welt erlassen wurde».[53]

Sehen wir einmal davon ab, daß dieser Autorität kein eindeutig zu identifizierender Gesetzgeber zuzuordnen ist: es bleibt vor allem offen, was der Geltungsgrund dieses Gesetzes ist. Es ist unzweifelhaft, daß Vitoria nur Recht kennt, das entweder Naturrecht ist oder *in seinem Rahmen mögliches* menschliches Recht, und daß er folglich das *ius gentium* jedenfalls im Naturrecht verankert; wenn er jedoch feststellt,[54] daß das *ius gentium* mehr zum positiven als zum Naturrecht gehöre, so scheint er damit schon den Keim zum Rückzug des Rechts aus der internationalen Politik überhaupt zu legen. Denn damit überantwortete er das Völkerrecht doch zu seinem größeren Teil der Willenssetzung, dem Vertrag, dessen Inhalt so und auch anders lauten kann. So scheint Vitoria das theoretische Fundament für eine Ordnung der internationalen Beziehungen nach dem Machtverhältnis gelegt zu haben, während er doch alle Anstrengungen darauf verwandte, eine Weltrechtsgemeinschaft auf den Prinzipien der Freiheit und Gleichheit zu gründen.

Günter Hoffmann-Loerzer

GROTIUS

I

Der Name Grotius ist eng mit den Begriffen Naturrecht und Völkerrecht verbunden und hat in popularisierenden Kombinationen wie ‹Vater des modernen Naturrechts› oder ‹Vater des Völkerrechts› nicht nur Eingang in die Fachliteratur über Völkerrecht und Rechtsphilosophie, sondern auch in alle Lexika und Schulbücher gefunden. Allerdings werden sein Leben und Werk oft in klischeehafter Vereinfachung behandelt, wobei im Laufe der Zeit unter anderem die Tatsache nahezu in Vergessenheit geriet, daß Grotius auch Politiker von Beruf und zudem ein politischer Denker von Rang war. Die Behandlung des Naturrechts gehört zwar von jeher mit zur politischen Theorie, im Völkerrecht sind die Beziehungspunkte zwischen Jurisprudenz und Politik auf dem Gebiet der Internationalen Beziehungen sogar besonders eng; damit ist aber das Gesamtwerk von Grotius für die Politische Wissenschaft keineswegs ausgeschöpft. Wenn man häufig die Klage hört, Autoren würden zu viel gelobt und zu wenig gelesen, so trifft dies auf Grotius in exemplarischer Weise zu. Unkenntnis der Quellen beeinflußt nicht nur die Interpretation seiner Lehre, sondern bringt die gesamte Grotiusforschung in ein verwirrendes Halbdunkel.

Grotius' Gesamtwerk umfaßt etwa 120 Titel. Die Bibliographie[1] enthält über 1200 Ziffern aus den Sachgebieten Dichtung, Theologie, Recht, Diplomatie, Politik, Philologie, Geschichte, Philosophie.[2] Dazu kommen die für die Forschung unentbehrlichen Briefe.[3] Nur von einem Bruchteil der Werke gibt es deutsche Übersetzungen. Umfang und Inhalt des Werks von Grotius ist im neuzeitlichen Deutschland daher weitgehend unbekannt geblieben, die Pendelschwünge in seiner Beurteilung erhalten ihren Anstoß aus dem Ausland.[4] Hinzu kommt in Deutschland die konfessionelle Beschlagnahme und Interpretation, die Grotius in seinem interkonfessionellen und übernationalen Kern verfälscht.[5] Einen besonders abwertenden Akzent setzte bereits Rousseau mit seiner unsachlichen Polemik gegen Grotius im *Contrat Social*,[6] die im Zuge der Rousseau-Welle in Deutschland stillschweigend rezipiert wurde. Diese Beispiele deuten an, welcher Art die Schwierigkeiten sind, die einer Beschäftigung mit Grotius im Wege stehen. Deshalb gibt es auch keine richtungsweisende Monographie über Grotius, sondern nur Einzelstudien.[7]

II

Huig de Groot (später latinisiert: Hugo Grotius) wurde am 10.4. 1583 in Delft geboren. Der Befreiungskampf der Niederlande gegen Spanien dauerte damals bereits fast 20 Jahre; die nichtkatholischen Provinzen im Norden hatten sich 1581 nach ihrem Zusammenschluß in der Utrechter Union von Spanien losgesagt. Die Ermordung von Wilhelm von Oranien, dem Führer des Widerstandes, im Jahre 1584 in Delft mutet wie ein schlechtes Vorzeichen für das Leben des Hugo Grotius an. Spanien stand nach der Union mit Portugal auf dem Höhepunkt seiner Macht. Doch als dann 1588 die Armada durch Sturm und überlegene englische Taktik geschlagen war, wurden nicht nur die Engländer von einer tödlichen Gefahr befreit, sondern auch die Weichen für die endgültige Selbständigkeit der Niederlande gestellt. Unter diesen kriegerischen Aspekten verliefen die ersten Lebensjahre des jungen Hugo Grotius; es wird verständlich, daß er zeitlebens Wert darauf legte, ein guter Holländer zu sein.[8]

Seine überragenden Geistesgaben machten ihn zu einem gelehrigen Schüler, der in einem weltoffenen und geistig anregenden Vaterhaus inmitten eines großen Kreises von Freunden, Lehrern und Gönnern zu einem Wunderkind heranwuchs. Undogmatische Frömmigkeit und humanistische Gelehrsamkeit umgaben ihn von früh auf; bald nach seinem 11. Geburtstag konnte er an der Universität Leiden immatrikuliert werden. Die junge Hochschule – während des Freiheitskampfes gegründet – war nicht nur eine Hochburg der Lehre des Aristoteles, sondern pflegte auch die humanistische Tradition des Erasmus. Die Interessen des jungen Grotius galten in erster Linie der klassischen Philologie und der Theologie. Nach dem Wunsch des Vaters widmete er sich zudem noch erfolgreich, aber ohne große Neigung dem Studium der Jurisprudenz.

Sein Ansehen war bald so groß, daß er eine niederländische Delegation an den Hof Heinrichs IV. nach Frankreich begleiten durfte; 15 Jahre alt, kam er 1598 zum ersten Male in jenes Land, das ihm später 21 Jahre lang unter höchst wechselvollen Bedingungen zur zweiten Heimat werden sollte. Im Jahre darauf erwarb er an der Universität Orléans den juristischen Doktorgrad, im gleichen Jahr erhielt er in Den Haag die Zulassung als Rechtsanwalt, – erst 16 Jahre alt. Grotius erzielte in der Jugend durch seine Geistesgaben auch für die damalige Zeit mit ihrer anders gearteten Erziehung und Berufsausbildung überraschende Resultate. Der junge Rechtsanwalt hatte an dem ihm vom Vater bestimmten Beruf nicht viel Freude; als Ausgleich zu der juristischen Tätigkeit veröffentlichte er zunächst einige Schriften, die seinen philologischen und theologischen Neigungen entsprachen.[9] Diese Arbeiten waren Erfolge, die seinen literarischen Ruf begründeten.

Wenig später erhielt er den offiziellen Auftrag der Staaten von Holland und Westfriesland, eine Geschichte der niederländisch-spanischen Kämpfe zu schreiben; diese und andere historische Arbeiten brachten ihm den Ruf des ersten niederländischen Historiographen ein.[10] Mit 24 übernahm Grotius sein erstes öffentliches Amt und betrat im Jahre 1607 die Bühne der Politik als Staatsanwalt von Holland, Westfriesland und Seeland. Ein Jahr später heiratete er standesgemäß die Tochter Maria des Bürgermeisters von Veere auf Seeland. Im Jahre 1608 hatte er wieder ein theologisches Thema[11] in die literarische Form eines Passionsspieles gebracht und seinen Ruf als erfolgreicher Autor humanistischer Schriften weiter gefestigt. Insgesamt kennen wir von Grotius etwa 10000 lateinische Verse und etwa ebenso viele holländische. Dichten war damals noch nicht ‹schöne› Literatur, sondern diente als Kommunikationsmittel.

Im Jahre 1609 wurde der Waffenstillstand zwischen Spanien und den Niederlanden geschlossen; mit der Einstellung des Kampfes nach außen nahmen aber die inneren Spannungen im Lande an Intensität zu, wobei sich religiöse, politische und wirtschaftlich-technische Strömungen vielfältig überschnitten.

Calvins Lehre lebte in den Niederlanden in zwei sich bekämpfenden Richtungen weiter: die orthodoxe Richtung unter Gomarus und die hinsichtlich der Prädestinationslehre mildere Form unter Arminius. Erasmus von Rotterdam war über 70 Jahre tot, Machiavelli bereits 10 Jahre länger; Bodins Souveränitätslehre war damals bereits 30 Jahre alt. Hobbes war erst ein junger Mann von 21 Jahren und hatte noch nichts geschrieben. Althusius, seit 1604 Stadtsyndikus im damals niederländischen «Protektorat» Emden, hatte sein Hauptwerk *Politica methodice digesta* gerade herausgegeben.

Wie in einem Spiegel erscheint die Welt jener Tage in der niederländischen Malerei, wobei besonders die Schützenstücke von Grotius' Altersgenossen Frans Hals die spezifisch sozialen Züge der Zeit zeigen. In den Bildern der Niederländer entdeckt man auch das Element, das ihr Schicksal war und bis heute blieb: Meer und Schiffe. Sie besaßen damals die größte Handelsflotte der Welt und gingen zielstrebig an den Ausbau ihres Kolonialreichs. Auch in der täglichen Routinearbeit des jungen Rechtsanwalts und Politikers Hugo Grotius fanden diese Probleme ihren Niederschlag. Er studierte die Verhältnisse in den jungen niederländischen Kolonien eingehend.

Die Taktik der Niederländer war es, den spanischen und portugiesischen Entdeckern entweder ihre oft unzureichend geschützten Gebiete abzujagen oder mit den eingeborenen Herrschern eigene Handelsverträge abzuschließen. Dabei gerieten sie in zunehmendem Maße in Konflikt mit Spaniern, Portugiesen und Engländern, so daß des Grotius in diesen Jahren geschriebenes, allerdings erst im Jahre 1868 aufgefundenes Manuskript *De jure praedae*[12] gleichsam als Motto für diese Epoche der niederländischen Kolonialgeschichte verstanden werden kann.

Im Jahre 1608 war die niederländisch-ostindische Kompanie an Grotius mit der Bitte um ein Rechtsgutachten herangetreten. Ein portugiesisches Schiff war von den Niederländern gekapert und die wertvolle Ladung beschlagnahmt worden. Einige Mitglieder der Kompanie hatten aber Bedenken, ob sie diesen Gewinn mit ihrem Gewissen vereinbaren konnten und forderten eine grundsätzliche juristische Stellungnahme. Grotius erfüllte diese Bitte durch Umarbeitung des 12. Kapitels von *De jure praedae* zu einem Gutachten, dessen Hauptthesen die Freiheit des Handels und die ihr zugeordnete Freiheit der Meere postulieren. Im Jahre 1609 erschien dieses Kapitel anonym und ohne Wissen von Grotius unter dem Titel *Mare liberum.*[13] Aus den Umständen der Veröffentlichung muß man schließen, daß Grotius von Anfang an nicht ganz wohl bei der Abfassung dieses Gutachtens und seiner Thesen war. Er zögerte nicht nur, dieses eine Kapitel zu veröffentlichen, sondern hielt das Gesamtwerk *De jure praedae* überhaupt zurück. Später setzte er sich überdies ausdrücklich von einigen Gedanken ab und verzichtete auch darauf, sich mit seinem Gegenspieler Selden und dessen *Mare clausum*[14] auseinanderzusetzen. 1610 wurde *Mare liberum* bereits auf den Index gesetzt, weil Grotius die Ansprüche der Portugiesen, die auf der Teilung der Welt durch Papst Alexander VI. im Vertrag von Tordesillas basierten, entschieden zurückgewiesen hatte.[15] Für Grotius persönlich hatte diese Auftragsarbeit zwiespältige Konsequenzen: er wurde zwar Leiter der niederländischen Delegation bei den englisch-niederländischen Kolonialkonferenzen 1613 in London und 1615 in Den Haag, sah sich aber nunmehr in die Lage versetzt, im Interesse der Niederländer ein *Mare clausum* zu fordern, da die Briten hier Beschwerde gegen holländische Behinderungen führten. Das war für ihn doppelt peinlich, weil inzwischen durchgesickert war, wer der Autor des berühmten *Mare liberum* war.

Grotius' persönlicher Erfolg war trotzdem groß. Er vertrat die Interessen der Niederlande mit Geschick und Würde; mit noch mehr innerer Anteilnahme hat er jedoch Verhandlungen über die Aussöhnung und Vereinigung der streitenden religiösen Gruppen in den Niederlanden geführt, wobei er versuchte, König Jakob I. zu einer Vermittlerrolle zu überreden. Er dachte dabei an eine Lösung nach dem Muster der anglikanischen Kirche, für die Grotius stets eine Vorliebe zeigte. Aber die Religionsverhandlungen, an denen Grotius so viel lag, zerschlugen sich.

Unter diesen Umständen mag Grotius den Entschluß gefaßt haben, sich von der Außenpolitik zurückzuziehen und um den Posten eines Ratspensionärs der Stadt Rotterdam zu bewerben, den er im Juni 1613 auch erhielt. Dieses ehrenvolle Amt, das vor ihm Oldenbarneveldt, der politische Kopf des Befreiungskampfes, bekleidet hatte, gewährte Grotius Sitz und Stimme in den Generalstaaten und eröffnete ihm den Weg in die Innenpolitik der Niederlande. Daneben blieb er auch der Rechtsberater Hollands. Im gleichen Jahr schrieb Grotius im Auftrag der Staaten von Holland eine aufsehenerregende Streitschrift,[16] worin er die Stände von Holland in scharfer Form verteidigt und das Recht der staatlichen Obrigkeit begründet, auch in kirchliche Angelegenheiten einzugreifen. Diese Schrift stempelte ihn fortan zu einem erklärten Todfeind der Gegenremonstranten. Hatte die Spaltung der Lehren der beiden Leidener Professoren Arminius und Gomarus anfangs nur die Prädestinationslehre betroffen, so wurde dieser geringfügige dogmatische Gegensatz im Geist der Zeit zwischen den Parteien der Remonstranten und Gegenremonstranten bis zur letzten Konsequenz auch politisch durchgekämpft. Die Anhänger des Gomarus siegten, weil Moritz von Oranien sich auf die Seite des gegenremonstrantisch gesinnten Volks gegen die aristokratischen Stände stellte und damit eine politische Entscheidung fällte. Er fürchtete zu Recht um die Einheit des Landes, wenn der religiöse Streit nicht schnell und wirkungsvoll beendet würde. Die Synode von Dordrecht am 13.11. 1618 verurteilte die Partei der arminianischen Remonstranten, Oldenbarneveldt wurde hingerichtet, Grotius 1619 zu lebenslänglichem Gefängnis und Beschlagnahme seines Vermögens verurteilt. Damit endete für Grotius im Alter von 35 Jahren seine Laufbahn als niederländischer Politiker.

Im Gefängnis, dem Wasserschloß Loevestein, durfte Grotius jedoch arbeiten und Besuche empfangen; seine Schriften wurden auch weiter in den Niederlanden verlegt. In den zwei Jahren der Haft schrieb er die Manuskripte für einige wesentliche Bücher,[17] die allerdings erst später erschienen. Am 22. März 1621 gelang es seiner Frau, ihn in einer großen Kiste, die sie zum Austausch von Büchern durch seine Wärter aus dem Gefängnis heraustragen ließ, zu befreien. Es sind besonders diese romantischen Umstände der Flucht in einer Bücherkiste, die Grotius zu einem Lesebuchhelden der niederländischen Schulkinder und Loevestein zu einer nationalen Gedenkstätte gemacht haben; noch heute zeigt man in den Niederlanden eine große Anzahl angeblich ‹echter› Grotius-Kisten. Für die Zeit und das Land ist es bezeichnend, daß seine Frau und die Mithelfer nicht in ‹Sippenhaft› gehalten wurden, sondern bald dem geflüchteten Grotius nach Paris folgen durften.

Am 13.4. 1621 traf Grotius in Paris ein, von zahlreichen Freunden und Bewunderern freudig begrüßt. Zehn Jahre wird er nun als Emigrant in Frankreich unter wenig erfreulichen Bedingungen verbringen müssen: eine ihm von König Ludwig XIII. ausgesetzte Pension verhinderte zwar das Schlimmste, Verzögerungen in der Zahlung gestalteten sein Leben aber sehr unsicher; damit verbunden war ein erheblicher Druck, zum katholischen Glauben überzutreten, wodurch er zweifellos seine Lage erheblich hätte verbessern können. Unter diesen Umständen schrieb Grotius von 1622–1625 das Buch, das allgemein als sein Hauptwerk angesehen wird: *De iure belli ac pacis.* Es wurde ein großer Erfolg. Nach den ersten Ausgaben in Paris 1625, Frankfurt/M. 1626, Amsterdam 1631, folgten 1632–1670 zehn weitere lateinische Ausgaben. 1626 wurde bereits ein Auszug ins Niederländische übersetzt; 1654 erschien es in Englisch, 1687 in Französisch, 1707 auf Deutsch. Heute gibt es 117 verschiedene Ausgaben in 12 Sprachen.[18] Der Erfolg des Buches hat mehrere Gründe: es war 1625 vom Thema her hochaktuell und seine Tendenz, die Kriegsgreuel zu lindern, wurde allgemein begrüßt; es war zu seiner Zeit konkurrenzlos und im Vergleich zu den Werken verschiedener Vorgänger vollständiger und systematischer aufgebaut; sein über das reine Völkerrecht hinausgehender humanistischer Inhalt fand viele Liebhaber; dadurch, daß Grotius es vermied, die Probleme des 30jährigen Krieges zu behandeln oder Namen von Zeitgenossen zu nennen, gab er dem Buch einen zeitlosen Charakter; und schließlich war Grotius' persönlicher Ruf so groß, daß jede Veröffentlichung von ihm auf das Interesse breiter Kreise stieß. Als Grotius *De iure belli ac pacis* herausbrachte, beabsichtigte er zwar nach seinen eigenen Worten neue Wege zu gehen, hatte dabei allerdings mehr die Methode im Auge. Seine Absicht war, das Völkerrecht in die bereits bestehende Rechtswissenschaft einzubauen, und er bediente sich dabei eines Systems der Rechtsphilosophie, das in engster Beziehung zu seinen religiösen Überzeugungen stand.

Bereits seit 1621 trug sich Grotius mit dem Gedanken, das während der Gefangenschaft entstandene, in holländischen Versen geschriebene Werk über die *Wahrheit der christlichen Religion* in lateinische Prosa umzusetzen. Im Jahre 1627 erschien die erste Ausgabe dieser Umarbeitung in Leiden und übertraf sein juristisches Werk noch beträchtlich an Erfolg.[19]

Grotius hat offensichtlich an *De iure belli ac pacis* und *De veritate* zumindest zeitweise gleichzeitig gearbeitet. Man kann daher nicht nur unterstellen, daß beide Werke einen inneren Zusammenhang haben, sondern auch von den Lesern als Einheit verstanden wurden. Heute ist *De veritate* nahezu vergessen, eine sachgerechte Interpretation von *De iure* ohne diesen Hintergrund aber fragwürdig.

Noch ein drittes bedeutendes Werk stellte Grotius aus den bereits in der Gefangenschaft geschriebenen Unterlagen fertig: eine Einführung in die holländische Rechtswissenschaft.[20] Dieses juristische Lehrbuch – außerhalb des niederländischen und englischen Sprachgebiets nahezu unbekannt – gilt in Fachkreisen als Meisterwerk und hatte besonders in Südafrika starken Einfluß.

Überblickt man die schriftstellerischen Erfolge seiner Emigrationszeit, so ist festzustellen, daß Grotius gerade in dieser Periode den Grundstein zu seinem dauerhaften Ruhm gelegt hat. Auffallend sind die engen Kontakte zur alten Heimat, wobei vor allem sein Bruder Wilhelm und sein Schwager eine entscheidende Rolle spielten, aber auch viele Freunde aller Nationalitäten mitwirkten. Nach dem Tode von Moritz von Oranien

(1625) hatte sich die allgemeine Situation so entspannt, daß er sogar den Gedanken an eine Rückkehr erwägen konnte; seine religiösen Widersacher waren aber immer noch stark, die ablehnende Haltung im calvinistischen Volk unverändert groß.[21] Wahrscheinlich hätte Grotius mit etwas Konzilianz und Entgegenkommen diese Gegnerschaft überwinden können – aber Opportunismus, selbst in milder Form, scheint er verabscheut zu haben. Er wollte zudem seinen persönlichen Ruf und seinen Rang als Gelehrter weder als akademischer Lehrer noch in einer rein juristischen Stellung auswerten, sondern suchte nach Möglichkeiten, politisch handelnd in seinem Sinne wirken zu können. An Angeboten aus allen Richtungen fehlte es bei seinen weitreichenden Beziehungen nicht, doch veranlaßte Grotius die Liebe zu seinem Vaterland, das inzwischen europäische Großmacht und geistiges Zentrum geworden war, zunächst eine Rückkehr nach Holland zu erwägen. Diese Überlegungen wurden durch die ständige Verschlechterung seiner persönlichen Lage in Frankreich gefördert. Mit Richelieu war dort seit 1624 sein politisches Gegenprinzip an die Macht gekommen, ein Umstand, der ihm den Abschied von Frankreich und seinen französischen Freunden erleichterte. Ende 1631 betrat er in Rotterdam wieder holländischen Boden; sein erster Besuch soll dem Denkmal von Erasmus, seinem großen Landsmann und Verwandten im Geist gegolten haben. Seine Freunde konnten aber nicht durchsetzen, daß ihm ein allgemeiner Straferlaß gewährt wurde. Grotius mußte die Konsequenzen ziehen und verließ Holland wieder im Frühjahr 1632, um nach Hamburg zu gehen, wo sich damals das schwedische Etappenhauptquartier befand. Man weiß über diese Hamburger Zeit wenig.[22] Das Leben in Hamburg wirkt, nach Grotius' Briefen, trotz des 30jährigen Krieges ruhig, ja langweilig; das Kulturgefälle von Paris und Holland bis zur Elbe hin muß beträchtlich gewesen sein. Es war für Grotius eine arbeitsmäßig unergiebige Periode der Kontaktsuche, erfüllt von Unruhe und Unbehagen. Am Ende stand der Entschluß, in schwedische Dienste zu treten. Er folgte damit einem alten Wunsch Gustav Adolfs, der jetzt vom Kanzler Oxenstierna erneuert wurde.[23] Entscheidend mag für Grotius die gegen Habsburg gerichtete Verbindung Frankreich–Schweden gewesen sein, eine Kräftekonstellation, in der er nicht nur praktisch an der Herbeiführung des Friedens arbeiten konnte, sondern auch gleichzeitig den Interessen seines Vaterlandes diente.[24]

Im Winter 1635 traf Grotius wieder in Paris ein, diesmal als schwedischer Botschafter.[25] Von Anfang an war er der Gegenspieler Richelieus. Kompromißlos vertrat Grotius den schwedischen Standpunkt und sah selbst in dem mit durch seine Bemühungen geförderten aktiven Kriegseintritt Frankreichs und der damit verbundenen Kriegsausweitung auf deutschen Boden keinen Widerspruch zu seinen Friedensplänen. Seine Idee vom ‹gerechten Krieg› fand er auf schwedischer Seite verwirklicht; ein gerechter Friede konnte nach seiner Theorie erst dann geschlossen werden, wenn auch die gerechte Sache gesiegt hatte. Er war in der Betonung seiner Stellung und Aufgabe konsequent und oft sehr rigoros. So verfaßte er zur Untermauerung seiner Ansichten über die protokollarische Vorrangstellung Schwedens am Hofe aufgrund der historischen Anciennität eine eigene historische Abhandlung.[26] Im ganzen gesehen war jedoch der diplomatische Alltag für Grotius wenig befriedigend. In dem Ausbleiben jeden greifbaren Erfolgs seiner Friedensbemühungen mag er eine Bestätigung seiner Meinung gesehen haben, daß der angestrebten Aussöhnung auf dem Kriegsschauplatz zuerst auf geistigem Gebiet die notwendige Basis geschaffen werden müßte. So widmete sich Grotius in den letzten fünf Jahren seines Pariser Aufenthalts mit Vorrang theologischen Fragen. Völkerrecht und Naturrecht waren der Religion nicht nur in seiner Theorie nachgeordnet; sie traten mit zunehmendem Alter auch in der Praxis so weit zurück, daß er nahezu jedes Interesse an der Behandlung rechtlicher Probleme verlor.

Zunächst griff er das Gebiet der historisch-kritischen Bibelexegese als Fundament einer zukünftigen konfessionellen Einigung auf und legte in rascher Folge einige umfassende Bibelkommentare vor.[27] Dann folgten eine Reihe von Arbeiten, in deren Mittelpunkt die irenische Schrift *Annotata ad Consultationem Cassandri*[28] stand, die eine lebhafte Polemik hervorrief. Da Grotius in diesen theologischen Auseinandersetzungen, die ihn als einen Fachmann von hohen Graden ausweisen, nicht vor harter Kritik an zugespitzten protestantischen Anschauungen[29] zurückschreckte und sich dabei oft dem katholischen Standpunkt weitgehend näherte, wurde sogar die Frage öffentlich diskutiert, ob er nicht heimlich konvertiert hätte.[30] Diese vermittelnde Haltung stieß selbst bei seinen engsten protestantischen Freunden auf Verständnislosigkeit und Ablehnung und brachte ihn zunehmend in die völlige Isolierung, da er auch von katholischer Seite als *non satis catholice* eingestuft wurde.[31]

Nach dem Tode Richelieus (1642) und Ludwigs XIII. (1643) erschien Grotius das heiß erstrebte Ziel eines Friedens auf dem Schlachtfeld greifbar nahe; doch 1645 wurde er wegen der Aufgabe des direkten diplomatischen Verkehrs mit Frankreich von Königin Christina abberufen. Grotius hatte fest mit seiner Beteiligung an den Friedensverhandlungen auf schwedischer Seite gerechnet, doch offensichtlich den Schaden seiner aktiven Bemühungen um den Kirchenfrieden für seine Stellung als schwedischer Botschafter unterschätzt.

Im Frühjahr 1645 reiste Grotius nach Stockholm und wurde in Ehren von Königin Christina empfangen; man schlug ihm vor, mit seiner Familie nach Schweden überzusiedeln. Grotius fand aber zu keinem Entschluß. Überstürzt verließ er Schweden. Auf der Rückreise kam sein Schiff in einen Sturm und scheiterte an der Küste Pommerns; auf einer 500 km langen Wagenfahrt erkrankte Grotius schwer. In Rostock mußte er seine Fahrt beenden. Am 28. August 1645 starb er dort unter dem geistlichen Beistand des lutherischen Pastors Quistorp. Grotius wurde nach Holland überführt und in der ‹Neuen Kirche› seiner Geburtsstadt Delft beigesetzt.

III

Leben, Werk und Wirken von Grotius bilden eine untrennbare Einheit, deren einzelne Elemente für sich genommen wenig über seine eigentliche Bedeutung aussagen. Der Schlüssel zum Verständnis von Grotius liegt in seiner Theologie, die als wesentliche Komponente des grotianischen Spektrums meist unterdrückt wird.

Jede Würdigung von Grotius müßte daher folgerichtig von seiner Verständigungstheologie ausgehen. Aber erst heute, in Zeiten ökumenischen Denkens, kommt Grotius aus dem Ghetto seiner konfessionellen Neutralität heraus und wird als Theologe gewürdigt, wenn auch die Auswertung seiner Lehren noch auf sich warten läßt: «Offensichtlich betrachtete der Autor des Völkerrechts vom Krieg und Frieden – wenigstens in seinen letzten Lebensjahren – nicht die Jurisprudenz, sondern die Theologie als eigentliches Lebenswerk. Daher bedeutete ihm die Reihenfolge Theologie, Recht, Geschichte zugleich eine Rangordnung».

Die Vielzahl juristischer Interpretationen zu Grotius ist für die Erhellung des politischen Denkers Grotius von geringem Wert, zumal sie sich meist auch nur auf *De iure belli ac pacis* beschränken.[32] Man findet in der juristischen Literatur vorwiegend ein sezierendes Herauslösen einzelner Gedankengänge, die dann an modernen Rechtsnormen gemessen werden.[33] Viele Juristen schenken aus Gründen, die in einem positivistisch orientierten Fachinteresse liegen, den theologischen Aspekten bei Grotius keine besondere Aufmerksamkeit; diese werden oft als irrelevant, obsolet geworden oder als bloße Moral zur Seite geschoben. Allgemein ist auch die Klage, daß mindestens die Hälfte von *De iure belli ac pacis* nicht zum Völkerrecht gehöre; Grotius' kompilatorische Methode wird meist als Fehler bezeichnet, seine Beispiele aus Bibel, Antike und Mittelalter als langweilig, ermüdend, überflüssig oder als Ausdruck ‹exhibitionistischer Gelehrsamkeit›.[34] Auch wird weiter getadelt, daß man bei den meisten Problemen, die Grotius behandelt, nicht feststellen kann, welches eigentlich ‹the legal position› sei. Es liegt dann nahe, auf Nebengebiete auszuweichen und etwa juristische Teilprobleme zu behandeln oder die Frage nach den Vorgängern von Grotius in den Vordergrund zu stellen. So distanzieren sich viele Juristen vom Werk des Grotius mehr oder minder nachdrücklich und mit mehr oder minder treffenden Argumenten. «To many it may appear that De Iure is more a system of ethics applied to states than a system of law. This would not inevitably imply a condemnation of the work».[35]

So bietet sich vom Standpunkt einer integrierenden Politikwissenschaft eine bessere Sichtweise an, die ein Werk wie *De iure belli ac pacis* auch als Beitrag zur Theorie der Politik betrachtet und speziell für die Lehre von den Internationalen Beziehungen auswertet. Der Einwand gegen die angeblich fehlende philosophische Grundlage der grotianischen Lehren kann wohl mit Recht nur dann erhoben werden, wenn man den Wert der Praktischen Philosophie leugnet und Philosophie überhaupt erst mit Kant oder Hegel beginnen läßt.

Grotius lebte aber in der philosophischen Gedankenwelt des Aristoteles: «Unter den Philosophen gehört dem Aristoteles mit Recht die erste Stelle, sowohl wegen der Anordnung des Stoffes als wegen der Schärfe seiner Unterscheidungen und des Gewichts seiner Gründe».[36]

Für das Studium der Politik stellt Grotius neben *Politik* und *Rhetorik* des Aristoteles die Lektüre der *Nikomachischen Ethik* an die erste Stelle.[37] Auch in *De iure belli ac pacis* ist nicht nur die Häufigkeit der Hinweise auf Aristoteles bezeichnend, sondern vor allem ihre Bedeutung im Zusammenhang. So hat Grotius die aristotelische Staatsdefinition[38] übernommen, vor allem aber seine Auffassung von der Gerechtigkeit als der vollkommenen Tugend.[39] Bis in Einzelheiten der grotianischen Theorie und Praxis läßt sich diese Verflechtung mit aristotelischem Denken feststellen, wobei man die Linien allerdings oft durch die Scholastik und die Stoa hindurch verfolgen muß: sein Leben stand unter dem Gesetz der *phronesis*, der Überzeugung, daß zu der richtigen Einsicht auch das rechte politische Handeln gehört;[40] er vertrat als reifer Mann in bewußt gewählter, oft schwieriger Position in der Einheit von Mensch, Gelehrtem und Politiker den *spoudaios* des Aristoteles und lebte im Alter in ebenso exemplarischer Weise ein *bios theoretikos*.[41]

Die Frage nach dem geistigen Standort von Grotius läßt sich am besten so bestimmen, daß man sein Werk als Brennspiegel ansieht, der die verschiedensten Strahlen aus allen Richtungen zusammenfaßt und gebündelt in die Zukunft strahlt.[42] Grotius' überragende humanistische Bildung erlaubte es ihm, seine Zeitgenossen und unmittelbaren Vorgänger zu überspringen und auf die gemeinsamen Wurzeln in der Antike und im Christentum zurückzugehen. So stehen Ayala, Bodin, Covarruvias, Gentilis, Hotman – um nur einige anzuführen, die Grotius namentlich nennt,[43] gewissermaßen im zweiten Glied und Aristoteles, Plato, Cicero und Seneca, die Bibel und die Kirchenväter, das Römische Recht und die Scholastik im Vordergrund. Besonders hingewiesen sei auf die zahlreichen Parallelen zu Thomas von Aquin, die zwar nicht auffallen, weil Grotius ihn sparsam zitiert, sich aber doch bei einer genaueren Analyse nachweisen lassen.

Damit wird die Frage nach den Vorläufern des Grotius zu einem Streit um Worte. Was aber die Originalität neuzeitlicher völkerrechtlicher Denkansätze betrifft, so kann man von der Annahme ausgehen, daß im

16./17. Jahrhundert die großen seefahrenden Völker über die gleichen praktischen Erfahrungen bei der Entdeckung und Kolonisierung der Welt verfügten, so daß Grotius durchaus unabhängig zu den gleichen Ergebnissen kommen konnte, wie beispielsweise der spanische Theologe Vitoria hundert Jahre vor ihm oder sein Zeitgenosse, der Oxforder Jurist Gentilis. Wer diese Gesichtspunkte zugunsten einer Hypothese von ‹geistigen Ahnenreihen› im Völkerrecht zurückstellt, trägt hier die Beweislast.

In seinen politischen Schriften[44] bezeichnet Grotius überdies präzise und unmißverständlich seine Quellen und Lehrer. Wenn bislang die entsprechenden Stellen in *De iure belli ac pacis* je nach den verschiedenen Standpunkten teils als unverständlich, teils als Verschleierungstaktik, Zweckpropaganda oder als überflüssiges Beiwerk ausgelegt werden konnten, so ergibt eine Prüfung auf dem Hintergrund seines Gesamtwerkes, daß Grotius hier auch eine durchaus moderne politische Philosophie entwickelt hat, die nur den einen, allerdings entscheidenden Nachteil hat, daß sie dreihundert Jahre zu früh vorgetragen wurde.

In Deutschland erschienen nach der Erstausgabe (1626) weitere sieben Ausgaben in Jena, Frankfurt/Main und Frankfurt/Oder. Später wurde die Grotius-Rezeption an den deutschen Universitäten in vier Ströme kanalisiert, dort von namhaften Gelehrten gelehrt und kommentiert. Folgende Ausgaben von *De iure belli ac pacis* haben auf diese Weise erhöhte Bedeutung erlangt, wobei der Name des Interpreten zugleich für eine ganze Richtung stand: Thomasius (1707 Leipzig-TMD 662),[45] Christian Wolff (1734 Marburg-TMD 604), Heinrich und Samuel von Cocceji (1744–1752 Breslau-TMD 607). Von ganz besonderem Einfluß ist jedoch Pufendorf gewesen, – seit 1661 Professor für Natur- und Völkerrecht in Heidelberg[46] – der den Boden für Generationen von Grotius-Kommentatoren aufbereitete, wobei es für seinen anerkannten Rang im wissenschaftlichen Raum spricht, daß der Grundirrtum der Nachfahren, Grotius sei der Begründer des säkularisierten Naturrechts,[47] auf einer Verwechslung mit Pufendorfs Lehre beruht.

Diese Gelehrten haben Grotius im großen und ganzen nur als Diskussionsgrundlage angesehen; man nahm gerne die Autorität des Grotius für den jungen Zweig der Naturrechtslehre und Völkerrechtswissenschaft in Anspruch, um dann aber eigene Systeme zu entwickeln. Alle machten ausgiebig Gebrauch von Grotius-Zitaten, gingen aber in der Interpretation eigene Wege, wobei die Lust am Auslegen, Verbessern und Weiterdenken die Sorge um Wort und Geist des Grotius überwog. Ohne Zweifel haben sie damit viel zum Ruhm des Grotius beigetragen, gleichzeitig aber auch die Akzente verschoben. Im Laufe der Zeit entstand so das falsche Bild von Grotius als Vater des modernen säkularisierten Natur- und Völkerrechts. Bei allen Angriffen auf diese Richtung wurde daher immer auch Grotius mitgetroffen, meist als der vermeintliche Urheber dieser Entwicklung besonders hervorgehoben oder attackiert. Hier liegt auch der Ursprung der vielen falsch geknüpften Ahnenreihen, die heute den Zugang zu Grotius verstellen.[48]

In den folgenden Abschnitten soll nun das für jede Grotius-Interpretation zentrale Problem des grotianischen Naturrechts näher untersucht werden, weil es besonders häufig zu Mißverständnissen Anlaß gibt.[49]

Das naturrechtliche Theorem des Grotius beruht auf nur wenigen Prinzipien, die jedoch nach Art einer juristischen Tatbestandsaufnahme in eine verwirrende Vielzahl von Einzelbeispielen aufgefächert werden. Grotius will auch das Naturrecht nicht erfinden, sondern er weist es nach:

1 Ausgangspunkt ist die Idee einer Menschheit unter dem ‹gerechten Gott›.[50]
2 Diese Menschheit untersteht zwei Prinzipien:
  a) dem Völkerrecht *(ius gentium)* als *vinculum societatis humanae* (IBP Prolegomena 17; II, 8, 26) und
  b) dem Naturrecht *(ius naturae)* als *dictatum rectae rationis* (IBP I, 1, 10: 1)
3 Gott hat den Christen in der Offenbarung ein besonderes Recht gegeben *(ius voluntarium divinum)* (IBP I, 1, 15),
4 *Ius naturae* und *ius gentium* steht jeweils das vom Menschen ‹gesetzte Recht› *ius voluntarium humanum* (IBP I, 1, 14) bzw. *ius gentium voluntarium* gegenüber.[51]
5 Dem Gottesbild entspricht ein Menschenbild, das nicht nur durch die *recta ratio,* sondern auch durch den *appetitus societatis* bestimmt wird.[52]

Grotius versucht nun, diese Teile gedanklich in ein gemeinsames Bezugssystem zu bringen, wobei er aber die auftretenden Widersprüche nicht auflöst oder überbrückt, sondern bestehen läßt. Wesentlich ist dabei, daß er wohl die Merkmale der konkurrierenden Rechtsebenen aufzeigt, aber keine Trennung vollzieht. Für die auftretenden Spannungen gibt er auch keine feststehenden Normen und Regeln, sondern fordert einen *habitus* nach einer ethischen Pflichtenlehre. Der Schwerpunkt liegt dabei in dem Ermessensspielraum, wo der Mensch als Mensch handeln soll.[53] Eine exemplarisch grotianische Situation ist es, wenn man das Recht hat, etwas zu tun, aber aus Gründen der Moral oder Liebe darauf verzichtet. In diesem Sinne ist *De iure belli ac pacis* auch ein politisches Lehrbuch nach Art des ‹Fürstenspiegels›.[54]

Sein System ist notwendig ein offenes System, d.h. ein System variabler Möglichkeiten anstelle starrer, konsequenter Regeln, das demnach von verschiedenen Standpunkten her interpretiert werden kann. Wenn man jedoch Gott daraus streicht, geht nicht nur der Zusammenhalt verloren, sondern es liegt nahe, die nunmehr freigewordenen Stellen mit Ersatzkonstruktionen zu schließen oder wenigstens zu verdecken. Einen solchen unerlaubten Schließungsvorgang mit Hilfe der ‹Vernunft›[55] beobachten wir in der landläufigen rationalistischen Interpretation der berühmten Stelle: «die naturrechtlichen Bestimmungen würden auch Platz greifen, selbst wenn man annähme, daß es keinen Gott gäbe ... *(etiamsi daremus non esse Deum, aut non curari ab eo negotia humana)*».[56]

Die Folgerung, daß es demnach bei Grotius ein Naturrecht ohne Gott gäbe, kann man dem Text jedenfalls nicht entnehmen. Zunächst hat Grotius den warnenden Satz dazwischengeschoben, daß «so zu denken, die größte Sünde wäre»,[57] aber auch mit Hilfe der ebenfalls oft zitierten Stelle: «Das Naturrecht ist so unveränderlich, daß selbst Gott es nicht verändern kann» (IBP I, 1, 10 : 5), läßt sich dieser falsche Ansatz nicht abstützen. Es handelt sich bei dieser These um eine seit dem 12. Jahrhundert bekannte scholastische Streitfrage.[58] Grotius greift hier auf die Diskussion innerhalb der Spanischen Spätscholastik[59] zurück, weil sein Theorem einer «solidarischen Menschheit» mit einem Völkerrecht als «vinculum societatis humanae» als Denknotwendigkeit eine naturrechtliche Prämisse braucht, wobei jedoch die Natur*gesetze* nicht in Frage gestellt werden dürfen.[60] Dieses religiös geprägte «soziale» Naturrecht umfaßt auch die im christlichen Sinne Ungläubigen: «Noch größeren Nutzen hat die Religion in der überstaatlichen Gemeinschaft ... Wer deshalb das Völkerrecht verletzt, gilt vielfach als ein Verletzer des göttlichen Rechts».[61]

Im ganzen gesehen, ist also die Position des Grotius für die moderne Naturrechtsdiskussion wenig ergiebig, weil er am Ende einer Ahnenreihe steht – den Blick in die Vergangenheit gerichtet. Das ‹fortschrittliche› Element liegt vor allem in seiner humanistisch-erasmianischen Denkweise, mit der er die Fakten der Glaubensspaltung auszugleichen sucht.[62]

Es ist verständlich, daß von dieser auf die ‹societas humana› gerichteten Ausgangsposition her für die Staatslehre, soweit es jedenfalls das bisher bekannte Material betrifft, aus Grotius nicht viel Neues zu entnehmen ist. Er bietet neben wenigen festen, aber nicht ausdiskutierten Ansichten eine Anzahl von Hypothesen, die zu Denkansätzen sehr verschiedener Art angeregt haben. Wenn man aber die grotianische Methode, die Offenheit seines Systems, die Betonung der Aporien und Antinomien und seine Pflichtenlehre dabei nicht berücksichtigt, so wird jede Auslegung sinnlos; die Literatur hat den eigentlich politischen Kern seiner Lehre mit ihrer Vielzahl interessanter und aktueller Aspekte nur andeutungsweise beleuchtet.

So hat ihn das Problem des Rechtsstaates mehr interessiert als die Streitfrage nach den Vorzügen der Republik oder der Monarchie.[63] Innerhalb der rechtsstaatlichen Staatsform liegt für ihn der Schwerpunkt im Freihalten einer religiösen Sphäre für die persönliche Verwirklichung jedes Menschen. Der Staat sollte dafür die Voraussetzungen gewährleisten, wobei das Problem der «Stabilität»[64] in Abgrenzung zu Revolution und Widerstandsrecht[65] ihn besonders interessierte: «Da der Nutzen der menschlichen Gesellschaft verlangt, daß die Staatsgewalt gesichert und dem Würfelspiel des Kampfes enthoben ist, sind auch alle Vermutungen zu begünstigen, welche dem zu Hilfe kommen».

Dieser Aspekt wird besonders im frühen deutschen Konstitutionalismus – v. Mohl (1799–1875), Lorenz v. Stein (1815–1890), v. Gneist (1816–1895) – hervorgehoben: «Der Mann, der den specifischen Charakter der deutschen Rechtsphilosophie begründet, ist erst Hugo Grotius mit seinem Buche «De jure Belli ac Pacis» ...[66] V. Stein präzisiert seine Darlegungen über den Rechtsstaat als den Staat, der «nicht das Recht an sich, sondern ein ganz bestimmtes Rechtsgebiet entwickelt», in jener bekannten Passage: «... daß die Haupttendenz der ganzen Rechtsphilosophie seit Hugo Grotius dahin geht, denjenigen Begriff des Staats aufzustellen und zu entwickeln, der eine solche Grenze des Regierungsrechts principiell in sich trägt» ...[67] Aber nicht genug, daß v. Stein in Grotius den Initiator für die Rechtsphilosophie, das «ius gentium» und «ius naturae» sieht, er schreibt ihm auch die Idee der Menschenrechte zu. Ausgehend von dem Begriff der Menschheit, der humanitas, weist Stein damit weit über den bisher üblichen Interpretationsrahmen hinaus auf Grotius als den Begründer der «sozialen Rechtsidee».[68]

In diesem Zusammenhang ist das Verhältnis von Kirche und Staat ein zentrales Thema für Grotius, wobei sein Denken der Moraltheologie oft näher stand als der Staatslehre. Bezeichnend ist bei seiner Argumentation der Rekurs auf den Römerbrief des Paulus.[69] Aber auch hier kommt wieder seine vermittelnde Haltung zum Ausdruck: er lehnt es ab, Rezepte nach starren Regeln zu geben, weil Politik für ihn mehr Kunst als Wissenschaft ist. Man kann als Hypothese die Ansicht zugrunde legen, daß es gerade die religiös-politischen Aspekte seiner Lehre sind, die aus allerdings noch nicht völlig erforschten Gründen seinen dauernden Einfluß bestimmen.

Die Bedeutung von Thomasius, der lange Zeit sowohl mit Grotius' Lehre als auch mit dem Pietismus eng verbunden war, oder die Rolle des Pietistenzentrums Halle für die Ausbreitung der grotianischen Theorien auf akademischer Ebene ist sicherlich groß gewesen. Diese theologisch-politischen Spuren verlieren sich später im Dunkel der Historie, leuchten aber bereits im missionarischen Wirken der Herrnhuter Brüder in den USA oder der Erweckungsbewegung von John Wesley wieder auf, wobei der Pietismus als Medium der Übermittlung grotianischer Gedanken eine entscheidende Rolle spielt.[70] Nicht zuletzt weist der im Vergleich zu Deutschland hohe Stand der Grotiusforschung in den angelsächsischen Ländern auf einen nur theologisch erklärbaren Unterschied in der Konzeption hin, der mit der Entwicklung des religiösen Lebens in engem Zusammenhang steht.

Als Indiz für die Wirksamkeit von Grotius im amerikanischen Denken mag ferner das lebhafte Interesse angeführt werden, das die Vereinigten

Staaten von Amerika von jeher an Grotius bekunden.[71] Bereits bei der Ersten Haager Friedenskonferenz im Jahre 1899 wurde für das Grab von Grotius ein silberner Kranz gestiftet, wobei Botschafter Andrew D. White, ein begeisterter Grotius-Anhänger, eine Dankadresse der USA verkündete. Dem gleichen amerikanischen Enthusiasmus verdankt der Friedenspalast in Den Haag – heute Sitz des Internationalen Gerichtshofs – seine Entstehung.

IV

Beim Völkerrecht ergeben sich von Anfang an weniger Probleme, weil es trotz seiner engen Verflechtung mit dem Naturrecht bei Grotius durchaus selbständige Komponenten aufweist. Man findet hier neben vielen Elementen der modernen Völkerrechtspraxis[72] eine durchgearbeitete Theorie der internationalen Beziehungen, die für die Entwicklung der Völkerrechtswissenschaft sehr fruchtbar war.

Allerdings darf dabei nicht übersehen werden, daß alle heute entscheidenden Aspekte seiner Lehre erst nach einem fast 300jährigen Schlaf um die Jahrhundertwende zu neuem Leben erweckt wurden. Bis zur Ersten Haager Friedenskonferenz (1899) hatte die Völkerrechtspraxis die Lehren von Grotius völlig vergessen und statt dessen die ‹Staatsraison› als oberstes Prinzip anerkannt; in der Völkerrechtstheorie führte er nur noch als schmückendes Aushängeschild ein Schattendasein.

Grotius' Theorien gehen dagegen von der ‹solidarischen› Menschheit[73] aus und enden beim ‹civis›. Das Individuum wird damit keineswegs übergangen, sondern findet seinen rechtlich gesicherten Platz innerhalb der großen Gemeinschaft eigenständiger Staaten.[74]

Es ist nicht nur der Gedanke der Internationalen Schiedsgerichtsbarkeit, die Völkerbundsidee oder die Charta der Vereinten Nationen, für die man Grotius in Anspruch nehmen kann, sondern vor allem seine Lehre vom Staatenverbrechen und dem Gerechten Krieg.[75] Da er Individuum und Staat auf die gleiche Rechtsebene stellt, sieht er in Analogie zur Notwehr (IBP III, 1, 2: 1) oder Strafe (IBP II, 20) den Krieg als Rechtsakt. Da nach Grotius jeder Staat bzw. Herrscher verpflichtet ist, bei Verbrechen einzugreifen (IBP II, 20, 44: 1), ergibt sich ein Katalog von öffentlichen Pflichten gegenüber der Menschheit. Auch der Begriff der Neutralität gewinnt bei ihm neue Aspekte, weil ein Abseitsstehen bei der Bestrafung oder Hinderung von Staatenverbrechen nicht mehr denkbar ist (IBP III, 17, 3: 1). Clausewitz' oft zitierter Ausspruch vom Krieg als Fortsetzung der Politik mit anderen Mitteln scheint bei Grotius bereits vorweggenommen.[76] Der Staat als Angeklagter, ja als Verbrecher, – das ist die Herausforderung des Grotius für den souveränen Staat, der bisher nur seiner Staatsraison folgte.[77]

Als Grotius diese Gedanken niederschrieb, wollte er den bei jeder beliebigen Gelegenheit vom Zaun gebrochenen Privatkrieg ächten und damit die Möglichkeit der Kriege überhaupt einschränken – sein optimistisches, humanistisch geprägtes Menschenbild und die Idee der *pax christiana* ermöglichte diese Vision: es gab immerhin gedanklich eine Chance, gerecht von ungerecht unterscheiden zu können. Wie zu Grotius' Zeit ist aber die Frage nach dem unparteiischen Richter über Recht und Unrecht in der Praxis auch heute noch nicht gelöst.

Die Realisierung seiner Ideen erhoffte Grotius erst von der Zukunft – er wollte nur den Grund legen: *Serere arbores alteri forte saeculo profuturas.*[78]

Die Menschheit steht heute vor der entscheidenden Frage, ob sie dieser Vision des Grotius gewachsen ist.

Horst Denzer

BODIN

I. Biographie

Selten hat sich im Bewußtsein der Neuzeit ein sie konstituierendes Phänomen mit dem Namen *eines* Mannes verbunden wie im Falle Jean Bodins. Der Staat der Neuzeit ist durch den Bodinschen Begriff der Souveränität bestimmt. Die Souveränitätslehre hat Bodin zu einem der Bannerträger der Ideengeschichte gemacht, aber auch mit sich fortgerissen. Im Bewußtsein der Nachfahren hat Bodin seinen Standort, seine Persönlichkeit und sein Denksystem verloren. Überall, wo seine Souveränitätslehre gewirkt hat, wird auch ihm Heimatrecht gegeben: im Heroenreich der Modernität des Staates und auf dem Scheiterhaufen, wo der Leviathan verbrannt wird. Auf Bodin berufen sich allzu viele, sein wahres Gesicht liegt im Schatten der Weltgeschichte. Sein Ruhm hat seine Individualität zerstört.

Fast scheint es, als wurde ihm dies Schicksal schon in die Wiege gelegt. Der Name Jean Bodin – damals in Frankreich einer der verbreitetsten – ist eine Katastrophe und verhindert wohl für immer eine endgültige Darstellung der Lebensgeschichte. Freilich bilden die Hauptlinien des Bodinschen Lebens, seine geistigen Grundantriebe zusammen mit der historischen Situation des Frankreich der Religionskriege einen sicheren Rahmen für die biographische Beeinflussung des Werks.

Bodin ist ein Spätgeborener. Bei seiner Geburt 1529 (oder 1530) waren die Kräfte schon am Werk, die sein Leben bestimmen sollten. Franz I. kämpfte gegen den universalen Anspruch des habsburgischen Kaisertums stellvertretend für Europa um das Lebensrecht der Nationalstaaten (1529 Friede von Cambrai). Wie ein Wetterleuchten am Horizont kündigte sich das Zeitalter der Religionskriege an: in Deutschland entstand der Schmalkaldische Bund (1531); in England löste Heinrich VIII. die anglikanische Kirche von Rom (1534).

Bodins Jugend verläuft, ungeachtet der neuen Kräfte, in traditionellen Bahnen. Sohn einfacher Eltern, der Vater war Schneidermeister, in der Universitätsstadt Angers geboren, gefördert von Gabriel Bouvery, dem Bischof von Angers, tritt er in jungen Jahren (1545) in seiner Heimatstadt den Karmelitern bei und wird bald seiner Fähigkeiten wegen nach Paris zum Studium geschickt. Bodin scheint aber seine Kenntnisse des Aristoteles, des Neuplatonismus, der Bibel und des Talmuds eher aus den *Collèges Royales,* sein methodisches Rüstzeug eher von Peter Ramus als aus der scholastischen, vielleicht erasmianisch gefärbten Klosterschule erhalten zu haben. Des jungen Mönches Ausbildung schreitet rasch voran, freilich nicht auf dem von den Ordensoberen gewünschten Weg der scholastischen Theologie und *Philosophia moralis.* Wahrscheinlich ist Bodin 1548 mit einigen Ordensgenossen in einen Häresieprozeß verwickelt und als einziger, wohl durch die Protektion von Bouvery, dem Scheiterhaufen und durch die Annullierung der Gelübde dem Orden entronnen (1549).

Um 1550 sehen wir Bodin in Toulouse, dem Zentrum des Römischen Rechts,[1] neben der Vervollkommnung seiner universalen Bildung das Studium des Rechts aufnehmen. Wir dürfen diese Wendung nicht als Bruch sehen. Seit Calvin war die Verbindung von Theologie und Jurisprudenz legitim, seit Guillaume Budé die des philologischen Humanismus mit dem römischen Recht. Für Bodin waren die Jahre des Studiums und der ersten Lehrtätigkeit in der *Ville rose* der Schmelztiegel, wo sich alte und neue Erfahrungen zu der lebenslangen Prägung seiner Persönlichkeit amalgamierten. Hier, wo er wie seine Fachkollegen Forcadel und Cujas den juristischen Humanismus von Budé und Alciati kennenlernte, wo er wie sie beitrug, die Lehre vom römischen Recht in verschiedene Schulen auseinanderzubrechen (äußeres Symptom: der Streit um die vakante Rechtsprofessur), wo er an den *Institutes*[2] in seinen ersten Kursen auf der Grundlage des Römischen Rechts neben anderem über die Souveränität lehrte, mit der *Juris universi distributio* (erst 1578 erschienen) das System des universellen Rechts aufstellte und mit den geschichtlichen und rechtsvergleichenden Materialien zum *Methodus ad facilem historiarum cognitionem* (1566) die Bausteine für seine *philosophie politique* sammelte, wurzelte seine geistige Disposition und keimte sein wissenschaftliches Werk. In seinem Kommentar zu Oppians *De venatione* (1555) wählt er den literarischen und philologischen Zugang zu Naturgesetzmäßigkeiten und philosophischen Fragen, er erhebt Alciat zum Vorbild und sieht im römischen Recht und in der Antike den universellen Menschen in seinem universellen Recht und ist so der «Humanist der letzten Stunde» (Mesnard). Zugleich ist er auch der Pragmatiker der historischen Methode und der Rechtsvergleichung – der ramistisch-pädagogische Gedanke, daß Wissen nützen muß, die Überlieferung des Römischen Rechts durch Bartolus als konkret anwendbares Recht und die nach Engagement schreiende politische Lage trieben ihn aus dem elfenbeinernen Turm der Wissenschaft zum Dienst am Staat.

In diesem Sinne legte Bodin in Toulouse auch den Grundstein zu seiner Karriere und zu seiner politischen Konzeption.[3] Die Fronten der politischen Konstellation in der *Ville rose* waren seltsam: auf der einen Seite das royalistische Parlament, die vom römischen Recht beherrschte Fakultät und die Orthodoxie der Orden, des mittleren und unteren Bürgertums, auf der anderen Seite der monarchische Machiavellismus der Katherina von Medici und der Calvinismus in der Stadt und der Provinz mit seiner dezentralistisch-demokratischen Tendenz.

Bodin setzte mit großer Energie auf die Versöhnung dieser Positionen. Sein Royalismus variierte den seiner Umgebung in einem mehr gallikanisch-nationalen Sinne, geprägt durch die Beschäftigung mit dem römischen Recht. In den Fragen der Religion plädierte er für Toleranz und warnte vor den Folgen der Bürgerkriege. Er selbst hatte nie konfessionell eindeutig optiert; ein möglicher Aufenthalt in Genf (um 1552) ist mehr als ein zeitweises sympathisches Interesse für den Calvinismus[4] zu verstehen, das sich schließlich in den Flammen des Scheiterhaufens für Servet, Symbol der calvinistischen Intoleranz, verzehrte. Bodin wollte, daß das französische Königtum in ganz Europa ein allgemeingültiges Toleranzedikt durchsetzte; er verband dabei nach dem Vorbild Postels politischen und religiösen Imperialismus, Universalismus und Nationalismus, freilich in einem toleranteren Sinne.

Doch Bodin mußte mit diesem politischen Programm in Toulouse Schiffbruch erleiden. Seit dem Frieden von Cateau-Cambrésis (1559) bekämpften die allerkatholischsten Herrscher Frankreichs und Spaniens gemeinsam die Protestanten. Nach dem Handstreich der Hugenotten in Amboise (1560) und dem gescheiterten Religionsgespräch zu Poissy (1561) war der Bürgerkrieg unvermeidlich. Wie auf nationaler Ebene das Haus Lothringen-Guise und das Haus Bourbon sich bekämpften, so in Toulouse die beiden Parteien. Bodins Plan, Toulouse und seine Universität zum Sprungbrett seiner Karriere zu machen, war gescheitert, der Traum von der französischen Monarchie als Sieger über das Reich und Stifter des europäischen Religionsfriedens im Waffenlärm des Bürgerkrieges ausgeträumt. Bodin stellte seinen politischen und religiösen Imperialismus, seine spezifische Interpretation des Postelschen Slogan *un roi, une loi, une foi*, für eine bessere Zukunft zurück. Er entfaltete seinen unsicheren Traum in der einzigen Form, die unverbesserlichen Philosophen bleibt: im pädagogischen Imperialismus. In seiner *Oratio de instituenda in repub. juventute ad senatum populumque tolosatum* von 1559 überantwortete er sein politisches Programm der Jugend, die er als einige, brüderliche und kulturbewußte auf den Staat hin erzogen wissen wollte. Freilich, die *Ville rose* war auch für Bodins pädagogische Reformen ein zu heißes Pflaster geworden.

Wir finden unseren Autor 1561 in Paris wieder, wo er durch gute Beziehungen als Advokat am Pariser Parlament zugelassen wurde. Bodin erreicht hier nicht nur mit dem Erscheinen des *Methodus ad facilem historiarum cognitionem* (1576) höchsten wissenschaftlichen Ruhm, sondern auch als Ratgeber des Königs, diplomatischer Unterhändler und Ständedeputierter den Höhepunkt seiner politischen Karriere. Bei all seinen Tätigkeiten wird er geleitet von dem Bemühen um den Staat, für ihn der Kernraum menschlicher Betätigung. So wächst hier in Paris aus den

Quellen der theoretischen Reflexion über den Staat, Humanismus und römisches Recht verbindend, und der praktischen Tätigkeit als Advokat und Staatsdiener Bodins System[5] der *sience politique* zusammen, die er immer als Staatsphilosophie *und* Staatskunst, als gültige Reflexion über das Wesen des Staates *und* praktisch politische Anleitung verstanden wissen wollte. Von daher behandelt er mit der Souveränitäts- und Staatsformenlehre[6] Grundfragen der Staatsverfassung und mit der politischen Ökonomie[7] eines der wichtigsten Gebiete der Staatsverwaltung.

Der politische Weg Bodins war von den Religionskriegen gezeichnet, ihnen galt auch sein lebenslanger Kampf. Kein Mittel, nicht einmal die zeitweise Hintanstellung seiner Überzeugungen, scheute er für «le salut du royaume dans la tolérance et la paix» (Chauviré). Bodins Dienst für die französische Monarchie, die den Zenit seines Lebens von 1567 bis 1576 bestimmte, war je nach der politischen Lage ein Dienst am König, ein Dienst für die Partei der *politiques* und ein Wirken in den Ständen.

1567 war er Oberstaatsanwalt bei den Grands Jours von Poitiers, 1568 Ratgeber des Königs bei den Ständen in Narbonne. 1570 als Beauftragter für die Wälder der Normandie war er royalistischer als der König selbst, setzte er sich doch für eine Neubelebung alter, nach Bodin unveräußerlicher Rechte des Königsreichs ein. Als Charles sich dem Druck der betroffenen Besitzer beugte und Bodin desavouierte, wandte sich dieser enttäuscht dem Herzog François d'Alençon-Anjou zu und wurde sein wichtigster Ratgeber und *Maître des requêtes* (1571).

Als Folge der Bartholomäusnacht (1572), bei der Bodin mit genauer Not sein Leben rettete, gründete der Herzog von Alençon den *parti des politiques* (1573), der, zwischen den Hugenotten und den militanten Katholiken vermittelnd, den Religionskriegen ein Ende bereiten wollte. Bodin wird ihr ‹Chefideologe›. Er ist aber nur solange Parteigänger des Herzogs, wie dieser die Interessen der Monarchie vertritt. Als er seinem Bruder Heinrich die französische Krone streitig machen wollte und damit gegen die in der *Loi salique* festgelegte Erbfolgeordnung verstoßen hätte, wechselte Bodin sofort auf die Seite Heinrichs III.

Heinrich fühlte sich als der neue Justinian und wollte ein für ganz Frankreich gültiges Gesetzbuch schaffen. Im Kreise seiner Ratgeber war Bodin mit seiner unvorstellbaren Kenntnis aller Staatsverfassungen, Rechtsbräuche und -normen der damals bekannten Welt der Star. Freilich war Heinrich für die ihm von Bodin suggerierte Aufgabe, die französische Monarchie zu einer führenden Rolle in Europa zu erheben, zu schwach. Der Herzog von Guise bildete die Liga (1576), weil er dem König die tatkräftige Verteidigung des wahren Glaubens nicht zutraute. Mit der extremen Reaktion des Psychopathen stellte sich Heinrich III. an die Spitze der Liga und forderte auf dem Ständetag von Blois Geld für die Bekämpfung der Hugenotten. Bodin war nicht gewillt, dem König gegen die wahren Interessen des Königreichs zu folgen. Ohne Wissen und

Willen als Vertreter des Dritten Standes von Vermandois zum Abgeordneten in die Ständeversammlung gewählt, setzte er durch eine meisterhafte taktische Leistung gegen eine anfänglich erdrückende Übermacht die Verweigerung der königlichen Finanzwünsche durch und rettete sein Land für ein paar Jahre vor dem Bürgerkrieg.[8] Der König entzog darauf Bodin seine Gunst, nicht aber seine Achtung.

Bodins Enttäuschung war groß. Auf der Höhe seines politischen und literarischen Ruhms verlor er aus der typischen Mentalität der *homines novi,* die nicht auf die große Laufbahn warten können, den Glauben an die Zukunft. Er heiratete die Witwe Françoise Trouillart (1576) in der Hoffnung, Nachfolger seines Schwagers als Staatsanwalt am Gericht in Laon zu werden. Ein Jahr später war Bodin tatsächlich in Laon.

Das Überwechseln in die Provinz gab Bodin wohl die Sicherheit einer unverlierbaren Pfründe, bedeutete aber auch das Ausscheiden aus der großen Politik. Als Begleiter des Herzogs von Alençon bei dessen Reisen nach England (1579/81) und Beteiligung im niederländischen Freiheitskampf ist er zum letztenmal hervorgetreten. Freilich war Bodin für eine große Karriere nur seinem reichen Wissen und seiner Erfahrungen in Staatsangelegenheiten nach prädestiniert gewesen. Er war mit seiner so unzeitgemäßen Prinzipientreue[9] nicht zum Taktieren und Abwägen der realisierbaren Lösungen geschaffen. Und die vernünftigste Konzeption – das war die Bodinsche zweifellos – setzt sich in den Leidenschaften der Religionskriege selten durch. Wichtiger waren wohl die sozialen und damit verbundenen Mentalitäts-Schranken. Der Sohn eines Schneidermeisters fand trotz reicher Protektion weder den Eingang in die vom Adel und den Kirchenfürsten beherrschte hohe Politik, noch in die von wenigen Familien beherrschte *Noblesse de robe.*[10]

So wurde Bodin zunehmend der einsame Weise der Provinz, berühmt und einflußlos. Zudem hatte sich die politische Lage seit dem Tod des Herzogs von Alençon sehr zuungunsten der *politiques* verändert. Die Furcht, Heinrich von Navarra, seit der Ständeversammlung von Blois Führer der Hugenotten, könne Thronfolger werden, führte zur Bildung der zweiten *Sainte Ligue* (1585). Dem König entglitt die politische Führung. Weil er den rechten Glauben nicht schütze, übernahm die Liga die monarchomachische Theorie.[11] Die Liga radikalisierte sich in Verbindung von religiösem Fanatismus und Selbstverwaltungsdezentralismus zu einem ‹jakobinisch-demokratischen› Regime, der *Seize.* Sie entfaltete einen unbeschreiblichen Terror. Der König wurde aus Paris vertrieben (Journée des Barricades 1588); nach seiner Rachetat der Ermordung der Brüder Guise verbot die Liga die Bezahlung der königlichen Beamten, das widerstrebende Pariser Parlament wurde gesäubert, später ein Teil der Mitglieder umgebracht, die Sorbonne führte den Prozeß gegen den König. Selbst nach der von der Liga angestifteten Ermordung Heinrichs III. (1589) beruhigte sich die Lage nicht. Auch Bodin mußte um sein

Leben fürchten. Zweimal fand bei ihm eine Hausdurchsuchung statt, seine Bücher wurden verbrannt, er durfte nur noch für die Liga schreiben. Bodin vollzog nach 1588 nicht allein unter massivem Druck und unter Existenzangst den nur scheinbar unverständlichen Übergang zur Liga. Für einen Augenblick war er überzeugt, daß die Liga die wahren Interessen des Königreichs vertrete. Auch hier blieb Bodin seinen Prinzipien treu: gleichzeitig mit Schriften zur Apologie der Liga beteuerte er in einem Brief seine monarchische Gesinnung.

Die Liga schadete sich durch ihren Terror selbst. Noch Henri III sah vor seinem Tod in den Hugenotten zusammen mit den Politiques jetzt die sichersten Träger der Monarchie: er ging zu Heinrich von Navarra über. Ganz Frankreich folgte diesem Weg; vom ‹Ultramontanismus› und demokratisch-partikularistischen Terror abgeschreckt, scharte es sich um den neuen König, besonders nachdem er den traditionell katholischen Glauben der französischen Könige angenommen hatte.[12] Als Heinrich IV. 1594 in Paris einzog, galt wieder die Formel: *un roi, une loi, une foi,* in einem durch die Erfahrung der Religionskriege toleranten Sinne. So hatte es Bodin schon immer verstanden. Als gleichzeitig mit Paris Laon in die Hände des Königs fiel und Bodin sich mit dem königlichen Gouverneur anfreundete, waren die verschlungenen Pfade der Geschichte auf Bodins geraden Weg eingeschwenkt. Es ist eine Ironie der Geschichte, daß Bodin den Erfolg seiner Sache nicht erntete. Er, der Prinzipientreue, wurde von allen Seiten verdächtigt. Die Katholiken ziehen ihn protestantischer Neigungen, die Protestanten trugen ihm das zeitweise Paktieren mit der Liga nach, und beide hielten ihn für einen Atheisten. Für die Vertreter eines gemäßigten Königtums war er zu royalistisch, für die Royalisten nicht untertänig genug. Bodin trug das Kainsmal, das in den Zeiten der Religionskriege *vae neutris* heißt.

Der Rückzug in die Einsamkeit von Laon war für Bodin auch ein Abschied von seinem politischen Werk. Jetzt schreibt er noch ein Handbuch für Richter von Hexenprozessen, nimmt zu ethischen Fragen Stellung, sucht in der Naturgeschichte die Vernünftigkeit der Welt, die er in der Menschengeschichte nicht finden konnte.[13] Am sinnfälligsten wird die Abgeklärtheit des alten Bodin, seine *souriante bonhomie* (Chauviré), in der fast idyllischen Beschäftigung mit der Erziehung seiner Kinder.[14] Der großen Welt hatte er längst ade gesagt.

So ist der Spätgeborene auch der spät Gestorbene. Zwar hat er in Heinrich IV. die Verwirklichung seiner politischen Konzeption erst kurz vor seinem Tod erlebt, aber schon längst hatte die Welt aufgehört, in ihm den Theoretiker und Propheten der Monarchie Heinrichs IV. zu sehen. Traditionell wie seine Jugend war auch sein Tod. Dem testamentarischen Wunsch nach wurde er in der Église des Cordeliers zu Laon begraben. So übten die Mönche an ihm wenigstens bei seinem Tod die Toleranz, die er zeitlebens und noch in seinem ängstlich gehüteten großen Religionsgespräch der letzten Jahre, dem *Heptaplomeres*,[15] als Vermächtnis beschworen hatte.

II. Weltbild und Wissenschaftskonzeption

Der Ruf Bodins als unsystematischer Eklektiker ist die Folge einer Heraushebung des ‹modernen› Bodin der Souveränitätslehre und der Vernachlässigung der für seinen Denkansatz wichtigen Spätwerke.[16] In Wahrheit ist sein wissenschaftliches Werk nichts weniger als «probably the most ambitious synthesis of political and social phenomena to be attempted since the time of Aristotle».[17]

Auch in seinem Weltbild ist Bodin der «Humanist der letzten Stunde». Wie für alle Humanisten ist ihm die Welt ein einheitliches Ganzes, ein Stufenkosmos nach Platons Vorbild. Dieses universelle Weltbild muß aber erst die im Humanismus besonders bewußt gewordene Diskrepanz zwischen der christlichen Weltschau aus dem Glauben und der Offenbarung und der antiken aus dem vernünftigen Erkennen und der Natur des Menschen überwinden. Die humanistische Lösung in der Linie Erasmus – Postel tendiert zu einer natürlichen Religion, sie ist eine Harmonie durch Angleichung. Bodins Lösung, die in der Tradition des Judaismus steht, ist die Harmonie der Gegensätze. In der Schöpfung, dem Zentralbegriff des Bodinschen Denkansatzes, liegt einerseits die eindringlichste Offenbarung Gottes an den Menschen und andererseits die Eigengesetzlichkeit der Welt als abgeschlossene Tat Gottes begründet.

Die Diskrepanzen zwischen der Allmacht, Allursächlichkeit Gottes und der geschaffenen Welt, zwischen Gnadenlehre und menschlicher Willensfreiheit, zwischen natürlicher Religion und transzendentalem Gott, zwischen Gründung der Ethik auf Gott als höchstes Gut und Trennung von Theologie und Ethik im Bereich sozialen Handelns werden aufgelöst durch die Tatsache, daß die Schöpfung Gottes Abbild in all ihren Stufen ist und daß der Mensch durch seine Vernunft an Gott partizipiert. Durch diese Abbild- und Participatio-Theorie ist die Einheit und Harmonie der Welt in der Stufenfolge der Offenbarung Gottes gewährleistet.

Bodins Humanismus besteht darin, daß die Welt als Schöpfung immer auf Gott bezogen bleibt und insofern Erkennen und Glauben zusammengehören. Nun zieht er aber den ganz unhumanistischen Schluß: Wenn Gott und die Welt sich entsprechen und Gott in der Weltgesetzlichkeit sich ein für allemal der Welt mitgeteilt hat, dann ist diese Welt abgesehen von der Uroffenbarung aus sich selbst zu begreifen, sie folgt ihren eigenen Gesetzen und kann mittels der Vernunft und der menschlichen Logik auf ihre letzten Prinzipien zurückgeführt werden. Gott ist unmittelbar nicht erkennbar (gegen Gnosis), er hat den Menschen deshalb auf den der Erkenntniskraft seiner Vernunft adäquaten Bereich der

Welt verwiesen. Freilich ist, weil das autonome menschliche Erkennen selbst wieder Uroffenbarung ist, Bodins Weltbild der letzten Ursache nach immer Glauben, seinem Erkenntnisprinzip, seinem Entfaltungsbereich und seiner verantwortlichen Legitimierung nach jedoch innerweltlich. Sein Weltbild ist in diesem spezifischen Sinn nicht theo-, sondern anthropozentrisch, nicht theologisch, sondern säkularisiert.

Für die Religion bedeutet das: es gibt einen persönlichen, dem Menschen nur durch die Gnade zugänglichen Gott, der sich aber in der Schöpfung offenbart. Der Universalismus der Bodinschen Religion liegt im Schöpfergott. Aber Religion im innerweltlichen Bereich zerfällt in verschiedene Religionsbekenntnisse; ihre Norm finden sie in der Aufgabe für die weltliche Ordnung. Die Frage nach der wahren Religion ist sinnlos, es bleibt nur die Harmonie der Gegensätze: die Toleranz.

Für die Naturerkenntnis bedeutet das, es geht letztlich um die Erkenntnis von Geheimnissen, um die Spuren Gottes in der Natur. Naturerkenntnis muß also auch mit den Engeln und Dämonen als Vollstrecker eines höheren Willens rechnen. Aber der Mensch kann die Gesetzmäßigkeiten der Natur durch seine Vernunft allein erkennen, alle Naturerscheinungen in die Ordnung des einen Weltprinzips einfügen und sie für seine Gestaltung der Welt dienstbar machen.

Für die Ethik heißt das, daß sie zwar theologisch begründet ist, weil Gott für den Menschen das höchste Gut und Ziel ist; aber im innerweltlichen Handeln ist der Mensch kraft seines freien Willens und der natürlichen Erkenntnis des Rechten eigenverantwortlich. Die menschliche Glückseligkeit beruht nicht auf der Gnade, sondern auf der menschlichen Tugend. Bodin zieht deshalb gegen die aristotelische Ethik wegen ihrer weltimmanenten Grundlegung zu Felde, erkennt sie aber als Norm für den Bereich menschlichen Handelns an.

Das Weltbild prägt das Wissenschaftssystem. Es ist ein universelles im Anspruch der umfassenden Welterkenntnis,[18] in der Suche nach der letzten Ursache der Dinge, im einheitlichen Weltprinzip. Die Wissenschaft bleibt als Erschließung der Schöpfung ihrer Ursache nach auf Gott bezogen, ist insofern begnadete Innenschau; nach ihrem Bereich und Erkenntnisprinzip ist sie aber weltlich-rational. Bodins Wissenschaft ist bei allen Ansätzen zu einer ‹Naturwissenschaft› im *Universae naturae theatrum* anthropozentrisch. Vom Menschen allein in ihrer Vernünftigkeit logisch erfaßt, ist dieser auch ihr vornehmster Gegenstand. Sie schreitet fort von der Ergründung der Naturgesetzmäßigkeiten über die geschichtlichen Erfahrungen des Menschen, die ethisch-rechtlichen Normierungen des menschlichen Handlungsraums zum verantwortlichen Handeln des Menschen in den Gemeinschaften und vornehmlich im Staat.[19] Das Wissenschaftssystem kulminiert nicht in der Theologie, sondern in der *science politique;* sie ist, schön aristotelisch gedacht, *la Princesse de toutes sciences.*[20]

Wissenschaft als Beschäftigung des Menschen mit dem Menschen ist nicht nur Erkenntnis, sondern auch Herrschaft; sie steht nicht nur unter der *lex veritatis*, sondern auch der *lex utilitatis*. Sie soll deshalb die Ordnungsfaktoren für die aus der Bevormundung durch die Theologie entlassene Welt bereitstellen. *Scientia* ist zugleich *prudentia*, handelt von der Spezifizierung des Wahren und Guten auf das von der zu errichtenden oder bewahrenden sozialen Ordnung je Geforderte. *Scientia* ist auch *disciplina*. Nicht zufällig hat Bodin die Verbreitung seiner wissenschaftlichen Erkenntnisse immer wieder mit pädagogischen Überlegungen verknüpft.[21]

Wissenschaft bedeutet, durch die rechte Einteilung nach logischer Deduktion die gesetzmäßige Entfaltung des einheitlichen Weltprinzips in die Einzeldinge aufzuzeigen oder in den vielfältigen Erfahrungen des Lebens durch logisches Ordnen die Koordinatenlinien der allgemeinen Weltordnung zu entdecken. Die Wissenschaft ist also universell auch durch die Methode. Sowohl die Methode der logischen Entfaltung eines letzten Prinzips, durchgeführt etwa in *Iuris universi distributio*, als auch die Methode des Ordnens von Erfahrungstatsachen nach allgemeinen Prinzipien, etwa im *Methodus ad facilem historiarum cognitionem*, hat Bodin von Ramus entlehnt, die *distributio* ist ein Teil der *inventio* und der *methodus* ein Teil der *dispositio* in des Ramus' *Institutiones dialecticae* (1543). Man darf die beiden Aspekte der Methodik jedoch nicht als deduktiven und induktiven Ansatz werten und sie mit der Hypothese und Analyse der modernen Naturwissenschaft verwechseln. Es geht Bodin und Ramus nicht um die empirische Verifizierbarkeit, sondern um die logische Vernünftigkeit. Die «Methode ist unabdingbar einem logischen Rahmen verpflichtet, der mit den allgemeinen Prinzipien beginnt» und zu den Einzeldingen fortschreitet,[22] entsprechend der Stufenfolge des Kosmos. Universalismus der Welt und der Methode entsprechen sich.

Auch die Ausrichtung des Wissenschaftssystems auf die Praxis des menschlichen Handelns findet in der Methodenlehre ihre Entsprechung: die Erfahrung ist sehr wichtig als Prinzip der Entdeckung einer Wissenschaft und der Spezifikation der *scientia* zu einer *prudentia*.

Freilich darf man von Bodin nicht die exakte Anwendung der ramistischen Methode verlangen. Er benutzte die Methode, wo sie der Sache entsprach. Ihm fehlt sowohl der logische Ästhetizismus des Ramus, wie der methodische Rigorismus der Naturwissenschaft.

III. Recht und Geschichte

Bodins Denken erhellt aus zwei Lichtquellen: dem Universalismus der allgemeinen Prinzipien und dem Realismus der Fakten, der Vernunft und der Erfahrung. Sie spiegeln sich in einer doppelten Weise in seiner

Rechts- und Geschichtsauffassung. Das universelle Recht und die Erfahrung der Geschichte verkörpern je eines dieser Prinzipien in seinem Wissenschaftssystem. Recht und Geschichte vereinigen beide Prinzipien aber auch je in sich. Geschichte ist für Bodin universell in ihrem Wirkzusammenhang, bietet aber auch die Erfahrungen für das Handeln in der konkreten Situation. Das Recht ist die universelle Norm für alle Völker, hat aber selbst seine empirischen Ausfaltungen und wird aus diesen erst gefunden.

Recht und Geschichte dienen der Gründung und Erhaltung der innerweltlichen Ordnung. Wohl ist Recht *bonitatis et prudentiae divinae lux hominibus tributa,* aber als Ordnungsprinzip weltimmanent; deshalb wird es nur in *ius naturale* und *humanum* eingeteilt.[23] Das Recht ist universell in den allen Völkern gemeinsamen Rechtsüberzeugungen, erst sekundär, indem diese Ausfluß göttlicher Uroffenbarung sind, in der göttlichen Norm. Geschichte teilt Bodin ein in *historia humana, naturalis* und *divina.*[24] Im engeren Sinn ist aber nur die *historia humana* Geschichte. Gott wirkt zwar in Recht und Geschichte; das kann aber, weil außerhalb menschlicher Perzeptibilität, nicht Gegenstand der Wissenschaft sein.

Diese spezifische Form der erkenntnistheoretischen Profanität läßt sich an Bodins Geschichtsauffassung studieren. Er übt scharfe Kritik an allen eschatologischen Geschichtsdeutungen; die Vier-Reiche-Lehre[25] scheitere ebenso an der geschichtlichen Realität wie die Lehre vom Zerfall der Welt vom goldenen zum eisernen Zeitalter; auch jede endzeitliche Spekulation durch Zahlenkombination lehnt er ab.[26]

Bodin gliedert die universelle Geschichte nach den Perioden des Entstehens und Vergehens der Kulturen. Die Völker der drei Klimazonen haben durch jeweils besondere Kulturleistungen den Fortschritt der Menschheitsgeschichte bestimmt. Zuerst haben die Völker des Orients die Himmelskunde, die Religion und Philosophie gefördert, dann die Griechen und Römer in der mittleren Zone den Menschen den Staat und die Rechtsordnung gebracht und schließlich die Völker des Nordens das Kriegswesen und die mechanischen Fertigkeiten entwickelt.[27] Bodin will durch die vergleichende Betrachtung aller geschichtlichen Fakten die Gesetzmäßigkeiten der Welt erfassen;[28] er verbindet die zyklische Geschichtsauffassung des Wandels der Kulturen mit dem Gedanken des Fortschritts der Weltgeschichte.

Bodins Geschichtsbild ist nicht mehr universell durch eine Kontinuität der Reiche und sozialen Phänomene, wie bei Baudouin,[29] sondern durch die Gesetzmäßigkeiten, die den geschichtlichen Wandel bestimmen.

Gleichwohl ist Bodin kein Geschichtsphilosoph;[30] die vergleichenden Geschichtsbetrachtungen dienen nur als Material für die Aufstellung des Rechtssystems und als Exempla für die praktische Wegweisung im politischen Leben. Wichtig ist nicht, Geschichte zu schreiben (bis ins 15. Jahrhundert üblich), sondern sie richtig zu lesen, um sie als Erfahrung dem moralisch-politisch handelnden Menschen zugänglich zu machen. Daher gewinnt die Quellenkritik eine entscheidende Bedeutung. Sie vervollkommnet sich erst bei Bodin: bei ihm wird die Forschungsweise und Quellenbenutzung des Autors zum zentralen Indiz.[31] Die Autorität wird durch die Vernunft ersetzt.[32]

Die so kritisch betrachtete Geschichte liefert die Fakten, auf denen das System des universellen Rechts aufbaut. Das Recht erhält damit seine auf dem Vergleich aller Rechtsbräuche und Gesetze beruhende konkrete Universalität. Auf dieser Grundlage entsteht dann als Konstruktion der menschlichen Vernunft die abstrakte Universalität des Rechts.

Der Bodinsche Entwurf des universellen Rechts ist gleichermaßen von der Beschäftigung mit dem römischen Recht wie von der Abkehr von ihm geprägt. Für den spätmittelalterlichen Bartolismus war das römische Recht noch das universelle Recht; der juristische Humanismus – Cujas war zu Bodins Zeiten der bedeutendste und letzte Vertreter – stellte nun mit seiner philologisch-exegetischen Methode fest, daß das überlieferte römische Recht gar nicht dem der Zeit Justinians entsprach, und reinigte es von seinen lehensrechtlichen und feudalistischen Bestandteilen. Die Systematisierung des gereinigten römischen Rechts durch Doneau und Connan erwies aber, daß dieses Recht wegen seiner Fragmentarität und Unanwendbarkeit auf die damalige Zeit nicht mehr als universelles Rechtssystem gelten konnte. Baudouin, Hotman und Bodin folgerten daraus, daß universelles Recht nur durch den Vergleich aller in der Geschichte bekannten Rechtsquellen möglich ist. Erst Bodin führte aber den Plan aus.

Das Material dazu und die Notwendigkeit des Bodinschen Wegs entstanden, indem seit 1454 durch königliches Dekret das Gewohnheitsrecht in Frankreich gesammelt und die Gegenüberstellung von römischem und Gewohnheitsrecht politisch relevant wurde. Neben dem Reich stützte sich auch das zentrale Königtum Frankreichs auf das römische Recht, während die Hugenotten sich bei der Verteidigung der Rechte der Stände und der lokalen Körperschaften auf das Gewohnheitsrecht beriefen. Das römische Recht war also nicht nur in das Antiquariat, sondern auch in die Kampflinie der Interessen geraten. Für den Untergang des römischen Rechts als universelles Recht sind drei bei Bodin neu auftauchende Gedanken symptomatisch: das Erfordernis eines Völkerrechts, die Gründung der Souveränität des ‹nationalen› Staates auf das römischrechtliche *imperium* und die Anpassung der Verfassungen an die Nationalcharaktere.[33]

Die Rechtsvergleichung ist als Prinzip nicht neu. Postel wendet es auf der Basis seiner unmittelbaren Kenntnis der Türkei, Venedigs und Frankreichs an und bezieht sich auf Cicero als Autorität.[34] Bodin selbst weist auf das Vorbild Platos hin.[35] Neu ist bei Bodin allerdings, daß sein universelles Recht nicht auf dem Vergleich einiger weniger historischer

Exempla aufbaut, sondern auf einer empirischen Universalität. Bodin hat wirklich als erster durch die systematische Auswertung und Quellenkritik aller verfügbaren historischen Quellen die Verfaßtheit aller Völker und Staaten der damals bekannten Welt für die Rechtsvergleichung herangezogen. Sein Material ist schlechthin überwältigend.[36]

Dieses breite Spektrum der differenzierten Ausfaltung der Vernunft und des Rechts in der Geschichte beweist die Richtigkeit des logisch abgeleiteten Systems der allgemeinen Prinzipien des Rechts. Die vernünftig abstrakte Universalität besteht für Bodin im Normensystem des Natur- und Völkerrechts, in den Grundprinzipien des Staates und der Typologie der Staatsformen und schließlich in seiner ‹soziologischen› Theorie der Rechtsgeschichte.

Das alles ist schon im *Methodus ad facilem historiarum cognitionem* vorhanden. Er ist mit seinem Kapitel über die Prinzipien der Staatsverfassung und die Typologie der Staatsformen (Kap. 6 = ein Drittel des Werkes) weder eine Grundlegung der Geschichts- noch der Rechtswissenschaft. Bodins geschichtsmethodologische Studien, seine Suche nach dem universellen Recht sollen eine vernünftige Ordnung der Welt konstituieren; das ist aber der vernünftige Staat, vernünftig in seinem Telos und in seiner Organisation. Es gibt bei Bodin keine Geschichte, die nicht Geschichte der Staaten und der Staatswerdung ist;[37] es gibt für ihn kein Recht, das nicht auf die Ordnung im Staat bezogen ist. Das Zentrum seines Werkes ist eine Politik im aristotelischen Sinn des Wortes.

IV. Das politische System

Die *Six livres de la republique* sind die Zusammenfassung alles dessen, was Bodin über den Staat geschrieben hat.[38] Mit Bedacht erinnert schon der Titel an Platos Staat und Ciceros *De re publica.* Ihm geht es weder um den Fürsten, um das mittelalterliche Prinzip der Stellvertretung Gottes auf Erden,[39] noch um die Rechte des Individuums.[40] Für Bodin findet wie in der antiken Staatsphilosophie der Mensch im Staat seine eigentliche Erfüllung. Er ist die gottgegebene Ordnung schlechthin. Bodin wendet sich deshalb scharf gegen alle, die sie zerstören. Seine Gegner sind Machiavelli, der Führer derjenigen, «qui ont prophané les sacrez mysteres de la Philosophie Politique», und die Monarchomachen. Bodins *Six livres de la republique* sind nicht nur ein staatsphilosophisches Werk, sondern auch eine politische Wegweisung für den damaligen französischen Staat. Er will keinen Idealstaat entwerfen, sondern einen praktischen realisieren. Deshalb wendet er sich gegen Plato und Thomas Morus.[41]

Der Staat ist für Bodin die rechte Ordnung des menschlichen Zusammenlebens, deshalb entwickelt er die allgemeingültigen, weil vernünftigen Strukturen jedes Staates, ihre Verwirklichung in den einzelnen

Staatsformen und den diesen Strukturen entsprechenden idealen Staat; der Staat ist aber auch die zu verwirklichende Ordnung, deshalb muß er den geschichtlichen Wandel aller Kulturen und Staaten und die besonderen Gegebenheiten des Nationalcharakters bei seiner Organisation berücksichtigen. Bodin behandelt also die «Anatomie» und «Physiologie» (Mesnard) des Staates und zieht am Ende die Synthese, die in der harmonischen Ordnung liegt.[42]

Als die *Six livres de la republique* 1576 auf dem Höhepunkt des Bodinschen Ruhmes erschienen, war die Resonanz riesengroß. Innerhalb von sieben Jahren erschien das Werk in zehn französischen Ausgaben; Übersetzungen in fünf Sprachen und weitere französische Ausgaben folgten später. Dem englischen Botschafter am französischen Hof erschien das Werk so wichtig, daß er seinem Monarchen darüber Bericht erstattete.[43] Durch die logische Stringenz seines Aufbaus und durch die Grundsätzlichkeit der aufgeworfenen Fragen erhob es sich weit über die tagespolitisch gebundenen Traktate und Pamphlete der Religionskriege.

Die Erörterung der Struktur des geordneten Staates beginnt Bodin mit der Staatsdefinition: «Republique est un droit gouvernement de plusieurs mesnages, et de ce qui leur est commun, avec puissance souveraine» (1). Alle wesentlichen Optionen und Grundunterscheidungen sind damit schon getroffen. Der *republique* bezeichnete Staat ist der moderne Großflächenstaat, der nicht wie die griechische Polis durch die Einheitlichkeit der Lebensverhältnisse und die politische Mitwirkung, sondern nur noch durch die Gemeinsamkeit der Herrschaft bestimmt ist.[44] Das Mitglied dieses Staates ist nicht *citoyen*, sondern *sujet* (72f.). Der Staat ist durch das *droit gouvernement* auf die Gerechtigkeit und die wahre Staatsbestimmung hingeordnet. Bodin nimmt die antike Staatsdefinition (*une societé d'hommes assemblés, pour bien et heureusement vivre* [4]) auf und setzt dadurch das individuelle Glück dem des Staates gleich (5), wehrt sich aber gegen eine utilitaristische und hedonistische Auslegung (4) und hält die Staatsdefinition für unvollständig: es fehlen die Begriffe *famille* oder *mesnage*, *souveraineté* und *communauté*. Mit der Theorie der rechten Regierung distanziert sich Bodin gleichermaßen vom utilitaristischen Realismus Machiavellis wie vom missionarischen Idealismus Savonarolas.

Mit dem Begriff *plusieurs mesnages* steht der Staat auf der Grundlage der Familie, nicht der Individuen. Damit ist einmal die atomistische Gründung des Staates auf den Gesellschaftsvertrag verhindert (69), zum andern die Grenzenlosigkeit staatlicher Macht, weil der Familie vom Staat nicht usurpierbare Eigenrechte zustehen.

Damit mehrere Familien einen Staat bilden können, müssen sie etwas haben, was allen gemeinsam ist. Neben der Sphäre des ‹privaten Rechts› muß eine des ‹öffentlichen Rechts› eingerichtet werden (14). Bodin wendet sich ebenso gegen den Kommunismus des Plato, wo dem Staat alles gehört (15), wie gegen den Patrimonialstaat, wo dem Staat nichts gehört. Damit wird sowohl das Privateigentum[45] wie die über den Bereich des Privaten hinausgehende Sphäre des Staatlichen (etwa Staatsgut, Staatsschatz, Staatsverwaltung, Gesetze) institutionalisiert. Der Staat absorbiert die Familie nicht, der Bereich des *propre* und des *commun* bleiben in stoischer Argumentation[46] nebeneinander bestehen, sonst wäre das eine Vermischung des Staates und der Familie (15).

Zur rechten Regierung der Haushalte und zur Verwaltung des Gemeinsamen im Staat ist eine souveräne Gewalt notwendig: «La souveraineté est la puissance absolue et perpetuelle d'une Republique» (122), in der lateinischen Ausgabe präziser: «Majestas est summa in cives ac subditos legibusque soluta potestas». Der Bodinsche Souveränitätsbegriff nimmt das römischrechtliche *majestas* und *imperium*[47] auf und bestimmt damit die Herrschaft im Staat voluntaristisch. Die souveräne Gewalt ist die Gesetzgebungsgewalt. Das Gesetz des Souveräns ist primär Willensakt, *imperium,* nicht vernünftige Norm. «Les loix du Prince souverain, ores qu'elles fussent fondées en bonnes et vives raisons, neantmoins elles ne dependent que de sa pure et franche volonté» (133). Der Souverän ist seinen Gesetzen nicht unterworfen, weil es nach der Natur der Sache unmöglich ist, sich selbst etwas zu befehlen, was vom eigenen Willen abhängt. «Nulla obligatio consistere potest, quae a voluntate promittentis statum capit» (132).[48] Hier gibt Bodin die alte lehensrechtliche Vorstellung von den wechselseitigen Rechten und Pflichten der Herrscher und Beherrschten auf. Der Souverän wird zur Quelle aller Herrschaft, die eine immerwährende (122 ff.) und absolute (128 ff.) ist.

Aber es gilt auch der Satz Ciceros: «Si quid ius non esset eius ea lege nihilum rogaretur» (150). Das Gesetz ist an das Recht gebunden. Bodin unterscheidet zwischen Recht und Gesetz (155). Im Recht lebt das Prinzip der *aequitas,* im Gesetz das des *imperium.* Beide Prinzipien lassen sich aber nicht trennen. Der Fürst kann nach seinem Willen Gesetze erlassen *und* ist den Gesetzen Gottes, der Natur und dem Völkerrecht unterworfen (128, 131); die Gesetze sind Willensakte *und* müssen billig und vernünftig sein (150). Der Fürst ist also an seine eigenen Gesetze und Verordnungen gebunden, soweit sie der natürlichen Gerechtigkeit entsprechen. Er hat dabei nur einen Ermessensspielraum und kann nur frei entscheiden, soweit es nicht um das Recht, sondern den Nutzen des Gesetzes geht (151 f.). Davon bleibt aber die Souveränität des Herrschers unangetastet.

Wie verbindet Bodin die sich entgegensetzenden Gesetzesbegriffe: das Gesetz als Willensakt und als *lumen rationis*?[49] Der Fürst kann als Abbild Gottes nur das Recht wollen. «Car si la justice est la fin de la loy, la loy œuvre du Prince, le Prince est image de Dieu, il faut par mesme suite de raison, que la loy du Prince soit faicte au modelle de la Loy de Dieu» (161). Bodin sieht also den Fürsten in Analogie zum traditionellen Gottesbegriff der Kirche. Wie in Gott Vernunft und Wille eins sind, Gottes Wege für den Menschen aber unerforschlich, Gottes Wesen sich ihm also nur im Willen kundtut und deshalb unbedingter Gehorsam gefordert ist, so fallen bei Bodin im Fürsten vollkommene Gerechtigkeit und Wille zusammen.

Das hat weitreichende Folgen. Da nur der Monarch vollkommen Gott abbilden kann, ist die Monarchie die vollkommenste Verkörperung des Souveränitätsprinzips (961/2), eine Antizipation der Erklärung der Monarchie zum Staatsideal. Souveränität ist primär Herrschersouveränität, nicht Staatssouveränität.[50] Denn Souveränität sieht den Staat nicht vom Standpunkt der Gemeinschaft oder der rechten Regierung, sondern der Herrschaft. Wohl kennt Bodin die Unterscheidung zwischen dem einzelnen Herrscher und dem Königreich, den er besonders deutlich bei der Unveräußerlichkeit des Krongutes herausarbeitet (875 ff.). Aber das Königreich hat nicht den Abstraktionsgrad des modernen Staatsbegriffes, der nicht mehr von der Herrschaft, sondern von der Grenze her gedacht ist. Das Hauptmerkmal der Souveränität ist daher die Rechtssetzungsgewalt (221 ff.). Daraus folgt: einmal fallen Recht und Gesetz im Souverän zusammen; zum andern ist Souveränität primär innerstaatliche Herrschaftsgewalt, weniger völkerrechtliche Anerkennung und Vertretung, was freilich im Frankreich der Religionskriege nicht anders zu erwarten war.[51]

Man darf Bodins Souveränitätslehre nicht überbewerten. Souveränität ist nicht das einzige Merkmal der Staatlichkeit, sondern eines neben dem Prinzip des *droit gouvernement* und der *communauté*. Ist das Prinzip der *legitima gubernatio* durch die Analogie des Herrschers zu Gott untrennbar mit der Souveränität verbunden, so hat der Gedanke des Staates als *communitas* Eigenkraft und bringt zur Geltung, daß Bürger und Herrscher wechselseitige Rechte und Pflichten haben. Souveränität und *communitas* werden geschieden durch die Trennung von Gesetz und Vertrag (134). Der Fürst ist verpflichtet, Verträge zu halten. «La convention est mutuelle entre le Prince et les subjects, qui oblige les deux parties reciproquement et ne peut l'une des parties y contrevenir au prejudice, et sans le consentement de l'autre, et le Prince en ce cas n'a rien par dessus le subject» (135). Die Verpflichtung des Souveräns ist nicht nur auf das naturrechtliche *pacta sunt servanda* gegründet, sondern auch auf den angelsächsischen *Trust*-Gedanken: «Car l'obligation est double: l'une pour l'equité naturelle, qui veut que les conventions et promesses soyent entretenues, l'autre pour la foy du Prince, qu'il doit tenir ores qu'il y eust dommage, parce qu'il est garand formel à tous ses subjects de la foy, qu'ils ont entr'eux» (153). Ein Zeichen dafür, daß im 16. und 17. Jahrhundert die kontinentaleuropäische und angelsächsische Lehre vom Staat noch nicht getrennte Wege gingen.

Wie man die Stellung der Souveränitätslehre in Bodins Werk nicht überbewerten darf, so auch nicht Bodins Orginalität. Der Begriff der Souveränität lag im Zeitalter der Religionskriege in der Luft.[52] Viele politische Werke und Streitschriften nahmen ihn auf. Für die moderne Ausprägung der Souveränitätslehre sind De Bèze, *Du droit des magistrats sur leurs sujets* (1575), Hotman, *Franco Gallia* (1573, wichtiger ³1586), *Les reveille matin* (1573), *Vindiciae contra tyrannos* (1579) und Buchanan, *De iure regni apud Scotos* (1579) treffender, weil sie mehr als Bodin die Souveränität beim Volk (im politischen Wortsinn) bzw. beim Gesamtstaat angesiedelt sehen und der Herrscher nur zu seinem Teil Repräsentant der Souveränität ist. Auch der vom Völkerrecht her gewonnene Souveränitätsbegriff Vitorias entspricht mehr der modernen Ausprägung als der Bodins. Freilich war Bodin der erste, der den Souveränitätsgedanken systematisch in seinem politischen System ausbaute; das wird besonders deutlich in der Staatsformenlehre.

Bodin unterscheidet drei Staatsformen nach dem Träger der Souveränität: Monarchie, Aristokratie und Demokratie. Die Souveränität liegt beim Monarchen, bei der Minderheit oder der Mehrheit des Volkes. Bodin wertet die einzelnen Staatsformen nicht, und er wendet sich gegen die antike Beurteilung nach den Prinzipien des Guten und Gerechten. Denn «la qualité ne change point la nature des choses» (252). Daraus folgt: es gibt keine Dekadenzformen, keine gemischte Verfassung (266)[53] und keine Frage nach der besten Staatsform.[54] Nun unterscheidet Bodin aber zwischen Staats- und Regierungsformen. Jede Staatsform kann demokratisch, aristokratisch oder monarchisch regiert werden (272f.). Die neun verschiedenen Kombinationen[55] kann Bodin, anders als die Staats- und Regierungsformen, nach dem Gesichtspunkt der guten Regierung werten, ohne das Prinzip der Unteilbarkeit der Souveränität aufgeben zu müssen. Gute Regierung ist gemäßigte Regierung, die alle sozialen Gruppen oder Stände eines Staates harmonisch zusammenschließt und entsprechend ihrer Leistung und Bedeutung für den Staat an der Regierung beteiligt. In der gemäßigten Regierungsform sollen im Idealfall Elemente monarchischer, demokratischer und aristokratischer Regierung verbunden sein. Das Prinzip der gemischten Verfassung, das der Souveränitätsbegriff aus der Staatsformenlehre verbannt hat, kommt bei der Erörterung der Regierungsform zu seinem Recht. Denn die Regierung soll das Ideal der Gerechtigkeit verwirklichen und deshalb eine *proportion harmonique* bilden.

Freilich läßt sich dem Ideal der guten Regierung nicht mehr ein eindeutiger und fester Platz im System der Staats- und Regierungsformen zuweisen. Die gerechte Regierung kann nicht durch eine bestimmte institutionelle Einrichtung des Staates herbeigezwungen werden, sie ist wie die *proportion harmonique* ein Produkt der faktischen Gestaltung des Staates, der politischen Klugheit des Herrschers. Bodin wünscht wohl die Monarchie durch demokratische und aristokratische Regierungsweisen gemäßigt, die Aristokratie mit einem Tropfen demokratischen Öles gesalbt, und kann sich die Demokratie nur sinnvoll als *principauté* vorstellen (269). Allein nur die kluge Regierung in der Praxis kann in diesen Formen die harmonische Gerechtigkeit verwirklichen.

Wohl ist für ihn die richtig regierte Monarchie, die *monarchie royale ou legitime,* der vernünftigste und gerechte Staat, im gewissen Sinn sein Staatsideal. Er führt mehrere Gründe dafür an: Während in der Demokratie die arithmetische, in der Aristokratie die geometrische Gerechtigkeit herrscht, verbindet die Monarchie beide zur harmonischen Gerechtigkeit. Allein die Monarchie kann alle drei Regierungsprinzipien in sich aufnehmen und zur ausgewogensten Verfassung werden, weil sie die einheitlichste und einfachste Staatsform ist. Sie ist zudem die natürlichste Staatsform, weil sie die Harmonie der Lebensgesetzlichkeiten, des Universums und Gottes am vollkommensten abbildet[56] (961 ff.).

«Tout ainsi que des vices et vertus, des qualitez differentes des elements, des mouvements contraires, et des sympathies et antipathies liees par moyens inviolables, se compose l'harmonie de ce monde et de ses parties, ainsi peut on dire, que ce grand Roy eternel, unique, pur, simple, indivisible, eslevé par dessus le monde elementaire, celeste et intelligible, unit les trois ensemble, faisant reluire la splendeur de sa majesté et la douceur de l'harmonie divine en tout ce monde, à l'exemple duquel le sage Roy se doit conformer et gouverner son Royaume» (1060).

Aber alle Staatsformen, außer den Extremfällen der Tyrannis und der willkürlichen Volksherrschaft, haben für Bodin Vor- und Nachteile, bieten die Möglichkeit einer gemäßigten Regierung. Deshalb kann bei der Bevorzugung der einen oder anderen Verfassung die geographische Lage, die historischen Voraussetzungen und der Nationalcharakter des Volkes berücksichtigt werden. Die *monarchie royale* ist nur das abstrakte Staatsideal; das konkrete Staatsideal für den jeweiligen Staat kann durchaus ein anderes sein: die demokratisch regierte Aristokratie für Venedig (955 ff.), die aristokratisch regierte Demokratie für Rom (1050). Die Theorie der Souveränität stellt keinen absoluten Imperativ auf, sondern nur einen nuancenreichen Optativ. Zwischen dem Determinismus der Naturgesetze und den Möglichkeiten der Institutionen liegt der Bereich des praktischen Handelns des Menschen, der Anpassung an die natürlichen Gegebenheiten.[57] Mit dieser Verbindung von Theorie und Praxis nimmt Bodin das Anliegen der ‹praktischen Philosophie› auf.

Bodins Staatsformenlehre kennt noch eine dritte Unterscheidung. Wie Bodin Staatlichkeit in den Begriffen *souveraineté, droit gouvernement* und *communauté* faßt, so klassifiziert er die Staaten außer nach der Souveränität und Regierung noch nach dem Grad des Gemeinsamen im Staat, nach dem sozialen Status und Eigentum der Bürger. Danach gibt es die *monarchie royale, seigneurale* und *tyrannique* (273). Diese Unterscheidung, nur bei der Monarchie durchgeführt, gilt auch für Demokratie und Aristokratie (273). In der *monarchie royale* bleibt den Bürgern ihre natürliche Freiheit und ihr Eigentum; in der *monarchie seigneurale* sind die Bürger und ihr Besitz Eigentum des Herrschers; in der *monarchie tyrannique* gibt es überhaupt keinen Eigentumsbegriff mehr, ebenso kein Recht und keine Gerechtigkeit (273). Da aber das Dein und Mein die Grundlage für den Staat ist (948), sind die Seigneurie und die Tyrannis (zusätzlich ohne *droit gouvernement*) keine vollgültigen Staatsformen. Dadurch, daß in der *monarchie royale* die politischen Rechte an einen bestimmten sozialen Status des Bürgers gebunden sind, klingt bei Bodin schon der Gedanke der Integration sozialer Gruppen in die politische Verfassung an, der bei Montesquieu zur Verbindung von Ständegliederung und Gewaltenteilungslehre sich auswächst.

Die Implikationen der Staatsformenlehre werden wie in einem Brennpunkt am Problem der Tyrannis und des Widerstandsrechts deutlich. Nach dem Begriff der Souveränität gibt es keinen Tyrannen. Der Staatsform nach ist Tyrannis ebenso eine Monarchie wie das legitime Königtum. Selbst nach dem formalen Kriterium der Regierungsweise ist das Wesen der Tyrannis nicht einzugrenzen. Tyrannis unterscheidet sich von der Monarchie nur, weil sie weder die göttlichen und natürlichen Gesetze, noch die natürliche Freiheit und das Eigentum der Burger achtet. Sie entlarvt sich nicht durch ihre Institutionen, sondern nur durch die konkrete Regierungsweise. Sie ist deshalb nicht auf die Monarchie beschränkt, alle Staatsformen können tyrannisch sein (273). Ferner kann Tyrannei nicht durch ihre Entstehung als Depravation der Monarchie und durch die Art des Machterwerbs, wie bei den Griechen, bestimmt werden. Die Diskrepanz zum klassischen Tyrannen nach dem Machterwerb (Usurpator) ebnet Bodin jedoch wieder ein: der Usurpator werde seines großen Schutzbedürfnisses wegen schnell zum Tyrannen nach der Regierungsweise (288). Der Usurpator ist so eindeutig Tyrann, daß hier Bodin entsprechend der griechischen Tradition die letzte Konsequenz des Widerstandsrechts, den Tyrannenmord, für erlaubt hält (279f.). Die Souveränität scheint dabei nicht verletzt zu sein, weil der Usurpator sie nie besitzen konnte. Bodin bleibt hier unklar, denn nirgends sagt er deutlich, wie Souveränität entsteht; die Frage der Entstehung des Staates hat ihn nicht interessiert.

Wichtiger ist der Fall, wo der Herrscher rechtmäßig zur Macht gekommen ist und erst im Laufe der Zeit zum Tyrannen wurde. Nach der Regierungsweise kann man auch hier theoretisch zwischen dem perfekten Tyrannen und dem guten Herrscher unterscheiden (289f.). In der Praxis gibt es freilich meist weniger eindeutige Zwischenformen. Auch gute Könige können durch die Umstände zu tyrannischen Mitteln gezwungen werden (294), und häufig werde die heilsame Strenge des Herrschers mit Tyrannei verwechselt (294f.). So wichtig hier die Unterscheidung von König und Tyrann wegen des erlaubten Tyrannenmords, aber nicht erlaubten Königsmords ist,[58] bei den rechtmäßig zur Macht gekommenen Herrschern hängt die Ausübung des Widerstandsrechts vom Besitz der Souveränität ab (300). Bodin unterscheidet drei Fälle. Ein Tyrann, gleich ob Souverän oder nicht, kann von einem Souverän des anderen Landes abgesetzt oder getötet werden[59] (300). Die eigenen Untertanen können den Tyrannen auf dem Rechtsweg nur dann absetzen, wenn er nicht souverän ist (301). Wenn der Tyrann aber souverän ist, gibt es kein Widerstandsrecht gegen ihn.[60] Denn durch den Tyrannenmord würden die Untertanen zugleich das Recht und den Staat zerstören (302).

Bodins Lehre von der Tyrannis und dem Widerstandsrecht ist nicht besonders originell. Ähnlich klingen alle nachcalvinistischen und monarchomachischen Lehren, angefangen von La Boétie über De la Noue, de Plessis-Mornay, de Bèze, bis hin zu Hotman und Buchanan. Ja, beeinflußt von der calvinistischen Ablehnung des Widerstandsrechts, gestehen sie viel zögernder das Widerstandsrecht gegen einen nichtsouveränen Herrscher zu. Andererseits lehnen sie nirgends das Widerstandsrecht radikal ab, weil sie keine Herrscher-, sondern nur eine Gesamtstaats- oder ‹Volks›souveränität kennen. Bodin und den Monarchomachen und noch Althusius ist gemeinsam, daß nur der Teilhaber an der Souveränität aktiv Widerstand leisten darf.

Seit der Radikalisierung der Liga sind Bodins Aussagen über das Widerstandsrecht positiver.[61] In den Auflagen der *Republique* nach 1586 taucht im Souveränitätskapitel der Gedanke auf, daß für einen regierungsunfähigen König die Generalstände im Namen des Königreichs die Regentschaft führen können, obwohl die Souveränität beim Fürsten liegt. Und in einem Brief vom März 1589 schreibt er: «Une rébellion universelle ne se doyt appeler rébellion».[62] Bei aller Unklarheit der Bodinschen Lehre vom Widerstand ist eines sicher: den unbedingten Gehorsam der absolutistischen Monarchie hat er nicht vertreten.

Bei der Darlegung der Prinzipien des Staates hat sich Bodin nirgends festgelegt. Denn die Prinzipien des Staates müssen dem geschichtlichen Wandel Platz lassen, die Institutionen sich der Wirklichkeit anpassen. Zur Kenntnis der «Anatomie» des Staates muß das Bewußtsein kommen, daß der Staat ein lebendiger Organismus in seiner Umwelt ist. Bodin unterscheidet in der «Physiologie» des Staates die Dynamik der Staatsverfassung durch den Wechsel der Souveränität *(changement)*, die Dynamik der Sitten, Bräuche und Gesetze (*altération*, 504) und schließlich die soziale Dynamik durch die Mitglieder des Staates. Es ist Bodins Absicht, den geschichtlichen Wandel, wenn er schon nicht verhindert werden kann, in evolutionäre Bahnen zu lenken und revolutionäre Umbrüche zu verhindern (Préface aiij).

Die *changements* sollen möglichst vermieden werden, weil sie für den Staat gefährlich sind. Bodin spürt deshalb ihre Ursache auf und fragt, ob es natürliche Ursachen gibt, die mit Notwendigkeit den Wandel der Staatsform nach sich ziehen. Bedingt eine große deterministische Weltgesetzmäßigkeit, die Bewegung der Sterne (543 ff.), eine feste Abfolge von Zahlen (561 ff.), Regeln der Musik (563 ff.), einen regelmäßigen Zyklus der Staatsformen? Nein (564). Umbrüche können durch die Weiterentwicklung der Staatsform selbst entstehen. Die antimonarchische Revolution führt meist zur Demokratie (526), der Weg der rechtlichen Evolution zur Aristokratie (539). Bei einem nicht zur Volksherrschaft reifen Volk führt der Sturz eines Tyrannen zur Aristokratie (512). Streit unter der herrschenden Klasse kann die Aristokratie in eine Demokratie wandeln (531 ff.). Diese Entwicklungen brauchen aber nicht einzutreten. Es gibt bei Bodin keine spezifischen Zerfallsreihen der Staaten, keinen notwendigen Zyklus der Staatsformen. Soziale und politische Ungerechtigkeiten und Schwächen können auch in eine Änderung der Staatsform umschlagen (511). Die größten Gefahren entstehen einer Staatsform aber durch Parteiung und Bürgerkrieg (*faction et sédition*, 634 ff.). Dies ist die Erfahrung aus den Religionskriegen, die den Staat weniger durch auswärtige Staaten, denn durch inneren Zwist bedroht sieht. All diese Ursachen führen aber nicht zu einer zwangsläufigen Entwicklung. Ihre Wirkungen können durch den Herrscher gemildert oder vermieden werden. Bodin entwickelt Verhaltensregeln des Herrschers beim Bürgerkrieg, es ist sein Programm vor den Ständen von Blois (652 ff.).

Bodin ist der festen Überzeugung, daß die politische Dynamik des Staates und der Wandel der geschichtlichen Lage von einem geschickten Herrscher durch *altérations*, Anpassungen an die Umstände, Variationen des Regierungsstils und Reformen, aufgefangen werden können. «Il faut donc au gouvernement d'un estat bien ordonné suyvre ce grand Dieu de nature, qui procede en toutes choses lentement, ... usant de mesme sagesse en toutes choses» (581).

Dazu muß aber das Naturell der Völker, die geographische Lage und das Klima berücksichtigt werden. Die Aufgabe ist, «accommoder la forme de la chose publique à la nature des lieux, et les ordonnances humaines aux lois naturelles» (663). Der hier gebrauchte Begriff des Naturgesetzes läßt an eine Gesetzmäßigkeit im Sinne der Naturwissenschaft denken. In der Tat ist der Nationalcharakter eine Frucht der dauernden Wirkungen der Geographie und der Geschichte. Lang erörtert Bodin, wie das Klima die Eigenart der Völker des Nordens und des Südens, des Westens und des Ostens, der Berge und der Ebenen geprägt hat (666 ff.).[63] Deshalb solle der Herrscher «gouverner d'après le naturel des peuples»; denn «plusieurs ... s'efforçans de faire servir la nature à leurs édicts, ont troublé et souvent ruiné de grands estats» (663). Aber die Gegebenheiten des Klimas, des Ortes und der Geschichte determinieren den Menschen nicht, sie können durch die Sitten und Gesetze korrigiert werden. «La discipline peut changer le droit naturel des hommes» (666). Ja, es ist geradezu die Pflicht des Gesetzgebers und Herrschers, die schlechten natürlichen Anlagen des Volkes durch Kultur zu korrigieren, um einen geordneten Staat errichten zu können. Als Beispiel für die kulturelle Veredelung eines Volkes dienen die Deutschen (697); dagegen haben die Römer durch ihren Müßiggang und ihre Dekadenz selbst ihren Untergang herbeigeführt (698).

Bodins Staat verwirklicht seine rechte Verfassung immer wieder aufs neue, indem sich *l'estat universel des Republiques* anpaßt an *la diversité des peuples* (663) und die natürlichen Gegebenheiten der Geographie, der Geschichte und der Völker ihre Norm finden an den allgemeinen Prinzipien des wohlgeordneten Staates. Bodin steuert zwischen der Skylla des geschichtslosen Idealstaats und der Charybdis der zyklischen Geschichtsdynamik. Zwischen Dogmatismus und Determination ist ihm Staat der Ort, wo jede Nation, mehr oder weniger bewußt, nach der Verwirklichung ihrer besonderen Individualität strebt.

Hans Maier

HOBBES

Das Leben des Thomas Hobbes of Malmesbury[1] erstreckt sich über 91 Jahre, von 1588, dem Jahr des Armada-Angriffs auf England, bis 1679. Die Mutter, so berichtet er selbst, sei vorzeitig mit dem Knaben niedergekommen, erschreckt über die Gerüchte, die von der Anfahrt der ungeheuren spanischen Flotte erzählten. «Und eine solche Furcht empfing da meine Mutter, daß sie zwei Kinder gebar, mich und die Furcht».[2] Mit seinen Jugendjahren reicht Hobbes noch in das Elisabethanische Zeitalter hinein: die Königin stirbt, als er ungefähr 15 Jahre alt ist. Die Geburtsdaten Bacons und Shakespeares liegen ungefähr ein Vierteljahrhundert vor dem des Hobbes; Entfaltung und Reife beider fällt noch in seine Mannesjahre. Das lange Leben des Hobbes umschließt die kürzeren Lebensjahre seiner philosophischen Zeitgenossen Descartes und Pascal; Newton und Leibniz, 1643 und 1646 geboren, haben noch in seiner Lebenszeit ihre ersten großen Werke veröffentlicht. Unter denen, die Hobbes kannten und schätzten, finden wir die französischen Naturforscher Mersenne und Gassendi, den englischen Staatsmann und Grotius-Gegner John Selden und Samuel Pufendorf.[3] Viel größer aber als die Zahl der Bewunderer war die Zahl derer, die gegen Hobbes schrieben: über dreißig Werke werden in dem *Vitae Hobbianae Auctarium*, einer Ergänzung zur Vita des Hobbes genannt, jene Autoren nicht eingeschlossen, die in ihren Werken gegen ihn polemisierten.[4]

I

Hobbes, der zweite Sohn eines Predigers, lernte mit vier Jahren lesen, schreiben und rechnen; mit sechs begann er Latein und Griechisch zu lernen. Nach der Weiterbildung in einer privaten Schule bezog er, etwa 15jährig, die Universität in Oxford, lebte fünf Jahre als Scholar und wurde in puritanischem Geist erzogen. 1607 legte er die Prüfung als Baccalaurus artium ab und erlangte damit das Recht, über jedes Buch der Logik Vorlesungen zu halten, was er, kaum 20jährig, auch mit Erfolg tat. Nach dem Abschluß seiner Studien wurde er Hauslehrer des zum Herzog geadelten Barons Cavendish of Hardwicke. Der Herzogssohn und der junge Hobbes wurden Freunde; gemeinsam gingen sie auf die Große Tour, die europäische Reise, die damals die Adelserziehung abschloß, und verbrachten fast drei Jahre in Frankreich und Italien. Nach der Heimkehr blieb Hobbes als Privatsekretär in den Diensten der Familie, die ihm reichlich Zeit zu Forschungen ließ. Womit er sich in seinen Lehr- und Wanderjahren im einzelnen beschäftigt hat, wissen wir nur in Andeutungen; einige Zeilen seiner Autobiographie sprechen von Schwierigkeiten, die er mit der alten Logik und Physik hatte, die ihm doch später nie mehr aus dem Kopf gegangen sei. Sicher ist, daß er sich schon in dieser Zeit von der überlieferten Philosophie abwandte und sich in die antiken Dichter und vor allem die Historiker zu vertiefen begann: im Umgang mit ihnen erwarb er sich eine reiche und präzise Sprachkunst, der es, wie er sagt, nie um große Worte, sondern um den angemessenen und kraftvollen Ausdruck des Gedankens zu tun war. Krönung der Arbeit dieser Jahre war eine Übersetzung des Thukydides, die noch heute in der englischen Literatur einen geachteten Platz einnimmt.[5] Gleichzeitig nahm Hobbes durch seine Verbindung mit einer der ersten Familien des Landes an den politischen Geschicken Englands teil; er schloß Bekanntschaft mit führenden Persönlichkeiten seiner Zeit, darunter dem früheren Lordkanzler Baco von Verulam, von dem er einige Schriften ins Lateinische übersetzte.[6]

Die ersten vierzig Lebensjahre von Thomas Hobbes unterscheiden sich kaum von der Biographie eines begabten jungen Mannes seiner Zeit. Aus bürgerlichem Haus stammend, in Oxford in der scholastischen Gelehrsamkeit der Zeit geübt, durch Beziehungen zu einer adeligen Familie in Verbindung mit den führenden Gesellschaftsschichten des Landes gebracht, Welterfahrung sammelnd auf Reisen mit einem herzoglichen Freund –, das ist der fast typische Lebensgang, wie ihn wohl noch viele bürgerliche Gelehrte vor und nach Hobbes aufzuweisen hatten. In den mittleren Lebensjahren, von 1628 bis 1660, also bis zum Ende der Cromwellschen Republik, ändert sich das plötzlich. Hobbes' Lebensschicksal gerät in eine dramatische und gefährliche Bewegung. Er wird verstrickt in die politischen Revolutionen seiner Zeit, nimmt Stellung, muß aus England fliehen, kehrt zurück, versöhnt sich mit dem Protektorat, dann mit dem restaurierten Königtum; zugleich aber findet er in diesen Jahren das große wissenschaftliche Thema seines Lebens: Moral und Politik, das Verhältnis von Staat und geistlicher Gewalt, das Handeln des Staatsmannes und die Gesetzmäßigkeiten des öffentlichen Lebens –, das alles will er untersuchen und auf seine Gründe zurückführen, *more geometrico* darstellen und demonstrieren; unter stetiger Bedrohung, oft verfolgt, nie in gesicherter Ruhe, arbeitet er an diesem Plan.

Einen entscheidenden Einfluß hat dabei das Studium des Thukydides auf ihn ausgeübt. Er führte ihn zu den Schriften der Moralisten und Politiker hin, vor allem zu Aristoteles und Cicero, aber auch zu den mittelalterlichen Autoren. Der Eindruck, den diese Schriften auf ihn machten, war freilich negativ: sie schienen ihm, verglichen mit den Historikern, allzu allgemein, erfahrungsfern, moralisierend; außerdem widersprachen sie einander. Es kann sein, daß Hobbes' kritische Stellungnahme beeinflußt wurde von seiner ersten Berührung mit dem naturwissenschaftlichen Empirismus der Zeit. Eine Bemerkung in seiner *Vita* deutet das an. Hobbes erzählt, wie in einer Gesellschaft von Gelehrten gleichsam spöttisch *(quasi per contemptum)* die Frage aufgeworfen wurde, was eigentlich Wahrnehmung sei. Niemand wußte Antwort zu geben, und Hobbes wunderte sich, daß Menschen, die als Philosophen hochmütig auf andere herabsehen, nicht wußten, was ihre eigenen fünf Sinne seien.[7]

«Seither dachte er oft über die Ursache der Wahrnehmung nach und kam von ungefähr auf den Gedanken: wenn die körperlichen Dinge und ihre Teile alle in Ruhe wären, oder immer durch ähnliche Bewegungen bewegt würden, so müsse aller Unterschied der Dinge und folglich alle Wahrnehmung aufgehoben werden; darum müsse die Ursache aller Dinge in Verschiedenheit der Bewegungen gesucht werden. Und dies wurde sein erster Grundsatz; dann erst wurde er, um die Verschiedenheiten und Verhältnisse der Bewegungen zu erkennen, auf die Geometrie hingeführt».[8]

Zu betonen ist, daß Hobbes sich nicht für den Gegenstand der Mathematik oder Geometrie interessierte, sondern für die Methode. Warum, so fragt er in den *Elements of Law,* kommt das logische Denken auf dem Gebiet der Naturwissenschaft zu so bedeutenden Ergebnissen? Seine Antwort lautet: weil es nicht mit Menschen und menschlichen Interessen zu tun hat. Untersucht man statt Linien und Figuren lebende Menschen und ihre Handlungen, so ändert sich alles, die Leidenschaften kommen ins Spiel, das reine Denken wird getrübt. Man muß also eine Methode anwenden, gegen welche Leidenschaften und Affekte nichts vermögen. Das ist die mathematische Methode. Es gilt an Ethik, Politik und Naturrecht wie an mathematische Probleme heranzugehen; dann werden die Widersprüche, die in den traditionellen Lehren alles verdunkeln, verschwinden, und die Wissenschaft wird sich dieses Bezirks bald ebenso erfolgreich bemächtigt haben, wie sich Geometrie und Mathematik des Raumes und der Bewegung bemächtigt haben.[9]

Wieweit dieses Programm, das in der Geschichte der Ethik und Politik ebenso revolutionierend wirken sollte wie das Vorgehen Descartes' in der theoretischen Philosophie, im einzelnen von den naturwissenschaftlichen Erfahrungen und Entdeckungen der Zeit beeinflußt wurde, ist eine bis heute nicht völlig befriedigend geklärte Frage.[10] Sicher ist, daß Hobbes seit seinem ersten Pariser Aufenthalt in enger Fühlung mit naturwissenschaftlichen Denkern seiner Zeit, mit Mersenne, Gassendi, Descartes und anderen stand. Eine nicht ganz sichere Überlieferung will wissen, daß er den Gedanken, die Ethik und Politik *more geometrico* zu behandeln, von Galilei empfangen habe.[11] In der Tat ist der mathematische Teil seiner Staatslehre ein Versuch, galileische Methoden des Messens und der geometrischen Demonstration auf das politische Leben anzuwenden: die naturwissenschaftliche Empirie wird zum methodischen Maßstab für die Erkenntnis der Menschenwelt. Aber neben dem naturwissenschaftlichen Systematisierungswillen steht bei Hobbes ein empfindliches Sensorium für Zeitereignisse und eine reiche politische Erfahrung. Hat er doch, in ständigem Umgang mit Politikern, Diplomaten, Wissenschaftlern lebend, reisend, schreibend, lesend, Erlebnisse verarbeitend, in England wie in Frankreich die entscheidende revolutionäre Periode miterlebt, die zur Überwindung des mittelalterlich-feudalen Staatsgedankens führte: in England die Herrschaft der Stuartkönige und Cromwells; in Frankreich die Zeit Richelieus und Mazarins und die ersten Jahre Ludwigs XIV.

Kehren wir zu seinem Leben zurück. Hobbes' Eintreten für die Souveränität des Königs im Kurzen Parlament von 1640 zwang ihn zur Flucht nach Paris, als das Lange Parlament Miene machte, gegen diejenigen vorzugehen, die die Rechte des Königs verteidigt hatten.[12] Im Exil in Paris lebte er elf Jahre, im großen und ganzen frei von materiellen Sorgen und in einer Stadt, die damals den Mittelpunkt der Künste und Wissenschaften bildete, aber nie völlig frei von politischer Bedrohung. 1642 veröffentlichte er in winziger Auflage seine Schrift *De cive,* die ihm sogleich europäische Berühmtheit eintrug. Er verfolgte von Paris aus aufmerksam die Zuspitzung der englischen Verhältnisse und den Ausbruch des Bürgerkrieges: den Aufstieg Cromwells und das Hervortreten des demokratischen Puritanismus als der bewegenden Kraft der Revolution hat er früh in seiner Bedeutung erkannt. Schon 1645, als der Prinz von Wales an seinem improvisierten Hof in Saint Germain die treugebliebenen Royalisten um sich sammelte, war Hobbes überzeugt, daß die Sache des Parlaments siegen werde. Er hat sich deshalb – obwohl er vorübergehend Erzieher des Prinzen wurde[13] – nie fest an die königliche Familie gebunden.[14] Der Prozeß gegen König Karl I. und seine Hinrichtung 1649 bildeten den entscheidenden Anstoß für Hobbes, die Rückkehr nach England vorzubereiten. Mit diesem Gedanken schrieb er den *Leviathan,* die große Kritik der Kirche und der theokratischen Rechts- und Staatslehre, in englischer Sprache für englische Leser (1651).[15] Die darin enthaltenen heftigen Angriffe auf die Geistlichkeit zerstörten das bisher noch gute Verhältnis zum englischen Hof in Paris. Hobbes wurde dadurch des Schutzes beraubt, den er als Anhänger des Königs im Exil bisher genossen hatte. Der Gefahr einer Anklage von seiten der französischen Jusitz, die vor allem von der Geistlichkeit betrieben wurde, konnte er sich nur durch erneute Flucht entziehen. In einer mühsamen Reise mitten im Winter 1651/52 kehrte er in das vom Bürgerkrieg verwüstete England zurück.[16]

Der letzte Lebensabschnitt des Hobbes in London von 1652 bis 1679 war ruhiger als die Pariser Jahre; freilich lebte er jetzt auch abgekehrt von der Tagespolitik und hielt Distanz von den politischen Gewalten. In seinen letzten Lebensjahren erlebte Hobbes den Tod Cromwells, die Abdankung seines Sohnes, die Wiederherstellung des Königtums und die Rückkehr des Stuartkönigs aus dem Exil. Als Karl II. 1660 feierlich in London einzog, sah er, wie berichtet wird, seinen ehemaligen Geometrielehrer an einem Tor stehen; der König nahm den Hut ab, ließ den Greis herankommen und bot ihm die Hand zum Kuß.[17] Hobbes hat von der restaurierten Monarchie manche Zeichen der Anerkennung bekommen, viele beriefen sich jetzt auf seine Lehren, die monarchistisch umgedeutet wurden; nur der erbitterte Widerstand der Geistlichkeit verstummte bis zu seinem Lebensende nie. Am 4. Dezember 1679 starb Hobbes; seine Gönner errichteten ihm ein Grab, auf dessen Gedenkstein die Worte stehen: *Vir probus et fama eruditionis domi forisque bene cognitus.*[18] In der öffentlichen Meinung wurde Hobbes sehr bald das, was er zwei Jahrhunderte bleiben sollte: der Theoretiker der absoluten Monarchie und der Vater des Atheismus in England. Seine Werke waren schon zu Lebzeiten auf den Index der römischen Kirche gesetzt worden; drei Jahre nach seinem Tod erließ die Universität Oxford ein Dekret, in dem die Hobbessche Lehre von der Volkssouveränität und die Lehre von der Selbsterhaltung als dem fundamentalen Gesetz der Natur verworfen wurde. *De cive* und der *Leviathan* wurden in feierlicher Zeremonie verbrannt, und die Studenten tanzten um den Scheiterhaufen.[19]

II

Die politischen Schriften des Hobbes füllen den ganzen Horizont seines philosophischen Denkens aus: wären sie verloren, so wüßten wir kaum etwas von ihm; denn seine physikalischen Schriften, seine Optik und Mechanik[20] haben kaum selbständigen Wert. Daher sollen im folgenden nur die politischen Schriften behandelt werden, die übrigen lediglich insoweit, als sie zum Verständnis der Hauptwerke nötig sind. Bei einer Darstellung des Werkes treten vier Aspekte auf, denen hier in Kürze nachgegangen werden soll: 1. Methode, 2. Anthropologische Grundlagen, 3. Rechtslehre, 4. Staatsbegriff.

1. Methode

Hobbes lebte in einer Epoche, in der Philosophie fast gleichbedeutend geworden war mit Naturwissenschaft und in der nahezu alle theoretischen Bereiche des Denkens, Logik, Physik, Metaphysik, von naturwissenschaftlich geschulten Denkern – Galilei, Bacon, Descartes, Mersenne – neu behandelt, kritisch analysiert und umgestaltet wurden. Die Auflösung der scholastischen Astronomie, Physik und Physiologie und die Neugründung der philosophischen Disziplinen durch mathematische Methoden, Messung und empirische Demonstration war der philosophische Grundvorgang der Zeit. Er war nicht *gegen* die Philosophie gerichtet. Man wollte diese vielmehr neubegründen – wie man meinte auf tragfähigerem Fundament. Die großen Naturwissenschaftler der Zeit hatten keineswegs das Gefühl, in Opposition zum philosophischen Denken zu stehen, sie fühlten sich durchaus als Philosophen, wie denn überhaupt der moderne Gegensatz von Philosophie und empirischer Einzelwissenschaft hier noch keineswegs vorausgesetzt werden darf.[21]

Die neugefundene Methode des Messens, der mathematisch-geometrischen Demonstration, in der Sprache der Zeit des *mos geometricus* erwies sich als ein heuristisches Prinzip von solcher Kraft und Tragfähigkeit, daß der Gedanke nahelag, es auch auf die Erkenntnis der Menschenwelt und damit auf die Gebiete der Ethik und Politik anzuwenden. Das führte bei Hobbes zunächst zu einer kritischen Auflösung der traditionellen Erkenntnistheorie. In einer literarischen Fehde gegen Descartes' *Dioptrik* (1637) hat Hobbes für sich das Erstgeburtsrecht der neuen mechanistischen Erkenntnistheorie in Anspruch genommen.[22] Diese ging davon aus, daß das Sehen rein mechanisch zu erklären sei und nicht etwa so, daß sich beim Sehen ein Austausch materieller Teilchen des Objekts und des Beobachters vollzieht, wie es die ältere scholastische und antike Species-Lehre wollte. Alle Substanzen, Kräfte, inhärenten Wirkungstendenzen werden als Erklärungsprinzipien verbannt und durch Mathematik und Geometrie ersetzt – ein Vorgang, an dem die Zeit nicht nur wissenschaftlichen Anteil nahm, sondern in dem sie geradezu einen ästhetischen Reiz entdeckte. Es stimmt zu diesem Bild, wenn berichtet wird, wie Hobbes und seine Freunde in Paris in der Mönchszelle Mersennes zusammenhockten und die Wände statt mit Heiligenbildern mit Zirkeln und Quadraten bemalten.[23]

Über Descartes' Wirkung auf Hobbes heißt es im *Vitae Hobbianae Auctarium:* «Aus allem, was er sich durch lange Lebenserfahrung und durch scharfes Nachdenken erworben hatte, hatte sich in seinem Geist die Ansicht festgesetzt, daß in der Natur alles auf mechanische Weise geschehe und daß aus der einen, durch mannigfache Arten und Maße von Bewegung erzeugten Materie alle Erscheinungen der Dinge entspringen, sowohl in bezug auf die Empfindungen der lebenden Wesen als die Affektionen der übrigen Körper.[24] Das ist in der Tat ein Gedanke, der seine Prägung durch Descartes verrät. Aber er führt zugleich über das cartesianische Denken hinaus: der grundlegende Unterschied von natürlicher Welt und Bewußtseinswelt, *res extensa* und *res cogitans* wird bei Hobbes zugunsten einer prinzipiellen Naturwissenschaftlichkeit der Welterkenntnis (die im gleichen Atemzug zur einzig sicheren Methode proklamiert wird) eingeebnet. Der Mensch wird von Hobbes – einem großen Vereinfacher – als ‹physisch› agierender und reagierender Mechanismus betrachtet in einer Weise, die vom materialistischen *homme machine* der Spätaufklärung nicht weit entfernt ist. Nur so kann Hobbes sein Programm entwickeln und durchführen, das die Hauptwerke *De corpore, De homine* und *De cive* systematisch in drei Schritten auseinanderlegen:[25] die rechenhafte Erklärung und geometrische Zerlegung des vielseitig-unbestimmbaren Wesens Mensch.

2. Anthropologische Grundlagen

Geht man mit dem Willen zu mechanistischer Systematisierung an die Menschenwelt heran, so scheint die Aufgabe zunächst hoffnungslos. Wie soll die Vielfalt individueller Strebungen, Affekte, Leidenschaften und Tätigkeiten, die uns hier begegnen, *more geometrico* erfaßt werden können? Entzieht sich diese Fülle von Aktionen und Passionen nicht von vornherein dem konstruktiven Zugriff des Systematikers? Hobbes gelingt die gleichsam geometrische Abstraktion des Handelns der Menschen in der Tat nur dadurch, daß er zwei einschneidende Reduktionen vornimmt: einmal die Ausklammerung der Willensfreiheit des Menschen, zum anderen die generelle Rückführung aller seiner Handlungen auf den Grundantrieb der Furcht oder, positiv ausgedrückt, den Willen zur Selbsterhaltung.

Der Angriff auf die Willensfreiheit, der sich durch alle Schriften von Hobbes hindurchzieht, hat zwei Wurzeln, eine theologische und eine naturwissenschaftliche. Theologisch ist es der Nominalismus in der Linie von Duns Scotus, Occam und der englischen philosophischen Tradition,[26] durch den die Gottesmacht ins Absolute gesteigert und der Mensch zum Spielball des göttlichen Willens gemacht wird. Naturwissenschaftliche Quelle ist ein Determinismus, der aus dem Verständnis eines in sich zusammenhängenden, konsistenten, nicht zufälligen Universums fließt, das individuelle Willensregungen aus systemimmanenten Gründen ausschließt.

Noch folgenreicher ist die Rückführung der Handlungsmotivationen auf bestimmte einfachste Grundantriebe, durch die eine Konstruktion des Soziallebens nach Art der Mechanik möglich wird. Sie hat für den unkritischen Beobachter zunächst etwas Verführerisches, da sie – wie in der Naturwissenschaft – eine Vielzahl von Vorgängen, die für sich genommen disparat und unverständlich bleiben, auf einen erklärenden Nenner zu bringen scheint. So wie, um ein modernes Beispiel zu gebrauchen, ein Fußballspiel dem unverständlich sein wird, der die zugrunde liegenden Regeln nicht kennt, nach denen sich die Spieler bewegen, so fällt auch die Menschenwelt und ihre Aktionen in bloße Empirie auseinander, zufällig und theoretisch unerfaßbar, wenn man nicht den geometrischen Schlüssel in Gestalt der Lehre von den Trieben und Affekten besitzt. Besitzt man ihn, so erschließt sich leicht in seiner Ordnung, was vorher ein Gewirr gegeneinanderlaufender Strömungen zu sein schien. Kann man gar, wie Hobbes, die Vielheit der Triebe auf den Grundantrieb zurückführen, der allem zugrunde liegt, dann sieht in der Tat die Menschenwelt so einfach aus wie die galileische Natur, in der immanente Gesetze alle Erscheinungen zu berechenbaren Abläufen machen.

Damit wird freilich – Hobbes' Kritiker haben nicht versäumt, darauf hinzuweisen – das soziale Erkenntnisfeld ganz auf das irdische Leben eingeengt.[27] Denn kein jenseitsbezogener Antrieb, er sei denn schon im vorhinein aufklärerisch als Dämonenfurcht oder Himmelshoffnung entlarvt, gelangt in den Blick der Hobbesschen Enthüllungspsychologie. Der Mensch ist hier ein Wesen, das ausschließlich Trieben seiner physischen und psychischen Natur folgt, so wie das Tier seinem Instinkt und die Marionette der Hand des Spielers. Und die Bühne, auf der dieses Spiel menschlicher Handlungen und Passionen abrollt, hat kein Oben und Unten; sie ist ganz und gar irdisch, von Geburt und Tod begrenzt.

In der Lehre von den Affekten und Leidenschaften zeigt sich Hobbes' psychologische Meisterschaft. Die Bewegungen der Seele, die sich als animalische Bewegung dem Körper mitteilen, werden zunächst in anziehende und abstoßende eingeteilt: Liebe, Begehren, Lust auf der einen, Schmerz, Abneigung, Furcht auf der anderen Seite. Die Affekte beziehen sich aber auch auf Gegenwärtiges, Vergangenes, Zukünftiges: einmal als Wahrnehmung, dann als Erinnerung, endlich als Erwartung. Die allgemeinen Bewegungen der Seele, in der Dimension der Zeit differenziert, kristallisieren sich zu besonderen Affekten: Ehre und Unehre; Stolz, Streben, Dünkel, Eitelkeit; Demut, Scham, Mut, Hoffnung, Verzweiflung, Vertrauen – eine ganze Kette von Triebkräften, die das Menschenwesen lenken und dahin und dorthin treiben.[28] Wenn Hobbes den alten stoisch-christlichen Vergleich vom Leben als einem Wettrennen benutzt, so erhält dieses Bild bei ihm einen ganz anderen Sinn als bei Paulus (I Kor 9,24), da der Mensch jetzt in ein radikales Diesseits verbannt ist. Er läuft nicht um einen unvergänglichen Kampfpreis, sondern findet im Grunde nur in der Bewegung an sich Befriedigung, ohne daß ein letzter Zweck, ein *summum bonum*, ihn leitet:

> Darin ist Ansetzen, Begierde,
> Schlaffwerden, Sinneslust,
> Die hinter einem sind betrachten, Stolz,
> Die vor einem sind betrachten, Demut ...
> Einen andern stürzen sehen, Neigung zum Lachen,
> Einen übertroffen sehen, dem man es nicht wünschte, Mitleid,
> Einen gewinnen sehen, dem man es nicht gönnte, Entrüstung ...
> Fortwährend übertroffen werden, Elend,
> Fortwährend den, der vor einem ist, übertreffen, Glück,
> Und die Bahn verlassen ist sterben.[29]

Mit dieser Auffassung des Menschen trennt sich Hobbes nicht nur von der christlich-theologischen, sondern auch von der antik-politischen Tradition. Diese hatte die Auffassung begründet, daß der Mensch die Vollendung seiner Natur in der bürgerlichen Gesellschaft finde. So wird für Aristoteles der Mensch erst in der Polis ganz er selbst: außerhalb des

Politischen, außerhalb der Gemeinschaft gibt es kein vollständiges, sondern nur ein unvollständiges Sein. Natürlicher Zustand des Menschen ist ihm daher ein nicht vorstaatliches Dasein, sondern das Leben in der Gesellschaft.[30] Hobbes dagegen zieht einen scharfen Trennungsstrich zwischen dem bürgerlichen und dem natürlichen Leben. Natürlicher Zustand des Menschen ist für ihn ein Dasein der Sorge, der Furcht, des Ausgeliefertseins, ein *bellum omnium contra omnes.*[31] Und das bürgerliche Leben konstituiert sich erst in der Überwindung dieses Zustands durch die künstliche Konstruktion des Staates. Erst von Hobbes an gibt es in der politischen Theorie eine ausgesprochene Lehre vom Naturzustand als dem Zustand, der der Staatsbildung vorausgeht, im Gegensatz zum bürgerlichen Zustand.[32] Wie entscheidend diese Trennung ist, ermißt man an den Konsequenzen, die Hobbes aus ihr zieht.

Wenn die Tradition annahm, daß der Mensch die Vollendung seiner Natur in der bürgerlichen Gesellschaft und durch sie erreichen könne, so ergab sich zugleich daraus, daß die bürgerliche Gesellschaft logisch den Vorrang vor dem Einzelmenschen – dem Individuum im modernen Sinne – hatte. Der vollkommene, zur Verwirklichung seiner Natur gelangte Mensch konnte nach dieser Anschauung nicht als isolierte Robinsonnatur gedacht werden: er existierte vielmehr *in Gesellschaft.* Die Menschlichkeit des Menschen war keine vor-politische, vor-bürgerliche Qualität, sondern eine bürgerliche. Das heißt, es gab für die Tradition kein isoliertes Individuum mit natürlichen, vorstaatlichen Rechten, sondern nur den im bürgerlichen Leben sein Wesen verwirklichenden Menschen. Und weiter: die ‹natürliche› moralische Tatsache, von der die gesellschaftliche Ordnung ausging, waren die Pflichten und nicht die Rechte.[33] Bei Hobbes ändert sich dies in einem radikalen Sinne: er lehrt, daß das Individuum *an sich,* ohne Berücksichtigung seiner Eigenschaften, ohne Aktualisierung seiner Natur in Gesellschaft bereits eine natürliche Ausstattung besitzt, daß es älter sei als die bürgerliche Gesellschaft und daß es daher auch rechtlich eine Priorität von ihr in Anspruch nehmen könne. Aus dem vorstaatlich gedachten Naturzustand bringt das Individuum ‹natürliche Rechte› mit, die bei der Gesellschafts- und Staatsbildung berücksichtigt werden müssen – das ist das neue politische Grundaxiom, mit dem Hobbes das ältere vom Vorrang des Menschen vor dem Individuum und vom Vorrang der Pflicht vor dem Recht überwindet.

3. Rechtslehre

Von seiner Menschenlehre aus kommt Hobbes zu einer Rechtstheorie, die einseitig, ja ausschließlich die positive Ordnungsfunktion des Rechts betont. Seine Absicht zielt auf eine Rechtsordnung, die – wie immer sie begründet und worauf immer sie gerichtet ist – wirklich, d.h. effektiv, verbindlich, gültig ist. Ihr Inhalt ist dabei durchaus sekundär. Nicht die ewige Gerechtigkeit gilt es von den Sternen zu holen, sondern eine wirkliche Ordnung auf Erden zu schaffen – eine Ordnung, die gilt, beachtet wird, Respekt einflößt und so das Chaos des Krieges aller gegen alle bändigt.[34] Die Bestie Mensch mit ihren Trieben und ihrer unüberwindlichen Aggressionslust – *homo homini lupus* – wird gleichsam im Käfig dieses Rechts gefangen und gezähmt, der natürliche, unberechenbare Ausdehnungsdrang wird in seine Grenzen gewiesen, wobei der menschliche Grundantrieb, die Furcht, der höheren Vernunft des Herrschers und des Staates unbewußt in die Hände arbeitet.

Dennoch wäre es zu einfach, wollte man in Hobbes' Rechtslehre nur einfach das juristische Gewand einer in bloßer Macht begründeten Herrschaftsordnung sehen. Zwar übereignet sich der einzelne nach seiner Lehre unwiderruflich und endgültig an den Herrscher; aber dieser Herrscher, auf den Hobbes alle Prädikate göttlicher Machtvollkommenheit häuft, hat doch teil nicht nur an der Omnipotenz, sondern auch an der Gerechtigkeit Gottes. Indem Hobbes Qualitäten Gottes auf den Herrscher überträgt, verfolgt er die Absicht, das Herrscherrecht als essentiell gut – weil mit der göttlichen *bonitas* zusammenhängend – von jeder Willkürherrschaft abzuheben.[35] Das Problematische dieser Begrenzung liegt freilich darin, daß sie ihrem Wesen nach eine Selbstbegrenzung des Herrschers ist, die dieser annehmen, aber auch verweigern kann.[36]

Auch von unten her begrenzt Hobbes die Staats- und Herrschermacht, nämlich durch die in der Individualnatur wurzelnden natürlichen Rechte des Menschen. Sie zu schützen ist ja der Staat erdacht worden; er verliert sein Recht auf Gehorsam, sobald er dieser Grundverpflichtung nicht mehr gerecht wird. Insofern gibt es bei Hobbes durchaus ein Widerstandsrecht.[37] Dieses freilich wirkt nicht *innerhalb* des Staates, da es ja aus der vor-bürgerlichen Sphäre des Naturzustands stammt, es löst vielmehr, wenn es praktiziert wird, den Staat überhaupt auf und führt in die natürliche Anarchie zurück, eine Konsequenz, die nach Hobbes in bestimmten Grenzfällen unvermeidlich ist, da das natürliche Recht des Menschen, sich zu schützen, wenn niemand anderes dazu in der Lage ist, unter keinen Umständen aufgegeben werden kann.[38] So haftet der Bindung der Staatsgewalt von unten bei Hobbes die gleiche Problematik an wie der von oben, der inneren Pflichtbindung des Herrschers an das göttliche Gesetz: sie ergibt sich nur aus willentlichen, ‹teleologischen› Wertentscheidungen des Menschen, nicht aus der Automatik der triebgesteuerten Staats- und Gesellschaftsorganisation. Daher bleiben schließlich innerhalb des Hobbesschen Systems nur die dem positiven Recht immanenten Schranken übrig, so der Grundsatz, daß Schuld Kenntnis der Gesetze voraussetzt, und der Ausschluß rückwirkender Gesetze *(nulla poena sine lege)*,[39] während alles andere als ein essentielles Element über die Formalität des Hobbesschen Staates hinausführt.

Faßt man den Menschen so auf, wie Hobbes ihn charakterisiert, so ist diese Konstruktion des Rechts völlig logisch und unbestreitbar. Sie steht und fällt freilich auch mit dieser Menschenlehre. Denn die daseinserhaltende Kraft der Rechtsordnung wäre nur dann der Kern des Rechts, das Recht ginge nur dann in seiner Fähigkeit, Ordnung zu begründen, auf, wenn das irdische Leben tatsächlich der einzige und höchste Wert wäre: «Die Bahn verlassen ist sterben.» «Hobbes Naturrecht verliert sofort seine Gültigkeit, wenn ihm eine Weltanschauung entgegentritt, die einen höheren Wert als das individuelle Leben ansetzt. Hieraus erklärt sich die große Reizbarkeit Hobbes' gegenüber Lehren, die in der Befolgung des Gewissens oder in der Erinnerung des Seelenheils das höchste Gut sehen (besonders gegen den Kardinal Bellarmin). Diese Reizbarkeit erklärt sich nicht bloß aus der Abwehr kirchlicher Herrschaftsansprüche, sondern auch aus dem Gefühl der Unterlegenheit seiner Grundposition».[40]

4. Staatsbegriff

Für die Hobbessche Staatslehre gilt es festzuhalten, daß sich ein Wandel innerhalb seines Werkes vollzieht: erst allmählich hat Hobbes eine Lehre vom Staat entwickelt, wird der Staat als Einheit, als Person, als künstlicher Mensch, schließlich als *deus mortalis* in voller Größe sichtbar. Ist in den *Elements of Law* noch das Recht der Zielpunkt und in *De cive* der Bürger, so verdichtet sich der Staatsgedanke im Buch von *Leviathan.*

Die Entstehung des Staates hat Hobbes in *De cive* beschrieben.[41] Er bedient sich dabei der Konstruktionsprinzipien und Begriffe der alten Vertragslehre. Noch immer waren in England die mittelalterlichen Anschauungen lebendig, daß der Herrscher an Rechtsschranken gebunden sei, ja daß alles Herrschaftsrecht im Grunde Vertragscharakter trage. Daneben stand die scholastisch-naturrechtliche Lehre vom Gesellschaftsvertrag und dem ihm gegenüberstehenden Herrschaftsvertrag. Der Gedanke, der zugrunde lag, war folgender: ehe eine Gesellschaft sich einem einzelnen oder einer Gruppe unterwerfen kann (Herrschaftsvertrag), muß sie selbst erst rechtlich konstituiert sein. Das heißt: am Anfang muß eine ursprüngliche *consociatio* stehen, ein Vereinigungsakt der ursprünglich isolierten Individuen, erst dann kann auf einer zweiten Stufe der Unterwerfungs- oder Herrschaftsvertrag folgen. Zu unterscheiden sind also drei Stufen: der status naturalis; die bürgerliche Gesellschaft; das politische Herrschaftsgefüge, oder – vom Recht her gesehen – Naturrecht, Privatrecht und Staatsrecht.[42] Nicht an konkrete Stufen der historischen Entwicklung ist hier gedacht, sondern an rechtstheoretische Denkmöglichkeiten: waren politisches oder bürgerliches Recht verletzt, so ergab sich ein Rückgriff auf noch weiter zurückliegende ‹natürliche› Rechte, so daß dem Herrscher der Weg zu ‹absoluter›, rechtsentbundener Herrschaft verlegt war.

Hobbes überspringt nun die zweite Stufe. Während die Vertragstheorie angenommen hatte, daß das Volk schon als eine rechtlich konstituierte *universitas* vor Abschluß des Herrschaftsvertrages bestanden habe –

mit der Folgerung, daß diese *universitas* auch im konstituierten Staate weiterlebe und den Herrscher an Rechtsschranken binden könne –, läßt Hobbes den Gesellschaftsvertrag mit dem Unterwerfungsvertrag zusammenfallen: das ‹Volk› lebt nach Vertragsabschluß als Rechtspersönlichkeit nicht weiter, es ‹stirbt› im Vertragsschluß.[43] Fortan gilt nur der Herrschaftsvertrag, und jeder Bruch dieses Herrschaftsvertrages durch das Volk – einen Bruch durch den Herrscher gibt es nicht – läßt die schutzlos gewordenen Individuen sofort in den Naturzustand, das *bellum omnium contra omnes* zurückfallen. Es gibt zwischen absoluter Anarchie und absoluter Herrschaft keinen Zwischenzustand, und so fällt der Gesellschaftsvertrag als eigene Größe dahin, bzw. er wird in den Herrschaftsvertrag als Teil eingefügt.

Die Konsequenzen einer solchen absoluten Herrschaft, die auf totaler Entäußerung *(subditio)* beruht, liegen auf der Hand. Bei Hobbes ist der Staat frei von jeder Verbindlichkeit gegenüber früheren, also dem Herrschaftsvertrag vorausliegenden Rechten. Und da der Wille des obersten Gewaltträgers *per definitionem* auch der des Staates ist, ergibt sich, «daß der, dem die oberste Gewalt übertragen worden ist, weder durch die Gesetze des Staates gebunden (denn er wäre sonst gegen sich selbst verpflichtet) noch gegen einen Bürger verpflichtet ist».[44] Niemand hat ein Eigentum, auf das der Inhaber der höchsten Gewalt nicht ein Recht hätte, «denn die Gesetze sind seine Gesetze, in seinem Willen ist auch der Wille der einzelnen Bürger enthalten, und er ist von den einzelnen zum höchsten Richter bestellt worden».[45] Überhaupt ist die ganze Rechtsordnung *filia civitatis*, ein Geschöpf des Staates. Immer geht es nur um die Geltung der Gesetze, nicht um die ihnen zugrunde liegende ‹Natur›. So sind Diebstahl, Totschlag, Ehebruch auch für Hobbes nach dem Naturgesetz verboten; «was aber als Diebstahl, als Totschlag, als Ehebruch und als Unrecht an einem Bürger gelten soll, hat nicht das natürliche, sondern das bürgerliche Gesetz zu bestimmen».[46] Und was im einen Staat Unrecht ist, kann im andern Recht sein, wie etwa der Diebstahl bei den Lacedämoniern für die Knaben erlaubt war, wenn sie nicht dabei ertappt wurden. «Verbindungen, die im einen Staat als Ehe angesehen werden, werden im andern als Ehebruch erklärt und umgekehrt».[47]

Hobbes selbst war sich der extremen Unpopularität dieser Gedanken bewußt. «Den meisten Menschen», schrieb er in *De cive*, «erscheint diese höchste Staatsgewalt und diese absolute Macht so hart, daß sie selbst die Ausdrücke dafür hassen».[48] Er verteidigte sich aber mit der Notwendigkeit *absoluter Macht* für jeden Staat, auch die Republik und Demokratie, mit dem Hinweis auf das größere Übel der Anarchie im Naturzustand und nicht zuletzt mit der immer wieder betonten Pflichtbindung des Herrschers, die den möglichen Mißbrauch der Macht begrenze.[49] Dabei nahm er für sich ein überparteiliches Denken gegenüber den partikulären Gesichtspunkten seiner Kritiker, der «Geistlichen, Sektierer und Juristen», wie er sie in die Vorrede von *De cive* nennt, in Anspruch: «Der Tadel aller dieser hat mich deshalb wenig berührt, denn sie sprechen nur für ihre eigenen Interessen; vielmehr habe ich die Knoten nur um so schärfer angezogen».[50]

Kreist *De cive* noch um die Figur des Bürgers, so tritt der Staatsbegriff in voller Deutlichkeit im *Leviathan* hervor. Die transpersonale Institution des ‹künstlichen Menschen› wird erkennbar, losgelöst von Begriffen des Rechts, der Bürgergemeinde, ja selbst der Frage nach dem Inhaber der staatlichen Gewalt. Hobbes schildert, anknüpfend an alte organologische Bilder, wie der Staat als Imitation der Natur aus dem Kunstwillen des Menschen hervorgeht:

«Die Natur (das ist die Kunst, mit der Gott die Welt gemacht hat und lenkt) wird durch die Kunst des Menschen wie in vielen anderen Dingen so auch darin nachgeahmt, daß sie ein künstliches Tier herstellen kann. Denn da das Leben nur eine Bewegung der Glieder ist, die innerhalb eines besonders wichtigen Teils beginnt – warum sollten wir dann nicht sagen, alle Automaten (Maschinen, die sich selbst durch Federn und Räder bewegen, wie eine Uhr) hätten ein künstliches Leben? Denn was ist das Herz, wenn nicht eine Feder, was sind die Nerven, wenn nicht viele Stränge, und was die Gelenke, wenn nicht viele Räder, die den ganzen Körper so in Bewegung setzen, wie es vom Künstler beabsichtigt wurde? Die Kunst geht noch weiter, indem sie auch jenes vernünftige, hervorragendste Werk der Natur nachahmt, den Menschen. Denn durch Kunst wird jener große Leviathan geschaffen, genannt Gemeinwesen oder Staat, auf lateinisch civitas, der nichts anderes ist als ein künstlicher Mensch, wenn auch von größerer Gestalt und Stärke als der natürliche, zu dessen Schutz und Verteidigung er ersonnen wurde. Die Souveränität stellt darin eine künstliche Seele dar, die dem ganzen Körper Leben und Bewegung gibt, die Beamten und anderen Bediensteten der Jurisdiktion und Exekutive künstliche Gelenke, Belohnung und Strafe, die mit dem Sitz der Souveränität verknüpft sind und durch die jedes Gelenk und Glied zur Verrichtung seines Dienstes veranlaßt wird, sind die Nerven, die in dem natürlichen Körper die gleiche Aufgabe erfüllen. Wohlstand und Reichtum aller einzelnen Glieder stellen die Stärke dar, salus populi (die Sicherheit des Volkes) seine Aufgabe; die Ratgeber, die ihm alle Dinge vortragen, die er unbedingt wissen muß, sind das Gedächtnis, Billigkeit und Gesetze künstliche Vernunft und künstlicher Wille; Eintracht ist Gesundheit, Aufruhr Krankheit und Bürgerkrieg Tod. Endlich aber gleichen die Verträge und Übereinkommen, durch welche die Teile dieses politischen Körpers zuerst geschaffen, zusammengesetzt und vereint wurden, jenem ‹Fiat› oder ‹Laßt uns Menschen machen›, das Gott bei der Schöpfung aussprach».[51]

Wie oft in seinen Werken greift Hobbes hier zu einem biblischen Bild, um sich seiner bibelfesten, ja bibelwütigen Zeit verständlich zu machen.

Der Leviathan ist ein Seeungeheuer, das im Buch Hiob c.41 erwähnt wird; hier finden sich auch die Stellen, auf die Hobbes anspielt: «Es gibt nichts auf Erden, was ihm vergleichbar wäre. Er ist geschaffen, nichts zu fürchten; er sieht alles Hohe unter sich und ist König der Kinder des Stolzes». Aber die biblischen Ausdrücke verhüllen den Gedanken des Hobbes mehr, als sie ihn entschleiern. Warum gibt der Autor seinem Staat, der doch positiv gesehen und als Hilfe für den Menschen gefeiert wird, das abschreckende Symbol des Leviathan auf den Weg? Handelt es sich um Ironie, um einen in barocker Manier verkleideten Generalvorbehalt? Das ist bis heute eine Streitfrage der Interpreten geblieben.[52] Klarer ist ein anderes Schlüsselwort des zitierten Textes. Es heißt *artificial* – künstlich. Wir erinnern uns, daß Hobbes die Welt des Menschen in ihrem mechanischen Antrieben, ihren berechenbaren Gesetzlichkeiten erfassen will. Der Leviathan ist nichts anderes als das letzte und extreme Ergebnis dieser methodischen Bemühung – einer Bemühung, die ausging von der mechanistischen Umdeutung der Affektenlehre in einen Triebmechanismus, die weiterschritt zur Reduktion des *animal homo* auf den Grundantrieb der Furcht, die dann die Herrschaft als rationales Ergebnis eines Vertrages konstruierte, um schließlich den politischen Zusammenhang von Regierenden und Regierten, den Staat im ganzen im Bild des Leviathan als künstlichen Mechanismus darzustellen. Dem entspricht das der ersten Auflage vorangestellte Titelkupfer: hinter Bergen und einer Stadt taucht der Herrscher mit Krone und Insignien auf; der riesige künstliche Mensch ist, wenn man näher zusieht, aus lauter kleinen Menschlein zusammengesetzt – Abbild der Tatsache, daß jeder mit sich selbst in Hobbes' leviathanischem Staat einen Vertrag schließt, der Wille aller mit dem Willen des Herrschers übereinstimmt.

Aber noch ein anderes Element gibt den Büchern vom *Leviathan* seine Prägung: die staatliche Kirchenpolitik.[53] Der *Leviathan* handelt ja nicht nur vom weltlichen, sondern auch vom kirchlichen Staat, und der entsprechende Traktat nimmt fast die Hälfte des Werkes ein. Hier sind die Hobbesschen Thesen beinahe noch revolutionärer als im weltlichen Bereich. Der *Leviathan* zieht nicht nur die äußerste Konsequenz aus der Freisetzung der Staatsgewalt vom Recht, er vernichtet auch kühn – wenigstens in der Theorie – die Selbständigkeit der Kirche. Hobbes läßt die menschliche Gesellschaft ausschließlich um die Achse der *politischen* Repräsentation kreisen; er kennt keinen Primat, noch nicht einmal eine Autonomie des Spirituellen. Auch dies ist auf dem Bild im Titel ausgedrückt: der gekrönte Herrscher, der die Allmacht des Staates über die Menschen symbolisiert, hält in seinen Händen nicht nur das Schwert, sondern auch den Krummstab.

Wiederum ist dies vom Ansatz der Hobbesschen Staatslehre her konsequent. Ist der Mensch wirklich nur ein Bündel von Trieben, erschöpft sich sein Lebensziel in der Selbsterhaltung, nimmt er auf der Flucht vor dem Nebenmenschen (der ebenso ein reißender Wolf ist wie er selbst) allen Schutz, auch den bloßer Autorität ohne Wahrheitsanspruch, dankbar entgegen, dann gehen in der Tat alle Zwecke dieses Wesens in seiner politischen Organisation auf, dann reduziert sich alles soziale Leben auf eine Dialektik von Schutz und Gehorsam. Mit schärfsten Ausdrücken hat deshalb Hobbes die Existenzberechtigung einer anderen als politischen Repräsentation des Menschen abgelehnt. Seine «vornehmste Antipathie» (Leopold von Ranke) in dieser Hinsicht galt der katholischen Kirche.[54] Aber seine politische Tendenz geht gegen jede Form von Kirche, die öffentliche Geltung für sich in Anspruch nimmt. Was Hobbes will, ist die Ein- und Unterordnung der Kirche, ihre Einschmelzung in den Staat. Er versucht die christliche Scheidung der Gewalten, des Geistlichen und des Weltlichen, zu überwinden, den Weg zurückzugehen zur antiken Ungeschiedenheit von Kult und Politik, die ‹beiden Köpfe des Adlers› – wie Rousseau es hellsichtig erkannt hat[55] – wieder in einer *bonne politie* zusammenzufügen. Und der christliche Staat, dessen Bild die letzten Kapitel des *Leviathan* entwerfen, ist in Wahrheit ein antikes Gemeinwesen – mit einer Polisreligion, deren äußere Formen der christlichen Tradition entlehnt sind.

III

Um Hobbes wurde es nach seinem Tod rasch still. Seine Werke wurden verurteilt, sein Andenken in Acht und Bann getan. Als Feind der Kirche und der Gesellschaft wurde er zu einem Schreckgespenst der folgenden Generationen. Politisch beseitigte die *glorious revolution* – kaum zehn Jahre nach seinem Tod – die Voraussetzungen für eine modern-staatliche Entwicklung in England nach Art des kontinentalen Absolutismus; und in der Geschichte des politischen Denkens lief John Locke, ein typischer Eklektiker und wenig origineller Geist, dem so unenglisch radikalen älteren Denker den Rang ab. Stärker waren die Nachwirkungen der Hobbesschen Lehren auf dem Kontinent – weniger in Frankreich, wo der fortschreitende Absolutismus und die Gegenreaktionen, die er provozierte, bald über Hobbes' Fragestellungen hinausführten, mehr in den Niederlanden, in Italien und im alten Reich: hier lebte insbesondere die Hobbessche Naturrechtslehre in den Werken von Pufendorf, Leibniz und Thomasius weiter. In der französischen Aufklärung beginnt sich dann, von der Kirchenkritik her, neues Interesse für das Werk des Hobbes zu regen: Diderots Artikel über die Staatslehre des Hobbes in der *Enzyklopädie* trägt alle Züge freudigen Wiedererkennens eines als verwandt empfundenen Geistes. Die Geschichte der wissenschaftlichen Wiederentdeckung des Hobbes aber beginnt erst im 19. Jahrhundert, und zwar annähernd gleichzeitig in England, Deutschland und Frankreich.[56]

Hobbes ist nicht (oder doch nur in eingeschränktem Sinne und in Konkurrenz mit anderen) der Denker des modernen Absolutismus oder gar Totalitarismus. Aber er ist in einem zugespitzten Sinn der Denker des modernen Staates. Er war der erste, der diesen Staat als allumfassenden Regulator des sozialen Lebens aufgefaßt und in der dichterischen Vision des *Leviathan* dargestellt hat. Er sah ihn, wie später Hegel, als transpersonales Wesen, jenseits der in Kleinheit versinkenden individualistischen Regungen des *common man;* als ‹sterblichen Gott› über der kreatürlichen Niedrigkeit; zugleich aber auch als künstlichen Menschen, den die realen Menschen ersonnen haben, um sich selbst vor ihren Leidenschaften in Sicherheit zu bringen; als mechanisch-unparteilichen Ordner und Regler, ohne den das soziale Zusammenleben an der Fülle der gegensätzlichen Auffassungen scheitern und in blindem Lebensdrang ersticken müßte. Nicht aus seiner Wahrheitsfülle und Gerechtigkeit lebt dieser *deus mortalis,* sondern allein aus seinem ebenso unerschütterlichen wie inhaltslosen Vorhandensein; dieses legitimiert ihn; auf faktische Macht gründet sich Gesetz und Ordnung: *Auctoritas non veritas facit legem.*[57] Hobbes' Staatslehre war nicht gebunden an monarchische oder demokratische Führer oder Institutionen; sie lag wie ein technisches Utensil für jeden bereit, der sich ihrer bedienen wollte. Darin, und nicht in einem materiellen ‹Absolutismus› oder ‹Totalitarismus›, liegt die tiefe Problematik seines Werkes: die ältere ethische Lehre der Politik bricht hier in den Dualismus des ‹privat› gewordenen Individuums mit seinem Sekuritätsbedürfnis und die vom Menschen gelöste Technizität des Staatsapparates auseinander.[58]

Hobbes' Lehre und Leben kann man nur verstehen auf dem Hintergrund der konfessionellen Bürgerkriege seiner Zeit. Wir können uns heute kaum mehr vorstellen, mit welcher Leidenschaft und fast religiösen Inbrunst jenes Zeitalter nach dem Staat gerufen hat. Man hatte die zerstörerische Wirkung des Streits der Religionen und Konfessionen in blutigen Kriegen, Foltern und Greueln bis zur Neige ausgekostet: aus dem Kampf um die Wahrheit war eine selbstmörderische Raserei geworden, die das menschliche Dasein selbst bedrohte. Was lag näher, als den Staat herbeizusehnen als großen Zwangsschlichter der aufrührerischen Religionsparteien und ihm alles zu übertragen, was bis dahin Gegenstand des religiösen und philosophischen Denkens gewesen war: die Frage nach Gut und Böse, die Form der Verehrung Gottes, die Beziehungen unter den Menschen und zum Gemeinwesen, das Verhältnis von weltlicher und religiöser Gewalt. Selbst das christliche Denken hat vor dieser Problematik resigniert. Einem Pascal ist die Gehorsamspflicht des Christen gegenüber der reinen und bösen Macht des Staates ebenso heilig wie dem englischen Denker.[59] Freilich, sie erwächst bei ihm aus der Leidensverpflichtung des Christen in einer Welt, die das Recht durch die Sünde verdunkelt, während Hobbes diese Dimension nicht mehr kennt, sondern – hierin ein Vorläufer des modernen Liberalismus[60] – den Staat im empirischen Wahrheitsverzicht auf der unteren Ebene der Interessenkonkurrenz, der Sorge für das Heutige und Nützliche, ansiedelt.

Vielfach hat man aus dem Werk mit seinen düsteren und bitteren Zügen auf die Person zurückgeschlossen und Hobbes Misanthropie, Mißtrauen und Bosheit angedichtet. Davon kann keine Rede sein. Schon sein großer Freundeskreis, in dem kaum ein Verhältnis durch Jahrzehnte hindurch sich trübte, spricht gegen eine derartige Vermutung.[61] Vielmehr sprechen die Freunde durchweg von seiner Heiterkeit und Gelöstheit, seiner Frische und Anmut, seinem Witz. Er war ein Mann von klassischer Bildung und verkehrte, wie Montaigne, mit den Alten wie mit seinen Zeitgenossen. Aber wie im Werk des Thukydides, den er liebte, der Schrecken einer revolutionären Wende in Sätzen von marmorner Kühle festgehalten ist, so bewahren die strengen und festen Perioden des Hobbes das Entsetzen einer in Auflösung befindlichen religiösen und politischen Ordnung – so wie in der geschlossenen Muschel die Bewegung des Ozeans zittert und dröhnt.

ANMERKUNGEN

PLATO

1 Kurt v. Fritz, Wissenschaft und Episteme, in: Wissenschaftliche und außerwissenschaftliche Rationalität. 4. Internationales Humanistisches Symposium, Athen 1981, S. 75–90, besonders S. 78.

2 VII. Brief 324b–326b, teilweise in Anlehnung an die Übersetzung von Paul Friedländer. Zur Frage der Echtheit des VII. Briefes vgl. die Ausgabe der Briefe in der Collection Budé, ed. J. Souilhé, Paris 1960, XIf., und Totok, 210. Nach dem Versuch der philologischen Kritik des 19. Jahrhunderts, die traditionelle Anerkennung des VII. Briefes als echt zu erschüttern, war die Forschung fast einmütig zur These von der Echtheit zurückgekehrt. Erst neuerdings melden sich wieder Vertreter der Athetese zu Wort, so vor allem Gerhard Müller, Die Philosophie im pseudoplatonischen 7. Brief, *Archiv für Philosophie* 3 (1949/50), 251 ff. – mit unüberzeugenden Argumenten, wie Kurt von Fritz gezeigt hat: Die philosophische Stelle im siebenten platonischen Brief und die Frage der ‹esoterischen› Philosophie Platons, *Phronesis* 9 (1966), 118–121.

3 Daß die beiden Berichte in Einzelheiten voneinander abweichen zeigt, daß sie verschiedenen Überlieferungssträngen angehören, spricht aber nicht gegen ihren Zeugniswert – im Gegenteil.

4 Plutarch, Dion 53. Kurt von Fritz meint, die Frage nach dem Charakter der praktisch-politischen Betätigung Platos sei «noch kaum jemals wirklich ernsthaft in Angriff genommen worden» (in Anm. 2 zitierter Aufsatz, 117).

5 Vgl. *Timaeus* 19d–e.

6 Vgl. Helmut Kuhn, Die wahre Tragödie. Platon als Nachfolger der Tragiker, in: Das Platonbild. Zehn Beiträge zum Platonverständnis, Hildesheim 1969, 231–323.

7 *Respublica* 420b.

8 *Euthyphro* 2a–3e; *Gorgias* 521c–522e.

9 Aristoteles, Politica III, 4.

10 *Gesetze* 817b.

11 So wird z. B. im *Phaedrus* dem jungen Isokrates eine schöne Zukunft vorausgesagt (278e–279a). Zur Zeit der Abfassung des Dialogs (etwa 369–367) war Isokrates ungefähr 67 Jahre alt.

12 Wie wesentlich diese Identität in den Augen der Schüler war, zeigt die das Gedächtnis des Plato feiernde Altarelegie des Aristoteles. Vgl. Aristotelis Fragmenta, ed. V. Rose, Leipzig 1886, 421 (fr. 673, v. 19).

13 Vgl. R. W. Hall, Plato and the Individual als Beispiel des ersten, K. R. Popper, Der Zauber Platos als Beispiel des zweiten, schlimmeren Irrtums. Vgl. *Gnomon 39* (1967), 6–13.

14 *Crito* 50e–52a.

15 Der zusammen mit dem *Sophisten* und dem *Staatsmann* geplante *Philosoph* blieb unausgeführt. Vgl. *Politicus* 257a.

16 Vgl. *Ep.* VII 325d.

17 Thukydides III 82, 4.

18 Diese Nicht-Unterscheidung gilt dem hochmütigen Szientifismus als ein archaischer Mangel, wie er seinerseits mit einem mechanistisch verengten, von der menschlichen Person losgelösten Wissenbegriff arbeitet. Darüber findet sich Aufklärendes bei MICHAEL POLANYI, Personal Knowledge. Towards a Post-critical Philosophy. London 1958. – Eine nähere Begründung der in diesem Kapitel skizzierten Interpretation findet sich in: H. KUHN, Sokrates.

19 *Leges* 902e–905d; *Phaedrus* 246b; *Politicus* 261d; 266e–268d; 267a–277c. Eine gründliche Untersuchung der επιμέλεια und verwandter Ausdrücke bei Plato fehlt.

20 WERNER JAEGER, Paideia.

21 Plato hat das ψεῦδος, dessen er sich bedient, γενναῖόν τι genannt (414b) und hat dadurch zu so irreführenden Übersetzungen wie ‹edle Lüge› oder gar ‹faustdicke Lüge› Anlaß gegeben. Man vergleiche die, wie mir scheint, treffende Erklärung bei F. M. CORNFORD, The Republic of Plato, 103.

22 Eine philosophisch begründete Apolitie findet sich schon bei einem Zeitgenossen Platos, Aristipp, nach XENOPHON, *Mem.* III. Über den historischen Wert dieses Kapitels ist viel gestritten worden. Vgl. dazu neuerdings K. v. FRITZ, in *Hermes* 93 (1965), 257–279.

23 Die Einschränkung des ‹Praktischen› auf das Handwerkliche an dieser und anderer Stelle (305d) verhindert Plato nicht, den Staatsmann wiederum zu den περὶ τάς πράξεις Wissenden zu rechnen (284c). So kann die von Aristoteles inaugurierte ‹praktische Philosophie› auch terminologisch an Plato anknüpfen.

24 G. R. MORROW, Plato's Cretan City, 528.

ARISTOTELES

1 Neben der *Nikomachischen Ethik* (NE) und der *Politik* (P) sind hier die – in ihrer Echtheit umstrittene – *Eudemische Ethik*, die *Rhetorik*, der *Staat der Athener* und die erhaltenen Fragmente der Dialoge *Politikos, Peri dikaiosynes, Peri eugenias, Peri paideias* und *Protreptikos* zu berücksichtigen.

2 *Analytica Posteriora* II.100b 13.

3 Vgl. *Analytica Posteriora* II.99b 20–100b 17 und *Metaphysica* A.980a 27–982a 3.

4 Vgl. auch NE I.1097b 8–11; 1100a 18–30 und 1101a 22–b 9.

5 Platon, *Politeia* I.352E; vgl. auch II.369E ff.

6 Vgl. *De Anima* II.413a 11–415a 13.

7 Vgl. NE III.1115a 5–1117a 20; IV.1119b 22–1122a 17 und 1123a 34.

8 NE VI.1139b 18–36; vgl. *Analytica Posteriora* I.71b 9–72b 4 und 73a 21–74a 3.

9 Vgl. NE X.1178b 25–28; 1177b 16–1178a 2 und 1178a 16–23.

10 NE II.1103b 26–29; vgl. NE I.1094b 7–11 und X.1179a 35–b 2.

11 NE IX.1167a 22–b 16; zur Bedeutung der ὁμόνοια in der aristotelischen Philosophie vgl. A. MOULAKIS, Homonoia, München 1973, 97ff.

12 LEO STRAUSS, The City and Man, 33.

13 P III.1278b 6–1279b 10; vgl. NE VIII.1160a 31–b 22 und die Vierteilung der Verfassungen (Demokratie – Oligarchie – Aristokratie – Monarchie) in *Rhetorik* I.1365b 22–1366a 6.

14 L. STRAUSS, The City and Man, 36.

CICERO

1 Vgl. in diesem Zusammenhang Burkert, Cicero als Platoniker, 175 f.
2 Vgl. Burkert, Cicero als Platoniker, 175–200, bes. 181–197.
3 Vgl. etwa Klingner, Römische Geschichtsschreibung, in: Ders., Römische Geisteswelt, 66 ff.
4 Dazu Aalders, Theorie der gemischten Verfassung, 54–71.
5 Eine gehaltvolle Einführung gibt Aalders, Theorie der gemischten Verfassung, Kapitel «Polybios», 85–106; zur Stellung des Polybios in der Geschichte der Mischverfassungstheorie in Hinblick auf Cicero vgl. Pöschl, Römischer Staat, Kap. 1 § 1 und Büchner, Einleitung, 63–77, bes. 70 f.
6 Vgl. zum ganzen Zusammenhang Büchner, Studien II, 77 ff., bes. 83.
7 Dazu Heuss, Ciceros Theorie vom römischen Staat, Abschnitt IV und V; Lehmann, Politische Reformvorschläge, 13 f. mit Bezugnahme auf Heuss.
8 Vgl. bes. Büchner, Einleitung, 21–28.
9 Neuerdings denkt man wieder besonders an den Aristoteles-Schüler Dikaiarch, für den bereits Friedrich Solmsen (Die Theorie der Staatsformen bei Cicero De re publica I, in: Das Staatsdenken der Römer, hg. v. Richard Klein, Darmstadt 1966, 326–341) und andere bei Solmsen Genannte (vor allem Egermann) votiert hatten; zum ganzen Problem jetzt überblicksweise Schmidt, Cicero «De re publica» – die Forschung der letzten fünf Dezennien.
10 Vgl. Lehmann, Politische Reformvorschläge, 26 f.
11 De leg. III 10 (Anfang) u. 27/28.
12 Gedacht ist hier an die von Cicero konzipierte Festigung und Erweiterung des Zensorenamtes; alle Magistrate sollen beim Ausscheiden aus dem Amt vor den Zensoren Rechenschaft über ihre Amtsführung ablegen, ohne daß deswegen der Rechtsweg ausgeschlossen würde: De leg. III 11 u. 47; dazu vgl. etwa Lehmann, Politische Reformvorschläge, 29–35, bes. 34.
13 «Idee» ist hier selbstverständlich ohne die metaphysischen Implikationen der platonischen Ideenlehre zu verstehen und meint einfach jenes Bewährte, «Gültige», das bei Cicero Platos Idee vertritt. Der Ausdruck wurde gewählt, um einen Vergleich mit Plato zu ermöglichen. So aufgefaßt, lassen sich Büchners nicht unumstrittene Aussagen über das «Wirken der Idee des Staates in der Geschichte» (Studien II, 98) durchaus halten, wie immer man über Büchners Ableitung dieses Gedankens speziell aus *De re publica* II 21/22 denken mag. Zur «Ideisierung des römischen Staates» u. a. auch Pöschl, Römischer Staat, 99–105, bes. 103.
14 So Flückiger, Geschichte des Naturrechts I, 225 ff., bes. 227; dt. Übersetzung der im folgenden zitierten Cicero-Stellen zumeist nach Büchner.
15 Vgl. Ciceros antistoische Auslassung in der Rede Pro Murena 61–63.
16 Vgl. wiederum Pöschl, Römischer Staat, 99–105.
17 Sie wird greifbar u. a. in den Resten der Vorrede zum III. Buch von *De re publica;* vgl. zum ganzen Zusammenhang Pöschl, Römischer Staat, 150–162.
18 Vgl. Johann, Gerechtigkeit und Nutzen, 235 ff.
19 Etwa *De re publica* III 5.
20 Vgl. etwa Ernesto Grassi, Humanismus und Marxismus, Hamb. 1973, 80 ff. Zu Herder Klingner, Humanität und humanitas, in: Ders.: Römische Geisteswelt, 704 ff.
21 Vgl. Häussler, Tacitus und das historische Bewußtsein, 171 f. unter Bezugnahme auch auf Büchner; zur bes. Situation eines Weltreichs vgl. Büchner, Einleitung, 8.
22 Dazu ausführlich Pfligersdorffer, Politik und Muße, 45 ff.; vgl. auch Ruch, Notwendigkeit und Zufälligkeit, bes. 505.

23 Vgl. hierzu: HÄUSSLER, Tacitus und das historische Bewußtsein, 154–182, bes. 171 f.

24 Vgl. etwa ERIC VOEGELIN, Die neue Wissenschaft der Politik, München [2]1965, 128–132.

25 Vgl. MEYER, Cicero und das Reich, 183 ff., bes. 185.

26 MEYER, Cicero und das Reich, 202 f. unter Hinweis auf GELZER, RE-Artikel «Cicero», Sp. 978/979/983.

27 Vgl. auch das Ineinander von consensus und societas, *De re publica* III 43).

28 Daran ändert auch der Umstand nichts, daß Cicero im Anschluß an die Staatsdefinition den Staat aus kleinen Anfängen entstehen läßt (De re publica I 41).

29 Vgl. MEYER, Cicero und das Reich, 22–72.

30 Vgl. die instruktive Einleitung der kommentierten Ausgabe von HELMUTH und KARL VRETSKA, Darmstadt 1979.

31 Vgl. BÜCHNER, Einleitung, 53–55.

32 Dazu überblicksweise BÜCHNER, Cicero, Bestand und Wandel, 199–213.

33 Zur Nachwirkung Ciceros: ZIELINSKI, Cicero im Wandel der Jahrhunderte; KLINGNER, Rom als Idee, Gerechtigkeit, in: DERS., Römische Geisteswelt; WILHELM DILTHEY, Weltanschauung und Analyse des Menschen seit Renaissance und Reformation, Ges. Schriften Bd. 2, Stuttgart [10]1977.

AUGUSTIN

1 Augustins Werke werden im folgenden nach MIGNE zitiert (PL 32–47), wobei nur Kapitel, nicht Seitenzahlen angegeben werden. Über den Werdegang Augustins berichten die 397 entstandenen *Confessiones,* über die späteren Jahre die *Vita Sancti Augustini* des Bischofs POSSIDIUS VON CALAMA, die älteste Augustinbiographie (PL 32).

2 Conf. II, 2; IV, 2; VI, 11–16; VIII, 5, 6. Augustin lebte zweimal im Konkubinat; von seiner ersten Frau hatte er einen Sohn Adeodatus (‹Von-Gott-Geschenkter›). Nach den Zeitsitten und dem Gesetz war dies nichts Ungewöhnliches. Aus dem strengen späteren Urteil der *Confessiones* über die Jugendzeit Augustins spricht der Theologe und der Kirchenlehrer der Gnade und Erbsünde (MARROU II, 20 ff.; vgl. auch JOHN J. O'MEARA, The young Augustine, London 1954, 47 ff.).

3 Conf. III; V, 3, 5–7, 11; VII, 2. Hierzu H. ROCHE, Saint Augustin et les manichéens, Cahiers d'Études cathariens I, 2 (1949), 21–50, und L. G. GRONDIJS, Analyse du manichéisme numidien au IVe siècle, AM III, 391–410.

4 Conf. III, 4. Vgl. JOHANNES STROUX, Augustins und Ciceros Hortensius, Festschrift für Richard Reitzenstein, Berlin-Leipzig 1931, 106–118.

5 Conf. VII, 9–20; VIII, 2–4. Grundlegend für die neuere Forschung: PIERRE COURCELLE, Recherches sur les Confessions de saint Augustin, Paris 1950, bes. 93 ff.; DERS., Les Confessions de saint Augustin dans la tradition littéraire, Paris 1963, 17 ff., 59 ff., 69 ff.

6 Conf. I, 14: hier erzählt Augustin anschaulich, wie verhaßt ihm der Griechisch-Unterricht war. Zum Problem Griechischkenntnis Augustins abschließend: MARROU I, 25 ff. und bes. 489 ff.

7 Conf. VIII, 12.

8 Conf. I, 1.

9 *Soliloquia* I, 2: *Deum et animam scire cupio. Nihil plus? Nihil omnino.*

10 MARROU I, 141 ff.; 487 ff.; ähnlich, mit gelegentlicher Überpointierung, HARNACK

und ALFARIC (siehe Bibliographie). Die Gegenthese (Augustin schon Katholik vor dem Lesen der *libri Platonici*) vertritt CHARLES BOYER, Christianisme et Néoplatonisme dans la formation de saint Augustin, Paris [3]1953.

11 Gemeinsam ist der augustinischen und der cartesianischen Erkenntnistheorie allerdings der Durchgang durch die Skepsis, ein Umstand, der erklärt, weshalb sich die ersten Anhänger Descartes' auf Augustin beriefen (MARROU II, 148 f.). Vgl. GENEVIÈVE LEWIS, Augustinisme et cartésianisme, AM II, 1087–1104, und GERHARD KRÜGER, Die Herkunft des philosophischen Selbstbewußtseins, in: Freiheit und Weltverwaltung, Aufsätze zur Philosophie der Geschichte, Freiburg-München 1958, 11–69 (18–22). Die einschlägigen Textstellen verzeichnet M. W. KEHR, The doctrine of the self in St. Augustine and in Descartes, *Phil. Review* 25 (1916), 612–614.

12 Er entspricht der neutestamentlichen Sprache; vgl. Matth. 10, 32; Luc. 12, 8–9; Joh. 1, 20.

13 Die Donatisten, eine nach ihrem Haupt Donatus benannte schismatische Gruppe der nordafrikanischen Kirche im 4.–7. Jh., vertraten im Anschluß an urkirchliches Denken und Verfolgungszeit einen strengeren Kirchen- und Gnadenbegriff. Die zeitweise mächtige Bewegung, oft verbunden mit sozialrevolutionären Kräften des afrikanischen Proletariats (Circumcellionen), wurde vom römischen Staat und von den katholischen Bischöfen und Schriftstellern bekämpft.

14 Die nach dem aus Britannien stammenden Mönch Pelagius benannte Lehre des Pelagianismus spricht der menschlichen Natur die Fähigkeit zu, aus eigener Kraft die Sünde zu meiden und Verdienste zu erwerben; sie stellt die Notwendigkeit der Gnade in Frage. Im Kampf gegen die Pelagianer entwickelte Augustin seine Gnadenauffassung (‹doctor gratiae›).

15 Neben den *Soliloquia* vor allem *Contra Academicos* und *De beata vita.*

16 Vor allem *De trinitate* (PL 42).

17 Zum folgenden JOACHIM RITTER, Mundus intelligibilis. Untersuchungen zur Aufnahme und Umwandlung der neuplatonischen Ontologie bei Augustinus, Frankfurt 1937. Vgl. auch F.-J. THONNARD, Caractères platoniciens de l'ontologie augustinienne, AM I, 317-327.

18 *De natura boni,* passim; *De civitate Dei* XII, 4.

19 Eine detaillierte Übersicht der entsprechenden Stellen bei FRIEDRICH MAURER, Das malum bei Augustinus, in: Leid. Stud. zur Bedeutungs- und Problemgeschichte . . ., Bern-München 1951, 85–97.

20 RITTER, Mundus intelligibilis, 14.

21 In diesem Sinn wird dann in der christlichen Tradition der platonische Timaios im Sinn der biblischen Schöpfungslehre interpretiert.

22 RITTER, Mundus intelligibilis, 36 f.

23 Wesentliche Elemente sind die Gleichsetzung des Seinsgrundes der noetischen Welt mit dem göttlichen Sohn (Logos), die Verschmelzung der ontologischen Prinzipien mit den Engeln und die Umwandlung des philosophischen Seinskosmos in das dieser Welt gegenübertretende jenseitige Heilsreich.

24 *De vera religione,* passim.

25 WILHELM KAMLAH, Christentum und Geschichtlichkeit, Stuttgart 1951, 97 ff.

26 *De civitate Dei* VI, 5; vgl. JOSEPH RATZINGER, Volk und Haus Gottes in Augustins Lehre von der Kirche, München 1954, 270.

27 Im Grunde kennt Augustin nur eine innerphilosophische oder doch eng mit der Philosophie verbundene Theologie. Eine verselbständigte Theologie wäre ihm – dem polytheistischen Ursprung der antiken θεολογία entsprechend – verdächtig gewesen.

28 Systematisch entwickelt in *De utilitate credendi;* vgl. auch *Epistula* CXX, 1, 33: «Proinde ut fides praecedat rationem, rationabiliter visum est ... Si igitur rationabile est, ut ad magna quaedam, quae capi nondum possunt, fides praecedat rationem, procul dubio quantaculumque ratio quae hoc persuadet, etiam ipsa antecedit fidem». Zur Interpretation in größerem geistesgeschichtlichem Zusammenhang KARL LÖWITH, Wissen und Glauben, AM I, 403–410.

29 Conf. VII, 9; *De civitate Dei* III, 12.

30 ANTON GRASS, Das «schauende Erkennen» bei Augustin, Diss. Freiburg 1922 (Masch.); CHARLES BOYER, L'idée de vérité dans la philosophie de saint Augustin, Paris [2]1941; VIKTOR WARNACH, Erleuchtung und Einsprechung bei Augustinus, AM I, 429–449; ANTON MAXSEIN, Philosophia cordis. Das Wesen der Personalität bei Augustin, Salzburg 1966, 232 ff.

31 RITTER, Mundus intelligibilis, 139.

32 In der Schrift *De opere monachorum* verneint Augustin den Gedanken, daß Arbeit und Gebet einander ausschließen müssen.

33 So sagt Augustin *Epistula* CV, 2, niemand solle glauben, er werde allein durch den physischen Tod, das Scheiden vom Diesseits selig.

34 Noch immer die beste Darstellung dieser Zusammenhänge: HERMANN REUTER, Augustinische Studien, Gotha 1887, 359–478; dort eine Fülle einschlägiger Stellen.

35 *De doctrina christiana* I, 3.

36 De doctr. chr. I, 4.

37 De doctr. chr. I, 27.

38 De doctr. chr. I, 4.

39 De doctr. chr. II, 29–41.

40 De doctr. chr. II, 41, 42. Wie die Juden bei ihrer Flucht aus Ägypten Gold und Silber der Ägypter mitnahmen, so muß auch der christliche Gelehrte den Heiden ihre Schätze entreißen und sie in gerechter Weise zur Verkündung des Evangeliums gebrauchen. Das ist die Theorie der *spolia Aegyptiorum*, die der Aneignung des antiken Wissens durch die christliche Wissenschaft den Weg bereitet hat. Einschränkend fügt Augustin für den christlichen Gelehrten die Mahnung hinzu, «daß er, auch wenn er Ägypten reich verläßt, doch nicht gerettet werden kann, wenn er sein Paschamahl nicht gehalten hat». Wissenschaft und Bildung haben keinen Selbstwert; hier gilt das Wort des Apostels, «daß das Wissen aufbläht, die Liebe aber erbaut».

41 Conf. I, 16.

42 JOSEF FLECKENSTEIN, Die Bildungsreform Karls des Großen als Verwirklichung der norma rectitudinis, Freiburg 1953, 93. – Vgl. auch ERICH WENIGER, Das deutsche Bildungswesen im Frühmittelalter, *Historische Vierteljahresschrift* 30 (1935), 472 ff., und FRIEDRICH HEER, Die ‹Renaissance›-Ideologie im frühen Mittelalter, *Mitteilungen des Instituts für österreichische Geschichtsforschung* 57 (1949) 23–82.

43 Das vierte Buch von *De doctrina christiana*, bes. Kap. 6, ist eine der Ursprungsstellen der sogenannten ‹Bibelrhetorik›.

44 MARROU II, 8 f.

45 Ich folge mit dieser Übersetzung einem Vorschlag von KAMLAH. RATZINGER (AM II, 969) spricht von ‹Gottes-Polis›. Es ist bezeichnend, daß fast alle neueren deutschsprachigen Arbeiten den von mittelalterlichen Reminiszenzen belasteten Begriff Gottesstaat vermeiden.

46 *De civitate Dei* I–V; vgl. *Retractationes* II, 43.

47 *De civitate Dei* VI–X.

48 *De civitate Dei* VI, 2–9.

49 Augustins Bemühen geht dahin, den unlöslichen Zusammenhang der (von Varro abgelehnten) populären (mythischen) Religion und der Zivilreligion deutlich zu machen. «Die staatliche wagt man nicht zu verwerfen, um so freimütiger tadelt und mißbilligt man daher ihr Bild. Wer die Absicht durchschaut, verabscheut mit dem Abbild auch sie selbst» (VI, 9). Dagegen steht er, im Sinne der christlichen Deutung des Platonismus, der ‹physischen› (philosophischen) Götterlehre freundlicher gegenüber, hebt sie aber zugleich aus ihrer akademischen Absonderung *intra parietes in schola* heraus und bringt sie in die Nähe der *vera religio* des Christentums.

50 Die von Varro behauptete Abhängigkeit der Religion von der *civitas* hat ihren Grund darin, «daß keine Verbindungslinie vom ‹wahren Gott› zur Religion führt. Gott berührt den Menschen nicht und Gott gründet wie keine Stadt so keine Religion. Die Tatsache, daß Gott nicht in die Geschichte eintritt, sondern ein rein (meta)physischer Gott ist, hat zur Folge, daß die Religion nicht zu Gott vorstößt, sondern ganz unmetaphysisch bleibt. Umgekehrt: dadurch, daß Augustin das geschichtliche Faktum voraussetzt, daß Gott in diese Welt eintrat, kann er zugleich die Religion auf diesen Gott beziehen, d.h. sie in voller Einheit mit der Metaphysik verstehen» (Ratzinger, Volk und Haus Gottes, 275).

51 In dieser Grundlinie der Interpretation stimme ich mit W. Kamlah, Christentum und Geschichtlichkeit, überein. Vgl. aber die behutsamen Modifikationen von J. Ratzinger, Herkunft und Sinn der Civitas-Dei-Lehre Augustins, AM II, 965–979.

52 Die eindrücklichste Analyse dieser Zusammenhänge bietet Erik Peterson, Der Monotheismus als politisches Problem (1935), jetzt in: Theologische Traktate, München 1951, 45–147, bes. 86ff.; vgl. auch Franz Georg Maier, Augustin und das antike Rom, Stuttgart-Köln 1955, 43ff.

53 «Sed ne quisquam nos aliena tantum redarguisse, non autem nostra asseruisse reprehenderet, id agit pars altere operis huius» (*Retractationes* II, 43). Gemeint sind die Bücher XI–XXII.

54 So Peterson, Monotheismus, 103f.; Kamlah, Christentum und Geschichtlichkeit, 166ff., 175ff.

55 Allgemein K. L. Schmidt, Die Polis in Kirche und Welt, Basel 1939, Maier, Augustin, 150ff., und H. Leisegang, Der Ursprung der Lehre Augustins von der Civitas Dei, *Archiv für Kulturgeschichte* 16 (1925), 127–155. Zum Problem Augustin und Cicero E. Peusch, Cicero und die Civitas Dei, Diss. Mainz 1958 (Masch.); zur Sprachsituation Augustins Ratzinger, Volk und Haus Gottes, 262ff.

56 Der Begriff der *civitas Dei* entstammt der christlichen Exegese des Alten Testamentes und wird als ‹locutio mystica›, allegorische Bildrede auf die neutestamentliche *Ecclesia* bezogen. Hier liegt auch der Sinn der oft mißbrauchten Stelle *De civitate Dei XV*, 1: «... quas etiam mystice appellamus civitates duas»; *mystice* besagt hier: «mit einem der Schrift entnommenen Wort von heilig-allegorischem Sinn» (Ratzinger, Herkunft, 971f.).

57 So das gleichnamige Buch von Heinrich Scholz (Leipzig 1911).

58 Sie ist vor allem von Reuter, Augustinische Studien, 111ff., vertreten worden; demnach hätte Augustin «ein reiches Stück der überlieferten Eschatologie in Bewegungen der natürlich-irdischen Geschichte umgewandelt» (115).

59 Sie entsprechen den sechs Tagen der Schöpfung und reichen von Adam bis zur Sintflut (1), von Noe bis zu Abraham (2), von Abraham bis David (3), von David bis zur babylonischen Gefangenschaft (4), von der babylonischen Gefangenschaft bis zu Christus (5), von Christus bis zu seiner Wiederkehr am Ende der Welt (6).

60 *Retractationes* II, 43.

61 Grundlegend die Arbeiten von Erich Frank, gesammelt in dem Band Wissen, Wollen, Glauben, Zürich-Stuttgart 1955; zur Destruktion des antiken Kyklos Jean Hubaux, Saint Augustin et la crise cyclique, AM, 943–950, und Löwith, Weltgeschichte und Heilsgeschehen, 148 ff.

62 So hatte z. B. noch Lactanz berechnet, daß die Welt um das Jahr 500 enden werde.

63 Löwith, Weltgeschichte, 157f.

64 *De civitate Dei* XIV, 28.

65 Führend in dieser stark von der (liberalen) protestantischen Theologie des späten 19. Jahrhunderts beeinflußten Richtung: Reuter, Augustinische Studien (1887). An ihn schließen an: Heinrich Scholz (siehe Anm. 57), Edgar Salin, Civitas Dei, Tübingen 1926, und R. Frick, Die Geschichte des Reich-Gottes-Gedankens in der alten Kirche bis zu Origenes und Augustin, Gießen 1928; vgl. auch Adolf von Harnack, Dogmengeschichte (= Grundriß der theologischen Wissenschaften, IV, 3), Tübingen [6]1922, 307 ff.

66 So vor allem Ratzinger in seinen schon erwähnten Arbeiten und mit gewissen Modifikationen auch Kamlah; vgl. ferner F. Hofmann, Der Kirchenbegriff des heiligen Augustinus in seinen Grundlagen und in seiner Entwicklung, München 1933, und aus der älteren Literatur Karl Holl, Augustins innere Entwicklung (= Abh. der preußischen Akademie der Wissenschaft, phil.-hist. Kl., Nr. 4), Berlin 1922. Einen Bericht über den Stand der Forschung gibt Yves Congar, ‹Civitas Dei› et ‹Ecclesia› chez saint Augustin, *Revue des Études Augustiniennes* 3 (1957), 1–14.

67 Die *civitas Dei,* soweit sie auf Erden pilgert, ist für Augustin durchaus identisch mit der sichtbaren Kirche der Sakramente; vgl. *De civitate Dei* XIII, 16; XIX, 4 und Ratzinger, Volk und Haus Gottes, 289, mit Anm. 28.

68 In dieser Richtung bereits John N. Figgis, The political aspects of St. Augustine's City of God, London 1921 (Nachdruck 1963); neuerdings Sergio Cotta, La città politica di Sant'Agostino, Mailand 1960, und, mit etwas anderer Wendung, Paolo Brezzi, Una ‹Civitas terrena spiritualis› come ideale storico-politico di Sant Agostino, AM II, 915–922. Vgl. ferner E. Cranz, De civitate Dei XV, 2 and Augustine's Idea of the Christian Society, *Speculum* 25 (1950), 215–225. Man kann bei Augustins *civitas Dei* durchaus an die mittelalterliche *Ecclesia* mit ihrer Gemengelage von «Kirche und weltlicher Ordnung» (Otto Brunner) denken, wenn man die doppelte Differenz zu einer theokratischen Ordnung der Gesellschaft und zur modernen Dichotomie von Kirche und Nationalstaaten im Auge behält.

69 *De civitate Dei* XV, 8; XIX, 17–21, 26; vgl. ferner *Ennaratio* in ps. 51 (PL 36).

70 *De civitate Dei* V, 17.

71 Franziskus M. Strathmann, Die Heiligen und der Staat, III, Frankfurt a. M. 1950, 250 ff. Hierher gehört auch die vielberufene Abneigung Augustins gegen allzugroße Ausdehnung der Reiche (*De civitate Dei* III, 10; IV, 15) und seine Kritik an der aus Expansionskriegen erwachsenen Pax Romana (III, 30; IV, 15). Zum ganzen auch Harald Fuchs, Augustin und der antike Friedensgedanke, Berlin 1926, und Peterson, Monotheismus, 103 f.

72 *Sermo* 62; zit. bei Strathmann, Die Heiligen und der Staat, 243.

73 *De civitate Dei* IV, 4.

74 Etienne Gilson, Introduction à l'étude de saint Augustin, Paris 1929, 299 f.; vgl. auch Ephraem Hendrikx, Platonisches und biblisches Denken bei Augustinus, AM I, 285–292.

75 *De civitate Dei* XV, 5.

76 *De civitate Dei* XV, 7.

77 XV, 7; vgl. oben Anm. 35–38.
78 REINHOLD NIEBUHR, Christian Realism and Political Problems, London 1954, 114ff.
79 *De civitate Dei* XIX, 13, 17.
80 *De civitate Dei* XIX, 17. Ähnlich XIX, 26: «Quamdiu permixtae sunt ambae civitates, utimur et nos pace Babylonis».
81 R. LORENZ, Fruitio Dei bei Augustin, *Zeitschrift für Kirchengeschichte* 63 (1950/51), 75–132; DERS., Die Herkunft des augustinischen Frui Deo, *Zeitschrift für Kirchengeschichte* 64 (1952/53), 34–60.
82 *De civitate Dei* V, 21.
83 PL Bd. 37
84 Die jüngere, von H.-X. ARQUILLIÈRE ausgehende Forschung betont freilich gegenüber den älteren Arbeiten von ERNST BERNHEIM und seiner Schule (siehe Bibliographie) stärker die Brechungen des augustinischen Denkens im ‹politischen Augustinismus› des Mittelalters; siehe ARQUILLIÈRE, L'Augustinisme politique, Paris 1934, ²1956; DERS., Réflexions sur l'essence de l'Augustinisme politique, AM II, 991–1001. Das gilt sowohl für Karl den Großen wie – vice versa – für die gregorianische Reform.
85 ERIK PETERSON, Theologische Traktate, 217.
86 Es stützte sich vor allem auf *De civitate Dei* XIX, 21, wo Augustin dem römischen Staat seine Staatlichkeit abspricht, da er nicht auf Gerechtigkeit aufgebaut ist – eine These, die im Streit der Universalgewalten verallgemeinernd auf das mittelalterliche Imperium angewendet wurde.
87 ADOLF HAMEL, Der junge Luther und Augustin, Gütersloh 1934/35, 2 Bde.; LÉON CHRISTIANI, Luther et saint Augustin, AM II, 1029–1038; JEAN CADIER, Calvin et saint Augustin, AM II, 1039–1056.
88 LUCIEN CEYSSENS, Le drame de conscience augustinien des premiers jansénistes, AM II, 1069–1076.
89 So vor allem PETERSON und KAMLAH; siehe Anm. 25, 52.
90 Vgl. PETERSON, Theologische Traktate, 47, 103, 145 ff., wo Augustin als Kronzeuge gegen die moderne Renaissance einer «politischen Theologie» (CARL SCHMITT) in Anspruch genommen wird. Ähnlich ARNOLD A. T. EHRHARDT, Politische Metaphysik von Solon bis Augustin, III, Tübingen 1969, 26ff. Vgl. neuerdings C. SCHMITT, Politische Theologie II, Berlin 1970; HANS MAIER, Kritik der politischen Theologie, Einsiedeln 1970, und P. KOSLOWSKI, Gesellschaft und Staat, Stuttgart 1982, bes. 58ff., 91ff.
91 K. LÖWITH, Weltgeschichte und Heilsgeschehen, 153ff.

THOMAS VON AQUIN

1 Unter Scholastik versteht man die philosophische Theologie (oder theologische Philosophie), die acht Jahrhunderte hindurch, von der Zeit Karls des Großen bis in das 16. Jahrhundert hinein, das geistige Leben des Abendlandes umfaßte. Das Wort leitet sich von lat. *schola* = Schule her. Tatsächlich ist dieses Denken in mehrfachem Sinn ‹Schulphilosophie›, in erster Linie aber, insofern es ein einziges Lernen darstellt: nämlich die geistige Bewältigung und Aneignung des aus der heidnischen und christlichen Antike überkommenen Wissens. In der Scholastik ging also die nachantike Kultur bei der Antike, den griechischen und römischen Philosophen und den Kirchenvätern, ‹in die Schule›. Das erklärt ebenso die Berechtigung der

sog. scholastischen Methode wie auch den Umstand, daß diese Methode ihre Zeit hatte und sich schließlich überleben mußte. Vgl. dazu JOSEF PIEPER, Scholastik, München 1960, und unten Anm. 25.

2 Can. 1366 § 2 CIC.

3 Diese Präsenz des Thomismus und seine Verbundenheit mit der katholischen Lehre verursachen heute Schwierigkeiten und Mißverständnisse, die sich besonders auf dem Gebiet der Sozial- und politischen Philosophie auswirken: Der Thomismus scheint als ‹religiös-konfessionell begründet› aus der wissenschaftlichen Diskussion ausgeklammert werden zu müssen. – Man sollte jedoch wissen, daß durchaus nicht alle katholischen Denker Thomisten sind (vgl. JOSEPH R. M. BOCHENSKI, Europäische Philosophie der Gegenwart, Bern [2]1951, 242 Anm., wo innerhalb der ‹katholischen Philosophie› neben dem strengen Thomismus noch fünf weitere Richtungen unterschieden werden. AaO S. 243 ff. übrigens auch eine Aufzählung der bedeutendsten Thomisten der Gegenwart und eine bei aller Kürze gute Übersicht über die Grundlehren des Thomismus); andererseits gibt es auch nicht-katholische Thomisten (vgl. BOCHENSKI, 243). Es wird kurz zu zeigen sein, inwiefern es unangemessen ist, dem Werk gerade des Thomas mit dem Verdikt gegenüberzutreten, es sei von vornherein glaubensmäßig festgelegt.

4 Opera omnia, 34 Bde., Paris 1871–1890 (ed. VIVÉS).

5 Eines der thomasischen Hauptwerke, die *Summe wider die Heiden (Summa contra Gentiles)* ist entgegen dem Schein des Titels das Paradigma dieses Dialogs.

6 «*Jede* (!) Erkenntnis nimmt ihren Anfang von der sinnlichen Wahrnehmung» lautet einer der Grundsätze des Thomas.

7 Nach dem mohammedanischen Philosophen Averroes oder Ibn Roschd (geb. 1126 im spanischen Córdoba, gest. 1198 in Marokko), neben dem ebenfalls islamischen Avicenna der einflußreichste Vermittler der aristotelischen Philosophie.

8 Das zwang einige Averroisten zu der widersinnigen These von der ‹doppelten Wahrheit›, nach der etwa philosophisch wahr sein könne, was theologisch eindeutig unwahr sei. – Der Monopsychismus macht z. B. eine auf Menschenrechte bezogene politische Ordnung unmöglich.

9 Thomas kommentierte fast alle aristotelischen Hauptwerke Satz für Satz.

10 Zumindest die folgenden Schriften gehören zur thomasischen Politik: *Summa Theologiae* (zit. S. Th.) I-II, qq. 1–21 (Ziel u. Handeln des Menschen), 55–67 (Tugend), 90–105 (Gesetz); II-II qq. 57–79 (Recht und Gerechtigkeit), 101–105 (Ergebenheit, Ehrung, Gehorsam usw.); die Kommentare zur Ethik und Politik des Aristoteles (zit. In Eth.; In Pol.); *Summa contra Gentiles* (zit. ScG) und schließlich die opuscula *De regimine principum ad regem Cypri* (zit. De reg. pr.) und *De regno Iudaeorum ad Ducissam Brabantiae.* – Zur Zitation der S. Th.: sie ist in drei Hauptteile (zit. I, II, III), gegliedert, deren zweiter nochmals in zwei Hälften unterteilt ist. Der erste Teil des zweiten Hauptteils wird zitiert I-II, der zweite II-II; q. = quaestio, a. = articulus. Des näheren s. u. Anm. 25.

11 In Eth. I lect. 1 n. 3.

12 ARISTOTELES, NE 1094 a 1.

13 In Eth. I, lect. 1 n. 8: «Alles dieses aber ist ausgerichtet auf irgendein Gutes wie auf einen Zweck; denn die Wahrheit (z. B.) ist der Zweck (oder das Ziel) des Denkens». Man beachte, daß für Thomas also die Wahrheit ein Gut ist, ‹gut› und ‹wahr› dasselbe sind!

14 In Eth. I, lect. 1 n. 10.

15 S. Th. I-II, q. 8 a. 1.

16 S. Th. I-II, q. 27 a. 1 ad 1. – «Jede schlechte Handlung enthält noch irgend etwas Gutes» (*quaestiones disputatae de veritate* 24, 10 ad 11).

17 «Niemand hat die Freiheit, das Böse als Böses zu wollen» S.Th.I-II, q.78 a.1 ad 2.

18 In Eth.I, lect.1 n.16f.

19 In Eth. lect.2 n.19.

20 In Eth. lect.2 n.21.

21 In Eth. lect.2 n.21.

22 ARISTOTELES, Metaphysik 1071 b 4ff.

23 *Der* Revolutionär der politischen Philosophie wird daher Thomas Hobbes sein, der das *summum bonum* (zumindest für die Politik) außer Kurs setzt und statt dessen das *summum malum* als Ursache politischer Ordnung einführt. Zur Problematik der sog. Gottesbeweise vgl.: CASPAR NINK, Philosophische Gotteslehre, München 1948; JOSEF PIEPER, Scholastik, 98ff.; LEO STRAUSS, Naturrecht und Geschichte, Stuttgart 1956, 91 (Die Gottesbeweise bei Platon, Aristoteles und Thomas).

24 S.Th.I, q.2 a.1–3, q.6 a.2.

25 Zum folgenden S.Th.I-II qq.90 sqq. Dieser Passus wird als Kernstück der politischen Philosophie des Thomas der Lektüre dringend empfohlen. Daher sei hier anhand dieses Beispiels kurz die den modernen Leser befremdende Darstellungstechnik der Theologischen Summe erläutert: Die Behandlung des Themas ‹Gesetz› erstreckt sich über mehrere ‹Quaestionen› = Fragekomplexe (hier: von 90 bis 108). Quaestio 90 behandelt «das Wesen des Gesetzes (im allgemeinen)», q.91 «die Einteilung der Gesetze» etc. Zu Beginn der q.90 stellt Thomas dann fest, daß innerhalb des Problems «Wesen des Gesetzes» vier Teilfragen zu lösen seien, denen je 1 Artikel gewidmet ist: 1. «Ob das Gesetz etwas zur Vernunft Gehöriges sei?», 2. «Was Ziel oder Zweck des Gesetzes sei?», 3. «Wer Urheber des Gesetzes sein könne?», 4. «Ob zu seinem Wesen die Bekanntmachung gehöre?». – Jeder einzelne Artikel wiederum hat folgenden Aufbau: er beginnt mit einer (numerierten) Reihe von Ansichten bzw. Argumenten, die der eigenen schließlichen Lösung widersprechen oder zu widersprechen scheinen (*obiectiones*, Einwände). Sie können der Bibel entnommen sein, oder von einer sonstigen ‹Autorität› stammen, deren Gewicht in der ‹Schule› nicht übergangen wird (Die Kirchenväter, Aristoteles, Cicero z.B.) oder auch von irgendeinem zeitgenössischen Autor, der anonym bleibt («quidam ...»).

Die Objektionen enthalten also nicht ohne weiteres die Meinung des Thomas, und können nicht als thomasische Lehre zitiert werden! Den Objektionen folgen nach Art eines wissenschaftlichen Streitgesprächs *(disputatio)* Gegenargumente gegen die *obiectiones*, die den gleichen Quellen entnommen werden; sie werden eingeleitet mit den Worten *sed contra* (aber dagegen spricht, daß der und der gesagt hat ...). Objektionen oder deren Antithesen können bei Thomas bis zu dreißig in einem Artikel auftreten. Nun erst folgt der Hauptteil des Artikels (das *corpus*), in dem Thomas seine eigene Meinung unter Verarbeitung des vorher von ihm gesammelten antithetischen Gedankenmaterials darlegt. Danach geht er noch einmal auf jede einzelne der *obiectiones* ein, um sie im Lichte seiner dargelegten Lösung entweder zu widerlegen oder durch Interpretation die in ihr enthaltene Wahrheit *(veritas occulta)* herauszustellen. Dabei führt er seine im *corpus* niedergelegten Gedanken meist noch weiter oder erläutert sie näher. Die Behandlung der 1. Objektion leitet Thomas ein mit «ad primum» (zum ersten Einwand), die der 2. Objektion mit «ad secundum» (zum zweiten Einwand) usw. Die Antwort auf den dritten Einwand im 1. Art. unserer Quaestion 90 z.B. zitiert man: S.Th.I-II q.90 a.1 ad 3, die Objektion: q.90 a.1 obi.3, das *corpus* einfach q.90 a.1.

In diesem Aufbau der Artikel spiegelt sich die sogenannte *sic et non*-Methode der Scholastik wieder: das Problem ist so gestellt, daß man seine Lösung entweder auf ein *sic* (ja, so ist es) oder *non* (nein, das ist falsch) bringen kann; und so treten dann unter Umständen Heerscharen von Autoritäten dialektisch gegeneinander an. Es scheint dann, als ob die Wahrheit der Meinungen der Autoritäten ohne Nachdenken vorausgesetzt wird, und die ganze Kunst des Scholastikers darin bestünde, durch haarspalterische Unterscheidungen alle Widersprüche zwischen den unantastbaren Autoritäten um jeden Preis in Harmonie aufzulösen. Aufgrund dieser irrtümlichen Annahme ist es noch heute das vernichtendste Urteil, das einen Wissenschaftler treffen kann, er sei ein ‹Scholastiker›. In Wahrheit gilt für Thomas: «(Eine Meinung) aber mit einer Autorität belegen, bedeutet keinen Beweis», und: «Insoweit die heilige Wissenschaft philosophische Dokumente benutzt, nimmt sie diese nicht wegen der Autorität der Sprecher auf, sondern wegen des Gehalts des Gesagten». (Lateinischer Text bei Chenu, Das Werk, 153 Anm. 19.)

Zum Problem der Autorität in der Scholastik sei verwiesen auf: Chenu, Das Werk, 138ff., 154ff.; Martin Grabmann, Die Geschichte der scholastischen Methode, 2 Bde., Darmstadt 1961, unveränderter Nachdruck der 1. Aufl. von 1909 bzw. 1911; vgl. ferner die Bemerkungen bei J. Pieper, Hinführung, 75ff.

26 Davon muß auf das Schärfste die thomasische *lex divina* unterschieden werden. Dieses göttliche Gesetz ist das durch die Offenbarung in der Bibel positiv als göttliche Satzung festgehaltene Gesetz.

27 Vgl. S. Th. I-II, q. 93, a. 1.

28 S. Th. I-II q. 93 a. 3.

29 S. Th. I-II q. 90 a. 1.

30 Das ist die metaphysische Grundlage jeder Art von Rechtspositivismus, dessen politisches Korrelat eine wie immer geartete Willkürherrschaft sein muß.

31 S. Th. I-II q. 90 a. 1.

32 Quaest. disp. de veritate q. 23 a. 6 – vgl. dazu S. Th. I-II q. 93 a. 4 ad 1.

33 1. Kor. 2, 11.

34 Vgl. I-II q. 93 a. 2: «Ist die lex aeterna allen bekannt?»

35 S. Th. I-II q. 93 a. 6.

36 S. Th. I-II q. 93 a. 5 und 6.

37 Die berühmte Stelle des Neuen Testaments, die auf das natürliche Gesetz hinweist, ist Röm. 2, 14f.

38 Als exemplarisch klar und bündig vgl. man hier statt vieler die Kritik Hans Welzels, Naturrecht und materiale Gerechtigkeit, Göttingen ^{4}1962, 61ff.

39 Für Thomas ist dieses wesenhafte Sein also objektiv gegeben und objektiv analysierbar; hier zeigt sich das platonisch-aristotelische Erbe. Jede Form des Relativismus (Wertrelativismus, Historismus etc.) gründt bewußt oder unbewußt auf einer metaphysischen Negation der Realität der Ideen (Nominalismus).

40 Zur dynamischen Ontologie und insbesondere zum dynamischen Charakter des thomasischen Naturgesetzes vgl. Franz Martin Schmölz, Das Naturgesetz und seine dynamische Kraft, Freiburg/Schweiz 1959.

41 S. Th. I-II q. 85 a. 1 und 2.

42 AaO. Die Stelle unterscheidet also drei Begriffe von *bonum naturae humanae!* – Über den Gesetzescharakter der menschlichen Sündhaftigkeit *(lex fomitis)* vgl. S. Th. I-II q. 91 a. 6.

43 Das folgende hält sich eng an den Text S. Th. I-II q. 94 a. 2, da es sich dabei um die Schlüsselstelle zur thomasischen Naturrechtslehre handelt.

44 Dies ist also die naturgesetzliche (und damit auf dem ewigen Gesetz beruhende) Begründung der Gesellschaft und ihrer Ordnung!

45 Vgl. die skeptischen Erwägungen von Leo Strauss, Naturrecht und Geschichte, 162ff.

46 So ist es naturgesetzliches Gebot, Geliehenes (etwa eine Waffe) zurückzugeben; das gilt nicht mehr, wenn der Eigentümer inzwischen gemeingefährlich geworden ist (S. Th. I-II q. 94 a. 4). – Zur Unterscheidung von *prima* und *secunda praecepta* vgl. die instruktive Stelle S. Th. I-II q. 100 a. 8.

47 Die theologische Kritik (Duns Scotus, Wilhem v. Occam) wird sich vor allem auf die Frage richten, inweiweit gewisse Berichte im AT belegen, daß Gott von bestimmten Geboten des Naturgesetzes tatsächlich dispensiert und es damit nach seinem unerforschlichen Willensentschluß wenigstens im Einzelfall aufgehoben habe. In dieser theologischen Diskussion liegt die Quelle des späteren politischen Voluntarismus (z. B. Hobbes, Rousseau).

48 S. Th. I-II q. 91 a. 3 ad 1.

49 S. Th. I-II q. 96 a. 6.

50 Weisheit 9, 14.

51 Vgl. die Definition des Rechts S. Th. II-II q. 57 a. 1.

52 Vgl. S. Th. II-II q. 57 a. 2 obi. 3.

53 S. Th. I-II q. 72 a. 4; de reg. pr. I, 1. – Sehr bedenkenswert, aber unzutreffend, die Ansicht von Jürgen Habermas (Die klassische Lehre von der Politik in ihrem Verhältnis zur Sozialphilosophie, *Theorie und Praxis,* Neuwied 1963, 18 ff.), Thomas stelle den Übergang von der aristotelischen Politik zur modernen Sozialphilosophie dar, das aristotelische *zoon politikon* werde bei ihm zum *animal sociale,* die *civitas* zur unpolitischen, hausväterlich regierten *societas.* Jedoch, einmal ganz abgesehen von den *politischen* Rechten der Wahl und des Widerstandes bei Thomas: Die thomasischen Ausführungen zur Staatsgewalt an sich und zum Träger der Staatsgewalt sind streng auseinanderzuhalten. Für Aristoteles wie für Thomas ist die Tugend das erste Prinzip des Staates, nicht die Freiheit, für beide ist die Monarchie die beste Staatsform, beide empfehlen aus praktischen Gründen das *regimen mixtum* bzw. die Politie, für beide ist Bürger, wer an der politischen Gewalt teilhat. Vgl. In Pol. III, 1 n. 353; S. Th. I-II q. 95 a. 1 ad 2, q. 97 a. 1.

54 S. Th. I q. 96 a. 4.

55 Ausgezeichnet für das Verständnis dieser Problematik bei Thomas: Antoine Pierre Verpaalen, Der Begriff des Gemeinwohls bei Th. v. A. Ein Beitrag zum Problem des Personalismus, Heidelberg 1954; Lachance, L'humanisme politique.

56 De reg. pr. I, 1.

57 In Eth. I, 1 n. 4.

58 De reg. pr. I, 1.

59 Vgl. dazu Franz Faller, Die rechtsphilosophische Begründung der gesellschaftlichen und staatlichen Autorität bei Th. v. A., Heidelberg 1954.

60 Über die Arten der Glückseligkeit und ihr Verhältnis vgl. S. Th. I-II q. 69 a. 3.

61 S. Th. II-II q. 58 a. 9 ad 3.

62 De reg .pr. I, 14.

63 In Eth. X, 11, n. 2101.

64 Insofern verfehlt, aber lehrreich die Kritik von Felix Flückiger, Geschichte des Naturrechts I, Zollikon-Zürich 1954, 446 f.

65 Anders die Autonomie des Gewissens, vgl. z. B. S. Th. II-II q. 104 a. 5.

66 S. Th. I-II q. 21 a. 4 ad 3.

67 S. Th. II-II q. 152 a. 4 ad 3.

68 ScG III, 112 und 113.

69 S. Th. I-II q. 113 a. 9 ad 2.

70 Sinngemäß ist zu ergänzen: teils mittelbar durch das *bonum commune,* teils unmittelbar.

71 S. Th. I-II q. 21 a. 4 ad 3 (Hervorhebungen vom Verf.).

72 Zur Staatsgründung vgl. De reg. pr. II, 1 ff., wo übrigens schon Jahrhunderte vor Montesquieu die Bedeutung von Klima und Landschaft für das Gemeinwesen gewürdigt wird.
73 Den Frieden behandelt S. Th. II-II q. 29.
74 Da für den Christen Thomas das höchste Gut jenseitig ist, muß er selbst den tiefsten irdischen Frieden unvollkommen nennen.
75 Eintracht und Friede sind nicht dasselbe. Eintracht schlechthin kann es auch «unter den Gottlosen geben, nämlich im Bösen. Aber sie haben keinen Frieden»: S. Th. II-II q. 29 a. 1 sed contra.
76 In Dingen geringerer Wichtigkeit kann durchaus auch unter politischen Freunden Meinungsstreit herrschen: S. Th. II-II q. 29 a. 3 ad 2.
77 S. Th. II-II q. 29 obi. 3 und ad 3.
78 S. Th. I-II q. 105 a. 1 ad 2.
79 S. Th. I-II q. 95 a. 4, 97 a. 1, 105 a. 1; De reg. pr. I, 6.
80 S. Th. II-II q. 42 a. 2 ad 3. Aus diesem Grunde schließt Thomas den Tyrannenmord aus: die sich von einem gerechten Herrscher bedrückt fühlenden Schlechten würden durch die gegenteilige Lehre gereizt, den legitimen Herrscher zu beseitigen.
81 Peter Tischleder, Ursprung und Träger der Staatsgewalt nach der Lehre des hl. Thomas und seiner Schule, München 1923. Dazu Schilling, Staats- und Soziallehre, 125 f.
82 Vgl. S. Th. II-II q. 183 a. 2 ad 3.
83 In Pol. II, 1. 4. Über den Handel De reg. pr. II, 3. Wirtschaftsautarkie ist anzustreben; der Handel ist möglichst gering zu halten, da er die Begehrlichkeit fördert, diese zur Käuflichkeit führt und damit zur Korruption des bürgerlichen Verkehrs.
84 S. Th. II-II q. 57 ff. Dazu die hervorragende Schrift von Josef Pieper, Über die Gerechtigkeit.
85 S. Th. II-II q. 58 a. 5.
86 Wegen der sozialen Verflochtenheit des Menschen ist daher z. B. auch Selbstmord eine Verletzung des Gemeinwohls: S. Th. II-II q. 59 a. 3 ad 2.
87 S. Th. II-II q. 47 ff.
88 De reg. pr. I, 8 und 11 ff.
89 De reg. pr. I, 14 f.
90 Kommentar zum Römerbrief 13, 1.
91 Darauf weist Alois Dempf, Sacrum Imperium, Darmstadt ^{2}1954, 392 zu recht hin.

DANTE

1 Vgl. Rheinfelder, Selbstverständnis, 287.
2 Vgl. Conrad, Dantes Staatslehre, 46, und Johannes Spörl, Der Bildungsweg im Zeitalter Dantes, *Deutsches Dante-Jahrbuch* 40 (1963), 43 ff.
3 Purg. 6, 106 ff.; vgl. Vezin, Dante, 105 ff.; Michael Seidlmayer, Geschichte des italienischen Volkes und Staates, Leipzig 1940, 174 ff.
4 Zu Dantes sonstigen Ansichten über die Einigung Italiens, Vezin, Dante, 105 ff.; Zingarelli, La vita, 378 ff., 399 ff.
5 Vgl. z. B. *De vulgari eloquentia* I, 8, 4.
6 *Saracini*, Inf. 27, 87 ff., Par. 15, 142 ff.
7 Vgl. Inf. 17, 17; Marco Polo, Il Milione. A Cura di Ranieri Allulli (= Classici Mondadori), 1954.

8 Z.B. der entschiedene Guelfe ALBERTINO MUSSATO, Historia Augustae sive de gestis Henrici VII, XIV, 6.
9 Zu Dantes Kenntnis des Aristoteles: LORENZO MINIO-PALUELLO, Dante's Reading of Aristotle, in: CECIL GRAYSON (ED.), The World of Dante, Oxford 1980, 61ff.
10 RHEINFELDER, Selbstverständnis, 288.
11 Dazu RHEINFELDER, Dante und die Geschichte; MARJORIE REEVES, Dante and the Prophetic View of History, in: GRAYSON (Anm.9), 44ff.
12 *Monarchia* 1.Buch Ende und 3.Buch.
13 *Monarchia* 2.Buch.
14 Vgl. unten S.159ff.
15 Nach ARISTOTELES, Politik I, 2 bei Dante in Conv.IV, 4 und Mon.I, 5.
16 Vgl. Mon.I, 3. Die Lehre vom Gesamtintellekt stammt vom arabischen Philosophen Averroes (1126–1198). Sein Einfluß auf Dante ist von FRITZ KERN, Humana civilitas. Eine Dante-Untersuchung, Leipzig 1913, untersucht, aber wohl überbewertet worden.
17 Vgl. Mon.I, 9. Diese Lehre vom All, in dem alle Teile auf das Ganze hingeordnet sind und von der Entsprechung der menschlichen Welt wird von den Arabern Alfarabi und Averroes vertreten, ist aber schon bei Aristoteles in nuce vorhanden, wenn er in *Physik* II, 2 das Menschengeschlecht als den Sohn des Himmels bezeichnet, der in all seinen Bewegungen vollkommen ist.
18 Mon.I, 14–15; vgl. auch Conv.IV, 4.
19 Vgl. De reg. princ. I, 2.
20 *De civitate Dei* V, 24.
21 De reg. princ. I, 7.
22 Vgl. Conv.IV, 9 und Mon.I, 14.
23 Vgl. De reg. princ. I, 14.
24 Vgl. KRAUS, Dante, 747ff.
25 WERNER P. FRIEDERICH, Dante's Fame abroad, Roma 1950, 348ff.
26 Zum Rückgriff von Görres auf Dante vgl. GÖRRES, Gesammelte Schriften, Hrsg. von der Görresgesellschaft, II, 324ff.
27 Benedikt XV., Epistola encyclica saeculo sexto exeunte ab obitu Dantis Aligherii. Lateinisch und deutsch, Freiburg 1921.
28 Osservatore Romano 31.12.1965.
29 *De vulgari eloquentia* 2, 2.
30 Opere, Rime, CVI. Italienisch und deutsch: Dante, Gedichte, übers. v. HERTHA FEDERMANN, Köln 1966, 206ff.
31 *Monarchia* I, 12, 9 (RICCI 159f., SAUTER 108).
32 Vgl. RHEINFELDER: Dantes Selbstverständnis als politischer Dichter.
33 Vgl. RHEINFELDER, Dante und die Geschichte.
34 Vgl. Inf.6, 64–75; 10, 79–81; 15, 61–72; 24, 140–151; Purg.8, 133–139; 11, 139–141.
35 «Nicht in Andeutungen ... sondern in klaren Worten und mit genauer Rede (mit präzisem Latein)», Par.17, 31, 34f.
36 «Tu proverai sí come sa di sale
lo pane altrui, e come è duro calle
lo scendere e 'l salir per l'altrui scale, Par.17, 58ff.
37 «... a te fia bello
averti fatta parte per te stesso, Par.17, 68f.
38 «Laß dich nicht ein auf lügenhaftes Schweigen,
was du geschaut, das offenbare ganz,
und laß nur kratzen, wo es Krätze gibt!

Wer erst gekostet hat von deinem Wort,
dem schmeckt es bitter; doch wer es verdaut,
dem wird es lebenspendend reiche Nahrung.
Und wenn du rügst, nimmt dir den Wind zum Vorbild:
die höchsten Gipfel schüttelt er am meisten.
Ein solcher Freimut muß dir Ehre bringen», Par. 17, 127–135.

39 Vgl. z.B. Kraus, Dante, 86–115.
40 Baethgen, Entstehungszeit, 32.
41 Opere, Epistole, XII, Amico Florentino. Deutsch: Vezin, Dante, 295 ff.

MARSILIUS VON PADUA

1 Geoffrey Barraclough, History in a changing world, Oxford 1955, 78. Vgl. auch Marshall Clagett, Gaines Post, Robert Reynolds (eds.), Twelfth Century Europe and the Foundations of Modern Society, Madison/Wisc. 1966.
2 Dazu Johannes Spörl, Grundformen der hochmittelalterlichen Geschichtsanschauung. Studien zum Weltbild der Geschichtsschreiber des 12. Jahrhunderts, München 1935; Wilhelm Berges, Die Fürstenspiegel des hohen und späten Mittelalters, Stuttgart [2]1952; Werner Goez, Translatio Imperii. Ein Beitrag zur Geschichte des Geschichtsdenkens und der politischen Theorien im Mittelalter und in der frühen Neuzeit, Tübingen 1958, Walter Lammers (Hrsg.), Geschichtsdenken und Geschichtsbild im Mittelalter, Darmstadt 1961; Alois Dempf, Sacrum Imperium, Darmstadt [3]1962; Gerd Tellenbach, Libertas. Kirche und Weltordnung im Zeitalter des Investiturstreites, Stuttgart 1936.
3 Zum Ordo-Gedanken Luise Manz, Der Ordogedanke. Ein Beitrag zur Frage des mittelalterlichen Ständegedankens, Stuttgart–Berlin 1937; Wilhelm Dyckmans, Das mittelalterliche Gemeinschaftsdenken unter dem Gesichtspunkt der Totalität, Diss. Köln, Paderborn 1937; Hermann Krings, Ordo, philosophisch-historische Grundlegung einer abendländischen Idee, Halle 1941; Wilhelm Schwer, Stand und Ständeordnung im Weltbild des Mittelalters, Paderborn [2]1952.
4 Vgl. Ernst H. Kantorowicz, The Problem of Medieval World Unity, in: Selected Studies, Locust Valley/N.Y. 1965, 76–81, sowie Ders., The King's two Bodies. A Study in Medieval Political Theology, Princeton/N.J. 1957.
5 Otto von Gierke, Das deutsche Genossenschaftsrecht, Darmstadt [2]1954, Bd. 3, 514 ff.
6 Tellenbach, Libertas, 197.
7 Statt vieler Hinweise Carl Erdmann, Die nichtrömische Kaiseridee, in: Forschungen zur politischen Ideenwelt des Frühmittelalters, Berlin 1951, 1 f. «Denn im Abendland hatte der Kaiser den unbestrittenen Vorrang vor allen Königen. Aus dem obersten Rang floß die höchste Autorität und aus dieser eine Hegemonie, die sich in der praktischen Politik in verschiedenem Maße auswirken konnte».
8 Die Stellung des Kaisers in der Welt des Mittelalters, vor allem sein Verhältnis zu den anderen Königen des christlichen Abendlandes, ist noch immer umstritten. Vgl. dazu Albert Brackmann, Der mittelalterliche Ursprung der Nationalstaaten (= SB Akad. Wiss. Berlin. Phil-Hist. Klasse), Berlin 1936; Robert Holtzmann, Der Weltherrschaftsgedanke des mittelalterlichen Kaisertums und die Souveränität der europäischen Staaten, *Historische Zeitschrift* 159 (1939), Buchausgabe Darmstadt 1953; Hans Hirsch, Das Recht der Königserhebung durch

Kaiser und Papst im hohen Mittelalter, in: Festschrift für Ernst Heymanns, Weimar 1940, Buchausgabe Darmstadt 1962; GERD TELLENBACH, Vom Zusammenleben der abendländischen Völker im Mittelalter, in: Festschrift für Gerhard Ritter, Tübingen 1950, 1–59; WALTER HOLTZMANN, Das mittelalterliche Imperium und die werdenden Nationen, Köln–Opladen 1953; EDMUND E. STENGEL, Abhandlungen und Untersuchungen zur Geschichte des Kaisergedankens im Mittelalter, Köln – Graz 1965.

9 Def. Pac. I/1 § 6, 23, ähnlich 25. Die Seitenzahlen beziehen sich auf die deutsche Übersetzung von Kusch.

10 Def. Pac. III/3, 1102 f. *De titulo huius libri.*

11 Zum Leben HALLER, Lebensgeschichte; C. K. BRAMPTON, Marsiglio of Padua, Life, *The English Historical Review* 37 (1922), 501–515; DE LAGARDE, Marsile de Padoue, 14–39; Ders., Le Defensor Pacis, 3–9; GEWIRTH, Marsilius, 20–23; KUSCH, Edition, XV–XVII. QUILLET, Défenseur, 9–19; REIBSTEIN, Volkssouveränität, 28–30.

12 Def. Pac. I/1 § 6, 23.

13 Nach HALLER, Lebensgeschichte erst um 1290; ihm folgend BERGSTRAESSER-OBERNDÖRFER, Klassiker. Dagegen mit Recht RICHARD SCHOLZ, Genesis.

14 Abgedruckt bei HALLER, Lebensgeschichte, 195–197. Vgl. QUILLET, Défenseur, 13.

15 Die häufig anzutreffende Behauptung, Marsilius sei Kleriker gewesen, beruht auf einer falschen Quelleninterpretation. Vgl. HALLER, Lebensgeschichte und SEGALL, Defensor Pacis.

16 Vgl. einen Brief Papst Johannes' XXII. vom 29. April 1319 (= Régistres de Jean XXII, Lettres secrètes, éd. G. MOLLAT, Paris 1908, No. 860), sowie GEWIRTH, Marsilius, 21, SEGALL, Defensor Pacis, 32, und MORRALL, Political Throught, 104.

17 Daß Marsilius der alleinige Verfasser war und Johannes Jandun nicht daran mitgearbeitet hat, dazu – trotz der Bedenken SEGALLS, Defensor Pacis 1, Anm. 1 und 32 ff. – jetzt wohl abschließend ALAN GEWIRTH, John of Jandun and the ‹Defensor Pacis›, *Speculum* 23 (1948), 267–272. Daran ändert auch die unterschiedliche Tiefe der Textgestaltung – auf der einen Seite Streitschrift, auf der anderen Lehrsystem – nichts. Nicht überzeugend daher LUDWIG SCHMUGGE, Johannes von Jandun 1285/89–1328, Stuttgart 1966, 95–119, der einen großen Einfluß Janduns zu beweisen versucht.

18 PREVITÉ-ORTONS These, Einleitung zur Edition, X, XIX, es sei die Beschreibung des Ideals einer norditalienischen Stadt, ist nur schwer beweisbar. Zur Rolle der oberitalienischen Kommunen vgl. SEGALL, Defensor Pacis 51 ff. Der von SCHOLZ, Genesis, vorgebrachten Ansicht, es sei eine Denkschrift an Kaiser Ludwig, steht der mangelende Universalismus der Kaiseridee entgegen. Die Aufnahme dieser These bei MICHAEL WILKS, The Problem of Sovereignty in the later Middle Ages, Cambridge [2]1964, 110 steht im Zusammenhang einer Umdeutung des Marsilianischen Anliegens, die aus der Beweisführung indes nicht zwingend folgt.

19 Vgl. Schlußsatz Def. Pac. III/3, 1104.

19a Vgl. KARL BOSL, Der geistige Widerstand am Hofe Ludwig des Bayern gegen die Kurie, in: Die Welt zur Zeit des Konstanzer Konzils, Konstanz–Stuttgart 1965, 99–118. FRIEDRICH PRINZ, Als München das erstemal im Mittelpunkt großer Politik stand, in: ders., Gestalten und Wege bayrischer Geschichte, München 1982, 99–115.

20 Ludwig wurde in Rom von Vertretern des populus Romanus gekrönt. Vgl.

GEORGES DE LAGARDE, Marsile de Padoue et Guillaume de Nogaret, *Revue historique de droit français et étranger,* 4e sér. 11 (1932), 468f.

21 Hierauf stützen sich die Ansichten vom «italienischen Patrioten Marsilius», so HALLER, Lebensgeschichte 190, PREVITÉ-ORTON, Marsilius of Padua, *Proceedings of the British Academy* 21 (1935), 140, und vor allem die italienische Forschung etwa FELICE BATIGLIA, Modernità di Marsilio di Padova, in: Studi raccolti, 140. In der Tat gibt Marsilius die Lage Italiens mit Worten wieder, die an die späteren Schilderungen Machiavellis erinnern. Siehe Def. Pac. I/1 § 2, 17.

22 Bulle *Licet Iuxta,* MGH Const, 6, 1, 265ff. (Nr. 361).

23 Dazu eingehend BORNHAK, Anschauungen, 116ff. Während Marsilius grundsätzlich und radikal das Eherecht samt Dispens und Scheidung als Lex humana dem Kaiser zusprach, nahm der ebenfalls befragte OCCAM für ihn nur ein Notstandsrecht um das Staatswohles willen beim Versagen der kirchlichen Ehegerichtsbarkeit an. Vgl. *Consultatio in causa matrimoniali,* in: Guillelmi de Ockham Opera Politica, ed. J. G. SIKES and R. F. BENNETT, Manchester, 1940, I, 273–286.

24 NOEL VALOIS, Jean de Jandun et Marsile de Padoue, Auteurs du Defensor Pacis, *Histoire littéraire de la France* 23 (1906), 603.

24a Zum folgenden DE LAGARDE, Defensor Pacis, 61ff.

25 CASSIODOR, Variae I, 1, rec. Th. Mommsen, MGH Auct. Ant. XII, 10: «Omni regno desiderabilis debet esse tranquillitas, in qua et populi proficiunt, et utilitas gentium custoditur». Vgl. Pac. I/1 § 1, 15.

26 Def. Pac. I/1 § 2, 17.

27 Def. Pac. I/1 § 7, 27. Vgl. dazu LEO STRAUSS, Marsilius of Padua, in: LEO STRAUSS – JOSEPH CROPSEY, History of Political Philosophy, Chicago 1963, 228ff.

28 Dazu BERGES, 52ff.; GOEZ und DEMPF (vgl. Anm. 2) sowie HELENE WIERUSZOWSKI, Vom Imperium zum nationalen Königtum, München 1933.

29 GAINES POST, Studies in Medieval Legal Thought. Public Law and the State 1100–1322, Princeton/N.J. 1964, 3.

30 Vgl. SERGIO MOCHI ONORY, Fonti canonistiche dell'idea moderna dello stato, Milano 1951 und – teilweise entgegengesetzt interpretierend – WALTER ULLMANN, Medieval Papalism: the Political Theories of the Medieval Canonists, London 1949; dazu: BRIAN TIERNEY, Some recent works on the political Theories of the Medieval Canonists, *Traditio* 10 (1954), 594–625; JOHN A. WATT, The Theory of the Papal Monarchy in the thirteenth Century. The Contributions of the Canonists, London 1965.

31 HIRSCH, Königserhebung, Buchausgabe 33 (vgl. Anm. 8).

32 ROBERT HOLTZMANN, Weltherrschaftsgedanke, Buchausgabe, 29 (vgl. Anm. 8).

33 Dazu ausführlich BORNHAK, Anschauungen, SIGMUND RIETZER, Die literarischen Widersacher, S. 4. Zum Verhältnis von Occam und Marsilius: GEORGES DE LAGARDE, Marsile de Padoue et Guillaume d'Ockham, *Revue des sciences religieuses* 17 (1937), 167–185, 428–454; VICTOR MARTIN, Les idées répandues par Marsile de Padoue et Occam touchant la constitution de l'église, ebenda 261–289; J. G. SIKES, A possible Marsilian Source in Ockham, *English Historical Review* 41 (1936), 496–504; H. JUNGHANS, Ockham im Lichte der neueren Forschung, 1968, 257–259. Siehe auch: HERMANN OTTO SCHWÖBEL, Der diplomatische Kampf zwischen Ludwig dem Bayern und der Römischen Kurie im Rahmen des kanonischen Absolutionsprozesses 1330–1346, Köln 1968.

34 Dies kommt auch in der Schrift LUPOLD VON BEBENBURGS *De Iuribus Regni et Imperii* von 1340 zum Ausdruck, in vielen Aspekten eine Rechtfertigung der in Rhense getroffenen Regelungen.

35 Über die Anfänge der Konziliarstheorie grundlegend BRIAN TIERNEY, Founda-

tions of the Conciliar Theory, Cambridge 1955. Über den Einfluß des Marsilius auf die Konziliarstheorie PAUL E. SIGMUND, The influence of Marsilius of Padua on XVth Century Conciliarism, *Journal of the History of Ideas* 23 (1962), 392–402.

36 HEINZ ANGERMEIER, Das Reich und der Konziliarismus, *Historische Zeitschrift* 192 (1961), 531.

37 Vgl. dazu SEGALL, Defensor Pacis 22f.

38 Def. Pac. II/28 § 15, 987.

39 Def. Pac. I/17 § 10, 215.

40 Dazu ausführlich JOHANNES HECKEL, Marsilius von Padua und Martin Luther, *Zeitschrift d. Savignystiftg. f. Rechtsgesch.* 75, Kanon. Abt. 44 (1958), 282ff.

41 KUSCH, Friede als Ausgangspunkt.

42 THOMAS VON AQUIN, De Regimine Principum ad regem Cypri I, 2; vgl. auch I, 15.

43 Marsilius' Friedensbegriff ist in den Interpretationen umstritten: GEWIRTH, Marsilius, 96f., DEMPF, Sacrum Imperium, 450f. und KUSCH, Friede, 121, betonen das Säkulare, nicht das Kosmische, Metaphysische oder Ethische; SEGALL, Defensor Pacis, 20ff.; bes. 73ff. (gegen KUSCH) bestreitet dieses. Da Marsilius jedoch seine Schrift konzipiert hat, um nachzuweisen, daß öffentlicher Friede ohne geistliche Oberhoheit möglich ist, und dazu seine Lehre vom autonomen Gemeinwesen entwickelt hat, geht Segalls Interpretation fehl: Marsilius begründet den Frieden in der Tat nur ‹irdisch›, spricht von *pax seu tranquillitas civilis* (III/3, 1102) und trennt hinsichtlich der Ziele (vgl. I/4 § 3, 41); vgl. u.a. I/1 § 1, 14; I/5 § 11, 56; II/26 § 13, 908; III/3, 1101.

44 SEGALL, Defensor Pacis, 20.

45 Für das Verhältnis zu Aristoteles grundlegend MARTIN GRABMANN, Studien, 49–60. Vgl. auch M. GUGGENHEIM, Marsilius von Padua und die Staatslehre des Aristoteles, *Hist. Vierteljahresschrift* 7 (1904), 343–362; GEORGES DE LAGARDE, Une adaption de la politique d'Aristote au 14e siècle, *Revue historique de droit français et étranger*, 4e sér, 11 (1932), 227–269; KUSCH, Friede, 116–125; MARIO GRIGNASCHI, Le rôle de l'Aristotélisme dans le ‹Defensor Pacis›, *Revue d'histoire et de philosophie religieuse* 25 (1955), 301ff.; STRAUSS, Marsilius, 227ff.; DE LAGARDE, Defensor Pacis, 305ff.; JEANNINE QUILLET, L'Aristotélisme de Marsile de Padoue, in: Miscellanea Medievalia 2, Berlin 1963, 696–709, sowie dies., Philosophie politique.

46 STRAUSS, Marsilius, 228.

47 MORRALL, Political Thought, 107.

48 Vgl. Def. Pacis I/2 § 3, 31. Nach MORRALL, Political Thought, 107, ist der Marsilianische Friede «a plain bourgeois desire for sufficient material tranquillity to permit the smooth interchange of economic and social benefits».

49 Def. Pac. I/19 § 2, 229.

50 Zum Frieden als Bedingung der menschlichen Gesellschaft Def. Pac. I/1 § 4, 19.

51 Zur Staatslehre DE LAGARDE, Defensor Pacis, 61ff.; PINCIN, Marsilio, 21–113; VONA, Principi; QUILLET, Philosophie politique; dies., L'organisation de la société humaine selon le Defensor Pacis de Marsile de Padoue, in: Miscellanea Medievalia 3, Berlin 1964, 185–203; STÜRNER, Natur, 164–183; SCHOLZ, Marsilius, 88–103.

52 Def. Pac. I/4 § 5, 43.

53 Def. Pac. I/4 § 2, 39.

54 Vgl. Def. Pac. I/4 § 1, 37.

55 Def. Pac. I/4 § 2, 39.

56 Vgl. Def. Pac. I/4 § 3, 41: «Da diese Fertigkeiten (= die verschiedenen Gattungen und Arten von Künsten) nur von einer großen Zahl von Menschen ausgeübt und

nur durch ihr Zusammenwirken gehandhabt werden können, so mußten die Menschen sich zusammenschließen, um Vorteile aus ihnen zu gewinnen und Nachteile zu vermeiden».

57 Vgl. die Ableitung Def. Pac. I/4 § 3, 39.

58 STÜRNER, Natur, 134.

59 Vgl. DE LAGARDE, Defensor, 179ff.; HECKEL, Marsilius, 294ff.; PINCIN, Marsilio, 109ff.; GEWIRTH, , 132ff., 206ff.

60 Der Ausdruck steht hier für Regierungs- und Herrschaftslehre.

61 HECKEL, Marsilius, 274.

62 Def. Pac. I/3 § 5, 37: «Endlich aber führten Vernunft und Erfahrung der Menschen, was zum Leben und Gutleben notwendig ist, zur Vollkommenheit, und so entstand die vollkommene Gemeinschaft, der Staat, mit der Unterscheidung seiner Bestandteile *(per hominum racionem et experienciam)*».

63 Zur Marsilianischen Auffassung von Kirche und Priestertum, ein Bereich, der mehr der politischen Theologie denn der politischen Philosophie zugehört, näher STRAUSS, Marsilius, 229ff., SABINE, History, 298ff., GEWIRTH, Marsilius, 260ff., und besonders HECKEL, Marsilius, sowie MARIO GRIGNASCHI, Une polémique du moyen âge sur la primanté de Pierre et un appel pour une église évangélique, Wien 1955.

64 Def. Pac. I/4 § 5, 43; vgl. STÜRNER, Natur, 179.

65 Def. Pac. I/2 § 3, 29.

66 Def. Pac. I/5 § 1, 43.

67 Zum folgenden kurzgefaßt MORRALL, Political Thought, 110ff., WALTER ULLMANN, Principles of Government and Politics in the Middle Ages, London 1961, 268ff.; DE LAGARDE, Defensor, 131ff.

68 Dazu HANNS KURZ, Volkssouveränität und Volksrepräsentation, Köln–Berlin–Bonn–München 1965, 61ff.; REIBSTEIN, Volkssouveränität, 34ff.

69 Def. Pac. I/12 § 8, 128: «Pertinet hoc igitur ad civium universitatem aut eius partem valenciorem». Marsilius gebraucht beide Ausdrücke ohne Bedeutungsunterschied.

70 Def. Pac. I/12 § 5, 123; Zur Repräsentation REIBSTEIN, Volkssouveränität, 36.

71 Marsilius erklärt in Def. Pac. I/12 § 3, 118: *considerata quantitate personarum et qualitate.* Die Formulierung *pars valencior* stammt aus der Aristoteles-Übersetzung Wilhelm von Moerbekes, Politik 4, 12. Dazu SIGMUND, Influence 398 (vgl. Anm. 35), FERDINAND ELSENER, Zur Geschichte des Majoritätsprinzips (pars maior und pars sanior) ..., *Zeitschrift d. Savignystiftg. f. Rechtsgesch.* 73 Kanon. Abt. 42 (1956), 73–116 (104–110), sowie allgemeiner LÉO MOULIN, Sanior et Maior Pars. Note sur l'évolution des techniques électorales dans les Ordres religieux du VIe au XIIIe siècle, *Revue historique de droit français et étranger* 36 (1958), 368–397 und 491–529. Marsilius selbst bestimmt valentior pars nicht eindeutig. Oft meint der Begriff nur die quantitative Mehrheit der Bürger, vgl. Def. Pac. I/13 § 2 und 4, siehe PINCIN, Marsilio, 76ff. und GEWIRTH, Marsilius, 182ff. Daneben meint er aber auch den qualitativ gewichtigeren Teil; dazu DE LAGARDE, Defensor, 141ff.

72 Def. Pac. I/12 § 5, 123 und I/13 § 5.

73 Marsilius führt drei Beweise an, Def. Pac. I/12 §§ 5ff., 123ff. Ein viertes Argument faßt die früheren Beweise zusammen; vgl. Def. Pac. I/12 § 8, 127.

74 Er hat die Gewalt «leges humanas statuendi, principarum instituendi, principem assumendi, auctoritatem illi concedendi, et hec omnia mutandi, destruendi, augendi vel minuendi, suspendendi, corrigendi, deponendi, transferendi, revocandi et reliqua faciendi circa ea, que iam dictam auctoritatem habenti principaliter, non

ab altero, expedire videntur et per suam expresserit voluntatem». Def. Pac. II/3 § 8, 1082.

75 Dazu MORRALL, Political Thought, 110.

76 Def. Pac. I/15 § 2, 157.

77 Def. Pac. I/19 § 3, 229.

78 Def. Pac. I/15 § 14, 171.

79 Dazu STRAUSS, Marsilius, 234f.

80 Def. Pac. I/9, § 7ff.

81 HECKEL, Marsilius, 276.

82 Def. Pac. II/30 § 4, 1071. Dazu WILKS, Sovereignty, 98ff.

83 Vgl. dazu STEN GAGNÉR, Studien zur Ideengeschichte der Gesetzgebung, Uppsala 1960, 121ff.

84 HECKEL, Marsilius, 315.

85 Zum Gesetzesbegriff ULLMANN, Principles, 275, MORRALL, Political Thought, 110, DE LAGARDE, Defensor Pacis, 155f.

86 Def. Pac. III/3, 1102.

87 Def. Pac. I/12 § 2, 118: «Mensura humanorum actuum civilium».

88 Def. Pac. I/12 § 8, 128: «Lege debent omnes cives mensurari secundum proportionem debitam».

89 Vgl. aber die abweichende Auffassung von MORRALL, Political Thought, 111: «Marsiglio's legal philosophy may be couched in his own terminology but it does not constitute a radical departure from medieval precedent».

90 Vgl. FRITZ KERN, Recht und Verfassung im Mittelalter, *Historische Zeitschrift* 120 (1919), Buchausgabe Darmstadt 1958.

91 Zur Bedeutung der Unterscheidung von *legem ferre* und *legem dare* vgl. WALTER ULLMANN, Papst und König. Grundlagen des Papsttums und der englischen Verfassung im Mittelalter, Salzburg–München 1967, 53. Vgl. auch die verschiedenen Abhandlungen bei HELEN MAUD CAM, Law-Finders and Law-Makers in Medieval England. Collected Studies in Legal and Constitutional History, London 1962.

92 Vgl. das Landrecht des *Sachsenspiegels* (ed. CL. FRH. VON SCHWERIN, Stuttgart 1956) I, 1; III, 52 § 2; III, 54 § 2.

93 ULLMANN, Principles, 276.

94 Dazu ROLF SPRANDEL, Das Problem neuen Rechts im früheren Mittelalter, *Zeitschr. d. Savignystiftg. f. Rechtsgesch. 79 Kanon. Abt.* 48 (1962). Vgl. auch HERMANN KRAUSE, Dauer und Vergänglichkeit im mittelalterlichen Recht, *Zeitschrift d. Savignystiftg. f. Rechtsgesch.* 75 (1958), 206–251.

95 Vgl. MOCHI ONORY, Fonti canonistische, und MAX JÖRG ODENHEIMER, Der christlich-kirchliche Anteil an der Verdrängung der mittelalterlichen Rechtsstruktur und an der Entstehung der Vorherrschaft des staatlich gesetzten Rechts im deutschen und französischen Rechtsgebiet, Basel 1957, sowie die in Anm. 30 genannten Werke (mit weiteren Hinweisen).

96 Dazu vor allem GAINES POST, Studies, darin insbes. Ratio publicae Utilitatis, ratio status and ‹Reason of State›, sowie GAINES POST, The Theory of Public Law and the State in the 13th Century, *Seminar* (Annual Extraordinary Number of the Jurist) 6 (1948), 42–59.

97 Zum Kaiserrecht HERMANN KRAUSE, Kaiserrecht und Rezeption, Abhandlungen der Heidelberger Akademie der Wissenschaften, Phil.-hist. Klasse 1952, Heidelberg 1952.

98 Vgl. WILLIAM E. BRYNTESON, Roman Law and Legislation in the Middle Ages, *Speculum* 41 (1966), 420–437 (437).

99 Vgl. MORRALL, Political Thought, 105, und besonders EWART LEWIS, The ‹Positivism› of Marsiglio of Padua, *Speculum* 38 (1963), 541–582.

100 MORRALL, Political Thought, 110.

101 Vgl. OTTO VON GIERKE, Johannes Althusius und die Entwicklung der naturrechtlichen Staatstheorien, Aalen [5]1958, 53; RIEZLER, Widersacher, 230; FRIEDRICH VON BEZOLD, Die Lehre von der Volkssouveränität während des Mittelalters, *Historische Zeitschrift* 36 (1876), 346; W. SCHNEIDER-WINDMÜLLER, Staat und Kirche im Defensor Pacis des Marsilius von Padua, Bonn 1934, 9; zum Ganzen SEGALL, Defensor Pacis, 2 ff.; REIBSTEIN, Volkssouveränität, 25 ff. Allerdings geht eine Behauptung wie die GEWIRTHS, Marsilius, 315 «The Marsilian doctrine is thus prophetic, and ... illuminative of basic aspects of the ideas and institutions we call ‹modern›» ebenso zu weit wie die gegenteilige etwa bei R. W. und A. J. CARLYLE, A history of Medieval Political Theory in the West, Edinburgh–London 1936, VI, 9 «He represents not the beginning of some modern and revolutionary doctrine, but the assertion of traditional principle».

102 Vgl. SIGMUND, Influence. Cusanus schöpft weitgehend aus Marsilius, ohne ihn zu nennen, – und dies, obwohl 240 unorthodoxe Behauptungen im *Defensor Pacis* festgestellt worden waren und Papst Clemens V. das Werk als das ketzerischste bezeichnete, das er je gelesen habe. Die meisten Handschriften entstanden gerade während des Höhepunktes des Konziliarismus zwischen 1400 und 1416.

103 Die erste gedruckte Ausgabe erschien 1522 unter dem Titel *Opus insigne cui titulum fecit autor defensorem pacis.* Dazu ERNST STAEHELIN, L'édition de 1522 du ‹Defensor Pacis› de Marsile de Padoue, *Revue d'histoire et de philosophie religieuses,* 24 (1954), 209 ff. Eine deutsche Übersetzung der zweiten und dritten dictio wurde 1545 «durch M. Marxen-Müller von Westendorff ... verteutscht und zesamengericht» zu «Neuburg an der Thunaw». Die erste englische Übersetzung wurde von WILLIAM MARSHALL 1535 veranstaltet; sie diente als Waffe der absolutistischen Ansprüche Heinrichs VIII. Vgl. MORRALL, Political Thought, 117.

104 Vgl. GEWIRTH, Marsilius, 62, 84 ff., 174 f., 257, 304 ff. Zur Wirkungsgeschichte auch KUSCH, Edition, IX, und insbesondere DE LAGARDE, Defensor Pacis, 358–377 sowie im Hinblick auf die deutsche Publizistik des 16./17. Jahrhunderts MARTIN HECKEL, Staat und Kirche nach der Lehre der evangelischen Juristen in der ersten Hälfte des 17. Jahrhunderts, *Zeitschr. d. Savignystiftg. f. Rechtsgesch.* 73 *Kanon. Abt.* 42 1956), 126, 145, und ibid. 74 *Kanon. Abt.* 43 (1957), 209.

105 Zur Forschungslage: JUSTUS HASHAGEN, Marsilius von Padua im Lichte der neueren Forschung, *Historisches Jahrbuch* 61 (1941), 277 ff. und SEGALL, Defensor Pacis, DE LAGARDE, Defensor Pacis, 10 ff.

MACHIAVELLI

1 Eine noch immer imponierende, wenngleich die Stil-, Literatur- und Ideengeschichte bevorzugt behandelnde Einführung bietet BURCKHARDT, Kultur der Renaissance. Daneben ausgezeichnet GERHARD RITTER, Die Neugestaltung Europas im 16. Jahrhundert, Berlin 1950, und HANS BARON, The Crisis of the Early Italian Renaissance. Civic Humanism and Republican Liberty in an Age of Classicism and Tyranny. Bd. 2, Princeton [2]1966. Eine einfachere, jedoch sprachlich brillante Darstellung gibt MARCEL BRION, Machiavelli und seine Zeit, Düsseldorf/Köln 1957.

2 Eine gespenstische Illustration solch einer fortgeschrittenen Desintegration eines Gemeinwesens bietet noch heute das Städtchen San Gimignano in Toskana: Jeder

einzelne der dort ansässigen Familienverbände war seinerzeit auf Grund der allseitigen Fehden genötigt, zur Selbstverteidigung wolkenkratzerartige Wehrtürme in die Höhe zu treiben. Von ehedem 72 dieser kirchturmhohen Wehrbauten stehen gegenwärtig noch dreizehn auf engstem Raum.

3 So HANS MAIER, Die Lehre der Politik an den deutschen Universitäten vornehmlich vom 16. bis 18. Jahrhundert, in: Wissenschaftliche Politik. Eine Einführung in Grundfragen ihrer Tradition und Theorie (hrsg. v. D. OBERNDÖRFER), Freiburg/Br. [2]1966, 74.

4 JACOB BURCKHARDT, Kultur d. Renaissance, 36 (zit. jeweils nach der Ausgabe Berlin 1944).

5 Ein jüngst aufgefundenes Tagebuch des Vaters von Machiavelli erlaubt jetzt nähere Einblicke in die Familienverhältnisse: BERNARDO MACHIAVELLI, Libro di Ricordi. A cura di Cesare Olschki, Firenze 1954. Vgl. dazu WILLY ANDREAS, Der Vater Machiavellis, *Historische Zeitschrift* 186 (1958), 328–333.

6 Zur näheren Bestimmung vgl. Dante-Artikel in diesem Band.

7 Vgl. *Discorsi* I, 45, III, 30 sowie *Principe* 6. (Zitiert wird Buch und Kapitel, bzw. Kapitel im folgenden stets nach der von ERWIN FAUL besorgten *Discorsi*-Ausgabe sowie nach dem von HANS FREYER eingeleiteten *Principe* in der Reclam-Bibliothek.)

8 Die Erste Kanzlei erledigte die Auswärtigen Angelegenheiten. Ihr unterstand unmittelbar die Zweite Kanzlei, deren Aufgabengebiet der Bereich der innerflorentinischen Angelegenheiten war. Vgl. dazu S. 1469 (Anm. 5) der französischen Oeuvres complètes de Machiavel (Bibl. de la Pléiade), Paris 1952.

9 Die Verfemung Machiavellis, seine Umdeutung zu einem finsteren Monstrum begann früh: schon 1557 verurteilte Papst Pius IV. den «unsauberen und verbrecherischen Schriftsteller», der dann vom Reformkonzil zu Trient auf den Index gesetzt wurde (vgl. HEINRICH LUTZ, Ragione di Stato und christliche Staatsethik im 16. Jahrhundert, Münster 1961). Protestanten und Jesuiten, absolutistische Schreiber und moralisierende Gelehrte wetzten seither ihre Feder an seinem *Principe.* Zu den erklärten Anhängern Machiavellis zählten etwa RICHELIEU, ROUSSEAU, FICHTE, HEGEL, MARX, ENGELS, TREITSCHKE, NIETZSCHE, MUSSOLINI und der Antigaullist MERLEAU-PONTY – wobei freilich die Frage, ob sie ihn richtig verstanden, ebenso offenbleibt wie bei seinen Gegnern.

10 Friedrich – er war damals noch Kronprinz – schrieb das Pamphlet wahrscheinlich im Jahr 1739. VOLTAIRE überarbeitete das Konzept und veröffentlichte es 1740 unter dem angegebenen Titel, freilich zur größten Unzufriedenheit des Autors, der es in einer ursprünglicheren Fassung im folgenden Jahr unter dem Titel *Examen du prince de Machiavel avec des notes historiques et politiques* erneut publizieren ließ. Die empfehlenswerteste Übersetzung findet sich in: Werke Friedrichs des Großen (hrsg. v. G. B. VOLZ) Bd. 7, Berlin 1912.

11 Gesammelte Schriften V, 406.

12 JACOB BURCKHARDT sagt von ihnen, Machiavelli erweise sich hier als «der größte Dilettant, der je als solcher im Kriegswesen aufgetreten ist» (Kultur der Renaissance, 47). Das Werk ist aus eben diesem Grund nicht in die letzte deutsche Gesamtedition, die Gesammelten Schriften, aufgenommen worden.

13 Gesammelte Schriften V, 342.

14 Vgl. die Diskrepanz, die zwischen Aristoteles' Analyse der Verfassung Spartas (*Politik* 2. Buch, Kap. 9) und jener Machiavellis (*Discorsi,* insb. I, 6) besteht: Hier zeigt sich, daß es zu den längst überfälligen Aufgaben der Ideengeschichte gehört, Machiavelli einmal systematisch auf seinen Umgang mit historischen Quellen hin zu überprüfen. Wahrscheinlich erwiese sich, daß MEHMELS Bemerkung, der Realis-

mus Machiavellis sei «eine Mischung ... aus Kenntnis des politischen Betriebs unter mittelmäßigen Verhältnissen, politischer Reaktion auf bestimmte Erfahrungen und Enttäuschungen ... und doktrinärem Verallgemeinern» den Sachverhalt trifft. (Vgl. FRIEDRICH MEHMEL, Machiavelli und die Antike, *Antike und Abendland* III, 1948, 171.)

15 BURCKHARDT, Kultur d. Renaissance, 37.

16 *Principe* 15.

17 Princ. 1.

18 Princ. 9.

19 *Discorsi* I, 2. Vgl. daneben I, 4 u. 7.

20 Disc. II, 2.

21 Disc. I, 55.

22 Disc. I, 10.

23 Disc. I, 18.

24 Disc. I, 5. Bezeichnend für seine Geisteshaltung ist auch der Satz: «Ich werde es nie für einen Fehler halten, Meinungen mit Gründen zu verteidigen, ohne mich auf Autoritäten zu berufen oder sie jemand aufzuzwingen» (Disc. I, 58).

25 Disc. I, 40.

26 So ERNST CASSIRER: Vom Mythos des Staates, Zürich 1949. Nachdem er Machiavelli zuerst unterstellt hat, daß er eine vollkommene «Wissenschaft der Politik» zu schreiben sich bemühte, fällt es ihm leicht, innerhalb des Werkes Widersprüche nachzuweisen.

27 Disc. II, Vorrede.

28 Princ. 25.

29 Princ. 23.

30 Disc. I, 29.

31 Disc. I, 37.

32 Disc. I, 42.

33 Disc. III, 6; Princ. 18.

34 Disc. III, 21.

35 Princ. 17.

36 Disc. I, 3.

37 Princ. 3.

38 Princ. 6.

39 Princ. 7.

40 Princ. 8.

41 Princ. 9.

42 Princ. 9.

43 Princ. 9.

44 Princ. 11.

45 Disc. II, 2.

46 Über die Bedeutung des *virtus-Begriffs* bei Cicero sowie seine Wandlung und Verwendung im Spätmittelalter – etwa bei Bruni, Alberti, Savonarola – vgl. HANS BARON, Cicero and the Roman civic Spirit in the Middle Ages and the early Renaissance, *Bulletin of the John Rylands Library* 22 (1938). Für die Bedeutung der hier nicht behandelten Begriffe *necessità, occasione, libertà, ozio* vgl. jetzt generell KURT KLUXEN, Politik und menschliche Existenz bei Machiavelli. Dargestellt am Begriff der *necessità*, Stuttgart 1967; über den *virtù*-Begriff Machiavellis siehe daneben die eingehende Studie von NEAL WOOD, Machiavelli's Concept of *virtù* reconsidered, *Political Studies* 15 (1967), 159–172.

47 Princ. 14.

48 Als technische Kapitel bezeichnen diesen Abschnitt FRIEDRICH MEINECKE, Idee der Staatsräson, sowie HANS FREYER, Machiavelli.
49 Disc. I, 3.
50 Princ. 19.
51 Princ. 18.
52 L. v. RANKE, Zur Kritik neuerer Geschichtsschreiber, Leipzig/Berlin 1824.
53 Den entscheidenden Durchbruch zu einem abgewogenen Machiavelli-Bild bildet die 1942 erschienene Studie von AUGUST RENAUDET, Machiavel. Dieser Interpretationsmodus war vorher bereits aufgegriffen worden von WERNER KÄGI: Der Glaube Machiavellis, in: Historische Impressionen, Bd. 1, 1942 (erstmals 1940 veröffentlicht) sowie RENÉ KÖNIG, Niccolò Machiavelli. Zur Krisenanalyse einer Zeitenwende, Erlenbach–Zürich 1941. Diese Sicht haben seither ergänzt und vertieft: LEONHARD VON MURALT, Machiavellis Staatsgedanke, Basel 1945; ERIC VOEGELIN, Machiavellis Prince. Background and Formation, *The Review of Politics*, 13 (1951); FANZ-MARTIN SCHMÖLZ, Machiavelli. Die Trennung von Ethik und Politik, *Zeitschrift für Politik 10* (1963) sowie erschöpfend GENNARO SASSO, Niccolò Machiavelli – Geschichte seines politischen Denkens, Stuttgart 1965.
54 Princ. 18.
55 Princ. 18.
56 Diese Idee liegt letztlich aller Polemik gegen Machiavelli zugrunde.
57 Die Not der Besatungsjahre greift Machiavelli in seinen Briefen immer wieder auf, er benutzt sie sogar als Stimmungshintergrund der Komödie *Clizia* (Gesammelte Schriften V, 199).
58 Princ. 25.
59 Princ. 26.
60 BURCKHARDT, Kultur d. Renaissance, 11 Anm. 1.
61 So HANS FREYER in der Einleitung des *Principe*, Stuttgart 1961, 17.
62 Gemeint ist wahrscheinlich das ägyptische Mameluckenreich.
63 Dic. II, Einleitung.
64 Disc. I, 10.
65 Princ. 12.
66 Disc. I, 12.
67 Disc. I, 11.
68 Disc. I, 11.
69 Disc. I, 11.
70 Vgl. WILHELM HENNIS, Politik und praktische Philosophie, Neuwied/Berlin 1963, 56f.
71 So auch F.-M. SCHMÖLZ, Machiavelli. Die Trennung von Ethik und Politik, *Zeitschrift für Politik 10* (1963).
72 Vgl. KARL REINHARDT, Thukydides und Machiavelli, in: Vermächtnis der Antike (hrsg. v. C. BECKER), Göttingen 1960.

THOMAS MORUS

1 KARL MANNHEIM, Ideologie und Utopie, Frankfurt [4]1965; ERNST BLOCH, Das Prinzip Hoffnung II, Berlin 1955. – HANS FREYER, Die politische Insel, Leipzig 1936; RAYMOND RUYER, L'utopie et les utopies, Paris 1950.
2 Vgl. ROBERT HEISS, Der Gang des Geistes, Bern 1948, 21f.
3 Klassisch noch immer: KAUTSKY, Morus.

4 So Brie, Morus; Brie, Machtpolitik.

5 So – mit ganz absurder Beweisführung –: Möbus, Macht und Menschlichkeit; Möbus, Politik des Heiligen; ähnlich John Duncan Mackie (= Oxford History of England, 7), Oxford 1952 (der Staat der Utopia wäre – wie Hitlers Reich – eine Gefahr für den Weltfrieden, 263).

6 Die Grenzen zwischen den verschiedenen Interpretationstypen sind natürlich fließend. Spezifisch konservativ und mit einer Neigung, der Utopia möglichst wenig Ernst zuzusprechen, z. B.: Hollis, More; Campbell, More's Utopia; Campbell, Erasmus, Tyndale, More; Reynolds, More. Vermittelnd, mit starker Betonung der traditionellen Momente z. B.: Chambers, More; Bendemann, Studie; Donner, Introduction; Jäckel, Utopia. Am wichtigsten und abgewogensten die Arbeiten des amerikanischen Jesuiten Surtz, Praise of Wisdom, und vor allem: Praise of Pleasure.

7 Das hat vor allem Ritter, Dämonie der Macht, gegen die konservativ-historistische Interpretation zur Geltung gebracht; Ritter interpretiert die Utopia als einen durchaus neuzeitlichen Text, aber als einen spezifisch englischen Ausdruck einer insularen Staatsidee.

8 Zum Aufbau und zur Entstehungsgeschichte vor allem: Hexter, More's Utopia, und die Einleitung von Hexter zur Yale Edition of the Complete Works IV, 1965.

9 Vgl. dazu meinen Aufsatz: Die Funktion der Utopie im politischen Denken der Neuzeit, *Archiv für Kulturgeschichte* 44 (1962), 357–378.

10 Auch der Name des Erzählers Hythlodaeus berechtigt zu keinem Schluß auf die Meinung des Autors: Man kann diesen Namen als ‹Possenfeind› oder als ‹Possenmacher› verstehen, vielleicht hat Morus das bewußt zweideutig gelassen; aber auch wenn man die zweite Deutung annimmt, könnte der Name nach Humanistenart ironisch gemeint sein: Auch der Possenmacher gerade könnte Wahrheit aussprechen. – Wenn man den Autor und den ‹realistischen› Dialogpartner Morus identifiziert, müßte man nachweisen, welchen Sinn die Erfindung des – negativ gewerteten – Landes Utopia hätte und wie sich der positive Ernst der Erzählhaltung in der Utopia erklärt – das ist aber ohne Künstlichkeiten nicht möglich.

11 Das erweist für Morus vor allem die Arbeit von Huber, Tradition. Surtz weist im einzelnen nach, welche utopischen Positionen innerhalb der christlichen Tradition und ihrer humanistischen Umformung möglich waren und welcher Sinn den heidnischen Positionen innerhalb des christlichen Denkens zukam.

12 Alfred Doren, Wunschräume und Wunschzeiten, Vorträge Bibliothek Wartburg, 1927.

13 Brief Budés an Th. Lupset, schon in der Ausgabe von 1518; Complete Works IV, 10, 12.

14 Die Bedeutung der Besitzverteilung für die Staatsform hat natürlich schon die antike Literatur betont, und Morus konnte auf diese Tradition zurückgreifen; aber die utopische Weltstruktur ist nicht nur eine Wiederentdeckung, sondern geht in ihrer Universalität über das antike Modell weit hinaus: Sie ist eine Neuentdeckung.

15 Die Rezeption des platonischen Themas ist freilich eine Umbildung: Das konkrete, nämlich hellenische Ideal Platos wird zu einem abstrakten, intellektuell konstruktiven Ideal.

16 Das hat vor allem Russel Ames, Citizen Thomas More, herausgearbeitet. In den herkömmlichen Biographien, so auch bei Chambers, fehlen alle Angaben über die Berufskarriere des Morus und seinen wirtschaftlichen Status.

17 Nur ein Teil der Schriften des Morus ist zu seinen Lebzeiten gedruckt, ein Teil erschien in den Gesamtausgaben bald nach seinem Tod. Für ein bibliographisch genaues Verzeichnis der Werke und der verschiedenen Titelfassungen sind die im Li-

teraturverzeichnis genannten Bibliographien und die Gesamtausgaben heranzuziehen.

18 Vgl. GIBSON, Bibliography, 125–159.

19 Vgl. zu diesem Gegensatz RITTER, Dämonie.

LUTHER

1 ERNST KINDER, Gottesreich, 26.

2 Vgl. JOHANNES HECKEL, Lex Charitatis, insb. 167–179.

3 Die Auffassung, Luther habe noch der mittelalterlichen Idee eines einheitlichen geistlich-weltlichen Universalreiches gehuldigt und lediglich die innere Grenze zwischen geistlicher und weltlicher Gewalt neu gezogen, wird bis in die Gegenwart immer wieder vertreten (z. B. RUDOLF SOHM, Kirchenrecht, München 1893 u. 1932; KARL RIEKER, Die rechtliche Stellung der evangelischen Kirche Deutschlands, Leipzig 1893, 65 ff.; ERNST TROELTSCH, Soziallehren, 523 f.; KURT MATTHES, Das Corpus Christianum; FRANZ LAU, Luthers Lehre von den beiden Reichen vertritt die Ansicht, daß Luther noch in der *Christenheit* die übergreifende Einheit für die drei ‹Hierarchien› der *ecclesia, oeconomia* und *politia* gekannt habe. Im übrigen läßt Lau die Frage des *corpus christianum* offen). Sie kann jedoch durch die Forschungen von KARL HOLL, Luther I, 345 f., J. HECKEL u. a. für überwunden gelten. Die Diskussion hat sich vor allem an der Interpretation der Schrift Luthers *An den christlichen Adel ...* (1520, WA 6, 404) entzündet, insbesondere an der Frage des Verständnisses der von Luther verwendeten Begriffe ‹christlicher Körper› (WA 6, 410, 4) und ‹ganzer Körper der Christenheit› (WA 6, 409, 18; 413, 28); vgl. dazu J. HECKEL, Lex Charitatis, 168.

4 WA 38, 143, 25 ff.: «Ist je ein Mönch in den Himmel gekommen durch Möncherei, so wollte ich auch hineingekommen sein. Das werden mir alle meine Klostergesellen, die mich gekannt haben, bezeugen. Denn ich hätte mich, wenn es (noch) länger gewährt hätte, zu Tod gemartert mit Wachen, Beten, Lesen und anderer Arbeit» (1533).

5 Zum Problem der Abhängigkeit Luthers von der scholastischen Tradition vgl. ERWIN ISERLOH, Luthers Stellung in der theologischen Tradition, in: Wandlungen des Lutherbildes, Würzburg 1966, 15–47, mit sehr viel Literaturnachweisen; HEIKO A. OBERMAN, Spätscholastik und Reformation, Zürich 1965.

6 WA TR 1, 502 (1533).

7 WA 18, 719, 4 ff. (*De servo arbitrio*, 1525); WA 1, 557, 33 ff. (1518); WA TR 2, 2654a (1532).

8 WA 54, 185, 12 ff. (Vorrede zu Band I der Lateinischen Werke, 1545).

9 Luther verlegt seinen reformatorischen Durchbruch offensichtlich erst ins Jahr 1518, während die protestantische Forschung z. T. schon in den ersten Vorlesungen entsprechende Ansätze gefunden haben will. Die Auffassungen gehen noch heute weit auseinander. Vgl. neuerdings: KURT ALAND, Weg zur Reformation.

10 Die Geschichtlichkeit des Thesenanschlags am 31. Oktober 1517 ist neuerdings in Frage gestellt worden; vgl. hierzu ERWIN ISERLOH, Luther zwischen Reform und Reformation, Münster 1966 (ISERLOH bestreitet die Geschichtlichkeit; die Arbeit enthält eine ausführliche Literaturübersicht); vgl. dagegen: HEINRICH BORNKAMM, Thesen und Thesenanschlag Luthers, Berlin 1967; FRANZ LAU, Die gegenwärtige Diskussion um Luthers Thesenanschlag, Luther-Jahrbuch 34 (1967) 11–59.

11 WA 40, 3, 207, 8 (*In XV psalmos graduum*, 1532–1533).

12 Kritische Einwände gegen diese These erhebt immer wieder FRANZ LAU, neuerdings in seinem Vortrag: Die lutherische Lehre von den beiden Reichen, *Lutherische Rundschau* 1965, 463–485 (464); LAU verweist insbesondere auf die Vorstellung Luthers von den drei Hierarchien, hinter der eine *monistische* Konzeption stehe. In den Vorlesungen über den Propheten Sacharja (1527, WA 23, 513 ff.) vertrete Luther sogar die Vorstellung von drei oder gar vier Reichen und Regimenten.

13 Vgl. *Institutio* III, 19, 15–16. FRANZ LAU, Luthers Lehre, 10; WILHELM NIESEL, Die Theologie Calvins, ^{2}1957, 232 u. ä.

14 Calvin betont die radikale Trennung der beiden Reiche und Regimente nicht so scharf wie Luther. Daher finden sich bei ihm und dem späteren Calvinismus auch keine klaren Abgrenzungen zu theokratischen Staatsauffassungen. Vor allem innerhalb der Theologie und den Staats- und Gesellschaftstheorien des holländischen Neucalvinismus spielt das Problem der Theokratie eine bedeutende Rolle; vgl. hierzu K. H. MISKOTTE, Naturrecht und Theokratie (= Die Freiheit des Evangeliums und die Ordnung der Gesellschaft), München 1952, 29; KÜNNETH, Politik 516–541. – JÜRGEN BAUR, Gott, Recht und weltliches Regiment im Werke Calvins, Bonn 1965, 168, sieht die revolutionäre Kraft der Gottesvorstellung Calvins gerade in dem Postulat, die politische Wirklichkeit umzugestalten, wenn sie den Gesetzen Gottes nicht entspricht. Das geoffenbarte Gotteswort ist auch Norm für die Ordnungen des weltlichen Regiments.

15 Vgl. WERNER ELERT, Morphologie II, 302–311; JOHANNES HECKEL, Lex charitatis, 182 f.; vgl. auch: GUIDO KISCH, Melanchthons Rechts- und Soziallehre, Berlin 1967.

16 CA XVI, 4; CA XXVIII, 10–12.

17 Kritische Ausgabe von FRANÇOIS WENDEL, Martini Buceri Opera latina, vol. XV, 1955; vgl. ERNST WOLF, Peregrinatio II, 209; W. PAUCK, Das Reich Gottes auf Erden. Utopie und Wirklichkeit. Eine Untersuchung zu Butzers ‹De Regno Christi› und zur englischen Staatskirche des 16. Jahrhunderts, 1928; HEINRICH BORNKAMM, Jahrhundert der Reformation, 88–112 (110).

18 ERNST KINDER, Gottesreich, 25 f.; JOHANNES HECKEL, Lex charitatis, 31 ff. Die folgende Darstellung der Reiche-, Rechts- und Regimentenlehre Luthers stützt sich im wesentlichen auf diese bedeutsame Arbeit, ohne daß im einzelnen immer darauf verwiesen wird.

19 MARTIN HECKEL, Rechtstheologie Luthers, Ev. Staatslexikon, 1743 ff. – Martin Luther hat in einer Vielzahl von Schriften (meist Gelegenheitsschriften), Predigten und Briefen seine Rechts- und Sozialtheologie entwickelt. Den ersten Zugang erhält man am besten durch die beiden Schriften *Von weltlicher Obrigkeit, wie weit man ihr Gehorsam schuldig sei* (1523, WA 11, 245 ff.) und *Ob Kriegsleute auch in seligem Stande sein können* (1526, WA 19, 623 ff.); sie enthalten die Summe seiner politischen Ethik. Beide sind auf konkrete politische Situationen bezogen (vgl. MA V, Einleitung, 394 ff. und 426 ff.) und behandeln im wesentlichen die Frage der Gehorsamspflicht des Christen gegenüber der weltlichen Obrigkeit. Während jedoch Luther in der ersten Schrift den Akzent eindeutig auf deren zweiten Abschnitt legt, der die Grenzen des gebotenen Gehorsams behandelt, rühmt er sich in der zweiten Arbeit, «das sint der Apostel zeit das weltliche schwerd und oberkeit nie so klerlich beschrieben und herrlich gepreiset ist, als durch mich». In dieser Antithetik bewegt sich nach FRANZ LAU in *Lutherische Rundschau* 1965, 468, Luthers ganze politische Ethik. Im Bewußtsein der Epigonen habe sich die Waage dann endgültig zugunsten der Gehorsamspflicht des Christen gegenüber der weltlichen Obrigkeit geneigt. Luthers Lehre von den beiden Reichen wurde so zu einem ‹gefährlichen

Quietivum›, geeignet, die ethische Verantwortung abzuschwächen und die Gewissen einzuschläfern.

20 WA 30, 2, 109, 20f. (*Vom Krieg wider die Türken,* 1529).

21 Ernst Kinder, Gottesreich, 32.

22 WA 56, 312, 6ff. (*Römerbriefvorlesung,* 1515–1516).

23 Heinrich Bornkamm, Luthers Lehre, 37f.

24 Ernst Kinder, Gottesreich, 26.

25 G. Gloege, Thesen zu Luthers Zwei-Reiche-Lehre, Festschrift für Hermann Kunst, 1967, 79ff., zit. nach Bornkamm, Luthers Lehre, 35.

26 Heinrich Bornkamm, Luthers Lehre, 35.

27 Vgl. insbesondere die Kritik von Ernst Troeltsch, Soziallehren, 473ff., 486ff., 500ff. an der sogenannten ‹doppelten Moral› des Luthertums; im gleichen Sinne: G. Wünsch, Die Bergpredigt bei Luther, Tübingen 1920, 222ff. – Infolge der politischen und moralischen Katastrophe des nationalsozialistischen Deutschland, für die auch letztlich Luther und das Luthertum mitverantwortlich gemacht wurden, wird der Vorwurf der doppelten Moral, der damit verbundenen verkehrten Sozialethik und des ‹Defaitismus auf dem Gebiet der gesellschaftlichen Sittlichkeit› (Reinhold Niebuhr, The Nature and Destiny of Man II, 1943, 194ff.) bis in unsere Tage gegen den Reformator erhoben. Die Quelle dieser Kritik entspringt dem Mißverständnis, Luther habe durch seine Zwei-Reiche-Lehre das Weltreich völlig von der Herrschaft Gottes und seiner Gebote entbunden, es so an seine ‹Eigengesetzlichkeit› freigegeben und damit seiner immanenten Dämonisierung ausgeliefert; der Mensch sei als Christ- und als Weltperson zugleich zwei Herren und zwei Geboten unterstellt. Sofern er unter dem Kaiser stehe, habe er nicht auf Christi Gebot zu hören (so noch Franz Lau, Luthers Lehre, 28). auf Luther läßt sich diese These von der ‹Eigengesetzlichkeit› des Reichs der Welt jedoch nicht zurückführen (vgl. WA 11, 251, 4); vgl. dazu: Werner Elert, Morphologie II, 37ff.; Karl Holl, Luther I, 182ff.; Walter Künneth, Politik, 74f., Johannes Heckel, Lex charitatis, 40, 159ff., 160f. Diese These ist vielmehr ein Zeichen des Unvermögens der lutherischen Sozialtheologie, die Konzeption des Reformators in ihrer ganzen Fülle zu erfassen und aus ihr eine genuin lutherische Ethik des Politischen abzuleiten. Die sozialtheologische Unsicherheit des Luthertums zeigte sich seit der Zeit der lutherischen Orthodoxie in der überraschenden Bereitschaft, Sozialmodelle sogar dann als genuin lutherisch zu akzeptieren, wenn sie den Vorstellungen des Reformators geradezu widersprachen (etwa die Übertragung der Hilfskonstruktion der *respublica christiana* auf den deutschen Territorialstaat durch die lutherische Orthodoxie) sowie in der Bereitschaft, die lutherische Lehre außertheologischen ‹Weltanschauungen› anzugleichen und sie so zur bloßen Rechtfertigungsideologie zu degradieren. Die im Gefolge der Lutherrenaissance nach dem Ersten Weltkrieg entwickelten ‹lutherischen› Theologien einer Schöpfungs- und Erlösungsordnung führten letztlich zur religiösen Verklärung ‹autonomer› weltlicher Ordnungen (des Staates, des Volkes, der Rasse); die Inanspruchnahme Luthers für den Nationalsozialismus bildete vorläufig den Abschluß dieser theologiegeschichtlichen Fehlentwicklung. Die Zwei-Reiche-Lehre ist hierdurch weithin in Verruf geraten. Vgl. Ernst Wolf ‹Luthers Erbe› und ‹Selbstkritik des Luthertums›, Peregrinatio II, 52–81, 82–103; vgl. auch die Angriffe Karl Barths auf die traditionelle lutherische Staatsmoral, ja auf den lutherischen Ansatz schlechthin: Eine Schweizer Stimme 1938–1945, 1945.

28 Johannes Heckel, Lex charitatis, 31.

29 WA 11, 249, 24.

29a WA 11, 251, 1ff.

30 JOHANNES HECKEL, Im Irrgarten der Zweireichelehre, 6.

31 WA 11, 259, 19.

32 WA 11, 258, 22.

33 WA 3, 532, 22f. Vgl. auch WA 18, 750, 31ff.; 732, 30ff.; WA 18, 389ff.; WA 19, 629ff.

34 WA 11, 262, 3ff.

35 Vgl. WA 30, 3, 319, 26ff. (*Warnung an seine lieben Deutschen,* 1531) und viele andere Stellen.

36 Für die folgenden Ausführungen vgl. JOHANNES HECKEL, Lex charitatis, 46–135.

37 JOHANNES HECKEL, Lex Charitatis, 55, hebt in diesem Zusammenhang den nominalistischen Einfluß auf Luther hervor: «... das gilt insbesondere von dem Voluntarismus seiner Gottes- und Gesetzeslehre. Von ihm aus gewinnt das Naturgesetz bei Luther eine rechtstechnische Verwandtschaft zum positiven göttlichen Gesetz, die der Thomismus nicht kennt. Das Naturgesetz ist nicht minder geoffenbarte göttliche Satzung *(statutum)* als das positive göttliche Recht.» Eine *participatio legis aeternae* im Sinne der thomistischen Naturrechtslehre ist für die menschliche Vernunft ausgeschlossen. Spekulationen über den Willen Gottes lehnt Luther ab (WA 18, 686, 1ff.; 719, 12ff.).

Zur Frage der ‹Irrationalität› des Willens Gottes vgl. J. HECKEL, Lex charitatis, 53; strikt vertritt Calvin die Auffassung vom ‹geordneten Willen Gottes› und verwirft die occamistische Vorstellung vom Willkürhandeln Gottes (vgl. KARL REUTER, Die Theologie Calvins, 1963, 144–153).

38 JOHANNES HECKEL, Lex charitatis, 69.

39 WA TR 2, 2243, zit. bei JOHANNES HECKEL, Lex charitatis, 74. Der Dualismus der Rechtslehre Luthers bot bislang in der Diskussion um das Naturrechtsverständnis des Reformators die größten Schwierigkeiten und führte entweder zur Leugnung des Vorhandenseins eines Naturrechtsbegriffs bei Luther oder zu seiner Anerkennung, aber unter dem Vorbehalt, daß er nur ein Restbestand vorreformatorischer Theologie sei. Vgl. JOHANNES HECKEL, Lex charitatis, 48, Anm. 303, 305; 49, Anm. 306; 88, Anm. 644; dort auch Hinweise auf weitere Literatur, insbesondere auf die wichtige Kontroverse HOLL-TROELTSCH; vgl. auch FRANZ XAVER ARNOLD, Zur Frage des Naturrechts.

40 WA 51, 215ff. (*Auslegung des 101. Psalms,* 1534–1535); WA 40, 1, 665, 12 (*Galaterbrief,* 1531); WA 51, 212, 24. – Luther schreibt nicht allen Menschen dieselbe Begabung für die Erkenntnis des Naturrechts zu. Er betont jedoch, daß es zu allen Zeiten besonders auserwählte Männer gegeben habe, Luther nennt sie Wundermänner, *viri singulares,* und sieht in ihnen ein besonderes seltenes Geschenk Gottes an die Menschheit, die das Naturrecht unmittelbar auslegen und ihm gegenüber dem ‹kranken› positiven Recht neue Geltung verschaffen. Alle entscheidenden Verbesserungen, die sich innerhalb des weltlichen Regiments vollziehen, hat Luther auf diese Wunderleute zurückgeführt. Vgl. HILLERDAL, Gehorsam, 61–66, dort auch weitere Literatur und Quellennachweise; JOHANNES HECKEL, Lex charitatis, 81f.

41 WA 18, 81, 19 (*Wider die himmlischen Propheten,* 1525).

42 WA 17, 2, 91, 13 (*Fastenpostille,* 1525).

43 WA 51, 214, 18.

44 WA 6, 353, 5 (*Ein Sermon vom neuen Testament,* 1520); vgl. auch WA 6, 554, 24 (*De captivitate Babylonica,* 1520).

45 JOHANNES HECKEL, Lex charitatis, 84.

46 JOHANNES HECKEL, Lex charitatis, 85, zit. nach WA 11, 272, 15.

47 WA 12, 330, 30ff. (*Auslegung des 1. Petrusbriefes,* 1523).

48 Vgl. hierzu vor allem GUSTAV TÖRNVALL, Geistliches und weltliches Regiment, 10

(wichtiger Vertreter der Regimentenlehre); auch HILLERDAL, Gehorsam, 51ff.; HANS ROBERT GERSTENKORN, Weltlich Regiment, 30ff.

49 MARTIN HECKEL, Rechtstheologie Luthers, Ev. Staatslexikon, 1764.

50 JOHANNES HECKEL, Lex charitatis, 42f.; vgl. auch die von Luther in WA 23, 514ff. entfaltete Regimentenlehre.

51 WA 11, 251, 15–18.

52 JOHANNES HECKEL, Lex charitatis, 44ff., 109ff. mit zahlreichen Quellennachweisen.

53 WA 51, 238, 16.

54 WA 26, 504, 30; 505, 7 (*Vom Abendmahl Christi, Bekenntnis*, 1528); WA 44, 530, 33 (*Genesiskommentar*, 1534–1535).

55 WALTER KÜNNETH, Politik, 89; auch: H. R. GERSTENKORN, Weltlich Regiment, 32.

56 JOHANNES HECKEL, Lex charitatis, 99ff., 101, 136–144.

57 WA 30, 2, 554, 2f. (*Kinder zur Schule halten*, 1530); JOHANNES HECKEL, Lex charitatis, 108.

58 Gott hat die Obrigkeit «wider den Teufel gestiftet» (vgl. z.B. WA 31, 2, 591). «Est enim politia remedium necessarium naturae corruptae.» (WA 42, 79, 7f.)

59 JOHANNES HECKEL, Im Irrgarten der Zweireichelehre, 19; WA 51, 238, 16.

60 «Gott hat im weltlichen Regiment Heilande verordnet, als da sind weltliche Obrigkeit im Regiment, Vater und Mutter im Hause, Ärzte in der Krankheit, Juristen im rechten Handeln» (WA 52, 158, 11; zit. bei GERSTENKORN, Weltlich Regiment, 364). Vgl. auch JOHANNES HECKEL, Lex charitatis, 146, Anm. 1171; DERS., Recht und Gesetz, Kirche und Obrigkeit in Luthers Lehre vor dem Thesenanschlag von 1517, *Zeitschrift für Rechtsgeschichte* 57, Kan. Abt. XXVI (1937), 285, zitiert bei J. BIDINGER, Hermeneutik, 340, Anm. 16; GERHARD GLOEGE, Thesen, 89.

61 JOHANNES HECKEL, Lex charitatis, 101, 144–146.

62 JOHANNES HECKEL, Lex charitatis, 107f.

63 WA 42, 354, 23.

64 H. R. GERSTENKORN, Weltlich Regiment, 89ff. und Anm. 426 (mit Quellennachweisen).

65 So stellte das Neuluthertum des 19. Jahrhunderts den Reformator in den Dienst einer außertheologischen Ideologie, die die Kanzeln zu Kathedern der Staatsphilosophie machte, auf denen man die patriarchalische Staatsauffassung des 16. Jahrhunderts als Gottes Gebot verkündete. Vgl. ERNST WOLF, Peregrinatio II, 93; ebenso WERNER ELERT, Morphologie, II, 293.

66 In der Diskussion der Frage, ob der Ansatz Luthers noch heute die Grundformel für das politische Handeln abgeben könne (vgl. etwa G. PFEIFFER, Totaler Staat und Luther, 1951, 47), wird immer wieder darauf hingewiesen, daß Luthers *politia* und ‹Obrigkeit› weder quantitativ noch qualitativ mit dem modernen Staat gleichgesetzt werden könne (G. GLOEGE, Thesen, 88). Vor allem die Konfrontation mit dem totalitären Staat des 20. Jahrhunderts hat das Luthertum vor die Frage gestellt, ob die überkommene Lehre von Staat und Gesellschaft noch ausreicht (vgl. TRILLHAAS, Die lutherische Lehre, 24ff.; hier auch bemerkenswerte Überlegungen zum Problem des Widerstandsrechts zur Zeit Luthers und im demokratisch organisierten Staat der Gegenwart). LAU in *Lutherische Rundschau* (1965), 472; ELERT, Morphologie, 336.

67 NIESEL, Theologie Calvins, 237ff.; JOSEF BOHATEC, Calvins Lehre von Staat und Kirche (sehr instruktiv), [2]1961, 118f.

68 H. R. GERSTENKORN, Weltlich Regiment, 88 (eindeutig lehnt jedoch auch Luther den patriomonialen Staat, die absolute Monarchie und eine in ‹Pöbelherrschaft› ausartende ‹Demokratie› ab); HILLERDAL, Gehorsam, 58; EIVIND BERGGRAV, Der

Staat u. d. Mensch, dt. 1950, 229f. In WA TR 4, 4342 gibt Luther eine Übersicht über die Verfassungsformen seiner Zeit.

69 HILLERDAL, Gehorsam, 53; zur Frage, ob es für Luther schon im Urstand einen ‹Staat› gegeben habe, sind die Ansichten recht kontrovers; vgl. die Übersicht von HEINRICH BORNKAMM, Luthers Lehre, 47.

70 WA 51, 254, 9ff.

71 WA 11, 267, 30ff.

72 JOHANNES HECKEL, Lex charitatis, 112; WA 18, 303, 13: «Das die oberkeyt bose und unrecht ist, entschuldigt keyn rotterey noch auffrür.»

73 WA 18, 398, 26; WA 18, 319, 14.

74 WA 11, 262, 9; 267, 1 ff. und viele andere Stellen.

75 WA 11, 252, 12–24.

76 WA 11, 265, 7ff.

77 JOHANNES HECKEL, Lex charitatis, 99ff. WA 42, 187ff., 232ff. (*Genesisvorlesung*, 1535–1545).

78 WA 46, 734, 15 ff.

79 WA 18, 390, 5 ff.

80 WA 11, 251, 22.

81 Vgl. GERSTENKORN, Weltlich Regiment, 242–254.

82 Vgl. JOHANNES HECKEL, Lex charitatis, 42ff. In diesem Zusammenhang sei auf die von der Lunder Luther-Forschung entwickelte Satanologie hingewiesen; vgl. HILLERDAL, Gehorsam, 25–34; vgl. auch WA 23, 514, 32 (*Der Prophet Sacharja ausgelegt*, 1527): eine ausführliche Schilderung vom Wirken des Teufels gegen die Regimente Gottes.

83 Z.B.: WA 40, 3, 210, 14 (*In Psalmos XV graduum*, 1532–1533): «Nos ministri et cooperatores Dei»; vgl. auch JOHANNES HECKEL, Lex charitatis, 130, 161; H.R. GERSTENKORN, Weltlich Regiment, 105; J. BIDINGER, Hermeneutik, 345–350.

84 WA 11, 273, 2f.

85 JOHANNES HECKEL, Lex charitatis, 192–197. Den *Begriff* der custodia utriusque tabulae hat Melanchthon entwickelt.

86 WA 30, 2, 537, 5–538, 4 (*Kinder zur Schule zu halten*, 1530); HILLERDAL, Gehorsam, 107.

87 Vgl. JOHANNES HECKEL, Lex charitatis, 175 ff.; H.R. GERSTENKORN, Weltlich Regiment, 180ff.

88 HILLERDAL, Gehorsam, 91. Zu Calvin: vgl. Inst. IV, 20, 3; WILHELM NIESEL, Die Theologie Calvins, ²1957, 229ff.

89 E.W. ZEEDEN, Das Zeitalter der Gegenreformation, Freiburg 1967, 289f.

90 WA 11, 254, 27ff., 11, 255, 12–15; weitere Belegstellen: JOHANNES HECKEL, Lex charitatis, 129ff., 146ff.

91 WA 11, 262, 9.

92 JOHANNES HECKEL, Lex charitatis, 153f. Zum Sonderfall des Krieges vgl. WA 19, 634, 12 (*Ob Kriegsleute auch* . . ., 1526); HILLERDAL, Gehorsam, 112. Zum Gehorsamsproblem bei Calvin vgl. Inst. IV, 20, 30f.; NIESEL, Die Theologie Calvins, 239ff., 242ff.

93 JOHANNES HECKEL, Lex charitatis, 154ff.; WA 39, 2, 39ff. (*Zirkulardisputation über Matth.* 19, 21, 1539); diese Thesen enthalten die wesentlichen Aussagen über das Recht des Widerstandes gegen den Welttyrannen. Über den Türken: WA 30, 2, 120, 26: «Der Türcke ist ein Diener des Teuffels» (*Vom Krieg wider die Türken*, 1529). Zur Lehre Luthers vom Widerstandsrecht gegen den Kaiser vgl. JOHANNES HECKEL, Lex charitatis, 187–191. Vgl. auch SCHUMANN, Widerstandsrecht, 34–43;

KLÜGEL, Recht zum Aufruhr, 44 ff. Vgl. insbesondere WA 30, 3, 276 ff. *(Warnung an seine lieben Deutschen).*

94 Vgl. HILLERDAL, Gehorsam, 60.

95 WA 32, 390, 8 (*Wochenpredigt über Matth.* 5–7, 1531–1532).

96 JOHANNES HECKEL, Lex charitatis, 167.

97 WA 6, 559, 2 (*De captivitate Babylonica,* 1520).

98 JOHANNES HECKEL, Lex charitatis, 179; WA 51, 242 ff. empfiehlt Luther ausdrücklich das Studium der klassischen Staats- und Rechtslehre.

99 WA 11, 255, 13.

VITORIA

1 Zum Begriff der Scholastik s. o. S. 114.

2 § 6 der Bulle, die in Übersetzung abgedruckt ist bei ERNST REIBSTEIN, Völkerrecht I, Freiburg-München 1958, 268 ff.

3 Nicht, wie sein eingebürgerter Name besagt und bis in die jüngste Zeit angenommen wurde, im baskischen Vitoria.

4 Solche Welterfahrung wurde den spanischen Theologen bald unmöglich gemacht: König Philipp II. verbot 1558 das Auslandsstudium.

5 1530 erstellt er auf Anforderung ein Gutachten über die Frage der Rechtmäßigkeit der Scheidung Heinrichs VIII. von Katharina von Aragon; in den Jahren 1539–1541 wird er mehrfach vom Kaiser im Zusammenhang mit Problemen der Kolonialisierung konsultiert, – eine erstaunliche, den Kern der kaiserlichen Politik enthüllende Erscheinung, wenn man die Diskrepanz zwischen der Praxis des kolonialen Imperialismus und dem moralphilosophischen Urteil Vitorias bedenkt; 1545 versuchen Kaiser und Papst, ihn zur Teilnahme am Konzil von Trient zu bewegen, er lehnt wegen seiner bereits angegriffenen Gesundheit ab.

6 Folgende *relectiones* sind für die politische Philosophie Vitorias von Bedeutung: *De potestate civili, De Indis recenter inventis, De iure belli Hispanorum in Barbaros, De potestate Ecclesiae prior, De potestate Ecclesiae posterior* sowie die Kommentare zum *Traktat vom Gesetz* (I–II qu. 90 ff.) und der *Sekunda Sekundae* der *Summa Theologiae* Thomas von Aquins.

7 THOMAS V. AQUIN, Kommentar zu den Sentenzen des Petrus Lombardus III, dist. 29, 1, 7.

8 Da sich Vitoria im wesentlichen auf dem Boden der thomasischen Philosophie bewegt und diese häufig eher voraussetzt als expliziert, setzt auch das Folgende den Abschnitt THOMAS V. AQUIN, o. S. 114 ff. voraus, insbesondere die Ausführungen über den *Traktat von Gesetz und Recht,* wenn auch zu beachten ist, daß Vitoria hier anscheinend nicht mehr in allen Stücken das philosophische Niveau seines Lehrmeisters hält.

9 Zum folgenden *De potestate civili* 6 ff.

10 De pot. civ. 7.

11 Sie läßt sich übrigens schon im 11. Jh. bei Manegold von Lautenbach nachweisen.

12 Auf die bei aller oberflächlichen Ähnlichkeit fundamentale Gegensätzlichkeit der Lehren des Thomisten Vitoria und des Empiristen Th. Hobbes kann hier leider nicht eingegangen werden.

13 Vgl. De pot. civ. 23; *Komm. zur Secunda Secundae,* quaestio, IX, a. 6.

14 De pot. civ. 21.

15 THOMAS V. AQUIN, Summa Theologiae I–II q. 96 a. 5 ad 3. Zumindest mißverständ-

lich ALFRED VERDROSS, Abendländische Rechtsphilosophie, Wien 1958, S. 81 und HANS WELZEL, Naturrecht und materiale Gerechtigkeit, Göttingen 1962, 93, die die Entdeckung dieser Unterscheidung dem 1358 gestorbenen Augustinergeneral Gregor v. Rimini zuzuschreiben scheinen, der damit den theologischen und rechtsphilosophischen Voluntarismus Occams zu widerlegen hoffte.

16 Komm. zu I–II q. 96 a. 5 der Summa Theol.

17 HAMILTON, Political Thought, 66.

18 Dem steht der moderne Irrtum gegenüber, daß dem Verfall politischer Ordnung allein mit institutionellen Mitteln zu steuern sei.

19 *De potestate Ecclesiae prior* q. 1, 10.

20 Vgl. *De potestate Ecclesiae posterior,* bes. q. 1, 4, 5, q. 2, 19 und 20.

21 Zum folgenden vgl. De pot. Eccl. prior q. 3 p. 3, 1 ff.

22 De pot. eccl. prior q. 3 p. 3, 15.

23 De pot. eccl. prior q. 3 p. 3, 14.

24 De Indis, de tit. non leg. 2.

25 Bereits Thomas anerkannte, seiner Zeit weit vorauseilend, nicht nur das Nebeneinander vieler Staaten, sondern er sah auch im *princeps* bereits den jenseits der Lehenshierarchie stehenden Herrscher.

26 WILHELM V. OCCAM, Sentenzenkommentar II q. XIX p. 2 und 4.

27 *De Indis,* de tit. leg. 3.

28 De pot. civ. 13.

29 *De Indis* de tit. leg., 1 und 2.

30 *De Indis,* de tit. leg. 2. Die römisch-rechtliche Definition lautete «... quod inter omnes *homines* constituit», d. h. *ius gentium* bezeichnete allgemein das in der den Menschen gemeinsamen Rechtüberzeugung wurzelnde Recht, mochte es sich dem Gegenstand nach um – modern gesprochen – Privatrecht oder Völkerrecht handeln.

31 Vgl. *De Indis* de tit. leg., 1–2.

32 *De Indis* de tit. leg., 12 ff.

33 De pot. civ. 4, 5; *De Indis* de tit. non leg., 1.

34 Kontrahent des Las Casas, eines Ordensbruders Vitorias, in der berühmten Disputation über die spanische Kolonialgesetzgebung, die 1541 vor Karl V. stattfand.

35 JUAN DE SEPULVEDA, Democrates secundus, 1542; Neudruck Madrid 1951.

36 *De Indis* I, 22 und 23.

37 *De Indis* de tit. non leg. 10–16.

38 *De Indis* de tit. non leg. 15.

39 *De Indis* de tit. leg. 15.

40 *De Indis* de tit. leg. 12.

41 Unter diesem Aspekt stellt Vitoria noch eine weitere, vorsichtige Erwägung an, mit der vielleicht eine Herrschaft der Könige Spaniens über die Neue Welt zu rechtfertigen sei: er denkt an die Übernahme der Regierung zum Besten der Eingeborenen analog der Vormundschaft über Kinder, sofern sie diesen gleichen. – Es handelt sich also um eine Art Erziehungsprotektorat auf Zeit. Das unterscheidet sich zwar prinzipiell von der Theorie Sepúlvedas, bringt aber gleichwohl für die Praxis einige Verwirrung in das im übrigen so klare Konzept Vitorias.

42 Zum Vergleich ziehe man THOMAS V. AQUIN, Summa Theologiae II–II q. 40 heran.

43 *De iure belli* 1.

44 Vgl. die thomasische Lehre vom Gemeinwohl oben 138 ff.

45 *De iure belli* 33.

46 *De iure belli* 11.

47 *De iure belli* 13 und 14.

48 Die Könige sind für Vitoria zum Krieg berechtigt, weil sie – trotz des Kaisers – souverän sind: *De iure belli* 8.
49 Vgl. Thomas v. Aquin, Summa Theologiae II–II, q. 40.
50 *De iure belli* 13; vgl. Kipp, Moderne Probleme, 55 ff.
51 De pot. civ. 12.
52 Thomas v. Aquin, Summa Theologiae II–II, q. 57 a. 3.
53 De pot. civ. 21.
54 Komm. zur theologischen Summe II–II, q. 57 a. 3.

GROTIUS

1 J. Ter Meulen und P. J. J. Diermanse, Bibliographie des écrits imprimés de Hugo Grotius, Den Haag 1950. – Diese meisterhafte Bibliographie gibt in ausführlichen Anmerkungen eine Fülle von informativen Einzelheiten nicht nur zu Grotius, sondern auch für den gesamten historischen und geistigen Hintergrund. (Abgekürzt: TMD; Ziffern = dortige Numerierung.)
2 Nach Sachgebieten geordnet ergibt sich folgende Verteilung:

1. Dichtung (davon ein großer Teil religiösen Inhalts)	404
2. Theologie	291
3. Internationales Recht, Diplomatie, Internationale Politik	150
4. Klassische Philologie	130
5. Politisch-religiöse Schriften	102
6. Geschichte	63
7. Recht (außer Ziff. 3)	63
8. Philosophie	6
	1209

3 Eine 16bändige Gesamtausgabe: *Briefwisseling van Hugo Grotius,* Den Haag 1928 ff. wird vorbereitet, zwölf Bände sind bereits erschienen (TMD 1212). Daneben gibt es ältere Teilausgaben: *Epistolae Quotquot,* Amsterdam 1687 (TMD 1210); *Epistolae ad Gallos,* Leiden 1648 (TMD 1213); Die Briefe von Grotius an Oxenstierna, erschienen in: *Oxenstiernas skrifter och brefvexling,* Stockholm 1889/91 (TMD 1226).
4 Bezeichnend dafür sind die Bestände deutscher Bibliotheken. Selbst die relativ gut ausgestattete Bayerische Staatsbibliothek München besitzt nur einen Bruchteil von den über 600 Grotius-Texten der Bibliothek im Friedenspalast in Den Haag; auch kleinere ausländische Universitätsbibliotheken bieten hier oft bessere Bedingungen als deutsche. Als Folge berücksichtigen deutsche Arbeiten über Grotius meist nur ‹De iure belli ac pacis›.
5 Besondere Beachtung verdient auch die ‹deutschrechtliche› Auslegung (z. B. Erik Wolf). Hier wird u. a. übersehen, daß die Niederlande als nördlichster Teil des alten Zwischenreichs Burgund von Einflüssen einer Kultur französischer Provenienz überlagert wurden.
6 Insgesamt nimmt Rousseau im *Contrat Social* 13mal bezug auf Grotius. Keine dieser Stellen ist im Detail in ihrer abwertenden Kritik stichhaltig; auch die Gesamttendenz der Angriffe zielt daneben, da Grotius sich im Gegensatz zu Rousseau nicht vorwiegend mit dem Individuum beschäftigt.
7 Mindestens 200 Bücher in allen Kulturstaaten, nicht eingerechnet die unzähligen Artikel, Essays und Forschungsberichte. Ein Überblick wird durch das Fehlen einer zusammenfassenden Bibliographie sehr erschwert.

8 Entgegen dem deutschen Sprachgebrauch muß in dieser Arbeit zwischen den Niederlanden als übergeordnetem Begriff und Holland als der größten, volkreichsten und wohlhabendsten Provinz unterschieden werden.

9 *Martiani Capellae Satyricon,* Leiden 1599 (TMD 411), *Syntagma Arateorum,* Leiden 1600 (TMD 413); in der Einleitung finden sich die frühesten politischen Äußerungen von Grotius in Anlehnung an Gedanken von Aristoteles. *Adamus Exul,* Den Haag 1601 (TMD 21). Die Bibliographie TMD gibt einen interessanten Hinweis auf Beziehungen zu MILTONS *Paradise Lost;* Milton mußte sich deshalb seinerzeit sogar gegen den Vorwurf des Plagiats verteidigen.

10 *De antiquitate reipublicae Batavicae,* Leiden 1610 (TMD 691). *Annales et historiae de rebus Belgicis,* Amsterdam 1657 (TMD 741); 1601 Auftrag der Provinzregierung Hollands – 1612 fertig; blieb zu Lebzeiten von Grotius unveröffentlicht. *Parallelon rerumpublicarum,* Haarlem 1801/03 (TMD 750); nur das 3. Buch des verlorengegangenen Gesamtwerks posthum veröffentlicht. Wichtig 6. Kapitel *De fide et perfidia* (TMD 751); 1945 wurde dieses Werk erneut anläßlich der Befreiung der Niederlande von der deutschen Besetzung in niederländischer Übersetzung herausgegeben. VAN EYSINGA hält es für die älteste bekannte Arbeit des Grotius über Völkerrecht.

11 *Christus patiens,* Leiden 1608 (TMD 31); letzte deutsche Übersetzung, München 1959, von HANS K. E. L. KELLER. Dem Stück wird ein Einfluß auf die Entwicklung des geistlichen Schauspiels zugeschrieben.

12 *De jure praedae,* Den Haag 1868 (TMD 684).

13 *Mare liberum,* Leiden 1609 (TMD 541); 25 Ausgaben in 6 Sprachen. 1614 in niederländ. Übers. erstmalig unter dem Namen des Autors.

14 JOHN SELDEN, Mare clausum, London 1635.

15 Fast alle Werke von Grotius sind in der Folge auf den Index gesetzt worden. Über die Hintergründe unterrichtet u. a. J. HILGERS, Index der verbotenen Bücher, Freiburg 1904. Erst 1900 wurde *De iure belli ac pacis* von Leo XIII. abgesetzt, nachdem der Vatikan wegen der Indizierung dieses für den Schiedsgerichtsgedanken als wesentlich angesehenen Werkes nicht zur 1. Haager Friedenskonferenz zugelassen worden war.

16 *Ordinum Hollandiae ac Westfrisiae pietas,* Leiden 1613 (TMD 817), verteidigt staatliche Eingriffe in theologische Fragen am Fall der Berufung eines umstrittenen Professors an die Universität Leiden. Das Thema Kirche und Staat hat Grotius 1614 zu einem Manuskript weiter ausgearbeitet, das aber erst posthum erschien: *De imperio summarum potestatum circa sacra,* Paris 1647 (TMD 894). Dieses Werk, in England und Frankreich übersetzt, gilt im Ausland als sein philosophisches Hauptwerk, in Deutschland ist es fast völlig unbekannt.

17 *Inleiding tot de Hollandsche rechts-geleertheyd,* Den Haag 1631 (TMD 757). *Bewys van den waren godsdienst,* ohne Ortsangabe 1622 (TMD 143), war in erster Linie für die niederländischen Seeleute bestimmt, einen Personenkreis von etwa 150000 Menschen. Deutsche Übersetzung, MARTIN OPITZ, *Von der Wahrheit der Christlichen Religion,* Breslau 1631 (TMD 152). *Dicta poetarum apud Stobaeum,* Paris 1623 (TMD 458).

18 Moderne Übersetzungen gibt es in Russisch, Japanisch, Chinesisch, Polnisch, Ungarisch; sowjetische Kommentare entdecken in Grotius ‹progressive› und ‹humanistische› Elemente, ohne sich allerdings mit dem Text genau auseinanderzusetzen. Aber auch andere Interpreten haben bereits früher die sozialen bzw. ‹sozialistischen› Aspekte bei Grotius überbetont.

19 *De veritate religionis Christianae,* Leiden 1627 (TMD 944); das Werk hatte 146 Ausgaben und wurde in 11 Sprachen – darunter arabisch, ungarisch und polnisch – übersetzt.

20 *Inleiding tot de Hollandsche rechts-geleertheyd,* Den Haag 1631 (TMD 757).
21 Grotius' berühmte Verteidigungsschrift *Apologeticus,* Paris 1622 (TMD 880), war eine breit angelegte juristische und politische Rechtfertigung und weniger eine Selbstverteidigung.
22 Aufschlußreiche Einzelheiten gibt Melitta Grimm, Grotius in Hamburg, *Zeitschrift des Vereins für Hamburger Geschichte* (1926) 130–140.
23 Es ist wahrscheinlich nicht nur eine Legende, daß Gustav Adolf *De iure belli ac pacis* ständig bei sich führte und sich nach Möglichkeit danach richtete. Es gibt viele Berichte, wonach das Buch 1632 in seinem Zelt bei Lützen gefunden wurde.
24 Die Ernsthaftigkeit seiner Entscheidung begründet Grotius in dem biblischen Schlüsseldrama *Sophompaneas,* Amsterdam 1635 (TMD 157), wobei er sein Lebensschicksal mit dem des Joseph vergleicht.
25 Paris als geistiger Umschlagplatz dürfte für Grotius von entscheidender Bedeutung gewesen sein. Bereits in seiner Emigrationszeit stand er in freundschaftlicher Verbindung zu dem Deisten Herbert von Cherbury, der damals britischer Botschafter in Paris war. Zwei andere berühmte Emigranten, mit denen sich Grotius später kritisch auseinandersetzte, hatten ebenfalls Paris als Aufenthaltsort gewählt: Hobbes lebte hier von 1629 bis 1631, 1634 und von 1640 bis 1651; in Paris erschien 1642 *De Cive.* Campanella verbrachte in Paris seine letzten Lebensjahre von 1634 bis 1639 im Exil.
26 *Historia Gotthorum, Vandalorum et Langobardorum,* posthum Amsterdam 1655 (TMD 735).
27 *Annotationes in libros Evangeliorum* (Annotationes in Novum Testamentum Teil 1), Amsterdam 1641 (TMD 1135). *Annotata ad Vetus Testamentum,* Amsterdam 1644 (TMD 1137). *Annotationes in Novum Testamentum,* Teil II, Paris 1646 (TMD 1138), Teil III, Paris 1650 (TMD 1141). *Opera omnia theologica,* Amsterdam 1679 (TMD 919).
28 Paris 1641 (TMD 1165).
29 *Commentatio de Antichristo,* Amsterdam 1640 (TMD 1100). Hierin verteidigt Grotius den Papst gegen den protestantischen Vorwurf, der Antichrist zu sein.
30 Repgen berichtet in seiner richtungsweisenden Arbeit: Grotius papizans über diese Frage: «Dieser bedeutende Europäer, der zeitlich und geistig zwischen Erasmus und Leibniz steht, hat mit seiner ökumenischen Theologie den Weg zur kirchlichen Freiheit gesucht – ohne die Wendung nach Rom zu scheuen» (371).
31 Vgl. Repgen, Grotius, 385.
32 Da die Schätzelsche Übersetzung von *De iure belli ac pacis* als einziges Werk von Grotius allgemein zugänglich ist, wird sie auch in dieser Arbeit bevorzugt zitiert. Zitate nach *De iure belli ac pacis* abgekürzt als IBP, Buch, Kapitel, Paragraph, Absatz nach folgendem Muster: I, 1, 1: 1.
33 Dieses Verfahren hat aber trotzdem nicht nur in Detailfragen (z.B. Privatrecht), sondern auch für die Rechtsphilosophie gute Erfolge gehabt. Erik Wolf sagt zusammenfassend: «Nach Grotius hat niemand mehr in der politischen Geschichte des Abendlandes es ungestraft wagen dürfen, auf eine rechtliche Begründung der durch Machtentfaltung geschaffenen geschichtlichen Tatsachen zu verzichten; es gibt nach 1625 keinen rechtsfreien Raum des Handelns mehr in Europa» (Große Rechtsdenker, 200).
34 Außer den Zitaten aus dem Alten (438) und Neuen (230) Testament sowie dem Corpus iuris canonici (107) und Corpus iuris civilis (580) u.a. als Autoritäten : Aristoteles (162), Augustinus (177), Cicero (290), Euripides (85), Livius (255), Plato (64), Plutarch (299), Seneca (247), Tacitus (124), Thomas von Aquino (40), Vitoria (58), «Zitier-Juristen» (120). (Gesamtzahl etwa 600 Autoren; Auszählung nach der

englischen Carnegie- Ausgabe, Oxford 1928). Topik ist jene *techne*, die seit Aristoteles ein Problem dadurch zu lösen versucht, indem man alle Gründe prüft, die einen Schritt empfehlen oder von seiner Ausführung abraten. Grotius steht in der humanistischen Tradition der *loci communes* als Argumentationstheorie, nach der auch *De iure belli ac pacis* konzipiert ist.

Zur Lösung von Einzelfragen – Grotius nennt sie *quaestiones* – ordnete er aus der Fülle von insgesamt 600 Autoritäten die begründeten Meinungen der Sachkenner jeweils in pro- und contra-Stimmen, um dann im «Hin- und Herwandern des Blicks» (Kriele) aus These und Antithese seine Synthese als Lösung vorzulegen. Die Fußangeln der Grotius-Interpretation liegen darin, daß ein jeweils verschiedener Grotius zum Vorschein kommt, je nachdem, ob man sich an die These oder an die Antithese hält und von dort her mit Zitaten argumentiert. Erst die Kenntnis der grotianischen Topik zeigt den dialektischen Weg und damit die authentische Meinung des Grotius.

Vgl. Günter Hoffmann-Loerzer, Topik und Politikwissenschaft, *Archiv f. Rechts- und Sozialphilosophie* 63 (1977).

35 Lauterpacht, The Grotian Tradition, 51.

36 IBP, Prolegomena 42.

37 *Hugonis Grotii Epistola de studio politico*, Uppsala 1626 (TMD 482). Diese kleine Schrift wurde als besonders wichtig vollständig abgedruckt in Gabriel Naudé, La bibliographie politique, Paris 1642.

38 Nach IBP I, 1, 14 : 1 ist die Civitas «coetus perfectus liberorum hominum, iuris fruendi et communis utilitatis causa sociatus». Vgl. Hans Maier, Die ältere deutsche Staats- und Verwaltungslehre, Neuwied/Berlin 1966, 195.

39 Auf das Buch V der *Nikomachischen Ethik* über die Gerechtigkeit nimmt Grotius in IBP besonders häufig Bezug.

40 Siehe IBP II, 26, 4: 7. «Die Klugheit ist nämlich auch Aristoteles eine dem Befehlenden eigentümliche Tugend; die Gerechtigkeit aber ist die Tugend eines jeden Menschen als solchen», wobei Grotius in den Anmerkungen ausdrücklich auf die entsprechende Stelle bei Aristoteles Politik III, 3 (1277 b 25) hinweist.

41 Siehe hierzu Eric Voegelin, Die neue Wissenschaft der Politik, München 1959, 96.

42 Siehe hierzu: Verdross, Abendländische Rechtsphilosophie, Wien 1958, 103: «Grotius ... auf dem Boden der antik-christlichen Naturrechtslehre rettet diese und das Völkerrecht über die Glaubensspaltung hinweg»; ähnlich Verdross, Völkerrecht, Wien 1955, 99.

43 Nicht bei Namen nennt Grotius z.B. Althusius, dessen Lehre von der Volkssouveränität er nie anerkannt hat. Vgl. IBP, I, 3, 8: 1. «Hier ist nun zunächst die Meinung derer zu verwerfen, welche überall und ohne Ausnahme die höchste Gewalt dem Volke zusprechen ...» (Diese Stelle erregte den besonderen Unwillen von Rousseau). Althusius' Ansichten konnten aber nur auf dem Boden des orthodoxcalvinistischen Emden verwirklicht werden. Deshalb und aufgrund der Tatsache, daß das Werk von Althusius hauptsächlich in den Niederlanden erschien (Groningen, Leiden), halten einige Forscher (z.B. Gerbrandy) Althusius für einen deutschgeborenen Niederländer.

44 Neben Grotius' Schrift *De studio politico* ist hier wichtig sein Kommentar zu Campanellas *Philosophiae realis*, in englischer Übersetzung unter dem bezeichnenden Titel *Politik maxims and observations*, London 1654 (TMD 683) herausgegeben.

45 Über die Ansichten von Thomasius kann man sich anhand dessen Grotiuslaudatio in der Einleitung zur ersten deutschen Übersetzung von IBP (Schütz 1707) gut informieren, die Schätzel in seine Ausgabe von IBP (1950) mit aufgenommen hat. –

Eine weitere, besonders im französischen Sprachraum wirksame Richtung der Grotius-Interpretation ging von dem Schweizer Völkerrechtler EMMERICH V. VATTEL und dessen Buch *Droit des gens* (1758) aus.

46 In einem Vorlesungsverzeichnis der Universität Heidelberg vom Jahre 1662 findet sich folgende Ankündigung: «SAMUEL PUFENDORF, Professor Publicus, Ius Naturae et Gentium ad ductum Grotii tradere perget et in eo erit, ut hac hyeme opus istud ad finem perducatur. Operam quoque suam privatam siqui eam sunt petituri, nemini denegabit.» Im 17. Jahrhundert sind neben Heidelberg als Zentren der Grotius-Lehre noch zu nennen: Halle, Jena, Kiel und Uppsala (Schweden).

47 Diese falsche Ansicht machte aber Schule und findet sich auch heute noch bei modernen Autoren, wie z.B. WILHELM DILTHEY, Weltanschauung und Analyse des Menschen seit Renaissance und Reformation, Leipzig 1929, 280; HEINRICH ROMMEN, Die ewige Wiederkehr des Naturrechts, München 1947, 203.

48 Hierfür ist nicht nur Grotius' zweifelhafte Vaterschaft für das säkularisierte Naturrecht maßgebend, sondern vor allem die oft verwendete irreführende Verbindung Althusius – Grotius – Hobbes. Vgl. KARL MÜLLER, Kirchengeschichte, Tübingen 1919, Bd. II, 2, 720f. Über Hobbes' *De Cive* schreibt Grotius am 11.4. 1643 an seinen Bruder: «Librum ‹De Cive› vidi, placent quae pro Regibus dicit. Fundamenta tamen, quibus suas sententias superstruit, probare non possum. Putat inter homines omnes à natura esse bellum et alia quaedam habet nostris non congruentia ...»

49 Vgl. DUMBAULD, Some modern misunderstandings.

50 IBP I, 1, 17: 2; II, 20, 45: 2; III, 25, 8. Zum Gottesbild bei Grotius siehe LEWALTER, Hugo Grotius, 291 ff.

51 IBP I, 1, 14; I, 2, 4: 2.

52 Die ‹recta ratio› bei Grotius definiert REIBSTEIN wie folgt: Aufgebot allen Seelenvermögens zu einem Zweck, der nicht nur Erkennen, sondern zugleich auch Wollen und Handeln ist, also eine auf das Gemeinschaftsleben bezogene sittlich erleuchtete Vernunft, in welcher das ‹iustum› und das ‹honestum› ein und dieselbe vernünftige Sittlichkeit der zwischenmenschlichen Beziehungen sind (Reibstein, Heineccius, S. 261).

Den *appetitus societatis* (IBP Prol. 6 + 14) stützt Grotius auf den stoischen Begriff der *Oikaiosis,* der nicht nur den Zug zur Gemeinschaft, sondern auch ihre Erhaltung und Pflege mit umfaßt. Es liegt nahe, von hier die Linie zum *zoon politikon* des ARISTOTELES zu ziehen. Grotius leitet aber den Geselligkeitstrieb in biblischem Sinne letztlich von Adam und Eva ab. Da alle Menschen von einem Paar abstammten, seien sie deshalb von Natur aus verwandt.

53 Berühmt ist folgendes Zitat: «Übrigens gehen die Pflichten der Liebe weiter als die Regeln des Rechts» (IBP III, 13, 4: 1).

54 Diese Ansicht findet sich auch bei LEWALTER, Hugo Grotius, 293.

55 Seit 1869 wird in den deutschen Ausgaben von IBP nicht mehr wie im Text von Grotius differenziert zwischen ‹recta ratio›, ‹ratio› und ‹intellectus›, sondern unterschiedslos alles mit ‹Vernunft› übersetzt!

56 IBP, Prolegomena 11. Zu dieser Stelle gibt es eine ausführliche Studie von ST. LEGER, The ‹etiamsi daremus›, in der alle Aspekte des Ursprungs sowie der Auslegung berücksichtigt sind.

57 «Quod sine summo scelere dari nequit». Die Ansicht, daß diese und andere religiöse Äußerungen von Grotius nur Schutzbehauptungen oder Tarnung seien, ist im Hinblick auf sein Gesamtwerk nicht stichhaltig.

58 Das Problem wurde bereits durch Hugo von St. Victor (1096–1141) formuliert und über Gregor von Rimini († 1358), Gabriel Biel (1410–1495) in die Spanische Spätscholastik tradiert.

59 Sowohl Suárez (anti) als auch Gabriel Vasquez (pro) haben dabei auf Grotius eingewirkt und seine eigene Stellungnahme beeinflußt.

60 Damit hat Grotius die Aussage des Vaticanum II über die «Richtige Autonomie der irdischen Wirklichkeiten» sinngemäß vorweggenommen, aber ebensowenig wie die Pastoralkonstitution über «Die Kirche in der Welt von heute» eine Trennung zwischen Religion und Recht versucht.

61 IBP II, 20, 44: 6.

62 Hinzu treten Elemente, die sich bereits früh in der niederländischen Devotio moderna zeigen und später im Pietismus münden.

63 Siehe IBP I, 3, 8: 1. «Man kann sich keine Regierungsform ausdenken, die von Nachteilen und Gefahren völlig frei wäre.» Den Kernsatz seiner Rechtsphilosophie formuliert Grotius prägnant und eindeutig in IBP, Prolegomena 22: «Verissimum illud, omnia incerta esse simul a iure recessum est.» («... alles wird unsicher, wenn einmal vom Recht abgegangen wird.»)

64 IBP II, 4, 8: 3. 20

65 Widerstandsrecht als Naturrecht siehe IBP I, 4, 1: 3.

66 v. Stein, Verwaltungslehre (III. Das Bildungswesen) 1884, S. 79.

67 v. Stein, Verwaltungslehre (I. Die vollziehende Gewalt) S. 297.

68 v. Stein, a. a. O. III. S. 321/22 f. Vgl. hierzu auch Wolfgang Fikentscher, De fide et perfidia, Der Treuegedanke des Hugo Grotius aus heutiger Sicht, München 1979.

69 Der berühmte Anfang des Römerbriefs 13 («Jedermann sei untertan der Obrigkeit») wird in IBP an verschiedenen Stellen ausführlich kommentiert (I, 2, 8: 11; I, 2, 8: 13; I, 4, 4: 1; I, 2, 8: 12). Interessant ist, daß Grotius auch auf den inneren Zusammenhang der Kapitel Römer 12 und 13 und die dadurch bedingte Akzentverschiebung in der Auslegung hinweist. («Die Rache ist mein; ich will vergelten, spricht der Herr.» Römer 12, 19.)

70 Auch in Preußen ist der Einfluß von Grotius sicherlich größer gewesen als bisher in der Forschung angenommen wurde. Als Indiz verdient u. a. die Tatsache Beachtung, daß die umfangreichste kommentierte Ausgabe von «De iure belli ac pacis» 1744–59 in 5 Folio-Bänden durch Heinrich und Samuel von Cocceji vorgelegt wurde. S. von Cocceji war Großkanzler bei Friedrich II. und an den Rechtsreformen in Preußen maßgeblich beteiligt.

Zur Wirkung von Grotius in Deutschland vgl. auch Günter Hoffmann-Loerzer, Zur Wirkungsgeschichte des Naturrechts in Deutschland: F. J. Stahl, J. H. v. Kirchmann, W. Dilthey als Grotius-Interpreten, *Zeitschrift für Religions- und Geistesgeschichte* 27 (1975), 305–329.

71 Eine kurze, aber unbedeutende Erwähnung findet Grotius 1787/88 bereits im *Federalist* Brief 20, in dem die niederländische Verfassung kritisch beleuchtet wird. Über die spätere Entwicklung vgl. Vollenhoven, Grotius and Geneva.

72 Diplomatie und Gesandtschaftsrecht gehören zu den Gebieten, bei denen der Einfluß von Grotius allgemein anerkannt wird. (Vgl. Harold Nicolson, Kleine Geschichte der Diplomatie, Frankfurt 1955, 65 ff.) Die häufig zitierte Urheberschaft von Grotius für den umstrittenen Begriff des *Mare liberum* hat nur noch bedingten Wert, da er in der Theorie und Praxis seit Selden häufig genug widerlegt wurde. Grotius' Eintreten für ein ‹freies Meer› hat übrigens eine theologische Begründung, weil nämlich ein ‹Mare clausum› die gottgewollte Einheit der Menschheit verhindern würde.

73 Diesen Gedanken entwickelt in moderner Form Bull, The Grotian conception, wobei er die Gefahren dieser Haltung keineswegs übersieht.

74 Einen Niederschlag dieser Anschauung findet man im Grundgesetz (Artikel 25):

«Die allgemeinen Regeln des Völkerrechts sind Bestandteil des Bundesrechtes. Sie gehen den Gesetzen vor und erzeugen Rechte und Pflichten unmittelbar für die Bewohner des Bundesgebietes». Damit hat die Bundesrepublik, neben den Niederlanden, zwar die fortschrittlichste rechtliche Fixierung über den Einfluß des Völkerrechts auf das innerstaatliche Recht, die materiale Problematik in der Praxis läßt sich jedoch nicht übersehen. Eine ausführliche Arbeit zu diesem Thema: REMEC, The Position of the Individual.

75 Besonders ausgearbeitet bei VOLLENHOVEN, Drei Stufen des Völkerrechts und TOOKE, The just war in Aquinas and Grotius.

76 Vgl. REIBSTEIN: «Das eigentliche Wesen des Völkerrechts liegt für Grotius im *ius permissivum*=dem weiten Spielraum des Ermessens und der Entwicklung der Handlungsfreiheit» (Völkerrecht I, 359). Diese Ansicht stellt Grotius über den reinen Pazifismus, womit er sich ausdrücklich von Erasmus absetzt. Grotius' Lehre von den *Temperamenta circa ius belli* hat zunächst auch nur das Nahziel, die Greuel des Dreißigjährigen Krieges zu mildern.

77 MEINECKE hat dieses Problem bei Grotius klar gesehen: «Völkerrecht und Staatsraison stehen in einem natürlichen Konkurrenzkampf miteinander» (Die Idee der Staatsraison, München 1924, 260). Die beiden letzten Weltkriege, einschließlich der Kriegsschuldfrage und der Kriegsverbrecherprozesse, lassen diese Problematik erkennen, auch wenn man noch nicht direkt Bezug auf Grotius genommen hat. Ausdrücklich greift jedoch die Anklage im Jerusalemer Eichmann-Prozeß diesen Punkt auf und begründet die besonderen völkerrechtlichen Aspekte des Falles mit zahlreichen Zitaten aus Grotius' *De iure belli ac pacis.* Inwieweit die Auffassung vom «Grotius-Krieg» heute bereits in die Völkerrechtspraxis eingedrungen ist, soll hier nicht untersucht werden.

78 Brief vom 3.12.1639 (*Epistolae* 889 [TMD 1210])

BODIN

1 Zur Bedeutung von Toulouse für die Rezeption des römischen Rechts in Frankreich und die geistige Disposition Bodins: MESNARD, Bodin à Toulouse.

2 Diese vorbereitenden Schulen vermittelten ein Grundstudium, sie übernahmen also die Funktion der Artistenfakultät.

3 Er baute sich Beziehungen in der Stadt und der Provinz Languedoc (1556 bei den Ständen von Montpellier) auf.

4 In Toulouse brachte er ein ähnliches Interesse für Luther auf; er beschäftigte sich wegen seines guten Kontakts zur *nation allemande* in der Universität rege mit der lutherischen Theologie und der lutherisch geprägten deutschen Geschichtsschreibung.

5 Der Hang zur Synthese und zur Zusammenfassung schon vorhandener Ansätze in einem System ist typisch für einen Spätgeborenen.

6 Im *Methodus* und in der *Republique.*

7 In *Reponse aux paradoxes de M. de Malestroict,* Paris 1568.

8 Über die Rolle Bodins bei den Ständen von Blois: CHAUVIRÉ, Bodin, 52–68; ferner der relativ objektive Bericht von Bodin selbst: *Recueil de tout ce qui s'est negotié en la compagnie du Tiers Estat de France, en l'Assemblée generale des trois estats, assignés par le Roy en la Ville de Bloys au 15 Nov. 1576, 1577.* Neuer: OWEN ULPH, Jean Bodin and the Estates General of 1576, *Journal of Modern History* 19 (1947).

9 Ein beredtes Beispiel für die Prinzipienlosigkeit der Zeit war Hotman, einer der

führenden Monarchomachen, der im Alter von Henri III gewonnen wird und nun statt der Allmacht der Stände die Allmacht des Monarchen propagiert.

10 Darüber ROMAN SCHNUR, Die französischen Juristen im konfessionellen Bürgerkrieg des 16. Jahrhunderts, Berlin 1962, 27 ff.

11 Bezeichnend ist das ligistische Pamphlet von 1585 zum Widerstandsrecht: *Déclaration des causes ... de s'opposer à ceux qui veulent subvertir la Réligion de l'Estat.*

12 Bezeichnend, daß Henri IV die Unterstützung des Pariser Parlaments genoß, das sich immer als Sachwalter der Monarchie fühlte, sich später aber gegen ihre absolutistische Übersteigerung zur Wehr setzte.

13 *Démonomanie des sorciers*, Paris 1580; *Paradoxon quod nec virtus ulla in medio, nec summum hominis bonum in virtutis actione consistere possit*, 1596; *Universae naturae theatrum, 1596.*

14 Dazu der Brief Bodins an seinen Neffen über die Erziehung seiner Kinder vom 9. November 1586.

15 *Heptaplomeres, sive Colloquium de abditis rerum sublimium arcanis*, geschrieben um 1693, lief auch nach Bodins Tod nur in Handschriften in Frankreich um, wurde erst im 19. Jh. veröffentlicht.

16 In der *Démonomanie* und im *Heptaplomeres* findet man Aussagen über Grundprinzipien und Stufenbau der Welt, in *Universae naturae theatrum* über die Schöpfung als Ursache der Welt, im *Paradoxon* über Bodins Ethik.

17 MCRAE, Ramist Tendencies, 323.

18 «Sunt enim artes ac scientiae ... non singulorum, sed universorum» (*Methodus* 107 B).

19 Eine stoische Individualethik fehlt bezeichnenderweise.

20 *Republique*, Préface III; künftig ohne Werkangabe nur mit Seitenzahl nach der Ausgabe von 1583 (Paris), bzw. dem Faksimiledruck dieser Ausgabe, Aalen 1961 zitiert.

21 Etwa in der *Oratio de instituenda in Republica iuventute* von 1559, im Brief über die Kindererziehung von 1586, in *Universae naturae theatrum*, das ja ein Lehrgespräch zwischen Vater und Sohn ist, und im *Methodus ad facilem historiarum cognitionem*, der das Lesen der Geschichte lehren will.

22 Vgl. MCRAE, Ramist Tendencies, 321 und vor allem Anm. 46.

23 *Juris universi distributio*, 72 A; die scholastische Einteilung *lex divina, naturale et humana* ist damit verworfen.

Juris und *Methodus* werden künftig nach Bd. 1 der Œuvres Philosophiques, hrsg. v. MESNARD, zitiert.

24 *Methodus* 114 B.

25 Die Ablehnung der Vier-Reiche-Lehre (Kap. 7 *Methodus*) ist für die damalige Zeit revolutionär, wo gerade SLEIDAN 1556 *De quatuor summis imperiis* geschrieben hatte und im Deutschen Reich diese Lehre erst endgültig durch Cellarius Ende 17. Jh. zerstört wurde.

26 *Methodus* Kap. 7 (223 B ff.).

27 *Methodus* Kap. 5 (140 A ff.).

28 *Methodus* 107 B, 112 A.

29 Vgl. FRANKLIN, Bodin and Methology, 116 ff.

30 Richtig: KLEMPT, Säkularisierung, 69; ROBERT FLINT, History of the Philosophy of History, Edinburgh/London 1893, I, 190. Falsch dagegen CHAUVIRÉ, Bodin, 32.

31 Über die Entwicklung der historischen Quellenkritik vom historischen Pyrrhonismus eines Agrippa und Patrizzi bis hin zu Cano und Baudouin, die wegen ihres apologetischen Ansatzes noch nicht die innerwerkliche Quellenkritik kannten, und schließlich über die Bodinsche Quellenbenutzung vgl. FRANKLIN, Bodin and

Methology, 89–152. Die Bodinschen Kriteria der Quellenkritik: *Methodus* 125 A bis 136 B.

32 «Rationibus oportet non auctoritate disserere» (*Universae naturae theatrum*, Lyon 1596, 446, ähnlich 137).

33 Zur ganzen Entwicklung: FRANKLIN, Bodin and Methology, 8–79.

34 Vgl. MESNARD, Essor, 436 f.

35 *Methodus* 107 B.

36 Vgl. dazu Bodins Liste der Geschichtsquellen in Kap. 10 des *Methodus* und die Analyse der Quellen der *Republique* bei MESNARD, Essor, 476 ff.

37 Vgl. Einleitung zum *Methodus* (109 B): «Propterea quod fructus historiae nulli sunt uberiores, quam qui de statu Rerumpublicarum decerpi consueverunt».

38 Es ist auch sein systematischstes Werk, in der Stringenz des Aufbaus übertrifft es z. B. MONTESQUIEUS *Esprit des lois* weit (MESNARD, Essor, 480).

39 Wie der Fürstenspiegelliteratur von THOMAS *De regimine principum* bis zum *Principe* MACHIAVELLIS, dem parodistischen Endpunkt.

40 Wie HOBBES, *De homine* und *De cive* und die Titel *De jure naturae*.

41 *Republique*, Préface IV f.

42 Das Programm der *Republique*: Préface III.

43 Zu den Ausgaben der *Republique* vgl. den Appendix der engl. textkritischen Ausgabe, hrsg. v. MCRAE, und die Bibliographie in CHAUVIRÉ, Bodin. Zu der Kritik: CHAUVIRÉ, Bodin, 45–92.

44 Bodin unterscheidet zwischen *ville* als Wohngemeinschaft, *cité* (= griechische Polis) und *republique* (72).

45 Vgl. auch 156 f. und 948.

46 Bodin zitiert Seneca: «Ad reges potestas omnium pertinet, ad singulos proprietas».

47 Im *Methodus* heißt es zuerst *imperium* (120), später *suverenitas* (174 B).

48 Wichtig ist der Hinweis Bodins, daß die römischrechtliche Lehre von der Nichtgebundenheit an die Gesetze von den Kanonisten zur Legitimierung der absoluten päpstlichen Gewalt übernommen worden ist (132).

49 Hinzu kommt noch der Begriff des *loi naturelle* als Gesetzmäßigkeit der das menschliche Leben bestimmenden natürlichen Faktoren (663), der aber nicht als naturwissenschaftlicher Gesetzesbegriff bezeichnet werden kann, dazu fehlt ihm die experimentell-induktive Verifizierung und der Determinismus. Mit diesen drei Gesetzesbegriffen sind alle Aspekte des Montesquieuschen Gesetzesbegriffs schon vorhanden.

50 Deshalb kann die Demokratie die Souveränität nicht voll verwirklichen (941 f.).

51 Insofern ist Vitoria moderner, der die Souveränität *(dominium)* als Recht gegen Eroberungen auffaßt (vgl. etwa *De Indis I*, 22). Das Recht zu Krieg und Frieden ist bei Bodin zwar ein Merkmal der souveränen Gewalt (*Methodus* 174 B–175 B, *Republique* 223 f.), aber dieses Recht ist mehr innerstaatlich gegen den Bürgerkrieg, als völkerrechtlich verwendet.

52 Natürlich gab es den Begriff im römischen Recht und bei der Kanonistik schon früher; vgl. WALTER ULLMANN, The Development of the Medieval Idea of Sovereignty, *The English Historical Review 64* (1949), 1–33.

53 Denn «les marques de souveraineté sont indivisibles» (266). Hier polemisiert Bodin sowohl gegen die antike Staatsphilosophie, als auch gegen des Althusius' Begriff *magistrat royal* (1586 war ihm wohl schon der Gedanke des Althusius bekannt, so daß er in die späten Auflagen der *Republique* aufgenommen werden konnte).

54 Polemik gegen Plato, Aristoteles, Polybios, Cicero, Thomas, Morus, Contarini und Machiavelli (!) (253).

55 Nicht systematisch zusammengestellt: 273, 269, 338 f. u. 1050.

56 Dieser Gedanke ist auch von der averroistischen Tradition beeinflußt; zur Entsprechung bei Dante vgl. Dante-Beitrag i.d. Band.

57 Fälschlicherweise als Bodins ‹Soziologie› bezeichnet (MESNARD, Essor, 517).

58 Bodin polemisiert hier gegen die monarchomachische Theorie und hält den Protestanten entgegen, daß ihre eigenen Theologen Luther und Calvin das Widerstandsrecht verneint haben (305).

59 Dies ist die alte scholastische Lehre, vgl. THOMAS, *De regimine principum* (dazu den Thomas-Beitrag in diesem Band).

60 Allerdings ist bei einem souveränen Tyrannen ein passives Widerstandsrecht erlaubt, ja, wenn dieser gegen die Gesetze Gottes und der Natur verstößt, geradezu gefordert (307).

61 Wie übrigens auch bei HOTMAN i. d. 3. Aufl. v. *Franco-Gallia* (1586).

62 Vgl. JEAN MOREAU-REIBEL, Jean Bodin et la Ligue d'après des lettres inédites, *Humanisme et Renaissance 2* (1935), 422–440.

63 Der Gedanke des Einflusses des Klimas auf den Menschen und den Staat ist nicht neu, in der Antike (Poseidonios, Polybios) und im Mittelalter (MARIAN J. TOOLEY, Bodin and the Medieval Theory of Climate, *Speculum* 28 [1953], 64 ff.) taucht er immer wieder auf. Freilich hat Bodin diese Gedanken systematisiert und rationalisiert, vor allem den Einfluß auf die Staatsverfassung verdeutlicht. Neben Bodin handelte noch LE ROY im 16. Jh. über dieses Thema (Kap. 1 von *De la vicissitude ou variété des choses en l'universe,* Paris 1579). Montesquieu hat dann die Bodinschen Gedanken weitergeführt, freilich auch nicht bis zu einer soziologischen Theorie.

HOBBES

1 Die Werke sind im allgemeinen – ohne Seitenangaben, jedoch nach der von Hobbes gegebenen Kapitel- und Abschnittsgliederung – zitiert nach der Gesamtausgabe von WILLIAM MOLESWORTH, London 1839–1845 (siehe Bibliographie).

2 T. Hobbes Malmesburiensis Vita, OL I, LXXXV sqq. (LXXXVI):
«Atque metum tantum concepit tunc mea mater,
Ut pareret geminos, meque metumque simul».

3 Vitae Hobbianae Auctarium, Amicorum Elenchus (OL LXII sqq.).

4 OL LXIX sqq.

5 EW vol. VIII, IX.

6 Hierzu FERDINAND TOENNIES, Hobbes, Leben und Lehre, Stuttgart [3]1925, 12.

7 Vita OL I, XX sq.; vgl. TOENNIES 12 ff.

8 «Ex eo tempore de causa sentiendi saepe cogitanti, forte fortuna mentem subiit, quod si res corporeae et earum partes omnes conquiescerent, aut motu simili semper moverentur, sublatum iri rerum omnium discrimen, et (per consequens) omnem sensionem; et propterea *Causam omnium rerum quaerendam esse in diversitate motuum.* Atque hoc principio usus est primo. Deinde ut cognosceret varietates et rationes motuum, ad geometriam cogebatur ...» (OL I, XX sq.).

9 The Elements of Law, Natural and Politic, ed. F. TOENNIES, London 1889, [2]Edinburgh 1928, Ep. ded.

10 FRITHJOF BRANDT, Thomas Hobbes' mechanical conception of nature, London 1928; RAYMOND POLIN, Politique et philosophie, 55 ff.; vgl. auch ERNST CASSIRER, Die Philosophie der Aufklärung, 339.

11 Sicher ist, daß Hobbes Galilei auf seiner Italienreise besucht hat; siehe TOENNIES 15 f.

12 Dies hatte Hobbes mit seinen – erstmals von TOENNIES edierten – *Elements of Law* (siehe Anm. 9) getan. Sein eigener Bericht darüber: *Consideration upon the reputa-*

tion ... of Thomas Hobbes, EW IV, 413 ff. (414 f.); eine Parallelstelle des – gleichfalls von TOENNIES edierten – *Behemoth* (London 1889, S. 36) bemerkt mit Bitterkeit, daß der König seine Verteidiger nicht beschützte. «Hobbes meinte ohne Zweifel schon damals, die Konsequenz aus seiner später mit Nachdruck vertretenen Maxime zu ziehen, daß im Augenblick, wo die persönliche Sicherheit aufhöre, jedes Band der Verpflichtung gelöst sei» (TOENNIES, Hobbes, 22).

13 Freilich in Mathematik und Geometrie, wie er gegenüber Freunden hervorhob; er weigerte sich auch, auf den Titel von *De cive* drucken zu lassen «Lehrer des Prinzen von Wales».

14 Hobbes trat für die Stärkung des Staates und seiner Staatsräson ein, nicht für den König – oder doch nur insofern für den König, als dieser in den damaligen Verhältnissen der natürliche Sitz der Staatssouveränität war; vgl. die Vorrede zur zweiten Auflage von *De cive* (1646).

15 Belege für die Heimkehrabsicht: TOENNIES, 30 ff.; vgl. auch JULIUS LIPS, Die Stellung des Thomas Hobbes zu den politischen Parteien der großen englischen Revolution, Leipzig 1927, 82 ff.

16 Eine eindrucksvolle Schilderung gibt die gereimte Vita, die der alternde Hobbes 1672 schrieb; darin heißt es:
«Frigus erat, nix alta, senex ego, ventus acerbus;
Vexat equus sternax et salebrosa via.
Londinum veniens, ne clam venisse viderer,
Concilio Status (der Cromwellsche Staatsrat!) conciliandus eram.
Quo facto, statim summa cum pace recedo,
Et sic me studiis applico, ut ante, meis» (OL I, XCIII).

17 Vitae Hobbianae Auctarium, OL I, XXXIX.

18 TOENNIES 64.

19 TOENNIES 65.

20 Immerhin füllen die naturwissenschaftlichen Schriften mehrere Bände der lateinischen Hobbes-Ausgabe!

21 CASSIRER, Philosophie der Aufklärung, 48 ff.

22 *Elements of Law,* ed. TOENNIES, Appendix II.

23 TOENNIES, Hobbes, 23.

24 Vitae Hobbianae Auctarium, OL I, XXVIII.

25 Über die Systematik seines philosophischen Werkes handelt Hobbes im Vorwort von *De cive.* Aus Umständen, die in der Zeit und im Lebensschicksal des Hobbes lagen, ist das abschließende Buch *De cive,* das vom Staat und den Pflichten der Bürger handelt, zuerst vollendet worden.

26 Hierzu HANS WELZEL, Naturrecht und materiale Gerechtigkeit, Göttingen [4]1962, 115 f.; J. LIPS, Hobbes, 22.

27 Vor allem Bischof BRAMHALL in seinen verschiedenen Schriften gegen Hobbes; siehe OL LXIX sq.

28 *De homine* XII, XIII; *De cive* I; *Leviathan VI;* die Grundzüge sind schon entwikkelt in den *Elements of Law.*

29 *Elements of Law,* ed. TOENNIES, 47 (hier in der Übersg. von TOENNIES, Hobbes, 176).

30 Pol I, 2. 1252 b 29–30; ähnlich III, 9. 1280 b 33–35, und VII, 2. 1324 a 5–13.

31 *De cive* I und Vorwort.

32 Vorbereitet ist diese Trennung freilich in der theologischen Literatur; vgl. dazu LEO STRAUSS, Naturrecht und Geschichte, 191 ff. (Anm. 23).

33 STRAUSS, Naturrecht, 188.

34 WELZEL, Naturrecht, 116; vgl. auch HOWARD WARRENDER, The political Philosophy of Hobbes, Oxford 1957, 146 ff., 177 ff.

35 Vgl. *De cive* VI, 13, Anm.: «Wenn er dies (sc. Unrechttun) auch dem Rechte nach, d. h. ohne Unrecht zu begehen, tun könnte, so könnte er es doch erstens nicht moralisch, d. h. nicht ohne Verletzung der natürlichen Gesetze und ohne Unrecht gegen Gott. *Deshalb gibt der Schwur des Fürsten den Untertanen einige Sicherheit* (von mir hervorgehoben»). – Ein säkularisierter Nachklang ist HEGELS Bemerkung (Rechtsphilosophie § 301), «daß es zu der Ansicht des Pöbels, dem Standpunkt des Negativen überhaupt gehört, bei der Regierung einen bösen oder weniger guten Willen vorauszusetzen» – eine These aus der, wie bei Hobbes, die Ablehnung jeglicher Kontrolle von unten und jeglicher Vorstellung von *checks und balances* folgt.

36 Darauf hat schon LEIBNIZ hingewiesen: «Die Beweise des Hobbes haben nur für den Staat Geltung, in welchem Gott der König ist, dem allein man in allem vertrauen darf» – ein prinzipieller Einwand gegen jede Art von politischer Theologie! (zit. bei WELZEL, 121).

37 Hierzu PETER CORNELIUS MAYER-TASCH, Thomas Hobbes und das Widerstandsrecht, passim.

38 «Der Verpflichtung der Untertanen gegen den Souverän dauert nur so lange, wie er sie auf Grund seiner Macht schützen kann, und nicht länger. Denn das natürliche Recht der Menschen, sich selbst zu schützen, wenn niemand anderes dazu in der Lage ist, kann durch keinen Vertrag aufgegeben werden» (Leviathan XXI).

39 *Leviathan* XXI, XXVI; vgl. WELZEL 119, Anm. 19.

40 WELZEL 122.

41 *De cive* V.

42 Die wichtigsten Texte sind gesammelt bei ALFRED VOIGT, Der Herrschaftsvertrag, Neuwied-Berlin 1965.

43 So die plastische Formulierung von OTTO VON GIERKE, Deutsches Genossenschaftsrecht, IV, 458 ff.

44 *De cive* VI, 14.

45 *De cive* VI, 15.

46 *De cive* VI, 16.

47 *De cive* VI, 16. – Erstaunlich ist, daß Hobbes in diesem Kapitel bereits die obligatorische Zivilehe proklamiert, zum Entsetzen seiner anglikanischen Gegner: «Auch macht es die unerlaubten Verträge nicht gültig, wenn ein Schwur oder ein Sakrament damit verbunden ist, denn es ist bereits ... dargelegt worden, daß dergleichen zu der Verbindlichkeit der Verträge nichts hinzufügt».

48 De cive VI, 17; ähnlich *Leviathan* XVIII: «Man mag hier einwenden, die Untertanen befänden sich in einer sehr elenden Lage, da sie den Begierden und anderen zügellosen Leidenschaften dessen oder derer ausgesetzt seien, die eine so unbegrenzte Macht in Händen halten ... Sie bedenken nicht, daß der Zustand der Menschen nie ohne die eine oder die andere Unannehmlichkeit sein kann, und daß die größte, die in jeder Regierungsform dem Volk gewöhnlich zustoßen mag, kaum fühlbar ist, wenn man sie mit dem Elend und den schrecklichen Nöten vergleicht, die ein Bürgerkrieg oder die Zügellosigkeit herrenloser Menschen ohne Unterwerfung unter Gesetze und unter eine Zwangsgewalt, die ihre Hände von Raub und Rache abhält, mit sich bringen» (Übersetzung WALTER EUCHNER).

49 Siehe Anm. 35.

50 *De cive,* Vorwort.

51 *Leviathan,* Einleitung (übs. von W. EUCHNER).

52 Vgl. die Erwägungen bei CARL SCHMITT, Die vollendete Reformation, *Der Staat* 4 (1965), 51 ff. (53 f.).

53 Sie ist schon in *De cive* mit einem ganzen Schlußabschnitt *Die Religion* vertreten;

zentrales Thema wird sie jedoch erst im *Leviathan;* vgl. F. C. Hood, The Divine Politics of Thomas Hobbes, Oxford 1964, 41 f.

54 *Leviathan* XLIV–XLVII mit der Quintessenz: «Und betrachtet man den Ursprung dieses großen kirchlichen Herrschaftsgebietes, so wird man leicht bemerken, daß das Papsttum nichts anderes ist als der Geist des verstorbenen römischen Reiches, der gekrönt auf dessen Grab hockt. Denn so tauchte das Papsttum plötzlich aus den Ruinen dieser heidnischen Macht auf».

55 *Contrat social* IV, 8 *(De la religion civile):* «De tous les auteurs chrétiens, le philosophe Hobbes est le seul qui ait bien vu le mal et le remède, qui ait osé proposer de réunir les deux têtes de l'aigle, et de tout ramener à l'unité politique, sans laquelle jemais État ni gouvernement ne sera bien constitué. Mais il a dû voir que l'esprit dominateur du christianisme étoit incompatible avec son système, et que l'intérêt du prêtre seroit toujours plus fort que celui de l'État. Ce n'est pas tant ce qu'il y a d'horrible et de faux dans sa politique, que ce qu'il y a de juste et de vrai, qui l'a rendue odieuse». Vgl. zur Interpretation dieser Stelle Hans Maier, Revolution und Kirche, München [4]1975, 121 ff.

56 Sie setzt ein mit der Herausgabe der gesammelten Werke durch William Molesworth (1839–1845), der zum Kreis der philosophischen Radikalen um Bentham und James Mill gehörte. In Frankreich hat Comte, der Hobbes auf seinen säkularisierten Heiligenkalender setzte, maßgeblich zur Renaissance seiner Ideen beigetragen. In Deutschland kommt Ferdinand Toennies eine ähnliche Stellung zu. Eine gute Übersicht über die neuere Entwicklung der Hobbes-Forschung bei Iring Fetscher in der Einleitung zur deutschen Ausgabe des *Leviathan,* IX–LXIV.

57 *Leviathan* XXVI.

58 Leo Strauss, Hobbes' politische Philosophie, 126 ff.

59 Den Zusammenhang der Pascalschen Rechtstheorie mit der des Hobbes hat Erich Auerbach entwickelt: Über Pascals politische Theorie, in: Vier Untersuchungen zur Geschichte der französischen Bildung, Bern 1951, 51 ff. (72 f.).

60 Strauss, Hobbes, 181.

61 Toennies, Hobbes, 66 ff.

LITERATURHINWEISE

PLATO

A. Texte

I. Burnet, Opera, Oxford 1905. –

Kommentierte Ausgabe: Les Belles Lettres, Collection Budé, *mit franz. Übersetzung. Wertvoll wegen der reichen Ausstattung mit Einleitung, erklärenden Anmerkungen und bibliographischen Angaben:* The Loeb Classical Library, *mit englischer Übersetzung.* –

Kommentierte Einzelausgaben: Politeia, ed. P. E. J. Adam, Cambridge 1921–26; Politikos, ed. L. Campbell, Oxford 1867; Nomoi, ed. E. B. England, Manchester 1921. – *Deutsche Übersetzungen (von F. Schleiermacher u. a.) bei Lambert Schneider, Artemis, F. Meiner, S. Fischer, Rowohlt.*

B. Literatur

1. Bibliographien

W. Totok, Handbuch der Geschichte der Philosophie I, Altertum, Frankfurt/M. 1964, 87–90, 146–212. *Unentbehrlicher Ersatz für die noch ausstehende Neuausgabe des Handbuches von* Ueberweg-Praechter.

Eine kritische Übersicht über die neuere Plato-Literatur (ohne Anspruch auf Vollständigkeit): E. M. Manasse, Bücher über Plato, Philosophische Rundschau, Sonderheft 1961.

2. Darstellungen und Untersuchungen

Die englische Literatur über Plato als politischen Philosophen ist führend. Die hier zu nennenden Werke verbinden gründliche Textkenntnis mit dem Sinn für die politische Problematik: E. Barker, Greek Political Theory, Vol. 1: Plato and His Precedessors, London [2]1925; E. Barker, Political Thought of Plato and Aristotle, New York 1959; R. L. Nettleship, Lectures on the Republic, London 1936; F. M. Cornford, The Republic of Plato, Oxford 1941 (Übersetzung und Kommentar); W. K. G. Guthrie, A History of Greek Philosophy, Cambridge, Bd. IV: Plato, the Man and his Dialogues, 1975, Bd. V: The Later Plato and the Academy, 1978.

Der Versuch Ulrichs v. Wilamowitz-Moellendorff, *Plato in seiner griechischen Umwelt zu sehen, ist, bei allen Mängeln des philosophischen Verständnisses, auch heute von Bedeutung:* Platon. Sein Leben und seine Werke, Berlin [3]1959–1961. *Zur Frage von Platos Verhältnis zur Politik und zur Problematik des Siebten Briefes:* K. v. Fritz, Platon in Sizilien und das Problem der Philosophenherrschaft, Berlin 1968.

Über den Zusammenhang von Politik und Erziehung unterrichtet besonders Werner Jaeger, Paideia, die Formung des griechischen Menschen, Berlin [3]1954–55, Bd. 2 u. 3; P. Friedländer, Plato, 3 Bde., Berlin [2]1954–1960 *ist nützlich vor allem durch die tiefdringende und feinsinnige Interpretation der Dialoge.*

Bemerkenswert auch: Eric Voegelin, Plato and Aristotle, Order and History Bd. 3, Louisiana State University 1957.

Soweit die neuere deutsche Plato-Forschung eine Abwehrhaltung gegen die apolitische Tradition der deutschen Geisteswissenschaft einnimmt, steht sie meist unter dem Einfluß von Stefan George und, durch George, von Nietzsche. Der ideologisch umgedeutete Plato konnte dann einerseits für den Nationalsozialismus angeworben werden (Kurt Hildebrandt), *anderseits von den Verkündern des ‹ungegenständlichen Denkens› der ‹Seinsvergessenheit› angeklagt werden* (Martin Heidegger). *So geschah es, daß in der antiplatonischen Front Heidegger und der Neopositivist* K. R. Popper, Der Zauber Platons, Bern 1957, *Seite an Seite kämpften. Mit Erleichterung wendet man sich von solcher metaphysischen Befangenheit dem gebildeten englischen Politiker zu, der Plato mit den politischen Problemen unserer Zeit konfrontiert:* R. H. S. Crossman, Plato Today, London 1959. *Zur politischen Aktualität Platos in Deutschland:* Reinhart Maurer, Platons Staat und die Demokratie, Berlin 1970; Ernst Sandvos, Soteria. Philosophische Grundlagen der platonischen Gesetzgebung, Göttingen 1971. J. Derbolav, Von den Bedingungen gerechter Herrschaft. Studien zu Platon und Aristoteles, 1980.

Zur Frage des Verhältnisses von Plato zu Sokrates: Helmut Kuhn, Sokrates. Versuch über den Ursprung der Metaphysik, München [2]1959.

Mit dem Problem des Verhältnisses von Staat und Individuum beschäftigen sich H. D. Rankin, Plato and the Individual, London 1964; R. W. Hall, Plato and the Individual, The Hague 1963. Helmut Kuhn, Plato über den Menschen, in: Die Frage nach dem Menschen. Aufriß einer philosophischen Anthropologie, hrsg. v. H. Rombach, Freiburg/München 1966, 284–310. *Vgl. auch:* R. Kraut, Socrates and the State, 1984.

Aus der neueren Literatur: Grundlegend für das Verständnis der Nomoi G. R. Morrow, Plato's Cretan City. Interpretation of the ‹Laws›, Princeton N. J. 1960.

Eine meisterliche Interpretation bei: Leo Strauss, The City and Man, Chicago 1964, 50–138 (*außerdem von dems.:* Studies in Platonic Political Philosophy, 1984 *und:* The Argument and the Action of Plato's Laws, Chicago 1975).

Neuere Einführungen und Kommentare zur Politeia: J. Annas, An Introduction to Plato's Republic, Oxford 1981; R. Cross/A. Woozley, Plato's Republic. A Philosophical Commentary, London 1979; O. Gigon, Gegenwärtigkeit und Utopie. Eine Interpretation von Platons ‹Staat›, Bd. 1 Zürich 1976; N. White, A Companion to Plato's Republic, Oxford 1979; *zum Politikos:* M. Davis, The ‹Statesman› as a Political Dialogue (Am. Journal Philology 88, 1967, 319–331); J. Klein, Plato's Trilogy, Chicago 1977; J. Skemp, Plato: The Statesman, London 1952; *zu den Nomoi:* R. Stalley, An Introduction to Plato's Laws, Oxford 1983.

ARISTOTELES

A. Texte

Die Standardausgabe der Werke des Aristoteles ist die im Auftrag der Königlich Preußischen Akademie der Wissenschaften veranstaltete Ausgabe von Immanuel Bekker, Aristotelis Opera, 5 Bde., Berlin 1831 bis 1870; *Neuauflage besorgt von* Olof Gigon, Berlin 1960.

Die umfangreichste Sammlung der erhaltenen Fragmente ist die von Valentin Rose, Aristoteles qui ferebantur Librorum Fragmenta, Leipzig [3]1886.

Eine Reihe neuerer textkritischer Einzelausgaben sind erschienen in der Reihe Scriptorum Classicorum Bibliotheca Oxoniensis. *Darunter:* F. G. Kenyon, Aristotelis Athenensium Respublica, Oxford 1920; W. D. Ross, Aristotelis Fragmenta Selecta, Oxford 1955; W. D. Ross, Aristotelis Politica, Oxford 1957, Neudruck 1973; I. Bywater, Aristotelis Ethica Nicomachea, Oxford 1959, Neudruck 1975; W. D. Ross, Aristotelis Ars Rhetorica, Oxford 1959, Neudruck 1969.

Unter den deutschsprachigen Ausgaben der politischen Werke des Aristoteles sind die folgenden zu empfehlen: Olof Gigon (Übers.), Die Nikomachische Ethik, Zürich 1951, Taschenbuchausgabe: München 1972; Günther Bien, auf der Grundlage der Übersetzung von Eugen Rolfes, Die Nikomachische Ethik, Hamburg 1972; Paul Gohlke (Übers.), Die Nikomachische Ethik, Paderborn 1956; Eugen Rolfes (Übers.), Politik, Hamburg 1981; Olof Gigon (Übers.), Politik, Zürich 1955, Taschenbuchausgabe: München 1973; Paul Gohlke (Übers.), Politik, Paderborn 1959; Nelly Tsouyopoulos und Ernesto Grassi, nach der Übersetzung von Franz Susemihl, Politik, Hamburg 1965; Peter Dams (Übers.), Der Staat der Athener, Stuttgart 1970; Paul Gohlke (Übers.), Rhetorik, Paderborn 1959; Franz G. Sievecke (Übers.), Rhetorik, München 1980; Paul Gohlke (Übers.), Fragmente, Paderborn 1960.

Neben dem Index Aristotelicus *von* Hermann Bonitz *im 5. Band der* Bekker*schen Gesamtausgabe der Werke sind die folgenden Kommentare zum Verständnis der aristotelischen Politik unentbehrlich:* Ernest Barker, The Politics of Aristotle, Oxford 1946, Neudruck 1976; H. H. Joachim, The Nicomachean Ethics, Oxford ³1966; W. L. Newman, The Politics of Aristotle, 4 Bde., Oxford ²1950, Neudruck: New York 1973.

B. Literatur

1. Bibliographien

Die grundlegende Bibliographie zu älteren Aristotelesliteratur ist diejenige von M. Schwab, Bibliographie d'Aristote, Paris 1896. – *Für die Literatur bis zum Jahre 1929 vgl. die Bibliographie in der zweiten Auflage von* Otto Immischs *Textausgabe der* Politik, Leipzig ²1929. – *Eine neuere Bibliographie bildet den Anhang zum Artikel* Aristoteles, *in der sechsten Auflage des* Staatslexikons, 1957 ff., I, 579–580.

2. Darstellungen und Untersuchungen

Zur allgemeinen Einführung in Leben und Werk des Aristoteles sind zu empfehlen: Werner Jaeger, Aristoteles. Grundlegung einer Geschichte seiner Entwicklung, Zürich ³1967; W. D. Ross, Aristotle, London ⁵1971; Ernst R. Sandvoss, Aristoteles, Stuttgart 1981.

Die folgenden Werke zur Geschichte der politischen Philosophie räumen der aristotelischen Theorie der Politik größeren Raum ein: George H. Sabine, A History of Political Theory, London ³1951; T. A. Sinclair, A History of Greek Political Thought, London ²1967; Leo Strauss und Joseph Cropsey (Hrsg.), History of Political Philosophy, Chicago 1963; Leo Strauss, Naturrecht und Geschichte, Stuttgart 1956, Taschenbuchausgabe: Frankfurt 1977; Constantin Tsatsos, La philosophie sociale des Grecs anciens, Paris 1971; Alfred Verdross-Drossberg, Grundlinien der Antiken Rechts- und Staatsphilosophie, Wien ²1948; Peter Weber-Schäfer, Einführung in die antike politische Theorie, 2 Bde., Darmstadt 1976.

An wichtigen neueren Monographien zur Politik und Ethik des Aristoteles sind zu nennen: Günther Bien, Die Grundlegung der politischen Philosophie bei Aristoteles, Freiburg ³1985; Joseph Paul Dolezal, Aristoteles und die Demokratie, Frankfurt 1974; Andreas Kamp, Die politische Philosophie des Aristoteles und ihre metaphysischen Grundlagen, Freiburg 1985; R. G. Mulgan, Aristotle's Political Theory, Oxford

1977; VASSILIS NOULAS, Ethik und Politik bei Aristoteles, Athen 1977; JOACHIM RITTER, Naturrecht bei Aristoteles, Stuttgart 1961; WALTER SIEGFRIED, Untersuchungen zur Staatslehre des Aristoteles, Zürich 1942; WALTER SIEGFRIED, Der Rechtsgedanke bei Aristoteles, Zürich 1947; R. STARK, Aristotelesstudien, München ²1972; LEO STRAUSS, The City and Man, Chicago 1964; FRIEDRICH TOMBERG, Polis und Nationalstaat, Darmstadt 1973; ERIC VOEGELIN, Plato and Aristotle, Baton Rouge 1957.

Lesenswerte Beiträge enthalten die folgenden Sammelwerke: JONATHAN BARNES, MALCOLM SCHOFIELD und RICHARD SORABJI (Hrsg.), Articles on Aristotle: 2. Ethics and Politics, London 1977; FRITZ-PETER HAGER (Hrsg.), Ethik und Politik des Aristoteles, Darmstadt 1972; OLIVIER REVERDIN (Hrsg.), La Politique d'Aristote, Genf 1965.

CICERO

A. Texte

De re publica librorum sex quae manserunt, hg. v. KONRAT ZIEGLER, Leipzig ⁷1969 *(textkritische Ausgabe, Auswahlbibliographie); ferner:* hg. v. PER KRARUP, Mailand 1967; *die gesamte Nebenüberlieferung (Zitate aus De re publica bei antiken Autoren) wird kritisch gesichtet von* EBERHARD HECK, Die Bezeugung von Ciceros Schrift De re publica, Hildesheim 1966; De legibus, hg. v. KONRAT ZIEGLER, Heidelberg ²1963 *(textkritische Ausgabe), neu bearbeitet von* WOLDEMAR GÖRLER, Freiburg/Würzburg 1979. *Fast alle anderen Texte Ciceros sind in den Reihen der* Oxford Classical Texts *und der* Bibliotheca Teubneriana, Leipzig bzw. Stuttgart, *erschienen.*

Kommentare: De re publica, *von* U. PEDROLI – G. GIANELLI, Florenz ³1961; LEONARDO FERRERO, Florenz ²1953 *(ohne Nebenüberlieferung);* HERBERT SCHWAMBORN, Paderborn 1953, ²1958; KARL BÜCHNER, Heidelberg 1984 *(jetzt grundlegend und maßgebend); zum Schluß des Werkes:* Somnium Scipionis, *von* ALESSANDRO RONCONI, Florenz ²1967; De legibus, *von* J. BUSUTTIL, Diss. London 1964; LUCAS PETRUS KENTER, Diss. Amsterdam 1971 *(nur Buch 1).*

Übersetzungen: führende lat.-deutsche Ausgaben von KARL BÜCHNER, Vom Gemeinwesen, Zürich/München ³1973 *(wichtige Einleitung und Erläuterungen); und von* KONRAT ZIEGLER, Staatstheoretische Schriften (Über den Staat; Über die Gesetze), Berlin/Darmstadt 1974; *daneben die deutschen Übersetzungen von* De re publica *von* KARL ATZERT, München 1958, RAINER BEER, Hamburg 1964, WALTER SONTHEIMER, Stuttgart 1956 u. öfter.

B. Literatur

1. Bibliographien

Die wichtigste ältere Literatur bei MARTIN SCHANZ/CARL HOSIUS, Geschichte der Römischen Literatur, Handbuch der Altertumswissenschaft VIII, 1, München ⁴1959, 400 ff.

Die laufende Bibliographie ist zu entnehmen den Jahresbänden von L'Année philologique, Paris 1924 ff.

Neuere Spezialbibliographien sind PETER L. SCHMIDT, Cicero, «De re publica» – die Forschung der letzten fünf Dezennien, in: H. TEMPORINI (Hg.), Aufstieg und Niedergang der römischen Welt, Bd. I, 4, Berlin/New York 1973, 262–333; *dort* 334–356 *auch ein Forschungsbericht zu* De legibus *von* ELIZABETH RAWSON; WERNER SUERBAUM, Studienbibliographie zu Ciceros De re publica, in: Gymnasium 85 (1978), 59–88.

2. Darstellungen und Untersuchungen

Grundlegend ist der Artikel Cicero in Paulys Realencyclopädie der Classischen Altertumswissenschaft (RE) Bd. VII A 1 (1939), 827–1274, *wo die Literatur bis zum Erscheinungsjahr aufgearbeitet ist. Darin die Beiträge:* Matthias Gelzer, Cicero (als Politiker), 827–1091, *mit Übersicht über die wichtigste Literatur zu Ciceros Leben* (1090 f.); Wilhelm Kroll, Rhetorische Schriften, 1091–1103; Robert Philippson, Philosophische Schriften, 1104–1192; Karl Büchner, Briefe/Fragmente, 1192–1274.

Die ältere Auseinandersetzung um das Cicerobild in: Thaddäus Zielinski, Cicero im Wandel der Jahrhunderte, Leipzig ⁴1929 *(Nachwirkung von der Antike bis um 1800).*

Wichtige neuere Gesamtdarstellungen zu Ciceros Leben und Schaffen: Karl Büchner, Cicero, Bestand und Wandel seiner geistigen Welt, Heidelberg 1964 *(vor allem der ‹inneren› Biographie auf Grund der Werk-Interpretation);* Emanuele Ciaceri, Cicerone e i suoi Tempi, Rom ²1939–1941 *(nach dem Urteil von Gelzer die «wissenschaftlich bedeutendste Biographie Ciceros in neuerer Zeit»);* Matthias Gelzer, Cicero. Ein biographischer Versuch, Wiesbaden 1969; Maffio Maffii, Cicero und seine Zeit, übers. v. Zahorsky, Zürich 1943; Otto Seel, Cicero, Wort – Staat – Welt, Stuttgart ²1961; Ernest G. Sihler, Cicero of Arpinum, New York 1933 *(gute Einführung in Leben und Werke);* Hugo Willrich, Cicero und Caesar, Göttingen 1944.

Ausgewählte neuere Literatur zu Ciceros politischer Theorie und ihren Voraussetzungen: Wichtige Aufsätze sind in folgenden Bänden der Reihe «Wege der Forschung» der Wissenschaftlichen Buchgesellschaft *gesammelt:* Bd. 18: Römertum, hg. v. Hans Oppermann, Darmstadt 1962; Bd. 27: Das neue Cicerobild, hg. v. Karl Büchner, Darmstadt 1971; Bd. 46: Das Staatsdenken der Römer, hg. v. Richard Klein, Darmstadt 1966; Bd. 528: Ideologie und Herrschaft in der Antike, hg. v. Hans Kloft, Darmstadt 1979; Bd. 34: Römische Wertbegriffe, hg. v. Hans Oppermann, Darmstadt 1967.

Gerhard J. D. Aalders, Die Theorie der gemischten Verfassung im Altertum, Amsterdam 1968 *(darin zu Polybios 85 ff., zu Cicero 109 ff.);* Enrico Berti, Il de re publica di Cicerone e il pensiero politico classico, Padua 1963 *(Geht vor allem dem unmittelbaren Einfluß des Plato und Aristoteles auf Cicero nach);* Karl Büchner, Studien zur römischen Literatur, 10 Bde., Wiesbaden 1962 ff. *(mit wichtigen Aufsätzen in Bden. 2, 6, 8, 9);* Karl Büchner, Somnium Scipionis. Quellen – Gestalt – Sinn, Wiesbaden 1976; Karl Büchner, Einleitung *zu* Vom Gemeinwesen, München ³1973 *(wichtig);* Walter Burkert, Cicero als Platoniker und Skeptiker, in: Gymnasium 72 (1965), 175–200; Filippo Cancelli, Per l'interpretazione del De legibus di Cicerone, in: Rivista di Cultura Classica e Medievale 15 (1973), 185 ff. *(Überblick über Absicht und Probleme des Werks).*

Jean-Louis Ferrary, Le discours de Philus et la philosophie de Carnéade, in: Revue des études latines 55 (1977), 128–156; Jean-Louis Ferrary, Le discours de Laelius dans le troisième livre du De re publica de Cicéron, Mélanges d'Archéologie et d'Histoire de l'Ecole Française de Rome, Paris 1974, 745–771, *(Auseinandersetzung um die skeptische Bestreitung des Naturrechts im III. Buch von* De re publica); Felix Flückiger, Geschichte des Naturrechts, Bd. I Altertum und Frühmittelalter, Zollikon-Zürich 1954 (*zu Cicero* 213 ff.); Jacques Gaillard, Que représentent les Gracques pour Cicéron? in: Bulletin de l'Association Budé, Paris 1975, 499 ff.; Olof Gigon, Cicero und die griechische Philosophie, in: H. Temporini (Hg.), Aufstieg und Niedergang der römischen Welt, Bd. I, 4, Berlin/New York 1973, 226 ff.; Alberto Grilli, I proemi del De re publica di Cicerone, Brescia 1971; Reinhard Häussler, Tacitus und das historische Bewußtsein, Heidelberg 1965 *(Darstellung u. a. des antiken und z. T. nachantiken Geschichtsdenkens);* Alfred Heuss, Ciceros Theorie vom römischen Staat, Göttingen 1975 *(grundlegend für das III. Buch von De legibus);* Hildebrecht Hommel, Cicero und der Peripatos, in: Gymnasium 62 (1955), 319 ff.

HORST-THEODOR JOHANN, Gerechtigkeit und Nutzen, Studien zur ciceronischen und hellenistischen Naturrechts- und Staatslehre, Heidelberg 1981; FRIEDRICH KLINGNER, Römische Geisteswelt, Stuttgart [6]1979 *(wichtige Cicero-Aufsätze);* ULRICH KNOCHE, Ciceros Verbindung der Lehre vom Naturrecht mit dem römischen Recht und Gesetz, in: G. RADKE (Hg.), Cicero, ein Mensch seiner Zeit, Berlin 1968, 38–60; GUSTAV ADOLF LEHMANN, Politische Reformvorschläge in der Krise der späten römischen Republik, Meisenheim 1980 (zu De legibus III: 12ff.).

RICHARD MEISTER, Der Staatslenker in Ciceros De re publica, in: Wiener Studien 57 (1939), 57–112 *(wichtig);* HANS-DIETER MEYER, Cicero und das Reich, Diss. Köln 1957; KARL-HERMANN MÜHLHAUS, Das demokratische Element in Ciceros Mischverfassung, Diss. München 1965; PIUS NIEDERBERGER OSB, Die Staatstheorie Ciceros im Spiegel seiner Reden, Gymnasium-Programm Einsiedeln/Schweiz, 1943 *(guter Überblick);* ERHARD PAHNKE, Studien über Ciceros Kenntnis und Benutzung des Aristoteles und die Herkunft der Staatsdefinition rep. I 39, Diss. Freiburg/Br. 1962; GEORG PFLIGERSDORFFER, Politik und Muße, München 1969 *(dichte Interpretation des Proömiums und Einleitungsgespräches von De re publica I);* VICTOR PÖSCHL, Römischer Staat und griechisches Staatsdenken bei Cicero, Darmstadt 1974 *(grundlegend).*

MICHAEL ROSTOCK, Die antike Theorie der Organisation staatlicher Macht. Studien zur Geschichte der Gewaltenteilungslehre, Meisenheim 1975 *(zu Polybios 306ff., zu Cicero 340ff., gründlicher Überblick aufgrund moderner verfassungsrechtlicher Sichtweisen);* MICHEL RUCH, Notwendigkeit und Zufälligkeit in Kosmos und Gesellschaft nach der Weltanschauung Ciceros, in: Gymnasium 72 (1965), 499–511; PETER L. SCHMIDT, Die Abfassungszeit von Ciceros Schrift über die Gesetze, Rom 1969 *(grundlegend);* HERBERT SCHWAMBORN, Prudens, Gedanken zu Cicero, De re publica II 64–70, in: Der altsprachliche Unterricht 1970, 17–45 (zum Bild des leitenden Staatsmanns); OTTO SEEL, Cicero und das Problem des römischen Philosophierens, in: G. RADKE (Hg.), Cicero, ein Mensch seiner Zeit, Berlin 1968, 136–160; FRITZ STEINMETZ, Staatengründung – aus Schwäche oder natürlichem Geselligkeitsdrang? in: Palingenesia 4 (1969), 181–199; WERNER SUERBAUM, Vom antiken zum frühmittelalterlichen Staatsbegriff – über Verwendung und Bedeutung von res publica, regnum, imperium und status von Cicero bis Jordanis, Münster 1961.

PETER WEBER-SCHÄFER, Einführung in die antike politische Theorie, Zweiter Teil: Von Platon bis Augustinus, Darmstadt 1976 *(zum politischen Denken der römischen Republik 95ff.);* BARBARA WICHA, Der Mensch im Staat bei Cicero, Diss. Salzburg 1970 *(ausführlicher Versuch, eine systematische politische Anthropologie aus Cicero zu erarbeiten);* CHAIM WIRSZUBSKI, Libertas als politische Idee im Rom der späten Republik, Darmstadt 1967.

AUGUSTIN

A. Texte

1. Gesamtausgaben

Augustini ... opera omnia, studio monachorum ordinis s. Benedictini, 11 Bde., Paris 1679–1700 (Mauriner-Ausgabe). – *Auf ihr beruht:* Augustini opera omnia, in: MIGNE, Patrologiae cursus completus, series latina, Bde. 32–47 (PL). *Darin u. a. folgende Einzelschriften:* PL 32 Confessiones, Soliloquia, Retractationes; PL 33 Epistolae; PL 34 De doctrina christiana; PL 36, 37 Enarrationes in psalmos; PL 41 De civitate Dei; PL 42 De trinitate; Augustini opera, in: Corpus Christianorum, series latina, Turnhout

1954ff. *(jüngste Ausgabe, noch im Erscheinen); Weitere Gesamtausgaben siehe in der Bibliographie von* Andresen.

2. Einzelne Werke in Übersetzungen

Selbstgespräche, lat. und dt. hrsg. von Peter Remark, München 1951; Bekenntnisse, lat. und dt., eingel. und übers. von Joseph Bernhart, München 1955, Darmstadt 1957 (gekürzte Ausgabe, nur dt.: Fischerbücherei, Hamburg 1956); Bekenntnisse, übers. von Georg von Hertling (nur Buch 1–10), Basel 1948; Bekenntnisse, eingel. und übertr. von Wilhelm Thimme, Zürich 1950; Der Gottesstaat, in dt. Sprache und mit einer Einführung von Carl Johann Perl, 3 Bde., Salzburg 1951–1953; Vom Gottesstaat, eingel. und übertr. von Wilhelm Thimme, Zürich 1955.

B. Literatur

1. Bibliographien

Michele Federico Sciacca, Augustinus, übers. von E. Schneider, in: Bibliographische Einführungen in das Studium der Philosophie von Joseph M. Bochenski, Heft 10, Bern 1948; Berthold Altaner, Patrologie, Freiburg ^{6}1960, 374–413 *(nach Sachgebieten gegliedert, gute Einführung);* Carl Andresen, Bibliographia Augustiniana, Darmstadt 1973 *(neueste und umfassende Augustin-Bibliographie in dt. Sprache; dort auch Hinweise auf Spezialbiographien, fortlaufende Bulletins, Forschungsberichte, Organe der Augustin-Forschung etc.);* Emilien Lamirandeomi, Un siècle et demi d'études sur l'ecclésiologie de saint Augustin. Essai Bibliographique (= Extrait de la Revue des Études Augustiniennes 1962 Fasc. 1), Paris 1962.

2. Darstellungen und Untersuchungen

Zur Einführung: Etienne Gilson, Introduction à l'étude de saint Augustin, Paris ^{3}1949 (dt. Übers. der 1. Aufl. u. d. Tit. Der hl. Augustin, Breslau 1930); *(Bestes einführendes Werk);* Augustinus Magister. Congrès international augustinien, Paris 1954, 3 Bde. (zit. AM I, II, III) *(Einzelstudien aus allen Gebieten der Augustinforschung in mehreren Sprachen; gute Einführung in den neueren Forschungsstand);* Carl Andresen, Zum Augustin-Gespräch der Gegenwart (= Wege der Forschung, Bd. V), Darmstadt 1962 *(Auswahl wichtiger Aufsätze der neueren Forschung in dt. Übers.; ausführliche Einleitung).*

Leben und geistige Entwicklung; Neuplatonismus: Henri-Irénée Marrou, Saint Augustin et la fin de la culture antique, Paris ^{4}1958 *(Standardwerk; beste Darstellung Augustins auf dem Hintergrund der geistigen Situation unserer Zeit);* deutsch: Augustinus und das Ende der antiken Bildung, Paderborn 1981 (*Zit.* Marrou I); Ders., Saint Augustin et l'augustinisme. Avec la collaboration de A.-M. Bonnardière, Paris 1956, dt.: Augustinus in Selbstzeugnissen und Bilddokumenten, Reinbek 1958 *(ausgezeichnete knappe Darstellung)* (Zit. Marrou II); F. van der Meer, Augustinus der Seelsorger. Leben und Wirken eines Kirchenvaters, Köln 1951 (holl. Orig. Utrecht 1947, ^{2}1949) *(sehr anschaulich);* Charles Boyer, Christianisme et Néoplatonisme dans la formation de saint Augustin, Paris 1920, ^{3}1953; Karl Holl, Augustins innere Entwicklung (= Ges. Aufs. III), Tübingen 1928; Joachim Ritter, Mundus intelligibilis. Eine Untersuchung zur Aufnahme und Umwandlung der neuplatonischen Ontologie bei Augustinus, Frankfurt a. M. 1937 *(grundlegend);* Pierre Courcelle, Recherches sur les Confessions de saint Augustin, Paris 1950; Ders., Les Confessions de saint Augustin dans la tradition littéraire, Paris 1963 *(wichtig für die neuere Forschung).*

Als Kontrast vgl. aus der älteren Literatur: Adolf von Harnack, Augustins Confessionen, Gießen ^{2}1895; A. Alfaric, L'évolution intellectuelle de saint Augustin, Paris 1918.

Soziallehre und Politik; De civitate Dei: Hermann Reuter, Augustinische Studien, Gotha 1887 *(noch heute von Bedeutung);* Joseph Mausbach, Die Ethik des hl. Augustinus, 2 Bde. Freiburg 1909, ^{2}1929. Heinrich Scholz, Glaube und Unglaube in der Weltgeschichte, Leipzig 1911 *(einflußreich, die Thesen von Reuter popularisierend und vergröbernd, heute im wesentlichen überholt);* John N. Figgis, The political aspects of St. Augustine's City of God, London 1921, Neudruck 1963 *(gute Einführung);* G. Combès, La doctrine politique de saint Augustin, Paris 1926; Wilhelm Kamlah, Christentum und Geschichtlichkeit, Stuttgart 1951 *(markiert in der Forschung die Wende zur neueren, ‹eschatologischen› Interpretation Augustins);* Joseph Ratzinger, Volk und Haus Gottes in Augustins Lehre von der Kirche, München 1954 *(neben Kamlah der bedeutendste Berg der jüngeren dt. Forschung);* Sergio Cotta, La città politica di Sant Agostino, Mailand 1960; R. A. Markus, Saeculum. History and Society in the Theology of St. Augustine, Cambridge 1970.

Wirkungsgeschichte: Ernst Troeltsch, Augustin, die christliche Antike und das Mittelalter, München 1915; Henri-X. Arquillière, L'Augustinisme politique, Paris ^{2}1956; *Vgl. ferner die detaillierten Angaben in der Bibliographie von* Andresen, 554–574.

THOMAS VON AQUIN

A. Texte

1. Gesamtausgaben:

Opera omnia, 25 Bde., Parma 1852–1872. Neudruck New York 1948–1950 *(unkritisch)* – Opera omnia iussu Leonis XIII edita cura et studio Fratrum Praedicatorum (Editio Leonina), Rom 1882 ff. *(Kritisch. Noch nicht vollendet, sie enthält erst etwa die Hälfte des Gesamtwerks, darunter die* Summa Theologiae, Bd. 4–12, *die* Summa contra Gentiles, Bd. 13–15, Sententia libri ethicorum, Bd. 47, Sententia libri politicorum, Bd. 48). *Für die Erschließung des Werkes unentbehrlich:* Robertus Busa (Ed.), Index thomisticus. Sancti Thomae Aquinatis operum omnium indices et concordantiae, 49 Bde. u. Introductio *(letztere noch nicht erschienen),* Stuttgart 1974 ff.

2. Einzelausgaben:

Summa Theologiae, 5 Bde., Madrid ^{3}1961–1965 *(sehr preiswert);* In decem libros Ethicarum Aristotelis ad Nicomachum expositio, ed. R. M. Spiazzi, Turin ^{2}1949; In octo libros Politicarum Aristotelis expositio, ed. R. M. Spiazzi, Turin–Rom 1951; De regimine principum, in: Opuscula philosophica, ed. R. M. Spiazzi, Turin–Rom 1951.

3. Übersetzungen:

Die deutsche Thomas-Ausgabe. Vollständige, ungekürzte deutsch-lateinische Ausgabe der theologischen Summe, Salzburg (später Heidelberg, Graz) 1934 ff. *(noch nicht vollendet, es fehlen noch 8 der 36 Bde. und die vorgesehenen Registerbände; versehen mit Anmerkungen und anspruchsvollen Kommentaren);* Thomas v. Aquins Summe der Theologie. Zusammengefaßt, eingeleitet und erläutert v. J. Bernhart, 3 Bde., Leipzig 1933–38, Stuttgart ^{3}1954 *(gekürzte, schwer genießbare, z. T. unverständliche Übersetzung).* Summa contra Gentiles, aus dem Lateinischen übersetzt und mit Übersichten, Erläuterungen und Aristotelestexten versehen v. H. Fahsel, 6 Bde., Zürich 1942–1960;

eine neue deutsch-lateinische Ausgabe mit neuer Übersetzung wurde begonnen, von der 2 Bde. erschienen sind: Summe gegen die Heiden, hg. u. übersetzt v. K. ALBERT u. P. ENGELHARDT, Darmstadt 1974ff.; Ausgewählte Schriften zur Staats- und Wirtschaftslehre des Thomas v. Aquino, übertr., eingel. und m. krit. Anm. v. F. SCHREYVOGEL, Jena 1923 (*darin:* Über die Herrschaft der Fürsten *und* Von der Regierung über die Juden); Über die Herrschaft der Fürsten, Hg. v. ULRICH MATZ, Stuttgart 1981; DINO BIGONGIARI (Ed.), The Political Ideas of St. Thomas Aquinas. Representative Selection, New York [9]1973; EUGEN ROLFES (Hg.), Die Philosophie des Thomas von Aquin. In Auszügen aus seinen Schriften. Mit einer Einleitung und Bibliographie von KARL BORMANN, Hamburg [2]1977.

B. Literatur

1. Bibliographien

P. MANDONNET und J. DESTREZ, Bibliographie thomiste, Le Saulchoir, Kain 1921 *(enthält in systematischer Gliederung die Literatur von 1800–1920 und die wichtigsten historisch-kritischen Werke aus der Zeit vor 1800);* Bulletin thomiste, ed. Société thomiste, Le Saulchoir, Etoilles/Paris 1924ff. *(bibliogr. Zeitschrift, Fortführung obiger Bibliogr., mit sehr wertvollen kritischen Untersuchungen und Besprechungen der gesamten thomistischen Literatur);* PAUL WYSER, Thomas von Aquin, Bern 1950 (Bibiliogr. Einführungen in das Studium der Philosophie H. 13/14) *(systematisch gegliedert, z. T. mit nützlichen Anmerkungen. Sehr wertvoll). Die neuere Literatur ist gesammelt in* TERRY L. MIETHE/VERNON J. BOURKE, Thomistic bibliography, London 1980.

2. Darstellungen und Untersuchungen

OSCAR J. BROWN, Natural Rectitude and Divine Law in Aquinas. An Approach to an integral Interpretation of the Thomistic Doctrine of Law, Toronto 1981; MARIE-DOMINIQUE CHENU, Das Werk des Hl. Thomas v. Aquin. (Aus dem Franz.), Heidelberg/Graz 1960, Graz [2]1982, Ergänzungsband 2 der Deutschen Thomas-Ausgabe *(Standardwerk);* FREDERICK C. COPLESTON, Aquinas, Harmondsworth 1956 Penguin Book *(ausgezeichnet durch einfache und klare Darstellung);* MARTIN GRABMANN, Thomas v. Aquin. Persönlichkeit und Gedankenwelt, Eine Einführung, [8]München 1949 (m. Bibl. *Bei aller Knappheit sehr empfehlenswert*).

Die folgenden vier Werke sind unumgänglich für das Studium der thomasischen politischen Philosophie: THOMAS GILBY, The Political Thought of Thomas Aquinas, Chicago 1958, Neudruck 1973; WOLFGANG KLUXEN, Philosophische Ethik bei Thomas von Aquin, 1964, Hamburg [2]1980; LOUIS LACHANCE, L'Humanisme politique de Saint Thomas d'Aquin. Individu et état. [2]Paris/Montreal 1965; O. LOTTIN, Psychologie et morale aux XIIe et XIIIe siècles. II–III: Problèmes de morale, Louvain-Gembloux 1948–49;

GALLUS M. MANSER, Das Wesen des Thomismus, [3]Freiburg/Schweiz 1949 *(die wohl immer noch beste Gesamtdarstellung in deutscher Sprache);* HANS MEYER, Thomas von Aquin, sein System und seine geistesgeschichtliche Stellung, [2]Paderborn 1961 *(Standardwerk, das jedoch in der Interpretation nicht immer zuverlässig ist);* JOSEF PIEPER. Hinführung zu Thomas von Aquin, München 1958 *(meisterhafte Einführung), jetzt auch in einer Taschenbuch-Ausgabe unter dem Titel:* Thomas v. Aquin. Leben und Werk, München (dtv) 1981; JOSEF PIEPER, Über die Gerechtigkeit, [2]München 1954; B. ROLAND-GOSSELIN, La doctrine politique de S. Thomas d'Aquin, Paris 1928 *(knappe Darstellung, die den geistesgeschichtlichen Hintergrund mit einbezieht);* OTTO SCHILLING, Die Staats- und Soziallehre des Hl. Thomas von Aquin, [2]München 1930 *(die bis heute beste deutschsprachige Darstellung);* EBERHARD WELTY, Gemeinschaft und Einzelmensch, ²Heidelberg 1935; M. WITTMANN, Die Ethik des hl. Thomas v. Aquin. In ihrem systematischen Aufbau dargestellt und in ihren geschichtlichen, besonders in den antiken Quellen erforscht. München 1933, Nachdruck Frankfurt/M. 1963.

Die neueste Biographie ist: JAMES A. WEISHEIPL, Friar Thomas d'Aquino. His Life, Thought and Works, New York 1974 (deutsch: Thomas von Aquin. Sein Leben und seine Theologie, Graz 1980).

DANTE

A. Texte

Kritische Ausgaben von Dantes Werken sind: Opere di Dante, Testo critico della Societa Dantesca Italiana, Firenze 1921, Neudruck 1965 *(ohne wissenschaftlichen Apparat);* Le Opere di Dante Alighieri, Edizione Nazionale a cura della Societa Dantesca Italiana, Milano 1966 ff. *(mit kritischem Apparat).*

Gebräuchliche Einzelausgaben der Werke, die für das politische Denken Dantes relevant sind: Monarchia, a cura di PIER GIORGIO RICCI, Edizione Nazionale, Mondadori 1965; Dantes Monarchia, übers. u. erkl., mit Einführung v. CONSTANTIN SAUTER, Freiburg/Br. 1913; *(Zur Datierung der Monarchia ist heranzuziehen:* FRIEDRICH BAETHGEN, Die Entstehungszeit von Dantes Monarchia (= Sitzungsber. d. Bayr. Akad. d. Wiss., Philos.-Hist. Klasse H. 5) München 1966); Das Gastmahl, übers. u. komment. v. CONSTANTIN SAUTER, Geleitw. v. H. RHEINFELDER, München 1965; La Divina Commedia, ital. u. dtsch. übers., eingef. u. erläut. v. AUGUST VEZIN, Freiburg/Rom 1956.

Wohlfeile Übersetzungen der Göttlichen Komödie: Goldmanns Taschenbücher (KARL VOSSLER), Fischer Bücherei (WILHELM G. HERTZ), Reclam (HERMANN GMELIN).

Die Dokumente zu Dantes politischer Tätigkeit sind gesammelt in: Codice Diplomatico Dantesco, ed. da RENATO PIATTOLI, Firenze 1940.

B. Literatur

1. Bibliographien

Dante nel mondo. Raccolta di studi promossa dall'Associazione internazionale per gli studi di lingua e di letteratura italiana. A cura di VITTORE BRANCA e ETTORE CACCIA, Firenze 1965.

Über die ältere deutsche Dante-Literatur informiert: THEODOR OSTERMANN, Dante in Deutschland. Bibliographie der deutschen Dante-Literatur 1416–1927, Heidelberg 1929. – *Dazu:* Mitteilungsblatt der Deutschen Dante-Gesellschaft, April 1965.

Über die neuerscheinende Literatur unterrichten laufend: Deutsches Dante-Jahrbuch, hrsg. v. d. Deutschen Dante-Gesellschaft, 1 ff. (1867 ff.); Giornale Dantesco 1 ff. (1893 ff.); Studi Danteschi 1 ff. (1920 ff.).

2. Darstellungen und Untersuchungen

Über das Leben und die Werke Dantes: NICOLA ZINGARELLI, La vita, i tempi e le opere di Dante (= Storia letteraria d'Italia 3), Milano 1931; FRIEDRICH SCHNEIDER, Dante. Sein Leben und sein Werk, Weimar ⁵1960; AUGUST VEZIN, Dante. Seine Welt und seine Zeit, sein Leben und sein Werk, Dülmen 1949; LEONARDO ARETINO, Dantes Leben. Dtsch. v. Friedrich Frhr. v. Falkenhausen (= Schriften der Deutschen Dante-Gesellschaft 3), Weimar 1939; FRANZ XAVER KRAUS, Dante. Sein Leben und sein Werk, sein Verhältnis zur Kunst und zur Politik, Berlin 1897; P. BARGELLINI, Vita di Dante, Firenze 1964; HORST HEINTZE, Dante Alighieri, Bürger und Dichter, Berlin-Weimar 1965; K. LEONHARD, Dante Alighieri in Selbstzeugnissen und Bilddokumenten, Reinbek 1970; P. J. TOYNBEE, Dante Alighieri. His Life and Works, New York 1965.

Eine Untersuchung der Göttlichen Komödie gibt: KARL VOSSLER, Die Göttliche Komödie, 2 Bde., Heidelberg ²1925.

Zum Weltbild Dantes: HERMANN GMELIN, Dantes Weltbild, Leipzig 1940; ETIENNE GILSON, Dante und die Philosophie, Freiburg 1953.

Die umfangreichste Darstellung Dantes als politischer Denker bietet: FRANCESCO ERCOLE, Il Pensiero politico di Dante, 2 Bde., Milano 1927.

Neuere Studien zum politischen Denken und Politiker Dante: ALEXANDER PASSERIN D'ENTREVES, Dante as a Political Thinker, Oxford 1952; GIUSEPPE LUMIA, Aspetti del pensiero politico di Dante, Milano 1965; JACQUES GOUDET, Dante et la politique, Paris 1969; PETER HERDE, Dante als Florentiner Politiker, Wiesbaden 1976.

Von den deutschen Forschern schreiben über Dante als politischen Denker: HANS RHEINFELDER, Dantes Selbstverständnis als politischer Dichter, Miscellanea Mediaevalia 3, Berlin 1964, 286–305; HERMANN CONRAD, Dantes Staatslehre im Spiegel der scholastischen Philosophie seiner Zeit, Deutsches Dante-Jahrbuch 27 (1948), 43–80. *Beide betonen vor allem das Mittelalterliche in Dantes politischem Denken.*

Ergänzend arbeitet mehr die renaissancehaften Züge von Dantes politischem Weltbild heraus: THÉODORE RUYSSEN, Les sources doctrinales de l'internationalisme, Bd. 1: Des origines à la paix de Westphalic, Grenoble 1954, 128–141.

Zu Dantes Geschichtsauffassung: HANS RHEINFELDER, Dante und die Geschichte, in: Speculum historiale (Festschrift Johannes Spörl), Freiburg/München 1965, 303–315. *Rheinfelders grundlegende Studien sind nun gesammelt:* HANS RHEINFELDER, Dante-Studien, Köln, Wien 1975.

Zur Wirkungsgeschichte Dantes: WERNER P. FRIEDERICH, Dante's fame abroad 1350–1850 (= Storia e letteratura 31), Roma 1950.

MARSILIUS VON PADUA

A. Texte

Die Werke des Marsilius von Padua sind nicht alle in neueren Editionen greifbar. Eine Gesamtausgabe fehlt. Das Interesse gilt verständlicherweise seinem Hauptwerk Defensor Pacis, das bereits im 14. Jahrhundert in zahlreichen Handschriften verbreitet war, darunter auch in Übersetzungen. Eine davon ist erhalten geblieben und publiziert worden: Marsilius de Padua-Marsilio da Padova. Difenditore della pace. Defensor Pacis. Nella trad. in volgare fiorentino del 1363. A cura di CARLO PINCIN, Turin 1966. *Der erste Druck erschien 1522 in Basel (dazu* ERNEST STÄHELIN, L'edition de 1522 du Defensor Pacis, in: Revue d'histoire et philosophie religieuse 34 (1954), 209–222) *die Schrift häufig abgedruckt, auch bei* GOLDAST *(s. u.). Über die verschiedenen Ausgaben und Übersetzungen unterrichtet* E. JEAUNEAU, Note critique sur une traduction française du ‹Defensor Pacis› de Marsile de Padoue, in: Revue d'histoire ecclesiastique 66 (1971), 930–947.

Die einsetzende Beschäftigung mit Marsilius zur Mitte des 19. Jahrhunderts führt zur Publizierung erster Auszüge: Marsilius von Padua. Defensor Pacis. Erstes Buch. Nach dem Erstdruck (= von 1522) für Seminarübungen hrsg. von ALEXANDER CARTELLIERI, Leipzig 1913 *und* Marsilius von Padua Defensor Pacis für Übungszwecke bearbeitet von RICHARD SCHOLZ, Leipzig 1914 (nach der zweiten Frankfurter Ausgabe von 1592 ausgewählt).

Die erste neuere Gesamtausgabe wurde von C.W. PREVITÉ-ORTON *besorgt:* The ‹Defensor Pacis› of Marsilius of Padua, Cambridge 1928. *Sie ist überholt durch die in der Reihe* ‹Fontes Iuris Germanici› *herausgebrachte textkritische Edition:* Marsilii de Padua ‹Defensor Pacis›, ed. RICHARD SCHOLZ, Hannover 1932, *die alle bis dahin greifbaren Handschriften und Drucke zugrundelegte. Inzwischen sind einige neu hinzugekommen* (*siehe* QUILLET, Defenseur 23f.).

Auf dem Scholzschen Text beruht auch eine deutsch-lateinische Ausgabe: Marsilius von Padua, Der Verteidiger des Friedens (Defensor Pacis) nach dem Text von R. SCHOLZ auf Grund der Übersetzung von WALTER KUNZMANN bearbeitet und eingeleitet von HORST KUSCH, 2 Bände, Darmstadt 1958. *Eine Auswahl daraus in deutscher Sprache besorgte* HEINZ RAUSCH, Marsilius von Padua. Der Verteidiger des Friedens, Stuttgart 1971 (Reclam Universal-Bibliothek 7964–66).

An Übersetzungen in moderne Sprachen liegen vor: The Defender of Peace by Marsilius of Padua, translated with an Introduction by ALAN GEWIRTH, New York 1956; Il Difensore della pace di Marsilio da Padova. A cura di CESARE VASOLI, Turin 1960; Marsile de Padoue, Le Defenseur de la Paix, Traduction, Introduction et Commentaire par JEANNINE QUILLET, Paris 1968.

Von den sonstigen Werken ist zunächst der Defensor Minor, ed. C.K. BRAMPTON, Birmingham 1922 neu aufgelegt worden. *Inzwischen:* Marsilius de Padua – Marsilio da Padova, Il difensore minor (Defensor minor). A cura di CESARE VASOLI, Neapel 1975. *Die beiden anderen Abhandlungen* Tractatus de Jurisdictione Imperatoris in causis matrimonialibus *und* Tractatus de Translatione Imperii *sind nur greifbar bei* MELCHIOR GOLDAST, Monarchia S. Romani Imperii, Frankfurt/M. 1611–1613, Bd. 2, 154–312, *letzterer auch bei* SIMON SCHARD, De iurisdictione, autoritate et praeeminentia imperiali, Basel 1566, 224–237.

B. Literatur

1. Bibliographien

Ausführlichere Hinweise finden sich bei BERGSTRAESSER-OBERNDÖRFER, Klassiker der Staatsphilosophie, Stuttgart 1961 *und bei* HASHAGEN und SEGALL *(s. u.). Bibliographien bei* GREGORIO PIAIA, Marsilio da Padova nella riforma e nella controriforma. Fortuna ed interpretazione, Padua 1977, 437–458 *und in der Defensor minor-Übersetzung von* CESARE VASOLI *(s. o.),* 63–79.

2. Forschungsstand

Über die ältere Literatur berichtet JUSTUS HASHAGEN, Marsilius von Padua im Lichte der neueren Forschung, Historisches Jahrbuch 61 (1941) 277f. *Eine Zusammenschau der Interpretationen und eine kritische Auseinandersetzung mit der Betonung vieler offener Fragen bei* HERMANN SEGALL, Der Defensor Pacis des Marsilius von Padua – Grundfragen der Interpretation (Historische Forschungen, Bd. 2) Wiesbaden 1959. *Eine ausführliche Darstellung der verschiedenen Interpretationen findet sich bei* GEORGES DE LAGARDE, Le Defensor Pacis *(s. u.)* 10–30.

3. Darstellungen und Untersuchungen

Die älteren Studien heben auf die «Modernität» des Paduaners ab, so A. NIMIS, Marsilius' von Padua republikanische Staatslehre, Diss. Heidelberg 1898 *oder* L. STIEGLITZ, Die Staatstheorie des Marsilius von Padua, Leipzig 1914. *Auch* RICHARD SCHOLZ *beginnt hier seine umfangreichen Studien:* Marsilius von Padua und die Idee der Demokratie, Zeitschrift für Politik 1 (1907) 61–94; Ders., Zur Datierung und Überlieferung des Defensor Pacis von Marsilius von Padua, Neues Archiv 46 (1926) 490–512; Ders., Marsilius von Padua und die Genesis des modernen Staatsbewußtseins, Historische Zeitschrift 156 (1937) 88–103.

Die italienische Forschung setzt gleichfalls bei dieser Sichtweise ein, etwa Baltasar Labanca, Marsilio da Padova riformatore politico e religioso del secolo XIV, Padua 1882. *Der bedeutende* Felice Battaglia, Marsilio da Padova e la filosofia politica del medio evo, Florenz 1928 *schließt sich dieser Sichtweise an.* Ders., Modernità di Marsilio da Padova, in: Aldo Checchini – Norberto Bobbio, Marsilio da Padova: Studi raccolti nel VI. centenario della morte, Padua 1942, 97–141. *Die einzelnen Beiträge dieses Werkes sind mit Vorsicht zu gebrauchen, da die zeitgeschichtlichen Verhältnisse auf die Aufsätze einwirken.*

Die älteste eingehendere Studie stammt von Ephraim Emerton, The Defensor Pacis of Marsiglio of Padua, Cambridge/Mass. 1920. *Für die Forschungswege bedeutsam sind die Arbeiten von* E. Ruffini-Avondo, Il Defensor pacis di Marsilio da Padova, Rivista storica italiana 4 (1924), 113–166 *(Marsilius als Begründer der Gewaltentrennung!);* C. W. Previté-Orton, Marsiglio of Padua, Doctrines, The English Historical Review 38 (1923) 1–18; Ders., Marsilius of Padua, Proceedings of the British Academy 21 (1935) 137–183; sowie Alexander Passerin d'Entreves, Riliggendo il Defensor pacis, Rivista storica italiana 51 (1934) 1–37; Ders., The Medieval Contribution to Political Thought – Thomas Aquinas, Marsilius of Padua, Richard Hooker, Oxford 1939.

Einer der ideenreichsten Marsilius-Forscher ist Georges de Lagarde. *Von ihm stammen zwei der umfassendsten Studien, die die Entwicklung seiner Sichtweise dokumentieren und in denen eigenwillig und pointiert argumentiert wird:* Marsile de Padoue ou le premier théoricien de l'état laïqui (La naissane de l'ésprit laïque au déclin de Moyen-Âge, vol 2) 1934, ^{2}1948 *und* Le Defensor Pacis (La naissanse de l'ésprit laïque au déclin du Moyen-Âge, vol. 3) Louvain-Paris 1970.

Eingehende Darstellungen der Gedanken des Marsilius finden sich bei Alan Gewirth, Marsilius of Padua and Medieval Political Philosophy, New York 1951, ^{2}1956; Carlo Pincin, Marsilio, Turin 1967; Jeannine Quillet, La philosophie politique de Marsile de Padoue, Paris 1970 *und* Piero di Vona, I principi del Defensor pacis, Neapel 1974. *Knapp* Wilhelm Schneider-Windmüller, Staat und Kirche im Defendor pacis des Marsilius von Padua, Bonn 1934.

Zur Einführung lesenswert sind die Ausführungen bei Ernst Reibstein, Volkssouveränität und Freiheitsrechte. Texte und Studien zur politischen Theorie des 14.–18. Jahrhunderts, Freiburg/München 1972, Bd. 1, 25–37 *und* Wolfgang Stürner, Natur und Gesellschaft im Denken des Hoch- und Spätmittelalters, Stuttgart 1975, 164–184.

Unentbehrlich für den geistesgeschichtlichen Hintergrund: Martin Grabmann, Studien über den Einfluß der aristotelischen Philosophie auf die mittelalterlichen Theorien über das Verhältnis von Kirche und Staat, SB Bayer. Akad. d. Wiss., Phil.-hist. Klasse, München 1934 H. 2, 41–60. *Für die geistesgeschichtliche Einordnung heranzuziehen sind* Brian Tierney, Foundations of the Conciliar Theory, Cambridge 1955; John B. Morrall, Political Thought in Medieval Times, London 1958; Michael J. Wilks, The Problem of Sovereignty in the later Middle Ages, Cambridge ^{2}1964.

Zum geschichtlichen Hintergrund, dessen Kenntnis unentbehrlich ist zum Verständnis des Marsilius: Otto Bornhak, Staatskirchliche Anschauungen und Handlungen am Hofe Kaiser Ludwigs des Bayern, Weimar 1933; Sigmund Riezler, Die literarischen Widersacher der Päpste zur Zeit Ludwig des Bayern, ein Beitrag zur Geschichte der

Kämpfe zwischen Staat und Kirche, Leipzig 1874, Neudruck Aalen 1961; KARL MÜLLER, Der Kampf Ludwig des Baierns mit der römischen Curie, Tübingen 1879; HERMANN OTTO SCHWÖBEL, Der diplomatische Kampf zwischen Ludwig dem Bayern und der Römischen Kurie im Rahmen des kanonischen Absolutionsprozesses 1330–1346, Köln 1968.

Zur Bedeutungsgeschichte: PAUL E. SIGMUND, The Influence of Marsilius of Padua on XVth Century Conciliarism, Journal of the History of Ideas 23 (1962) 392ff. DERS., Nicholas of Cusa and Medieval Political Thought, Cambridge/Mass. 1963.

Außer den in den Anmerkungen zu speziellen Aspekten genannten Aufsätzen von MARIO GRIGNASCHI *und* JEANNINE QUILLET *sind noch hervorzuheben* C.K. BRAMPTON, Marsiglio of Padua. Life, The English Historical Review 37 (1922), 501ff.; JOHANNES HALLER, Zur Lebensgeschichte des Marsilius von Padua, ZS f. Kirch.-Gesch. 48 (1929), 166ff.; JOHANNES HECKEL, Marsilius von Padua und Martin Luther, ZRG 75 KA 44 (1958) 264ff.; HORST KUSCH, Friede als Ausgangspunkt der Staatstheorie des Marsilius von Padua, Das Altertum 1 (1955), 116ff. EWART LEWIS, The Positivism of Marsiglio of Padua, Speculum 38 (1963) 541ff.

MACHIAVELLI

A. Texte

Tutte le opere. A cura di FRANCESCO FLORA e di CARLO CORDIÉ, 2 Bde., Milano 1949/50 *(Gesamtausgabe);* Opere di Machiavelli. A cura di MARIO BONFANTINI, Milano-Napoli 1954 *(ausgezeichnete Auswahl);* Opere, a cura di SERGIO BERTELLI, 11 Bde., Verona 1968–1982 (Bd. 10 Bibliographie, Bd. 11 Register); Gesammelte Schriften, hg. v. H. FLOERKE (übers. v. J. ZIEGLER *u.* F. N. BAUER), 5 Bde. München 1925.

Der Fürst, übers. u. hg. v. RUDOLF ZORN, Stuttgart 1955, [6]1978; Der Fürst, eingel. v. HANS FREYER, Stuttgart (Reclam) 1961.

Politische Betrachtungen über die alte und italienische Geschichte (= Discorsi sopra la prima Deca di Tito Livio), übersetzt und eingeleitet von FRIEDRICH VON OPPELN-BRONIKOWSKI, neu hrsg. v. ERWIN FAUL (= Klassiker der Politik 2), Köln-Opladen 1965; Discorsi. Gedanken über Politik und Staatsführung, übers., erläutert und eingel. v. RUDOLF ZORN, Stuttgart 1966, [2]1977.

The Letters of Machiavelli, ed. by ALLAN GILBERT, New York 1961.

B. Literatur

1. Bibliographien

SERGIO BERTELLI/PIERO INNOCENTI, Bibliografia Machiavellana (= Bd. 10 der Werkausgabe von S. BERTELLI), Verona, Stuttgart 1979. *Einen guten Überblick über die Literatur verschaffen auch die bibliographischen Anhänge der Discorsi-Ausgabe v.* E. FAUL *(s. o.) und der unten angeführten Bücher von* E. FAUL, G. SASSO *u.* H. MÜNKLER.

2. Darstellungen und Untersuchungen

Machiavelliinterpretationen:

Als Prototyp jener Gattung, die in Machiavelli den Vater der Staatsräson und den perfekten Techniker der Macht sieht, kann gelten: HANS FREYER, Machiavelli, Leipzig 1938. *Dagegen sieht* RENÉ KÖNIG, Machiavelli, Krisenanalyse einer Zeitenwende, München

1979 (Erstausgabe 1941) *Machiavelli nicht als politischen Realisten, sondern als Träumer einer neuen Staatenwelt und als Ästheten der Gewaltsamkeit.*

Wesentlich tiefer geht erstmals: Augustin Renaudet, Machiavel, Paris 1942, [6]1956, *der Machiavelli mit großem Einfühlungsvermögen in die Spannungen seiner Epoche einordnet (vgl. weiter die in Anm. 51 angegebene Literatur).*

Gerhard Ritter, Die Dämonie der Macht (erstmals 1940 unter dem Titel ‹Machtstaat und Utopie›), München [6]1948 *dagegen zeichnet Machiavelli mit ätzender Feder als monströsen Vorläufer der ‹zeitgenössischen Realpolitik›, eine Sicht, deren Einseitigkeit trotz treffender Details lediglich noch von dem brillanten Essay von* Leo Strauss, Thoughts on Machiavelli, Glencoe 1958 *übertroffen werden dürfte.*

Außerordentlich anregend ist Th. B. Macaulay, Politik und Moral: Friedrich der Große, Bertrand Barère, Machiavelli, dtsch. Ulm 1947.

Die beste und prägnanteste Biographie stammt von Roberto Ridolfi, Vita di Niccolò Machiavelli, Roma 1954 (engl.: The Life of Niccolò Machiavelli, London 1963), *von der zu wünschen wäre, daß sie ins Deutsche übersetzt würde.*

Die eindringlichste ideengeschichtliche und theoretische Analyse bietet neben: Gennaro Sasso, Niccolò Machiavelli, Geschichte seines politischen Denkens, Stuttgart 1965, *neuerdings:* Kurt Kluxen, Politik und menschliche Existenz bei Machiavelli, dargestellt am Begriff der necessità, Stuttgart 1967. *Die jüngste, großangelegte Biographie ist* Herfried Münkler, Machiavelli. Die Begründung des politischen Denkens der Neuzeit aus der Krise der Republik Florenz, Frankfurt 1982 *(hier wird Machiavelli sowohl ideengeschichtlich eingeordnet als auch auf dem Hintergrund der sozialen, ökonomischen und politischen Geschichte von Florenz erklärt; M. wird als Entdecker der Autonomie des Politischen und seiner Herauslösung aus der mittelalterlichen Bindung an die Theologie interpretiert).*

Speziell zum Principe und zu den Discorsi: Dolf Sternberger, Machiavellis Principe und der Begriff des Politischen, Wiesbaden [2]1975; Harvey C. Mansfield, Machiavelli's new modes and orders. A study of the discourses on Livy, Ithaca/London 1979.

Zum Problem der Staatsraison: Raymond Polin, Le concept de Raison d'Etat avant la lettre d'après Machiavel, in: Roman Schnur (Hg.), Staatsräson, Studien zur Geschichte eines politischen Begriffs, Berlin 1975, 27–42.

Einen Überblick über den Forschungsstand verschaffen auch die Tagungsberichte: Il pensiero politico di Machiavelli e la sua fortuna nel mondo (=Atti del convegno internazionale), Firenze 1972; Machiavelli attuale. Machiavel actuel (Kolloquium 1977 in Avignon), Ravenna 1982.

Machiavellis Umwelt:

Einen noch immer großen Wurf stellt das bis heute neu aufgelegte Werk von Jacob Burckhardt, Die Kultur der Renaissance in Italien, 1860, Stuttgart [10]1976 *dar. Die ästhetizistische Grundhaltung Burckhardts, aus der heraus der Staat der Renaissance grundsätzlich als Kunstwerk bejaht wird, mag heute freilich als unbefriedigend empfunden werden.*

Hans Baron, Die politische Entwicklung der italienischen Renaissance, ‹Historische Zeitschrift› 174 (1952), 31–56, *zufolge gibt es bis heute keine umfassende Gesamtdarstellung der Epoche. Man ziehe inzwischen neben den in Anm. 1 genannten Werken vor allem heran:* Allan H. Gilbert, Machiavelli's Prince and its Forerunners. The Prince as a Typical Book de Regimine Principum, Durham 1938, *der Machiavelli gewissenhaft in die Leistungen der Zeitgenossen einordnet, sowie die dem modernen Stand der Forschung entsprechende Studie von* Rudolf von Albertini, Das florentinische Staatsbewußtsein im Übergang von der Republik zum Prinzipat, Bern 1955. *Ferner jetzt:* Leonid Batkin, Die italienische Renaissance. Versuch einer Charakterisierung eines Kulturtyps, Basel/Frankfurt/M. 1981; Peter Burke, Culture and Society in Renaissance Italy 1420–1540, London 1972.

Wirkungsgeschichte:

Das bis heute benutzte Standardwerk bildet noch immer FRIEDRICH MEINECKE, Die Idee der Staatsräson in der neueren Geschichte, [1]1924, München [3]1963, *das freilich in vielen Punkten angreifbar erscheint.*

Weitaus abgewogener und empfehlenswerter ist ERWIN FAUL, der moderne Machiavellismus, Köln 1961, *der der ambivalenten Rezeption der Handlungskonzeptionen Machiavellis in den zum Absolutismus oder zur Gewaltengliederung tendierenden Systemen der Neuzeit nachgeht und ihre Grundproblematik in der Entwicklung der modernen ideologischen und organisatorischen Machttechniken aufspürt.*

Eine Darstellung der in der Literatur stark vernachlässigten verfassungsstaatlichen Komponente der Staatsräson stammt von CARL J. FRIEDRICH, Die Staatsräson im Verfassungsstaat, München 1961.

Für die Rezeption Machiavellis in England vgl. FELIX RAAB, The English Face of Machiavelli. A changing Interpretation 1500–1700, London/Toronto 1965 *und* J. G. A. POCOCK, Machiavelli, Harrington, and English Political Ideologies in the Eighteenth Century, The William and Mary Quarterly. Magazine of Early American History 22 (1965), 549–583.

Für die Rezeption Machiavellis in Frankreich vgl. ALBERT CHEREL, La pensée de Machiavel en France, Paris 1935; CLAUDE LEFORET, Machiavel jugé par la tradition classique, Archives européennes de Sociologie 1 (1960), 159–169; EDMOND M. BEAME, The Use and Abuse of Machiavelli: The Sixteenth-Century French Adaption, in: Journal of the History of Ideas 43 (1982), 33–54.

THOMAS MORUS

A. Texte

Thomae Mori Opera omnia latina, 1689, Nachdruck Frankfurt 1963. Omnia latina opera, Löwen 1565. – The English Works, London 1557. – The Yale Edition of the Complete Works of St. Thomas More, 14 Vols. (geplant), New Haven/London 1963 ff.

The Latin Epigrams, ed. L. BRADNER, Chicago 1953; Responsio ad Lutherum, ed. G. J. DOMMELEY, Washington 1962 *(engl. Übersetzungen und Anmerkungen);* The Correspondance of Sir Thomas More, ed. E. F. ROGERS, Princeton 1947. St. Thomas More, Selected Letters, ed. E. F. ROGERS, New Haven 1961 *(die lateinischen Briefe in Übersetzung, die englischen modernisiert, dort auch S. XIX–XXIII eine Bibliographie zur Biographie und der Zeit des Morus);* Sir Thomas More, Neue Briefe, hrsg. v. H. SCHULTE HERBRÜGGEN, Münster 1966.

Libellus vere aureus, nec minus salutaris quam festivus de optimo reip(-ublicae) statu, deque nova insula Utopia, authore clarissimo viro Thoma More inclytae civitatis Londinensis cive et vicecomite cura M. Petri Aegidii Antwerpiensis, et arte Theodorici Martini Alustensis, Typographi almae Lovaniensium Academiae nunc primum accuratissime editus. Löwen 1516, Paris 1517, Basel 1518 *(mit leicht variierenden Titelversionen).* (Erste deutsche Ausgabe – Buch II – Basel 1524); *Die Ausgaben von* J. H. LUPION, Oxford 1895, V. Michels und Th. Ziegler, Berlin 1895, *und* M. Delcourt, Paris 1936, *sind wegen der Kommentare wertvoll.* ANDRÉ PRÉVOST, L'utopie de Thomas Morus, Paris 1978, Faksimile, *400 Seiten Einführung, Kommentare, Index, französische Übersetzung; ausgezeichnet.*

Utopia, ed. by E. SURTZ S. J. and J. H. HEXTER. 1965. (The Yale Edition Bd. 4) *(Lat.*

Text, nach der Ausgabe von 1518, engl. Übersetzung; bedeutender und umfassender aus den zeitgenössischen Quellen erarbeiteter Kommentar, große Einleitungen über Entstehung, Aufbau, Quellen, Parallelen, Wirkung und Ausgaben. Unentbehrliche Grundlage jeder näheren Beschäftigung); Utopia, übersetzt von Gerhard Ritter, mit einer Einleitung von Hermann Oncken, Berlin 1922 (= Klassiker der Politik, 1). Nachdruck Essen 1966; *die Einleitung ist, obwohl in ihren Grundthesen überwunden, noch heute für die Analyse von Entstehung und Aufbau des Werkes wichtig;* Utopia, in: Der utopische Staat, hrsg. und übersetzt von K. J. Heinisch, 1960. (= Rowohlts Klassiker 68/69), *mit einem wenig befriedigenden Essay:* Zum Verständnis der Werke, *und einer umfänglichen, aber unvollständigen und ungeordneten Bibliographie, zumal älterer Literatur.*

B. Literatur (Stand 1980)

1. Bibliographien

Frank and Majie Padberg Sullivan, Moreana 1478–1945, Kansas City 1946 *(lückenhaft, zumal für deutsche Literatur, aber nützlich);* dieselben, Sir Thomas More, a First Bibliographical Notebook, Los Angeles 1953; R. W. Gibson, A Preliminary Bibliography to the Works of Thomas More and of Moreana to 1750, New Haven 1961 *(das großartige Resultat einer 10jährigen gelehrten bibliophilen Bemühung;* S. 291–412: Utopias und Dystopias 1500–1750 [mit J. M. Patrick], *die beste Zusammenstellung der älteren Utopien; mit ganz knappen Kommentaren; das Literaturverzeichnis zum Gesamtthema Utopie,* S. 301–305 *ist demgegenüber dürftig);* Germain Marc'hadour, L'Univers de Thomas More. Chronologie critique de More, Erasme, et leur époque (1477–1536), Paris 1963 *(synchronoptisch, nützliches Hilfsmittel; mit vollständiger Bibliographie englischer und französischer Arbeiten).*

2. Sammelwerke

Hermann Boventer (Hrsg.), Die Utopie und das Heilige. (Veröffentlichung der Bensberger Thomas-Morus-Akademie, Band 9), Bensberg 1975; ders. (Hrsg.), 500 Jahre Thomas Morus (ebd. Band 22), Bensberg 1978; Frank E. Manuel (ed.), Utopias and Utopian Thought, Boston 1967; Michael J. Moore (ed.), Quincentennial Essays on St. Thomas More, Boone/North Carolina 1978; Richard S. Sylvester/Germain Marc'hadour (ed.), Essential Articles for the Study of St. Thomas More, Hamden/Connecticut 1977; Rudolf Villgradter, Friedrich Krey (Hrsg.), Der utopische Roman, Darmstadt 1973 *(darin: Sturtz, Robert C. Elliot, B. Vickers, R. Adams). Dazu die Zeitschrift:* Moreana.

3. Darstellungen und Untersuchungen

Robert P. Adams, The Better Part of Valor. More, Erasmus, Colet and Vives, on Humanism, War and Peace 1496–1535, Seattle 1962 *(bes.* 122–157); Rosemarie Ahrbeck, Frühe Utopisten (Morus-Campanella-Bacon), Leipzig 1977 *(marxistisch; U. als rückwärtsgewandte humanistische Illusion; zeitbezogen);* Russel Ames, Citizen Thomas More and his Utopia, Princeton 1949 (U. ist republican, bourgeois, and democratic); Felice Battaglia, Saggi sull'Utopia di Thomaso Moro, Bologna 1949 *(in c. 3 eine Auseinandersetzung mit Ritter);* Oswald Bendemann, Studie zur Staats- und Sozialauffassung des Thomas Morus, Diss. Berlin 1928 *(gründlich und analytisch; konservativ, historistisch; gegen Onckens Imperialismustheorie);* Peter Berglar, Die Stunde des Thomas Morus, Olten 1978 *(U.: ernsthaft-phantastische Farce);* T. E. Bridgett, Life and Writings of Sir Th. More, London 1891 *(die wichtigste ältere Biographie; katholisch, gegen liberale Deutungen des 19. Jahrhunderts);* Friedrich Brie, Thomas Morus, der

Heitere (=Englische Studien 71), 1936 *(konservativ);* FRIEDRICH BRIE, Machtpolitik und Krieg in der Utopia des Thomas Morus, Historisches Jahrbuch 61 (1941), 116–137 *(gegen Ritter, im Anschluß an Hollis);* HEINRICH BROCKHAUS, Die Utopiaschrift des Th. Morus, Leipzig 1929 *(absurde Konstruktion, die Athosklöster seien Vorbild der Utopia);* WILLIAM E. CAMPBELL, More's Utopia and his Social Teaching, London 1930; WILLIAM E. CAMPBELL, Erasmus, Tyndale, and More, London 1949 *(konservativ-katholische Interpretation, mit bedeutenden Einsichten);* RAYMOND WILSON CHAMBERS, Thomas More, London 1935, zuletzt 1963, deutsch 1946 *(die maßgebende Biographie; Vf. war Anglikaner und Literaturhistoriker; dazu:* R. STAMM, Theolog. Zeitschrift Basel 7, 1951).

MARIE DELCOURT, Recherches sur Thomas More. La tradition continentale et la tradition anglaise, Humanisme et Renaissance 3 (1938); HEINRICH DIETZEL, Beiträge zur Geschichte des Sozialismus und Kommunismus, Vierteljhschr. f. Staats- u. Volkswirtschaft 5 (1896), 217–238. HENRY W. DONNER, Introduction to Utopia, Uppsala 1945 *(konservativ; gegen Oncken und Ritter; wichtig);* MARTIN FLEISHER, Radical Reform and Political Persuasion in the Life and Writings of Thomas More, Genf 1973 *(U.: satirisch und ernst zugleich; Abschaffung des Privateigentums durch konservative Mittel; reformerische Rhetorik; originell, auf den «ganzen» Morus bezogen; wichtig).* MICHAEL FREUND, Zur Deutung der Utopia des Thomas Morus, HZ 162 (1932), 254–278 *(kritische Um- und Fortbildung der Onckenschen Thesen, auch gegen Brockhaus);* JACK H. HEXTER, More's Utopia. The Biography of an Idea, Princeton 1952 *(maßgebend für die Entstehungsgeschichte);* PEARL HOGREFE, The Sir Thomas More Circle. A Programme of Ideas and their Impact on Secular Drama, Urbana 1959 *(geistesgeschichtlich, literaturwissenschaftlich, für die Utopia wichtig Teil I);* CHRISTOPHER HOLLIS, Sir Thomas More, London 1934 *(unhistorisch, konservativ; Morus als dogmatischer katholischer Christ; Utopia ist zum guten Teil Spiel und Exemplum heidnischer Afterweisheit);* PAUL HUBER, Traditionsfestigkeit und Traditionskritik bei Thomas Morus, Diss. Basel 1953 (=Basler Beiträge zur Geschichtswissenschaft, 47) *(ausgezeichnet, Verhältnis der Utopia zu den späteren Werken).*

EBERHARD JÄCKEL, Experimentum rationis. Christentum und Heidentum in der Utopia des Thomas Morus, Phil. Diss. Freiburg 1955; EBERHARD JÄCKEL, Utopia und Utopie, Geschichte in Wissenschaft und Unterricht 11 (1956) *(antiutopische Interpretation der Utopia);* H. ST. JEVONS, Contemporary Models of Sir Thomas More's Utopia and the Socialized Ince Empire, Times (London), Literary Supplement, 2.11. 1935, S. 692; KARL KAUTSKY, Thomas Morus und seine Utopie, Stuttgart 1890 *(sozialistische Deutung);* S. B. LILJEGREN, Studies on the Origin and Early Tradition of English Utopian Fiction, Essays and Studies on English Language and Literature 23 (1961); FRANK E. MANUEL/PRIGOHZY FRITZIE, Utopian Thought in the Western World, Cambridge/Mass. 1979 (117–204); GERHARD MÖBUS, Macht und Menschlichkeit in der Utopia des Thomas Morus, Berlin 1953; GERHARD MÖBUS, Politik des Heiligen. Geist und Gesetz der Utopia des Thomas Morus, Berlin 1953; jetzt in 2., erweitert. Aufl.: Politik und Menschlichkeit im Leben des Thomas Morus, Mainz 1966 *(Utopia als Satire auf die heidnische, unkatholische Vernunft).*

HERMANN ONCKEN, Die Utopia des Thomas Morus und das Machtproblem in der Staatslehre, Sitzungsber. d. Akad. d. Wiss., Phil.-Hist. Klasse, Heidelberg 1922; auch in: Nation und Geschichte, Berlin 1935 *(U. als Ausdruck englischer Realpolitik mit konkreten Zielen, Antizipation des Imperialismus);* MARTIN G. PLATTE, Utopian and Critical Thinking, Pittsburgh/Louvain 1972 (niederländisch 1970) *(Analyse auch des literarischen Stils; humanistische Wendung zur Reform; U. naiv und vorwissenschaftlich);* ERNEST EDWIN REYNOLDS, Saint Thomas More, New York 1953, Neuauflagen 1958, 1964 *(konservativ, etwas hagiographisch);* GERHARD RITTER, Machtstaat und Utopie,

München 1940; neu bearbeitet: Die Dämonie der Macht, Stuttgart 1947 *(das Problem von Macht und Moral; Morus als Ideologe des englisch-insularen Wohlfahrtsstaates, Korrektur von Oncken; das Problem des Imperialismus; gute Analyse über die Absicht der einzelnen Teile des Werks; Differenzierung zwischen Autor und Werk);* August Ruegg, Des Erasmus Lob der Torheit und des Thomas Mores Utopia (= Gedenkschrift z. 400. Todestag des Erasmus), Basel 1936, 69ff.

Richard J. Schoeck, The Achievement of Thomas More, Victoria/Canada 1976 *(c. IV; U als humanistisches Werk);* Hubertus Schulte Herbrüggen, Utopie und Anti-Utopie, Bochum 1960 *(bes. über Morus; Verhältnis von Plato und Morus; unhistorische Konstruktion eines eigenen Utopiebegriffs);* Kurt Sternberg, Über die Utopia des Thomas Morus, Archiv f. Rechts- und Wirtschaftsphilosophie 26, 27 (1932–1934) *(vor allem Auseinandersetzung mit Oncken und Bendemann; spekulativ);* Edward L. Surtz S. J., The Praise of Wisdom. A Commentary on the Religious and Moral Problems and Backgrounds of St. Th. More's Utopia (= Jesuit Studies), Chicago 1957; Edward L. Surtz S. J., The Praise of Pleasure. Philosophy, Education, and Communism in More's Utopia *(die wichtigsten neueren Interpretationen, historistisch),* Cambridge 1957; Les Utopies à la Renaissance (= Université de Bruxelles, Travaux de l'Institut pour l'étude de la Renaissance et de l'Humanisme), Bruxelles/Paris 1963.

Im übrigen ist die Literatur über den Humanismus, bes. in England, über Geschichte der politischen und sozialen Ideen, über Literaturgeschichte, Kirchengeschichte und allgemeine Geschichte Englands im 16. Jahrhundert und über die Geschichte der Utopie heranzuziehen; die meisten einschlägigen Werke enthalten mehr oder minder ausführliche Abschnitte über Morus oder die historischen Bedingungen für Person und Werk

LUTHER

A. Texte

D. Martin Luthers Werke, Weimar: Böhlau 1883ff. = Weimarer Ausgabe (WA). *Maßgebende kritische Gesamtausgabe mit den Abteilungen* I. Schriften (WA 1 usw.; *bisher 60 Bde., weitgehend abgeschlossen, derzeit Revision der älteren Bde.),* II. Tischreden (WA TR; *6 Bde., abgeschlossen),* III. Briefwechsel (WA Br; *16 Bde., abgeschlossen*), IV. Deutsche Bibel (WA DB; *bisher 12 Bde., noch ein Bd. zu erwarten*); Luthers Werke in Auswahl, Hg. Otto Clemen, Berlin [6]1966ff., 8 Bde. = Bonner Ausgabe *(auch nach wissenschaftlichen Grundsätzen, aber leichterer Zugang zu den Schriften als bei WA);* Martin Luther, Ausgewählte Werke, Hg. H. H. Borcherdt/Georg Merz, 6 Bde. u. 7 Erg.-Bde., München [3]1948ff., Nachdruck 1962ff. = Münchner Ausgabe, MA *(die lateinischen Texte sind ins Deutsche übersetzt, die frühneuhochdeutschen Texte der modernen Sprache angepaßt worden. Band 5 enthält ausgewählte und sorgsam kommentierte Lutherschriften zur Staatslehre und Sozialethik. Für den sprachlich ungeschulten Leser bietet diese Auswahl-Ausgabe den besten Zugang zu Luthers Werk);* Luther deutsch, die Werke M. Luthers in neuer Auswahl, Hg. Kurt Aland, 10 Bde. u. 2 Erg.Bde. (Register, Lutherlexikon), Göttingen 1957ff., Kart. Ausgabe 1982 *(hier auch innerhalb der einzelnen Schriften Kürzungen);* Calwer Lutherausgabe, Hg. Wolfgang Metzger, 12 Bde., Gütersloh (Siebenstern-TB) [2]1982.

B. Literatur

1. Hilfsmittel zum Lutherstudium

Eine Übersicht über die Literatur zur gesamten Reformationsgeschichte bieten Karl Schottenloher, Bibliographie zur deutschen Geschichte im Zeitalter der Glaubensspaltung 1517–1585, 6 Bände, Leipzig 1933–1940; Neudruck Stuttgart 1956–1958. Das Schrifttum von 1938–1960 in Band 7, bearbeitet von U. Thürauf, Stuttgart 1962ff.; Bibliographie de la Réforme 1450–1648. Ouvrages parus de 1940 à 1955, 5 Bde. Leiden 1960ff.

Hilfsmittel für ein spezielles Lutherstudium in Auswahl: Otto Scheel, Dokumente zu Luthers Entwicklung, ²1929; Georg Buchwald, Lutherkalendarium, Leipzig ²1929; Kurt Aland, Hilfsbuch zum Lutherstudium, Berlin 1958; J. Benzing, Martin Luthers Werke. Bibliographie der zu seinen Lebzeiten gedruckten Ausgaben, Baden-Baden 1964; Luther-Jahrbuch, Berlin 1922–1941; 1957ff., *enthält jährlich fortlaufende Luther-Bibliographien;* Luther, Mitteilungen der Luthergesellschaft 1919–1941; 1953ff.; Lutherische Rundschau, Zeitschrift des Luther-Weltbundes, Stuttgart 1951ff. *(mit reichhaltiger Literaturumschau);* Vilmos Vajta *(Hrsg.),* Lutherforschung heute, Berlin 1958, *Forschungsberichte und Bibliographien etwa ab 1938;* David Löfgren, Verschiedene Tendenzen in der neueren Lutherforschung, Kerygma und Dogma 5 (1959), 146–164.

Zur ersten Information können auch die reichhaltigen Literaturnachweise im Anschluß an die Artikel Luther *und* Reformation *in Nachschlagewerken wie* Evangelisches Kirchenlexikon (EKL, 1956–61), Religion in Geschichte und Gegenwart (RGG, ³1957–62), Evangelisches Staatslexikon (EvStL, Stuttgart 1966) *mit herangezogen werden.*

Die neuere Lutherliteratur bringen und kommentieren: Otto Hermann Pesch, Hinführung zu Luther, Mainz 1982 *und* Bernhard Lohse, Martin Luther. Leben und Werk, München ²1982. *Beide Bücher sind zugleich ausgezeichnete Hinführungen zur Beschäftigung mit Luther. Zum Forschungsstand* Peter Manns (Hg.), Zur Lage der Lutherforschung heute, Wiesbaden 1982.

2. Darstellungen und Untersuchungen

An Darstellungen der Reformationszeit seien hier nur einige einen ersten Überblick bietende und leicht greifbare neuere Werke genannt: Joseph Lortz, Die Reformation in Deutschland, letzter Nachdruck Freiburg 1982; Erwin Iserloh, Geschichte und Theologie der Reformation im Grundriß, Paderborn 1980; Heinrich Lutz, Reformation und Gegenreformation, München ²1982; Rainer Wohlfeil, Einführung in die Geschichte der deutschen Reformation, München 1982 *(die beiden letzten Werke behandeln auch das soziale und politische Umfeld);* Robert Stupperich, Die Reformation in Deutschland, Gütersloh (Siebenstern-TB) ²1980 *führt in der Bibliographie die wichtigsten Gesamtdarstellungen auf.*

a) Biographien: Frühere Lutherbiographien litten entweder an der konfessionellen Einvernahme oder an der nationaldeutschen Ausdeutung Luthers. Aus der älteren Literatur sei deshalb nur ein Markstein der Lutherrenaissance angeführt: Karl Holl, Gesammelte Aufsätze zur Kirchengeschichte, Bd. 1: Luther, Tübingen ⁷1948.

Die bedeutendsten neuen Biographien sind: Roland H. Bainton, Martin Luther, Göttingen ⁷1980, als TB München 1983 (*engl. Originalausgabe:* Here I stand. A life of Martin Luther, New York 1950), *immer noch Standardwerk;* Richard Friedenthal, Luther. Sein Leben und seine Zeit, München ¹¹1983 *(bringt Biographie und Theologie, aber nicht aus primär theologischem Interesse geschrieben; sein Vorzug, Luther in die sozialen, kulturellen und politischen Gegebenheiten seiner Zeit zu stellen, kein wissenschaftlicher Apparat);* MARTIN BRECHT, Martin Luther. Sein Weg zur Reformation, Stuttgart ²1983 *(wissenschaftliches Standardwerk, aber zugleich spannend zu lesen);* HEIKO A. OBERMAN, Luther. Mensch zwischen Gott und Teufel, Berlin 1982 *(origineller neuester biographischer Versuch, anspruchsvoll und gelehrt, Schwerpunkt der Deutung liegt auf Luthers endzeitlicher Besessenheit).*

Ein gleichermaßen biographisches wie theologiegeschichtlich bedeutsames Spezialproblem ist die Frage des «reformatorischen Durchbruchs» bei Luther. Hierzu: ERNST BIZER, Fides ex auditu. Eine Untersuchung über die Entdeckung der Gerechtigkeit Gottes durch Martin Luther, Neukirchen ³1966; Der Durchbruch der reformatorischen Erkenntnis bei Luther, Hg. BERNHARD LOHSE (Wege der Forschung 123), Darmstadt: Wiss. Buchges. 1968.

Zur Stellung Luthers in der theologischen und philosophischen Tradition: GOTTFRIED EDEL, Das gemeinkatholische mittelalterliche Erbe beim jungen Luther. Beiträge zu einer methodischen Grundlegung, Marburg 1962; ADOLAR ZUMKELLER OESA, Die Augustinertheologen Simon Fideti von Cascia und Hugolin von Orvieto und Martin Luthers Kritik an Aristoteles, in: Archiv für Reformationsgeschichte 54 (1963), 15 ff.; *Zumkeller weist auf Vorläufer Luthers in seiner Kritik an Aristoteles hin;* HEIKO A. OBERMAN, Werden und Wertung der Reformation. Vom Wegestreit zum Glaubenskampf, Tübingen 1977.

b) Gesamtdarstellungen von Luthers Theologie

PAUL ALTHAUS, Die Theologie Martin Luthers, Gütersloh ²1963 *(klassische evangel. Lutherinterpretation, materialreich, behandelt auch Forschungsprobleme);* GERHARD EBELING, Luther. Einführung in sein Denken, Tübingen (UTB) ⁴1981 *(faszinierend, Einbeziehung auch der katholischen Tradition ins Lutherbild);* PETER MEINHOLD, Luther heute. Wirken und Theologie Martin Luthers, des Reformators der Kirche, in ihrer Bedeutung für die Gegenwart, Berlin/Hamburg 1967 *(ökumenischer Ansatz, behandelt auch die Wirkungsgeschichte).*

c) Luthers Wirkung

ERNST WALTER ZEEDEN, Martin Luther und die Reformation im Urteil des deutschen Luthertums. Studien zum Selbstverständnis des lutherischen Protestantismus von Luthers Tode bis zum Beginn der Goethezeit. 2 Bände, Freiburg/Br. 1950–1952; HEINRICH BORNKAMM, Luther im Spiegel der deutschen Geistesgeschichte. Heidelberg 1955, Göttingen ²1970; WALTHER VON LOEWENICH, Luther und der Neuprotestantismus, Witten 1963; GERHARD RITTER, Die Weltwirkung der Reformation, München ²1959 *(Aufsatzsammlung);* ERNST WOLF, Peregrinatio I, II. Studien zur reformatorischen Theologie und zum Kirchenproblem, München 1954/1965. *Diese Aufsatzsammlung enthält mehrere Beiträge, die sich kritisch mit der geistigen und politischen Entwicklung des deutschen Luthertums auseinandersetzen.*

d) Zwei-Reiche-Lehre und Ordnung des Politischen

Eine gute erste Übersicht über die bis 1960 erschienene wichtigste Literatur zu diesem Problemkreis gibt Band V der Münchener Lutherausgabe, München, ³1962.

Sehr instruktiv sind insbesondere die Artikel ‹Zwei-Reiche-Lehre Luthers› *und* ‹Rechtstheologie Luthers› in EKL, RGG, EvStL. *Sie verdeutlichen gut die hauptsächlichen Auffassungen, die gegenwärtig zur Zwei-Reiche-Lehre vertreten werden:* FRANZ LAU, Zwei-Reiche-Lehre, RGG, ³VI, 1945 ff.; PAUL ALTHAUS, Zwei-Reiche-Lehre, EKL, III, 1928–1937; JOHANNES HECKEL, Zwei-Reiche-Lehre, EKL, III, 1937 ff.; *vor allem P. Althaus und Johannes Heckel nehmen in manchem recht unterschiedliche Positionen ein;* Siegfried Grundmann, Zwei-Reiche-Lehre, EvStL, 2589–2598; Martin Heckel, Rechtstheologie Luthers, EvStL, 1743–1774, *schließen sich im wesentlichen Johannes Heckel an.*

Die Diskussion um das Verständnis der Zwei-Reiche-Lehre Luthers und ihre Bedeutung als Grundformel der politischen Ethik ist inzwischen ziemlich unübersichtlich geworden. Die Wiedergabe der Zwei-Reiche-Lehre durch die evangelische Theologie gleicht nach Johannes Heckel «einem kunstvoll angelegten Irrgarten, dessen Schöpfer mitten im Werk den Plan verloren hat, so daß nicht mehr herausfindet, was sich ihr anvertraut». Ernst Wolf, Die lutherische Lehre von den zwei Reichen in der gegenwärtigen Forschung, Zeitschrift für evangelisches Kirchenrecht 6 (1958/59) 255–273. *Dieser Literaturbericht gibt einen guten Überblick über den Stand der Forschung und bietet somit eine erste Orientierung in «dem Irrgarten der Zwei-Reiche-Lehre».* Ernst Wolf, Sinn und Grenze der Anwendung der Zwei-Reiche-Lehre auf das Kirchenrecht, in: Staatsverfassung und Kirchenordnung, Festgabe für Rudolf Smend, 1962, 443–461.

Gegenüber der Zwei-Reiche-Lehre und ihrer sozialethischen Beanspruchung wird seit dem zweiten Weltkrieg in der Grundlagendebatte einer evangelischen Sozialethik verstärkt auf den auch von Luther vertretenen Gedanken der Königsherrschaft Christi zurückgegriffen. Gottfried Forck, Die Königsherrschaft Jesu Christi bei Luther. Berlin 1959; Franz Lau, Die Königsherrschaft Jesu Christi und die lutherische Zwei-Reiche-Lehre, Kerygma und Dogma 6 (1960), 306–326; Ernst Wolf, Königsherrschaft Jesu Christi und lutherische Zwei-Reiche-Lehre, in: Peregrinatio II (1965), 207–229.

Folgende weitere Arbeiten liegen dem Luther-Artikel zu Grunde (in den Anmerkungen durch Kurztitel angeführt) oder verhelfen zu einem tieferen Eindringen in die Problematik: Paul Althaus, Luthers Lehre von den zwei Reichen im Feuer der Kritik, in: Luther-Jahrbuch 24 (1957); Franz Xaver Arnold, Zur Frage des Naturrechts bei Martin Luther, München 1937; Joseph Bidinger, Zur Hermeneutik der Rechtslehre Martin Luthers, Archiv für Rechts- und Sozialphilosophie 51 (1965), 337–360; Heinrich Bornkamm, Das Jahrhundert der Reformation. Gestalten und Kräfte. Göttingen 1961, jetzt Frankfurt/M. (Insel-TB) 1983; Heinrich Bornkamm, Luthers Lehre von den Zwei Reichen im Zusammenhang seiner Theologie, in: Archiv für Reformationsgeschichte 49 (1958), 26–49, ²1960; *enthält eine gute Literaturübersicht;* Werner Elert, Morphologie des Luthertums, 2 Bde., München ³1965; Walter Elliger, Luthers politisches Denken und Handeln, 1952; Günther Frantz, Der deutsche Bauernkrieg, Darmstadt ⁴1956; Hans Robert Gerstenkorn, Weltlich Regiment zwischen Gottesreich und Teufelsmacht. Die staatstheoretischen Auffassungen Martin Luthers und ihre politische Bedeutung. Bonn 1956. *Eine sehr materialreiche, etwas zu apologetisch angelegte Darstellung;* Gerhard Gloege, Politia divina. Die Überwindung des mittelalterlichen Sozialdenkens durch Luthers Lehre von der Obrigkeit, Wissenschaftliche Zeitschrift der Univ. Jena 1956/57; Gerhard Gloege, Thesen zu Luthers Zwei-Reiche-Lehre, in: Festschrift für Hermann Kunst, Berlin 1967, 79–90; M. Greschat, Luthers Haltung im Bauernkrieg, ARG 56 (1965), 31–46; *(Luthers Haltung im deutschen Bauernkrieg ist nach Greschats Auffassung die eines christlichen Apokalyptikers);* Wolfgang Günther, Martin Luthers Vorstellung von der Reichsverfassung, Münster 1976; Johannes Heckel, Lex Charitatis. Eine juristische Untersuchung über das Recht in der Theologie Martin Luthers, München 1953, Köln ²1973. *Die umfassende, grundlegende Arbeit stützt sich auf ein ungemein breites Quellenmaterial und verarbeitet die gesamte vorliegende Literatur;* Johannes Heckel, Im Irrgarten der Zwei-Reiche-Lehre. Zwei Abhandlungen zum Reichs- und Kirchenbegriff Martin Luthers, München 1957, *Heckel korrigiert in vielem die Ergebnisse der Lutherforschung;* Johannes Heckel, Marsilius von Padua und Luther. Ein Vergleich ihrer Rechts- und Soziallehre, Zeitschrift der Savignystiftung für Rechtsgeschichte, Kanon. Abt. 44 (1958); Johannes Heckel, Das blinde undeutliche Wort ‹Kirche›, hrsg. v. S. Grundmann, Köln – Graz 1964, *Aufsatzsammlung;* Gunnar Hillerdal, Gehorsam gegen Gott und Menschen. Luthers Lehre von der Obrigkeit und die moderne evangelische Sozialethik. Göttingen 1955. *Hillerdal steht christokratischen Vorstellungen ablehnend gegenüber. Er betont außerdem die sozialethische Bedeutung der ‹Regimentenlehre› gegenüber der Reichelehre und steht so in einem gewissen Gegensatz zu Johannes Heckel;* Carl Hinrichs, Luther und Müntzer. Ihre Auseinandersetzung über Obrigkeit und Widerstandsrecht, Berlin ²1962, Nachdruck 1971; Martin Honecker, Zur gegenwärtigen Interpretation der Zweireichelehre, Zeitschrift für Kirchengeschichte 89 (1978), 150ff.; Wilfried Joest, Gesetz und Freiheit. Das Problem des Tertius usus legis bei Luther und die neutestamentliche Parainese. Göttingen 1951, ⁴1968; Ernst Kinder, Luther und die politische Frage. Neuendettelsau 1950; Ernst Kinder, Gottesreich und Weltreich bei Augustin und bei Luther, in: Gedenkschrift für Werner Elert, Berlin 1955; Eberhard Klügel, Prinzipielles Recht zum Aufruhr? In: Macht und Recht. Beiträge zur lutherischen Staatslehre der Gegenwart, hrsg. von Hans Dombois und Erwin Wilkens, Berlin 1956, 44ff. *Klügel steht den Versuchen, ein prinzipielles «Recht» zum Widerstand von Luther her zu begründen äußerst kritisch gegenüber; vgl. hierzu auch F. K. Schumann;* Walter Künneth, Politik zwischen Dämon und Gott, Hannover 1961; *streng lutherisch-konfessionelle Darstellung. Künneth steht den ‹christokratischen Tendenzen› in der calvinistischen Staatslehre ablehnend gegenüber;* Franz Lau, Luthers Lehre von den beiden Reichen. Berlin 1953; *eine wohl abgewogene Darstellung; Lau warnt vor einer sozialethischen Überbeanspruchung der Zwei-Reiche-Lehre;* Kurt Matthes, Das Corpus Christianum bei Luther im Lichte seiner Erforschung (= Studien zur Geschichte der Wirtschaft und Geisteskultur V), Berlin 1929; *Die Arbeit enthält wichtige Literaturnachweise zum Problem des Corpus christianum bei Luther. Die Auffassung von Matthes selbst ist jedoch überholt;* Wilhelm Neuser, Kirche und Staat in der Reformationszeit, in: Festschrift für Hermann Kunst, Berlin 1967, 50–78; Martin Schloemann, Natürliches und gepredigtes Gesetz bei Luther. Eine Studie zur Frage nach der Einheit der Gesetzesauffassung Luthers mit besonderer Berücksichtigung seiner Auseinandersetzung mit den Antinomern (= Theologische Bibliothek Töpelmann 4). Berlin 1961; Friedrich Karl Schumann, Widerstandsrecht und Rechtfertigung, in: Macht und Recht. Beiträge zur lutherischen Staatslehre der Gegenwart, hrsg. von Hans Dombois und Erwin Wilkens, Berlin 1956, 44–75; Gustav Törnvall, Geistliches und weltliches Regiment bei Luther. Studien zu Luthers Weltbild und Gesellschaftsverständnis (= Forschungen zur Geschichte und Lehre des Protestantismus, 10. Reihe 2) München 1947; *Törnvall ist ein wichtiger Vertreter der ‹Regimentenlehre›;* W. Trillhaas, Die lutherische Lehre von der weltlichen Gewalt und der moderne Staat, in: Macht und Recht. Beiträge zur lutherischen Staatslehre der Gegenwart, hrsg. von Hans Dombois und Erwin Wilkens, Berlin 1956, 22–33; Ernst Troeltsch, Die Soziallehren der christlichen Kirchen und Gruppen, Tübingen ³1923, jetzt in: Gesammelte Werke Bd. 1, Aalen 1977. *Sehr anregend, jedoch in vielem anfechtbar. Troeltsch beurteilt Luther und die lutherische Sozialtheologie von neuprotestantischen Positionen aus und wird deshalb beiden nicht gerecht;* Hans Vorster, Das Freiheitsverständnis bei Thomas von Aquin und Martin Luther (= Kirche und Konfession 8). Göttingen 1965; Max Weber, Gesammelte Aufsätze zur Religionssoziologie Bd. 1, Tübingen ⁷1978; Gustaf Wingren, Luthers Lehre vom Beruf (= Forschungen zur Geschichte und Lehre des Protestantismus. 10. Reihe 3). München 1952; Gunther Wolf (Hg.), Luther und die Obrigkeit, Darmstadt 1972 (= Wege der Forschung, 85).

VITORIA

A. Texte

Gesamtausgaben

Luis G. Alonso Getino (Hrsg.), Relecciones teológicas (= Biblioteca de tomistas espanoles, 9/11), Madrid 1933–1935 (lat.-span.); Tomás Urdanoz (Hrsg.), Obras de Francisco de Vitoria. Relecciones teológicas (= Biblioteca de autores cristianos, 198), Madrid 1960 (lat.-span.).

Einzelausgaben

Jean Baumel, Les leçons de Francisco de Vitoria sur les problèmes de la colonisation et de la guerre, Montpellier 1936; Ernest Nys (Hrsg.), Relectiones de Indis et de iure belli (= The Classics of Internat. Law, 7), Washington 1917, Neudruck New York 1964; Walter Schätzel (Hrsg.), Relectio de Indis (= Die Klassiker des Völkerrechts 2), Tübingen 1952 (deutsch); Antonio Truyol y Serra (Hrsg.), Die Grundsätze des Staats- und Völkerrechts bei Francisco de Vitoria. Auswahl der Texte, Einführungen und Anmerkungen. Zürich ^{2}1957 (Deutsche Übersetzung von C. J. Keller-Senn); Vicente Beltrán de Heredia (Hrsg.), Comentarios inéditos a la secunda secundae de S. Tomás (= Biblioteca de Teólogos Espanoles) 6 Bde., Salamanca 1932–1952; Vincente Beltrán de Heredia (Hrsg.) Comentarios al tratado de la ley, Madrid 1952.

B. Literatur

1. Bibliographie

Staatslexikon der Görresgesellschaft Bd. 8, Freiburg ^{6}1963, 278.

2. Darstellungen und Untersuchungen

Immer noch grundlegend: Ernest Nys, Le droit de la guerre et les précurseurs de Grotius Paris 1882; Ernest Nys, Les Origines du droit international, Brüssel-Paris 1894; Ernest Nys, Le droit des gens et les anciens jurisconsultes espagnols, Den Haag 1914.

Aus der neueren, nicht-spanischen Literatur sind erwähnenswert: Jean Baumel, Les problèmes de la colonisation et de la guerre dans l'œuvre de Francisco de Vitoria, Diss. Montpellier 1936; Hubert Beuve-Méry, La théorie des pouvoirs publics d'après François de Vittoria et ses rapports avec le droit contemporain, Paris 1928; Jaques T. Delos, La société internationale et les principes du droit public, Diss. Paris ^{2}1950; Bernice Hamilton, Political Thought in Sixteenth-Century Spain, Oxford 1963; Rudolf Hentschel, Francisco de Vitoria und seine Stellung im Übergang vom mittelalterlichen zum neuzeitlichen Völkerrecht, Zschr. für. öffentl. Recht 17 (1937), 319 ff.; Friedrich August Frhr. v. d. Heydte, Francisco de Vitoria und sein Völkerrecht, Zschr. f. öff. Recht 13 (1933), 239 ff.; Joseph Höffner, Christentum und Menschenwürde. Das Anliegen der spanischen Kolonialethik im goldenen Zeitalter, Trier 1947; Heinz Kipp, Moderne Probleme des Kriegsrechts in der Spätscholastik. Paderborn 1935. James Brown Scott, The Spanish Origin of International Law. Bd. 1: Francisco de Vitoria and his Law of Nations, Oxford 1933; James Brown Scott, The Spanish Conception of International Law and of Sanctions, Washington 1934; Josef Soder, Die Idee der Völkergemeinschaft; Francisco de Vitoria und die phil. Grundlagen des

Völkerrechts, Frankfurt a.M./Berlin 1955; PETER TISCHLEDER, Die Bedeutung des Franziskus von Vittoria für die Wissenschaft des Völkerrechts, Aus Ethik und Leben, Festschrift für J. Mausbach, Münster 1931, 90ff.; PETER TISCHLEDER, Die naturrechtliche Grundlage der Staats-, Kirchen- und Kolonialpolitik nach der Lehre des Franz v. Vittoria, Volkstum und Kulturpolitik, Köln 1932, 37ff.

Aus der bedeutendsten spanischen Literatur seien wenigstens genannt: VICENTE BELTRÁN DE HEREDIA, Francisco de Vitoria, Barcelona 1939; EUSTAQUIO GALÁN Y GUTIÉRREZ, La teoría del poder politico según Francisco de Vitoria, Madrid 1944.

Schließlich sei auf das seit 1929 jährlich erscheinende Anuario de la Asociación Francisco de Vitoria, Madrid, *verwiesen.*

GROTIUS

A. Texte

(*Ziffern nach* J. TER MEULEN und P. J. J. DIERMANSE, Bibliographie des écrits imprimés de Hugo Grotius, Den Haag 1950 – *hier abgekürzt:* TMD.)

Von den über 100 verschiedenen Werken ist in Deutschland hauptsächlich ein Titel bekannt: De iure belli ac pacis, Paris 1625 (TMD 565) (hier abgekürzt: IBP).

Letzte – allgemein zugängliche – deutsche Ausgabe: IBP von WALTER SCHÄTZEL, (=Klassiker des Völkerrechts) Tübingen 1950 (TMD 669), *die aber weitgehend der vorangehenden Übersetzung von* J. H. VON KIRCHMANN, Berlin/Leipzig 1869 (TMD 667, 668) *folgt. Es ist zweckmäßig, jeweils das lateinische Original heranzuziehen.*

An modernen lateinischen Ausgaben liegen vor: IBP, Herausgeber P. C. MOLHUYSEN, Leiden 1919 (TMD 615); IBP, Herausgeber B. J. A. DE KANTER – VAN HETTINGA TROMP, Leiden 1939 (TMD 617) *(Letztere ist eine kritische Ausgabe und enthält Hinweise über alle Änderungen der alten Ausgaben 1631–1646).*

Gut ist die dreibändige englische Übersetzung der Carnegiestiftung: IBP, Herausgeber und Vorwort JAMES BROWN SCOTT, (=Classics of International Law), Oxford und London 1925–1928 (TMD 614).

Ebenso brauchbar mit interessantem Kommentar sind die alten französischen Ausgaben: IBP, Übersetzer und Kommentator JEAN BARBEYRAC, Amsterdam 1724ff. (TMD 654–659).

In deutscher Übersetzung gibt es noch folgende wichtige Werke: Mare liberum (Von der Freiheit des Meeres), Übersetzer RICHARD BOSCHAN, Leipzig 1919 (TMD 562); De veritate religionis Christianae (Von der Wahrheit der Christlichen Religion), Breslau, 1631, und 6 weitere Ausgaben (TMD 1008–1014).

B. Literatur

1. Bibliographien

Außer der bereits erwähnten unentbehrlichen Bibliographie (TMD) ist für das 17. Jahrhundert ebenso zu empfehlen: J. TER MEULEN/P. J. J. DIERMANSE, Bibliographie des Écrits sur Hugo Grotius, Den Haag 1961.

Bibliographien über das 17. Jahrhundert hinaus gibt es nicht. Eine Auswahl von Sekundärliteratur findet sich in J. TER MEULEN, Concise Bibliography of Hugo Grotius, Leiden 1925.

2. *Darstellungen und Untersuchungen*

Eine moderne Monographie gibt es nicht, dagegen zahlreiche Biographien: J. L. de Burigny, Vie de Grotius, Paris 1752; William S. M. Knight, The life and works of Hugo Grotius, London 1925; R. Warden Lee, Hugo Grotius, London 1930.

Entsprechend deutsche Darstellungen gibt es nicht. Noch lesenswert ist aber: Heinrich Luden, Hugo Grotius, Berlin 1806; *Zur Einführung am besten:* W. J. M. van Eysinga, Hugo Grotius, Basel 1952; Johan Huizinga, Zwei Gedenkreden auf Hugo Grotius, Wege der Kulturgeschichte, München 1930, 289–323; *brauchbar zur kurzen Orientierung:* Hans Wehberg, Hugo Grotius, Wiesbaden 1956; *Über die Zeit unterrichtet:* Johan Huizinga, Holländische Kultur im 17. Jahrhundert, Basel 1961.

Die spezielle völkerrechtliche Problematik von Grotius behandelt: C. van Vollenhoven, Die drei Stufen des Völkerrechts, Den Haag 1919 *(Vollenhoven ist wohl der beste Grotiuskenner, aber nur diese Schrift ist auch auf deutsch erschienen).*

Moderne politische Aspekte bringen: C. van Vollenhoven, Grotius and Geneva, Leiden 1926; Durward V. Sandifer, Rereading Grotius in the year 1940, American Journal of Internat. Law 34 (1940) 459–472; H. Lauterpacht, The Grotian Tradition in International Law, British Yearbook of Internat. Law 23 (1946) 1–53; Hedley Bull, The Grotian Conception of International Society, Diplomatic Investigations, London 1966, 51–73. *Eine Gegenposition vertritt* Wilhelm G. Grewe, Epochen der Völkerrechtsgeschichte, Baden-Baden 1984.

Für den amerikanischen Standpunkt interessant: Andrew Dickson White, Grotius, in: Sieben große Staatsmänner im Kampf der Menschheit gegen Unvernunft, München 1913, 42–89 (auch englisch, London 1910); Charles S. Edwards, Hugo Grotius, The Miracle of Holland, Chicago 1981; Christian Gellinek, Hugo Grotius, Boston 1983.

Zum Verständnis von IBP unentbehrlich: C. van Vollenhoven, The framework of Grotius' book ‹de iure belli ac pacis›, Amsterdam 1931; *eine wichtige Ergänzung:* Edward Dumbauld, Some modern misunderstandings of Grotius (= Volkenrechtlijke Opstellen), Zwolle 1957, 62–68.

Zum Problem der Vorläufer von Grotius das vielbeachtete Werk von James Brown Scott, The spanish origin of International Law, Lectures on Francisco de Vitoria (1480–1546) and Francisco Suarez (1548–1617), Washington 1928, *und eine wesentliche Arbeit von* Anton-Herman Chroust, Hugo Grotius and the Scholastic Natural Law, The new Scholasticism 17 (Washington 1943), 111–133.

Einen interessanten Einblick in die Kontroverse zu dieser Frage geben: Arthur Nussbaum, Geschichte des Völkerrechts, München 1960; *vom katholischen Standpunkt:* Paul Ottenwälder, Zur Naturrechtslehre des Hugo Grotius, Tübingen 1950; *an älteren Werken aus protestantischer Sicht:* Carl von Kaltenborn, Die Vorläufer des Hugo Grotius, Leipzig 1848, (Neudruck Frankfurt a. M. 1965); *religiöse Fragen behandelt allgemein:* Joachim Schlüter, Die Theologie des Hugo Grotius, Göttingen 1919.

Von größeren Arbeiten über Teilaspekte, die aber alle mehr oder minder juristische Gesichtspunkte in den Vordergrund stellen, sind in erster Linie zu nennen: die bereits klassische Grotius-Studie in Eric Wolf, Große Rechtsdenker der deutschen Geistesgeschichte, Tübingen [4]1963, *ferner die entsprechenden Passagen in* Otto von Gierke, Johannes Althusius und die Entwicklung der naturrechtlichen Staatstheorien, Nachdruck Aalen 1958, *und* Hans Welzel, Naturrecht und materiale Gerechtigkeit, Göttingen [4]1962; Peter Pavel Remec, The Position of the Individual in International Law according to Grotius and Vattel, Den Haag 1960.

Den besten Einblick für den deutschen Raum bieten – neben dem grundlegenden Werk Völkerrecht, Freiburg 1957 (Bd. I) 1963 (Bd. II) – *die zahlreichen Einzelstudien von* Ernst Reibstein, *wie z. B.* Deutsche Grotius Kommentatoren bis zu Christian Wolff, Zeitschrift für ausländisches öffentliches Recht und Völkerrecht 15 (1953/54), 76–102, *oder* I.A. Heineccius als Kritiker des grotianischen Systems, ebenda 24 (1964), 236–264.

Weiter ist zu nennen: GUSTAV HARTENSTEIN, Darstellung der Rechtsphilosophie des Hugo Grotius, Leipzig 1850.

Von besonderem Wert sind zwei Arbeiten von Nichtjuristen: ERNST LEWALTER, Die geisteswissenschaftliche Stellung des Hugo Grotius, Deutsche Vierteljahresschrift für Literaturwissenschaft und Geistesgeschichte 11 (1933), 262–293; WILHELM JANSSEN, Die Anfänge des modernen Völkerrechts und der neuzeitlichen Diplomatie (Forschungsbericht), Stuttgart 1965; *wichtig vor allem für die theologischen Aspekte der modernen Grotiusforschung:* KONRAD REPGEN, Grotius papizans, Reformata Reformanda, Festgabe für Hubert Jedin, 2. Teil, Münster 1965, 370–395; JAMES ST. LEGER, The ‹etiamsi daremus› of Hugo Grotius, Rom 1962; JOAN D. TOOKE, The just war in Aquinas and Grotius, London 1965. *Wegweisend für die moderne Grotius-Forschung:* PETER HAGGENMACHER, Grotius et la doctrine de la guerre juste, Genf 1983.

Eine neuere deutsche Studie befaßt sich vor allem mit der Topik, der Traditionsgebundenheit und der Wirkungsgeschichte von Grotius: GÜNTER HOFFMANN-LOERZER, Studien zu Hugo Grotius, Diss. München 1971. *Neuere Entwicklungen in der Grotius-Forschung werden in der Zeitschrift:* Grotiana (Organ des Grotius-Instituts), Den Haag 1980ff. *dokumentiert.*

BODIN

A. Texte

Eine historisch-kritische Ausgabe der Werke gibt es nicht. Pierre Mesnard hat die geplante Gesamtausgabe der philosophischen Werke nach dem Erscheinen des ersten Bandes abbrechen müssen: Oeuvres Philosophiques de Jean Bodin, ed. PIERRE MESNARD (= Corpus Général des Philosophes Français, Auteurs modernes V, 3), Bd. 1, Paris 1951. *Dieser Band bietet – unbefriedigend und mit Fehlern – den lateinischen Text und die französische Übersetzung von* Oratio de Instituenda in Repub. Iuventute, Juris universi Distributio *und* Methodus ad facilem Historiarum Cognitionem.

Die Six Livres de la Republique *sind jetzt am besten greifbar in einem Faksimiledruck der Ausgabe Letzter Hand (Paris 1583):* Jean Bodin, Les six Livres de la Republique, Aalen 1961. *Die derzeit einzige kritische Ausgabe des Hauptwerks ist die auf der Basis eines Faksimiledrucks der Ausgabe von Knolles 1606 beruhende hervorragende Edition von* KENNETH D. MCRAE: Jean Bodin, The Six Bookes of a Commonweale (= Harvard Political Classics) Harvard U.P. Cambridge (Mass.) 1962. *Sie bringt Lesearten, eine ausführliche Einleitung zu Leben, Werk und Wirkung von Bodin, bibliographische und definitorische Appendices, ein vollständiges Namens- und ein ausreichendes Sachregister. Bedauerlich lediglich, daß diese großartige Editionsleistung nicht an das französische Original gewendet wurde. Wichtig daneben die italienische Teilübersetzung der ersten beiden Bücher von* MARGHERITA ISNARDI PARENTE, I sei libri dello stato di Jean Bodin, Turin 1964, *weil sie Ansätze zur Entschlüsselung der Marginalien bringt, in denen Bodin Rechenschaft über benutzte Quellen und Literatur ablegt.*

An neueren deutschen Übersetzungen des Hauptwerks (franz. Fassung) gibt es nun eine knappe, aber zufriedenstellende Auswahl von GOTTFRIED NIEDHART: Jean Bodin, Über den Staat, Stuttgart (Reclam) 1976. *Die Übersetzung ist meist zuverlässig, teilweise aber nicht nah genug am Original. Daneben liegt jetzt die verdienstvolle erste deutsche Gesamtübersetzung vor:* Jean Bodin, Sechs Bücher über den Staat, übers. v. BERND WIMMER, hg. v. Peter C. Mayer-Tasch, München 2 Bde. 1981/1986. *Die Übersetzung bleibt möglichst nah am Originaltext, ist aber manchmal weitschweifend; sie bietet auch die Lesarten der latein. Fassung.*

B. Literatur

1. Bibliographien

Außer dem fragmentarischen Versuch zu einer Spezialbibliographie: H. Hauser, Quelques points de la bibliographie et de la chronologie de Jean Bodin, Torino 1931 *gibt es jetzt eine umfassende Bibliographie der Werke Bodins und der Sekundärliteratur seit 1800 in:* Jean Bodin. Verhandlungen der internationalen Bodin-Tagung in München, Ed. Horst Denzer (= Münchener Studien zur Politik, 18), München 1973, 492–513.

Sie wird ergänzt und fortgeführt in: Jean Bodin. Sechs Bücher über den Staat, Hg. v. Peter C. Mayer-Tasch, München 1981, 72–86.

Daneben sind die Bodinabschnitte der beiden größeren Bibliographien zu benutzen: David C. Cabeen, A Critical Bibliography of French Literature, Bd. 2: The Sixteenth Century, Syracuse U.P. 1956 (nicht an einer Stelle versammelt, kurze Wertung); Alexandre Cioranesco, Bibliographie de la Litérature française du 16ᵉ siècle, Paris 1959, 134–137 (Erscheinungen bis 1950).

Fortlaufend unterrichten über die neuere Literatur: Otto Klapp, Bibliographie der französischen Literaturwissenschaft, ab 1956 (jeweils Zweijahresbände), Frankfurt a. M. 1960 ff. *(wichtig vor allem wegen der Aufnahme auch von Zeitschriftenaufsätzen und Rezensionen);* Répertoire Bibliographique de la Philosophie (Société Philosophique de Louvain) Bd. 1 ff. Paris 1949 ff. *Diese philosophiegeschichtliche Bibliographie schließt Zeitschriftenaufsätze ebenfalls ein.*

Ferner unterrichtet zuverlässig über Neuerscheinungen die Chronique der Zeitschrift Bibliothèque d'Humanisme et Renaissance. *Hervorragend und unentbehrlich für den Forschungsstand, trotz mancher anfechtbarer Urteile, der das Schrifttum über Bodin von 1936 bis etwa 1962 umfassende, wenn auch nicht vollständig referierende Literaturbericht:* Georg Roellenbleck, Zum Schrifttum über Jean Bodin seit 1936, Der Staat 2 (1963), 339–349 und 3 (1964), 227–246.

2. Darstellungen und Untersuchungen

Zum Leben Bodins ist immer noch grundlegend: Roger Chauviré, Jean Bodin, auteur de la ‹Republique›, Paris 1914, Nachdruck Genève 1969; *wichtig auch wegen des vollständigen Werkregisters. An vielen Stellen ist allerdings die Forschung darüber hinausgegangen. Über die neueren Ergebnisse gibt* Roellenbleck, Schrifttum (s. o.) *einen guten Überblick. Besonders wichtig ist:* Pierre Mesnard, Jean Bodin à Toulouse, Bibliothèque d'Humanisme et Renaissance 12 (1950), 31–59, *weil er die für die Prägung der Bodinschen Persönlichkeit entscheidende Epoche genau untersucht und vor allem den Hintergrund der Universität Toulouse und die Bedeutung des römischen und kanonischen Rechts in ihr hervorhebt. Von daher erhellt der Ursprung der Bodinschen Souveränitätslehre.*

Eine neue umfassende Biographie gibt es nicht. Am besten fassen die gesicherten Ergebnisse der Forschung zusammen die beiden Skizzen von Pierre Mesnard, Vers un Portrait de Jean Bodin, in: Oeuvres Philosophiques I, VII–XXI *und von* Kenneth D. McRae in der Einleitung zu seiner Edition: The Six Bookes of a Commonweale.

Den gegenwärtigen Forschungsstand zu Bodins Werk markiert gründlich Horst Denzer (Ed.), Jean Bodin, Verhandlungen der internationalen Bodin-Tagung in München (= Münchener Studien zur Politik, 18), München 1973. *Allgemein zu Bodin auch* Juli-

AN H. FRANKLIN, Jean Bodin and the Rise of Absolutist Theory, London 1973; J. P. MAYER, Fundamental Studies on Jean Bodin, New York 1979; GERD TREFFER, Jean Bodin. Zum Versuch einer juristisch-philosophischen Bewältigung des allgemeinen religiösen Bürgerkriegs in Frankreich, München 1977.

Zum Weltbild und Wissenschaftssystem das ältere Werk: ELISABETH FEIST, Weltbild und Staatsidee bei Jean Bodin, Halle (Diss. Marburg) 1930. *Viel instruktiver jedoch:* PIERRE MESNARD, Jean Bodin et la Critique de la Morale d'Aristote, *Revue Thomiste* 57 (1949), 542–562; *dieser Aufsatz bietet weit mehr, als der Titel verspricht. Mit einer umsichtigen Darstellung der Bodinschen Ethik legt er die Grundentscheidungen des bodinschen Denkens frei. Ferner:* GEORG ROELLENBLECK, Offenbarung, Natur und jüdische Überlieferung bei Jean Bodin. Eine Interpretation des Heptaplomeres (= Studien zur Religion, Geschichte und Geisteswissenschaft, 2), Gütersloh 1964; *der zur Erhellung der Bodinschen Weltsicht, seinem Wissenschaftsbegriff und vor allem zur Religion Wesentliches leistet, allerdings den Einfluß des Judaismus auf Bodin überschätzt. Sind doch die meisten jüdischen Quellen auch von andern Zeitgenossen benützt worden. Die jüdische Tradition bildet damals mit der Aristoteles-Neurezeption aus dem arabischen Raum, der arabischen Philosophie (vor allem Averroës) und dem die humanistische klassische Philologie begleitenden Aufleben des Stoizismus einen Ideenkomplex. Dazu jetzt:* PAUL L. ROSE, Bodin and the Great God of Nature. The Moral and Religious Universe of a Judaiser, Genève 1980.

Zur Wissenschaftsmethode und zum Einfluß von Ramus auf Bodin gibt es einen hervorragenden Aufsatz: KENNETH D. MCRAE, Ramist Tendencies in the Thought of Jean Bodin, Journal of the History of Ideas 16 (1955), 306–323.

Über die Rechts- und Geschichtstheorie und ihren geschichtlichen Standort orientieren am besten: JULIAN H. FRANKLIN, Jean Bodin and the Sixteenth-century Revolution in the Methology of Law and History, New York/London 1963; JOHN L. BROWN, The Methodus ad facilem historiarum cognitionem of Jean Bodin, a Critical Study, Washington 1939 *und* GIROLAMO COTRONEO, Jean Bodin, teorico della storia, Napoli 1966.

Speziell zur Stellung Bodins im Wandel der Geschichtsauffassung: ADALBERT KLEMPT, Die Säkularisierung der universalhistorischen Auffassung. Zum Wandel des Geschichtsdenkens im 16. und 17. Jahrhundert (= Göttinger Bausteine zur Geschichtswissenschaft 31), Göttingen 1960.

Zum politischen System und zur Einordnung in die politische Philosophie des 16. Jahrhunderts das grundlegende Werk: PIERRE MESNARD, L'Essor de la Philosophie Politique au XVe Siècle, Paris ²1952. *Das Kapitel über die Republique ist wohl die beste Interpretation des bodinschen Hauptwerks. Daneben ist das Bodinkapital heranzuziehen bei:* VITTORIO DE CAPRAVIIS, Propaganda e pensiero politico in Francia durante le guerre di religione I, Neapel 1959 *und bei* WILLIAM F. CHURCH, Constitutional Thought in 16th-century France. A Study in the Evolution of Ideas, Cambridge (Mass.)/London 1941, 194ff., *der vor allem den Wandel zum dynamischen Staatsdenken hervorhebt.*

Speziell zur Souveränitätslehre, neben vielen älteren Werken (vgl. ROELLENBLECK, Schrifttum), *die knappe Darstellung bei* HANS-ULRICH SCUPIN, Der Begriff der Souveränität bei Johannes Althusius und bei Jean Bodin, Der Staat 4 (1965), 1–26 *und das grundlegende Werk:* HELMUT QUARITSCH, Staat und Souveränität, Frankfurt 1970, *das auch die mittelalterliche Tradition und die Wirkungsgeschichte der Bodinschen Souveränitätslehre behandelt.*

Über die Rolle Bodins bei der Entwicklung des Völkerrechts: J. BASDEVANT, Contribution de Jean Bodin à la Formation du Droit International Moderne, Rev. hist. de droit français et étranger 1946, 143–178.

Über die staatswirtschaftliche Konzeption: MATTHIAS ERNST KAMP, Die Staatswirtschaftslehre Jean Bodins, Bonn 1949.

Zur in diesem Beitrag nicht behandelten Wirkungsgeschichte: PIERRE MESNARD, La Conjuration contre la Renommé de Jean Bodin: Antoine Tessier (1684), Bulletin de l'Association Guillaume Budé 4 (1959), 535–559; J.H.M. SALMON, The French Religious Wars in English Political Thought, Oxford 1959; E. FOURNOL, Bodin, Prédécesseur de Montesquieu, Paris 1896; ULRIKE KRAUTHEIM, Die Souveränitätskonzeption in den englischen Verfassungskonflikten des 17. Jahrhunderts, Frankfurt/Main 1977.

Zum Einfluß auf die Reichstheorie in Deutschland: FRIEDRICH H. SCHUBERT, Die deutschen Reichstage in der Staatslehre der frühen Neuzeit, Göttingen 1966, 339–343 und 360–382.

HOBBES

A. Texte

1. Ausgaben

Thomae Hobbes Malmesburiensis opera philosophica quae latine scripsit omnia, ed. WILLIAM MOLESWORTH, 5 Bde., London 1839–1845, Nachdruck Aalen 1966 (zit. OL). The English works of Thomas Hobbes of Malmesbury, ed. WILLIAM MOLESWORTH, 11 Bde., London 1839–1845, Nachdruck Aalen 1966 (zit. EW). *Die Molesworth-Ausgabe ist die bis heute grundlegende Ausgabe der Werke von Hobbes; sie enthält jedoch nicht alle Schriften. Die* Elements of Law *und eine Auswahl ungedruckter Schriften finden sich in:* The Elements of Law, natural and politic, Ed. FERDINAND TOENNIES, London 1889, Nachdruck Cambridge 1928. *Die beste Einzelausgabe des* Leviathan, Ed. Michael Oakeshott (= Blackwell's Political Texts), Oxford 1946, zuletzt 1962; *weitere Ausgabe von* A. D. Lindsay (= Everyman's Library), London 1914, zuletzt 1965. *Jüngst wurden einige unbekannte Hobbes-Manuskripte entdeckt; deren wichtigstes ist der ‹Anti-White›, der die Entwicklung von Hobbes hin zu De homine erhellt:* Thomas Hobbes, Critique du «De mundo» de Thomas White. Introduction, texte critique et notes par JEAN JAQUOT et HAROLD W. JONES, Paris 1973.

2. Übersetzungen

Naturrecht und allgemeines Staatsrecht in den Anfangsgründen (Elements of Law, deutsch), Hg. FERDINAND TOENNIES (= Klassiker der Politik, 13), Berlin 1926, Nachdruck Darmstadt 1976; Vom Menschen, Vom Bürger, Hg. GÜNTER GAWLICK (= Philosophische Bibliothek, 158), Hamburg 1959, Nachdruck 1977; Vom Körper, Hg. MAX FRISCHEISEN-KÖHLER (= Philosophische Bibliothek, 157), Hamburg [2]1967; Behemoth, übers. v. Julius Lips, in: Die Stellung des Thomas Hobbes zu den politischen Parteien, Leipzig 1927, Nachdruck Darmstadt 1970; Leviathan oder Stoff, Form und Gewalt eines bürgerlichen und kirchlichen Staates, Hg. IRING FETSCHER, Übers. WALTER EUCHNER (= POLITICA 22), Neuwied-Berlin 1966, als Ullstein-TB Frankfurt-Berlin-Wien 1976 *(erste vollständige dt. Übers.).*

Zur Lektüre empfiehlt sich zunächst De cive als deutliche und klare Darstellung der Staatslehre des Hobbes, ohne die zeitgeschichtlichen Abschweifungen und Arabesken des Leviathan, *freilich auch ohne dessen polemisches Temperament; dann die* Elements of Law *als geniale Skizze der Anthropologie und Rechtslehre, der gegenüber spätere Ausführungen matt wirken* (*vor allem* De homine); *endlich der* Leviathan, *weil hier ein Kerngedanke des Hobbes, das Problem des Verhältnisses von geistlicher und weltlicher Gewalt nach allen Seiten leidenschaftlich und polemisch erörtert wird. Wer noch weiter in die zeitgeschichtlichen Voraussetzungen der Hobbesschen Staatslehre eindringen will, kann auf den Behemoth zurückgreifen, Hobbes' Darstellung des englischen Bürgerkrieges; auch hier wird der Zusammenhang von politischer Revolution und Revolution der Staatslehre deutlich, birgt der Titel ein alttestamentliches Symbol.*

B. Literatur

1. Bibliographien

H. Macdonald/M. Hargreaves, Thomas Hobbes. A Bibliography, London 1952; William Sacksteder, Hobbes Studies 1879–1979, a Bibliography, Bowling Green 1982. *Vgl. ferner die Bibliographien in der Leviathan-Ausgabe von* I. Fetscher *und bei* Polin *(siehe unten). Das neuere Schrifttum verzeichnen die Bibliographien von* Reinhard Stumpf in: Hobbes-Forschungen, Hg. Reinhart Koselleck u. Roman Schnur, Berlin 1969, 287–300 *(deutscher Sprachraum)* und von Peter Collier in: Bernard Willms, Der Weg des Leviathan, Die Hobbes-Forschung 1968–1978, Berlin 1979, 183–230 *(international), sowie in:* Furcht und Freiheit, Hg. Udo Bermbach/Klaus-M. Kodalle, Opladen 1982, 244–257 *(deutscher Sprachraum 1968–1981).*

Einen guten Überblick über die neuere Hobbes-Forschung geben die Forschungsberichte: Bernard Willms, Einige Aspekte der neueren englischen Hobbes-Literatur, in: Der Staat 1 (1962), 93 ff.; Bernard Willms, Von der Vermessung des Leviathan. Aspekte neuerer Hobbes-Literatur, in: Der Staat 6 (1967), 75–100, 220–236; Walter Euchner, Hobbes und kein Ende? Probleme der neueren Hobbes-Forschung, in: Archives Européennes de Sociologie 12 (1971), 89–110; Bernard Willms, Der Weg des Leviathan. Die Hobbes-Forschung von 1968–1978 (= Der Staat, Beiheft 3), Berlin 1979.

2. Darstellungen und Untersuchungen

Die Literatur über Hobbes ist kaum noch zu überschauen, es sind deshalb hier nur Bücher genannt, die Etappen in der Hobbes-Forschung darstellen.

Ferdinand Toennies, Thomas Hobbes, Stuttgart 1896, ^{3}1925, Nachdruck 1971 *(grundlegend für die ältere deutsche Forschung: Hobbes als Aufklärer, Liberaler, Theoretiker des Rechtsstaats);* Julius Lips, Die Stellung des Thomas Hobbes zu den politischen Parteien, Leipzig 1927, Nachdruck Darmstadt 1970; J. Vialatoux, La cité de Hobbes, théorie de l'état totalitaire, Paris 1935; Leo Strauss, The Political Philosophy of Hobbes. Its Basis and its Genesis, Oxford 1936, ^{3}Chicago 1961; dt. u. d. Tit. Hobbes' politische Philosophie, Neuwied-Berlin 1965 *(grundlegend für die neuere Forschung; untersucht vor allem das Verhältnis Hobbes' zur Tradition);* Carl Schmitt, Der Leviathan in der Staatslehre des Thomas Hobbes, Hamburg 1938. *Vgl. dazu vom gleichen Autor:* Die vollendete Reformation. Bemerkungen und Hinweise zu neuen Leviathan-Interpretationen, Der Staat 4 (1965), 51–69; John Bowle, Hobbes and his Critics, London 1951; Raymond Polin, Politique et philosophie chez Thomas Hobbes, Paris 1952; Howard Warrender, The Political Philosophy of Thomas Hobbes: His Theory of Obligation, Oxford 1957 *(leitet gegenüber der modernen Hobbes-Kritik – Vialatoux, Capitant, Strauss – eine neue Phase der Hobbes-Apologetik ein, die die traditionalistischen Züge seines Werkes hervorhebt); ähnlich:* F. C. Hood, The Divine Politics of Thomas Hobbes. An Interpretation of Leviathan, London 1964; C. B. Macpherson, The Political Theory of Possesive Individualism. Hobbes to Locke, Oxford 1962, deutsch: Die politische Theorie des Besitz-Individualismus, Frankfurt/M. 1967, als TB 1974 *(begreift Hobbes sozio-ökonomisch als Beginn der bürgerlichen Marktgesellschaft);* Dietrich Braun, Der sterbliche Gott oder Leviathan gegen Behemoth, Teil I, Zürich 1963 *(schärfste moderne Hobbes-Kritik vom Standpunkt der Barthschen Theologie);* Peter

Cornelius Mayer-Tasch, Thomas Hobbes und das Widerstandsrecht, Tübingen 1965; J. W. N. Watkins, Hobbes' System of Ideas, London 1965; Klaus-Michael Kodalle, Thomas Hobbes – Logik der Herrschaft und Vernunft des Friedens, München 1972 *(behandelt das Verhältnis von Theologie und Staatsphilosophie);* Ulrich weiss, Das philosophische System von Thomas Hobbes, Stuttgart 1980 *(Hobbes' Systementwurf als kybernetisches Modell interpretiert);* Helmut Schelsky, Thomas Hobbes, Eine politische Lehre, Berlin 1981 (Habilitationsschrift von 1941).

Einen guten Überblick über die Vielfalt der Hobbes-Interpretationen geben die Sammelbände von Hobbes-Tagungen: Reinhart Koselleck/Roman Schnur (Hg.), Hobbes-Forschungen, Berlin 1969: Udo Bermbach/Klaus-M. Kodalle (Hg.), Furcht und Freiheit. Leviathan – Diskussion 300 Jahre nach Thomas Hobbes, Opladen 1982; J. G. van der Bend (Hg.), Thomas Hobbes (Hobbes Symposium Leusden 1979), 1982.

Von allgemeiner Thematik und den geistesgeschichtlichen Hintergrund beleuchtend: Ernst Cassirer, Die Philosophie der Aufklärung, Tübingen 1932; Leo Strauss, Naturrecht und Geschichte, Stuttgart 1956; Hans welzel, Naturrecht und materiale Gerechtigkeit, Göttingen [4]1962; Roman Schnur, Individualismus und Absolutismus. Zur politischen Theorie vor Thomas Hobbes, Berlin 1963.

DIE AUTOREN

Horst Denzer, geb. 1941, studierte Politische Wissenschaft, Geschichte, Philosophie und Germanistik in Freiburg, Berlin und München. 1971 Promotion zum Dr. phil. Er ist Akademischer Rat am Geschwister-Scholl-Institut für Politische Wissenschaft an der Universität München. Wichtigste Veröffentlichungen: Moralphilosophie und Naturrecht bei Samuel Pufendorf (1972), Jean Bodin, Verhandlungen der internationalen Bodin-Tagung (Hrsg., 1973), Samuel Pufendorf, Die Verfassung des deutschen Reichs (Übers. u. Hrsg., 1976).

Karl Hermann Gugg, geb. 1936, studierte Klassische Philologie, Germanistik, Alte Geschichte und Politische Wissenschaft in Saarbrücken und München. Er ist in den entsprechenden Fächern im gymnasialen Schuldienst tätig.

Günter Hoffmann-Loerzer, geb. 1913, brach 1933 wegen politischer Schwierigkeiten das Studium ab und wurde Soldat. Nach 1945 Arbeit bei Rundfunk und Kulturfilm, zuletzt freier Produzent von Kulturfilmen.

Ab 1956 Bundeswehr, ausgeschieden 1961 als Oberstleutnant. Anschließend Studium der Politischen Wissenschaft, Amerikanistik und Psychologie. 1971 Promotion mit einer Dissertation über Hugo Grotius. Seit 1972 Lehrbeauftragter für Politische Wissenschaften mit Schwerpunkt Völkerrecht am Geschwister-Scholl-Institut der Universität München. Reisen in die USA zur Materialsammlung über den Einfluß des deutschen Protestantismus auf die amerikanische Geistesgeschichte.

Helmut Kuhn, geb. 1899, studierte Philosophie, neuere Sprachen und Klassische Philologie in Breslau, Innsbruck und Berlin. 1930 habilitierte er sich für Philosophie in Berlin. O. Professor für Philosophie 1936–1946 an verschiedenen amerikanischen Universitäten, 1949–1951 an der Universität Erlangen, seit 1951 an der Universität München, jetzt emeritiert. Die wichtigsten Veröffentlichungen: Sokrates. Ein Versuch über den Ursprung der Metaphysik (^{2}1959), Begegnung mit dem Sein. Meditationen zur Metaphysik des Gewissens (1954), Das Sein und das Gute (1962), Schriften zur Ästhetik (1966), Die wahre Tragödie. Platon als Nachfolger der Tragiker (1970), «Liebe» – Geschichte eines Begriffs (1975), Der Weg vom Bewußtsein zum Sein (1982).

Hans Maier, Dr. phil. Dr. jur. h. c., geb. 1931, studierte neuere Sprachen, Geschichte und Politische Wissenschaft in Freiburg, München und Paris. 1962 Habilitation bei Arnold Bergstraesser in Freiburg. Seit 1962 o. Professor für Politische Wissenschaft in München, seit 1970 Bayerischer Staatsminister für Unterricht und Kultus, seit 1976 Präsident des Zentralkomitees der Deutschen Katholiken. Seine wichtigsten Buchveröffentlichungen: Revolution und Kirche (1959, ^{4}1975), Die ältere deutsche Staats- und Verwaltungslehre (1966, ^{2}1980), Politische Wissenschaft in Deutschland (1969, ^{2}1985), Die Grundrechte des Menschen im modernen Staat (1973, ^{2}1974), Anstöße. Beiträge zur Kultur und Verfassungspolitik (1978), Schriften zu Kirche und Gesellschaft, 3 Bde. (1983 ff.).

ULRICH MATZ, geb. 1937, studierte Jurisprudenz, Philosophie und Politische Wissenschaft in Bonn, Hamburg und München. 1965 Promotion zum Dr. jur. 1965–1970 wissenschaftlicher Assistent am Geschwister-Scholl-Institut für Politische Wissenschaft der Universität München, seit 1971 o. Professor für Politikwissenschaft und Direktor des Forschungsinstituts für Politische Wissenschaft und Europäische Fragen der Universität Köln. Wichtige Veröffentlichungen: Rechtsgefühl und objektive Werte. Ein Beitrag zur Kritik des wertethischen Naturrechts (1966), Politik und Gewalt. Zur Theorie des demokratischen Verfassungsstaates und der Revolution (1975), Regierbarkeit, 2 Bde. (Hg. zus. m. W. Hennis u. P. Graf Kielmansegg, 1977, 1979), Die Rechtfertigung politischer Herrschaft – Doktrinen und Verfahren in Ost und West (zus. m. P. Graf Kielmansegg, 1977), Analysen zum Terrorismus (zus. m. G. Schmidtchen), Bd. 4/1: Gewalt und Legitimität (1983). Zahlreiche Aufsätze zur politischen Ideengeschichte, zum Marxismus und zu Grundproblemen der Demokratie.

THOMAS NIPPERDEY, geb. 1927, studierte Philosophie, Geschichte und Germanistik in Köln, Göttingen und Cambridge. Nach seiner Promotion war er Stipendiat und Assistent am Max-Planck-Institut in Göttingen. 1961 habilitierte er sich in Göttingen für Mittlere und Neue Geschichte. Heute ist er Ordinarius an der Universität München. Er veröffentlichte Arbeiten zu Problemen der Reformationsgeschichte (Th. Müntzer), zur politischen Ideengeschichte, zur deutschen Geschichte des 19. Jahrhunderts und zu philosophisch-methodischen Problemen der Geschichtswissenschaft. Jüngstes Hauptwerk: Deutsche Geschichte 1800–1866. Bürgerwelt und starker Staat, München 1983.

HEINZ RAUSCH, geb. 1940, studierte Rechtswissenschaft, Geschichte und Politische Wissenschaft in Freiburg, Genf und München. 1968–1984 wissenschaftlicher Mitarbeiter und Lehrbeauftragter u. a. an den Universitäten München, Bochum und Erlangen-Nürnberg sowie an der Hochschule der Bundeswehr München, seit 1984 Professor für Politische Wissenschaft an der Universität Erlangen-Nürnberg. Neueste Veröffentlichungen: Der Bundespräsident ([2]1984), Repräsentation und Repräsentativverfassung (1979), Der Abgeordnete ([4]1980), Politische Kultur in der Bundesrepublik Deutschland (1980), (Hrsg.), Die geschichtlichen Grundlagen der modernen Volksvertretung Bd. 1 (1980), Parlament und Regierung ([6]1981), E pluribus unum. Zum Selbstverständnis der USA (1982).

HANS RHEINFELDER, 1898–1971, studierte neuere Sprachen an der Universität München. Nach längerem Wirken als Lektor für deutsche Sprache und Literatur in Rom (1923–1929) und als Privatdozent für romanische Philologie in Freiburg wurde er 1931 als ao. Professor nach München berufen. Nachdem das NS-Regime seine Ernennung verweigerte, wurde er erst 1946 o. Professor in München. Er war Präsident der Deutschen Dante-Gesellschaft und Träger hoher Verdienstorden mehrerer Länder. Seine wichtigsten Publikationen: Geschichte des Wortes persona in den romanischen Sprachen (1928), Kultsprache und Profansprache in den romanischen Ländern (1933), Altfranzösische Grammatik 2 Teile ([5]1975, [2]1975), Gabriela Mistral (1955), zahlreiche Dante-Aufsätze, nun gesammelt: Dante Studien 1975.

HANS KARL SCHERZER, geb. 1929, studierte Philosophie, Germanistik, Geschichte und Geographie. Er war zunächst im Höheren Schuldienst und wissenschaftlicher Mitarbeiter im Geschwister-Scholl-Institut für Politische Wissenschaft an der Universität München. Heute ist er Leitender Ministerialrat in der Bayerischen Staatskanzlei.

Eberhard Schmitt, geb. 1939, studierte Geschichte und Politische Wissenschaft in Tübingen, Berlin, München und Paris. Stipendien des Deutschen Historischen Instituts Paris und der französischen Regierung. 1968 Promotion zum Dr. phil. bei Hans Maier in München. O. Professor für Neuere Geschichte 1972–76 an der Universität Bochum, seit 1976 an der Universität Bamberg. Wichtigste Veröffentlichungen: Repräsentation und Revolution (1969), Einführung in die Geschichte der Französischen Revolution (1976, ²1980). Herausgeber von: Antoine Barnave, Theorie der Französischen Revolution (1972); Emmanuel Joseph Sieyes, Politische Schriften 1788–1790 (1975, ²1981); Die Französische Revolution, Anlässe und langfristige Ursachen (1973); Die Französische Revolution (1976); (zus. m. Ernst Hinrichs/Rudolf Vierhaus) Vom Ancien Régime zur Französischen Revolution (1978); (zus. m. Rolf Reichardt) Die Französische Revolution – zufälliges oder notwendiges Ereignis, 3 Teile (1983); Dokumente zur Geschichte der europäischen Expansion, 7 Bde. (1984 ff.).

Peter Weber-Schäfer, geb. 1935, studierte Philosophie, Japanologie und Sinologie in München, wo er 1958 mit einer Arbeit zum japanischen Nō-Spiel promoviert wurde. 1966 habilitierte er sich in München für Politische Wissenschaft. Dieses Fach vertritt er seit 1968 als ordentlicher Professor an der Ruhr-Universität Bochum. Wichtigere Veröffentlichungen: Vierundzwanzig Nō-Spiele (1961); Der Edle und der Weise (1963); Zen (1964); Altchinesische Hymnen (1967); Oikumene und Imperium (1968); Das politische Denken der Griechen (1969); Einführung in die antike politische Theorie (1976).

PERSONENREGISTER

SACHREGISTER

Aufgeführt sind nur Begriffe von großer Bedeutung für eine Epoche der Staatsphilosophie oder von durchgängiger Bedeutung für die Geschichte des politischen Denkens. Da das Register auf Problemzusammenhänge aufmerksam machen soll, sind einerseits Stellen angeführt, an denen zwar nicht wörtlich der Begriff, aber die Sache im Text vorhanden ist, andererseits Stellen ausgelassen, die den Begriff nennen, für die Sache aber nicht bedeutend sind.

Buchanzeigen

Weitere Werke zur Geschichte des Denkens

Klassiker des soziologischen Denkens
Herausgegeben von Dirk Käsler
Band 1: *Von Comte bis Durkheim*
1976. 532 Seiten. Leinen
Band 2: *Von Weber bis Mannheim*
1978. 594 Seiten. Leinen

Klassiker der Pädagogik
Herausgegeben von Hans Scheuerl
Band 1: *Von Erasmus von Rotterdam bis Herbert Spencer*
1979. 376 Seiten mit 22 Porträtabbildungen. Leinen
Band 2: *Von Karl Marx bis Jean Piaget*
1979. 383 Seiten mit 21 Porträtabbildungen. Leinen
(Beck'sche Sonderausgaben)

Klassiker der Philosophie
Herausgegeben von Otfried Höffe
Band 1: *Von den Vorsokratikern bis David Hume*
2., verbesserte Auflage. 1985. 564 Seiten mit
23 Porträtabbildungen. Leinen
Band 2: *Von Immanuel Kant bis Jean-Paul Sartre*
2., verbesserte Auflage. 1985. 555 Seiten mit
23 Porträtabbildungen. Leinen

Klassiker der Theologie
Herausgegeben von Heinrich Fries und Georg Kretschmar
Band 1: *Von Irenäus bis Martin Luther*
1981. 462 Seiten mit 23 Porträtabbildungen. Leinen
Band 2: *Von Richard Simon bis Dietrich Bonhoeffer*
1983. 486 Seiten mit 20 Porträtabbildungen. Leinen

In der Reihe

Große Denker. Leben, Werk, Wirkung

herausgegeben von Otfried Höffe (Beck'sche Schwarze Reihe)

liegen vor:

Ingrid Craemer-Ruegenberg

Albertus Magnus

1980. 188 Seiten mit 5 Abbildungen. Paperback (BSR 501)

Alfred Schöpf

Sigmund Freud

1982. 244 Seiten mit 8 Abbildungen. Paperback (BSR 502)

Henri Lauener

Willard Van Orman Quine

1982. 207 Seiten mit 4 Abbildungen. Paperback (BSR 503)

Klaus Fischer

Galileo Galilei

1983. 239 Seiten mit 6 Abbildungen. Paperback (BSR 504)

Walter Euchner

Karl Marx

1983. 203 Seiten mit 6 Abbildungen. Paperback (BSR 505)

Otfried Höffe

Immanuel Kant

1983. 326 Seiten mit 8 Abbildungen. Paperback (BSR 506)

Annemarie Pieper

Albert Camus

1984. 231 Seiten mit 6 Abbildungen. Paperback (BSR 507)

Kurt Salamun

Karl Jaspers

1985. 188 Seiten mit 5 Abbildungen. Paperback (BSR 508)

Verlag C. H. Beck München